Toutes les mentions et recommandations contenues dans le texte des Guides-Joanne sont entièrement gratuites.

INDEX ALPHABÉTIQUE

CONTENANT

LES

RENSEIGNEMENTS PRATIQUES

N. B. — Les renseignements pratiques, c'est-à-dire les hôtels, classés par ordre d'importance avec indication des prix de table d'hôte et de pension, les restaurants, les cafés, les voitures, les tramways, etc., en un mot tout ce qui a rapport à la vie matérielle, se trouvent réunis dans l'Index alphabétique au nom de chaque localité à laquelle ils se rapportent. Cette disposition nous permet de corriger ces renseignements, sujets à des changements, et de réimprimer l'Index alphabétique plusieurs fois dans le cours d'une édition. Nous prions instamment MM. les touristes de nous adresser toutes les corrections et observations nous permettant de tenir à jour cette partie importante du Guide.

Ce signe *, placé dans le texte des Routes, à la suite du nom d'une localité, indique qu'il se trouve à l'Index alphabétique des renseignements pratiques à consulter.

Ce signe *, placé dans l'Index alphabétique, à la suite d'un nom d'hôtel, et lorsque les hôtels ne sont pas classés en hôtels de 1er ordre, de 2e ordre, etc., indique seulement que les prix sont de première classe et n'implique aucune recommandation de notre part.

N. B. Nous n'avons mentionné dans cet Index que les stations de bains de mer et les localités situées sur le parcours et assez importantes pour que le touriste soit tenté de s'y arrêter. — Les noms des stations de bains de mer, quelle que soit leur importance, sont imprimés en caractères gras.

A

AIGUILLON-SUR-MER [L'] (Vendée), 61. — Hôt. : des *Voyageurs*; *Central.* — Voit. publ. pour *Luçon-gare* (1 dép. par j. l'hiver, 2 l'été; 2 fr.). — Bac pour *la Faute* (10 c.). — Bateau à vapeur pour *la Flotte*, île de Ré, le vendredi et le dimanche (1 fr. 50; all. et ret., 2 fr. 50). — Billets de bains de mer (*V. l'Introduction*).

AIRVAULT (Deux-Sèvres), 32. — Hôt. des *Voyageurs*.

AIX (Ile d'), 164.

Hôtel : — de l'*Océan*.
Restaurant : — *Chevalier* (bon).
Appartements meublés : — *V.* p. 165.
Communications avec le continent : — t. l. j. avec *Fouras* par la chaloupe

Salies de Béarn

(BASSES-PYRÉNÉES)

Chemin de fer de Puyoo à Mauléon

ÉTABLISSEMENT OUVERT TOUTE L'ANNÉE
CHAUFFÉ PENDANT LA SAISON D'HIVER

Médaille d'Or — Exposition universelle 1889

Climat analogue à celui de Pau ; modéré et particulièrement sédatif

---

Les Bains d'eaux-mères sont reconstituants, stimulants, toniques, et résolutifs à un très haut degré.
Les eaux-mères pour compresses sont éminemment résolutives pour les engorgements, etc., etc.

BAINS CHLORURÉS-SODIQUES, BROMO-IODURÉS

Minéralisation très forte, les plus riches en chlorure de sodium, de magnésium, en bromures et en iodures.

Hygiène de l'enfance, scrofule, lymphatisme, anémie, rachitisme, carie des côtes, tumeurs, engorgements ganglionnaires, typhus scrofuleux, maladies particulières aux dames, rhumatismes et certains cas de paralysie, etc.

SALIES DE BÉARN est situé entre les gares de Pau et d'Oloron, desservi par le chemin de fer de Puyoo à Mauléon, à 1 h. de Bayonne-Biarritz, à 1 h de Pau et à 14 h. de Paris. — Depuis le 1er mars jusqu'au 30 novembre, un wagon-salon est mis à la disposition des Baigneurs venant directement de Paris à Salies de Béarn — Le Sud-Express dessert la station de Puyoo, distante de 7 kilomètres de Salies de Béarn. — Confortable et ressources égales en hôtels de premier ordre, villas, maisons particulières, voitures, landaus, chevaux de selle, orchestre, etc., aux stations balnéaires les plus fréquentées

Bains pour prendre chez soi — Bains d'eaux-mères en flacons
Eaux-mères pour compresses et pour toilette
Eaux-mères en fûts et en bonbonnes

DÉPOT, BOULEVARD DES ITALIENS, 31

Améliorations extérieures. Une Eau potable excellente pouvant être répartie dans la proportion de deux mille mètres cubes par jour alimente toute la station — Un réseau d'égouts complet garantit la salubrité de la vieille cité comme des quartiers nouveaux, grâce aux chasses d'eau fréquentes qui y sont pratiquées. — Un éclairage électrique irréprochable diffuse la lumière de tous côtés. — Pour tous renseignements, s'adresser à M. le Président du Conseil d'administration de la Fontaine-Salée.

CASINO

BAINS DE MER

DE L'ÉTAT

GUIDES-JOANNE

Itinéraire général de la France.
Format in-16, cartonnage percaline.

Paris	7 fr. 50	Provence	10 fr. »
Environs de Paris	7 fr. 50	Pyrénées. 2 vol.	15 fr. »
Auvergne et Centre	10 fr. »	I. Partie Occidentale	7 fr. 50
Bourgogne et Morvan	7 fr. 50	II. — Orientale	7 fr. 50
Bretagne	7 fr. 50	Savoie	7 fr. 50
Cévennes	7 fr. 50	Vosges et Alsace	7 fr. 50
La Champagne et l'Ardenne.	7 fr. 50		
Corse	6 fr. »		
Dauphiné (*sous presse*).			
Franche-Comté et Jura	7 fr. 50		
La Loire	7 fr. 50		
De la Loire aux Pyrénées (*sous presse*).			
Lyonnais, Beaujolais, Bresse	7 fr. 50		
Normandie	7 fr. 50		
Nord	10 fr. »		

Guide du voyageur en France, par Richard.
1 fort vol. .... 15 fr. »

On vend séparément, broché :

I. Réseau Paris-Lyon-Méditerranée	4 fr. »
II. Réseaux d'Orléans-Midi-État	4 fr. »
III. Réseau de l'Ouest	3 fr. »
IV. Réseau du Nord	2 fr. 50
V. Réseau de l'Est	2 fr. 50

MONOGRAPHIES, première série, à 50 centimes.
Format in-16, avec gravures et cartes, broché.

Angers. — Avignon. — Blois. — Chartres. — Dijon. — Gérardmer. — Le Havre. — Le Mans. — Le Mont-Saint-Michel. — Lourdes. — Menton. — Nancy. — Nantes. — Nîmes. — Plombières. — Reims. — Tours.

Deuxième série, à 1 franc.

Ajaccio. — Alger. — Arcachon. — Arles et les Baux. — Bagnères-de-Bigorre. — Bagnères-de-Luchon. — Biarritz et ses environs. — Bordeaux. — Boulogne. — Caen. — Cannes et Grasse. — Clermont-Ferrand, Royat et Châtel-Guyon. — Compiègne et Pierrefonds. — Dieppe et le Tréport. — Eaux-Bonnes et Eaux-Chaudes. — L'Estérel. — Fontainebleau et la forêt. — Genève. — Grand-Duché de Luxembourg. — Iles anglaises. — Lyon. — Marseille. — Le Mont-Dore et la Bourboule. — Musées de Paris. — Nice et Monaco. — Pau. — Rouen. — Saint-Malo, Dinard. — Saint-Sébastien et ses environs. — Trouville. — Tunis et ses environs. — Versailles. — Vichy.

Troisième série, à prix divers.

Venise, 2 fr. — Florence, 2 fr. 50. — Bosnie-Herzégovine, 3 fr. — Rome, 5 fr.

COLLECTION DES GUIDES-JOANNE

BAINS DE MER
DE L'ÉTAT

Pornic, les Sables-d'Olonne,
Saint-Gilles-Croix-de-Vie, la Rochelle,
Chatellaillon, Fouras, Royan, etc.
Iles de Noirmoutier, d'Yeu, de Ré, d'Aix
et d'Oleron

AVEC 8 CARTES

PARIS
LIBRAIRIE HACHETTE ET Cie
79, BOULEVARD SAINT-GERMAIN, 79

1899

Droits de traduction et de reproduction réservés.

ou le canot du courrier (1 fr.; bateau particulier, 5 fr.); les mardi, jeudi et samedi avec *Rochefort* par la canonnière de l'Etat (gratis).

ANDILLY (Charente-Inférieure), 89.
ANGOULÊME (Charente), 18. — Buffet. — Hôtels : des *Postes*; de *France*; *Grand-Hôtel*; du *Palais*; du *Cheval-Blanc* ou *Réveillon*; des *Trois-Piliers*.

ANGOULINS (Charente-Inférieure), 104.

Hôtels : — du *Parc*, dans le parc; — des *Voyageurs*, sur la place. — Dans les familles, pens. 5 fr. par j. — Appartements meublés à louer.

ARS (Ile de Ré) (Charente-Inférieure), 159. — Hôt. du *Lion-d'Or* (Porché).

B

BALEINES (Phare des) (Ile de Ré), 160. — Café-rest. près du phare.
BARRE-DE-MONTS (La) (Vendée), 134. — Hôt. *Caireau*.
BEAUVOIR (Vendée), 135. — Hôt. : du *Cheval-Blanc* ou *Foucher*; Vve *Lambert*. — Voit. part. pour la gare de *Bourgneuf* (2 fr. 10). — Voit. part. pour *Noirmoutier* (à l'hôt. du Cheval-Blanc; 10 fr. ou 12 fr., selon que le conducteur peut ou ne peut pas revenir par la même marée).
BEILLANT (Charente-Inférieure), 53. — Buffet.

BERNERIE (La) (Loire-Inférieure), 182.

Hôtels : — des *Etrangers* (5 fr. par j.); — des *Voyageurs* (petit déj. 50 c.; déj. ou dîn. 2 fr. 50; ch. à 1 lit 1 fr.; à 2 lits 2 fr.; omn. 1 fr.); rue de Pornic.
Loueur de voitures : — *Héry*.
Chalets et appartements meublés : V. p. 183.

BLANCHE (Abbaye de la) (Ile de Noirmoutier), 141.

BOIS (Le) (Ile de Ré), 158. — Quelques logements pour baigneurs.

BORDEAUX-SAINT-JEAN (gare d'échange Orléans-Midi-Etat), 28. — Buffets (paniers à emporter, 3 fr.). — Dans la gare même. Hôtel *Terminus*, géré par la Cie des Wagons-Lits et des Grands Express Européens (petit déj. pris au rest., 1 fr. 20; à l'appartement, 1 fr. 50; déj. 3 fr. 50 et dîn. 4 fr. à table d'hôte, vin compris (10 h. 30 à 12 h. 30 pour le déj., 5 h. 30 à 7 h. 30 pour le dîn.); ch. à 1 lit dep. 6 fr., serv. et éclairage compris; à 2 lits dep. 12 fr.; pens. dep. 15 fr. par j., comprenant logement, serv., éclairage et 3 repas (le petit déj. servi dans la ch., les deux autres repas dans la salle à manger).
BOUVERIE (La) (Charente-Inférieure), 121. — Restaurant (déj. 3 fr. 50, vin et café compris). — Tramway forestier, l'été, pour la *Grande-Côte* et le *Galon-d'Or*.
BOYARDVILLE (Ile d'Oleron), 175. — Café-rest. A la descente du bateau à vapeur. — Bateau à vap. t. l. j. pour *la Rochelle* (1re cl., 3 fr.; 2e cl., 2 fr. 25, enfants de 3 à 7 ans, 1 fr. 50 et 1 fr. 25). — Serv. de voit. publ. corresp. avec le bateau à vap. de la Rochelle

[LE BUREAU] **RENSEIGNEMENTS PRATIQUES.**

pour *Saint-Georges* (85 c.), *Chéray* (1 fr. 10), *Saint-Denis* (1 fr. 65), *Saint-Pierre* (85 c.). — Trois courriers par j. pour *le Château* (6 h. mat., midi et 3 h. 30), par *Dolus*.

BRESSUIRE (Deux-Sèvres), 67. — Buffet. — Hôtels : du *Dauphin*; de *France*; de *Londres*; des *Trois-Marchands*; de la *Réunion*.

BUREAU [Bains de mer du] (Charente-Inférieure), 119.

Hôtel : — de la *Plage*.
Restaurant : — de la *Paix*, avec terrasses et tonnelles, au-dessus de la plage.
Chalets et appartements meublés : V. p. 116 et 119. — Agences de location : *Barrot*, ex-douanier; *Villa du Progrès*, près de la stat. du tramway; à l'*épicerie du Centre*.
Tramway à vapeur : — pour *Pontaillac*, *Royan*, *Saint-Georges* et pour la *Grande-Côte*.

C

CAYENNE-DE-SEUDRE [La] (Charente-Inférieure), 114. — Omn. pour *Marennes* (50 c.) et bac à vapeur (gratuit) pour *la Grève*.

CHAIZE [Bois de la] (Ile de Noirmoutier), 140.

Hôtel : — de la *Plage et du Lion-d'Or* (succursale d'été de l'hôtel du Lion-d'Or de Noirmoutier-Ville).
Chalets meublés : — V. p. 138 et 139. — S'adr., pour les locations, à Mme Vve *Brisset*, à Noirmoutier, au *fermier des Sorbets* (dans le bois de la Chaize), ou à Mme *Hubert*, 54, rue de Seine, à Paris.
Bateau à vapeur : — pour *Pornic*, 3 fois par j., du 1er juill. au 30 sept. (V. p. 132).
Voiture publique : — pour *Noirmoutier-Ville*, en corresp. avec le vapeur (50 c.).

CHALLANS (Vendée), 145. — Hôtels : des *Voyageurs* (Gautier); de *France* (Raiffaud); du *Lion-d'Or* (Thébault).

CHAPUS [Le] (Charente-Inférieure), 168. — Restaurants. — Bateaux à vapeur pour le *Château-d'Oleron* (toute l'année) et (de juillet en septembre) pour *Saint-Trojan* (V. p. 166).

CHAPUS [Pointe et fort du] (Charente-Inférieure), 169.

CHASSIRON [Phare de] (Ile d'Oleron), 174.

CHATEAU [Le] (Ile d'Oléron), 169.

Hôtels : — de *France*; — du *Grand-Océan*.
Maisons meublées : — nombreuses et à prix modérés.
Voitures publiques : — pour *Boyardville*, par *Dolus* (3 fois par j.; corresp. à Boyardville avec le vapeur pour la Rochelle); — pour *Chéray* (2 dép.; 1 fr. 10); — *Dolus* (65 c.); — *Saint-Georges* (2 dép.; 1 fr. 65); *Saint-Pierre* (2 dép.; 1 fr. 10); — *Saint-Trojan* (2 dép.; 75 c.).
Bateau à vapeur : — pour *le Chapus*, corresp. avec tous les trains (75 c. et 60 c.). — Les billets de ch. de fer sont délivrés au bureau du ch. de fer de l'Etat, dit *Château-Quai*, en face l'embarcadère des vapeurs, et les bagages enregistrés directement pour toutes destinations.

CHATELAILLON (Charente-Inférieure), 104.

Hôtels : — *Grand Hôtel Beauséjour* (déj. 2 fr. 50, dîn. 3 fr. et à la carte), boulevard de Cronstadt et avenue Stella ; — de la *Plage* (déj. 2 fr., dîn. 2 fr. 50), boulevard de Cronstadt ; — des *Bains*, boulevard de Cronstadt ; — de *France* (déj. 2 fr. 50, dîn. 3 fr.), rue du Marché ; — de l'*Arrivée* (déj. 2 fr. 50, dîn. 3 fr.), en face de la gare ; — de la *Restauration*, en face de la gare.
Restaurants : — aux hôtels ; — au *Grand Casino du Parc* (déj. 3 fr., dîn. 4 fr.).
Chalets meublés : — nombreux et tout neufs (400 à 650 fr. pour la saison, 4 ou 5 lits, batterie de cuisine et vaisselle ; pas de linge).

CHAUME [La] (Vendée), 77.
CHENAUMOINE [Marais de] (Charente-Inférieure), 122.
CHÉRAY (Ile d'Oleron), 174. — Hôt. des *Voyageurs* (Brochard). — Voit. publique pour *Boyardville*, corresp. avec le bateau pour la Rochelle (1 fr. 10).
CORDOUAN [Phare de] (Gironde), 124.
COGNAC (Charente), 127. — Hôtels : de *Londres*, place François 1ᵉʳ ; *Dumas*, boulevard Denfert-Rochereau ; de *France*, rue d'Angoulême ; d'*Orléans*, rue d'Angoulême.

COUARDE [La] (Ile de Ré), 159.

Buvette : — à la gare.
Hôtels-restaurants : — *National* (Morillon) ; — du *Commerce* (Couneau).
Appartements meublés : — 1 fr. 25 par pers. et par j. (s'adr. à M. *Jean Brin*, officier de marine en retraite, ou à M. *Victor Botton*, pâtissier). — Liste des propriétaires de maisons meublées : *Penisson-Brin Théophile* ; *Vve Penisson-Gibaud* ; *Beyaud*, tailleur ; *Pelletier-Gibaud*, forgeron ; *Couneau-Bourget Alphonse* ; *Rigny-Ramigeaud* ; *Goguet-Beloire*, horloger ; *Métay-Turbé* ; *Vve Brullon-Brizard* ; *Rolland-Bourget Fernand* ; *Pelletier Zulma, femme Turbé* ; *Rabiaud-Métay Jean* ; *Vve Couturier-Rolland* ; *Vve Bonnin-Lardillier*. — MM. les ecclésiastiques peuvent s'adresser à M. le curé de la Couarde.
Voitures à louer : — *Lardillier*.

COUBRE [Forêt domaniale de la] (Charente-Inférieure), 120.
COUBRE [Phare de la] (Charente-Inférieure), 121. — Tramway forestier, l'été, pour la *Grande-Côte* (V. p. 120).
COUTRAS (Gironde), 25. — Buffet. — Hôtels : du *Commerce* ; du *Lion-d'Or et d'Orléans* ; de la *Paix*.

CROIX-DE-VIE (Vendée), 143.

Hôtel-restaurant : — *Grimberger*, en face de la gare.
Logements meublés : — dans le bourg ; **chalets sur la route de la plage**.

CUBZAC-LES-PONTS (Gironde), 57.

D

DOLUS (Ile d'Oleron), 173. — Hôt. de *France*. — Voit. publ. pour le *Château* (65 c.) et pour *Boyardville* (en corresp. avec le bateau à vap. pour la Rochelle).

E

ESNANDES (Charente-Inférieure), 89.

F

FAUTE [La] (Vendée), 61. — Quelques logements meublés. — Bac (10 c.) pour l'*Aiguillon*, d'où part une voit. publique (2 fois par j. l'été, 1 fois l'hiver; 2 fr.) pour la gare de *Luçon*.

FENEAU [Le] (Ile de Ré), 159. — Buvette à la station.

FLOTTE [La] (Ile de Ré), 161. — Hôtel de l'*Espérance*. — Quelques maisons meublées à louer sur le port (*Gourdon-Oudet*, etc.). — Bateaux à vapeur pour *la Rochelle* (Cie Delmas et Cie Rhétaise), *Saint-Martin* (Cie Delmas) et l'*Aiguillon-sur-Mer* (Cie Rhétaise); pour les détails et prix, V. p. 154, 161 et 162.

FONTENAY-LE-COMTE (Vendée), 82. — Buffet. — Hôtels : de *Fontarabie* (bonne cuisine), rue de la République; de *France* (bonnes chambres), rue de Blossac; des *Trois-Pigeons*, rue des Halles.

FOSSE [Pointe de la] (Ile de Noirmoutier), 134. — Café-restaurant. — Voit. publ. pour *Noirmoutier-Ville* (2 fr.; all. et ret., 3 fr.). — Bac à vapeur pour *Fromentine* (20 c.; 60 c. pour un passager isolé, en dehors des dép. réguliers).

FOURAS (Charente-Inférieure), 105.

Hôtels : — de l'*Océan*, avenue du Casino; — des *Bains* (6 fr. par j.), rue de la Plage.
Locations ; — appartements meublés dep. 150 fr., villas jusqu'à 1,500 fr. pour la saison. — S'adr., pour les locations, à MM. *E. Gautier*, rue de la Plage; *Gâcon*, receveur-buraliste, rue de la Plage; *Jahan*, notaire à Rochefort, place Colbert.
Casino : — 50 c. le j.; 1 fr. le s.
Courrier de l'Ile d'Aix : — bureau chez *Fradeau*, rue de la Plage (dép. t. l. j. vers 10 h. mat.; 1 fr.; bateau particulier, 5 fr. all. seulement ou all. et ret.).
Voitures : — aux hôtels (4 fr. la 1re h., 2 fr. les h. suivantes; la journée, 10 fr.).

FROMENTINE (Vendée), 134. — Hôtel des *Voyageurs* (Burgaud), en face de la gare (voit. à volonté; transport de bagages). — Bateaux à vapeur : pour *la Fosse* (Ile de Noirmoutier; bac, 20 c.; 60 c. pour un passage spécial), en corresp. avec le ch. de fer de Challans et avec la voit. publ. de la Fosse à Noirmoutier-Ville; — pour l'*Ile d'Yeu* (1 dép. t. l. j., à heures variables, selon la marée; 3 fr. et 2 fr. 25).

G

GALON-D'OR [Le] (Charente-Inférieure), 122. — Débit-restaurant *Eugène Crémeau* (repas sur commande; spécialité de poisson et de chaudrée saintongeaise). — Tramway forestier, l'été, pour la *Grande-Côte* (V. p. 121).

GILLIEUX [Le] (Ile de Ré), 160.
GOUA [Passage du] (Vendée), 135.
GOURNAISE [Dolmen et pointe de la] (Ile d'Yeu), 154.
GRANDE-CÔTE [La] (Charente-Inférieure), 120. — Rest. et café de *Bellevue* (déj. 3 fr. 50, dîn. 4 fr., vin compris). — Au *Clapet* (Bonne-Anse), aub. fréquentée par les chasseurs. — Tram Decauville pour le *Bureau*, Royan et Saint-Georges, et tramway forestier l'été, pour le *phare de la Coubre*, le *Pavillon* et le *Galon-d'Or* (V. p. 120 et 121).
GRAND PHARE [Le] (Ile d'Yeu), 153.
GRAVE [Pointe de] (Gironde), 123. — Nombreux restaurants. — Bateau à vapeur pour *Royan* (2 fr. ; 3 fr. all. et ret.). — Tramway pour la *gare du Verdon* et pour *Soulac*.
GRÈVE [La] (Charente-Inférieure), 113. — Bac à vapeur (gratuit) pour la *Cayenne-de-Seudre*, en corresp. avec l'omn. pour Marennes (50 c.).
GUÉRINIÈRE [La] (Ile de Noirmoutier), 136.

H

HERBAUDIÈRE [Pointe et port de] (Ile de Noirmoutier), 141.
HIERS-BROUAGE (Charente-Inférieure), 168.
HOUMEAU [L'] (Charente-Inférieure), 103.

L

LIBOURNE (Gironde), 26. — Buffet. — Hôtels : des *Princes*; de l'*Europe*; de *France*; *Loubat*.

LUÇON (Vendée), 59. — Omnibus : de la gare à domicile, le j. seulement (50 c. ; 60 c. avec bagages). — Hôtels : du *Croissant* (David); de la *Tête-Noire*. — Voit. publ. pour l'*Aiguillon-sur-Mer* (2 dép. par j. l'été, 1 l'hiver ; 2 fr.), par *Triaize* (75 c.) et *Saint-Michel-en-l'Herm* (1 fr. 50), et pour *la Tranche* (2 dép. l'été, 1 l'hiver, 3 fr.), par *Curzon* (1 fr.), Saint-Benoît (1 fr. 50) et *Angles* (2 fr.).

M

MARANS (Charente-Inférieure), 88. — Hôt. : des *Postes*; des *Étrangers*.
MARENNES (Charente-Inférieure), 167. — Hôtels : du *Commerce et de la Table nationale* réunis; de *France*. — Loueur de voitures : *Mémain*. — Voit. publique pour la *Cayenne-de-Seudre* (50 c.), en corresp. avec le bac à vapeur (gratuit) pour *la Grève*.
MARSILLY (Charente-Inférieure), 89.
MARTRAY [Le] (Ile de Ré), 159.

MATHES [Plage des] (Charente-Inférieure), 121. — Hôt. *Chaumille* ou de la *Plage des Mathes*. — Quelques chalets. — Tram forestier, l'été pour la *Grande-Côte*, la *Bouverie* et le *Galon-d'Or* (V. p. 120 et 121).

MESCHERS (Charente-Inférieure), 122. — Aub. : *Vve Curaudeau*; *Herbert*. — Marché le mardi et le vendredi, l'été. — Appartements meublés (1 fr. par j. et par lit en juillet et septembre, 2 fr. en août). — Maisons complètes, meublées, notam-

[NOIRMOUTIER] RENSEIGNEMENTS PRATIQUES.

ment celle de Mme *Vve Athanase Bourgeois* (7 ou 8 lits ; jardin ombragé ; terrasse ; eau excellente ; 400 fr. pour juillet et août, 500 fr. pour juillet, août et septembre). — Meschers a un excellent médecin, le Dr *A. Pouguet*, et est très recommandé par le corps médical pour la santé des enfants. — Courrier 2 fois par j. pour *Royan* (1 fr.).

MESCHERS [Grottes de] (Charente-Inférieure), 123.
MEULE [Port et hameau de la] (Ile d'Yeu), 152.

N

NAUZAN [Plage de] (Charente-Inférieure), 119. — Quelques chalets.
NIEUL-SUR-MER (Charente-Inférieure), 103.
NIORT (Deux-Sèvres), 37. — Buffet.- Hôtels : du *Raisin de Bourgogne*, rue Victor-Hugo ; de *France*, place du Temple ; des *Etrangers*, rue des Cordeliers ; de la *Brèche*, place de la Brèche.

NOIRMOUTIER (Vendée), 137.

Hôtels : — du *Lion-d'Or*, avec succursale au-dessus de la plage des Dames, au bois de la Chaize (hôtel de la *Plage et du Lion-d'Or*) ; — de *France* ; — de *Nantes*.
Locations : — appartements en ville et chalets meublés dans le bois de la Chaize. — S'adr. à Mme *Vve Brisset*, au *fermier des Sorbets* (dans le bois de la Chaize), ou à *Mme Hubert*, 54, rue de Seine, à Paris.
Bains de mer : — cabine, 25 c. ; costume, 25 c. ; bain complet, 50 c.
Cercles : — *Philharmonique* ; — *Littéraire.* — Etrangers admis sur présentation.
Voitures de louage : — aux *hôtels du Lion-d'Or* et *de France* (Lassourd) ; — *Isacard.* — Anes pour promenades.
Voitures publiques : — pour le *bois de la Chaize* (1er juillet au 30 sept. ; 50 c.), en corresp. avec le bateau de et pour *Pornic* (voit. particulière, 3 fr. all. et ret.) ; — pour *la Fosse* (2 fr. ; all. et ret. 3 fr.) en corresp. avec le bac à vapeur pour Fromentine.
Bateau à vapeur : — pour Pornic (1er juillet au 30 septembre ; 3 dép. par j. ; V. p. 132).

NOTRE-DAME-DE-MONTS (Vendée), 146.

P

PALLICE-ROCHELLE [La] (Charente-Inférieure), 102. — Hôtels-cafés de l'*Univers* ; *Continental.* — Restaurants. — Bateau à vapeur pour *Sablanceaux* (île de Ré ; 3 dép. par j. ; 65 c.). — Omn. pour *la Rochelle* (25 c.). — Bateau à vapeur de la Cie Générale Transatlantique pour *Londres*, via *Saint-Nazaire* et *Newhaven* (t. les lundis).
PARTHENAY (Deux-Sèvres), 34. — Buffet. — Hôt. : *Lodenos* ; du *Chêne-Vert* ; *Filaire* ; de *France*.
PERROCHE [La] (Ile d'Oleron), 173.
PETITE-FOULE [Phare de] (Ile d'Yeu). V. GRAND PHARE.
PIERRE-TREMBLANTE [La] (Ile d'Yeu), 152.
PILIER [Ile du] (Noirmoutier), 141.
PLAISANCE [Plage de] (Ile d'Oleron), 174.
POINTE ESPAGNOLE (Charente-Inférieure), 122.
POITIERS (Vienne), 3, — Buffet. — Hôtels : du *Palais* (seul hôtel

ayant un omn. spécial à la gare, 50 c.; pet. déj. 1 fr.; déj. à table d'hôte 2 fr. 50, à part 3 fr.; dîn. 3 fr. et 3 fr. 50; ch. à 1 lit dep. 2 fr. 50, à 2 lits dep. 4 fr.; salle de bains), rue Boncenne et place Saint-Didier, en face le Palais de Justice; de l'*Europe* (desservi par l'omn. de ville; petit déj. 1 fr.; déj. 2 fr. 50, dîn. 3 fr., à table d'hôte ou à table séparée; ch. de 2 à 5 fr.; jardin et véranda), rue Carnot (ancienne rue des Trois-Piliers), 39; de *France* (pet. déj. 1 fr.; déj. 2 fr. 50, dîn. 3 fr.; ch. dep. 2 fr.), rue Carnot, 28; des *Trois-Piliers* (pet. déj. 50 à 75 c.; déj. 2 fr. 50; dîn. 3 fr.; ch. dep. 2 fr.), rue Carnot, 37; *Terminus-Hôtel*, en face la gare; hôtel-restaurant *Tribot*, en face la gare.

PONS (Charente-Inférieure), 53. — Buffet. — Omn. de la gare à la ville, 30 c. — Hôt. : de *Bordeaux*; de *Nantes*; de *Paris* (6 fr. 50 par j.).

PONTAILLAC (Charente-Inférieure), 119.

Hôtels : — de l'*Europe*; — de *Pontaillac* (ouvert toute l'année; pet. déj. 1 fr.; déj. 3 fr. 50. dîn. 4 fr. à tables particulières; ch. à 1 lit 4 à 6 fr., à 2 lits 6 à 12 fr.; pens. de 12 fr. 50 à 15 fr. par j.); — d'*Angleterre* (15 juin au 15 octobre; omn. à la gare de Royan, 40 c. par pers., 20 c. par colis n'excédant pas 30 kilogr.; petit déj. 1 fr.; déj. à table d'hôte 3 fr. 50, dîn. 4 fr.; 11 fr. par j. avec ch. à 1 lit sur jardin, 13 fr. 50 façade; 13 fr. avec ch. à 2 lits sur jardin, 15 fr. 50 sur façade; pens. au mois, 10 fr. par j. sur jardin, 12 fr. 50 façade), avenue des Montagnes-Russes.

Restaurants : — aux hôtels; — sur la plage, l'*Otrada* (restauration et petits chevaux).

Locations : — nombreux chalets et appartements (*V.* p. 116 et 117).

Marché : — t. l. j., du 1er juillet au 30 septembre.

Communications avec la gare de Royan : omn. à t. les trains (40 c., 60 c. avec 30 kilogr. de bagages; 10 c. par 10 kilogr. pour les suppl.); — omnibus de famille (4 pl., 120 kilogr. de bagages, 4 fr. 50; 6 pl., 5 fr. 50, avec 120 kilogr.; excédents, 10 c. par 10 kilogr.). — Les omn. doivent être retenus 12 h. au moins à l'avance par demande adressée au correspondant des chemins de fer de l'Etat, 103, rue Gambetta, à Royan.

Tramway Decauville : — pour *Royan*, *Saint-Georges*, le *Bureau* et la *Grande-Côte*.

PORNIC (Loire-Inférieure), 178.

Omnibus : — à la gare pour la ville et pour *Gourmalon* (1 fr.), pour le bateau de Noirmoutier (50 c. sans bagages).

Hôtels : — de *France*; — du *Môle*; — de la *Plage*; — du *Casino*; — *Continental*.

Locations : — *V.* p. 179.

Casinos : — de *Pornic*; — de la *Noveillard*; — de *Gourmalon*.

Etablissement hydrothérapique : — à l'anse aux Dames.

Bains de mer : — plages de la Sablière (bains chauds et hydrothérapie), de la Noveillard (Pornic), de la Source (Gourmalon), des Grandes-Vallées (établissement hydrothérapique). — Cabine, par bain, avec baquet d'eau froide, 25 c.; un baquet d'eau chaude, 10 c.; costume, 30 c. (à la Noveillard, 25 c.); peignoir, 15 c.; serviette, 10 c.; espadrilles (à la Source seulement), 10 c.; garde des costumes, 10 c. par j.

Loueurs de voitures : — *Bonpoil*; — *Guérin*; — *Constantin*.

Loueur d'ânes : — *Mosnier*.

Voitures publiques : pour *Mindin* (qui communique par un bac ou passage d'eau avec *Saint-Nazaire*; 11 traversées par jour en hiver dans chaque sens, 13 traversées en été), dép. de l'hôt. du Môle à 6 h. 30

[PRÉFAILLES] RENSEIGNEMENTS PRATIQUES.

matin et 5 h. s.; 2 fr. 50; 3 fr. 50 all. et ret.; — *la Plaine* (15 juin au 15 oct.), 1 fr.; — *Préfailles* (15 juin au 15 oct.), 1 fr. 50.

Bateau à vapeur : — pour *Noirmoutier*, 3 dép. t. l. j. du 1er juillet au 30 septembre seulement, à des heures variables suivant la marée; billets simples, 2 fr. 50 et 2 fr., aller et retour, 4 fr. et 3 fr., valables 8 jours; les dim. et fêtes billets d'aller et retour à prix réduits, 3 fr. et 2 fr., valables 1 j. seulement (bagages, transport gratuit de 30 kilogr.; au-dessus, 50 c. par 10 kilogr.).

PORT-BRETON [Ile d'Yeu]. *V.* PORT-JOINVILLE.
PORT-DES-BARQUES (Charente-Inférieure), 164. — Quelques chalets.

PORTES [Les] (Ile de Ré), 160. — Modestes logements meublés.

PORT-JOINVILLE [Ile d'Yeu] (Vendée), 147.

Hôtels : — des *Voyageurs* (ancien Camaret; Seyrat; pens. 5 fr. par j. pour 15 j. au moins, comprenant la ch., le déj. et le din.; le petit déj. se paie à part; repas 2 fr. 50; serv. part. 50 c. en sus; ch. 2 fr.; réduction pour familles); — du *Commerce* (Turbé), tous deux sur le quai.
Appartements meublés : — 1 fr. par lit et par j. (*Marchandeau*, menuisier, etc.).
Bains de mer : — cabines sur la plage de Ker-Chalon, 15 fr. pour la saison.
Voitures de louage : — *Th. Hubault*, boucher, place du Marché, près de l'hôtel des Voyageurs; — *Chenu*, boucher, rue du Port. — Tarif : 12 fr. promenade complète dans l'île, 1 j., 4 ou 5 pers.
Engins de pêche : — *Charuau-Cantin*.

Guide : — *Robert*, huissier.
Bateau à vapeur : — t. l. j. pour *Fromentine* (*V.* p. 147).

POUZAUGES (Vendée), 69. — Hôt. : d'*Europe*; de *France*; de la *Croix-Verte*; de la *Promenade*.
PRÉE [Fort de la] (Ile de Ré), 161.

PRÉFAILLES (Loire-Inférieure), 177.

Omnibus : — de la gare de Pornic à tous les trains et pour tous les trains, *du 15 juin au 15 octobre seulement*, 1 fr. 50.
Hôtels : — de *Sainte-Marie* (6 fr. 50 par j.; jardin, avec café et restaurant); — *Ménard*, autrefois *Simoneau* (5 fr. 50 par j.; avec café-restaurant); — *du Chalet* (avec café-restaurant; ouvert toute l'année; 5 fr.).
Appartements et chalets à louer : — s'adresser à l'établissement *Gendron*.
Bains de mer, bains chauds et hydrothérapie : — établissement *Gendron*, sur la plage. *Bains chauds* : par abonnement : 6 bains, 6 fr. 60; sans abonnement : bain simple, 1 fr. 30; serviette, 10 c.; peignoir, 15 c. (en laine, 20 c.); avec 2 serviettes, 1 fr. 50; fond de bain, 20 c. — *Bains de Barèges*, 2 fr. 25. — Bains d'eaux mères, le litre, 10 c. — Bains d'eau douce, 2 fr. 25. — Bains mixtes, 1 fr. 50. — *Bains froids*. Abonnements pour un mois : cabine, 3 fr.; bain de pieds, 2 fr. 50; costume, 6 fr.; soin du costume, 3 fr. Sans abonnement : costume, 30 c.; cabine, 20 c.; bain de pieds, 10 c.; peignoir, 15 c. (en laine, 20 c.); serviette 10 c. — *Hydrothérapie*. Abonnements : douches froides (6 douches), 8 fr. 40; 12 douches, 16 fr. 60; 24 douches, 28 fr. 80; 30 douches, 30 fr. — Douches chaudes : 6 douches, 10 fr. 50; 12 douches, 19 fr. 20; 24 douches, 34 fr. 80; 30 douches, 37 fr. 50. — Sans abonnement : douche froide,

1 fr. 60; douche chaude, 2 fr.; douche Barèges, 3 fr. 50.

Poste et télégraphe : — du 16 juin au 30 septembre, près de l'hôt. Sainte-Marie.

Loueurs de voitures : — *Ecorse*; — *Bosque*; — *Ernest Moreau*, à Quirouard.

R

REMIGEASSE [Plage de la] (Ile d'Oleron), 173.
RIVEDOUX (Ile de Ré), 161.
ROCHEFORT (Charente-Inférieure), 62. — Buffet. — Omnibus : de la gare à la ville, 40 c. — Hôtels : du *Grand-Bacha*, rue de l'Arsenal; de *la Rochelle*, rue Chanzy; de *France*, rue du Rempart. — Restaurants : aux hôtels; *Parisien*, rue Lafayette; de *Paris* (hôt.-rest.), rue Chanzy; *Lafayette*, rue Lafayette; *Lorand* (hôt.-rest. ; repas dep. 1 fr. 50), rue Gambetta, 6. — Cafés-concerts : l'été, au *café Français*, place Colbert, et au *Casino des Familles*, cours et rue Gambetta (jardins); l'hiver, *Eden-Concert*, rue Martrou. — Poste et télégraphe ; rue des Fonderies; succursale, rue Gambetta. — Voitures de place : place Colbert et à la gare. Tarif : dans le rayon de l'octroi : de 7 h. mat. à 10 h. s., pour 1 ou 2 voyageurs, la course 1 fr., l'heure 2 fr.; pour plus de 2 voyageurs, la course 1 fr. 50, l'heure 2 fr.; de 10 h. s. à 7 h. mat., la course 2 fr., l'heure 3 fr.; en dehors de l'octroi et dans un rayon de 4 k., de 7 h. mat. à 10 h. s., la course 3 fr.; après 10 h. s., les prix de transport feront l'objet de conventions particulières entre le voyageur et l'entrepreneur. — Voitures de louage : à la station des voitures, rue Audry-de-Puyravault, et chez les loueurs suivants : *Cholet*, rue de l'Amiral-Courbet; *Michaud*, rue Denfert-Rochereau (succursale avec téléphone au kiosque de journaux de la place Colbert); *Bonineau*, rue Chanzy; *Corral*, rue Gambetta. — Voitures publiques : pour *Saujon* (4 fr.), 59, rue Audry-de-Puyravault; pour *Tonnay-Charente* (t. les heures de la place Colbert; 75 c. all. et ret.). — Canonnière de l'Etat le mardi, le jeudi et le samedi à 9 h. mat. pour l'*île d'Aix* (dép. du port de l'Arsenal ; gratis avec permission délivrée à la Majorité générale).

ROCHELLE [La] (Charente-Inférieure), 92.

Buffet : — à la gare principale de l'Etat.

Omnibus : — à la gare (des hôtels), 50 c.; deux trains seulement sont desservis par un omn. de ville (50 c.), mais les omn. des hôtels prennent généralement les voyageurs et bagages (20 à 25 c. par colis) à destination de la ville et des bateaux pour Ré et Oleron.

Hôtels : — 1° Hôtels principaux, fréquentés par les familles et les voyageurs. — En ville : de *France* (omn. 50 c., 25 c. par colis; pet. déj. 1 fr.; déj. 3 fr., dîn. 3 fr. 50 à table d'hôte, 3 fr. 50 et 4 fr. à tables séparées; ch. à 1 lit 2 à 5 fr., à 2 lits 5 à 7 fr.), rue Gargoulleau. — du *Commerce* (omn. 50 c.; pet. déj. 1 fr.; déj. 2 fr. 50, dîn. 3 fr. à table d'hôte; ch. à 1 lit dep. 2 fr. 50, à 2 lits dep. 5 fr.), place d'Armes. — Au bord de la mer : des *Bains et Casino du Mail*; — 2° Autres hôtels : des *Etrangers*, rue Thiers; — de *Paris* (5 fr. j. par j.), quai Duperré; — *Garnier frères* (ancien hôtel d'Angoulême remis à neuf; 5 fr. par j.), quai Duperré et rue du Port; — hôtel et grand restaurant *Fournier* (5 fr. par j.), place de la Caille.

Cafés principaux : — des *Colonnes*

(fréquenté par les voyageurs et les touristes), place d'Armes ; — *Militaire*, rue Chaudrier.

Locations : — appartements meublés en ville et au Mail (*V.* p. 92 et 101).

Poste et télégraphe : — rue du Palais.

Bains de mer : — desservis par le tramway de la place des Petits-Bancs au Casino du Mail, par la place d'Armes (t. les 30 min. dans la saison, jusqu'à minuit ; 15 c.). — *Bains de la Concurrence*. — *Bains Louise* (dames seulement ; 20 c.). —

Bains et Casino du Mail (concerts t. l. j. à 5 h. dans les jardins, à 9 h. dans les salons ; bals d'enfants ; théâtre ; cercle ; petits chevaux ; buffet ; concert classique t. les vendredis ; musique militaire le mardi de 5 à 6 h. ; entrée 50 c. ; dimanches et jeudis, le soir, 1 fr. ; abonnements de famille 30 fr. ; célibataire 20 fr. ; bains froids 50 c. ; bains chauds 75 c. ; douches froides 75 c. ; douches chaudes 1 fr. 25 ; réduction de 35 0/0 pour les abonnés, sur les bains froids, par service de dix cartes ; *hôtel des Bains* et *café de la Terrasse* ; restaurant, superbe parc ombragé).

Bains chauds : — aux *bains du Mail* (V. ci-dessus) ; — *Michel*, rue Fleuriau, 6 ; — rue du Minage, 32 (bains chauds et hydrothérapie).

Voitures de place : — stations à la gare ; quai Duperré, près de la Grosse-Horloge ; rue du Palais ; place d'Armes ; petite place du Marché. — Tarif : voit. à 2 places, la course, 1 fr. 25 (pour la Pallice, 3 fr. ; pour Laleu, 2 fr.) ; l'heure, 2 fr. (pour la Pallice, la 1re heure, 3 fr.) ; chaque quart d'heure en sus, 50 c. ; voit. à 4 places, la course, 2 fr. (pour la Pallice, 3 fr. 50 ; par colis, 25 c. ; pour Laleu 3 fr.) ; la 1re h., 3 fr. (pour la Pallice, 3 fr. 50) ; chaque quart d'heure en sus, 60 c.

Loueurs de voitures : — *Bonneau*, rue Guiton, 17 ; — *Clatz*, rue Réaumur, 17 ; — *Phelippon*, rue du Minage, 38 ; — *Charreau*, rue Rambaud. — Le prix de location est généralement, pour la journée, de 12 fr. pour une voiture à 1 cheval, 20 fr. pour une voiture à 2 chevaux.

Omnibus : — pour les *Bains et Casino du Mail* (V. ci-dessus) ; — pour *la Pallice* (dép. de la place d'Armes ; 25 c.).

Bateaux à vapeur : — 1º Cie DELMAS pour *Saint-Martin-de-Ré*, avec escale à *la Flotte*, quand le temps le permet (2 dép. par j., 2 fr. 50 et 2 fr. ; all. et ret. val. 2 j., 3 fr. 75 et 3 fr. ; buffet-bar à bord du *Jean Guiton*) ; — 2º Cie RHÉTAISE pour *la Flotte* (1 dép. par j. ; 2 fr. et 1 fr. 50 ; all. et ret., val. 3 j., 3 fr. et 2 fr. ; enfants au-dessous de 5 ans gratis, de 5 à 10 ans demi-place) ; — 3º Cie E. RAOULX-FOURNIER ET Cie pour *Boyardville*, avec corresp. pour les principales localités de l'île d'Oleron (1 dép. par j., parfois 2 ; 3 fr. et 2 fr. 25 ; buffet à bord du vapeur *Boyardville*). — Tous ces départs se font du quai Duperré.

ROCHE-SUR-YON [La] (Vendée), 72. — Buffet. — Hôtels : de l'*Europe*, place d'Armes ; du *Pélican*, rue de Bordeaux ; du *Lion-d'Or*, rue de Nantes ; hôtel et café *Français*, en face de la gare. — Poste et télégraphe ; rue Paul-Baudry. — Loueur de voitures : *Perrocheau*.

RONCE-LES-BAINS [Plage de] (Charente-Inférieure), 113.

Omnibus : — de et pour la gare de *la Tremblade* (du 1er juillet au 30 septembre seulement ; 25 c.).

Hôtel : — du *Grand-Chalet* (pens. 7 fr. 50 par j. ; arrangements pour familles), sur la plage.

Restaurants : — à l'*hôtel du Grand-Chalet* ; — *Aimée Petit* (villa Marguerite), près de la chapelle.

Locations : — chalets meublés (*V.* p. 113).

ROYAN (Charente-Inférieure), 114.

Omnibus à la gare : — des hôtels; — du chemin de fer (40 c., 60 c. avec 30 kilogr. d'excédent), à t. les trains; — **omnibus de famille** pour Royan, y compris Pontaillac (à 4 pl. avec 120 kilogr. de bagages, 4 fr. 50; à 6 pl., avec 120 kilogr., 5 fr. 50; excédents de bagages, 10 c. par 10 kilogr.). Les omnibus doivent être retenus 12 heures au moins à l'avance par demande adressée au correspondant des chemins de fer de l'Etat, 103, rue Gambetta, à Royan. — Enlèvement et livraison des bagages à domicile, V. p. 111 et 112.

Hôtels. — 1° PARC ET GRANDE CONCHE : *Grand Hôtel au Parc** (ouvert toute l'année; omn. 50 c. par pers., 25 c. par colis n'excédant pas 30 kilogr.; petit déj. 1 fr. 25; déj. à table d'hôte 3 fr. 50 vin compris, dîn. 4 fr. 50; ch. à 1 lit au 1er sur la mer, 8 fr.; sur la forêt 5 fr.; au 2e, 7 fr. et 6 fr.; ch. à 2 lits au 1er sur la mer, 10 fr., sur la forêt 8 fr.; au 2e, 8 fr. et 7 fr.; pens. 17 fr. par j. avec ch. au 1er sur la mer, 16 fr. sur la forêt, 16 fr. et 15 fr. par j. au 2e, 10 fr. à 12 fr. au 3e), boulevard de Saint-Georges, sur la Grande-Conche et sur le Parc; — *Family-Hotel* (ouvert toute l'année; omn. aux trains; petit déj. 1 fr.; déj. 3 fr.; dîn. 3 fr. 50, vin compris, à table d'hôte; ch. de 3 à 8 fr. en saison, de 2 fr. 50 à 5 fr. hors saison; arrangements pour familles et pour séjour prolongé), boulevard de Saint-Georges, à l'entrée du Parc et en face de la Grande-Conche; — *des Pins* (hôtel-restaurant), en forêt.

2° VILLE ET FONCILLON : *La Vigie Family-Hotel**, façade de Foncillon; — *de Bordeaux**, en façade sur le port; — *de Paris**, en façade sur le port; *d'Orléans*, en façade sur le port; — *Richelieu* (ouvert du 1er juill. au 30 sept.; omn. 50 c.; pet déj. 1 fr.; déj. 3 fr. 50, dîn. 4 fr., vin compris; ch. à 1 lit de 2 à 9 fr., à 2 lits de 5 à 15 fr.; repas au restaurant : déj. 4 fr., dîn. 5 fr., vin compris), boulevard Botton, 28; — *Nouvel Hôtel* ou *Charreyre* (pet. déj. 75 c. à 1 fr., déj. 3 fr., dîn. 3 fr. 50, vin compris; ch. à 1 lit dep. 3 fr., 2 lits dep. 5 fr.; pens. depuis 9 fr. par jour, vin compris), boulevard Lessore et rue Gambetta; — *du Centre*, rue Gambetta, 13, et boulevard Lessore, 33; — *du Commerce*, — *de la Croix-Blanche*, etc.

3° PONTAILLAC : de l'*Europe** ; — *de Pontaillac** (ouvert toute l'année; pet. déj. 1 fr.; déj. 3 fr. 50, dîn. 4 fr. à tables particulières; ch. à 1 lit à 6 fr., à 2 lits 6 à 12 fr., pens. de 12 fr. 50 à 15 fr. par j.), — *d'Angleterre* (15 juin au 15 octobre; omn. à la gare de Royan, 40 c. par pers. 20 c. par colis n'excédant pas 30 kilogr.; pet. déj. 1 fr.; déj. à table d'hôte 3 fr. 50, dîn. 4 fr.; 11 fr. par j. avec ch. à 1 lit sur jardin, 13 fr. 50 façade; 13 fr. avec ch. à 2 lits sur jardin, 15 fr. 50 sur façade; pens. au mois, 10 fr. par j. sur jardin, 12 fr. 50 façade), avenue des Montagnes-Russes.

Restaurants : — à tous les hôtels; — *Café des Bains et Excelsior-Restaurant*, place Thiers et rue Gambetta; — hôtel-rest. du *Havre*, 38, avenue de la Grande-Conche (serv. à la carte et en ville); — à l'hôtel meublé et café de la *Poste* (spécialité de soupers froids); — à l'*American Bar* (déj. 2 fr. 50, dîn. 3 fr.), aux Allées; — aux deux *Casinos* (V. ci-après).

Locations : — V. p. 116 et 117. — **Agences de location** : *Devaud*, 28, rue du Casino; — *Barbotin*, rue Traversière, 7; — *Vallade*, rue Gambetta, 58 et 62.

Pension pour dames : — à Saint-Pierre-de-Royan, les religieuses du couvent de *N.-D. de Sion* reçoivent des dames pensionnaires.

Casinos : — ouverts du 1er juillet au 30 septembre, et sous la même direction. — CASINO DE ROYAN, dit *Casino de Foncillon* : concerts (orchestre de 50 musiciens) t. l. j. dans le parc; lundi et samedi, musique classique et musique de chambre; spectacle-concert; lundi, soirée dansante; samedi, grand bal; lundi et vendredi, bal d'enfants; théâtre (opéra le mardi, le jeudi et le dimanche en soirée, comédie le

[ROYAN] **RENSEIGNEMENTS PRATIQUES.** *13

mercredi, le vendredi et le dimanche en matinée); cercle; établissement d'hydrothérapie (*V.* ci-après); tarif : — entrée journalière de 8 h. mat. à 6 h. s., en semaine 1 fr., le dimanche 2 fr.; de 6 h. 30 du s. à la fermeture, les jours de concerts et bals 2 fr., de comédie 3 fr., de représentations lyriques 4 fr. — Abonnements : par personne 21 fr. pour 7 j., 35 fr. pour 15 j., 55 fr., pour 1 mois, 100 fr. pour 2 mois ou la saison; par famille de 2 pers., 40 fr., 63 fr., 90 fr., 150 fr.; chaque pers. en sus des deux ci-dessus, 15 fr., 25 fr., 30 fr., 35 fr.; par domestique, 8 fr., 12 fr., 20 fr., 30 fr. — **Théâtre** : fauteuil en location, 1 fr.; abonnement aux fauteuils et aux loges (les loges ne se louent qu'en entier) : le fauteuil 6 fr. pour 7 j., 12 fr. pour 15 j., 25 fr. pour un mois, 50 fr. pour deux mois, 60 fr. pour la saison; avant-scène ou galerie (10 pl.) 95 fr., 170 fr., 320 fr., 560 fr., 750 fr.; galerie à 8 pl. 76 fr., 136 fr., 256 fr., 448 fr., 600 fr.; galerie à 4 pl. 38 fr., 68 fr., 128 fr., 224 fr., 300 fr.; baignoires (7 pl.) 66 fr. 50, 119 fr., 224 fr., 392 fr., 525 fr.; baignoires (6 pl.) 57 fr., 102 fr., 192 fr., 336 fr., 450 fr.; baignoires et galerie (5 pl.) 47 fr. 50, 85 fr., 160 fr., 280 fr., 375 fr. Parc magnifique. — Salons de lecture et de correspondance. — Gymnase. — Guignol. — Petits-chevaux. — Cours de danse. — Salle d'armes. — Tir. — Jeux divers. — Café-restaurant : déj. 5 fr., din. 6 fr., vin compris, et à la carte.

GRAND CASINO MUNICIPAL : représentations lyriques et dramatiques; concerts à grand orchestre; musique de chambre; fêtes de nuit; soirées de gala suivies de bal; bals d'enfants; Guignol lyonnais. — Restaurant : déj. 5 fr., din. 6 fr. vin compris, et à la carte; soupers; les tickets d'entrée pour le restaurant sont remboursés par le maître d'hôtel. — Entrée pour une journée : casino, 1 fr.; représentations ordinaires et gala, le fauteuil 3 fr., la place de loge 5 fr. (les loges sont louées en entier; moyennant 1 fr. de suppl. on peut se réserver au théâtre une place qui donne droit à l'entrée au Casino pour toute la journée.

ABONNEMENTS. — *Casino* : 7 jours, 1 personne 5 fr.; 2 pers. 9 fr.; chaque pers. de la famille en plus, 3 fr.; — 15 j., 9 fr., 16 fr., 6 fr.; — 1 mois, 15 fr., 27 fr., 10 fr.; — saison, 23 fr., 41 fr., 15 fr.

Casino et théâtre : 7 jours, 1 personne 20 fr.; 2 pers. 36 fr.; chaque personne de la famille en plus, 12 fr.; 15 j., 32 fr., 58 fr., 20 fr.; — 1 mois, 50 fr., 90 fr., 32 fr.; — saison, 75 fr., 135 fr., 48 fr.

Casino et théâtre avec places réservées : 7 jours, 1 personne 25 fr.; 2 pers. 46 fr.; chaque pers. de la famille en plus, 17 fr.; — 15 j., 42 fr., 78 fr., 30 fr.; — 1 mois, 70 fr., 130 fr., 52 fr.; — saison, 105 fr., 195 fr., 78 fr.

Hydrothérapie : — du Casino de Foncillon (établissement ouvert de 6 h. mat. à 6 h. s.). — Douches à l'eau de mer et à l'eau douce, froides, chaudes, locales et générales, 1 fr. 25; douches écossaises suivies ou non de frictions, 1 fr. 25; douches de vapeur, 2 fr.; douches sulfureuses, 2 fr. 50; bains de siège, bains chauds à l'eau douce et à l'eau de mer, en piscines, sans lames, 1 fr. 25; bains de son, 1 fr. 50; bains sulfureux, alcalins, amidonnés, 2 fr.; bains d'air chaud, térébenthine, balsamiques, résineux, russes, en piscine lames, 2 fr. 50; bains médicamenteux, gélatineux, aromatiques, mercuriels, salins, Vichy artificiels, 3 fr.; bains électriques, de tilleul, de Pennès, de Pouillet, de Vichy naturels, 4 fr.; bains de Raspail, de Plombières artificiels, 5 fr.; peignoir ordinaire, 15 c.; peignoir fil, 20 c.; peignoir éponge, 30 c.; serviettes, 10 c. et 20 c.; drap et fond de bain, 20 c. — Abonnement : 20 cachets avec 1/10 de réduction.

Bains de mer. — *Conche de Royan* : établissement de *H. Bernard*, maître nageur (cabines ombragées; bains de 30 à 50 c.; abonnements : grande réduction sur les abonnements de famille; bains chauds. 95 c.); — établissements de *Mmes Drouet* (*Bible*, successeur), *Braud, Morin*; tarifs communs : bain complet, 60 c.; cabine, 30 c.; abonnement : cabine pour 4 pers.; 20 fr. par mois; pour 1 pers., 10 fr. — *Conche de Foncillon* (établissements *Barrassart* et de *Mme Daoust-Renoleau*) : bain complet, avec costume et cabine, 75 c.; sans costume, 50 c.; peignoir, 15 c.; serviette, 10 c.; abonnement : cabine pour 1 pers., 12 fr. par mois; même prix pour 2 enfants. — *Conche du Chai* (établissements *Armand Soulard* et *Bitard*) : bain avec cabine, costume et bain de pieds, 60 c.; cabine et bain de pieds, 30 c.; abonnement : 7 fr. 50 par mois sans costume; 15 fr. avec costume. — *Conche de Pontaillac* (3 établissements : *Lusinier, Rouget, Bodard*) ; tarif commun à tous les établissements : bain complet (cabine, costume, 2 serviettes et bain de pieds), 50 c.; un enfant au-dessous de 10 ans se baignant avec sa mère, costume non compris. 25 c.; enfants au-dessous de 10 ans, costume non compris, 1 fr.; abonnement pour 20 bains, par pers., 8 fr.; pour un enfant au-dessous de 10 ans, 4 fr.; chaise transportée sur la plage, 10 c. Les baigneurs qui laissent leurs costumes aux soins de l'établissement payent 10 c. par jour et par costume.

Bains chauds d'eau douce : — au Casino de Foncillon; — Grande-Rue, 28.

Voitures de place : — Tarif dans le rayon de l'octroi : voit. à 1 ou 2 chev. et à 4 places, de 6 h. du matin à 9 h. du soir, la course, 1 fr. 50; de 9 h. du soir à la sortie des soirées des Casinos (excepté après minuit les jours de grands bals), 2 fr.; l'heure, de 6 h. du matin à 2 h. du soir, 2 fr.; de 2 h. à 9 h. du soir en juillet, août et septembre, 3 fr. (le reste de l'année, 2 fr.); — breaks et omnibus de plus de 4 places, de 6 h. du matin à 9 h. du soir, la course, 2 fr. 50; de 9 h. du s. à la sortie des soirées des Casinos (excepté les jours de grands bals), 3 fr.; l'heure, de 6 h. du matin à 9 h. du soir, 3 fr. (en juillet, août et septembre, de 2 h. à 9 h. du soir, 5 fr.). — Par chaque colis, 25 c.

Loueurs de chevaux et de voitures : — façade du Port, 20, et au Grand-Manège, sur la route de Pontaillac.

— On trouve aussi à louer des chevaux et des ânes chez différents habitants de Royan.

Tram à vapeur Decauville : — *de Royan à Saint-Georges-de-Didonne* et *de Royan à Pontaillac, au Bureau et à la Grande-Côte*. — Tarif : 40 c. de Saint-Georges, 25 c. du Parc à Pontaillac ; 35 c. de Pontaillac au Bureau; 70 c. de Pontaillac à la Grande-Côte ; 30 c. pour chacune des deux sections (Bureau et Grande-Côte), par carte de 20 voyages.

Poste, télégraphe et téléphone : — boulevard Botton (7 h. mat. à 9 h. s.). — Bureaux télégraphiques et téléphoniques au Parc (Pavillon des Gardes) et à Pontaillac, ouvert aussi de 7 h. mat. à 9 h. s.

Portefaix-commissionnaires. — Dans le rayon de l'octroi, excepté Pontaillac : colis au-dessous de 5 kilogr. 40 c.; de 5 à 50 kilogr. : un seul 75 c.; plusieurs, 50 c. chacun; de 50 à 100 kilogr. : un seul 1 fr. 50; plusieurs, 1 fr. chacun. — A Pontaillac et hors l'octroi : 75 c., 1 fr. 25 et 1 fr., 2 fr. et 1 fr. 50. — Du bateau aux voit., 25 c. par colis. — Tarif de nuit double (de 8 h. s. à 3 h. mat. en juin et juillet; de 8 h. s. à 4 h. mat. en août et septembre).

Bateaux à vapeur : — pour *Bordeaux* (2 dép. par j. dans le plein de la saison, du 31 juillet au 20 septembre; 1 dép. par j. du 1er au 30 juillet et du 21 sept. au 6 octobre; 3 dép. par semaine en hiver; 6 fr. en 1re cl.; 4 fr. en 2e cl.; aller et ret., val. 8 j.; 9 fr. et 6 fr.; excursion à prix réduits le dimanche [3 fr. et 2 fr. all. et ret.]; buffet-restaurant à bord; consulter les affiches); — pour la *pointe de Grave*, en corresp. avec le ch. de fer du Médoc (3 dép. par j. l'été; 2 fr.; aller et ret. 3 fr., non compris le droit perçu par la ville de Royan, 30 c. à l'all. et 30 c. au ret.) — Dans la saison, excurs. en mer et au *phare de Cordouan* par les vapeurs de la Cie Gironde-Garonne, annoncées par affiches et dans le journal quotidien *Royan* (5 c.; imprimerie Victor Billaud, 34, boulevard Thiers), en vente, ainsi que la *Gazette des bains de mer de Royan*, aux kiosques.

[LES SABLES] RENSEIGNEMENTS PRATIQUES. 15

Liste officielle des étrangers : — publiée t. l. j. et distribuée gratuitement au kiosque du boulevard Thiers.

Hippodrome : — sur la Grande-Conche, en face du Grand-Hôtel.

Vélodrome : — près du Jardin Public, au Parc.

Tir aux pigeons : — sur la falaise, près du phare du Chay, en deçà de la conche du Pigeonnier.

Photographies : — *F. Braun*, 24, rue Gambetta (vues de Royan et des environs); — *E. Pineau*, 92, boulevard Botton.

RUDELIÈRE [Bois de la] (Vendée), 78. — Casino et bals-concerts.

RUFFEC (Charente), 17. — Buvette à la gare. — Hôtel des *Ambassadeurs* (7 fr. par j.; spécialité de pâtés truffés). — Voitures particulières : à l'hôtel (pour *Pioussay*, à 1 chev. 2 pl., 15 fr.; à 2 ch., 4 pl., 20 fr.).

S

SABLANCEAUX [Pointe et débarcadère de] (Ile de Ré), 161. — Bateau à vapeur pour *la Pallice* (3 dép. par j.; 65 c.).

SABLES-D'OLONNE [Les] (Vendée), 75.

Omnibus : — de 6 h. du matin à 10 h. du soir, de la gare au bureau, 30 c. sans bagages, 50 c. avec bagages; à domicile, 50 et 60 c.; — de 10 h. du soir à 6 h. du matin, au bureau, 40 et 75 c.; à domicile, 75 et 85 c.; — bagages au-dessus de 30 kilogr., 20 c. par 10 kilogr. — Pour l'enlèvement et la livraison des bagages à domicile, V. p. 67.

Hôtels : — Grand hôtel de la *Plage**, sur le Remblai; — de l'*Océan et du Remblai**, sur le Remblai; — du *Casino**, sur le Remblai; — *Splendide-Hôtel**, sur le Remblai; — du *Cheval-Blanc* (80 ch.; omn., 50 c.: 7 fr. 50. par j.; excellente cuisine); — de *France et des Etrangers réunis* (omn. 50 c.; pet. déj. 50 c.; déj. 2 fr. 50, dîn. 3 fr.; ch. à 1 lit 2 fr.; à 2 lits 4 fr.; pens. 45 fr. par semaine, 210 fr. par mois); — *Jouet-Pépin* (hôtel de famille); — *Moderne*.

Restaurants : — aux hôtels. — *Laidet* (pens. de famille), rue des Halles, 44.

Locations : — V. p. 76. — **Agences de location :** — *E. Mayeux*, libraire, rue Bisson, 6; — *Chaigneau*, rue de l'Hôtel-de-Ville.

Poste et télégraphe : — rue Bisson, 4, ouvert de 7 h. du matin à 9 h. du s.

Casino : — spectacles, bals, concerts, jeux, jardins, tir aux pigeons, grand bal une fois par semaine; bals d'enfants le jeudi et le dimanche, soirée dansante tous les jours. — Abonnement au casino : 45 fr. pour la saison, 65 fr. pour 2 pers. de la même famille; pour chaque pers. en plus, 15 fr. — 1 mois, 30 fr., 45 fr., 10 fr.; 15 j., 20 fr., 35 fr., 8 fr.; 8 j., 12 fr., 20 fr., entrée journalière, 1 fr. Les entrées journalières ne donnent droit ni à l'entrée aux salons de jeu, ni aux bals, ni à la réduction accordée aux abonnés sur le prix des places pour le théâtre.

Cercles : — du *Progrès*, sur le Remblai; — du *Commerce*, au café du Commerce.

Bains de mer : — *Marie, Adèle, Groleau, Bruneteau, Morineau, Musseau*. — Tarif commun à tous les établissements : cabine, avec bain de pieds et linge, 30 c. par personne; costume et cabine, 60 c.; leçon de natation, 50 c. Les personnes logées dans le voisinage de la plage vont en peignoir directement de chez elles au bain.

Bains chauds et hydrothérapie complète : — aux bains *Durand-Morineau*; — *Groleau*.

Cabinet de lecture, location de

livres et de pianos : — librairie *E. Mayeux*, rue Bisson, 6 (romans, nouveautés, 10 c. et 20 c. le vol.).
Tramway électrique : pour *la Rudelière*.
Location de voitures (2 fr. l'heure) **et chevaux de selle; ânes** (50 c.) : — *Daniau; — Bertrand*, place Henri-IV ; — sur la plage, au pied du Remblai, 50 c. l'heure; — *Guilbaud*, place du Grand-Canton ; — *Bouron, Chabot*, loueurs d'ânes et voit. à ânes, sur la plage.
Voiture publique : — pour *Talmont* (1 fr. 50).
Canots de plaisance : — au port et aux établissements de bains (prix à débattre).
Excursions en mer : — à l'*île de Ré*, à l'*île d'Yeu*, à la *Pallice*, dans la saison (*V.* les journaux locaux et les affiches apposées au Remblai et au port du Commerce). — Excursion à la *forêt d'Olonne* par le vapeur *Mireille* (1 fr. all. et ret.; *V.* p. 78).

SAINT-ANDRÉ-DE-CUBZAC (Gironde), 57. — Hôt. *Castagnet*.

SAINT-BRÉVIN-L'OCÉAN (Loire-Inférieure), 176.

Hôtels : — Sur la plage : du *Casino*; du *Chalet* (6 à 7 fr. par j.). — Dans le bourg : de l'*Espérance* (5 fr. 50 par j.); du *Lion-d'Or* (5 fr.); *Guillet-Averty* (restaurant).
Locations : — *V.* p. 176.
Loueurs de voitures : — *Fournier; — Lelièvre; — Richeux*.
Voiture publique : — pour *Mindin* (25 c.), en corresp. avec le bac à vapeur pour *Saint-Nazaire* (30 c.).

SAINT-CLÉMENT-LES-BALEINES (Ile de Ré), 159.

Restaurant : — *Boudeau-Tardy Fulgence* (chambres meublées), au Chabot.

Appartements meublés : — s'adr. à M. *Pathouot-Bernard*, menuisier au Gillieux, ou à *Boudeau-Tardy*, restaurateur au Chabot.

SAINT-DENIS (Ile d'Oléron), 174. — Hôt. des *Voyageurs* (Caillebeau). — Voit. publ. pour *Boyardville* (1 fr. 65), en corresp. avec le bateau à vapeur pour la Rochelle.
SAINT-GEORGES (Ile d'Oléron), 174. — Hôtel des *Voyageurs* (Moquay). — Voitures de louage : *Garnier et Cie*. — Voit. publiques pour *Boyardville* (85 c.), en corresp. avec le bateau à vapeur pour la Rochelle, et pour le *Château* (1 fr. 65), en corresp. avec le bateau à vapeur pour le Chapus.

SAINT-GEORGES-DE-DIDONNE (Charente-Inférieure), 122.

Hôtels : — du *Nord*; — de l'*Océan*.
Locations : — *V.* p. 116 et 122.
Marché : — t. l. j. pendant la saison des bains de mer.
Tram à vapeur Decauville : — pour *Royan* et *Pontaillac* (15 c. de Saint-Georges au Jardin du Parc, 25 c. de là à Royan et Pontaillac), avec corresp. pour *le Bureau* et *la Grande-Côte*.

SAINT-GILLES-SUR-VIE (Vendée), 143.

Omnibus : — de l'hôtel et de la villa Notre-Dame, à la gare.
Hôtel : — des *Voyageurs* ou *Malescot*.
Pension de famille : — *Villa Notre-Dame* (ouverte toute l'année; pens. de 6 à 8 fr. par j., 4 à 5 fr. pour les enfants), family-hotel tenu par les religieuses de Saint-Charles d'Angers (dem. prospectus à la supérieure).
Locations : — chalets meublés de

[SAINT-TROJAN] RENSEIGNEMENTS PRATIQUES. *17

100 à 500 fr. par mois (s'adr. à M. Bodin, propriétaire à Thouars, Deux-Sèvres); — appartements dans le v. et à Croix-de-Vie.

Hydrothérapie et bains chauds : — à la *Villa Notre-Dame* (douches; bains chauds d'eau de mer, d'eaux mères de marais salants et médicamenteux). — Bains chauds : eau de mer, 1 fr., eau douce fr. 25 ; de son 1 fr. 50; de Pennès 2 fr. 25 ; d'amidon 1 fr. 50 ; alcalins 1 fr. 25, sulfureux 2 fr., d'eaux mères de marais salants 15 c. le litre; bain de siège 75 c. ; bain de pieds 50 c. ; serviette 10 c.; peignoir 20 c. ; fond de bain 20 c. — Douches : horizontale 1 fr. 25; pluie 1 fr., les deux ensemble 2 fr.; écossaise 2 fr.; réd. de 20 0/0 par 30 cachets.

SAINT-JEAN-D'ANGÉLY (Charente-Inférieure), 44. — Hôt. : de *France*; de *la Rochelle*.

SAINT-JEAN-DE-MONTS (Vendée), 145.

Hôtels : — de la *Plage* (Sigogneau), du *Casino*, à la plage ; — des *Voyageurs* (auberge), dans le village.
Locations : — V. p. 145. — S'adr. à *Billet*, entrepreneur, ou à *Brossard*, épicier.
Voiture publique : — pour la gare de *Challans* (1 dép. par j. l'hiver, 2 l'été; 2 fr.).

SAINT-LAURENT [Abbaye de] (Ile de Ré), 161.
SAINTE-MARIE-DE-RÉ (Ile de Ré), 161.

SAINT-MARTIN [Ile de Ré] (Charente-Inférieure), 156.

Hôtels : — de *France* (recommandé; 6 fr. 50 par j.); — du *Pacha* (5 fr. par j.; déj. 2 fr.; dîn. 2 fr. 50), tous deux sur le quai.
Locations : — V. p. 156.
Loueurs de voitures : — *Guérande*; — *Guibert*.
Bateaux à vapeur : — pour *la Rochelle* et *la Flotte* (V. p. 154).

SAINT-MICHEL-CHEF-CHEF (Loire-Inférieure), 176.

Hôtel-café : — de la *Plage*.
Locations : — V. p. 177.
Voitures publiques : — pour les gares de *Saint-Père-en-Retz* et *Paimbœuf*; — pour *Pornic*; — pour *Mindin*, avec corresp. pour *Saint-Nazaire* par le bac à vapeur.

SAINT-MICHEL-EN-L'HERM (Vendée), 61. — Hôt. de l'*Etoile et des Voyageurs*, place de l'Eglise. — Voit. publ. pour *Luçon* (1 fr. 50) et pour l'*Aiguillon-sur-Mer*.
SAINT-PALAIS-SUR-MER (Charente-Inférieure), 119. — V. BUREAU [LE].
SAINT-PIERRE (Ile d'Oléron), 173. — Hôt. : de la *Renaissance*; du *Commerce*. — Voiture de louage *Bourreau fils* et à l'hôtel de la *Renaissance*. — Voit. publ. pour *Boyardville* (85 c.), en corresp. avec le bateau à vapeur pour la Rochelle, et pour *le Château* (1 fr. 10), en corresp. avec le bateau à vapeur pour le Chapus.
SAINT-PIERRE-DE-ROYAN (Charente-Inférieure), 119. — Pension pour dames chez les *religieuses de Notre-Dame de Sion*.
SAINT-SAUVEUR (Ile d'Yeu), 153.

SAINT-TROJAN (Ile d'Oléron), 172.

Hôtels : — du *Casino de la Forêt et des Deux Plages* (petit déj. 50 c,;

déj. 2 fr. 50, dîn. 3 fr. avec vin: ch. à 1 lit dep. 1 fr. 50, à 2 lits dep. 2 fr.; pens. 7 fr. 50 par j. en août, 7 fr. par j. pour un mois: 50 c. de moins en juillet et septembre): — des *Bains* (Murat; petit déj. 50 c.; déj. 2 fr. 50, dîn. 2 fr. 50 avec vin: ch. à 1 lit 2 fr., à 2 lits 3 fr.; pens. 5 fr. 50 par j.).

Locations : — nombreux chalets et appartements (*V.* p. 172). — S'adr., pour renseignements, au *secrétaire du Syndicat d'intérêt local de Saint-Trojan-les-Bains*.

Casino : à l'*hôtel du Casino*.

Etablissement de bains de mer : — à la *Petite-Plage* : *Martin* (bains chauds); *Delanoue – Portou* (bains chauds); — à la *Grande-Plage* : *Botineau* (lait).

Voitures de louage : — *Félix Marchais*.

Voitures publiques : — pour *le Château* (75 c.), en corresp. avec le bateau à vapeur du Chapus, toute l'année; — pendant l'été, service d'omn. entre le bourg et le port ou l'appontement du sanatorium, en corresp. avec le vapeur direct du Chapus; — dans la pleine saison balnéaire, omn. pour la côte Sauvage.

Bateau à vapeur : — l'été, de juillet en septembre, vapeur direct de et pour *le Chapus* (*V.* p. 166).

Bateaux à voiles : — pour *le Chapus* (1 fr.: s'adr. à Murat, *hôtel des Bains*, ou à *Cyprien Pluchon*); — pour excursions en mer (s'adr. à *Zéphir Marcq*; prix à débattre).

SAINTES (Charente-Inférieure). 47. — Buffet. — Hôtels : des *Messageries*, rue Victor-Hugo; de *France*, cours National et cours Reverseaux ; du *Commerce*, rue des Messageries. — Poste et télégraphe : cours National. — Bains : cours National. — Voitures de louage : s'adr. au kiosque, square du Palais-de-Justice.

SAUJON (Charente-Inférieure), 112. — Omnibus : 30 c.; 20 c. par colis. — Hôt. : des *Voyageurs*; du *Cheval-Marin*; du *Commerce*. — Grand établissement hydrothérapique du Dr Dubois et *Villa du Parc*, maison de famille pour les malades de l'établissement (ouvert du 15 avril au 30 octobre; omn. à la gare, 30 c. 20 c. par colis; déj. 2 fr. 50, dîn. 3 fr., vin compris; ch. de 2 à 10 fr.), rue de Saintonge.

SION (Vendée), 142. — Quelques chalets, modestes maisonnettes et chambres meublées à louer (*Delavaud Pierre-Henri*, maison à 80 fr. par mois; vend du vin blanc).

T

TAILLEBOURG (Charente-Inférieure), 46. — Hôt. de *France*. — Voit. publ. pour *Port-d'Envaux* (40 c.).

TALMONT (Charente-Inférieure), 123. — Quelques appartements meublés.

TALMONT (Vendée) 79. — Aub. du *Lion-d'Or*. — Voit. publ. pour les *Sables-d'Olonne* (1 fr. 50).

TERRE-NÈGRE [Phare de] (Charente-Inférieure), 120.

THOUARS (Deux-Sèvres), 30. — Buffet. — Hôt. du *Cheval-Blanc et de la Boule-d'Or*.

TONNAY-CHARENTE (Charente-Inférieure), 65. — Hôt. : du *Commerce*; du *Point-du-Jour*; de la *Cigogne* ou de la *Renaissance*. — Voit. publ. pour *Rochefort* (t. les heures; 75 c. all. et ret.).

TRANCHE [La] (Vendée), 61.

Hôtels : — du *Franc-Picard*; — *Greleau*.

Locations : — chalets et logements meublés (*V.* p. 61).

[LA TREMBLADE] RENSEIGNEMENTS PRATIQUES.

Voiture publique : — pour la gare de *Luçon* (2 serv. par j. l'été, 1 l'hiver ; 3 fr.).
Billets de bains de mer : — V. l'*Introduction*.

TREMBLADE [La] (Charente-Inférieure), 113. — Hôt. de *France*. — Voit. publ., *du 1er juillet au 30 sept. seulement*, pour *Ronce-les-Bains* (25 c.).
TRIAIZE (Vendée), 61. — Voit. publ. pour la gare de *Luçon* (75 c.) et pour l'*Aiguillon-sur-Mer*.
TROIS-CANONS [Les] (Charente-Inférieure), 105.

V

VAUX (Charente-Inférieure), 119.
VELLUIRE (Vendée), 88. — Buffet (repas à 1 fr. 50 ; déj. avec café 2 fr. 50 ; panier de provisions 2 fr. 50).
VERT-BOIS [Plage du] (Ile d'Oleron), 169. — Dans la saison, omn. pour le *Château* (25 c.).

Y

YEU [Ile d'] (Vendée), 147. — V. PORT-JOINVILLE.

TABLE MÉTHODIQUE

Index alphabétique contenant les **renseignements pratiques**, en tête du volume.

Table méthodique des matières....................................	I
Avertissement...	II
Billets de bains de mer...	III
Voyage circulaire au littoral de l'océan......................	VI

Routes.
1. De Paris à Bordeaux..	1
2. De Nantes à Bordeaux..	58
3. De Paris aux Sables-d'Olonne................................	66
4. De Paris à la Rochelle, Chatelaillon et Fouras..........	79
5. De Poitiers à la Rochelle et à Rochefort..................	107
6. De Paris à Royan...	110
7. D'Angoulême à Royan...	125
8. De Paris à l'île de Noirmoutier...............................	130
9. De Paris à Saint-Gilles-Croix-de-Vie.......................	141
10. De Nantes à la Roche-sur-Yon..............................	144
11. De Paris à l'île d'Yeu..	146
12. De Paris à l'île de Ré..	154
13. De Paris à l'île d'Aix...	162
14. De Paris à l'île d'Oleron......................................	166
15. Plages du pays de Retz.......................................	175

AVERTISSEMENT

L'importance croissante des stations de bains de mer desservies par les chemins de fer de l'État nous a engagé à distraire de notre guide *De la Loire aux Pyrénées* la section qui en contenait la description et à en faire une monographie spéciale.

C'est cette monographie que nous présentons aujourd'hui au public. Elle contient non seulement la description des localités, mais aussi tous les renseignements pratiques sur les voies d'accès, les locations, l'installation, l'approvisionnement, les distractions, tout ce qui en un mot peut et doit intéresser les familles en quête d'un séjour au bord de la mer.

Ces renseignements ne proviennent ni de correspondants ni des mairies; ils ont été recueillis sur place par mon collaborateur M. Henri Boland, qui a passé toute une saison à parcourir ces plages, à tout voir, à tout contrôler, à tout expérimenter. La monographie des *Bains de mer de l'État* offre donc toutes garanties de véracité et d'exactitude, et nous espérons que le public l'appréciera et nous mettra à même de la tenir à jour en nous signalant les changements et les transformations qu'il pourrait constater.

P. JOANNE.

Juin 1899.

BILLETS DE BAINS DE MER

Ces billets, valables 33 j., non compris le j. du départ, sont délivrés du samedi, veille de la fête des Rameaux, au 31 octobre.

1° Au départ de Paris.

	PARCOURS	ITINÉRAIRES	PRIX (ALLER ET RETOUR)		
			1re cl.	2e cl.	3e cl.

SECTION I

Billets valables seulement pour les destinations qu'ils indiquent et ne donnant pas le droit de s'arrêter aux gares intermédiaires (*).

	PARCOURS	ITINÉRAIRES	1re cl.	2e cl.	3e cl.
De PARIS (MONTPARNASSE ou AUSTERLITZ) à	Royan.	Par toute voie État via Chartres et Saumur ou par Tours-Transit.	71 30	52 40	38 10
	La Tremblade (**1**).		74 25	54 20	39 "
	Le Chapus.		67 20	49 10	35 "
	Le Chateau-Quai (Ile d'Oleron).		68 70	50 60	36 20
	Marennes (**1**).		66 25	48 35	34 50
	Fouras.		63 90	46 50	33 20
	Chatelaillon.		62 35	46 10	32 40
	Angoulins-sur-Mer.		61 80	45 70	32 15
	La Rochelle.		61 10	45 10	31 80
	L'Aiguillon-sur-Mer (*viâ* Luçon).		62 65	47 35	34 45
	La Tranche (*viâ* Luçon).		64 65	49 35	36 45
	Les Sables-d'Olonne.		62 60	46 30	32 55
	St-Gilles-Croix-de-Vie.		64 55	46 55	32 70
De PARIS (MONTPARNASSE ou St-LAZARE) à	Challans (**2**).	Segré et Nantes-État, ou Angers-Saint-Laud-tr., et Nantes-Orl.-tr.	63 35	44 65	31 35
	Bourgneuf.		58 50	42 90	30 10
	Les Moutiers.		58 50	43 30	30 40
	La Bernerie.		58 50	43 55	30 60
	Pornic (**1**).		58 80	44 30	31 15
	St-Père-en-Retz (**3**).		58 50	43 30	30 65
	Paimbœuf (**3**).		59 05	43 30	30 80

SECTION II

§ 1. — *Billets donnant le droit de s'arrêter aux gares intermédiaires, entre Chartres (viâ Saumur ou viâ Chinon) ou Tours d'une part, et la station balnéaire de destination, d'autre part.*

	PARCOURS	ITINÉRAIRES	1re cl.	2e cl.	3e cl.
De PARIS (MONTPARNASSE ou AUSTERLITZ) à	Royan.	Par toute voie État via Chartres et Saumur ou via Chartres et Chinon ou par Tours-Transit.	80 65	61 20	43 50
	La Tremblade (**1**).		83 80	63 30	44 55
	Le Chapus.		77 05	58 20	40 "
	Le Chateau-Quai (Ile d'Oleron).		78 55	59 70	41 20
	Marennes (**1**).		76 10	57 50	39 45
	Fouras.		73 75	55 75	37 90
	Chatelaillon.		71 95	55 25	37 05
	Angoulins-sur-Mer.		71 35	54 75	36 70
	La Rochelle.		70 50	54 20	36 30
	L'Aiguillon-sur-Mer (*viâ* Luçon).		71 65	57 35	38 80
	La Tranche (*viâ* Luçon).		73 65	59 35	40 80
	Les Sables-d'Olonne.		72 25	56 95	37 20
	St-Gilles-Croix-de-Vie.		74 50	57 30	37 35

(*) Exceptionnellement, les voyageurs porteurs de billets de bains de mer de Paris à Challans, Bourgneuf, les Moutiers, la Bernerie, Pornic, St-Père-en-Retz et Paimbœuf ont la faculté de s'arrêter pendant 48 heures à Nantes, soit à l'aller, soit au retour.

(**1**), (**2**), (**3**). V. la note au tableau suivant.

BAINS DE MER DE L'ÉTAT.

PARCOURS	ITINÉ-RAIRES	PRIX (ALLER ET RETOUR)		
		1re cl.	2e cl.	3e cl.
SECTION II (SUITE)				
§ 2. — *Billets donnant le droit de s'arrêter aux gares intermédiaires entre Sainte-Pazanne (inclus) et les stations balnéaires désignées ci-dessous* (*) :				
De PARIS (Montparnasse ou St-Lazare) à — Challans (**2**)	Segré et Nantes-État-t.ou Angers-Saint-Nazaire-t. et Nantes-Orl.-t. (**)	71 35	50 65	35 35
Bourgneuf		66 50	48 90	34 10
Les Moutiers		66 50	49 30	34 40
La Bernerie		66 50	49 55	34 60
Pornic (**1**)		66 80	50 30	35 15
St-Père-en-Retz (**3**)		66 50	49 30	34 65
Paimbœuf (**3**)		67 05	49 30	34 80

(*) V. la note du tableau précédent.
(**) Au retour, les billets sont également valables par Nantes-Orléans-transit (arrivée à Paris-Austerlitz), quelle qu'ait été la voie suivie à l'aller.

2° Au départ des gares du réseau de l'État autres que Paris.

Ces billets, qui comportent les mêmes réductions de prix que les billets d'aller et retour ordinaires, sont délivrés par toutes les gares, stations et haltes du réseau de l'État (Paris excepté) pour les destinations de Royan, la Tremblade (**1**), le Chapus, Marennes (**1**), Fouras, Châtelaillon, Angoulins-sur-Mer, la Rochelle, les Sables-d'Olonne, Saint-Gilles-Croix-de-Vie, Challans (**2**), Bourgneuf, les Moutiers, la Bernerie, Pornic (**1**), Saint-Père-en-Retz (**3**) et Paimbœuf (**3**).

Toutes les gares, stations et haltes du réseau de l'État délivrent également des billets de bains de mer, savoir :

a. A destination de Château-Quai (île d'Oléron). Les prix de ces billets sont ceux des billets de bains de mer, à destination du Chapus, augmentés des prix ci-après pour le trajet par mer entre le Chapus et le Château-Quai : 1 fr. 50 en 1re et en 2e classe et 1 fr. 20 en 3e classe pour les voyageurs payant place entière ; — 0 fr. 80 en 1re et en 2e classe et 0 fr. 60 en 3e classe pour les enfants de 3 à 7 ans payant demi-place.

b. A destination de l'Aiguillon-sur-Mer et de la Tranche, *viâ* Luçon. Les prix de ces billets sont ceux des billets d'aller et retour ordinaires de la gare de départ à Luçon, augmentés de 4 francs par personne pour le trajet aller et retour en voiture entre Luçon et l'Aiguillon-sur-Mer et de 6 francs par personne pour le trajet aller et retour en voiture entre Luçon et la Tranche.

(**1**) Pour les dispositions spéciales aux billets de bains de mer pour la Tremblade, Marennes et Pornic, V. p. 112 et 132. — (**2**) La station de Challans dessert les plages de l'Île de Noirmoutier, de l'Île d'Yeu et de Saint-Jean-de-Monts. — (**3**) Les stations de Paimbœuf et de Saint-Père-en-Retz desservent la plage de Saint-Brévin-l'Océan. Les voyageurs porteurs de billets de bains de mer de Paris à Paimbœuf ont la faculté d'effectuer, sans supplément de prix, soit à l'aller, soit au retour, le trajet entre Nantes et Paimbœuf dans les bateaux de la Compagnie de Navigation de la Basse-Loire.

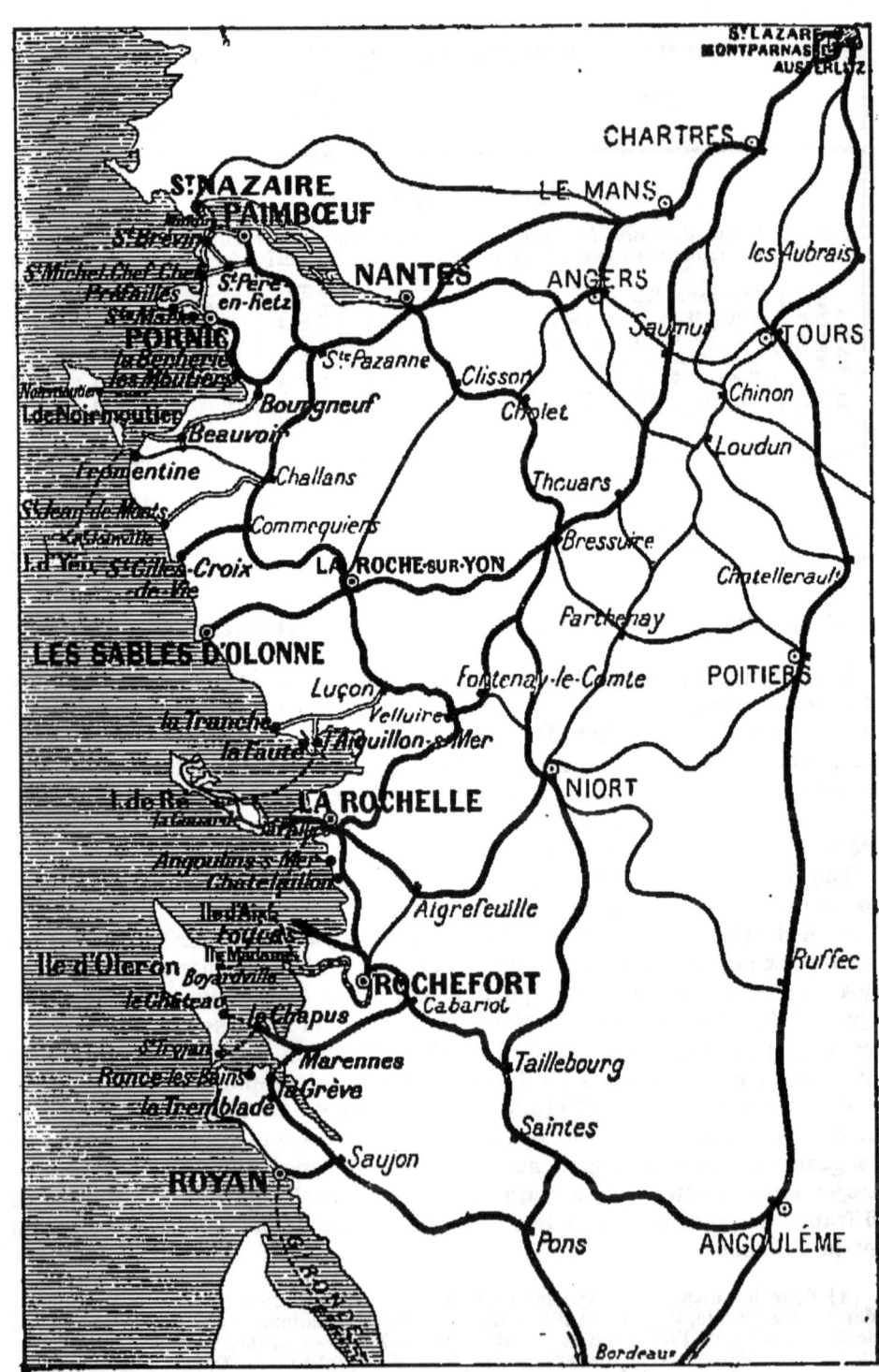

BAINS DE MER DE L'ÉTAT

VI — BAINS DE MER DE L'ÉTAT.

Les billets de bains de mer donnent, tant à l'aller qu'au retour, le droit de s'arrêter à toutes les gares intermédiaires.

N. B. — **Prolongation de la durée de validité.** — La durée de validité des billets de bains de mer peut être prolongée de 30 jours, moyennant le paiement d'un supplément égal à 10 0/0 du prix du billet. Cette prolongation peut être accordée deux fois au plus : le supplément à payer pour chaque prolongation de 30 jours est de 10 0/0 du prix primitif. Les voyageurs ont le droit de payer en une seule fois le supplément correspondant à une prolongation de 40 ou 60 jours, pourvu que la prolongation totale, y compris celle qui aurait déjà été payée, n'excède pas 60 jours. La demande de prolongation doit être faite et le supplément payé avant l'expiration de la période pour laquelle la prolongation est demandée. Ces formalités peuvent être remplies, soit à la gare de départ, soit à la gare d'arrivée, soit dans l'une des principales gares du parcours.

Billets de bains de mer à validité réduite : 1º de 1re, 2e et 3e cl., val. 5 j., délivrés par toutes les gares de l'État, y compris Paris. Ils sont valables 5 j. au maximum, du vendredi au mardi suivant ou de l'avant-veille au surlendemain d'un jour férié. Les prix sont ceux des billets simples augmentés d'un dixième, avec minimum de perception, par place, de 12 fr. en 1re cl., 9 fr. en 2e cl., et 5 fr. en 3e cl. Les itinéraires à suivre au départ de Paris (Montparnasse ou Austerlitz) sont ceux indiqués à la section II du § 1º ci-dessus ; — 2º billets de 2e et 3e cl., val. 1 j. seulement (dimanche ou j. férié), délivrés par les gares de l'État situées au S. de la Loire, y compris Nantes, la Possonnière, Angers et Port-Boulet. Les prix sont les deux tiers de ceux des billets de bains de mer de 33 j., visés au § 2º ci-dessus, avec minimum de perception, par place, de 4 fr. en 2e cl. et 2 fr. 50 en 3e cl.

Voyage circulaire au littoral de l'Océan. — Billets d'excursion, val. 33 j.; non compris celui de la délivrance, délivrés du samedi, veille des Rameaux, au 31 octobre, par toutes les gares du réseau de l'État. — Prix : 1re cl., 60 fr.; 2e cl., 45 fr.; 3e cl., 30 fr.

Les enfants de 3 à 7 ans paient moitié des prix ci-dessus. — Les billets doivent être demandés à la gare de départ **trois jours à l'avance**. — Faculté de prolongation de 20, 40 ou 60 jours, moyennant supplément de 10, 20 ou 30 0/0. — Toute demande de prolongation doit être faite et le supplément payé avant l'expiration de la période correspondante.

ITINÉRAIRE : Bordeaux. — Blaye. — Royan. — La Grève. — Le Chapus. — Fouras. — La Rochelle. — La Pallice-Rochelle. — Les Sables-d'Olonne. — Saint-Gilles-Croix-de-Vie. — Pornic. — Paimbœuf. — Nantes. — Clisson. — Cholet. — Bressuire. — Niort. — Bordeaux.

CONDITIONS. — Les voyageurs ont le droit de s'arrêter à toutes les gares situées sur l'itinéraire. Ils peuvent également suivre à leur gré l'itinéraire dans le sens inverse de celui indiqué ci-dessus; ils peuvent également ne pas effectuer tous les parcours détaillés dans cet itinéraire et se rendre directement sur les seuls points où ils désirent passer ou séjourner, en suivant toutefois le sens général de l'itinéraire et en abandonnant leurs droits aux parcours non effectués. Ils peuvent de même revenir directement à leur point de départ, soit par l'itinéraire parcouru à l'aller, soit par un autre itinéraire plus court que celui prévu sur le billet; mais, en ce cas, ils n'ont plus la faculté de s'arrêter aux gares intermédiaires.

BAINS DE MER DE L'ÉTAT.

Les voyageurs ont la faculté d'interrompre leur voyage à la Tremblade ou à la Grève pour le reprendre à Marennes ou au Chapus, ou inversement, à la condition d'assurer à leurs frais leur transport et celui de leurs bagages entre la Tremblade ou la Grève et Marennes ou le Chapus. Dans ce cas, ils doivent abandonner le parcours par voie de fer entre lesdites gares.

Les billets d'excursion sont valables pour tous les trains qui, d'après le tableau officiel de la marche des trains, admettent, pour le parcours partiel à effectuer, les voyageurs à plein tarif de la classe correspondante.

BILLETS SPÉCIAUX DE PARCOURS COMPLÉMENTAIRES POUR RÉJOINDRE OU QUITTER L'ITINÉRAIRE DU VOYAGE D'EXCURSION. — Il est délivré de toute gare, station ou halte du réseau de l'Etat situé en dehors de l'itinéraire du voyage d'excursion au littoral de l'Océan pour tout point situé sur cet itinéraire et, inversement, de tout point situé sur ledit itinéraire à toute gare, station ou halte du réseau de l'Etat, des billets spéciaux des trois classes, dits *billets de parcours complémentaires*, et comportant une réduction de 40 0/0 sur les prix des billets simples à place entière pour les adultes et à demi-place pour les enfants de 3 à 7 ans.

Ces billets sont délivrés distinctement, le premier pour aller rejoindre l'itinéraire du voyage d'excursion; le second pour quitter cet itinéraire lorsque le voyageur l'a terminé ou veut l'abandonner. Le premier de ces billets doit être demandé en même temps que le billet d'excursion et au moins trois jours avant la date du départ; le second est délivré lorsque le voyageur le demande — sur la présentation du billet d'excursion et pourvu que la validité primitive ou prolongée de celui-ci ne soit pas expirée — par la gare où le voyageur quitte l'itinéraire de ce billet. Le billet d'excursion est alors retiré des mains du voyageur et celui-ci perd tout droit, le cas échéant, sur les parcours non effectués.

Toutefois, au retour, il ne peut être délivré de billets complémentaires ayant Paris pour point de destination, que tout autant que le billet d'excursion présenté par le voyageur est revêtu des timbres de deux au moins des stations balnéaires comprises dans l'itinéraire du voyage d'excursion.

Les billets de parcours complémentaires peuvent être établis, tant à l'aller qu'au retour, par les lignes du réseau de l'État indiquées par le voyageur, et ils comportent, comme les billets d'excursion auxquels ils viennent se souder, la faculté d'arrêt à tous les points de leur parcours.

La durée de validité du billet délivré pour atteindre l'itinéraire du voyage d'excursion expire au point où le voyageur rejoint cet itinéraire.

Le délai de validité du billet délivré au voyageur qui abandonne l'itinéraire du voyage d'excursion expire trois jours après la date d'expiration de la validité du billet d'excursion.

BAINS DE MER DE L'ÉTAT

PLAGES DE L'OCÉAN
DE LA LOIRE A LA GIRONDE

ROUTE **1**

DE PARIS A BORDEAUX

A. Par l'Orléans.

578 k. jusqu'à Bordeaux-Bastide (c'est à cette gare que doivent descendre les voyageurs qui séjournent à Bordeaux), 585 k. jusqu'à Bordeaux-Saint-Jean (gare d'échange avec le Midi et avec l'État). — Chemin de fer d'Orléans (gare, quai d'Austerlitz). — Traj. en 7 h. env. par le rapide de j. (1re cl. seulement), 8 h. 30 env. par le rapide de nuit (1re cl. seulement), qui va directement à Bordeaux-Saint-Jean, sans desservir Bordeaux-Bastide; en 10 h. à 10 h. 45 par les express (1re, 2e et 3e cl.). — Prix : — billets simples : pour Bordeaux-Bastide, 64 fr. 85 en 1re cl., 43 fr. 80 en 2e cl., 28 fr. 60 en 3e cl.; pour Bordeaux-Saint-Jean, 65 fr. 60, 44 fr. 35, 28 fr. 95; — billets d'aller et ret., val. 7 j., non compris les j. de dép. et d'arrivée (délai augmenté de 24 h., quand il expire un dimanche ou un jour de fête, de 48 h. quand il expire un dimanche

suivi d'un jour de fête ou *vice versa*) : pour Bordeaux-Bastide, 97 fr. 20, 70 fr., 45 fr. 65; pour Bordeaux-Saint-Jean, 98 fr. 40, 70 fr. 85, 46 fr. 25.

RAPIDES. — Le rapide de jour, dans les deux sens, est composé de luxueuses voit. de 1re cl. à boggies et à couloir éclairées à l'électricité, communiquant entre elles et avec le wagon-restaurant. — Le rapide de nuit a des wagons-lits et une grande voit. du Midi à couloir ou (l'hiver) des voit. avec w.-c. entre deux compartiments et des lits-toilette (Paris-Irun); les autres voit. de 1re cl. sont des compartiments de 6 places, de l'Orléans, ancien système, sans couloir ni w.-c.; *il faut arriver de bonne heure à la gare, si l'on veut avoir place dans la voiture à couloir.*

SUD-EXPRESS. — On peut prendre, entre Paris et Bordeaux-Saint-Jean, le *Sud-Express*, train de luxe de la Cie des Wagons-Lits, partant des gares du Nord et d'Orléans le lundi, le mercredi, le vendredi et le samedi soir. Prix du billet de Paris (gare d'Orléans) à Bordeaux-Saint-Jean, suppl. de 50 p. 100 perçu par la Cie des Wagons-Lits compris : 98 fr. 25 (retenir les places d'avance, 3, place de l'Opéra); 90 c. en plus si l'on part de la gare du Nord.

WAGONS-RESTAURANTS. — Aux rapides de jour, dans les deux sens (retenir les places, *en désignant la série*, avant le départ, aux gares de Paris ou de Bordeaux; s'adr. au contrôleur du restaurant). — Dans le sens Paris-Bordeaux, les déj. (3 fr. 50, vin non compris; vin blanc ou rouge ordinaire, 1 fr. la demi-bouteille; café noir, 50 c.) sont servis comme suit : 1re série, au dép. des Aubrais; 2e *série*, au dép. de Saint-Pierre-des-Corps. — Dans le sens Bordeaux-Paris, les déj. sont servis comme suit : 1re série, au dép. d'Angoulême; 2e *série*, au dép. de Poitiers.

WAGONS-LITS. — Aux rapides partant le soir de Paris et de Bordeaux. — Prix du suppl. de Paris à Bordeaux ou *vice versa* : 24 fr.

BUFFETS. — Aux gares de Paris, les Aubrais, Blois, Saint-Pierre-des-Corps, Port-de-Piles, Châtellerault, Poitiers, Angoulême, Coutras, Libourne et Bordeaux-Saint-Jean (ce dernier géré par la Cie des Wagons-lits). — Les buffets des Aubrais, Saint-Pierre-des-Corps et Angoulême fournissent des paniers à emporter. — Buvettes aux gares d'Étampes et de Ruffec.

TERMINUS-HÔTEL. — Un hôtel terminus de premier ordre se trouve dans la gare de Bordeaux-Saint-Jean (*V.* le tarif à l'*Index*, Bordeaux). — Outre cet hôtel et le buffet, il y a dans la gare de Bordeaux-Saint-Jean des cabinets de toilette et un salon de coiffure.

ARRÊTS. — Principaux points à visiter sur le parcours décrit dans ce guide : *Poitiers* et *Angoulême*.

ARRIVÉE A BORDEAUX. — **Avis important.** — Il n'y a aucun omnibus d'hôtel aux gares de Bordeaux; on trouve à Bordeaux-Bastide et à Bordeaux-Saint-Jean des petits omn. du chemin de fer (2 fr. pour un voyageur) et des voitures de place (*V.* Bordeaux à l'*Index*).

N. B. — Pour la description détaillée du trajet entre Paris et Poitiers, *V.* les guides *Environs de Paris* (section de Paris à Étampes) et *la Loire* (section d'Étampes à Poitiers).

Le chemin de fer, de *Vitry* à *Juvisy* (à g., lignes de la Grande-Ceinture et du P.-L.-M.), remonte la **vallée de la Seine** (à g.), puis se tient dans la fraîche **vallée de l'Orge**, monte sur le **plateau de Marolles**, et descend dans la **vallée de la Juine**, que l'on suit de Lardy à Étampes (à g., jolies collines boisées).

56 k. *Étampes* (buvette). La voie s'élève sur le monotone **plateau de Beauce**, plaine de blé et de céréales, sans eau ni

ombrages, mais avec de vastes horizons, et le parcourt jusqu'à *Chevilly*, où l'on entre dans la **forêt d'Orléans**, pour en sortir au delà de *Cercottes*.

119 k. *Les Aubrais* (buffet), où changent de train les voyageurs des rapides et express pour Orléans (les trains omnibus seuls entrent dans la gare d'Orléans). — On suit le talus de Beauce au-dessus de la vallée de la Loire, qui coule à g., mais à distance, et ce n'est que de loin en loin que s'en montrent les coteaux, mais le paysage devient de plus en plus varié (maisons de campagne; bouquets de bois, prés, vignes, cultures).

178 k. *Blois* (buffet). — En quittant Blois, vue magnifique, à g., sur la **vallée de la Loire**, que l'on voit jusqu'aux approches d'*Amboise*, dont le château se montre à g. Au delà, des levées dérobent la vue du fleuve. — Après *Vouvray*, on franchit la Loire sur un **pont** de 12 arches, long de 383 m. (belle vue sur la vallée); à g., au delà du pont, curieuses habitations creusées dans le coteau.

231 k. *Saint-Pierre-des-Corps* (buffet), où les voyageurs à destination de Tours changent de train (rapides et express; les trains omnibus continuent jusqu'à la gare de Tours). La voie franchit le Cher (pont de 6 arches), puis passe sur un viaduc que suit une rampe courbe (belle vue), parcourt un plateau, et descend vers la **vallée de l'Indre**, que l'on franchit sur un magnifique **viaduc** (59 arches; long., 751 m.; haut., 29 m.). — Entre *Villeperdue* et *Sainte-Maure*, on franchit la **vallée de la Manse** (viaduc de 15 arches, haut de 31 m.); la voie parcourt ensuite le *plateau de Sainte-Maure*.

277 k. *Port-de-Piles* (buffet). — On franchit la Creuse et, à partir des *Ormes*, on suit à faible distance (à dr.) la **vallée de la Vienne**.

290 k. *Châtellerault* (buffet). — La voie, après avoir franchi la Vienne, suit la **vallée du Clain**; la rivière se montre presque constamment à g. Après *Chasseneuil*, la vallée du Clain, en se rétrécissant, gagne en pittoresque. Le ch. de fer franchit l'Auxance, laisse à dr. la stat. du Grand-Pont de la ligne de Loudun (*V.* ci-dessous, de Poitiers à Bressuire), franchit deux fois le Clain, puis la Boivre, et, en entrant en gare de Poitiers, la voie, serrée de près à dr. par les collines, offre à g. une belle vue sur la ville couronnant la hauteur.

332 k. Poitiers (buffet).

POITIERS

Poitiers[1], ch.-l. du départ. de la Vienne, siège d'un évêché et d'une Cour d'appel. V. de 38,518 hab., est pittoresquement situé au confluent du Clain et de la Boivre, qui l'entourent complètement, sauf au S.-O. (faubourg de la Tranchée), sur le plateau arrondi et les pentes raides d'un promontoire (143 m. d'alt.; 40 m. env. au-dessus des deux vallées). C'est une cité bourgeoise et calme, sans autres industries que la grande imprimerie Oudin et des fabriques de brosses.

Bien que mal percée et sillonnée de rues étroites et tortueuses, c'est **l'une des villes intéressantes de France**, l'une de celles dont la visite s'impose aux touristes, par la beauté du site, par le nombre et l'importance des monuments. Les voyageurs qui n'y passeront qu'une demi-journée devront voir de préférence et successivement le Palais de Justice, Notre-Dame, la cathédrale, le temple Saint-Jean, Sainte-Radegonde, le parc de Blossac et Saint-Hilaire. En une journée — mais une journée complète et bien remplie, — on pourra suivre entièrement notre itinéraire descriptif. Une demi-journée sera agréablement employée à l'excurs., en ch. de fer ou en voit. (de préférence en voit.), de Ligugé (*V.* ci-dessous, 1°). Quant aux archéologues, Poitiers, avec ses environs immédiats, riches en souvenirs et en curiosités, les arrêtera aisément quatre ou cinq jours.

Poitiers, capitale des Pictons ou Pictaves, s'appelait *Limonum* lors de la conquête romaine. Le christianisme y fut apporté au iiie s., et affermi, de 350 à 367, par l'évêque St Hilaire, défenseur de la foi catholique contre la secte arienne, dont Poitiers devint un peu plus tard un des foyers, lorsque, les Visigoths l'ayant conquise, leurs rois en firent l'une de leurs résidences. C'est de Poitiers que partit Alaric II pour se faire battre et tuer par Clovis dans les champs de Vouillé, en 507.

Les musulmans s'étant emparés du Poitou furent aussitôt arrêtés dans leur marche en avant par Charles-Martel, qui leur infligea (732), probablement à Moussais-la-Bataille, la défaite dite de Poitiers. Sous les Carlovingiens, Poitiers dépendit du royaume, puis du duché d'Aquitaine, et en subit les vicissitudes sous les premiers Capétiens. Il passa sous la domination anglaise par le mariage, avec Henri Plantagenet, d'Eléonore, qui y résida souvent, l'embellit, l'entoura d'une nouvelle enceinte et lui octroya une charte communale en 1199.

Philippe Auguste réunit le Poitou au domaine de la couronne de France, et Louis VIII le donna en apanage à son second fils Alphonse, dit de Poitiers, qui vint, en 1241, y tenir cour plénière ; mais l'un de ses vassaux, Hugues de Lusignan, excité par sa femme, l'altière Isabeau d'Angoulême, qui avait partagé avec Jean Sans-Terre le trône d'Angleterre, mit le feu au logis qui lui avait été assigné et inaugura ainsi la révolte qu'il devait payer de son échec de Taillebourg.

À la mort d'Alphonse (1271), le Poitou fut de nouveau rattaché au domaine royal. Poitiers a donné son nom à la désastreuse bataille que perdit, dans les environs de Nouaillé, le 19 sept. 1356, le roi Jean, contre les Anglais, commandés par le prince Noir, fils du roi Edouard III, et dont le résultat fut le traité de Brétigny (1360). Ce traité livra le Poitou à l'Angleterre, mais Du Guesclin le reconquit en 1369.

Charles VII transféra à Poitiers, en 1423, le Parlement et l'Université de Paris, qui y restèrent jusqu'à la prise de Paris, en 1436; en 1429, il y envoya Jeanne d'Arc subir devant la cour du Parlement un examen solennel dont elle sortit victorieuse.

Poitiers, où la Réforme eut de nombreux adeptes, pris tour à tour, en 1562, par les protestants et par les catholiques, fut en proie aux violences des deux partis. En 1569, Poitiers, défendu par le comte de Lude, Guise et Mayenne, fut inutilement assiégé par Coligny, qui se retira, après sept semaines de bombardement, et alla se faire battre à Moncontour, par le duc d'Anjou (Henri III).

Sous la Restauration, la conspiration de Thouars et Saumur se dénoua dans la ville de Poitiers; le général Berton et ses principaux complices, condamnés à mort par la cour d'assises, le 28 sept. 1822, furent exécutés le 17 octobre.

Poitiers a vu naître *St Hilaire* († 368); *Gilbert de la Porée*, philosophe scolastique († 1154); le jurisconsulte *Boncenne* (1775-1840), etc.

De la gare, le *boulevard Solférino* et la *rue Boncenne*, qui lui fait suite, conduisent au **Palais de Justice** (Pl. 16), l'ancien *palais des comtes*, dont il reste la grande salle et la tour Maubergeon.

La grande salle, ou **salle des Pas-Perdus** (pour visiter, s'adr. au concierge), des XIIe et XIVe s., longue de 49 m. sur 17 m. de larg., a ses murs latéraux intérieurement tapissés d'arcatures, semi-circulaires d'un côté, à cintres brisés de l'autre. Le comble est en bois. Le mur terminal est tout entier l'œuvre du duc Jean de Berry († 1416), frère de Charles V. En avant du mur-pignon, un large espace, élevé au-dessus de la nef, est accessible par des degrés. Au fond, trois immenses cheminées occupaient toute la larg. entre les murs latéraux. Au dehors, les conduits de ces cheminées masquent en majeure partie les fenêtres à meneaux ouvertes au-dessus des linteaux; du dedans, cet effet choquant était masqué par des vitraux.

La *tour Maubergeon* (XVe s.), œuvre aussi de Jean de Berry, avec salles voûtées, a ses angles flanqués de quatre grosses tours, ornées de statues qui la plupart ont été décapitées pour poser une misérable toiture.

De la place du Palais-de-Justice partent à dr. la rue Gambetta et la rue des Grandes-Ecoles, conduisant toutes deux à la place d'Armes.

A l'extrémité de la *rue Gambetta* se trouve l'*église Saint-Porchaire* (Pl. 5), dédiée à un abbé de Saint-Hilaire-le-Grand, qui vécut au VIe s., et dont le sarcophage est abrité par un autel; c'est une mauvaise bâtisse ogivale du XVIe s., remplaçant un édifice roman dont il ne reste que la porte O. et une tour assez remarquable. Sa grosse cloche, fondue en 1451, annonçait jadis les exercices de l'Université.

A la tribune, *Descente de Croix* de 1618, du peintre J. Boucher, de Bourges.

Près de Saint-Porchaire, *rue Bourbeau*, 21, un *obélisque* du XVIIe s., avec bas-reliefs mutilés, rappelle un miracle de St Hilaire (la résurrection d'un enfant).

Dans la *rue des Grandes-Ecoles* s'ouvre à dr. un passage où l'on visite (s'adr. au concierge) le **Musée de la Société des Antiquaires de l'Ouest** (Pl. C, 3), installé dans une salle de la vieille Université, appelée les *Grandes-Ecoles*, et dans une ancienne chapelle attenante à l'*ancien hôtel de ville* (XVe-XVIIIe s.).

REZ-DE-CHAUSSÉE (CHAPELLE; 1460). — **Musée lapidaire.** — Collection du Ier s. au XVIIe s., notamment : le *cippe* funéraire de l'aruspice Sabinus, découvert en 1841 à Poitiers, dans l'enceinte gallo-romaine; l'inscription funéraire de *Claudia Varenilla*; des bornes milliaires; le moulage en plâtre de la cheminée originale (XVIe s.) du château de Chitré, comm. de Vouneuil-sur-Vienne; le moulage du *tombeau* de St Hilaire; le *torse de la* *statue* en marbre blanc *de Louis XIII*, due au ciseau de Guillaume Bertelot, et que Richelieu avait fait placer au-dessus de la porte d'entrée de son château.

1ᵉʳ ÉTAGE. — **Collection archéologique.** — Objets partant de l'âge de pierre et allant jusqu'au xvɪɪᵉ s. : pièces préhistoriques provenant de grottes, tombelles, etc.; poteries dites samiennes, du 1ᵉʳ au vᵉ s.; signatures de potiers; sépultures gallo-romaines, ainsi qu'un très grand nombre de verres, de vases et autres objets trouvés dans des sépultures de cette époque; un médaillier renfermant 3.000 monnaies de toutes les époques, trouvées dans la région; une collection de tous les objets trouvés dans un puits gallo-romain profond de 34 m., découvert et fouillé par le P. de la Croix sur une des hauteurs avoisinant Poitiers, et ayant servi à des temples dédiés à Mercure; les moulages des sculptures et des inscriptions que contenait l'*hypogée-martyrium* découvert en 1869 par le P. de la Croix, sur les hauteurs qui dominent Poitiers au S.-E., au bord du chemin auquel la tradition a conservé le nom de *chemin des Martyrs* et non loin de la Pierre-Levée.

2ᵉ ÉTAGE. — *Bibliothèque de la Société.*

Sur la **place d'Armes**, qui est, avec la rue Carnot, la rue Gambetta et la rue des Cordeliers, le centre de l'animation de Poitiers, s'élève l'**Hôtel de Ville** (Pl. 12; 1869-1876), œuvre de l'architecte Guérinot, et dont la façade présente des médaillons destinés à recevoir les portraits des principales célébrités pictaviennes.

L'int. est décoré de peintures par Léon Perrault, Bin, de Curzon, Puvis de Chavannes (dans l'escalier), etc., figurant l'*Hymen* (salle des Mariages), l'*Apothéose de Du Guesclin*, *Charles Martel*, le *Poète Fortunat lisant ses vers à Ste Radegonde*, la *Boivre et le Clain*, etc.

L'hôtel de ville renferme, outre le *Musée d'histoire naturelle* (ouvert le jeudi), le **Musée municipal** (au rez-de-chaussée; ouvert t. l. j., de midi à 4 h.; s'adr. au gardien). Nous ne donnons pas les numéros, qui sont, pour la plupart, peu lisibles.

VESTIBULE. — *Girouard* (sculpteur poitevin). La Prudence et la Justice, sculptures provenant de l'ancienne maison consulaire. — Moulages des lions en plomb repoussé, par *Cain*, qui flanquent le beffroi de l'hôtel de ville.

1ʳᵉ SALLE. — Moulages d'après l'antique. — *Maindron*. La Peinture, statue. — Bustes antiques. — Inscriptions lapidaires. — *O. de Rochebrune*. Eaux fortes. — Dessins de maîtres.

Peinture. — *Monginot*. Après la chasse. — *A. De Curzon*. L'Acropole d'Athènes; Dante et Virgile sur le rivage du Purgatoire. — *Bézard*. Le Règne des méchants. — *Bruyères*. Le Bûcher de Sardanapale. — *Brouillet*. Ecce homo. — *Dehodency*. Fête juive à Tanger. — *A. De Curzon*. Orphée et Eurydice. — *André Brouillet*. Violation du tombeau de l'évêque d'Urgel. — *Marlet*. Bataille d'Alesia. — *Houses*. Marie Stuart et Châtelard. — *Joyant*. Vue du Rialto.

Débris lapidaires, objets de l'âge de bronze, poteries gauloises et gallo-romaines.

Au milieu de la salle : *Bourgeois*. Charmeur de serpents, bronze. — Autel gallo-romain. — *Godebski*. La Force étouffant le Génie. — Modèle en plâtre de la statue de Théophraste Renaudot, d'*Alfred Charron*, érigée à Loudun. — Tombes mérovingiennes. — *Jean Goujon*. Statue en marbre de Jeanne de Vivonne. — *Brouillet*. Les Regrets; Nymphe à la Coquille; Erigone; Baigneuse, plâtres. — Intéressante collection de champignons. — Vitrine consacrée aux objets gallo-romains trouvés à Sanxay par le P. de la Croix; au-dessus, plan des fouilles, dressé par l'archéologue.

GRANDE SALLE. — Peinture : *Inconnu.* Portrait du marquis de La Bourdonnaye de Blossac. — *Franc Lamy.* Après le bain. — *Alfred Didier.* Théroigne de Méricourt. — *Léon Perrault.* Naufragé. — *Brunet.* Le Martyr du Golgotha ; la Barque à Caron. — *Bonnat.* Antigone. — *Thiollet.* Le Vieux Bassin, à la Rochelle. — *André Brouillet.* Au chantier. — *Monginot.* Après la chasse. — *Alex. Brunet.* Le Chemin du cimetière. — *Deschamps.* Portrait. — *F. Lippi.* La V. et l'Enf. J. — *Fra Diamante.* La V. et l'Enf. J. — *Pierre Patel.* Palais en ruines. — *Andrea del Sarto.* L'Annonciation. — *Locatelli.* Paysage. — *Masaccio.* Prise d'habit. — *Franck le Vieux.* Le Festin de Balthazar. — *Taytaud.* Nymphes au bain. — *Van Dyck.* Portrait. — *Ferd. Bol.* Portrait. — *Cl. Lefebvre* Portrait. — *Titien.* Son portrait. — *Reynolds.* Portrait. — *N. Maas.* Portrait. — *Ecole italienne.* Portrait. — *Ecole espagnole.* Un Chevalier de l'Annonciade. — *Le Tintoret* (d'après). Le Miracle de St Marc. — *Lanfranc.* Le prophète Elie et la veuve de Sarepta. — *Ecole hollandaise.* Portrait. — *Verbruggen.* Fleurs. — *Pierre.* L'Aurore. — *Rigaud.* Portrait. — *Le Bronzino.* Portrait. — *Boucher.* Suzanne. — *Le Tintoret.* Portrait. — *Ecole française du XVIIe s.* Portrait. — *Noël Coypel.* Mlle de Montpensier. — *Louis Carrache* (d'après). St Sébastien. — *D. Teniers le Jeune.* Paysans jouant aux quilles. — *Santerre.* Dame peignant. — *Ecole française.* Portraits de Turenne et du peintre Largillière. — *Largillière.* Portrait. — *Doyen.* Mars blessé par Diomède. — *Pajou.* Œdipe maudissant Polynice.

Sculpture : *Choppin.* Le Génie des Arts. — *Escoula.* Enfant endormi, marbre.

3e SALLE. — *Combe-Velluet.* Les Bords de la Vienne à Chauvigny (le moulin des Dames).

Sculpture : *Brouillet.* Buste de Gay-Lussac. — *Hugoulin.* Surprise. — *Alfred Charron.* Un violoneux.

Collection de Curzon (toiles) et buste d'Alfred de Curzon (1820-1895), par *Jules Robuchon.* — Collection de dessins *Babinet.* — Gravures de *Besse.* — Montoir de Jeanne d'Arc (pierre du montoir qui se trouvait autrefois devant l'hôtel de la Rose et qui servit à Jeanne d'Arc pour monter à cheval, quand elle quitta Poitiers en 1429). — Médaillier. — Collection de sceaux. — Tombes de Jehan Boilève (1493), maire de Poitiers, et de Thomas Boilève (1478). — Moulage du pupitre de Ste Radegonde (qui se trouve au couvent de Sainte-Croix). — Frise sculptée du XVIe s., provenant du château de Bonnivet. — Faïences. — Haches en silex. — Emaux byzantins et limousins. — Ivoires. — Curieux plan de Poitiers assiégé en 1569, datant de 1619.

Les *archives municipales* contiennent des chartes d'Eléonore d'Aquitaine, de Philippe Auguste, d'Alphonse, les lettres de fondation de l'Université, des registres paroissiaux remontant à 1600, etc.

Sur la place d'Armes, face à l'hôtel de ville, dans la *rue Victor-Hugo*, qui conduit à la *préfecture* (1865-1870; architecte M. Guérinot), se trouve (s'adr. au concierge) le **Musée de Chièvres** ou **Musée des Augustins** (Pl. B, 3), installé dans l'hôtel (XVe-XVIe s.) légué par M. Rupert de Chièvres à la Société des Antiquaires de l'Ouest, et qui comprend, au rez-de-chaussée, trois salles, un vestibule et une galerie, et un escalier.

Ce musée, tout artistique, comprend : des porcelaines de Sèvres, de Chine, de Saxe et du Japon, de nombreuses faïences, des meubles Henri II, François Ier, Louis XIII, Louis XVI, des tableaux anciens d'Hobbema, de Bourguignon, de Teniers, une Sainte-Famille attribuée à Raphaël et Jules Romain, un tableau de M. A. de Curzon, des coffrets, pendules, objets en céramique, émaux, bagues, ivoires, mortiers en bronze, armes, tapisseries, etc.

— Portail de l'ancienne *église des Augustins*, sculpté, sous Louis XIII, par les frères Girouard, artistes poitevins.

La rue Victor-Hugo croise, avant d'aboutir à la préfecture, la *rue Théophraste-Renaudot*; on suivra cette rue à g. puis à dr. la *rue Saint-Hilaire*, sur laquelle se trouve, à g., l'église de ce nom.

L'**église Saint-Hilaire-le-Grand** (Pl. 2), la seconde en dignité de Poitiers, mais la première pour l'intérêt archéologique, jadis collégiale célèbre, a été construite aux xe et xie s., sur l'emplacement d'un édifice mérovingien. La façade et une partie de la nef furent ruinées par la chute du grand clocher, survenue à la suite des avaries subies par cette tour lors du siège de 1569. La nef a été rétablie de nos jours dans son ancien style, mais avec une travée de moins et une façade moins ornée. Le chœur, bâti sur une sorte de crypte où se conservent des reliques de St Hilaire et un tombeau du xie s., est très élevé au-dessus de la nef; il se compose d'une abside principale, d'un déambulatoire et de quatre chapelles rayonnantes, le tout du xie s. Quelques parties des croisillons peuvent remonter au xe s. La nef, des plus étranges, a sa grande voûte formée d'une suite de coupoles sur plan octogonal. Saint-Hilaire de Poitiers est, avec Notre-Dame du Puy-en-Velay, la seule église ayant à la fois des bas côtés et une série de coupoles; mais un caractère que l'on ne rencontre absolument, en France, qu'à Saint-Hilaire, ce sont les triples collatéraux qui de chaque côté longent la nef centrale, donnant un ensemble de sept nefs. On fait remonter le clocher, dont il ne reste qu'un tronçon (contre le croisillon N.), au règne de Charlemagne (voir, sous ce clocher, dans la sacristie, les très intéressants chapiteaux carlovingiens). Au croisillon S. (extérieur) est conservé un tombeau sous enfeu de xiie s.

A l'int., restes de *peintures* du xie ou du xiie s.; *vitraux* de Lobin; *inscriptions* du moyen âge; au bas du dernier bas côté dr., couvercle de *sarcophage* chrétien du ive ou du ve s.

Au delà de l'église, la première rue à g. longe l'Ecole normale d'instituteurs, ancien *Doyenné* (Pl. 11), dû à Geoffroy d'Estissac, qui fut doyen de Saint-Hilaire avant de devenir évêque de Maillezais (1518). Cette rue tombe dans la *rue de la Tranchée*, continuation de la *rue Carnot*. Croisant la rue de la Tranchée, on prend la *rue du Château-d'Eau*, ainsi nommée du *château d'eau* qui reçoit, pour le service de la ville, l'eau de la source de Fleury (20 k. O. de Poitiers; débit, 210 lit. par seconde), qui avait déjà été captée par les Romains, dans le même but, au Ier ou au IIe s. Le château d'eau occupe l'extrémité N.-E. du parc **de Blossac** (9 hect.), créé par le comte de Blossac, intendant du Poitou de 1751 à 1784 (dans le parc, les *Joies* et les *Douleurs maternelles*, groupes en marbre d'Etex; le *Lion Amoureux*, marbre de Maindron). Des terrasses, soutenues par les anciennes murailles

[R. 1, A] POITIERS : — ST-HILAIRE ; — CATHÉDRALE. 9

de la ville, et particulièrement de la *Tour à l'Oiseau*, on a une fort belle vue sur la vallée du Clain.

Du parc de Blossac, par la *rue du Calvaire* et la *rue Saint-Cyprien*, on gagne la rive g. du Clain, qu'on longe avec le *boulevard du Pont-Neuf*. Sur ce boulevard, immédiatement avant le pont Neuf (n° 7), se trouve à dr. l'**atelier archéologique Saint-Jean-Baptiste** ou *Musée des moulages du baptistère Saint-Jean* (visible t. l. j. pour les étrangers), fondé par le P. Camille de la Croix (c'est là qu'on trouve le gardien du baptistère Saint-Jean).

Sans franchir le *pont Neuf*, au delà duquel, à dr., se voient la *chapelle* et la *statue* en bronze doré *de Notre-Dame des Dunes* (1875 ; de la galerie qui borde le socle, vue magnifique sur la ville), on prend, en face du pont, à g., la *rue du Pont-Neuf*, qui conduit au **baptistère ou temple Saint-Jean** (Pl. 7 ; s'adr. chez le gardien, à l'atelier Saint-Jean-Baptiste, boulevard du Pont-Neuf, 7, V. ci-dessus), autre Musée de la Société des Antiquaires de l'Ouest (sarcophages mérovingiens et inscriptions chrétiennes des premiers siècles). Le baptistère Saint-Jean est peut-être l'édifice chrétien le plus ancien qui existe actuellement en France. D'après le P. de la Croix, il avait été construit de 320 à 330 (rez-de-chaussée seulement), pour servir au baptême chrétien par immersion ; il fut surhaussé et transformé en église paroissiale et en baptistère par infusion à la fin du VII° s.

A dr. du baptistère se trouvent l'*évêché*, et, sur la *place Saint-Pierre*, la cathédrale.

La **cathédrale Saint-Pierre** (Pl. 1) est de la fin de la période romane, et déjà même sa structure intime est plutôt ogivale que romane (XII° et XIII° s.) ; sans parler de la façade, des clochers et de diverses additions, qui sont franchement gothiques. Elle fut élevée en majeure partie aux frais du roi d'Angleterre Henri II et de la reine Eléonore de Guyenne ; à la mort du premier, en 1189, tout le gros œuvre était achevé ; au XIII° s., la façade fut exécutée, les deux tours en grande partie construites, une charmante porte latérale pratiquée au N. et plusieurs fenêtres élargies. Lors de la consécration, en 1379, les deux tours étaient incomplètes et elles sont restées en cet état, sauf un étage ajouté au XV° s. à la tour du N. Saint-Pierre (90 m. de long. dans œuvre, sur 27 m. de haut. sous voûte) est une salle rectangulaire à trois nefs à peu près égales en largeur et dont la nef centrale porte ses voûtes à 4 m. à peine au-dessus des voûtes collatérales. Les trois nefs se rétrécissent et s'abaissent légèrement vers le chœur, ce qui donne une perspective plus fuyante et augmente la longueur apparente de l'édifice.

La façade O., trop large pour sa hauteur, est percée de trois portes qui ont perdu leurs trumeaux et les grandes statues de leurs jambages, mais qui conservent encore leur peuple de statuettes sous leurs voussures. Le parvis qui les précède est de huit marches plus bas que la place Saint-Pierre, et il faut descendre encore quatre degrés pour entrer dans les nefs. Les vantaux sont du xv⁰ s. Les tympans représentent : au centre, le *Jugement dernier*; à dr., la *Tradition des clefs à St Pierre* et *l'Ostension de ses reliques*; à g., la *Mort* et l'*Assomption de la Vierge*. Les figures sont la plupart affreusement mutilées.

La façade du S. est en partie cachée par le palais épiscopal; mais dans celle du N., contre le croisillon de g., on peut admirer la porte Saint-Michel, charmante composition du xiii⁰ s., où, par une exception très rare à cette époque, les chapiteaux portent des sculptures historiées (*Vie de la Vierge*).

A l'int. : — inestimable collection de **verrières** de la fin du xii⁰ s., du xiii⁰ s. et un peu des deux siècles suivants (la plus ancienne, celle de la Crucifixion, au chevet, présente les effigies d'Eléonore et de Henri II); — **stalles** du xiii⁰ s., les seules en France, avec celles de Notre-Dame de la Roche, près Chevreuse (Seine-et-Oise), qui remontent à cette époque; — magnifique *maître autel* moderne; — *orgue* de Cliquot, posé seulement en 1791; — bons *vitraux* modernes, par Steinheil (1885); — dans le bas côté g. : *tombeaux* de Mgr de Bouillé, par Th. Louis, et de Mgr Pie, par Bonnassieux; mauvaise fresque du xvii⁰ s. (*Mystères du Rosaire*); — dans le bas côté dr. : *Christ* (bonne peinture), et tableau allégorique sur bois, relatif à la conversion de Henri IV; — dans la *sacristie du Chapitre*, curieuse série de portraits d'évêques, depuis le cardinal de Cramaud (1385-1391). — Dans la tour du S., le grand *bourdon* (1734) pèse près de 9,000 kilogr.

En arrière de la cathédrale, une petite rue conduit à l'**église Sainte-Radegonde** (Pl. 6), jadis collégiale, consacrée en 1099. La partie médiane (nef du plus beau style angevin) est une reconstruction de la fin du xii⁰ s.; deux portes latérales sont du xiii⁰ ou du xiv⁰ s., et la porte principale est un immense et riche placage de la fin du xv⁰ s., qui cache toute la moitié inférieure de la tour. Du porche, précédé d'un parvis en cours de restauration, une descente de dix marches amène dans l'église.

A l'int. : — aux voûtes de la nef, *peintures* du xiv⁰ s., défigurées par une restauration récente; — *vitraux* dont quelques-uns furent exécutés au xiii⁰ s. en vertu d'une disposition du testament d'Alphonse de Poitiers; d'autres, modernes, sont de Lobin; — à dr. de la nef, renfoncement dit la *chapelle du Pas de Dieu*, ancien tombeau abritant deux statues figurant une apparition du Christ à Ste Radegonde; à la suite de cette apparition, le pied du Christ aurait laissé son empreinte dans une pierre qui a été placée entre les deux statues.

Au milieu de l'église s'ouvre la *crypte* contenant le **tombeau de Ste Radegonde** (but de pèlerinage); le sarcophage (vide), en marbre noir, celui même où Ste Radegonde fut ensevelie par Grégoire de Tours, en 587, repose sur une table épaisse, du xi⁰ s. A dr., au bas de l'escalier, dans l'épaisseur du mur, un tombeau grossier passe pour avoir contenu le corps de Ste Agnès, première abbesse de Sainte-Croix; vis-à-vis, à g., reposait Ste Disciole, disciple de Radegonde. Les dépouilles mortelles de ces deux saintes ont été transférées dans les chap. latérales de la crypte, rétablie en 1854 telle qu'elle était au xi⁰ s. La balustrade de marbre blanc qui entoure l'autel et la *statue de Ste Radegonde*, œuvre de Nicolas Le Gendre, ont été données par la reine Anne d'Autriche, reconnaissante d'une guérison de Louis XIV (1658).

Sacristie (ancienne salle capitulaire), du meilleur style angevin de la première moitié du xiii⁰ s., sur plan carré, avec une gracieuse voûte à **huit nervures**.

[R. 1, A] POITIERS : — STE-RADEGONDE; — N.-DAME. 11

De Sainte-Radegonde, revenant à la place Saint-Pierre, on prend, en face de la cathédrale, la *rue de la Cathédrale* (n° 53, maison construite sur l'emplacement de l'*hôtel de la Rose*, où logea Jeanne d'Arc en 1429; plaque en marbre); cette rue conduit, en tournant à dr. dans la *rue du Marché Notre-Dame*, à Notre-Dame-la-Grande.

Notre-Dame-la-Grande (Pl. 4; nef et chœur du XII° s.; chapelles de la nef latérale Nord du XV° ou du XVI° s.) est surtout célèbre par sa **façade**, haute de 17 m. 65 sur 15 m. 40 de larg., et qui n'a de rivale parmi les façades romanes, pour la richesse des sculptures, que celle de Saint-Pierre d'Angoulême. Ce frontispice se compose de trois rangs d'arcades, de deux massifs de colonnes soutenant des clochetons latéraux, et d'un pignon, relativement simple, orné au centre d'une statue du Christ triomphant entouré des figures apocalyptiques des quatre Évangélistes. Les bas-reliefs du rez-de-chaussée sont presque tous relatifs à la *Vie de la Vierge*. Une large fenêtre interrompt, au centre de la façade, les deux étages supérieurs d'arcades, qui encadrent les statues grossières de *St Hilaire*, de *St Martin* et des douze *Apôtres*.

A l'int. (la nef a été, de nos jours, complètement couverte de peintures à tons criards) : — *maître autel* de 1856, en bon style roman; — deux beaux *lutrins* Louis XV en cuivre; — chœur : dans le pourtour droit, *Saint-Sépulcre* du XVI° s.; dans la voûte, grande fresque du XIII° s., dont le sujet paraît être la *Glorification de la Vierge*; — derrière le grand autel, **statue** vénérée (XVI° s.) **de la Vierge** portant dans ses mains un trousseau de clefs, pour rappeler qu'en 1202 (tradition erronée, puisqu'en 1202 Poitiers appartenait aux Anglais) les clefs de la ville auraient été miraculeusement soustraites aux recherches d'un traître qui devait les livrer aux Anglais. L'anniversaire du « miracle des clefs » est célébré, le lundi de Pâques, par une procession solennelle.

Près de Notre-Dame-la-Grande, presque en face, mais un peu sur la dr., le *Palais des Facultés* (Pl. 14), ancien *Hôtel-Dieu* (dans la cour, quelques arcades romanes, restes du cloître de Notre-Dame), renferme la **bibliothèque** (Pl. 10; entrée *place du Marché Notre-Dame*; s'adr. au conservateur).

Elle se compose de plus de 35,000 vol. imprimés, dont 215 incunables, et de 300 vol. manuscrits, non compris 89 vol. in-folio de dom Fonteneau. Parmi les incunables, on distingue le premier ouvrage sorti des presses de Poitiers, 39 ans après la découverte de l'imprimerie : *Breviarium historiale ex Landulpho excerptum* (1479), très soigné, imprimé chez un chanoine de Saint-Hilaire; — parmi les manuscrits : un bel *Évangéliaire* écrit en lettres onciales carolines de la fin du VII° s., vélin in-folio; un manuscrit de la *Vie de Ste Radegonde*, de Fortunat, écrit au XI° s.; un Pontifical de la même époque, plusieurs livres d'heures, des psautiers, des XIV°, XV° et XVI° s., remarquables par leurs belles miniatures. On admire surtout le beau psautier in-4°, sur vélin, attribué au roi René d'Anjou, et un petit livre d'heures du commenc. du XVI° s.

Prenant la *rue de la Prévôté*, on remarquera à g. l'**hôtel Fumée** (Pl. 18; fin du XV° s.; belle façade gothique), occupé par une école congréganiste, et improprement appelé la *Prévôté*; la véritable

Prévôté était en face (on en voit quelques restes). Par la *rue de la Chaîne*, qui fait suite à la rue de la Prévôté, puis, à dr., la *rue Saint-Germain* (*église Saint-Germain*, désaffectée, bâtie au xi⁰ s. sur des *thermes romains*) et, à g., la *rue de la Bretonnerie*, on arrive à l'**église de Montierneuf** (Pl. 3; xi⁰ s.; église d'un « monastère neuf »), ancienne abbatiale, dont le chœur roman fut altéré au xiii⁰ s. par l'addition sur l'abside centrale d'un étage largement ajouré, dit « la Lanterne ». Cette église, mutilée pendant les guerres religieuses, puis mal restaurée, offre quelques parties remarquables du xi⁰ s., en particulier le rond-point.

A l'int., au bas et à dr. de l'escalier descendant dans la nef, le *tombeau* du fondateur, Guillaume VI, duc d'Aquitaine (+ 1087), n'a été exécuté que vers 1820; au centre de la nef, une dalle marque le véritable emplacement du tombeau, et, au mur de g., une inscription rappelle la dédicace de l'église, en 1096, par le pape Urbain II.

En sortant de Montierneuf, on descendra au Clain et là, laissant à dr. le *pont de Rochereuil*, on suivra sur la g. le *boulevard du Pont-Guillon*, qui franchit la Boivre un peu en amont de son confluent avec le Clain; c'est là, au confluent des deux rivières, que s'élevait le *château*, construction militaire et non féodale, dont on peut voir, ainsi que des *remparts*, des restes importants de la fin du xii⁰ s. et du commencement du xv⁰ s.

Immédiatement après le pont Guillon, à g., le *boulevard du Grand-Cerf* et le *boulevard de la Gare* ramènent à la gare.

On peut voir encore, à Poitiers, en dehors de ces curiosités principales : — rue du Moulin-à-Vent, 3, la *collection Robuchon* (paysages et monuments du Poitou); — dans le *square de la République* (anc. place du Lycée), le *monument* (1895), par Jules Coutant, aux enfants de la Vienne morts pour la patrie en 1870-1871; — la *chapelle du Lycée* (Pl. 15; 1605 à 1640; retable du xvii⁰ s., en marbres de diverses couleurs; peintures murales et sur toile du chœur, dont la principale, la *Présentation de J.-C. au Temple*, est signée « Louis Finson [Finsonius], de Bruges, 1615 »; dans la sacristie, belles boiseries et peintures Louis XIV); — la *chapelle du Grand Séminaire* (Pl. 9), anc. chapelle des Carmélites, dont Louis XIV posa la première pierre en 1660 (très beau retable décoré de bronze doré) et la *bibliothèque* du même établissement (beaux manuscrits du xv⁰ s.; figure représentant un dragon ailé appelé la *Grand'Gueule*, le pendant du Graouilli de Metz, de la Tarasque de Tarascon, et de la Gargouille de Rouen; — près de la cathédrale et de Saint-Jean, la *chapelle de Sainte-Croix*, bâtie vers 1865 dans le style du xiii⁰ s., et qui possède de Ste Radegonde une croix en fer ayant servi de reliquaire, un pupitre en chêne (précieuses sculptures) qui, selon Léon Palustre, aurait été donné à Ste Radegonde par Ste Césaire, enfin d'importantes reliques, renfermées dans une châsse d'excellent style gothique, dessinée par Lassus et exécutée par Achille Legost en 1854; — rue de l'Industrie, la *chapelle du Gésu*, construite de

1851 à 1854, dans le meilleur style du xiii° s., par le P. Tournesac, jésuite architecte; — rue Victor-Hugo, la *chapelle de la Grand'Maison* (Picputiens), pastiche réussi du xiii° s. (architecte, Perlat); — boulevard Bajon, le *collège de Jésuites*, à façade monumentale de 90 m. de long, style du xiii° s., construit en 1860, sur les plans du P. Tournesac; — rue Sainte-Opportune, quelques restes (xii° et xv° s.) de l'*église Sainte-Opportune*; — rue des Égouts, *Saint-Hilaire-la-Celle*, église enclavée dans le couvent des Carmélites et dont il reste notamment une coupole à croisées d'ogives et une sculpture funéraire, appartenant l'une et l'autre à la fin du xii° s.; — près de la place du Pilori, la chapelle des sœurs de la Miséricorde, formée d'un bas côté de l'*église Saint-Cybard* (xii° s.).

Parmi les hôtels particuliers, maisons ou logis anciens, mentionnons : — Grande-Rue, 157, le vaste *hôtel d'Aquitaine* (xvi°-xviii° s.), ancienne résidence des prieurs de Saint-Jean de Jérusalem (ou de Malte) pour la province de cet ordre dite d'Aquitaine; — Grande-Rue, 118, la *maison des Trois-Clous* (de trois clous sculptés au linteau d'une fenêtre), du xv° s.; — rue de l'Arceau, 3 bis, le *logis de la Grande-Barre*, du xv° s.; — rue Saint-Paul, 1, l'*hôtel d'Elbène*, dit à tort *maison de Diane de Poitiers* par suite de l'interprétation erronée d'un monogramme appartenant en réalité à Julien d'Elbène et à sa femme Catherine Tornabuoni, une Italienne qui, vers 1575, fit décorer cette habitation, et surtout la grande cheminée, dans le goût le plus délicat de la Renaissance; — rue du Marché-Notre-Dame, 9, une *maison* de 1557, avec pilastres et entablement d'une certaine richesse, aussi de la Renaissance; — rue Le-Bascle, 1, l'*hôtel Jehan Beauce*, de 1554; — rue de la Chaîne, 24, l'*hôtel Berthelot*, de la Renaissance.

Au faubourg Saint-Saturnin, à l'E.-S.-E., à 1 k. env. de la rive dr. du Clain (franchir le pont Neuf avec la route du Blanc et prendre la seconde rue à g., marquée par une grande croix de mission, en bois) se trouve la **Pierre-Levée**, dolmen dont la table, reposant sur trois supports seulement au lieu des cinq qu'elle a eus jusqu'au xvii° s., est maintenant inclinée (un de ses morceaux, séparé de la masse, gît à terre, et la table, sur 6 m. de long, n'en a plus que 4). — A 2 k. S.-O., sur la route de Bordeaux, les quatre *arcs de Parigny* ou *de Parigné* sont les restes fort mutilés de l'aqueduc romain qui amenait à Poitiers l'eau des grandes sources de Fontaine-le-Comte, du Cimeau et de la Rénière.

1° Ligugé (7 k. S. par la route, 8 k. par le ch. de fer; si on fait la course on voit... aller ou revenir par Saint-Benoît, V. ci-après; excurs. très recommandée; visiter l'abbaye, la bibliothèque et l'église). — On sort de Poitiers par le faubourg de la Tranchée. Après avoir longé le Clain, on quitte la route d'Angoulême pour prendre celle de Ligugé, serpentant à quelque distance de la rivière, dans un paysage frais et gracieux. Au delà du ham. de *Naintré*, la route s'engage dans les bois, croise le ch.

de fer de Poitiers à Niort, franchit un ruisseau et sort des bois pour aboutir à la stat. de Ligugé du ch. de fer d'Orléans (V. ci-dessous).

7 k. **Ligugé** *, 1,588 hab., fut fondé en 361 par St Martin, qui y établit le premier monastère de l'Occident, aujourd'hui **abbaye bénédictine**. On visite d'abord la vaste *église* du xve s., de pur style ogival, bâtie par Geoffroy d'Estissac, et qui, étant à la fois abbatiale et paroissiale, est desservie par les moines; le public est donc admis librement, chaque jour, aux offices bénédictins, remarquables par le propre de leur liturgie et l'exécution du chant grégorien. Dans l'allée de l'église, qui forme saillie hors le monastère, on voit la *tour* où logeait Rabelais, alors que, bénédictin à Maillezais, il venait visiter son ami d'Estissac, abbé commendataire de Ligugé. Au fond d'une allée à dr. de l'église, la chapelle miraculeuse, bâtie sur l'emplacement où St Martin ressuscita un catéchumène (premier miracle du grand thaumaturge), est l'objet d'une grande vénération et de nombreux pèlerinages s'y rendent aux fêtes de St Martin, le 4 juillet et le 11 novembre (pendant les fêtes de juillet, on représente en plein air un mystère sur la vie du fondateur de Ligugé).

L'abbaye compte environ 40 religieux et occupe autant d'ouvriers laïques, soit à la culture, soit à l'imprimerie. Elle possède une **bibliothèque** de 20,000 vol., confiée aux soins du célèbre savant Dom Chamard, et riche surtout en ouvrages d'ascétisme et d'histoire du Poitou. Une salle de construction récente, aménagée avec tout le confort moderne, et rendant possible son développement indéfini, renferme la bibliothèque depuis 1899; on y a fait la première application, en Poitou, du ciment armé, pour la défendre contre l'incendie.

Une population bourgeoise, au milieu de laquelle vivent quelques artistes, entre autres l'illustre écrivain Huysmans, s'est agglomérée autour de l'abbaye, avec laquelle elle entretient des relations spirituelles et d'étude qui font que la vie religieuse déborde au dehors, comme au moyen âge. Les laïques sont admis, sur leur demande adressée au Révérendissime Père Abbé, soit pour des retraites, soit pour des travaux justifiés, à partager la vie bénédictine pendant un temps qui ne peut excéder trois mois. Les personnes qui ne peuvent être admises dans le monastère trouvent, en s'adressant aux religieux, à se loger dans des familles.

Ligugé a une usine de *tissage* qui occupe 500 ouvriers. — Au ham. de *Papot* (3 k. S.), *papeterie* importante. — Dans les environs, nombreuses *grottes*.

2° **De Poitiers à Saint-Martin-Lars** (48 k.; tram. de la Vienne, en 3 h. 20; 3 fr. 70 et 2 fr. 45). — Le tram. part de Poitiers-Blossac, passe à la gare, et dessert le faub. de *la Tranchée*. — 7 k. Saint-Benoît (V. ci-dessous). — 11 k. *Smarves*. — 15 k. *Les Roches-Prémarie* (donjon du xive s.). — 17 k. *La Villedieu*, ch.-l. de c. de 515 hab. (*église* romane, portail remarquable). — 21 k. *La Voulte*.

27 k. **Gençay** *, ch.-l. de c. de 1,205 hab., dans un site très pittoresque, au confluent de la Clouère et de la Belle, et dominé par les ruines imposantes d'un **château**, des xiiie et xive s. — *Église* du xiie s. — A 1 k. S., beau *château de la Roche* (xvie et xviie s.; collection de peintures; chapelle). — En face, sur la rive dr. de la Clouère, *Saint-Maurice* possède une belle *église* romane, présentant des dispositions curieuses.

La voie suit à distance la rive g. de la Clouère. — 32 k. *Brion* (*église* romane). — 36 k. *Saint-Secondin* (*église* romane). — 42 k. *Usson* (belle *église* romane). — A g., *château d'Artron* (xve s.).

48 k. Saint-Martin-Lars, où l'on rejoint la ligne de Saint-Saviol à Lussac-les-Châteaux (V. ci-dessous, Saint-Saviol).

3° **De Poitiers à Bressuire** (90 k.; ch. de fer de l'État; gare commune, à Poitiers, avec l'Orléans; traj. en 2 h. 6 à 3 h. 29; 9 fr. 20; 6 fr. 80; 4 fr. 45). —

[R. 1, A] LIGUGÉ. — ST BENOÎT. — VIVONNE.

La voie suit la ligne de Paris (Orléans) jusqu'auprès du Grand-Pont, puis s'en détache à g. — 5 k. *Le Grand-Pont*. — On longe, puis on franchit l'Auxance, pour remonter ensuite un profond ravin. — 10 k. *Migné-les-Lourdines* (*Migné*, 2,437 hab., à 2 k. S., sur l'Auxance, à 1 k. en aval du *donjon d'Auxance*, bâti en 1474, est célèbre par l'apparition d'une croix lumineuse dans le ciel, le 17 déc. 1826, pendant l'inauguration d'un calvaire; aux *Lourdines*, importantes carrières de pierre). — 13 k. *Avanton* (*église* du XIVe s.; *château* du XVIe s.).

17 k. Neuville*, ch.-l. de c. de 3,151 hab. (*église* moderne, style du XIIe s.; *manoir* à tourelles *de Furigny*; *dolmens* de *Malvanet* et de *Bellefaye*). — Laissant à dr. la ligne de Loudun-Angers (*V. la Loire*), la voie court à l'O. sur un plateau raviné. — 23 k. *Villiers-Vouillé*, gare qui dessert *Villiers* et (4 k. S.), dans la vallée de l'Auxance, **Vouillé**, ch.-l. de c. de 1,603 hab., où Clovis vainquit Alaric en 507, et qui possède une *église* du XIIe s. et, des deux côtés de la rivière, des *ruines féodales* des XIIe et XIIIe s. — 31 k. *Ayron-Latillé* (à *Ayron*, dans l'*église*, ogivale, beau retable du XVIIe s.; *château* du XVIe s.). — 37 k. *Chalandray*. — 43 k. *La Ferrière-Thénezay*. — 49 k. Halte de *la Peyratte*, 1,380 hab. (à l'*église*, tombe du XIIIe s.; au cimetière, *croix* du XIIe s.).

56 k. Parthenay (*V. B*). — On franchit la profonde vallée du Thouet. — Arrêt de *la Berthelière*. — 68 k. *Fénery*, stat. qui dessert (5 k. S.-O.) *Pougne-Hérisson* (restes d'un *château* des XIIe et XVe s., construit sur une motte; restes de l'*église Saint-Georges*, avec abside romane; *église Saint-Jean*, du XIIIe s.; *auberge du Mouton*, du XVe ou du XVIe s.; pierre branlante appelée la *Merveille de Hérisson*). — 74 k. *Clessé*, 1,370 hab. — 79 k. *La Chapelle-Saint-Laurent*, 2,247 hab. (curieux rocher, dit le *Chiron de la Vierge*, long de 33 m., large de 21, haut seulement de 1 m. à 1 m. 25).

90 k. Bressuire (R. 3, A).]

De Poitiers à la Rochelle et à Rochefort, R. 5; — à Limoges, R. 17.

En sortant de la gare de Poitiers, on a à g. la vue de quelques restes des anciennes murailles, puis la voie pénètre dans un tunnel de 300 m., à la sortie duquel, au moment où l'on franchit le Clain, Poitiers s'offre pittoresquement aux regards.

337 k. (de Paris). *Saint-Benoît*, 1,194 hab. (*église* des XIIe et XVe s., dépendant jadis d'une *abbaye* bénédictine dont on voit quelques restes), à l'entrée de la vallée du Miosson (à g.), but de promenade des hab. de Poitiers, est desservi à la fois par les lignes de Bordeaux et du Dorat de l'Orléans, de Niort de l'État, et le tram. de Saint-Martin-Lars. — Laissant à dr. la ligne de Niort, à g. celle du Dorat, la voie suit le Clain d'assez près, en coupant toutefois les méandres qui rejettent à g. la sinueuse rivière. C'est dès lors toujours le même paysage doux, gracieux, vert et varié, assez boisé, mais sans grand relief. On passe dans Ligugé (à dr. l'abbaye, avec la bibliothèque).

340 k. Ligugé (*V. Poitiers*, 1°). — 346 k. *Iteuil*, 1,136 hab. — Tunnel des *Bachées* (429 m.).

352 k. *Vivonne*, ch.-l. de c. de 2,493 hab. (*église* et *château* ruiné des XIIe et XIVe s.), a vu naître la célèbre marquise de Rambouillet (XVIIe s.; née, selon quelques-uns, à Rome).

[A 5 k. E., dans la pittoresque vallée de la Clouère, *Château-Larcher* (*église* romane accolée aux ruines d'un château; dans le cimetière, fanal ou *lanterne des morts*; *maison* du xv° s.; nombreux restes mégalithiques.]

La voie franchit deux fois le Clain, puis la Dive du S. — 361 k. *Anché-Voulon* (au N. d'*Anché*, 1 k. 5 à g., **camp de Sichard**: buttes sépulcrales et tombes en maçonnerie). — Laissant le Clain s'éloigner à g., on remonte la petite *vallée de la Bouleure*.

366 k. *Couhé-Vérac*, stat. qui dessert (6 k. O.-S.-O., sur la Dive; omn.), par (2 k.) *Vaux*, 1,260 hab. (*église* romane), **Couhé**, ch.-l. de c. de 1,835 hab. (important commerce de bétail; vastes *halles*; à 20 min. N.-O., dans un méandre de la Dive, salle du xiii° s., reste de l'*abbaye* cistercienne *de Valence*).

[A 2 k. 5 N.-O., *Ceaux* (*église* des xii° et xv° s., renfermant quatre tombeaux gothiques, avec enfeux). — Corresp. pour (11 k. E.-S.-E.) *Sommières*, 1,178 hab. (beau *château* du xvii° s., œuvre de Mansart).]

La voie s'élève, par des tranchées, sur un plateau. — 375 k. *Epanvilliers*. — Courant N.-S. en ligne droite, la voie laisse se détacher à g. la ligne de Saint-Saviol à Lussac-les-Châteaux, à dr. celle de Saint-Jean-d'Angély par Chef-Boutonne, et descend dans la **vallée de la Charente**.

384 k. *Saint-Saviol* (à dr. de la stat., beau **dolmen de la Pierre-Pèse** ou *de Pannessac*, long de 7 m. 30).

[De Saint-Saviol à Lussac-les-Châteaux (64 k.; ch. de fer d'Orléans, en 2 h.; 7 fr. 15; 4 fr. 85; 3 fr. 15). — Laissant à g. la ligne de Poitiers, on se rapproche de la vallée de la Charente (à dr.).

7 k. **Civray***, ch.-l. d'arr. de 2,558 hab., situé en majeure partie sur la rive dr. de la Charente. — L'**église Saint-Nicolas** (xii° s.) est surtout remarquable par sa riche *façade*, à deux rangs d'arcades. La porte principale a cinq archivoltes chargées de sculptures (signes du zodiaque). Le tympan est moderne. Des trois grandes arcades du 1er étage, celle du centre est seule ouverte; dans celle de g. on remarque un cavalier mutilé, à dr. de nombreuses statuettes. La partie supérieure de cet immense mur sculpté a été remaniée et munie de mâchicoulis au xv° s. L'abside est aussi très ornée extérieurement. Sur la croisée s'élève un clocher octogonal. A l'int., dans le transsept et dans le chœur, peintures du xv° s. trop restaurées (la Vierge, J.-C., personnages de l'Ancien et du Nouveau Testament). — L'*hôtel de la Prévôté* (rue Louis-XIII, qui part de la Grande-Place) date du xv° au xvi° s. (sur la porte de l'escalier, *buste de Louis XIII*, qui coucha dans ce logis en 1616). Dans la même rue, à l'angle de la place, l'hôtel de France occupe une maison du xv° s. (bel escalier à vis). — Sur la rive g. de la Charente (600 m. du pont), sur le chemin de Genouillé, *chapelle* romane *de Saint-Clémentin* (convertie en grange), qui dépendait d'une commanderie de Templiers).

11 k. *Savigné* (*église* des xii° et xv° s.; à 2 k. S., au delà de la Charente, franchie par un pont, *Montazais* possède les ruines d'un *prieuré* de Fontevrault, des xii° et xv° s., et un *camp* dit *des Anglais*). — A dr., sur le bord de la Charente, **grottes du Chaffaud**, antique atelier d'armes en silex. La principale salle a 22 m. de profondeur. A g., tumulus du *Gros-Guignon*, où l'on a découvert en 1884 un Gaulois inhumé sur son char. — A dr., château de *Rochemaux* (xvii° s.).

17 k. **Charroux**, ch.-l. de c. de 1,876 hab., l'antique *Carrofum*, célèbre au moyen âge par son **abbaye** fondée par Charlemagne et Roger, comte du Limousin (785). De l'église, consacrée par Urbain II en 1096, il ne reste

qu'un **clocher** octogonal, le noyau de la tour carrée O., quelques débris de sculpture, une salle du xvᵉ s. et un bâtiment Louis XIII. — L'*église paroissiale* (xiiᵉ et xvᵉ s.) renferme des reliquaires provenant du monastère.

25 k. *Mauprévoir* (*église* romane; *château* du xvᵉ s.). — La voie croise le Payroux et plus loin le Clain. — 30 k. *Saint-Martin-Lars*, relié directement à Poitiers par un ch. de fer à voie étroite. V. ci-dessus, Poitiers, 2º (à 3 k. S.-E., au ham. de *Combes* et près d'un *château* de la fin du xviᵉ s., magnifique *chêne*, haut de 48 m. avec 13 m. de circonf. à la base; à 3 k. S., sur le Clain, ruines de l'*abbaye de la Reau* : église romane, salle capitulaire du xiiᵉ s., curieuse cuisine, cloître du xvᵉ s., etc.). — On croise la Clouère. — 39 k. *Le Vigeant*. — La voie débouche dans la vallée de la Vienne, qu'elle franchit devant l'Isle-Jourdain sur un beau *viaduc*.

44 k. **L'Isle-Jourdain** *, ch.-l. de c. de 1,056 hab., dans une situation très pittoresque. Le *pont* de la Vienne porte, sur une arche dite *la Débraille*, une *statue* en bronze *de St Sylvain* qui, attaché à une poutre et jeté dans la rivière à St Junien, serait venu échouer sain et sauf en cet endroit. L'*église* a pour clocher le donjon restauré de l'ancien château.

[De l'Isle-Jourdain, un embranchement projeté, de 30 k. env., remontera la vallée de la Vienne jusqu'à Confolens, en desservant (12 k.) *Availles-Limousine*, ch.-l. de c. de 2,250 hab. (mégalithes, notamment le menhir de *Pierre-Fade*). Les *eaux*, dites *d'Availles*, froides, chlorurées sodiques, jaillissent sur la rive dr. de la Vienne, dans la com. d'*Abzac* (Charente) où l'on remarque en outre, au S. le *château de Fayolle* (fin du xvᵉ s.), au N. le *château de Serres* (donjon du xvᵉ s.) où naquit, croit-on, Mme de Montespan et où elle se retira quelquefois après sa disgrâce.]

La voie suit désormais, à des distances variables, la rive dr. de la Vienne. — 49 k. *Moussac-sur-Vienne*. — On croise la Grande-Blourd. — 56 k. *Persac* (*église* romane, flèche de 1315). — On longe à g. la Grande-Blourd, puis la Vienne, après avoir franchi la Petite-Blourd. — 59 k. *Villars*. — On rejoint la ligne de Poitiers à Limoges. — 64 k. Lussac-les-Châteaux (R. 17).]

De Saint-Saviol à Saint-Jean-d'Angély, *V. B*, Saint-Jean-d'Angély.

La voie, d'abord assez rapprochée de la Charente, s'éloigne bientôt de la rivière, qui décrit de nombreux méandres à g. Paysage assez plat. On traverse la *forêt de Ruffec*.

398 k. **Ruffec** * (buvette), ch.-l. d'arr. de 3,426 hab., à g., est plus célèbre par ses pâtés de perdreaux truffés que par ses monuments. Dans la ville, on remarque la façade romane de l'*église* (le reste du vaisseau date des xvᵉ et xviᵉ s.), et une *maison* de 1582, avec inscription partie en grec, partie en latin.

[A 6 k. S.-E., dans la vallée de la Charente, *Verteuil* possède un **château** (intéressante collection de portraits historiques et de meubles anciens) bâti en 1459, visité par Charles Quint et par Louis XIII, et en partie reconstruit par M. de la Rochefoucauld.

A 20 k. O. (voit. à 1 chev. 15 fr., à 2 chev. 20 fr., dans tous les hôtels de Ruffec) **Ploussay** reçoit d'innombrables visiteurs, qui viennent y consulter le curé, célèbre comme guérisseur. — L'*église* est du xiiᵉ s. — Le *château de Joué*, à 2 k. N.-E., offre un pavillon à mâchicoulis et à lucarnes, du xviᵉ s.].

De Ruffec à Niort, par Melle, *V. B*, Niort.

La voie, laissant se détacher à dr. la ligne de Niort, pénètre dans le *tunnel des Plans*.

408 k. *Salles-Moussac*.

[A 5 k. N.-O., *Courcôme* (remarquable *église* avec nef du x⁰ s., chœur, croisillons et façade du xiii⁰ s., le reste du xv⁰ s.).]

On parcourt des tranchées, puis on franchit la Charente.

416 k. *Luxé* (1 k. 5 N.-N.-E.; ruines d'un *château*; *église* du xi⁰ s., remaniée; dolmens et antiquités romaines).

[Corresp. pour (6 k. E.-S.-E.; 50 c.) Mansle, ch.-l. de c. de 1,537 hab. (*église* du xii⁰ s. restaurée aux xv⁰ et xvi⁰ s.; à *Gouex*, sur l'autre rive de la Charente, deux *tours* de la Renaissance, restes d'un château.]

La voie côtoie un instant la Charente, qui bientôt s'éloigne à dr. A g., *forêt de Saint-Amant-de-Boixe*.

426 k. **Saint-Amant-de-Boixe**, ch.-l. de c. de 1,053 hab., à 1 k. 5 à dr. (omn., 10 c.), sur une colline dont le Javard baigne la base, est séparé de la Charente par une plaine où se serait livrée, en 575, entre les Neustriens et les Austrasiens, la sanglante bataille qui coûta la vie à Théodebert, fils de Chilpéric. — **Eglise** romane (1170) avec crypte décorée de peintures murales du xiv⁰ s. La façade O. présente, au rez-de-chaussée, deux arcades latérales (l'une abritait un sarcophage, aujourd'hui ouvert). Les croisillons ne servent plus au culte, non plus que la profonde chapelle (xiii⁰ s.) qui longe le chœur, à dr. Le chœur (fin du xiv⁰ s.) se termine par un mur droit. A l'extérieur du croisillon N., richement sculpté, on remarque trois enfeux romans et deux absides dont la plus grande a été tronquée lors de la reconstruction des parties orientales. — A dr. de l'église, dans une cour, restes d'un *cloître* des xii⁰ et xv⁰ s. — L'abbaye de Saint-Amant avait été fondée en 988.

[A 3 k. E., *Villejoubert* (ruines d'une *église* romane et fossés du *château d'Anzone*, avec motte et substructions; *hôtel de la Barre*, avec belle cheminée sculptée Louis XIII).]

432 k. *Vars*, 1,551 hab. (restes du *château* des anciens évêques d'Angoulême).

[Corresp. pour (13 k. N.-O.; 65 c.) *Marcillac-Lanville*, 1,039 hab., ancienne principauté (à *Lanville*, *église* du xii⁰ s.; restes d'un *cloître* du xv⁰ s.), par (4 k.) *Montignac-Charente* (ruines d'un *château* du xii⁰ s.).]

La voie franchit l'Argence, se rapproche de la Charente (belle vue sur Angoulême), puis franchit la Touvre (6 arches).

445 k. Angoulême (buffet).

ANGOULÊME

Angoulême*, ch.-l. du départ. de la Charente, siège d'un évêché, V. de 38,068 hab., se compose de deux parties bien différentes d'aspect : dans les vallées, les faubourgs industriels (papeteries très importantes), et, sur un promontoire (96 m. d'alt., 60 m. au-dessus de la Charente) baigné à sa base par la Charente au N., l'Anguienne au S. et à l'O. et qui va s'effilant de l'E. à l'O. jusqu'à son pédoncule terminal projeté au-dessus du confluent des deux rivières, la V. proprement dite, ville montueuse, administrative, commerçante, assez animée dans le parcours de son artère centrale, depuis les gares jusqu'au palais de justice, ailleurs morne et grise, avec ses rues étroites et silencieuses aux maisons sans caractère et comme endormies.

Néanmoins, Angoulême est, par son site, **si éminemment pittoresque**, qu'il faut s'y arrêter. Deux heures suffisent pour la voir aux touristes ordinaires qui, de la gare, se rendront directement au rond-point du monument Carnot, visiteront la **cathédrale** et feront le **tour des remparts** en suivant notre itinéraire de description. Angoulême, en outre, a l'avantage d'être un excellent point de départ pour les intéressantes excursions de Ruelle et les sources de la Touvre, La Rochefoucauld et les grottes de Rancogne, Saint-Michel, La Couronne ; soit en voit., soit par le ch. de fer, ces courses peuvent se faire commodément en une journée au plus, all. et ret., et l'installation de quelques-uns des hôtels d'Angoulême est suffisante pour y retenir l'étranger.

Angoulême, l'antique *Iculisma* ou *Engolisma*, capitale d'une tribu santone dite les *Engolismenses* ou les *Agasinattes*, le fut plus tard du comté (IXe-XVIe s.) puis province d'Angoumois. Cédée par le traité de Brétigny, en 1360, aux Anglais, elle les chassa en 1373. Prise plusieurs fois pendant les guerres de religion, elle fut, surtout en 1568, le théâtre des excès des deux partis.

Le comté d'Angoulême, donné en apanage, à partir du XIVe s., à des princes de la famille royale, fut transformé par François Ier en duché. Le titre de duc d'Angoulême fut porté, en dernier lieu, par le fils aîné de Charles X.

Angoulême a vu naître : *Marguerite de Valois* ou *d'Angoulême*, sœur de François Ier (1492-1549) ; le poète *Mellin de Saint-Gelais* (1491-1558) ; *André Thevet*, importateur du tabac en France (1503-1590) ; *Pierre de la Place*, jurisconsulte, moraliste et historien (1529-1572) ; *Pierre Guillebaud*, plus connu sous le nom de *P. de Saint-Romuald*, poète et chroniqueur (1586-1667) ; le cardinal *Louis Nogaret d'Epernon de la Valette* (1593-1639) ; *Vivien de Châteaubrun*, auteur tragique, de l'Académie française (1686-1775) ; les littérateurs *Guez de Balzac* (1597-1654) et *Albéric Second* (1817-1887) ; le pianiste compositeur *Émile Prudent* (1817-1863) ; le *marquis de Montalembert*, ingénieur militaire, inventeur d'un nouveau système de fortifications (1714-1800) ; le Dr *Bouillaud* (1796-1880) ; le sculpteur *Jacques d'Angoulême* (XVIe s.) ; le régicide *Ravaillac* (1578-1610).

En sortant de la gare d'Orléans, sur *l'avenue Gambetta*, on a en face de soi la gare de l'Etat et, un peu à g. de celle-ci, la gare des chemins de fer départementaux (ligne de Rouillac et Matha).

On montera à dr., par l'avenue Gambetta, puis la *rampe d'Aguesseau* (au-dessus, à g., *église Saint-Martial*, Pl. 2, œuvre d'Abadie, construite de 1852 à 1853, dans le style roman), la *rue d'Aguesseau* (n° 36, maison où est mort, en 1654, Guez de Balzac) et la *rue de Marengo*, à la **place de l'Hôtel-de-Ville**, dont le côté S. (à g.) est occupé par l'hôtel de ville.

En débouchant de la rue de Marengo sur la place, on voit à dr., dans le fond, le *marché couvert* (halles), et l'on peut faire un léger crochet à dr. pour aller voir, au n° 15 de la *rue de la Cloche-Verte*, l'*hôtel Saint-Simon* (Pl. 16; entrer dans la cour), de la Renaissance. Revenant sur ses pas, on entrera dans le petit jardin public attenant à l'hôtel de ville, en bordure sur la *rue de l'Arsenal*, pour y voir, au centre, la médiocre *statue* en marbre *de Marguerite de Valois*, par Badiou de la Tronchère, et au fond, le *monument* (Pl. 12), par Raoul Verlet, aux Charentais morts pour la Patrie.

L'Hôtel de Ville (Pl. 9), avec son beffroi (escalier monumental), est une importante construction dont la façade principale est du style ogival et l'autre partie dans le goût de la Renaissance, élevée de 1858 à 1866, par Paul Abadie, sur l'emplacement du château comtal. Les deux plus belles tours de ce château, la *tour Polygone*, bâtie au XIIIe s. par Hugues IV le Brun († 1303), et la *tour de Valois* (fin du XVe s.), où naquit Marguerite de Valois, ont été conservées et réunies aux constructions nouvelles. Le corps de logis du fond est affecté aux musées (ouverts au public les dim., jeudis et jours fériés, t. l. j. aux étrangers; quand le gardien n'y est pas, s'adr. au concierge de l'hôtel de ville, à dr., sous le porche d'entrée). Ces musées, au nombre de deux, le *Musée de peinture* à g., le *Musée archéologique* à dr., ont été organisés par M. Emile Biais, archiviste-bibliothécaire de la ville, qui en a dressé le catalogue.

Musée de peinture. — VESTIBULE. — Armes, notamment des piques forgées à Angoulême pour armer la garde nationale, en 1792; armure du XVIIe s.

SALLE. — Médailles et monnaies diverses. — 12. *Vicomte Delaborde*. St Augustin au lit de mort de sa mère Ste Monique. — 65. *Rubens* (d'après). Voyage de Marie de Médicis aux Ponts-de-Cé. — 22. *Van der Helst*. Portrait. — 22. *Hondekoeter*. Volailles. — 56. *Léon Olivié*. Marguerite de Valois faisant la lecture de l'Heptaméron. — 19. *Garnier*. La Consternation de la famille de Priam. — 4. *Le Guerchin*. Samson livré aux Philistins par Dalila. — 66. *Toudouze*. Mort de Jézabel. — 24. *Hondekoeter*. Coq et gibier. — 7. *Paul Bril*. Paysage historique. — 6. *Bouchet*. Un Soldat romain blessé. — 119. *Doucet*. Agar dans le désert. — 73. *Simon Vouet*. Loth et ses filles. — 54. *Monsiau*. Aria et Pætus. — 34. *Inconnu*. Sainte Cécile. — 67. *Trézel*. Fuite de Caïn et de sa famille après la malédiction divine. — 70. *Velasquez* (d'après). La Reddition de Bréda. — Sans n°. Ecole française. Portrait du duc de Montausier [remarquable]. — 13. *Desportes*. Chasseur au repos. — 18. *Franck le Jeune* (?). Adoration des Mages. — 10. *Antoine Coypel*. Le Jugement de Salomon. — 2. *Alunno*. Bannière d'une confrérie. — 11. *David*. Barbaroux. — 61. *Francesco Ponte*, dit *Le Bassan*. Marché au poisson au bord de la mer. — Sans n°. *Chevalier*. Marais salants. — Sans n°. *L.-A. Auguin*. La Gironde au Verdon. — Sans n°. *Latapie*. Son portrait. — Sans n°. *Jolivard*. Sous bois. — Sans n°. *J. Ouvrié*. Ville et château d'Heidelberg. — Sans n°. *Guilbert*. La Douleur d'Orphée. — Sans n°. *E. Lambert*. Nature morte. — Collection de coquillages, donnée par M. Leclerc-Chauvin. — Faïences et armes anciennes, léguées par M. de Rochebrune.

Sculpture. — *Clémence de Lanchatres*. Buste en bronze de Françoise de Foix. — *Magniant*. Buste de Jean-Louis Guez de Balzac; les Amours, plâtre. — *Peiffer*. Psyché, marbre. — *Blanchard*. Equilibriste; Chasseresse, plâtres. — *Raymond Guimberteau*. La Coquetterie. — *Verlet*. Thésée rendant grâce aux dieux de sa victoire sur le Minotaure, plâtre. — *Oliva*. Buste de Paul Boiteau.

Musée archéologique. — Antiquités diverses : borne gallo-romaine trouvée près de Confolens, tombeau de Pierre de Jambes (XIIIe s.), François Ier (peinture par Couder), objets préhistoriques provenant du tumulus de la Boixe, mosaïques gallo-romaines trouvées à Fouqueure (canton d'Aigre), autel domestique gallo-romain, monnaies antiques, fragments d'architecture et de poteries, beaux chapiteaux antiques et romans; marbres, carreaux et pointes d'amphores provenant du temple romain de Chassenon; médaillon de Babinet de Rencogne, président de la Société archéologique et historique de la Charente (1868-1877); buste en marbre d'Eusèbe Castaigne, fondateur de la Société archéologique de la Charente et bibliographe éminent; plan en relief de la ville d'Angoulême, par Despujols; fragments d'architecture provenant de l'ancien château d'Angoulême; nombreux moulages et estampages pris sur des sculptures de monuments angoumoisins, pour la plupart détruits.

En sortant de l'hôtel de ville par le jardin derrière le musée, on suit à dr. la *rue de Plaisance*, et l'on aperçoit, du même côté, la *statue* en bronze *du Dr Bouillaud*, par Verlet, au moment où l'on débouche sur la *place de la Commune* (à g., *théâtre municipal*, Pl. 13), plantée d'arbres, et dont l'extrémité forme un rond-point surplombant la vallée de l'Anguienne, où s'élève le *Monument du Président Carnot*, par Verlet, avec l'inscription :
LA CHARENTE A CARNOT.

C'est à ce rond-point, d'où la vue est superbe, que le touriste commencera l'**admirable promenade des remparts**, le clou de la visite d'Angoulême, en suivant à dr. le *rempart Desaix*, à dr. duquel se trouve la cathédrale.

La **cathédrale Saint-Pierre** (Pl. 1), commencée au XIe s., fut en majeure partie reconstruite de 1110 à 1130 environ. Mutilée par les protestants en 1569, elle a été restaurée de 1630 à 1654, et, plus complètement encore, de nos jours par l'architecte Paul Abadie.

La **façade**, rivale de Notre-Dame de Poitiers, est, avec ses deux tours rétablies, une immense page de sculpture d'une grande richesse, dont les statues et les bas-reliefs, distribués dans les arcades et les frises, figurent dans leur ensemble la scène du *Jugement dernier*. La grande tour (croisillon N.) dépasse 50 m.

A l'int., on remarque : — les douze *fenêtres* de la lanterne centrale, reconstruite en 1874-1875; — au mur de g. de la nef, trois inscriptions tumulaires du XIIe s., restaurées ou refaites; — le *tombeau* de Mgr Sebaux, par Verlet.

A côté (N.-E.) de la cathédrale, l'*évêché* (dans le jardin, *statue* colossale, en pierre, *du comte Jean*, grand-père de François Ier), bâti au XIIe s., et restauré à diverses époques, notamment à la fin du XVe s., est en partie roman.

Continuant à suivre le rempart Desaix, on laisse à g., en contrebas, le *chemin de la Colonne*, qui conduirait à *Saint-Ausone* (Pl. 4; style ogival du XIIe s.; charmantes sculptures), église bâtie, de 1864 à 1869, par Abadie, et que l'on voit du rempart, et, plus loin, à une *colonne* ionique élevée en mémoire de l'entrée de la duchesse d'Angoulême, le 15 août 1815.

On arrive sur la *place de Beaulieu*, au-dessus des allées du **Jardin Public** ou *Jardin-Vert*, sinueusement tracées dans de beaux massifs d'arbres, sur les flancs de l'extrémité arrondie du promontoire, en face du confluent de l'Anguienne avec la Charente. A dr., le fond de la place de Beaulieu est occupé par le *lycée*, que la *rue Turgot* sépare de l'*hospice* (chapelle, ancienne *église des Cordeliers*, des XII⁰ et XIV⁰ s., avec jolie flèche, et où l'on peut voir le tombeau de l'écrivain Guez de Balzac).

Contournant le promontoire, on prend à dr. (au-dessous du rempart, *grotte de Saint-Cybard*, Pl. 5, convertie en chapelle, et où St Éparché ou Cybard se retira avec des disciples, au VII⁰ s.), le **rempart de Beaulieu** et le **rempart du Nord**, qui lui fait suite; c'est de ces remparts, qui dominent la belle vallée où la Charente, parsemée d'îles, coule dans de charmantes prairies, que l'on a la vue la plus admirable.

A l'extrémité du rempart du Nord, le *boulevard Pasteur*, qui passe devant les halles (*V.* ci-dessus), ramène à la rue d'Aguesseau (*V.* ci-dessus), d'où l'on descendra à la gare.

On peut encore signaler, en dehors de cet itinéraire : — sur la place du Mûrier, ornée d'une belle *fontaine*, le *Palais de Justice* (Pl. 10), renfermant la *bibliothèque* (38,000 vol.) ; — rue Taillefer, l'*église Saint-André* (Pl. 3), des XII⁰, XVI⁰ et XVIII⁰ s., et, presque en face, les débris du *Palais Taillefer*, bâti en 1027 par Guillaume II de Taillefer, et que les comtes d'Angoulême paraissent avoir habité jusqu'au XIII⁰ s. ; — rue d'Obesine ou, dans le vocable populaire, des Bezines, la *chapelle de N.-D. d'Obesine* (Pl. C, 4), en reconstruction.

[Excurs. recommandées : — 1⁰ (4 k. O.-S.-O. par la route, 6 k. par le ch. de fer de l'Etat, ligne de Cognac) Saint-Michel (R. 7; visiter l'église); — 2⁰ (7 k. S.-O. par la route, 8 k. de fer, ligne de Bordeaux) la Couronne (*V.* ci-dessous; ruines de l'église abbatiale); — 3⁰ (à l'E.-N.-E. ; une demi-journée, en voit. ou par le ch. de fer d'Orléans, lignes de Limoges ou de Périgueux) Ruelle (R. 18; visiter la fonderie de canons) et les belles sources de la Touvre (stat. de Magnac-Touvre; R. 18); — et 4⁰ (à l'E. ; une journée en voit. ou par le ch. de fer d'Orléans, ligne de Limoges) La Rochefoucauld (R. 18; y déj. ; visiter le château) et les grottes de Rancogne (R. 18).

D'Angoulême à Matha, par Rouillac (62 k. ; ch. de fer de la C¹ᵉ des chemins de fer départementaux; gare à Angoulême sur l'avenue Gambetta, à côté de la gare de l'Etat; traj. en 2 h. 42 à 2 h. 55; 5 fr. 55; 4 fr. 15; 3 fr. 05). — 7 k. *Venat.* — 9 k. *Fléac* (*église* du XII⁰ s., avec trois coupoles octogonales). — 15 k. *Saint-Saturnin* (maison de Calvin, où le réformateur aurait écrit ses *Commentaires*; à *Moulède*, ruines d'un prieuré et d'une chapelle du XII⁰ s.; *château de Mailloux*, du XVI⁰ s.). — 18 k. *Hiersac*, ch.-l. de c. de 669 hab. — 23 k. Arrêt de *Douzat* (à *Villars*, élégante habitation du XVI⁰ s.). — 25 k. *Asnières-Neuillac* (à *Neuillac*, château du XVIII⁰ s., sur la Nouère). — 29 k. *Saint-Amant-Saint-Genis* (près de *Saint-Amant-de-*

Nouère, château de Fontguyon, de 1570; à *Saint-Genis*, caves et vastes souterrains d'un vieux *château*, *église* du XIIIe s. avec flèche moderne, *château* du XVIIe s.; à 6 k. N., à *Genac*, 1,056 hab., *église* romane intéressante, avec coupole ovoïde à l'entrée et jolis chapiteaux). — 32 k. *Saint-Cybardeaux* (*église* en partie des Xe et XIe s., avec curieuses sculptures symboliques; théâtre gallo-romain des *Bouchauds* et autres ruines antiques naguère inexactement attribuées à l'époque féodale et connues, dans la région, sous la dénomination de *château des Fades* ou *Fées*).

36 k. **Rouillac***, ch.-l. de c. de 2,073 hab., sur une colline au pied de laquelle la Nouère prend sa source, possède une *église* du XIIe s., à clocher octogonal, un *château* du XIIe s. (à *Boisbreteau*) et les ruines d'une commanderie (à 2 k. N.-O., au ham. du *Temple*).

[A 7 k. N., *Gourville* (*église* du XIIe s., souvent remaniée; restes bien conservés d'un *château* du XIVe s., qui fut longtemps occupé par les Anglais et qu'habita Hérauld de Gourville, connu par ses *Mémoires*; près d'une source, beau peuplier, arbre de la liberté.

Une route mène de Rouillac à (16 k.) Jarnac (R. 7), par (5 k.) *Plaizac* (*église* du XIe s.) et (9 k.) *Sigogne*, 1,010 hab. (*église* du XIIe s.; vins très estimés; à *Peljeau*, tumulus de la *Motte*).]

41 k. *Beaulieu*, halte. — 43 k. *Mareuil-Courbillac*. — 45 k. *Sonneville-Anville*, halte (à *Sonneville*, *église* du XIIe s.). — 47 k. *Neuvicq* (*église* romano-ogivale, dans un cimetière où ont été découverts de nombreux sarcophages mérovingiens; vieux *château* bâti sur un rocher). — 50 k. *Siecq* (souterrains d'un château du XIe s.; à 3 k. S.-O., à *Ballans*, *église* mutilée et restes d'un *château* du XIIe s.; à *Macqueville*, à 2 k. S. de Ballans, *église* du XIe s., avec portail remarquable). — 54 k. *Louzignac-la-Pinelle* (à *Louzignac*, tour crénelée du XVIe s.). — 57 k. *Sonnac-Haimps* (à *Sonnac*, *église* romane avec belle façade et clocher octogonal; à *Haimps*, *église* ogivale avec beau clocher, vieux *château du Cluzeau*).

62 k. **Matha***, ch.-l. de c. de 2,207 hab., sur l'Antenne, possède une *église* romane (façade ornée de belles sculptures et d'une statue équestre, malheureusement fort mutilée). — Du *château*, pris en 1241 par St Louis, il reste les voûtes de la porte d'entrée et un pavillon à trois étages avec mâchicoulis. — Le ham. de *Sainte-Hérie*, qui touche à Matha au S., et celui de *Marétay* (1 k. N.-E.) possèdent chacun une *église* du XIe s.

De Matha à Saint-Jean-d'Angély et à Cognac, *V. B*, Saint-Jean-d'Angély, 2°].

D'Angoulême à Royan, R. 7; — à Limoges, R. 18.

Le ch. de fer de Bordeaux passe sous Angoulême dans un *tunnel* de 740 m. (à la sortie, belle vue sur la ville), franchit l'Anguienne, passe sous la ligne de Saintes (Etat), et longe les ruines de l'abbaye de la Couronne (à dr.).

453 k. (de Paris). *La Couronne*, 3,457 hab. (curieuse *église* du XIIe s.; papeterie), possède les ruines d'une **église abbatiale** (XIIe s.), dont la partie O. a été remaniée à la fin du XVe s. (beaux types du style Plantagenet; restes du monastère, des XVe et XVIIIe s.).

[A 6 k. S.-O., *Roullet*, 1,205 hab. (**église** du XIIe s. à trois coupoles, avec façade remarquable; flèche à imbrications).]

La voie remonte (à dr.) la *vallée de la Boëme* (prairies), puis la franchit.

459 k. Mouthiers-sur-Boëme, 1,331 hab., à g. (papeterie; *église* avec nef romane et clocher du XIII° s.; *château de la Rochechandry*, des XVI° et XIX° s.).

[Corresp. pour : — (6 k. S.-O.) *Plassac* (remarquable *église* du XII° s., avec crypte; à 4 k. S.-O., *église* romane en croix grecque de *Mainfonds*); — et (14 k. S.-O.) *Blanzac*, ch.-l. de c. de 950 hab., sur le Né (*donjon* ruiné du XII° s.; intéressante *église* des XII°, XIII° et XIV° s., avec clocher du XI° s., flanqué sur chaque face d'un pignon aigu).]

La voie passe sur le *viaduc* courbe *des Couteaubières* (12 arches; long. 303 m.) et s'élève ensuite en tranchées sur un plateau.

467 k. Charmant (*église* du XII° s., ruines d'une *commanderie* de Templiers, débris d'un vaste *château*; au ham. de *Puypérour*, 6 k. S.-O., remarquable **église** des XI° et XII° s., récemment restaurée). — La voie passe dans le *tunnel de Livernant* (1,471 m.), franchit le Chavanat sur un viaduc et descend dans la *vallée de la Tude* (assez incolore), que l'on a d'abord à g., puis que l'on franchit pour la longer ensuite à dr.

479 k. Montmoreau, ch.-l. de c. de 743 hab., sur les pentes et le sommet d'une colline baignée par la Tude (*église* du style roman fleuri, restaurée par Abadie; du *château*, XVI° s., il reste des bâtiments remaniés, la chapelle, d'un réel intérêt archéologique, des XI° et XII° s., avec belles sculptures et peintures murales curieuses du XIII° s., et une plate-forme offrant une vue étendue).

496 k. Chalais*, ch.-l. de c. de 888 hab., au pied et sur les pentes d'une colline, au confluent de la Veyronne avec la Tude, est relié à la gare par une belle avenue bordée d'arbres. On y remarque (au sommet de la colline, sur l'esplanade où se trouve l'entrée du château) le beau portail roman de l'*église*, malheureusement effrité, et le *château* (porte à pont-levis bien conservée), légué en 1885 par le dernier duc de Chalais à la ville, qui a installé dans une partie un hospice de vieillards (on peut visiter en s'adressant au concierge; important bâtiment du XVIII° s., avec des parties plus anciennes, notamment la tour de l'O., du XIV° s., et, dans la cour, un puits dont la largeur augmente avec la profondeur).

[Corresp. pour (12 k. E.; 1 fr. 50; voit. part. 6 fr.) **Aubeterre** *, ch.-l. de c. de 705 hab., pittoresquement bâti en amphithéâtre sur une colline crayeuse qui domine la rive dr. de la Dronne. Cette colline, coupée à pic en certains endroits, est si escarpée partout ailleurs que les toits de quelques maisons sont dominés par des jardins et que l'on dit communément que « les vaches doivent se garder d'y paître dans les prés de peur de tomber dans les greniers ». Une seule rue, la rue principale, est à peu près de plain-pied. Le **château**, dont l'intérieur est occupé par des jardins et des cultures, était bâti sur un mamelon détaché de la colline par une énorme coupure faite dans la masse de la craie blanchâtre et au fond de laquelle serpente un sentier sur lequel s'ouvrent à dr. des cavernes. Les remparts, assis sur une base de roc, dominent d'un côté le champ de foire, de l'autre la Dronne. Vues en détail, les ruines (XIV° et XV° s.) de ce château n'offrent guère d'importance; on y visite : une tour ou porte (jadis à pont-levis) dont le 1ᵉʳ étage correspond d'un côté au niveau du jardin;

une chapelle du xvi° s., encore voûtée; des magasins creusés dans la roche vive, et le sommet de la motte féodale, du haut de laquelle on jouit d'une belle vue sur la vallée de la Dronne que franchit le pont servant à la route du *Moulin Neuf* (papeterie) et de Ribérac.

A une grande profondeur, au-dessous de l'ancienne cour du château, se trouve, creusée dans le roc vif, l'ancienne **église** paroissiale **de Saint-Jean**. La porte par laquelle on y entre s'ouvre de plain-pied sur la route de Saint-Séverin, dans la basse ville (pour la visiter, s'adresser au garde champêtre). On pénètre d'abord dans une vaste salle renfermant un charnier. L'église se compose d'une nef, d'un bas côté g., séparé d'elle par des colonnes polygonales, et d'une abside au centre de laquelle se voit un *tombeau* monolithe octogonal (dans un état déplorable), orné de colonnes romanes aux angles, composé d'un rez-de-chaussée et d'un étage à jour, dont la plate-forme supporte la statue, en marbre blanc, de François d'Esparbès de Lussan, maréchal d'Aubeterre, et celle (en partie détruite) de son épouse Hippolyte Bouchard (ces statues proviennent d'un mausolée en marbre de Carrare, œuvre d'un sculpteur anversois, Simon Van Canfort, qui avait été érigé au xvii° s. dans l'église des Minimes). Une galerie a été creusée au-dessus de l'abside et se prolonge dans toute la longueur du bas côté. Au dessus de ce bas côté règne une espèce de tribune où le seigneur d'Aubeterre venait du château, par une porte encore visible, assister au service divin. En haut de l'église et perpendiculairement à l'édifice, règne une salle séparée du grand vestibule-charnier par un ancien cimetière envahi par les ronces.

De l'**église Saint-Jacques**, détruite par les protestants, il reste la façade, large de 18 m. 60, qui comprend un rez-de-chaussée, orné de trois arcades à plusieurs voussures, un premier étage avec galeries de 13 arcades, et un second étage où l'on remarque une *statue équestre* en fort relief dans un enfoncement. Sur les frises de deux arcades sont représentés les signes du zodiaque et, à côté de chaque signe, des figures symbolisant les travaux du mois correspondant.

Le *couvent des Minimes* (chapelle; vastes souterrains), bâti en 1617 par d'Esparbès de Lussan, est occupé par la mairie, la justice de paix, la gendarmerie et une congrégation religieuse. Les audiences de la justice de paix ont lieu dans une salle basse où un effet d'acoustique permet à deux personnes de se parler à voix basse, en se plaçant chacune à une extrémité opposée.]

Après avoir franchi trois fois la Tude, on entre dans la **vallée de la Dronne**, qu'on longe un instant à g.

510 k. *La Roche-Chalais-Saint-Aigulin*, stat. d'où un omn. conduit, par (1 k. 5) *Saint-Aigulin*, 1,597 hab., v. de la Charente-Inférieure au delà duquel on franchit la Dronne pour entrer dans le dép. de la Dordogne, à (5 k. E.-S.-E.) **la Roche-Chalais***, 1,509 hab., admirablement situé au sommet d'une colline.

[Corresp. pour (18 k. N.-O.; 2 fr.) **Montguyon**, ch.-l. de c. de 1,572 hab. (ruines d'un vaste **château** du xv° s., dominées par un superbe donjon cylindrique; *allée couverte de Pierre-Folle*.]

On franchit la Dronne, puis la Chalaure. — 517 k. *Les Eglisottes-et-Chalaures*, 1,365 hab. — On rejoint (à g.) la ligne de Ribérac et Périgueux.

527 k. **Coutras*** (buffet), ch.-l. de c. de 3,903 hab., sur la Dronne, que franchit un pont suspendu, près de son confluent avec l'Isle. C'est à Coutras que, le 20 octobre 1587, Henri de

Navarre battit le duc de Joyeuse. — La ville ne forme guère qu'une longue rue parallèle à la rivière. A dr. de cette rue s'élèvent un bel *hôtel de ville* moderne et l'*église* à coupole, en partie rebâtie au xv⁰ s., terminée de nos jours dans le style ogival flamboyant, et dominée par une haute flèche en pierre; derrière le chevet, à l'extérieur, *tombeau* d'Albert, qui, à la bataille d'Altenkirchen (1796), enleva le corps de Marceau aux Autrichiens. — Du *château* de la Renaissance, démoli en 1730, où séjournèrent Catherine de Médicis et Henri IV, il ne reste (sur la place de l'Hôtel-de-Ville) qu'un **puits** hexagonal, recouvert par une coupole ornementée, d'ordre dorique, où se lisent trois fois les mots : NODOS VIRTVTE RESOLVO. — Au-dessous de la ville (à l'O.; on les aperçoit de la gare), *moulins* et *château de Laubardemont*, dont l'un des seigneurs, le baron Jean-Martin, joua un rôle honteux dans l'affaire des Ursulines de Loudun et d'Urbain Grandier, et dans l'interrogatoire de Cinq-Mars et de De Thou.

De Coutras à Saint-Mariens, *V. B*, Saint-Mariens, 1°; — à Brive, par Périgueux, R. 19, *A*.

La voie franchit l'Isle, laisse se détacher à dr. la ligne de Marcenais et Saint-Mariens (Etat), et descend la large **vallée de l'Isle**, qui coule à une assez grande distance, à dr. — 535 k. *Saint-Denis-de-Pile*, 2,569 hab., à 2 k. N.-O., possède une curieuse *église* romane. — On laisse à dr. la ligne de Marcenais (Etat), puis à g. celle de Bergerac.

543 k. **Libourne** (buffet), ch.-l. d'arr. de 18,016 hab., au confluent de la Dordogne et de l'Isle (pont suspendu), mérite la visite des touristes, non pas tant pour la ville elle-même, bastide régulière, bien percée et bien bâtie, que pour l'excurs. au Tertre de Fronsac (*V.* ci-dessous), très recommandée, surtout si elle coïncide (s'informer à Libourne) avec la marée; le spectacle de la **barre de la Dordogne**, vu du Tertre, est très remarquable et véritablement imposant. De Libourne, on peut aussi, par le ch. de fer ou en voit., faire l'intéressante excurs. de Saint-Emilion (8 k. E.; *V.* R. 19, *B*). C'est à Libourne que fut exilé, en 1787, le parlement de Bordeaux, pour avoir refusé d'enregistrer l'édit portant la création des assemblées provinciales; il ne cessa d'y réclamer la convocation des Etats généraux.

De la gare, la *rue Chanzy* conduit à la *place Decazes* (*statue* en bronze *du duc Decazes*, par Jaley), d'où la *rue Gambetta*, commerçante et animée, mène à la *Grande-Place*, bordée d'arcades, et dominée par l'**hôtel de ville** (xvi⁰ s.), qui renferme, au 1ᵉʳ étage, la *bibliothèque* et (s'adr. au concierge) un petit *musée* (tableaux de Jules Coutant, Lagrenée, Le Bourguignon, etc.; sculptures, minéralogie, histoire naturelle, coquillages, antiquités).

Au delà de l'hôtel de ville, sur la *rue du Pont*, continuation de la rue Gambetta, se trouve à g. l'**église**, du xv⁰ s., rebâtie partiellement de nos jours et couronnée d'une flèche en pierre, haute de 71 m. La rue du Pont aboutit aux *quais* et au *pont* de 9 arches, long de 220 m., qui franchit la Dordogne (belle vue) et à dr. duquel s'étend le *port*, assez animé.

[C'est de là que part le petit bateau à vapeur pour (3 k. O.; 10 c.; serv. d'omn. de la gare, 4 k., 40 c.) **Fronsac**, ch.-l. de c. de 1,444 hab., sur la rive dr. de la Dordogne, ancien duché-pairie (petite *église* romane), dominé par le **Tertre de Fronsac** (72 m. d'alt.), jadis couronné par un château célèbre, et qui commande, bien que l'on ne puisse atteindre le sommet, occupé par une propriété close de murs, une vue splendide et étendue sur Libourne, les vallées de l'Isle et de la Dordogne, et l'Entre-Deux-Mers.]

En suivant à dr. les quais, où s'étend la promenade des *allées Souquet*, on rencontre bientôt l'entrée de la rue de Guîtres, puis la *tour de l'Horloge*, reste des remparts du XIV° s. On peut rentrer en ville par la *rue de Guîtres*, dans laquelle se voit à g., à l'angle de la *rue Victor-Hugo*, une maison du XVII° s. flanquée d'une tour avec tourelle. Plus loin, à dr., une courte rue donne accès à la petite *place de la Paix*, où se trouve la *poste-télégraphe*. Parvenu à la *place de la Verrerie*, on regagne la gare par les *allées de la République* (*dépôt d'étalons*) et la place Decazes (*V.* ci-dessus).

De Libourne à Marcenais et à Saint-Mariens, *V. B*, Saint-Mariens, 1°; — à Brive, par Saint-Emilion, Bergerac, le Buisson et Souillac, R. 19, *B*.

A dr., le Tertre de Fronsac émerge de la platitude du paysage. — La voie franchit la Dordogne, qui décrit de grands méandres, sur un **pont** de 9 arches, long de 148 m., puis la plaine sur un **viaduc** de 100 arches, long de 1,180 m., et l'on se rapproche de la rivière (à dr.). — 548 k. *Arveyres*, 1,566 hab., port sur la Dordogne. — La voie suit, d'abord de très près, puis en la laissant assez loin à dr., la rive g. de la **vallée de la Dordogne**, à la lisière de l'**Entre-Deux-Mers**, région gracieusement ondulée et très fertile, d'un climat agréable et salubre, couverte de vignobles, de vergers, de châteaux et de villas, et qui s'étend entre la Dordogne au N. et la Garonne au S. et à l'O. — 552 k. *Vayres*, 2,024 hab., l'antique *Varatedum*, petit port sur la Dordogne (des terrasses du *château*, bâti du XIII° s. à la Renaissance et défiguré depuis, panorama étendu). — La voie s'éloigne de la Dordogne. — 558 k. *Saint-Sulpice-Izon* (à g., *Saint-Sulpice-et-Cameyrac*, 1,062 hab., possède une *église* des XI° et XVI° s., avec de curieux chapiteaux). — 561 k. *Saint-Loubès*, 2,729 hab. (*église* romane; *croix* de cimetière du XV° s.).

565 k. *La Grave-d'Ambarès* (Orléans), stat. qui dessert (2 k. S.-O.; omn., 25 c.) *Ambarès-et-Lagrave*, 3,200 hab. Un peu au N.-O. de la gare de l'Orléans se trouve la gare de la Grave-d'Ambarès-Etat (lignes de Blaye, par Saint-André-de-Cubzac, et de Bordeaux-Saintes-Nantes ou Paris; *V. B.*). — On passe au-dessus de la ligne de l'Etat. Dès lors, quittant la vallée de la Dordogne pour la **vallée de la Garonne**, qui coule à distance, à

dr., on entre dans la **banlieue de Bordeaux** (vignobles), parsemée de maisonnettes et de villas assez laides d'aspect, avec leurs toitures en grosses tuiles grises. — 571 k. *Bassens*, 1,172 hab. (vins de côtes et de palus estimés; *château de Beaumont*, du xv° s., dominant le cours de la Garonne). — Trois *tunnels* (180, 190 et 90 m.). — 573 k. *Lormont*, 3,205 hab. (importante construction de yachts de plaisance), sur la Garonne, qui se montre à dr. — La voie pénètre dans deux *tunnels* (400 et 280 m.), au sortir desquels on a une belle vue, à dr., sur la Garonne et sur Bordeaux, puis on franchit la *plaine des Queyries* sur deux remblais séparés par un **viaduc** de 21 arches, et on laisse à g. le raccordement avec la gare Saint-Jean, pour pénétrer dans celle de la Bastide.

578 k. *Bordeaux-Bastide* (le rapide de j. seul entre dans cette gare; y descendre pour Bordeaux). — On rebrousse vers l'embranchement de la gare Saint-Jean (certains trains, qui ne desservent pas Bordeaux-Bastide, font arrêt à *Bordeaux-Benauge*, stat. très éloignée de la V. et où il faut bien se garder de descendre), et l'on franchit la Garonne (très **belle vue** à dr. sur le fleuve, le pont de Bordeaux et, en face, la ville) sur un **pont tubulaire** (7 travées; 500 m. de long.), que longe une passerelle pour les piétons.

585 k. *Bordeaux-Saint-Jean* (buffet; hôtel Terminus; cabinets de toilette; salons de coiffure), superbe gare d'échange avec le Midi et l'Etat. — Pour la description de Bordeaux, *V.* R. 20.

B. Par l'Etat.

613 k. pour Bordeaux-Etat (stat. située dans le quartier de la Bastide, et d'où partent et où aboutissent seuls quelques trains omnibus), 618 k. pour Bordeaux-Saint-Jean, gare commune avec le Midi et l'Orléans, et point d'arrivée et de départ de tous les trains express). — Gare Montparnasse, boulevard Montparnasse. — Traj. en 10 h. 50 à 11 h. 45 par les express, un de jour, un de nuit, qui ont des voit. des 3 cl.; prix jusqu'à Bordeaux-Saint-Jean : 68 fr. en 1re cl.; 46 fr. 25 en 2e cl.; 30 fr. 35 en 3e cl.; aller et ret., val. 9 j., 102 fr.; 74 fr.; 48 fr. 55. — Buffets à Chartres, Courtalain-Saint-Pellerin, Château-du-Loir, Saumur (Orléans), Montreuil-Bellay, Thouars, Parthenay, Niort, Saintes, Pons, Saint-Mariens et Bordeaux-Saint-Jean. — Le traj., pris dans sa totalité, est plutôt monotone, à travers une succession de paysages gracieux, mais sans relief; les deux « clous » du parcours sont la **traversée de la Loire** en quittant Saumur et celle de la **Dordogne** à Cubzac-les-Ponts; toute la fin du traj., de Saint-André-de-Cubzac à Bordeaux-Saint-Jean, y compris la **traversée de la Garonne**, est intéressante.

WAGONS-RESTAURANTS. — Wagon-restaurant de l'Etat au train express partant de Paris le mat. et au train omn. partant de Bordeaux-Etat aussi le mat. (ce wagon-restaurant est détaché du train omn. à Saintes et accroché au train express pour Paris) : déj. 3 fr. 50, vin compris; dîn., 4 fr., vin compris; repas à 2 fr., composés d'un plat de 125 gr. de viande avec légumes, fromage ou fruit de saison, 30 centilitres de vin, pain à discrétion. — Wagon-restaurant de la Cie des Wagons-Lits (il n'y est pas toujours; s'informer à Bordeaux-Saint-Jean), entre Bordeaux et Saintes, à l'express partant le s. de Bordeaux-Saint-Jean : dîn. à 3 fr. 50 et 5 fr., vin non compris; vin ordinaire 50 c. la demi-bouteille, 1 fr. la bouteille. — *N. B. Les voyageurs de toutes classes sont admis dans ces wagons-restaurants, pour la durée des repas, sans supplément.*

VOITURES A COULOIR. — Les express partant de Paris et de Bordeaux-Saint-Jean le s. ont trois grandes voitures à couloir, une de 1re cl., une de 2e cl. et une de 3e cl., avec w.-c. Dans la saison d'hiver, ces voit. font le traj. direct entre Paris et Bordeaux et *vice versa*; mais, pendant la période des bains de mer, ces voit. à couloir font généralement le service de Royan, et il faut alors *changer à Saintes*, pour quitter la voit. à couloir en venant de Paris, *à Pons* pour la prendre en venant de Bordeaux.

ARRÊTS. — Points d'arrêt recommandés aux touristes sur le parcours décrit dans ce guide : Thouars, Parthenay, Niort et Saintes. — Pour le Terminus-Hôtel de la gare de Bordeaux-Saint-Jean et les voit. et omn. à l'arrivée à la même gare (pas d'omn. des hôtels), V. ci-dessus, A, et Bordeaux à l'*Index*.

Avis très important. — Dans la plupart des trains express de l'Etat ne sont admis en 2e et en 3e cl. que les voyageurs effectuant, sans autre interruption que les changements de trains aux embranchements, *un parcours d'au moins 100 kilomètres*; pour un parcours inférieur, il faut faire supplémenter son billet. *Cette disposition s'applique aux billets d'excursion et aux billets de bains de mer avec faculté d'arrêt.*

N. B. — Pour la description détaillée du trajet de Paris-Montparnasse à Thouars, V. les guides *Environs de Paris* (section de Paris à Maintenon) et *la Loire* (section de Maintenon à Thouars).

Le trajet est très varié dans la banlieue aux coteaux boisés semés de villas, aux gracieux plissements de terrain, aux châteaux avec parcs magnifiques, qui s'étend entre Paris et *Versailles (gare des Chantiers)*. — Au delà de *Saint-Cyr*, on s'élève sur un plateau de bois et de cultures; après *Rambouillet*, on descend dans les vallons de la Guéville et de la Drouette (à dr., jolie vue d'*Epernon*), puis dans la **vallée de l'Eure** qu'on atteint à *Maintenon*, situé au confluent de l'Eure et de la Voise. La Voise franchie sur un **viaduc** de 32 arches, on remonte la rive dr. de l'Eure (à dr., charmantes vues sur la vallée), que l'on franchit (*pont* suivi d'un *viaduc* de 13 arches), avant d'entrer en gare de Chartres (en entrant en gare, on aperçoit à g. la cathédrale).

88 k. *Chartres* (buffet). — On quitte les lignes de l'Ouest, que l'on avait empruntées jusqu'à Chartres, et ici commence le réseau spécial de l'Etat. — La voie franchit l'Eure et court à travers la **Beauce** monotone et nue, vaste grenier à blé. A *Illiers*, où l'on croise le Loir naissant, commence le **Perche Gouet** (haies et arbres disséminés). — 141 k. *Courtalain-Saint-Pellerin* (buffet). — *Viaduc* sur l'Yerre et très jolie vue à g. sur le château de Courtalain. — Entre *Mondoubleau* (à g., très jolie vue sur Mondoubleau et sa vieille tour penchée, dite le *Pot-à-Beurre*) et *Sargé*, on aborde la charmante **vallée de la Braye**, que l'on descend jusqu'à son débouché dans celle du Loir, près de *Pont-de-Braye*. Ensuite, on descend la gracieuse **vallée du Loir** (jolis coteaux), jusqu'à Château-du-Loir.

218 k. *Château-du-Loir* (buffet). — Le Loir franchi, la voie en quitte la vallée pour monter sur un plateau. — Petits vallons. — **237 k.** *Château-la-Vallière* (à g., jolie vue sur l'étang encadré de forêts). — Avant Saumur, on franchit l'Authion puis un petit bras de la Loire.

286 k. *Saumur* (gare de l'Orléans; buffet). — Laissant à dr. la ligne d'Orléans, au-dessus de laquelle on passe après une courbe ascendante, la voie franchit la Loire sur un **magnifique pont tubulaire** long de 1,300 m. (à dr., belle vue sur Saumur), pénètre dans un tunnel de 1 k. et débouche dans la **vallée du Thouet**, pour rejoindre, à la stat. de *Nantilly*, le raccordement de la gare de *Saumur-Etat* (trains-navette entre Nantilly et Saumur-État; les express ne desservent aucune de ces deux gares). — On remonte la vallée du Thouet, en suivant les coteaux de la rive dr.

308 k. *Montreuil-Bellay* (buffet). — On laisse à g. la ligne de Loudun et Poitiers. — **318 k.** *Brion-sur-Thouet*. — On rejoint à g. la ligne de Tours.

326 k. Thouars* (buffet), ch.-l. de c., V. de 5,033 hab., aux rues étroites et tortueuses, sur un plateau de 100 m. d'altit. qui se termine par un promontoire aux escarpements rocheux du côté du Thouet, franchi par un *pont* ancien, à arches ogivales, et deux *ponts* modernes, l'un en pierre, l'autre métallique, ce dernier, long de 100 m. et d'une seule portée, reliant la V. à *Saint-Jacques-de-Thouars* (rive g.), dont les maisons descendent du plateau jusqu'à un rideau de peupliers bordant le Thouet.

De la station (omn., 50 c.), l'*avenue de la Gare*, puis la *rue Saint-Médard* conduisent à l'**église Saint-Médard**, qui doit plusieurs embellissements à Gabrielle de Bourbon. Sa nef (xv⁰ s.), large et profonde, est recouverte par une voûte très hardie. Le portail O., roman, est remarquable par ses archivoltes, couvertes de statuettes et de sculptures. Au-dessus se montrent une galerie renfermant 8 figures d'anges d'un bon dessin (restaurées), puis une rose du style ogival. Les deux portes latérales de la façade sont modernes et d'un bon style; les statues d'Apôtres qui les surmontent datent en partie du xii⁰ s. Au N. de la seconde travée s'ouvre une porte romane, dont trois voussures (sur quatre) sont contournées en lobes.

En sortant de Saint-Médard, on prend la *rue du Château*.

Le **Château** (on ne peut le visiter qu'avec une autorisation du ministre de l'intérieur ou du préfet du départ. des Deux-Sèvres), transformé en maison de détention (650 détenus), s'élève au sommet des rochers à pic qui dominent le cours du Thouet, sur un contrefort que la rivière contourne en se repliant sur elle-même. De ses terrasses on découvre un panorama pittoresque. Elevé sous le règne de Louis XIII par Marie de la Tour, femme de Henri de la Trémouille, et construit en partie par corvées, cet édifice colossal se compose d'un corps de logis long de 120 m. et large de 27, flanqué de quatre pavillons et assis sur un amphithéâtre de terrasses que relient entre elles des escaliers gigantesques.

L'intérieur est remarquable par la masse des murs fondés sur le rocher, coupé à pic en vingt endroits. Les cuisines sont immenses. Des puits, forés à 30 et 35 m. de profondeur dans le roc réfractaire, permettaient, en tout temps, de puiser l'eau du Thouet sans sortir du château. La chambre des archives a été l'objet de précautions de toutes sortes destinées à mettre les parchemins de la maison de Thouars à l'abri du pillage et de l'incendie. Des guichets aux triples portes bardées de fer n'y laissent qu'un étroit passage à travers des murs de 6 à 7 m. d'épaisseur. Un large et magnifique *escalier*, à balustres de marbre jaspé, conduit aux étages supérieurs.

La **Sainte-Chapelle**, restaurée en 1875, voisine et dépendante du château, est un charmant édifice ogival, élevé, sur les plans du maçon André Amy, par Gabrielle de Bourbon, femme de Louis II de la Trémouille, qui l'acheva en 1514. Elle repose sur une chapelle souterraine creusée dans le rocher, au-dessous de laquelle se trouve le caveau sépulcral des La Trémouille. Ces chapelles communiquent entre elles par des trappes et des escaliers intérieurs.

Du château, il faut descendre dans la vallée du Thouet par le boulevard circulaire, et contourner le promontoire rocheux qui porte la ville, si l'on veut la voir sous son aspect le plus pittoresque et bien juger de la hauteur des murs de soutènement sur lesquels est bâti le château. Longeant le pied de ces murs, on remonte à la rue Saint-Médard, d'où, en tournant à g., on arrive à l'église Saint-Laon.

L'église **Saint-Laon**, du XII° s., remaniée au XV° s., est remarquable par sa tour de transition, divisée en deux étages.

A l'int., on remarque : un tableau (la *Chananéenne*) attribué à F. Mancini ou au Guerchin; la cuve baptismale, du XI° s., et le tombeau de l'abbé Nicolas (XV° s.), avec bas-reliefs figurant des scènes de la Passion.

Ce qui reste des bâtiments conventuels (XVII° s.) de *l'abbaye de Saint-Laon*, fondée à la fin du XI° s., sert d'hôtel de ville et renferme un petit *musée* (1890), surtout intéressant pour l'histoire locale.

On peut encore visiter à Thouars : — la *tour Grenetière*, ou *tour du Prince-de-Galles* (XII° et XIII° s.; curieuses cages en bois; s'adr. au concierge de la mairie); — *l'hôtel du Président Tyndo* (restes de l'ancien palais attribué au roi Henri II d'Angleterre; XV° s; *tour*), actuellement école des filles; — la *porte au Prévôt* (XII° et XIV° s.); — les ruines de la *chapelle des Cordeliers* (belle fenêtre du XV° s.).

De Thouars à Bressuire et aux Sables-d'Olonne, R. 2, A ; — à la Rochelle, par Fontenay-le-Comte, R. 4, A.

La voie décrit une courbe pour franchir le Thouet sur un viaduc long de 269 m., haut de 39 m. (à g., Thouars et son château offrent un aspect des plus pittoresques), puis on laisse à dr.

la ligne de Bressuire. — 334 k. *Saint-Jean-de-Thouars*. — On franchit le Thouaret.

338 k. *Saint-Varent*, ch.-l. de c. de 1,965 hab.

[A 7 k. E., sur la rive dr. du Thouet, *Saint-Généroux* possède une des plus anciennes églises de France (ix° s., remaniée au xii° et partiellement refaite de nos jours), bâtie sur le tombeau du saint dont elle porte le nom.]

La voie franchit le ruisseau de l'Etang, puis, au delà de l'arrêt du *Grand-Moiré*, vient un instant border le Thouet, en coupe une boucle et le franchit. — 348 k. *Airvault-Ville*, halte où descendent les voyageurs sans bagages pour Airvault (omn. des hôtels à Airvault-Gare, où s'arrêtent les express). — A g. se détache la ligne de Moncontour (*V.* ci-après).

350 k. *Airvault-Gare*, stat. qui dessert (2 k. 5 N.) **Airvault**, ch.-l. de c. de 1,768 hab. (*maisons* avec étages de bois en encorbellement), dont l'**église Saint-Pierre** (sur la *place du Minage*), autrefois dépendante d'une abbaye fondée en 971, mais presque entièrement reconstruite au xi° s., est un des plus beaux spécimens du style roman dans le Poitou (façade à trois portails, retouchée au xiii° s., mutilée au xvi° s.; aux archivoltes de la porte centrale, les 24 Vieillards de l'Apocalypse; vestibule intérieur ou narthex, en partie de 971, précédant la nef, à sept travées, revoûtée à la fin du xii° s., de même que le chœur; clocher du xiii° s., type normand, avec clochetons et flèche en pierre dont la hauteur totale, 59 m., est égale à la long. de l'église).

A l'int.: dans le transsept, refait au xiii° s., tombeau de l'abbé Pierre, du xii° s.; dalle portant le nom d'un abbé mort en 1454; bénitier roman; dans le chevet, devant d'autel du xii° s., aux sculptures figurant le Christ avec les symboles des Evangélistes et quatre grands prophètes.

Dans le jardin du presbytère, auquel sert de cave la salle capitulaire (xii° s.), restes d'un cloître du xv° s. — Restes de l'*abbaye* (xii°, xiii° et xvii° s.), occupés par la gendarmerie (chapelle avec piscine sculptée et importantes caves voûtées). — Sur le champ de foire, *chapelle des Trois-Maries* (xv° s.; pierres tombales). — Sur la colline N., débris (casemates et souterrains; du donjon, vue magnifique) du *château*.

[A 1 k. S.-O., le pont de Vernay, jeté sur le Thouet au xii° s. par les moines (11 arches), a été restauré et complètement transformé.

D'Airvault-Gare à Moncontour (15 k.; ch. de fer Etat, ligne d'Airvault à Loudun; 22 min.). — 8 k. *Saint-Jouin-de-Marnes*, 1,115 hab., a possédé une abbaye puissante qui, fondée au iv° s. en un lieu appelé *Ansion*, prit plus tard le nom de son premier abbé, Jovin, frère, suivant la tradition, de St Maximin de Trèves. L'abbaye fut gouvernée, au vi° s., par St Généroux et par St Pair ou Paterne, qui en sortit pour monter sur le siège épiscopal d'Avranches. De là sortirent aussi St Mérault, St Rufin et St Achard. Les m... es de Saint-Jouin avaient établi chez eux, au xvii° s., une école de peinture dont quelques beaux produits se voient à Saint-André de Niort.

L'**église** (1095-1130), seul reste, avec une portion de cloître du xv° s. et quelques petites constructions du xviii° s., de ce célèbre monastère, est remarquable par ses vastes dimensions (71 m. de long., 14 à 15 m. de hau-

[R. 1, *B*] AIRVAULT. — ST-JOUIN. — MONCONTOUR.

tour sous voûte) et par son caractère architectonique. La façade, une des plus « belles pages de la sculpture poitevine du XIIe s. », est flanquée de quatre faisceaux de colonnes massives qui la partagent en trois parties correspondant aux trois nefs; les colonnes extrêmes supportent deux tourelles octogonales dont l'une a conservé son aiguille en pierre. Les statues qui décorent la façade forment la représentation du *Jugement dernier*. Les chapelles de l'abside sont aussi très ornées à l'extérieur; mais cette décoration est un peu moins ancienne (fin du XIIe s.).

La nef est longue de dix travées, dont les trois premières ont seules conservé leurs grandes voûtes primitives. Au XIIIe s. ou à la fin du XIIe, les parties hautes des sept dernières travées de la nef et du chœur, ainsi que le déambulatoire et ses trois chapelles, reçurent de nouvelles voûtes du système angevin le plus bizarre et le plus compliqué. Les bas côtés ont encore leurs berceaux du commenc. du XIIe s., et la croisée sa coupole à huit pans, supportant un clocher carré à deux étages. A l'époque de la reconstruction des grandes voûtes, l'abside centrale fut percée d'ouvertures disgracieuses. Deux siècles plus tard, le chœur et tout le côté S. de l'église furent munis d'ouvrages de défense. On remarque à l'intérieur des tableaux, des stalles et un fort beau *lutrin* du XVIIe s. Une des cloches date de 1581.

En 1033 se livra au N.-O. de Saint-Jouin la bataille de Montcoué, dans laquelle le comte d'Anjou, Geoffroi Martel, vainquit le duc d'Aquitaine, Guillaume VI, et à la suite de laquelle le Poitou perdit la rive g. de la Loire, jusqu'alors sa limite naturelle. En 1569, la bataille dite de Moncontour se livra sur le territoire de Saint-Jouin, entre le bourg et la rive g. de la Dive.

A 4 k. S.-E., *Marnes* possède une *église* romane de la fin du XIIe s. et une *croix* de cimetière également romane. La porte S. de l'église et la fenêtre qui la surmonte sont d'un style assez curieux. — Au N. de Marnes s'élève le *château de Retournay* (XVIe s.).

De Marnes, situé sur la Dive du Nord, on peut remonter cette rivière et visiter : (3 k. S.) *Saint-Chartres* (château ruiné avec énorme *donjon* cylindrique); et (4 k. plus loin) *la Grimaudière* (*église* de transition), lieu d'origine de la famille Garneau, qui a donné au Canada français son historien national; de là on peut gagner (4 k. N.-E.) la station de Frontenay de la ligne d'Angers-Loudun-Poitiers (*V. la Loire*), par (1 k.) *Notre-Dame-d'Or* (*église* romane).]

La voie franchit la Dive et rejoint à dr. celle de Poitiers-Loudun.

15 k. Moncontour, ch.-l. de c. de 801 hab., en partie sur une colline de la rive dr., en partie dans la vallée marécageuse de la Dive, eut beaucoup à souffrir pendant la guerre de Cent Ans. Les Poitevins au service de l'Angleterre s'en emparèrent en 1370, et Du Guesclin le reprit en 1372. Mais le nom de Moncontour est surtout célèbre depuis la bataille dans laquelle l'amiral de Coligny fut vaincu par le duc d'Anjou, plus tard Henri III (1569). L'armée protestante fut presque anéantie.

On remarque à Moncontour : — le *donjon* carré, du XIIe s., en partie renversé au XIVe et restauré au XVe (24 m. de haut.); il est entouré des restes d'une enceinte où l'on voit les ruines d'une grande *chapelle* de transition (restes de peintures); — l'*église* romane; — et des *maisons* des XIVe et XVe s.

De Moncontour à Angers et à Poitiers, *V. le guide la Loire*.]

On suit la vallée du Thouet, que l'on franchit.

354 k. *Saint-Loup-sur-Thouet*, ch.-l. de c. de 1,354 hab., patrie du père d'Arouet; le célèbre philosophe emprunta son nom de Voltaire à un fief voisin. — *Château* bien conservé, bâti sous Louis XIII, par Claude Gouffier, sur l'emplacement d'une forteresse dont il reste un donjon du xv° s. et une chapelle : cheminée des xv° et xvii° s. — Dans l'*église*, en partie du xv° s., beau retable d'autel, en pierre, du temps de Louis XIV. — *Maisons* curieuses des xv° et xvii° s., parmi lesquelles, à l'angle de la place et de la Grande-Rue, l'ancien *auditoire*, avec escalier remarquable).

[A 2 k. 5 N., *Louin*, 1,119 hab. (restes d'une *église* en petit appareil, probablement de l'époque carlovingienne ; *croix* de cimetière, romane ; dans la propriété Prest, *four banal* d'un prieuré, de 1711 ; moulin de 1764).]

360 k. *Gourgé*, 1,786 hab. (*église* du x° s.). — Après avoir laissé à dr. la ligne de Bressuire, on franchit le Thouet.

371 k. **Parthenay** * (buffet), ch.-l. d'arr. de 6,915 hab. pittoresquement bâti sur un promontoire qui domine la rive dr. du Thouet, peut être vu en 2 h.

La seigneurie de Parthenay (*Partiniacum*) fut constituée au commencement du xi° s., par Josselin Larchevêque, puîné des Lusignan ; la ville fut alors fondée auprès d'un château bâti pour défendre le cours du Thouet, et dont Notre-Dame de la Couldre était la chapelle. C'est devant la porte de la Couldre que St Bernard, en 1135, dans une scène demeurée célèbre, intimida Guillaume, duc d'Aquitaine, et lui fit abandonner le parti de l'antipape Anaclet.

Philippe Auguste se rendit maître de Parthenay en 1206 sur Jean Sans-Terre, qui s'y était renfermé. La résistance des Larchevêque, partisans des Plantagenets, fut enfin vaincue par St Louis, en 1242, et la garnison anglaise évacua Parthenay. Le pays retomba encore au pouvoir de l'Angleterre, de 1350 à 1372. Ce fut à Parthenay que le troubadour Couldrette composa son roman de *Mélusine* (xiv° s.), et que des légistes du pays rédigèrent, en 1417, les *Coutumes du Poitou*. Arthur de Richemont, connétable de France, à qui Charles VII donna Parthenay, en 1425, fit du château son séjour ordinaire, avant d'être duc de Bretagne. Après sa mort, en 1458, le célèbre Dunois fut mis en possession de Parthenay par donation royale. Le maréchal de la Meilleraye acheta aux Orléans-Longueville, descendants de Dunois, en 1641, la baronnie de Parthenay, qui fut érigée pour lui en duché-pairie, en 1663, et fut possédée par ses descendants jusqu'en 1776, époque à laquelle elle fut achetée par le comte d'Artois.

Parthenay a vu naître *Catherine de Rohan* (1554-1631), écrivain calviniste, et le *maréchal de la Meilleraye* (1602-1665).

De la gare, une large avenue conduit à la *place du Drapeau*, promenade sur laquelle, en face de l'avenue, s'ouvre une rue menant à l'*hôtel de ville*. Devant cet édifice, on prend la *rue de la Citadelle* (*maisons* du xv° s.), et, passant sous la *porte de l'Horloge*, flanquée de deux tours à bec démantelées et portant le timbre, datant de 1454, on trouve à g. le *palais de justice*, avant de longer à dr. l'église Sainte-Croix, puis Notre-Dame de la Couldre.

La collégiale *Sainte-Croix* date du xii° s. (clocher du xv° s.).

Au fond du chœur, tombeau (xv° s.) d'un seigneur de Parthenay et de sa femme.

Notre-Dame de la Couldre, ancienne église romane du château (xii° s.), a conservé deux absides, les murs latéraux et la partie inférieure de la façade; au couvent des sœurs de Chavagnes, à qui appartient la ruine, on voit, au portail, deux magnifiques chapiteaux historiés, et, dans le jardin, des bas-reliefs romans et autres débris.

La rue de la Citadelle aboutit à l'esplanade gazonnée du **château** (1202 à 1226, ainsi que les fortifications), qui formait la troisième enceinte des fortifications, et dont il ne reste guère qu'une *tour* servant de poudrière et une autre grosse *tour* à demi ruinée. De l'esplanade, on a une vue pittoresque sur la vallée du Thouet, la porte Saint-Jacques et le viaduc du chemin de fer.

On descend à la **porte Saint-Jacques** (XIIIe s., restaurée; l'examiner à l'intérieur) pour remonter ensuite la **rue Delavault-Saint-Jacques**, qui va de la porte Saint-Jacques à la *place Vauvert*; cette rue, bordée de *maisons* en bois, du XVe s., est l'artère la plus originale et la plus pittoresque de Parthenay. En suivant cet itinéraire, on voit les grosses tours et les restes des anciens **remparts** (XIIIe s.), et l'on arrive au haut du faubourg Saint-Jacques (*chapelle de l'Aumônerie*, de la fin du XIIe s., dépendance d'une auberge; dans une maison voisine, arcade romane), où l'on tourne à dr. pour regagner l'hôtel de ville (*V.* ci-dessus).

Revenu à la place du Drapeau, on prendra la *rue des Écoles*, pour aller voir l'*église Saint-Laurent*, avec ses deux tours romanes (l'une en façade, l'autre sur croisée, refaites ou surélevées de nos jours, celle de l'O. à flèche dentelée, style du XIIIe s.). Près de cette église a été découvert (entrée dans une propriété privée) un *souterrain* de 1444.

De Saint-Laurent, on peut descendre à l'O. au faubourg Saint-Paul, où l'*église Saint-Paul* (XIIe s.) ne sert plus au culte.

Signalons encore à Parthenay : — l'*église des Cordeliers* (XIIIe et XVe s.; beau retable en pierre, de la Renaissance); — près du pont Neuf, *Saint-Jacques* (XVe s.), convertie en habitation; — la *Maison-Dieu* (1174, style roman), église bien conservée et transformée en écurie; — *Saint-Jean* (XIIe s.), servant de grenier; — la *chapelle du Rosaire* (XVe s.); — rue de la Poste, une *maison* du XIIIe s., remaniée au XVe; — Grande-Rue, des *maisons* du XVe s.; — et la fabrique de belles faïences artistiques de M. Jouneau.

La race bovine dite « parthenaise » est justement réputée.

[A 9 k. N.-N.-O., *château fort de Tennesue* (XIVe s.), bien conservé et entouré de larges fossés d'eau vive.

De Parthenay à Ménigoute et à Sanxay (30 k.; ch. de fer des voies ferrées économiques de Parthenay-État à Ménigoute; traj. en 1 h. 25 à 2 fr. 70 et 2 fr.; pas de 3e cl.; 5 k. de route de voit. de Ménigoute ; Sanxay; pas de serv. public, mais on trouve à Ménigoute des voit. particulières, 4 fr. all. et ret., *V.* l'*Index*). — 1 k. *Parthenay-Ville*. — 8 k. *La Meilleraye-Beaulieu*, stat. qui dessert (à g.) les ruines du **château de la Meilleraye** (gros murs couverts de lierre), construit vers 1620 par le maréchal de la Meilleraye, et (à dr.) *Beaulieu-sous-Parthenay* (belle *église* du XIIe s.). — A dr. le pays est une « gâtine » parsemée d'étangs. — 14 k. *La Juderie-Heffanes*. — 16 k. *Vausseroux*, d'où une route de voit. conduit à (5 à 6 k.

N.-N.-E.) *Saint-Martin-du-Fouilloux* (272 m. au *Terrier du Fouilloux*, point culminant des Deux-Sèvres, qui offre une vue très étendue).

25 k. **Ménigoute** *, ch.-l. de c. de 1,061 hab., terminus du ch. de fer (petite *église* paroissiale, autrefois collégiale, fondée en 1328, riche et gracieux édifice des XIV° et XV° s.; ancienne *église* paroissiale : porte romane; au cimetière, *croix* gothique de 1529; au-dessus du b., *chapelle de l'Aumônerie*, d'un joli style gothique, bâtie vers 1530; *fontaine de Beauvezer*, d'où sort un petit sous-affluent de la Vonne; à 7 k. O., restes de l'*abbaye des Châtelliers*, fondée vers 1110 par St Giraud de Salles, disciple du bienheureux Robert d'Arbrissel : église ruinée, dont la nef est de 1156 et le chœur de 1277; beaux et curieux carrelages émaillés des XIII° et XIV° s.).

La route de Sanxay franchit plusieurs fois la Vonne.

De Ménigoute à Saint-Maixent, R. 5.

30 k. Sanxay (R. 5, Lusignan).

De Parthenay à Secondigny (15 k. O.-S.-O.; route de voit.; voit. publ., 1 fr. 50). — On sort de la ville, au S.-O., par le faubourg Sépulchre. — 2 k. *Parthenay-le-Vieux*, ham. qui possède une belle *église* (elle ne sert plus au culte; demander la clef à la mairie de Parthenay) du XII° s. (porte centrale, de proportions élégantes ; deux arcades latérales dont les tympans renferment, à g. une statue équestre, à dr. Samson monté sur un lion ; bas côtés voûtés en quart de cercle). Au N. de l'église subsiste un des côtés du cloître d'un prieuré. — Laissant à g. la route de Niort, on franchit le Thouet, pour suivre la crête des collines de sa rive g. — 5 k. *Le Tallud*. — 9 k. *Azay-sur-Thouet*, 1,487 hab. (fab. d'étoffes, filat. etc.).

15 k. **Secondigny**, ch.-l. de c. de 2,455 hab., sur la rive g. du Thouet, possède une *église* du XII° s. (bas côtés voûtés en quart de cercle; belle porte latérale; chœur de la fin du XIII° s.; bas-reliefs sur les clefs de voûte; curieux chapiteaux du XI° s.; tour octogonale sur un bras de la croix).]

De Parthenay à Poitiers et à Bressuire, *V.* ci-dessus, A, Poitiers, 3°; — à Saint-Maixent, R. 5.

La voie laisse à g. la ligne de Neuville et Poitiers et, après avoir franchi la Viette et un de ses affluents, court au S. à travers la **Gâtine**, région de collines, de plateaux, de landes, de bois, d'étangs, de vallons tortueux, aux chemins creux entre haies, continuation du Bocage Vendéen, et qui fut, comme le Bocage, le théâtre de la terrible lutte dite de la chouannerie. — 381 k. *Saint-Pardoux-en-Gâtine*, 2,128 hab.

386 k. *Mazières-Verruyes*, stat. qui dessert (3 k. S.-E.) *Verruyes*, 1,743 hab. (*église* du XII° s., avec jolie chapelle du XV°) et (1 k. O.) **Mazières-en-Gâtine**, ch.-l. de c. de 1,146 hab. (*église* romane, mal restaurée; riches gisements calcaires).

[A 4 k. S.-O., *Saint-Marc-la-Lande* (*église* commencée en 1509 et qui, dit Léon Palustre, offre dans sa façade « un remarquable type de l'architecture en honneur au temps de Louis XII ». — A 7 k. S.-E., par (3 k.) Verruyes (*V.* ci-dessus), *Saint-Georges-de-Noisné*, 1,549 hab. (*église* des XI°, XII° et XVI° s.; au cimetière, *croix* du XIV° s.).]

La voie s'élève sur un plateau monotone.

396 k. *Champdeniers-Saint-Christophe*, stat. qu'un serv. de voit. relie à (4 k. N.-O.) **Champdeniers**, ch.-l. de c. de 1,405 hab. (*église* romane à trois nefs du XI° s., avec chapiteaux historiés, tour

octogonale à flèche, crypte à trois nefs, abside du xv⁵ s.; belles *halles*; foires importantes). — 400 k. *Cherveux*, 1,601 hab. (*château* du xv⁵ s.; donjon et tours à mâchicoulis). — La voie descend dans la **vallée de la Sèvre-Niortaise**, qu'elle franchit. — 406 k. *Echiré-Saint-Gelais*, stat. qui dessert (à g.) *Saint-Gelais* (*château* avec lucarnes du xvi⁵ s.) et (à dr.) *Echiré*, 1,553 hab., qui possède une *église* romano-ogivale reconstruite, et les ruines très remarquables du **château de Couldray-Salbart** (6 tours du commenc. du xiii⁵ s., reliées par des murs fortifiés, et dont l'intérieur offre des cheminées avec chapiteaux et voûtes à nervures; la tour du N.-E. a des murs épais de 5 m.), bâti par les Larchevêque, et qui servit de prison, en 1419, au duc Jean V de Bretagne.

[A 4 k. O.-S.-O. d'Echiré, *château de Mursay* (trois cheminées Louis XVI), où Henri IV et Marguerite de Navarre séjournèrent et où fut élevée Mme de Maintenon par une de ses tantes, qui lui faisait garder les dindons.]

On franchit le Lambon avant de rejoindre (à g.) la ligne de Poitiers.

415 k. Gare de Niort (buffet).

NIORT

Niort *, ch.-l. du dép. des Deux-Sèvres, V. de 23,674 hab., bâtie partie en plaine, partie sur le versant de deux collines (29-45 m.) au pied desquelles coule la Sèvre-Niortaise, est un centre agricole très important plutôt qu'une cité d'industrie, bien qu'on y trouve des chamoiseries, des ganteries, des tanneries, des cordonneries, des minoteries et des confiseries dont le principal produit, l'*angélique*, une spécialité niortaise, alimente un commerce assez important. Ses pépinières et ses jardins maraîchers sont célèbres; le Marais alimente Niort de légumes délicieux et ses environs fournissent des artichauts et des oignons en quantité. La ville elle-même ne retiendra pas les touristes plus de 3 h.; mais Niort est doté d'hôtels qui luttent par l'abondance et la truculence des menus, et c'est un *nœud de voies ferrées*, de sorte qu'on peut, en s'y installant confortablement, visiter de là Melle, Fontenay-le-Comte et autres points intéressants desservis par les lignes de chemin de fer de Poitiers, de Ruffec, de la Rochelle-Rochefort, de Fontenay-le-Comte, et de Bressuire par Breuil-Barret.

Le château de Niort fut fondé, sinon exécuté entièrement, par Henri II, et sa construction, comme aussi certaines franchises municipales octroyées à propos, imprimèrent de grands développements à la bourgade qui s'était déjà formée en ce lieu. La révocation de l'édit de Nantes diminua considérablement sa population. Niort a vu naître *Françoise d'Aubigné, marquise de Maintenon*, mariée secrètement à Louis XIV (1635-1719); *Isaac de Beausobre*, théologien protestant et littérateur (1659-1738); *Louis de Fontanes*, poète et homme d'État, premier grand-maître de l'Université (1757-1821); le *général Chabot*, illustré par la défense de Corfou (1757-1837); le compositeur *J.-B.-E. Montaubry* (né en 1821) et son frère le chanteur *Achille-Félix Montaubry* (1826-1898).

En sortant de la gare, on suit en face la *rue de la Gare*, que l'on quitte pour prendre à dr. la *rue du Quatorze-Juillet*, sur laquelle, à dr., se trouve l'**église Saint-Hilaire** (Pl. 3), construite de 1862 à 1865 par Segrétain, dans le style roman.

A l'int., transsept orné de deux belles fresques de Louis Germain : *Résurrection de Lazare* et *Délivrance de St Pierre*.

La rue du Quatorze-Juillet conduit (à g.) à la vaste **place de la Brèche**, bordée par un square (pavillon de concerts) décoré de statues, et à l'O. de laquelle la courte *rue du Temple* mène à la *place du Temple*, où le *temple protestant* (Pl. 4) occupe l'ancienne église des Cordeliers. De la place du Temple, le *passage du Commerce* (magasins de confiserie d'angélique) conduit à la **rue Victor-Hugo**, la plus animée de la ville, et sur laquelle, à dr., la courte *rue du Pilori* aboutit à l'*ancien hôtel de ville* (Pl. 5), appelé à tort *palais d'Aliénor*, et construit de 1530 à 1535, dans un style de la Renaissance assez original, par Mathurin Berthomé, sur l'emplacement d'un hôtel de ville dû à Jean, duc de Berry et comte de Poitiers (vers 1400). La façade, resserrée entre deux tours, est couronnée de mâchicoulis et, au centre, d'une fort belle lucarne. Le beffroi qui surmonte l'édifice date, dans ses parties supérieures, du xviie s. Restauré de 1881 à 1885 sous la direction de M. Lisch, l'ancien hôtel de ville renferme le **Musée d'antiquités** (visible t. l. j. pour les étrangers).

Rez-de-chaussée. — Collection lapidaire comprenant : de nombreuses pierres tombales de diverses époques; une statue en marbre blanc mutilée du cardinal de Richelieu, autrefois dans la cour d'honneur du château de la Meilleraye; la statue funéraire de Louis de la Trémouille (xviie s.); des bas-reliefs, bornes milliaires dont une remonte à l'empereur Tacite et une autre à Tétricus, cippes, chapiteaux, inscriptions antiques, mosaïques; des moulages en plâtre de tout ce que les monuments anciens du pays offrent d'intéressant, de curieux fragments Renaissance provenant de Maillezais, etc.

1er étage. — 1re SALLE : cabinet florentin du xvie s. représentant l'intérieur du temple de Salomon (provenant du château de Thouars); sceaux, antiquités, poteries, armes du moyen âge trouvées dans la Sèvre, collection complète (unique en France) des monnaies frappées à Melle (collection Rondier), nombreuses antiquités préhistoriques (âge du renne), armes (fers de lances) provenant de Faye-l'Abbesse, verreries et poteries romaines, médailles romaines, jolie collection de monnaies gauloises.

2e SALLE : petit modèle du tumulus de Bougon et collection d'objets qui en proviennent: collier gaulois en or de Saint-Laurs; belles haches gauloises; tapisseries anciennes de Beauvais; collection d'objets de l'âge de pierre provenant du tumulus de Montabout (pointes de flèches en pierre); belle amphore romaine; mosaïque arabe.

2e étage. — Curieuse charpente en forme de carène de navire renversée.

Presque à l'extrémité de la rue Victor-Hugo, à dr., au fond d'une cour, se trouve la *maison de Candie* (Pl. 12; xve-xvie s.), où une tradition erronée fait naître Mme de Maintenon, qui, en réalité, vit le jour à la conciergerie, où Constant d'Aubigné avait été incarcéré comme faux monnayeur et où sa femme l'avait accompagné.

La rue Victor-Hugo débouche sur la *place des Halles* (marché), où l'on prend, à dr., la *rue Basse*, pour monter, par la *rue du Pont* (maisons des xve et xvie s.) et la *rue Saint-André*, à l'**église Saint-André** (Pl. 2), ruinée par les huguenots et reconstruite par Segrétain, de 1848 à 1866, dans le style du xive s. Les deux clochers, avec leurs flèches, atteignent 70 m.

A l'int. : à g., en entrant, jolie chap. des fonts baptismaux, avec verrière de Lobin; peintures murales de Louis Germain et Lecoq d'Arpentigny; toiles de Latinville (le *Christ crucifié* et *St Bernard*), provenant de l'abbaye des Châtelliers; verrière absidale, représentant le *Martyre de St André*.

Derrière l'église, la *place Chanzy* est bordée par le *quartier Du Guesclin* (cavalerie; xviiie s.), à l'E. duquel s'étendent la *place Denfert-Rochereau*, puis la *place de Strasbourg* (monument aux gardes mobiles des Deux-Sèvres tués à l'ennemi en 1870-1871, pyramide surmontée d'une reproduction du *Gloria Victis*, de Mercié).

A l'O. du quartier Du Guesclin, au-dessus de la Sèvre-Niortaise, sur le coteau de la Bigoterie, le **Jardin des Plantes** (Pl. 13), planté de beaux arbres, offre des vues charmantes; à quelques min. de ce jardin, au N., on peut visiter (s'adr. au gardien) l'abondante *source du Vivier*, qui alimente la ville.

Du Jardin des Plantes, par des allées en zigzag, on descend aux quais de la Sèvre, que l'on suit à g. pour gagner le **Donjon** (Pl. 11), où l'on entre (s'adr. au gardien, qui fait visiter) par la grille de la *place du Donjon*, ornée du *buste* en bronze *de l'ancien ministre Ricard*. Le Donjon, qui renferme les archives départementales, est le curieux reste d'un château fort des comtes de Poitiers, formé de deux tours carrées légèrement dissemblables se faisant face et réunies par un corps de logis dont la base seule est du même temps qu'elles. On remarque surtout les tourelles rondes et les larges mâchicoulis des deux tours, que les uns attribuent au roi Henri II d'Angleterre, les autres à son fils Richard Cœur de Lion. Des deux plates-formes, crénelées au xviiie s., on découvre une très belle vue.

En face du Donjon, dans un îlot de la Sèvre, l'ancien petit *fort Foucauld* renferme un intéressant *musée d'archéologie musicale* (collection particulière).

A côté du Donjon, la *préfecture* (Pl. 17) a sa façade principale sur la *rue Du Guesclin*; à l'angle de cette rue et de la *rue de la Préfecture*, qui conduit au nouvel *hôtel de ville* (Pl. 18), à la *bibliothèque* (Pl. 10; 46,000 vol. dont 60 incunables; ouverte t. l. j. non fériés, de 1 h. à 5 h., fermée en août et septembre) et au musée, se trouve la *poste-télégraphe*.

Le **Musée** départemental (Pl. 15; ouvert au public le jeudi et le dim., de midi à 5 h., et t. l. j. aux étrangers) occupe les bâtiments de l'ancien Oratoire (catalogue dressé par Louis Germain et supplément par Th. Léaud à consulter au musée).

1er étage. — VESTIBULE : curieuses *boiseries* peintes du XIVe s., divisées en 83 panneaux, dont les peintures représentent des sujets de l'Ancien Testament, et provenant de la chapelle du château de la Mothe-Saint-Héraye.
SALLES A G. du vestibule : histoire naturelle et salle des séances de la Société de statistique, sciences, lettres et arts ; à dr., bibliothèque et curiosités diverses appartenant à cette société.

2e étage (peinture). — 1re SALLE : 25 *Bauder*. Ulysse naufragé. — 8. *Hofer*. Mansart. — 111, 100. *Ecole hollandaise*. Après la bataille ; Combat naval. — 133. *Ecole espagnole*. Les Petits mendiants. — 165. *Salvator Rosa*. Un Auto-da-fé.

2e SALLE. (de dr. à g.). — 5. *Simon Vouet* (d'après *le Guide*). Hérodiade. — 175. *C. Van Loo*. La comtesse de Lusignan. — 37. *Ecole espagnole*. Saint Augustin. — 21. *Leloir*. Le Massacre des Innocents. — 34. *Ecole espagnole*. Des enfants et des vieillards juifs insultent Job (belle toile). — 71. *Bernard d'Agescy*. Sébastien Bourdon. — 1. *Raoux*. Portrait de Jean Restout. — 182, 183. *Rigaud* (attribués à). Portrait d'homme ; Portrait de la duchesse d'Orléans. — 130. *Ecole flamande*. Un jeune théologien. — 55. *Donzel*. Les Bords de la Creuse. — 63. *Bernard d'Agescy*. Vieillard endormi. — 162. *Van Dyck* (d'après). Portrait d'homme. — 2. *Guido Reni*. Jésus et St Jean-Baptiste (peinture sur cuivre). — 46. *Grenet*. La Gorge aux Loups (forêt de Fontainebleau). — 61. *Bernard d'Agescy*. L'abbé Maury. — 23. La Résurrection, peinture du XVe s. — 4. *Jean Steen*. Poissons, gibier et fruits. — 209. *Montenard*. Le village de Six-Fours. — 170. *Bon Boullongne*. Résurrection de Lazare. — 145. *Le Guerchin*. La Vierge au Livre. — 36. *Raphaël* (d'après). Sainte Anne et l'Enfant Jésus. — 185. *Ph. Wouwermans*. Un camp. — 90. *Fischer*. Le Conteur breton. — 39. *Jos. Vernet*. La Source du torrent. — 117. *Ecole de Mignard*. Portrait de femme. — 163. *Van der Meulen*. Combat de cavalerie. — 144. *Maison*. Une messe au Vatican. — 38. *Ecole italienne*. David. — 15. *Ecole flamande*. Les Usuriers et la Mort. — 12. *Karel Dujardin* (d'après). Le Voyageur charitable. — 197. *Monnoyer*. Fleurs. — 164. *Van der Meulen*. Combat de cavalerie. — Sans n°. *Sicard*. Un accident. — 40. *Conrad Deker*. La Chaumière au bord de l'eau. — 19. *A. Coosemans*. Fruits et crustacés. — 203. *F.-M. Boggs*. Le Port d'Isigny. — 179. *Parrocel*. Combat de cavalerie. — 3. *Tocqué*. Portrait de Marie Leczinska. — Sans n°. *Rivens*. Le Cadavre de César. — 196. *Inconnu*. La Toilette de Diane. — 9. *Lanoué*. Quai de la Néva, à Saint-Pétersbourg. — 177. *Inconnu*. La Vierge aux raisins. — 129. *Rubens* (d'après). La Nativité. — 114. *P. Mignard* (?). La Famille royale. — 151. *Breughel de Velours* (?). La Création. — 184. *Ph. Wouwermans*. Passage d'un gué. — 49. *Ecole hollandaise*. Un concert. — 159. *Ecole hollandaise*. Consultation du médecin. — 201. *L.-A. Aiguin*. Matinée de septembre. — 210. *Raffet*. Scène de bivouac. — 216. *Combe-Velluet*. Le Vivier, près Niort. — 228. *Baron*. Les Vendanges en Romagne. — 229. *Yon*. La Rivière d'Eure à Acquigny.

En face des salles de peinture s'ouvrent deux salles de sculpture et de dessins. Les ouvrages de *sculpture* se composent surtout de statues modelées sur l'antique, de copies ou de moulages d'œuvres de diverses époques et de quelques statues modernes. La collection de *dessins* comprend un certain nombre de fac-similés de dessins des grands maîtres dont les originaux se voient au musée du Louvre.

En sortant du musée départemental, il faut tourner à dr. pour aller, par la *rue Saint-Jean* (n° 28, *maison* du XVe s. ; *rue du Petit-Saint-Jean*, *hôtel d'Estissac*, du XVIe s., semblable, comme style, à l'ancien château de Coulonges-sur-l'Autize, transporté naguère à Fontenay-le-Comte) et la *Grande-Rue Notre-Dame*, visiter Notre-Dame.

L'église Notre-Dame (Pl. 1), commencée en 1491, terminée vers 1535 par l'architecte Mathurin Berthomé, est en majeure partie gothique; une belle flèche en pierre de ce style donne au clocher qu'elle surmonte une élévation totale de 75 m. Au-dessus de l'ancien portail principal (l'orientation de l'église a été changée de nos jours par la translation de l'autel contre le mur de façade) règne une balustrade de 1510 env., dont les meneaux à jour forment cette inscription : O MATER DEI, MEMENTO MEI.

A l'int. : *vitraux* de Lobin; — derrière les orgues, beau *vitrail* des premières années du XVIe s. — BAS COTÉ G. : contre le mur de la tour, riche *tribune* de la Renaissance, exécutée vers 1535 par Mathurin Berthomé; 1re chap. : 3 *tombeaux* (XVIIe s.) de la famille de Baudéan-Parabère; 2e chap. : *tombeau* de l'abbé Taury.

De Notre-Dame, la Grande-Rue Notre-Dame (*V.* ci-dessus), la *rue Mellaise* et la rue de la Gare (*V.* ci-dessus) ramènent directement à la gare.

[Excurs. à : — (1 k. 5 N.-O.) *Saint-Martin* (*église* du XIIe s.; restes d'un prieuré); — (3 k. N.) *Sainte-Pezenne*, 1,752 hab. (*église* romane assez curieuse; intéressante *chapelle* romane *de Croizé*, avec tombe du XIIIe s.); — (3 k. O.) *Saint-Liguaire*, 1,124 hab. (ruines d'une *abbaye* : salle capitulaire, trois travées d'un cloître, crypte); — (7 k. O.) *Magné*, 1,106 hab. (*église* avec joli portail Renaissance, œuvre de Mathurin Berthomé).

De Niort à Ruffec (83 k.; ch. de fer de l'Etat; traj. en 2 h. 36 à 3 h. 45; 8 fr. 45; 6 fr. 25; 4 fr. 10). — La ligne emprunte, jusqu'à Aiffres, la voie de Saintes-Bordeaux. — 6 k. Aiffres (*V.* ci-après). — 13 k. *Prahecq*, ch.-l. de c. de 1,037 hab. (*croix* de cimetière des XIIe et XVe s.). — 19 k. *Tauché-Mougon*. — 23 k. *Celles-sur-Belle*, ch.-l. de c. de 1,594 hab. (*église* bâtie sous Louis XI, sauf le portail, reste d'une église romane, détruite par les huguenots en 1569, et reconstruite dans le style ogival au XVIIe s.; restes d'une *abbaye* de Génovéfains, dont Talleyrand fut le dernier titulaire : dans le réfectoire, cheminée haute de 6 m. et large de 3 m. 30; à 4 k. S., à *Verrines*, 1,308 hab., ruines importantes d'une *église* du XIIe s. : à l'int., curieux chapiteaux).

33 k. **Melle** *, le *Metallum* des Romains, ch.-l. d'arr. de 2,669 hab., bâti partie en amphithéâtre (30 à 40 m. au-dessus de la Béronne; ville proprement dite et faubourg Saint-Pierre), partie dans la vallée (faubourg Saint-Hilaire), mérite d'être visité par les archéologues (détails intéressants dans le *Guide de l'archéologue dans la ville de Melle et ses environs*, par Ed. Lacuve, imprimeur à Melle).

L'*avenue de la Gare* laisse à dr. l'**église Saint-Hilaire**, qui se compose de trois nefs du XIIe s. et d'un transsept (cippe romain dans le mur extérieur de l'un des bras) suivi d'une abside avec déambulatoire et trois chapelles groupées vers l'axe, comme à Airvault. On lit sur un tailloir de l'abside cette inscription : FACERE ME AYMERICUS ROGAVIT. La façade O., flanquée de deux tourillons, présente deux rangs d'arcades, richement travaillées au 1er étage. Les arcades centrales de chaque rang encadrent l'une la porte, l'autre une fenêtre. Le mur latéral du N. se distingue aussi, dans toute son étendue, par le luxe de ses profils et de ses sculptures. La porte N. offre des jambages cannelés et des colonnes; l'arcade profonde creusée au-dessus renferme un cavalier. En face de cette porte N. existait un enfeu du XIIe s., orné de bas-reliefs, qui a été percé à jour pour servir aussi de porte.

En entrant par la porte O., on descend de la première travée aux cinq travées suivantes par un escalier de 19 marches, et l'on remarque la magnificence des murs intérieurs, que tapissent de chaque côté 12 arcades (2 par travée), encadrant des fenêtres aux belles archivoltes, et séparées par des faisceaux de colonnettes.

Plus loin, à g., à mi-côte, et précédé d'un petit square (*buste* en bronze de l'agronome *Bujault*) se trouve l'*hôtel de ville* (à dr., *hospice*, dont la belle porte du XVIIe s. provient du couvent du Puy-Berland), dominé par le clocher roman de l'ancienne *église Saint-Savinien* (XIe s.), qui sert de prison (à l'int., tombeau des magistrats François Houlier, ✝ 1655, et Pierre-Saturne Houlier, ✝ 1665, l'auteur du jugement dit des bûchettes, qui inspira à La Fontaine son conte : *Le juge de Melle*).

La rue qui passe derrière Saint-Savinien conduit au *palais de justice*, précédé d'une petite promenade, et dans lequel sont englobées les *tours* dites *de l'Evêché* (XVe s.). L'avenue de la Gare aboutit au *champ de foire* (*monument* à la mémoire des victimes de la guerre de 1870-1871), au-dessous duquel se trouvent de vastes souterrains voûtés, et qui occupe, avec les *promenades* voisines, l'emplacement de l'ancien château.

Après avoir longé les promenades à g., on prend, du même côté, une longue rue menant à l'**église Saint-Pierre** (XIIe s.). Au-dessus de la porte principale, au S., se trouve une statue du Christ assis, défigurée ainsi que les anges qui l'accompagnent. La façade O. est d'une grande simplicité, tandis que les trois absides sont extérieurement très ornées. La triple nef, longue de cinq travées, est suivie d'un transsept dont la coupole centrale porte le clocher. Dans le bas côté g., le *tombeau* d'un inconnu, fondateur de la *fête de la Bachelerie*, que célèbre à la Pentecôte la jeunesse de Melle, a été érigé en 1808 et orné d'une inscription en vers latins.

On peut voir, à env. 500 m. S.-O. de la V., au lieu dit *Loubeau* (petite *grotte* sur la rive dr. de la Béronne), des carrières qui ont mis à jour les galeries souterraines de l'*atelier monétaire* qui exista à Melle depuis l'époque romaine jusque vers le XIe s. (beaux spécimens des monnaies mellaises au musée d'antiquités de Niort). — A 1 k. 5 O., beau *château de Chaillé*, bâti sous Henri IV. — A 3 k. S., à *Saint-Faziol*, dans la vallée de la Légère, ruines de l'*église* romane (XIe s.) d'un prieuré ; à côté, source jaillissant du rocher et recueillie dans des bassins. — A 5 k. S.-S.-O., **tour de Melzéard**, reste d'un château fort construit au XVe s. par Pierre Frottier, conseiller du roi Charles VII, et remarquable par sa masse et son parfait état de conservation (elle dépend d'un château moderne). A côté, une *chapelle* de la même époque renferme de curieuses sculptures (Jésus-Christ et les Evangélistes).

38 k. *Mazières-Saint-Romans* (à *Saint-Romans*, *église* romane ; à 2 k. S.-E. de la stat., tour de Melzéard, V. ci-dessus, Melle). — La voie franchit la Berlande, profondément encaissée, et gagne la vallée de la Boutonne. — 44 k. *Brioux-sur-Boutonne*, ch.-l. de c. de 1,209 hab. — 50 k. *Luché-Fontenille*. — On franchit la Boutonne.

56 k. **Chef-Boutonne** *, ch.-l. de c. de 2,139 hab., près de la belle source de la Boutonne (dans l'*église*, tombe du commencement du XIIIe s.).

[Corresp. à tous les trains (40 c. ; 50 c. avec 30 kilogr. de bagages) pour (1 k. O.) *Javarzay*, dont le *château* appartint jadis aux Rochechouart. Il en reste une partie construite dès 1515, pour le logement du régisseur, et flanquée d'une tour ronde à mâchicoulis. La chapelle (à g., en entrant dans la cour), de la même époque, offre une jolie porte du temps de François Ier. — L'*église*, ancien prieuré bénédictin, est un assez curieux édifice du XIIe s., avec chœur du XVe s., plus large que la nef.]

[R. 1, B] COULONGES. — NIEUL-SUR-L'AUTISE.

De Chef-Boutonne à Saint-Jean-d'Angély et à Saint-Saviol, V. ci-dessous, Saint-Jean-d'Angély.

61 k. *Loubillé*, halte. — 67 k. *Paizay-Naudouin* (à 1 k. 5 du v., *château de Sareille*, du xv*e* s., orné de sculptures). — 73 k. *Villefagnan*, ch.-l. de c. de 1,416 hab. (*église* de la Renaissance; vins blancs renommés). — 77 k. *Raix*, arrêt. — 80 k. *La Faye*, halte. — On rejoint la ligne de Bordeaux. 83 k. Ruffec (*V.* ci-dessus, *A*).

De Niort à Fontenay-le-Comte (32 k.; ch. de fer Etat; 52 min. à 1 h. 50). — La voie décrit une grande courbe autour de la partie S.-O. de Niort. — 6 k. Arrêt de Saint-Liguaire (*V.* ci-dessus : excurs. de Niort). — On franchit la Sèvre-Niortaise. — 10 k. *Coulon*, 1,753 hab.

14 k. **Benet**, 2,590 hab. (belle *église* du xv*e* s., avec riche façade romane).

[De Benet a Breuil-Barret (34 k.; ch. de fer Etat, ligne de Niort à Bressuire; 1 h. env.). — 6 k. *Saint-Pompain*, 1,091 hab. (*château* du xvi*e* s.; *église* des xii*e* et xv*e* s., agrandie en 1875). — Le pays est varié et accidenté; on est dans le Bocage Vendéen. La voie franchit l'Autize.

12 k. **Coulonges-sur-l'Autize**, ch.-l. de c. de 2,367 hab., sur un plateau à 4 k. au N. de l'Autize, est l'entrepôt des bois de charpente et de merrain venant de la Gâtine, des vins et des laines de Saintonge. — Le château, commencé vers 1540-1544 par Louis d'Estissac, gouverneur du Poitou sous François I*er* et Henri II, a été transporté dans la propriété de Terre-Neuve, à Fontenay-le-Comte (*V.* R. 4, *A*); il n'en reste à Coulonges que les murs nus. — Belles *halles*. — A 3 k. S.-E., *château de Saint-Goard* (à la porte de la chapelle, panneaux sculptés de la Renaissance).

16 k. Arrêt des *Vivandières*. — On franchit un affluent de la Vendée. — 19 k. *Saint-Laurs*, 1,228 hab. (fabr. de chaux pour l'agriculture; près de la stat., mines de houille produisant env. 260,000 hectol. par an). — La voie laisse à g. *Faymoreau* (gisements de pétrole et de schiste bitumineux) et des puits de houillères desservis par un petit railway, à dr. la verrerie de la Blanchardière, et franchit la Vendée. — 24 k. *Faymoreau-Puy-de-Serre*, stat. d'où l'on peut gagner (10 k. O.) Vouvant (R. 4, *A*). — Belle vue, surtout à dr., sur la vallée de la Vendée.

34 k. Breuil-Barret (R. 4, *A*).]

On dépasse Oulmes à g.

23 k. *Nieul-Oulmes*, stat. qui dessert (à g.) *Oulmes* (*château* des xvii*e* et xviii*e* s.; *église* en partie du xi*e* s.; *grange de la Chevalerie*, ayant appartenu à une commanderie de Malte) et (à dr.) **Nieul-sur-l'Autise**, 1,193 hab., patrie d'Eléonore de Guyenne, qui y naquit en 1122, et où se voient les ruines d'une **abbaye** fondée en 1068. L'*église*, auj. paroissiale, un des édifices les plus intéressants de la Vendée, date des xi*e* et xii*e* s.; sa belle façade est surmontée d'un clocher moderne. L'intérieur se compose de trois nefs terminées chacune par une abside (ces absides sont modernes) et coupées par un transsept légèrement accusé. A l'intersection de la nef et du transsept s'élève une tour centrale, refaite en 1870. Au S. est un *cloître* roman, encore entier (sculptures très curieuses, tombeaux, dalles tumulaires et colonnade intérieure, mutilées pendant les guerres de religion). La *salle capitulaire*, du xii*e* s., offre une voûte en plein cintre reconstruite en 1646 dans le style roman. — La métairie de *la Court-de-Nieul*, sous laquelle règnent d'immenses souterrains, est bâtie sur les ruines d'un château des ducs d'Aquitaine, reconstruit après le xiii*e* s., et dont il reste une porte gothique et une cheminée du xv*e* s.

[A 3 k. env. S.-O. d'Oulmes, *Bouillé-Courdault* possède le *château de Bouillé*, du commencement du xviii*e* s., domaine maternel du célèbre veneur Jacques de Fouilloux; près du château, la magnifique *fontaine de Saint-Quentin*, qui enrichit l'Autise, forme un petit étang entouré d'arbres et recouvert de plantes aquatiques, excepté au milieu, où le roc du fond se creuse en un entonnoir profond et transparent.]

La voie franchit l'Autise. — 29 k. *Saint-Martin-de-Fraigneau.* 32 k. Fontenay-le-Comte (R. 4, A).]

De Niort à la Rochelle et à Rochefort, R. 4, *B*; — à Poitiers, R. 5.

Au delà de Niort, le ch. de fer de Bordeaux laisse à dr. la ligne de la Rochelle-Rochefort, puis, se dirigeant au S.-E., la voie franchit la Guirande. — 421 k. (de Paris). *Aiffres*, stat. où se détache à g. la ligne de Melle et Ruffec. — 426 k. *Fors.* — 431 k. *Marigny.* — 435 k. *Beauvoir-sur-Niort*, ch.-l. de c. de 484 hab. — 438 k. *Prissé-la-Charrière.* halte.

445 k. *Villeneuve-la-Comtesse* (débris de fortifications).

[A 9 k. S.-E., *Dampierre-sur-Boutonne* possède une *église* romane (curieuse inscription) et un **château** des xv° et xvi° s., où les caissons du plafond de la galerie extérieure offrent chacun une image sculptée avec légende.]

451 k. *Loulay*, ch.-l. de c. de 578 hab., stat. qui dessert (3 k. O.-S.-O.) *Lozay* (chapelle et *fontaine Sainte-Radegonde*, but de pèlerinage). — 457 k. *Le Pin-Saint-Denis* (église du xiv° s.; à 1 k. O., *abbaye de la Fayole*, avec profond et large *puits* conique).

464 k. **Saint-Jean-d'Angély** *, ch.-l. d'arr. de 7,183 hab., sur la rive dr. de la Boutonne (port; commerce de vins et d'eaux-de-vie, de balais de sorgho et de paille de maïs; minoteries, filature, instruments aratoires, etc.), V. assez vivante et très animée les jours de foire et de marché aux bestiaux, fut au xvi° s. l'un des boulevards du calvinisme dans l'O. de la France. Louis XIII la prit en 1629 et en fit raser les fortifications.

Au sortir de la gare, on tourne à g. puis à dr. à travers un faubourg, puis on prend de nouveau à dr. pour gagner la *tour de l'Horloge* (xv° s.), à créneaux et à mâchicoulis, percée d'une arcade sous laquelle s'engage une des principales artères de la ville. En deçà de la tour s'ouvre à dr. la *rue de l'Hôtel-de-Ville*, qui aboutit à la place où se trouvent l'*hôtel de ville*, le *palais de justice*, une *halle* à arcades et la *statue* en bronze, par Bogino, de *Regnault de Saint-Jean-d'Angély*, homme d'État, père du maréchal de ce nom.

On revient par la *rue des Jacobins* à celle de *l'Horloge*, où se voit la *fontaine du Pilori*, petit édicule transporté en 1819 du château de Brizambourg. Dans la frise se lit l'inscription suivante : « L'AN 1546, IE FVS ÉDIFIÉ ET ASSIZ ». De là on se rend par la *rue du Collège* aux restes d'une **abbaye** de Bénédictins, détruite en 1568 par les calvinistes. De vastes bâtiments du xviii° s., où l'on accède par une large porte à arcade en pierre, et qui sont occupés par une institution, faisaient partie de l'abbaye. A une extrémité de ces bâtiments, deux grosses tours

SAINT-JEAN-D'ANGÉLY. — AULNAY.

(ancienne prison), terminées par des dômes et reliées par un portail inachevé, sont, avec la façade, tout ce qui a été construit, au XVIIIe s., de l'église qui devait remplacer définitivement l'abbatiale. C'est au milieu des débris de cette dernière, qui avait été élevée au XIIIe s. sur de vastes proportions (style ogival du Nord), que s'est installée l'église actuelle. On ne voit plus guère de l'édifice du moyen âge que le mur formant le chevet (trois fenêtres ogivales) et des culées d'arcs-boutants sur lesquelles est établie, depuis le XVIIe s., une charpente singulière portant les cloches.

Les bords de la Boutonne offrent de belles promenades ombragées.

De Saint-Jean-d'Angély à Chef-Boutonne et à Saint-Saviol (72 k.; ch. de fer de la Cie des chemins de fer départementaux; traj. en 3 h. par train direct; 7 fr. 30; 6 fr. 20; 4 fr. 55). — 2 k. *Saint-Julien-de-l'Escap* (église du XIe s., avec façade rééditiée au XIIIe s.). — 5 k. *Poursay-Garnaud*, halte. — 8 k. *Vervant-les-Églises-d'Argenteuil* (aux *Églises*, église romane). — 10 k. *Pouzon-Nuaillé*, halte. — 13 k. *Paillé-Virollet*, halte.

18 k. **Aulnay***, ch.-l. de c. de 1,779 hab., sur la Brédoire, b. au N.-E. duquel s'étend la vaste *forêt d'Aulnay*, mérite la visite des archéologues, non pour son vieux *donjon* du XIIIe s., dont Du Guesclin s'empara en 1372, mais pour son **église** romane, la plus remarquable de la Charente-Inférieure après Sainte-Marie de Saintes. Elle est située dans le cimetière (quand elle est fermée, s'adr. au sacristain). Ce charmant édifice, dont presque tout l'extérieur est brillamment ornementé, est assez bien conservé. A la façade O., flanquée de deux clochetons cylindriques relativement simples, s'épanouissent, selon les règles du style poitevin, trois larges arcades en cintre brisé dont l'une, celle du centre, dépourvue de tympan, forme l'entrée. Cette porte a quatre voussures animées par des scènes historiques ou peuplées de personnages, parmi lesquels des inscriptions signalent les *Vertus* et les *Vices*. Les archivoltes des arcades latérales sont découpées en feuilles végétales de convention du plus grand effet. Leurs arcs encadrent deux sujets sculptés sur de grandes proportions, avec traces de peintures : le *Martyre de St Pierre*, à g., le *Christ docteur entre deux anges*, à dr. L'étage supérieur, retaillé au XVIe s., gâte un si beau frontispice. La façade du croisillon S., mieux conservée, n'offre qu'une porte surmontée d'une baie circulaire; mais sa richesse et ses belles proportions en font une œuvre exquise. La porte, en plein cintre, sans tympan et d'une remarquable largeur, présente des archivoltes à personnages; la rosace, due peut-être à un remaniement du XIIIe s., remplit l'intérieur d'une arcade en cintre brisé, aux voussures épaisses. Les quatre pignons aux extrémités de la croix (l'un surmonte la naissance de l'abside) sont plus aigus et plus élevés que les toitures. Le clocher, sur la croisée, comprend trois étages carrés, dont deux sont ornés d'arcatures aveugles; le troisième étage, bas et peu décoré, paraît avoir été retaillé au XVe ou au XVIe s. La nef, de proportions hardies, est voûtée en berceaux brisés. Les piliers sont formés de groupes de colonnes. Une coupole byzantine, renforcée de huit nervures, s'arrondit sous le clocher. L'abside centrale est très profonde; des absidioles s'ouvrent sur les croisillons.

A l'embrasure extérieure de la porte O. est déposé un bénitier, sur un pédicule octogonal, orné de huit statuettes romanes. La *croix* du cimetière (XIVe s.) s'élève sur un piédestal à remarquables sculptures.

22 k. *Villemorin-Contré*, halte. — 27 k. *Néré*, 1,100 hab. — 33 k. *Saleignes-Romazières*. — 40 k. *Paizay-le-Chapt-Aubigné*. — 44 k. *La Bataille*, halte.

48 k. Chef-Boutonne (*V.* ci-dessus, Niort), embranchement avec la ligne de Niort à Ruffec. — 55 k. *Melleran.* — 59 k. *La Chapelle-Pouilloux-Lorigné.* — 63 k. *Sauzé-Vaussais*, ch.-l. de c. de 1,709 hab. (minerai de fer; à *Vaussais*, *église* en partie romane). — 68 k. Halte de *Limalonges*, 1,489 hab. (*église* avec chœur roman).

72 k. Saint-Saviol (*V.* ci-dessus, *A*).

De Saint-Jean-d'Angély à Matha et à Cognac (46 k.; ch. de fer de la Cie des chemins de fer départementaux; traj. en 1 h. 48 à 2 h. 19; 5 fr. 15; 3 fr. 85; 2 fr. 85). — 2 k. Saint-Julien-de-l'Escap (*V.* 1°). — 6 k. *Fontenet-Varaize* (à *Varaize*, *église* du xie s.; *château* ruiné). — 8 k. Arrêt de *Chagnon-Saint-Même.* — 12 k. *Aumagne-Reignier* (à *Aumagne*, 1,130 hab., ruines d'un *château*). — 15 k. *Blanzac-la-Brousse* (à *la Brousse*, ruines d'un *château*).

18 k. Matha (*V.* ci-dessus, *A*, Angoulême). — 22 k. *Prignac-Courcerac*. — 27 k. *Migron.* — 31 k. *Burie*, ch.-l. de c. de 1,600 hab. (tumulus dit la motte à *Corsin*). — 34 k. *Saint-Sulpice-Mesnac* (à *Saint-Sulpice*, 1,570 hab., *église* du xie s.; sur la place, bel arbre de la Liberté, peuplier planté en 1789; charmant vallon de l'Antenne). — 37 k. *Cherves*, 2,306 hab. (*église* romane à trois coupoles; dans le cimetière, *croix* à base sculptée; joli *château de Chesnel*, de 1610, entouré de douves et flanqué de tours carrées). — 42 k. *Cognac* (*Saint-Jacques*), stat. desservant le faubourg de ce nom.

46 k. Cognac (R. 7).

De Saint-Jean-d'Angély à Surgères et à Marans (67 k.; ch. de fer de la Cie des chemins de fer départementaux; traj. en 3 h. à 4 h. 10, selon la longueur de l'arrêt à Surgères; 7 fr. 50; 5 fr. 60; 4 fr. 15). — Arrêt de *Moulinveaux.* — 6 k. *La Vergne*, halte. — 9 k. *Landes-Torxé* (à *Landes*, *église* du xie s., ruines d'un *château*, beau point de vue du *Mont des Groies*; près de *Torxé*, *château du Péré*, de 1553). — 12 k. Arrêt de *la Fougère.* — 14 k. *Saint-Loup.* — 18 k. Halte de *Tournay.* — 20 k. *Bernay-Parançay* (à *Bernay*, *église* des xie et xvie s.; ruines d'une *abbaye*). — 24 k. Halte de *Breuil-la-Réorte.* — 27 k. *Saint-Mard*, 1,181 hab. — Arrêt de *Saint-Gilles.*

33 k. Surgères (R. 1, *B*), où l'on croise la ligne de Niort à la Rochelle (État). — 38 k. *Puyravault-Vouhé.* — 43 k. *Bouhet*, halte. — 45 k. *Le Gué-d'Alleré.* — 48 k. *Saint-Sauveur-de-Nuaillé*, 1,062 hab. — 52 k. *Ferrières-Courçon*, stat. qui dessert *Ferrières* et **Courçon**. ch.-l. de c. de 1,093 hab. (*église* du xve s., renfermant une belle *Sainte-Famille*, d'après Raphaël). — 56 k. *Saint-Jean-de-Liversay*, 1,951 hab.

67 k. Marans (R. 1, *A*).]

La voie franchit la Boutonne dans un site gracieux, et, dès lors, le paysage devient moins nul, bien que le relief continue à être peu appréciable. Aux plateaux cultivés succèdent les prairies, les bouquets de bois mêlés aux céréales, plus de fraîcheur et plus de variété. — 471 k. *Mazeray.* — 476 k. *Grand-Jean* (*église* romane: *grottes* préhistoriques). — On descend dans la **vallée de la Charente**, où l'on rejoint (à dr.) la ligne de Rochefort et Nantes, puis on suit d'assez près (à dr.) la rive dr. du fleuve. Avant d'arriver dans la stat. de Taillebourg, belle vue à g. sur les ruines du château.

482 k. **Taillebourg** *, b. de 970 hab., où les Sarrasins furent battus par Charlemagne en 808 et les Anglais par St Louis en 1242, est bâti sur les pentes d'une colline au-dessus de la rive dr. de la Charente, et dominé par les ruines d'un **château**, jadis

réputé imprenable. Cette forteresse, qui appartint aux La Trémouille et dans laquelle se trouvaient Charles VII et Jacques Cœur, lorsque ce dernier fut accusé par Jeanne de Vendôme d'avoir empoisonné Agnès Sorel, occupait un rocher taillé à pic de trois côtés et isolé de l'autre par un large et profond fossé en avant duquel se développait une seconde enceinte. Il n'en reste qu'une grande terrasse avec balustrade en pierre, un vaste bâtiment du xviiie s. à demi écroulé et une tour cylindrique à mâchicoulis, couverte de lierre. — Abside ruinée d'une *église* du xie s. — Sur la rive g. de la Charente, *chaussée de Saint-James* (1,200 m. de long sur 3 m. de haut; 30 arches), en maçonnerie, qu'occupait l'armée anglaise en 1242, lors de la bataille de Taillebourg, et petit *monument* rappelant la victoire de St Louis.

[A 6 k. O.-N-O., *château de Crazannes*, du xiiie au xviiie s., et surtout de la Renaissance.]

De Taillebourg à Rochefort, la Rochelle et Nantes, R. 2.

De plus en plus s'accidente le paysage, sans perdre de sa fraîcheur. La voie court entre des parois rocheuses (à g.) et la Charente qui, à dr., décrit de gracieux méandres dans de belles prairies coupées de rideaux d'arbres. — 486 k. *Le Pontreau*, halte qui dessert (1,800 m. S.) *Bussac* (*château* du xviie s., qui fut la retraite favorite de l'avocat général Dupaty). — Bientôt les regards, à dr., sont accaparés par Saintes et ses monuments.

492 k. Gare de Saintes (buffet).

SAINTES

Saintes [*], ch.-l. d'arr. de 20,285 hab., se divise en deux parties : la V. proprement dite, bâtie à 27 m. d'altit. sur la rive g. de la Charente, et, sur la rive dr. du fleuve, le *faubourg des Dames*. Par sa situation mais bien plus encore **par ses monuments romains et du moyen âge, Saintes est l'une des villes les plus intéressantes de l'O. de la France**, et il faut une journée entière pour la visiter sommairement en suivant notre itinéraire.

Antique *Mediolanum*, capitale des *Santones*, Saintes était déjà une ville florissante lorsque César fit la conquête des Gaules. Les Romains en firent une des cités les plus riches en monuments de toute l'Aquitaine. St Eutrope y prêcha le christianisme vers 250 et en fut le premier évêque.

Détruite par les Barbares qui traversèrent la Gaule pour aller envahir l'Espagne, Saintes était redevenue une ville importante sous les Carlovingiens. Elle appartint aux ducs d'Aquitaine, puis, jusqu'au règne de Charles V, aux Anglais. Son évêché fut supprimé en 1790.

En sortant de la gare de l'État, on prend à g. l'*avenue Gambetta*, suivie par les chemins de fer économiques des Charentes, qui font le service urbain (ou bien, en face de la sortie, la *rue Frédéric-Mestreau* et la première rue à g.), puis à g. la *rue du*

Pérat et enfin à dr. la *rue Saint-Palais*, sur laquelle s'ouvre à g. la *place Saint-Palais*, occcupée par l'ancienne abbaye des Dames, transformée en caserne, et, à g. de la caserne, par l'*église Saint-Palais* (Pl. 1), des xii° et xiii° s.

Pénétrant dans la cour de la caserne, on demandera à l'adjudant de semaine l'autorisation (c'est tout ce qu'on peut obtenir) de regarder la façade de l'**église Notre-Dame** ou *Sainte-Marie* (Pl. 2), ancienne abbatiale, splendide monument des xi° et xii° s., qui se trouve à g. dans la cour. La façade est ornée d'arcades richement ornementées. Au point de rencontre de la nef et du transsept s'élève un magnifique clocher cylindrique du xii° s.

Par la *rue de l'Arc-de-Triomphe*, on débouche sur la *place Bassompierre*, devant l'**Arc de Germanicus** (Pl. 16), le monument romain le mieux conservé de Saintes, formé de deux arcades de 3 m. d'ouverture chacune, et décoré de pilastres corinthiens. L'entablement porte des inscriptions mutilées qui consacraient le monument à Tibère. Cet arc de triomphe s'élevait sur une des piles de l'ancien pont.

Suivant à dr. le *quai Bassompierre*, à l'extrémité duquel se trouvent la *statue de Bernard Palissy* (Pl. 15), œuvre de Taluet, et une stat. des ch. de fer économiques, on franchit à g. la Charente sur le *pont* de pierre, que continue le superbe et animé cours National (*V.* ci-dessous) et, immédiatement après le pont, on prend à g. le *quai de la République*.

A dr., en face de la passerelle, sur la *rue Saint-Pierre*, qui longe à g. le marché couvert ou *marché Saint-Pierre*, s'ouvre à g. la *place Saint-Pierre*, occupée par l'église de ce nom (il faut contourner l'édifice par la *ruelle du Bon-Pasteur*, pour entrer par la façade ou grand portail, *place du Synode*).

L'**église Saint-Pierre** (Pl. 3), ancienne cathédrale, fut reconstruite de 1117 à 1127 par l'évêque Pierre de Confolens, dans le style de la cathédrale d'Angoulême, puis remaniée à la fin du xiv° et au milieu du xv° s. Les calvinistes, qui la ruinèrent en 1568, n'épargnèrent que le clocher, une partie du transsept, quelques arceaux des bas côtés et les contreforts, d'un travail admirable, d'une très grande hauteur et couronnés de pyramides, qui sont maintenant isolés. Le vaisseau de l'église actuelle a été pauvrement bâti de 1582 à 1585. La tour (xv° s.), au pied de laquelle s'ouvre un portail du style ogival flamboyant, aux sculptures en partie détruites, a plus de 72 m. de haut; elle est flanquée, à chacun de ses angles, d'un double contrefort, orné de deux étages de clochetons. Au-dessus de la plate-forme s'élève la base tronquée de la flèche octogonale, décorée de frontons triangulaires sur chacune de ses faces et couronnée par une coupole.

A l'intérieur, la nef (xv° s. et fin du xvi°) est séparée des collatéraux par deux rangs de piliers cylindriques, sans chapiteaux; le long des bas côtés règnent huit chapelles dans le goût du xv° s., mais bien plus modernes; le chœur est entouré d'un déambulatoire (xv° s.); les croisillons, malgré les remaniements, ont conservé leurs coupoles byzantines. Les voûtes très surbaissées de la nef et du chœur, reconstruites en pierre au commencement du XVIII⁰ s., bouchent une partie des fenêtres supérieures et donnent à l'intérieur de l'édifice un caractère désagréable de lourdeur.

A dr., on pourrait faire un crochet par la *rue d'Alsace-Lorraine*, pour se rendre à la *bibliothèque* (Pl. 9; 30.000 vol.; curieux manuscrits, lettres autographes des Valois), qui occupe l'ancien *échevinage* ou hôtel de ville (XVI⁰ s.), dont il ne reste que le beffroi. La façade sur la cour et le portail d'entrée sont du XVIII⁰ s. (remarquer la grille au-dessus du portail, et, dans la cour, un cadran solaire du XVIII⁰ s.).

On suit à g. la *rue de l'Hôtel-de-Ville*, sur laquelle, à dr., se voient l'insignifiante *sous-préfecture* (Pl. 7), puis *l'hôtel de ville* (Pl. 8), qui contient les **musées** (ouverts aux étrangers t. l. j. de 8 h. 30 à 10 h. 30 et de midi 30 à 4 h. 30; s'adresser au concierge), au nombre de deux : le musée de peinture, installé dans l'hôtel de ville même, au 1ᵉʳ étage, et le musée archéologique, dans un bâtiment attenant, à g.

Musée de peinture. — 1ʳᵉ SALLE. — 51. *J. Geoffroy*. Un jour de fête à l'école. — 38. *A. Brouillet*. Portrait. — 49 et 50. *Furcy de Larault*. Fleurs. — 43. *H. de Callias*. Martyre byzantine. — Sans n°. *Pelouse*. Paysage. — 55. *Moreau de Tours*. La Cigale. — 687. *Gaston Roullet*. Le Fleuve Rouge.
SALLE PRINCIPALE (surtout composée de la **collection Lemercier**). — Sans n°. *Jules Aviat*. Portrait du comte Lemercier. — 52. *G. Laugée* Enterrement de jeune fille. — 42. *Calamatta*. Portrait. — 13. *Vanbalen et Breughel*. L'Été. — 7. *Inconnu*. Le Sacrifice d'Abraham. — 45. *Joseph Bail*. Le Poissonnier. — 10. *L.-A. Aiguin*. Paysage. — 30 et 70. *H. Rigaud*. Vauban; le cardinal de Tencin. — Sans n°. *V. Pluyette*. Scène du Lutrin. — 26. *Lenain*. Le Joueur de vielle. — **Médaillier** (7,000 médailles grecques, phéniciennes, gauloises, romaines et françaises).

Musée archéologique. — Très curieuse collection de pierres et objets trouvés dans la région : inscriptions, monuments funéraires, débris de temples, de théâtre, d'édifices importants de l'époque gallo-romaine; pierres du moyen âge.

On prend à dr. la *rue du Collège*, sur laquelle se trouvent, à g., le *temple protestant* (Pl. 6; culte évangélique), puis, à dr., le *collège* (Pl. 11). Suivant ensuite à g. la *rue des Ballets* et à dr. (en face) la *place de la Porte-Saint-Louis*, on aboutit à la *place Blair* (caisse d'épargne; belle vue sur un méandre de la Charente), d'où, descendant sur le *quai Palissy*, on prend à dr. la *rue de l'Aubarée*. A l'extrémité de cette rue, on gravit à g. la *rue Saint-François* pour croiser le *cours Reverseaux* et prendre en face la *rue Saint-Eutrope*, qui conduit à g. à l'insigne basilique de ce nom (on trouve d'abord l'entrée spéciale de la crypte, puis, sur une place à laquelle on parvient par un escalier de 7 marches, l'église proprement dite).

L'église **Saint-Eutrope** (Pl. 4), fondée, suivant les Bollandistes, par l'évêque St Palais ou Pallade, à la fin du VI⁰ s., fut reconstruite, ainsi que la crypte, dans la dernière partie du XI⁰ s., remaniée au XV⁰, et détruite en partie par les Calvinistes, en

1568. A l'extérieur, deux longues chapelles romanes, bâties autour de l'abside, se font remarquer par leur élégante décoration extérieure. La tour (xvᵉ s.), flanquée aux angles de contreforts que terminent des clochetons pyramidaux, porte une flèche octogonale qui atteint 58 m. de haut. La façade moderne est du goût le plus détestable.

A l'int., la nef actuelle (xiᵉ s.), ancien chœur, précédée des restes du transsept (style roman de transition), est séparée des bas côtés par de gros piliers quadrangulaires cantonnés de colonnes cylindriques à curieux chapiteaux romans. La voûte de la grande nef est en berceaux, celles des bas côtés sont en demi-berceau. Le chœur, formé d'une chapelle absidale du xiᵉ s., est décoré de statues modernes.

Sous l'église, qui était autrefois beaucoup plus grande, s'étend la **crypte** ou église basse, dont l'entrée (extérieure et accessible tous les matins) se trouve à la base de la tour. Cette crypte intéressante a été sobrement restaurée. Elle est, après celle de la cathédrale de Chartres, la plus vaste peut-être qui existe en France. Précédée d'un grand narthex, où l'on remarque une cuve baptismale ronde du xiᵉ s. et dont les murs seuls appartiennent à la construction de la fin du xiᵉ s., « elle présente, dit Viollet-le-Duc, cette particularité remarquable qu'elle est largement éclairée et que ses chapiteaux sont richement sculptés. C'est un vaisseau large de 5 m. 40, terminé par un rond-point avec collatéral pourtournant et trois chapelles rayonnantes. Les murs des collatéraux ont été repris à la fin du xiiᵉ s. et au xiiiᵉ, ainsi que les voûtes des deux chapelles latérales. La chapelle absidale a été reconstruite. »

Derrière un autel moderne, placé au rond-point et qui détruit l'effet grandiose de la crypte, se trouve le **tombeau de St Eutrope**, découvert en 1843, dans une excavation de rocher, au-dessous de l'emplacement qu'occupait, avant la Révolution, le maître autel de la crypte. Ce tombeau vénéré se compose d'une dalle posée sur deux marches. Sur l'un des rampants de la dalle qui, suivant Letronne, date du ivᵉ ou du vᵉ s., se lit ce seul mot, gravé en belles capitales romaines : EVTROPIVS.

On prend à dr. la *rue des Arènes*, qui descend dans le vallon (au bas de la descente, propriété particulière dite *le Coteau*, où se trouvent les restes de vastes substructions romaines, dépendant jadis des arènes). A g., un chemin étroit conduit aux arènes (pour visiter, s'adr. au concierge; si l'on est en voit., on prendra, au lieu de la rue des Arènes, sur la place Saint-Eutrope, la continuation de la rue Saint-Eutrope, puis à dr. une artère qui aboutit directement, sur la hauteur, à la loge du concierge).

L'**Amphithéâtre**, appelé ici comme partout les **arènes** (Pl. 17), situé au milieu du vallon qui sépare les faubourgs Saint-Eutrope et Saint-Macoult, formait une vaste ellipse dont les côtés s'appuyaient aux deux collines parallèles qui bordent ce vallon.

Le grand axe de l'ellipse extérieure mesure 127 m. de long.; le petit axe, 108 m.; le grand axe de l'ellipse intérieure, 80 m., et le petit axe 56 m. La surface de l'arène était de 36 ares 32 centiares, et l'on estime que les gradins pouvaient recevoir 20,000 à 22,000 spectateurs. Comparé à ceux de Nîmes, de Bordeaux, de Pompéi et au Colisée lui-même, l'amphithéâtre de Saintes ne le cède qu'à ce dernier pour la superficie de l'arène. Construit en blocage noyé dans un bain de ciment, avec parement en blocs de petit appareil smillés, il paraît remonter à la fin du 1er ou à la première partie du IIe s. de l'ère chrétienne. Ses débris, pittoresquement entourés d'arbres et au milieu desquels ont poussé des peupliers, n'offrent aucune trace d'ornementation. L'édifice entier devait comprendre 60 à 70 voûtes rampantes supportant les gradins, avec un seul rang d'arcades et une seule précinction. Les murs de soutènement, qui bordent l'escarpement du vallon, sont pourvus à l'intérieur de voûtes en coquille destinées à résister plus efficacement à la poussée des terres. En 1849, la ville acheta les ruines et y fit exécuter des travaux de fouilles et de terrassements, qui ont été repris en 1880. Vers la base du coteau qui domine l'amphithéâtre au S., un bassin taillé dans le roc reçoit l'eau de la *source Sainte-Eustelle*, but de pèlerinage, surtout le 30 avril, fête de St Eutrope, pour les jeunes filles qui désirent se marier dans l'année ; elles y jettent des épingles qui doivent y tomber en croix.

On repasse à côté de la maison du concierge des arènes, que l'on contourne à dr. par la *rue Lacurie*, la *rue Bourgnon*, puis à dr. la *rue Saint-Macoult*, qui aboutit au cours Reverseaux (*V.* ci-dessus), en face du *champ de foire*, et l'on suit au N. (g.) le cours (à dr., stat. de *Saintes-Ville* des ch. de fer économiques), à l'extrémité duquel, laissant à dr. le cours National (*V.* ci-après), on prendra en face la *rue de l'Aire*, puis à g. la *rue Saint-Vivien*, à dr. de laquelle, sur la *place Saint-Vivien*, s'élève l'*église Saint-Vivien* (Pl. 5).

Descendant à g. de l'église, puis prenant à g. la *Petite-Rue Saint-Saloine*, on arrive aux ruines romaines de Saint-Saloine (*bains romains*).

On revient par toute la rue Saint-Vivien au **cours National**, l'artère vivante et animée de Saintes, très fréquentée et bordée de beaux magasins et cafés ; on débouche sur ce cours en face du *théâtre* (Pl. 14), et, de l'autre côté du cours, au delà d'un square (*place des Cordeliers*), s'élève le *palais de justice* (Pl. 10).

Le cours National (à g., *poste et télégraphe*) ramène au pont de pierre et, par le cours Gambetta (*V.* ci-dessus), à la gare.

[1° **De Saintes à Port-Maubert, par Saint-Fort-sur-Gironde** (46 k. ; ch. de fer économiques des Charentes ; traj. en 3 h. 30 env. ; certains trains partent de Saintes-Etat, d'autres de Saintes-Ville seulement : vérifier ; 3 fr. 45 et 2 fr. 30 ; pas de 3e cl.). — La voie part de la gare de Saintes-Etat et dessert (pour le service urbain dans Saintes, consulter les indicateurs spéciaux) dans la V. les arrêts de *Saintes-Bassompierre* (près du pont), de *Saintes-Ville* (stat. principale du réseau, cours Reverseaux) et de (4 k.) *Saintes-Bellevue* (route de Bordeaux ; faubourg S.), puis abandonne la route de Bordeaux pour décrire un coude à l'O. dans les terres et venir ensuite rejoindre la route de Gémozac.

24 k. Gémozac-Etat (ligne de Pons à Saujon et à Royan ; R. 6). — On traverse la voie de l'Etat. — 25 k. Gémozac-Ville (R. 6).

34 k. *Tourent*, embranchement de la ligne de Mortagne-sur-Gironde ci-dessous, 2°).

41 k. **Saint-Fort-sur-Gironde**, 1,933 hab. (curieuse *église* des XII⁰ et XV⁰ s.; du tertre de *Ciorac*, vue magnifique sur l'embouchure de la Gironde; excellentes truffes).

46 k. *Port-Maubert*, sur la Gironde, en relations actives avec Bordeaux.

2⁰ De Saintes à Mortagne-sur-Gironde (41 k.; ch. de fer économiques des Charentes; traj. en 2 h. 49 à 3 h.; 3 fr. 10 et 2 fr. 05; pas de 3⁰ cl.). — 34 k. de Saintes-Etat à Touvent (V. 1⁰). — 36 k. Halte du *Moulin de la Lande*.

38 k. *Mortagne-Ville* et (41 k.) *Mortagne-Port*, stat. qui desservent le bourg et le port de **Mortagne-sur-Gironde**, 1,657 hab., sur un coteau qui domine la rive dr. du fleuve (ruines d'un *château*, couronnant un rocher escarpé; abondante *source de Fondevine* ou *Font-de-Vine*; *ermitage* qui passe pour avoir été habité par St Martial et dont la chapelle est creusée dans les rochers qui bordent la Gironde; au N.-O., le monticule de *Vieille-Mortagne*, où ont été trouvés des vestiges de thermes romains, fut l'emplacement d'une cité disparue). — Le *port* (débarcadère; poste de torpilleur; certains bateaux du service à vapeur Bordeaux-Royan y font escale) est un des plus fréquentés de l'estuaire de la Gironde.

[DE MORTAGNE A ROYAN (27 k. N.-O.; route de voit.; joli trajet). — La route longe à faible distance la rive dr. de la Gironde. — 5 k. *Saint-Seurin-d'Uzet* (ancien *château*, sur un rocher). — On laisse à dr. *Barzan* (*église* romano-ogivale moderne; restes d'une *mansio* romaine). — 11 k. Talmont (R. 6). — 16 k. de là à Royan, par Meschers et Saint-Georges (V. R. 6).

27 k. Royan (R. 6).]

3⁰ De Saintes au Pas-d'Ozelle, par la Bergerie (73 k.; ch. de fer économiques des Charentes; traj. en 4 h. 45; 5 fr. 50 et 3 fr. 65; pas de 3⁰ cl.). — 41 k. de Saintes-Etat à Saint-Fort-sur-Gironde (V. 1⁰). — 43 k. *Lorignac-Saint-Dizant-du-Gua* (à *Lorignac*, église en partie du XI⁰ s.; à *Saint-Dizant*, sources limpides dites *Fontaines Bleues*, au bas du jardin du *château de Beaulon*). — 47 k. *Sainte-Ramée* (*église* du XII⁰ s.). — 48 k. *Saint-Ciers-du-Taillon*, 1,001 hab. (*église* ogivale; à 2 k. N. env., près de la lisière de la forêt de la Lande, château d'*Orignac*, reconstruit en 1840). — 52 k. *Consac*.

55 k. La Bergerie (V. ci-dessous, Pons), embranchement des lignes de Pons et de Jonzac. — 58 k. *Saint-Dizant-du-Bois* (*église* romane à clocher gothique).

60 k. **Mirambeau** *, ch.-l. de c. de 2,010 hab., sur une colline (panorama étendu), mérite que les touristes s'y arrêtent pour visiter le *château* de M. le comte Duchatel, servant actuellement d'asile de vieillards. Ce château, souvent restauré, fut pris par les troupes de Lancastre, comte de Derby, en 1346. Les créneaux et le donjon sont détruits, mais les souterrains et les casemates existent encore; les fossés ont fait place à de beaux jardins.

73 k. *Le Pas-d'Ozelle* (ruines considérables d'une villa romaine, appelée *Ville de Pampelune*), terminus de la ligne, à la lisière d'un marais qui s'étend jusqu'à la Gironde, est une dépendance de Saint-Ciers-Lalande (V. ci-dessous, Saint-André-de-Cubzac), relié par une voie ferrée à la stat. de Saint-André-de-Cubzac (Etat).

4⁰ De Saintes à Jonzac-Etat, par la Bergerie (68 k.; ch. de fer économiques des Charentes; traj. en 4 h. 22; 5 fr. 10 et 3 fr. 40; pas de 3⁰ cl.). — 55 k. de Saintes-Etat à la Bergerie (V. 1⁰ et 3⁰). — 65 k. *Saint-Germain-de-Lusignan* (*église* romano-ogivale; ruines d'une commanderie de Templiers; trois tombelles).

68 k. Jonzac (gare Etat; V. ci-dessous).]

[R. 1, B] MORTAGNE. — MIRAMBEAU. — PONS.   53

Au delà de Saintes la voie longe la Charente, qui serpente dans de superbes prairies. — 498 k. (de Paris). *Chaniers*, 2,029 hab. (*église* romane avec chapelle du xv⁰ s.). — On franchit la Charente.

502 k. *Beillant* (buffet), embranchement avec la ligne d'Angoulême.

De Beillant à Cognac et à Angoulême, R. 7.

Laissant à g. la ligne d'Angoulême, la voie court au S. le long de la *vallée de la Seugne*, qui coule dans des prairies marécageuses. — 508 k. *Montils-Colombiers*, stat. qui dessert (2 k. E.) *Montils*, 1,023 hab., et (1 k. 5 O.) *Colombiers* (*église* du xii⁰ s.), qu'une route de 3 k. relie au N.-O. à *la Jard* (*église* du xi⁰ s.; ruines d'une *abbaye* du xiii⁰ s.).

516 k. **Pons** * (buffet; gare d'embranchement pour Royan et la Tremblade), ch.-l. de c. de 4,717 hab., sur le versant d'une colline de la rive dr. de la Seugne, qui s'y divise en plusieurs bras (on en franchit trois en venant de la gare, distante de 10 min. de la V.), mérite un court arrêt des touristes. Pons (*Pontès*), importante seigneurie au moyen âge, fut démantelé par Louis XIII en 1622 et, de ses fortifications, il ne reste qu'une **porte** romane fort belle, reliant l'hospice à l'ancienne église Saint-Martin, située au faubourg Saint-Vivien.

Une longue rue traverse Pons du N. au S., pour aboutir à une vaste place où se trouve, au sommet de la colline, en un point où elle est taillée à pic du côté de la rivière, l'ancien *château*, converti en hôtel de ville (tourelle du xv⁰ ou du xvi⁰ s.).

A côté on doit visiter (s'adr. au concierge) un **donjon** du xii⁰ s., haut de 30 m., de forme barlongue, avec cinq contreforts sur les deux grands côtés, et trois sur les deux autres. Au S., il est percé d'ouvertures romanes. Le rez-de-chaussée est voûté en plein cintre. De la **plate-forme** du donjon, vue très étendue. Un escalier extérieur conduit à une salle servant aux réunions de la Société de bienfaisance mutuelle.

Près du donjon s'étend une grande place plantée de marronniers (*buste* de la République) qui communique avec un **jardin public** en quinconces (débris de sculptures antiques et du moyen âge) dessiné à la manière de Le Nôtre et d'où l'on a une jolie vue sur la vallée. A l'angle N.-E. de ce jardin, l'ancienne *chapelle* du château, transformée en magasin et couverte de lierre, offre, sur un jardin situé plus bas, un portail roman très intéressant.

Les *remparts* du château, pittoresquement garnis de lierre, sont en partie supportés par des rochers. Pour bien les voir, il faut descendre un grand escalier de pierre. Au-dessous de l'hôtel de ville s'ouvrent de grandes arcades en plein cintre, dont les piliers carrés et isolés laissent voir derrière eux le roc et des restes de vieilles voûtes. Tout ce côté est extrêmement pittoresque. Une voûte, pratiquée sous le grand escalier, donne passage à des degrés par lesquels on descend dans une ruelle bordée à dr. par les prairies de la Seugne. — De là, en passant sous une porte, et près d'un abreuvoir (à g., escalier taillé en partie dans le roc), puis auprès des bains publics, on peut rejoindre au bas de la côte de Pons la route conduisant à la gare.

Signalons encore : dans la partie S. de Pons, une petite *église* avec portail roman mutilé et surmonté de fenêtres ogivales, et les restes d'un *couvent* de Templiers; dans le haut de la ville, à l'O., un immense *séminaire* aux proportions monumentales, avec de vastes dépendances; une *maison* de la Renaissance, en face de la ruelle de l'Hôpital, et, près de là, une belle *école* de filles (fondation Jourdou). Sous un grand nombre de maisons subsistent d'anciennes caves voûtées.

[A l'O. de Pons, sur un monticule, sont quelques ruines (XIIIe et XVIe s.) du *château de Saint-Maury*, où naquit le célèbre écrivain protestant Agrippa d'Aubigné (1552-1630). — A 500 m. de la gare, du côté opposé à la ville, a été transporté, en 1880, d'Echebrune (8 à 9 k.), le **château d'Usson**, construit vers 1540 dans le style de la Renaissance et offrant un fort beau corps de logis avec galerie.

De Pons à Barbezieux (36 k.; ch. de fer économiques des Charentes; traj. en 1 h. 40 à 2 h.; 2 fr. 70 et 1 fr. 80; pas de 3e cl.). — 9 k. *Echebrune*. — 11 k. *Lonzac* (à 3 k. N.-N.-E.; jolie *église* construite par Galiot de Genouillac, grand maître de l'artillerie sous François Ier, en mémoire de sa femme Catherine d'Archiac). — 13 k. *Jarnac-Champagne*. — 18 k. *Sainte-l'Heurine*, stat. qui dessert (6 à 7 k. N.-N.-E.; dans la vallée du Né) *Saint-Fort* (dolmen, le plus beau de l'Angoumois, dont la table, longue de 10 m. 45 sur 6 m. de larg., est supportée par huit piliers). 21 k. **Archiac** *, ch.-l. de c. de 927 hab. (deux *dolmens*; *tumulus*; au N.-E., sur une colline d'où l'on découvre un panorama étendu, vastes ruines d'un *château*). — Arrêt de *Guimps* (*église* du XIIIe s.). — 31 k. *Barret* (*église* du XIIe s., avec beau portail roman; dans le cimetière, croix du XIIe s.). 36 k. Barbezieux (R. 7).

De Pons à la Bergerie (19 k.; ch. de fer économiques des Charentes; traj. en 1 h. 5 à 1 h. 15; 1 fr. 45 et 95 c.; pas de 3e cl.). — 3 k. *Pons-Saint-Vivien*, halte. — Arrêt de *Goutrolles-Seugnac* (à *Seugnac*, beau *château*). 12 k. *Saint-Genis-de-Saintonge*, ch.-l. de c. de 1,018 hab. (tour ruinée de l'ancien *château du Pin* ou *de Breuil-Boson*; manoir et source de *Fonraud*). — 14 k. *Plassac*, halte (magnifique *château* du marquis de Dampierre, du XVIIIe s., avec vaste parc; à 3 k. S.-E., *Saint-Sigismond-de-Clermont*, avec *église* du XIIe s.; à 4 k. S.-S.-E., restes du *château de la Tenaille*, du XIIe s., et église romane de l'*abbaye de la Tenaille*, ruinée par les calvinistes en 1582).

19 k. *La Bergerie* (chapelle du XIIe s.), embranchement des lignes de Saint-Fort-Touvent-Gémozac-Saintes, du Pas-d'Ozelle et de Jonzac (*V.* ci-dessus, Saintes).]

De Pons à Royan et à la Tremblade, R. 6, A.

La voie, laissant se détacher à dr. la ligne de Royan et la Tremblade, continue de suivre la rive dr. de la Seugne, puis franchit cette rivière. — 525 k. *Mosnac-sur-Seugne* (*église* du XIe s.). — 529 k. Halte de *Clion-sur-Seugne*.

536 k. **Jonzac** *, ch.-l. d'arr. de 3,344 hab., à 1 k. à g., sur la Seugne, est relié à la stat. par une longue rue aboutissant au **château** (XIVe au XVIIIe s., transformé au XIXe), occupé par la

sous-préfecture et l'*hôtel de ville*, installé dans un bâtiment du xv⁰ s. percé d'une belle porte à g. de laquelle s'élève le **donjon** (xv⁰ s.), surmonté d'une lanterne. En face du château, la *rue Porte-de-Ville* passe sous une porte du xv⁰ s. et descend au pont. — L'*église*, reconstruite de nos jours dans le style roman, a conservé une façade romane, défigurée, et une abside carrée du xii⁰ s., gâtée par une grande fenêtre gothique.

De Jonzac à la Bergerie, V. ci-dessus, Saintes, 4⁰.

La voie s'éloigne de la Seugne. — 544 k. *Fontaines-Ozillac*, stat. qui dessert à g. *Fontaines-d'Ozillac* (vaste *église* remaniée, avec beau portail du xii⁰ s. et vieux fonts baptismaux; *chapelle* romane *de N.-D. de Pitié*) et à dr. *Ozillac* (*église* du xii⁰ s., restaurée au xv⁰, avec tombeau du xiv⁰ s.). — 548 k. *Tugéras-Chartuzac*. — La voie court au S. dans une région de landes en partie boisées de pins. A dr. se montrent Montendre et son château.

556 k. **Montendre** *, ch.-l. de c. de 1,401 hab., à 1 k. à dr., sur une colline de 113 m. dominant des pineraies, et surmontée des restes d'un *château* du xii⁰ s.

[A 6 k. E.-N.-E., par (3 k.) *Vallet* (*église* du xi⁰ s.; ruines du *château de Bussac*), *Sousmoulins* (dans l'*église*, des xii⁰ et xv⁰ s., tableaux sur bois).]

La voie traverse les *landes* boisées *de Tout-y-Faut*, franchit la Livenne, puis court dans les montones *landes de Bussac*. — 565 k. *Bussac* (*église* à portail roman; *château* gothique). — La voie descend dans la *vallée de la Saye* et laisse à dr. la ligne de Blaye (*V.* ci-après).

573 k. **Saint-Mariens** (buffet; le v. est à 3 k. S.-S.-O.).

[**De Saint-Mariens à Coutras** (30 k.; ch. de fer de l'État; traj. en 55 min. à 1 h. 11; 3 fr. 05, 2 fr. 25, 1 fr. 50). — La voie emprunte jusqu'à (4 k.) Cavignac (V. ci-dessous) la ligne de Bordeaux, puis s'en détache à g. pour suivre la vallée de la Saye.
10 k. *Marcenais* (*église* offrant des restes de fortifications), d'où part l'embranchement de Libourne.

[DE MARCENAIS A LIBOURNE (20 k.; ch. de fer Etat; 35 à 52 min.; 2 fr. 05, 1 fr. 50, 1 fr.). — 7 k. *Périssac*. — 11 k. *Galgon-et-Queyrac*, 1,200 hab. — On franchit la vallée de l'Isle. — 15 k. *Les Billaux*.
20 k. Libourne (*V.* ci-dessus, A).]

15 k. *Laponyade-Maransin*. — On descend le Galastre, à travers une région accidentée.
23 k. **Guîtres** *, ch.-l. de c. de 1,442 hab., en amphithéâtre sur une colline dominant le confluent de l'Isle (pont suspendu) et du Lary (pont de pierre), possède un bel *hôtel de ville*, les débris d'un vieux pont en briques appelé *pont Charlemagne*, et une **église** de style roman, sur plan régulier, avec une belle façade, trois nefs voûtées à l'époque ogivale, un transsept avec coupole au centre, deux absidioles et un hémicycle flanqué de trois absides. Cette église dépendait d'une abbaye de Bénédictins, dont on voit quelques autres restes. Un sérieux engagement eut lieu à Guîtres, en 1347, entre les Bordelais, qui soutenaient la cause de l'Angleterre, et les troupes

de Philippe de Valois. Au xvie s., ce fut dans les environs de Guitres que se forma le premier rassemblement armé de huguenots.

La voie franchit l'Isle. — 25 k. *Sablons*, arrêt. — 27 k. Arrêt d'*Abzac*, 1,626 hab. — On rejoint les lignes de l'Orléans.

30 k. Coutras (*V.* ci-dessus, A).

De Saint-Mariens à Blaye (25 k.; ch. de fer de l'Etat; 45 min. env.; 2 fr. 55, 1 fr. 90, 1 fr. 25). — La voie, se détachant à l'O. de la ligne de Saintes-Bordeaux, court à travers un pays de vignes et de cultures, avec prés et bouquets de bois. — 6 k. *Saint-Savin* (distilleries; vins blancs), ch.-l. de c. de 1,769 hab. — Pins, landes, puis descente vers le Moron, que l'on franchit. — 11 k. *Saint-Christoly-Saint-Girons*. — Arrêt des *Erits*, qui, pour les voyageurs sans bagages, dessert *Saint-Girons*. — 16 k. *Berthenon-Berson*, halte qui dessert (4 à 5 k. S.) *Berson*, 1,800 hab. (église avec trois absides romanes et façade du xive s.). — 20 k. *Cars-Saint-Paul*, stat. qui dessert (1 k. N.) *Saint-Paul* (église romane, renfermant deux anciens retables) et (1 k. 5 S.-O.) *Cars*, 1,393 hab. (église romane; bancs d'huîtres fossiles; débris gallo-romains; excellents vins). — La voie décrit des courbes, laisse à g. la ligne de Saint-André-de-Cubzac, puis à dr. celle de Saint-Ciers-Lalande, traverse une partie de Blaye, et passe entre la V. et la citadelle avant d'atteindre la gare, située au bord de la Gironde, près de l'embarcadère des bateaux à vapeur (pour Bordeaux, Pauillac et Royan).

25 k. **Blaye** * (pron. *Blaille*), ch.-l. d'arr. de 4,799 hab., sur la rive dr. de la Gironde, est le *Promontorium Santonum* ou *Blavia Militaris* de la voie romaine de Bordeaux à Saintes.

La ville est assez éparpillée et s'étend surtout en longueur N.-S. Les promenades du *cours de l'Hôtel-de-Ville* et du *cours de la Fontaine*, longées par la voie ferrée et plantées de vieux ormes, font suite au port et séparent la ville de la citadelle. Le long de la Gironde, en amont de Blaye, s'étend le *cours du Quai*, bien ombragé (beaux points de vue sur le fleuve). Le reste de la ville, percé de rues généralement tortueuses, occupe le sommet d'une petite colline bordée de quelques rochers.

La citadelle, bâtie près du fleuve, sur un roc escarpé qui domine la ville, dont il est entièrement séparé, se composait primitivement d'un château fort, défendu par d'énormes tours. Souvent restauré ou reconstruit, il fut entouré en 1683, par Vauban, de ses fortifications actuelles. Il fallut raser 200 maisons et l'ancienne basilique de Saint-Romain, fondée, dit-on, vers 350, par l'apôtre de ce nom, et où avait été enterré, avec son « olifant » (sa « durandal » fut envoyée à Rocamadour), le paladin Roland, dont le corps fut plus tard transféré à Saint-Seurin de Bordeaux. On voit encore dans la citadelle le tombeau de Caribert, roi d'Aquitaine, fils de Clotaire II (mort à Blaye en 631). Au centre des fortifications, près d'un moulin à vent, se trouve le bâtiment dans lequel fut détenue, en 1832, la duchesse de Berry, arrêtée en Vendée.

Le *port* est surtout fréquenté par les petits cotres de la Gironde. En face, sur un îlot au milieu de la Gironde, se trouve le *fort Paté*, commencé en 1689, ainsi que le *fort Médoc*, situé sur la rive g. du fleuve.

Blaye fait un grand commerce de vins, d'eaux-de-vie, de fruits et de bois de construction pour la marine. Le Blayais produit des vins rouges estimés, qui, « mis promptement en bouteilles, sont buvables dès la deuxième année, et constituent alors des vins grand ordinaire, on peut même dire des vins fins dans les 1ers crus ».

De Blaye à Saint-André-de-Cubzac et à Saint-Ciers-Lalande, *V.* ci-dessous, Saint-André-de-Cubzac.]

577 k. *Cavignac*, stat. au delà de laquelle se détache à g. la

ligne de Marcenais, pour Coutras et Libourne (*V.* ci-dessus) — 583 k. *Gauriaguet.* — 588 k. Halte d'*Aubie-Saint-Antoine.* — Descente sur la **vallée de la Dordogne**.

591 k. **Saint-André-de-Cubzac** *, ch.-l. de c. de 3,916 hab. (*église* du xie s.; beau *château* moderne; bons vins; à 2 k. env. O., petit *port de Plagne*, sur la Dordogne. Les trains express ne s'arrêtant pas à Cubzac-les-Ponts, c'est à Saint-André que les voyageurs des express devront descendre pour aller voir (4 k. 5 S. par la route) les ponts de Cubzac.

[De **Saint-André-de-Cubzac** à **Saint-Ciers-Lalande**, par **Blaye** (53 k.; ch. de fer économiques, réseau de la Gironde; traj. en 2 h. 5 à 2 h. 32; 5 fr. 25, 3 fr. 95, 2 fr. 90). — La voie suit, à distances variables, la rive dr. de la Dordogne. — 5 k. *Saint-Gervais* (*église* fortifiée; bons vins rouges). — 8 k. *Prignac-Marcamps*, arrêt qui dessert *Marcamps* et *Prignac-et-Cazelles* (dans l'*église*, curieuse chaire monolithe). — 9 k. *Tauriac-le-Moron.*

13 k. **Bourg-sur-Gironde** *, ch.-l. de c. de 2,800 hab., sur la rive dr. de la Dordogne, a deux ports, dont l'un au *Pain de Sucre*, en face du Bec d'Ambès et du confluent de la Dordogne et de la Garonne. Il possède des vignobles très estimés et de belles carrières de pierres. On y remarque : la très importante **collection anthropologique et préhistorique** de M. Daleau; dans l'*église*, un devant d'autel brodé par Anne d'Autriche; la vieille *maison* de plaisance des archevêques de Bordeaux; une *tour* carrée et une *porte* à herse, seuls restes des anciennes fortifications (à l'angle S.-E., une chapelle du xie s. sert de boutique); au ham. de *la Libarde* (1 k. N.), une petite *crypte* romane bien conservée. — Près de Bourg, nombreux abris sous roches de l'époque quaternaire, et surtout la **grotte de Pair-non-Pair**, fouillée par M. Daleau et sur les parois de laquelle les hommes de l'époque magdalénienne ont tracé de très curieux dessins à la pointe, reproduisant des espèces animales actuellement disparues. Les estampes de ces dessins, les premiers peut-être dans l'histoire de l'humanité, au moins de cette dimension, sont au musée préhistorique de Bordeaux.

17 k. *Comps*, gare qui dessert, outre le v. de ce nom (2 k. 5 S.), *Bayon*, 1,006 hab., dont l'*église* romane, une des plus belles, des plus complètes et des mieux conservées de la Gironde, offre surtout une belle abside. — 22 k. *Villeneuve-Roque-de-Thau* (*église* du xiiie s.; bons vins rouges). — 24 k. *Plassac*, 1,179 hab. (*chapelle de Montuzet*, fondée, dit-on, par Charlemagne), dont le territoire possède un des premiers crus du Blayais. — 30 k. **Blaye** (*V.* ci-dessus, Saint-Mariens, 2°). — La voie court au N.-E. — 33 k. *Saint-Martin*, halte (vin rouge recherché). — 35 k. *Saint-Seurin-de-Cursac* (vins rouges, les meilleurs de la contrée). — 39 k. *Eyrans-Cartelègue* (bons vins). — 44 k. *Etauliers* (source ferrugineuse et purgative; prairies et marais tourbeux). — 48 k. *Saint-Aubin-de-Blaye.*

53 k. *Saint-Ciers-Lalande* *, ch.-l. de c. de 2,700 hab. (*église* ogivale remarquable, avec façade du xiie s.), comm. dont dépend le Pas-d'Ozelle (*V.* ci-dessus, Saintes, 3°), desservi par les ch. de fer économiques des Charentes.]

A dr. se détache la ligne de Saint-Ciers-Lalande par Blaye et, dès lors jusqu'à Bordeaux (se placer à dr.), le **trajet est très intéressant**.

594 k. *Cubzac-les-Ponts*, halte où descendront les voyageurs des trains omnibus pour aller, à 2 k. S.-E., voir, du **pont de la route de terre** (1,545 m. de long. avec les deux viaducs), le pont du chemin de fer (*V.* ci-après). — La voie passe sur un **viaduc**

métallique long de 300 m., franchit la Dordogne sur un **magnifique pont** (à g., on voit le pont de la route de terre) formé par une poutre en treillis de fer de 8 m. de haut. et de 562 m. de long., portée par 7 piles en fer, puis, sur la rive g., passe sur un **viaduc** métallique de 600 m. en courbe, aboutissant à un **viaduc** en maçonnerie de 40 arches et de plus de 500 m. de long. L'ensemble de ce beau travail, dû à l'ingénieur Gérard, a *plus de 2 k. de développement.*

On traverse une région de vignes et de bois. — 599 k. *La Grave-d'Ambarès-Etat*, stat. établie un peu au N.-O. de celle du même nom de la C¹ᵉ d'Orléans (*V. A*). — La voie passe en tranchée sous les lignes de l'Orléans. — 603 k. *Sainte-Eulalie-Carbon-Blanc*. — A g., coteaux boisés de la rive dr. de la Garonne, puis tunnel. — 611 k. Bordeaux-Benauge (*V. A*). — 613 k. *Bordeaux-Etat* (quartier de la Bastide). — Pont sur la Garonne (*V. A*). — 618 k. Bordeaux-Saint-Jean (*V. A*). — Pour Bordeaux, *V. R. 29*.

ROUTE 2

DE NANTES A BORDEAUX

373 k. pour Bordeaux-Etat (trains omnibus), 379 k. pour Bordeaux-Saint-Jean (trains express). — Gare de Nantes-Etat (on peut partir de Nantes-Orléans et rejoindre le train de l'Etat à Vertou). — Traj. en 7 h. 37 (express de jour ; 1ʳᵉ, 2ᵉ et 3ᵉ cl.; voit. à couloir), en 9 h. 18 (express de nuit; 1ʳᵉ, 2ᵉ et 3ᵉ cl.). — Prix (de Nantes-Orléans ou de Nantes-Etat) : 37 fr. 80 ; 27 fr. 95 ; 18 fr. 25.

BUFFETS : — à la Roche-sur-Yon, Velluire, la Rochelle, Rochefort, Saintes, Pons et Saint-Mariens. — Dans la gare de Bordeaux-Saint-Jean, luxueux buffet géré par la C¹ᵉ des Wagons-lits.

WAGON-RESTAURANT : — à l'express partant de Bordeaux le mat. (le wagon-rest. est accroché à Saintes ; déj. 2 fr. 25 et 3 fr. 50, vin non compris ; vin blanc ou rouge dep. 50 c. la demi-bouteille ; 1ʳᵉ série de déj. de Saintes à Rochefort, 2ᵉ série de Rochefort à Marans) et à l'express partant de Nantes-Etat le mat. (1ʳᵉ série de déj. de Luçon à la Rochelle, 2ᵉ série de la Rochelle à Saintes). — Les wagons-restaurants comprennent deux salles, l'une pour les voyageurs de 1ʳᵉ cl., l'autre pour les voyageurs de 2ᵉ et de 3ᵉ cl., qui n'ont à payer aucun suppl. pour y prendre leur repas.

ARRÊTS RECOMMANDÉS (sur le trajet décrit dans ce guide) : — *Luçon* (pour la cathédrale), *la Rochelle* (au moins 1 j. pour la ville ; excurs. aux îles de Ré et d'Oléron, excurs. à Fouras), *Rochefort* (arsenal ; excurs. à l'île d'Aix par la canonnière), *Saintes* (1 journée) et *Saint-André-de-Cubzac* (trains express) ou *Cubzac-les-Ponts* (trains omnibus), pour les ponts de Cubzac. — Se placer à dr. pour la **vue de l'Océan** entre la Rochelle et Châtelaillon, à g. pour la **vue de la Dordogne** et des **coteaux de la Garonne** entre Saint-André-de-Cubzac et Bordeaux.

77 k. de Nantes à la Roche-sur-Yon (*V. R. 10, A*). — La voie, laissant se détacher à dr. la ligne des Sables (R. 3), court au

S.-S.-E., entre l'Yon à g. et à dr. l'Ornay, qu'elle franchit. — 86 k. *Nesmy*, 1,490 hab. — Arrêt de *Courtesolles*.
98 k. *Le Champ-Saint-Père*.

[Voit. pub. pour (14 k. O.-S.-O.; 1 fr. 50) *Avrillé*, 1,240 hab. (*fontaine de Saint-Gré*, but de pèlerinage; nombreux *menhirs*), par (8 k.; 95 c.) les *Moûtiers-les-Mauxfaits*, ch.-l. de c. de 963 hab. (*église* du XIIe s.; *château de la Cantaudière*, de la Renaissance; source saline froide et source thermale). — A 6 à 7 k. S.-O. des Moûtiers-les-Mauxfaits, sur le territoire du *Bernard* (débris romains), **dolmen de la Frébouchère**, le monument mégalithique le plus curieux de la Vendée.]

Le pays se dénude; on quitte le Bocage Vendéen pour le Marais Poitevin. La voie franchit le Lay (pont métallique). — 107 k. *La Bretonnière*. — 110 k. Arrêt des *Magnils-Regniers*, 1,042 hab. (restes d'un prieuré).

114 k. **Luçon***, ch.-l. de c. de 6,745 hab., évêché dont Richelieu occupa le siège, est un centre agricole très important (beurre renommé; grandes foires), qui peut être visité en 2 h. (se contenter de voir la cathédrale, le jardin Dumaine et les collections du collège Richelieu).

De la gare, l'*avenue Emile-Beaussire* conduit en 10 min., après avoir passé (à dr.) devant la *poste-télégraphe*, à la *place de la Cathédrale*, vaste esplanade plantée d'arbres, à g. et en contrebas de laquelle se trouve la cathédrale : on y descend par un escalier de dix marches.

La **cathédrale** est un mélange de tous les styles; le mur-pignon du croisillon N. et ses ouvertures sont les seules parties subsistantes du XIIe s. (très intéressant; s'adr. au sacristain). La nef date du XIIIe au XVe s.; le chœur (1317-1334), plus large, est à peu près des mêmes styles. La façade O., de style gréco-romain, est surmontée d'une tour du XVIIe s. avec flèche gothique ajourée (85 m.; belle vue).

A l'int. : — *chaire* moderne, du sculpteur Vallet, de Nantes; — *buffet d'orgues*, orné de statuettes; — *stalles* du XVIIe ou du XVIIIe s.; — grand *vitrail* moderne du chœur, représentant l'Assomption et le Couronnement de la Vierge; — à dr., la *V. et l'Enf. J.*, don de Charles X.
Bas côté dr. : — chap. de St Joseph : *chaire* ancienne et curieuse, dite de Richelieu, de forme carrée, ornée de peintures représentant des fleurs et des fruits, et d'arabesques dorées dans le style de la Renaissance; — chap. de St Benoît : *statue de St Benoît*, moulée à Paris sur les dessins du bénédictin Jean de Solesmes; — chap. du Sacré-Cœur : au-dessus du confessionnal, *monument* Renaissance, renfermant ou ayant renfermé le cœur d'un de Nivelle, neveu de l'évêque Pierre de Nivelle, et à qui ont été attribuées les peintures de l'ancienne chaire, dite de Richelieu.
Bas côté g. : — chap. du Christ : *Christ* ancien, mutilé pendant la Révolution puis restauré; — chap. de la Paroisse : *autel* en argent, orné de colonnes d'onyx.

A la cathédrale est attenant, à dr., le *palais épiscopal*, avec fenêtres à encadrements de la Renaissance, où l'on peut voir (s'adr. à la concierge), en face même de la porte d'entrée, un *cloître* des XVe et XVIe s.

Le palais épiscopal renferme encore (mais il faut une permission de l'évêque pour les voir) les portraits des évêques de Luçon (belle copie du portrait de Richelieu, par Ph. de Champaigne), un tableau du Titien les *Disciples d'Emmaüs*), et, dans la *bibliothèque*, deux tableaux de César Franck qui ornaient le dossier de la chaire de Richelieu (*V.* ci-dessus : cathédrale, chap. de St Joseph).

En traversant la place de la Cathédrale dans sa longueur et en prenant la rue qui la prolonge (*route des Sables*), puis la première rue qui s'ouvre sur celle-ci, à dr., on a à g. l'*hôtel de ville* et, immédiatement au delà, le beau **jardin Dumaine** (ouvert au public de 7 h. du mat. à 9 h. s. l'été, de 8 h. à 5 h. l'hiver; kiosque de musique; superbes ombrages), légué à la ville par H. Dumaine, dont le *buste* en bronze, par Jules Robuchon, se dresse sur un socle de pierre, au centre d'une corbeille, à l'entrée du jardin.

Sur la route des Sables, à dr., à l'extrémité de Luçon de ce côté, se dresse le *collège Richelieu*, vaste maison ecclésiastique d'éducation (au rez-de-chaussée, cloître ogival), où l'on peut visiter (s'adr. à l'économe) un intéressant **musée**, créé et classé par M. l'abbé Rabillé, économe de l'établissement.

Collection remarquable de mollusques acéphalés et céphalés (vertébrés, annelés, mollusques); poteries gauloises provenant des sépultures ou puits funéraires du Bernard (170 ap. J.-C.); collection complète des insectes de la région (lépidoptères et coléoptères); collection de tous les oiseaux des côtes de Vendée; monnaies (monnaies romaines provenant du Bernard); reptiles et vipères de la région. — Dans la galerie supérieure : minéralogie; paléontologie; collection complète de la géologie du département, d'abord par terrains, puis par communes; botanique (4,900 plantes; flore de l'Ouest complète); algues, lichens, mousses et champignons, etc.

M. Chartron, ancien receveur municipal, rue Sainte-Marguerite, possède une très remarquable *collection paléontologique*.

A signaler encore à Luçon : — la *chapelle du couvent des Carmélites* (style ogival du xiiie s.; vitraux peints au Mans, dans un monastère de Carmélites, d'après les dessins d'Overbeck); — la *chapelle des Ursulines* (xviie s.; vaste retable de cette époque, avec 8 colonnes corinthiennes en marbre, et voûtes en bois décorées de curieuses peintures); — dans l'*hôpital*, une cheminée Louis XIII et le portrait (1642) de Richelieu.

[1° **De Luçon à Mareuil** (10 k. N.-O.; voit. publ., 1 fr.). — On sort de Luçon au N.-O., par la route de la Roche-sur-Yon.

10 k. *Mareuil*, ch.-l. de c. de 1,840 hab. (vins estimés), sur le Lay et près du confluent du Marillet, possède une *église* avec de belles parties romanes. A côté de l'abside, derrière un bouquet de beaux arbres, se voient les ruines d'un *château* de la Renaissance (donjon), qui a joué un rôle important dans les guerres de religion.

2° **De Luçon à l'Aiguillon-sur-Mer** (21 k. 7 S.-S.-O.; voit. publ. en 2 h. 15; 2 fr.). — Sortant de Luçon par la rue du Port et la rue de la Clairaye, on laisse à g. le canal et le port de Luçon, puis à dr., à la sortie de la ville, la route qui conduit au (4 k. de Luçon) *champ de courses* (importante réunon en juillet). La route, plate et morne, court à travers des prairies animées par un nombreux bétail. — 8 k. 5. *Triaize*, 1,538 hab. — 15 k. 8. *Saint-Michel en-l'Herm* *, 2.866 hab. (belle *église* en construction ; restes d'une *abbaye* rebâtie au XVIIe s. par l'architecte François Leduc de Toscane, et dont un bel autel en marbre se trouve à l'église paroissiale), est célèbre dans le monde géologique par ses **buttes de coquillages**, au nombre de trois, presque contiguës, ayant ensemble 700 m. de long. sur 300 m. de larg. à la base et 10 à 15 m. de haut. On y trouve les huîtres mélangées à tous les autres coquillages qui se déposent encore de nos jours sur les bancs d'huîtres de l'anse de l'Aiguillon. — Au delà de Saint-Michel se montre à g. le *Rocher de la Dive* (huîtres et coquillages), près duquel est édifiée la maison du génie.

21 k. 7. **L'Aiguillon-sur-Mer** *, 1,822 hab., petit port (bateau à vap. pour la Flotte, île de Ré, V. R. 12, *C*) assez animé (commerce d'oignons, d'ail, de fèves, de légumes ; importante pêche de moules et d'excellents coquillages), sur la rive g. de l'estuaire du Lay, qui coule dans des prairies basses où paissent des ânes ; à marée haute, ces prairies sont recouvertes par le flot, qui s'avance jusqu'au pied de la route. On peut faire une intéressante promenade à (10 k. S.-E.) la *pointe de l'Aiguillon* (débit de vins ; pêche à la seine ; crevettes et poisson délicieux ; emporter des vivres, si l'on veut y déj.), extrémité de la langue de terre étroite et longue qui s'avance dans l'Océan, séparant l'estuaire du Lay à l'O. de l'*anse de l'Aiguillon* à l'E., baie vaseuse et reste de l'ancien **golfe du Poitou**, qui pénétrait jadis profondément dans les terres, et qu'ont peu à peu comblé les apports de vases et d'herbes, au point de faire gagner sur la mer 50,000 hect. de marais, desquels émergent comme des promontoires les buttes occupées par les villages.

L'Aiguillon n'est pas un bain de mer ; mais un bac (10 c.) le réunit à *la Faute*, ham. de la Tranche (V. 3°), distant de 11 à 12 k. de cette localité, et dont les quelques maisons, construites sur la rive dr. du Lay, au pied d'un étroit bourrelet de dunes, abritent un très petit nombre de baigneurs peu difficiles, car l'approvisionnement se fait péniblement par l'Aiguillon. La Faute (vignobles ; bons vins blancs ; exportation de raisins à l'île de Ré) a, sur le Pertuis Breton, une plage de sable vaste et étendue.

De l'Aiguillon-sur-Mer à l'île de Ré, R. 12, *B*.

3° **De Luçon à la Tranche** (32 k. S.-O. ; voit. publ. en 3 h. 15 ; 2 fr. 25). — On sort de Luçon à l'O., par la route de Talmont. — 10 k. La route franchit le Lay canalisé immédiatement avant *Port-de-la-Claye*, où l'on prend une autre route à g. — 14 k. *Curzon* (*église* avec crypte du XIe s. et chapelle sépulcrale ; *motte* et restes d'une *tour*). — 19 k. *Saint-Benoist-sur-Mer*, jadis baigné par le golfe du Poitou. — 26 k. *Angles*, 1.111 hab., a vu naître le cardinal La Balue, conseiller de Louis XI, qui inventa les cages de fer et y fut lui-même enfermé. Son **église**, ancienne abbatiale (XIIIe s., restaurée au XIVe, puis en 1857), a une façade retouchée au XIVe ou XVe s., qui se termine par un pignon surmonté d'un gros ours de pierre portant la croix sur le dos et qui a donné lieu à de curieuses légendes : on l'appelle dans le pays « la bête qui mange la beauté des filles d'Angles ». Sous l'église, une crypte romane communique avec un souterrain-refuge. — A 2 k. 5 E., *tour de Moricq*, grosse tour féodale à mâchicoulis (XVe s.), et petite tour cylindrique, dite la *Tonnelle*, que l'on croit de construction romaine. — La route entre dans le Marais et franchit des canaux.

32 k. **La Tranche** *, 1.439 hab. (grand commerce d'ail et d'oignons), h. en arrière duquel s'étendent des bois de pins, est une **petite station balnéaire**, avec deux modestes hôtelleries et une trentaine de chalets et chambres à louer dans le village, distant de 300 m. de la plage, vaste, mais en pente et où il faut se méfier des courants et des lames de fond. A marée basse,

il faut aller se baigner très loin, à cause des rochers. L'approvisionnement est facile ; on trouve dans le bourg boulanger, boucher, épicier, etc.]

118 k. Arrêt de *Sainte-Gemme-la-Plaine*, 1,492 hab., à 10 min. à g. (*église* du XIII° s., avec magnifique crédence du XV° s., mutilée ; au *château de la Popelinière*, cheminées monumentales, du XVI° s.). — 124 k. *Nalliers*, 2,551 hab. (*église* en partie du XII° ou du XIII° s., avec crypte ; à côté, ancien *manoir de Montreuil*, ayant appartenu à Brantôme ; banc d'huîtres fossiles et immenses dépôts de cendres où ont été trouvés des débris gallo-romains et un crâne antique, analogue à celui d'un nègre). — 130 k. *Le Langon-Mouzeuil*, stat. qui dessert (1 k. 5 S.-E.) *le Langon*, 1,528 hab., et (2 k. 5 N.-O.) *Mouzeuil*, 1,101 hab. (*église* du XII° s., saccagée au XVI°, restaurée en 1758, et renfermant une bonne *Descente de Croix* de 1685 ; débris d'un prieuré de Maillezais). — La voie, prenant la direction du S., laisse se détacher à g. la ligne de Fontenay-le-Comte.

138 k. Velluire (buffet ; R. 4, *A*). — 42 k. de Velluire à la Rochelle (même renvoi).

180 k. La Rochelle (buffet ; R. 4). — On laisse à g. la ligne de Niort et on se rapproche de la mer (vue à dr.). — 186 k. Angoulins-sur-Mer (R. 4). — La voie côtoie tout à fait l'Océan (quand le temps est clair, vue à dr. sur les îles de Ré, d'Oleron, d'Aix, le fort d'Enette et la pointe de Fouras). On longe les villas de Châtelaillon. — 190 k. Châtelaillon (R. 4). — La voie s'éloigne du rivage. — 195 k. Halte du Marouillet (R. 4). — A dr. se détache l'embranchement de Fouras. — 201 k. Saint-Laurent-de-la-Prée (R. 4). — 203 k. Halte de *Charras*.

209 k. **Rochefort** * (buffet), préfecture maritime, port militaire et ch.-l. d'arr. de 34,392 hab., sur la rive dr. et à 15 k. de l'embouchure de la Charente, V. insignifiante et régulière, aux rues tracées au cordeau, et entourée de fortifications, n'offre d'intéressant que son arsenal et l'hôpital maritime, et peut être visitée en 2 à 3 h.; mais nous engageons les touristes à faire de là l'excurs. de l'île d'Aix (R. 13, *B*) par la Charente (canonnière à vap. de l'État) et, s'ils ne doivent pas passer par Marennes, à se faire conduire en voit. à Brouage. — Une petite demi-journée peut aussi être employée à l'excurs. de Tonnay-Charente (voit. publ. et ch. de fer).

La création du port militaire de Rochefort fut décidée par Colbert en 1665 et les travaux, commencés en 1666, furent presque achevés en deux années. En 1674, l'amiral hollandais Tromp se présenta avec 72 voiles à l'embouchure de la Charente, mais dut se retirer sans tenter aucune attaque. De 1690 à 1703, Rochefort échappa à deux tentatives de destruction de la part des Anglais, puis, dès le XVIII° s., son importance alla diminuant, bien que sa marine ait brillé d'un vif éclat dans les guerres de l'Indépendance américaine, de la République et du premier Empire. L'anéantissement de la flotte française par les Anglais en rade de l'île d'Aix, en 1809, fit de plus en plus abandonner Rochefort au profit de Brest et de Toulon, et ce n'est que récemment que son arsenal a repris une partie de son ancienne captivité.

En 1815, Napoléon séjourna à Rochefort avant de passer à l'île d'Aix d'où le *Bellérophon* devait le conduire à Sainte-Hélène.

Rochefort a vu naître : les amiraux *marquis de la Galissonnière* (1693-1756), *La Touche-Tréville* (1745-1804) et *Rigault de Genouilly* (1807-1873), et le naturaliste *Lesson* (1794-1849).

De la gare, située en dehors des fortifications et assez loin de la ville (prendre l'omn. jusqu'à la place Colbert), l'*avenue de la Gare* ou *du Chemin-de-Fer de l'État* conduit à l'enceinte fortifiée, laisse sur la dr., à l'extérieur des remparts, une avenue conduisant à l'hôpital maritime (*V.* ci-dessous), et l'on entre dans Rochefort par la *porte Bégon*, à laquelle fait suite la *rue Bégon*, aboutissant à la *rue Chanzy*, qui traverse la ville de part en part, et que l'on prend à dr. jusqu'à la place Colbert.

La **place Colbert**, le cœur de la petite animation rochefortaise, vaste parallélogramme de 100 m. de long., est décorée d'une *fontaine* surmontée du groupe de l'Océan et de la Charente confondant leurs eaux; elle est bordée à l'O. par la rue Chanzy et l'*hôtel de ville* (Pl. 5), à l'E. par la *rue des Fonderies* (*théâtre; poste-télégraphe*, Pl. 20; cafés de nuit), au S. par la *rue Cochon-du Vivier* et au N. par la *rue Audry-de-Puyravault* (principaux cafés) : à l'angle de cette dernière rue et de la rue Chanzy s'élève l'*église Saint-Louis* (Pl. 1), construite en 1835.

A l'int. : jolies *verrières*, notamment celle du bas côté dr., représentant l'Adoration des Mages, et celles derrière le maître autel représentant St Louis malade faisant vœu de croisade, et la Mort de St Louis; dans le bas côté g., *sépultures* de Catherine Bégon et Michel Bégon (mère et grand-père de l'illustre marin La Galissonnière) et de l'amiral Rigault de Genouilly (✝ 1873).

A l'église Saint-Louis est attenant le *lycée* (Pl. 11).

Continuant à suivre la rue Chanzy au delà de la place Colbert, on arrive à la **rue de l'Arsenal**, bordée d'arbres (marché en plein air t. les matins), l'artère la plus animée de la ville; à l'angle des deux rues, dans le local de l'ancienne Bourse, est installé le **Musée-Bibliothèque** (Pl. 6), ouvert t. l. j. aux étrangers.

Rez-de-chaussée. — *Bibliothèque* (13,000 vol.).

2ᵉ **étage.** — **Musée.** — Escalier ; 116. *Jules Vibert*. Le Bailli de Suffren. 51. *Langrenon*. Le Génie de la Paix. — 31. *Desuine*. Génie portant des armes.

Palier. — Tableaux d'auteurs inconnus : 82. Jésus portant sa croix. — 87. *École allemande* (1400 à 1500). La V. et l'Enf. J. — *École florentine* (1500) : 85. Chien de chasse gardant du gibier; 90. La Vierge au raisin. — 91. *École espagnole* (1630). Bouquet de fleurs. — Portrait de Louis XIV, en cuir repoussé.

1ʳᵉ salle. — 50. *Justin Ouvrié*. Vue d'Amsterdam (aquarelle).

2ᵉ salle (à g.). — De dr. à g. : 22. *Champmartin*. Le Massacre des janissaires. — Joli modèle de frégate-transport. — 88. *École italienne*. La Princesse Isabelle Palatine. — 121. *Thélot*. Portrait. — 45. *Hoevevelde*. Femme hollandaise. — 120. *Dawant*. Enterrement d'un invalide. — 47. *Jobbé-Duval*. Portrait du marin Bellot. — 77. *Andrea del Sarto*. La Vierge. — 91, *Inconnu*. Fleurs. — 104. *Félix Lucas*. Job et ses amis. — 75. *Servandoni*.

Un intérieur d'architecture. — 79. *Joseph Vernet*. Le Port de Rochefort en 1762. — 115. *Robert Lefebvre*. Mort de Phocion. — 25. *Louis Coignard*. Vaches dans un pâturage. — 8. *Le Guerchin*. Sainte Madeleine. — 89. *Inconnu*. Une femme sous Louis XV. — 23. *Chintreuil*. La Plaine au temps des avoines. — 78. *Vauchelet*. Le Prince de Joinville. — 66. *Pentemans*. Réunion de notables en 1675. — 49. *Laemlein*. La Vision de Zacharie. — 76. *Véronèse*. La Reine de Saba. — Sans nº. *Destrem*. Ruth et Booz. — 7. *Anquin*. Paysage. — 57. *Eustache Lesueur (?)*. St Bruno. — 69. *Prud'hon*. Enfant endormi. — 26. *Colin*. Christophe Colomb. — 13. *Boschaerts*. Fleurs. — 58. *Leygue*. Charles VI et Odette de Champdivers. — 38. *Garneray*. Marine.

3ᵉ SALLE (GALERIE LESSON). — Gravures; objets divers rapportés des îles Marquises; belle collection de coquillages. — *Waltner*. Capitaine sous Louis XIII, eau-forte d'après Roybet.

4ᵉ SALLE (GALERIE OMER-CHARLET). — 1. *Jules André*. Vue prise à Sain'-Dié (Vosges). — 127. *Ed. Cibot*. Le Gouffre. — 103. *Omer Charlet*. Les Orphelines de la mer; 110. Petite marchande de poisson. — 128. *Louis Carrier-Belleuse*. Une petite curieuse; 129. Marchand de journaux. — 81. *École espagnole*. Fleurs. — 131. *Pierre Beyle*. Les Vacances de Pâques. — 113-114. *Omer Charlet*. La Lune rousse; Danses italiennes. — 6. *Anquin*. Le Soir dans la forêt d'Arcachon. — Sans nº. *Georget*. Rochers sous bois. — 21. *Michel-Ange des Batailles*. Une bataille. — 105. *Beaulieu*. Portrait d'enfant. — Sans nº. *Moreau de Tours*. L'Attente du retour des pêcheurs. — Sans nº. *Gaston Roullet*. Lagune de Long-Co (Annam). — Sans nº. *Ravanne*. Marée basse. — Sans nº. *Geoffroy*. A la crèche. — Sans nº. *Zuber*. Un soir à Versailles. — Sans nº. *Henry Dupray*. Artillerie, 1ᵉʳ Empire. — Sans nº. *Deyrolle*. Pêcheuse.

5ᵉ SALLE. — Dessins. — Au milieu de la salle, grand plan en relief de l'arsenal et de la ville de Rochefort.

La rue de l'Arsenal, suivie à g., aboutit à la monumentale *porte du Soleil* (Pl. 25), par laquelle on pénètre dans l'**arsenal** (pour visiter, s'adr. à dr., au fond de la *place de la Galissonnière*, à la Gendarmerie maritime, de 8 h. 30 à 9 h. 30 du mat. et de 1 h. 30 à 2 h. 30 s.; papiers d'identité et justification de la nationalité française nécessaires; pourboire discret au marin qui accompagne).

Suivant, à l'int. de l'arsenal, le quai, on voit d'abord les cales de construction, puis on visite le **Musée des modèles** (pourboire au gardien qui explique), contenant les modèles des bateaux construits à l'arsenal de Rochefort depuis sa fondation, la **salle d'armes** (trophées et architectures composés avec des pièces empruntées aux fusils et aux sabres en usage dans la marine; pièces d'artillerie des XVIIᵉ et XVIIIᵉ s.; canons chinois), puis le parc d'artillerie et généralement un navire de guerre. On ne pénètre plus dans les ateliers. La visite dure en tout 1 h. 15 à 1 h. 30.

A côté de l'arsenal et contigu à la *préfecture maritime* (la *rue Touffaire* et la *rue des Grandes-Allées* y conduisent) s'étend un beau **jardin public** (1775; musique militaire deux fois par semaine; défense de fumer dans l'allée bornée par le mur qui domine les constructions de l'arsenal), séparé par une grille du *Jardin botanique* (1697; fermé; belles serres; plus de 4,000 plantes rares; énorme *pinus pinea* et *mûrier multicaule*, le premier qui ait été importé en France).

En dehors de la ville, à l'extrémité du cours d'Ablois, on peut visiter (s'adr. au commissariat, à dr. de l'entrée) l'**Hôpital maritime** (Pl. 7; XVIIIe s.; *chapelle* surmontée d'une coupole octogonale; *puits artésien* de 856 m. de profond. [42°], dont l'eau est à la fois sulfureuse et ferrugineuse). A l'hôpital est annexée l'*école de médecine navale*, créée en 1712, et qui contient un *musée d'anatomie* très complet.

[De la place Colbert part t. les heures (50 c.; 75 c. all. et ret.) une voit. publ. pour Tonnay-Charente (*V.* ci-après).

De Rochefort à Brouage (13 k. S.-O.; voit. part., 12 à 15 fr.; excurs. d'une demi-journée, très recommandée). — Sortant de Rochefort par la *porte Sadi-Carnot*, on prend l'*avenue Sadi-Carnot* puis la *rue Gambetta*. Arrivé au *carrefour de la Belle-Judith*, on quitte la route de la Rochelle pour prendre à g. celle qui passe par les ham. de *Marseille* et du *Boinot* et aboutit à la rive dr. de la Charente (en face de Soubise), que l'on traverse par le bac à vapeur (gratuit). — 5 k. *Soubise*. — La route est bordée d'ormes. — 8 k. *Moëze* (*église* avec **clocher** à flèche dentelée, du XVe et du XVIe s., servant d'amer aux navigateurs; dans le cimetière, magnifique **croix hosannière** de la Renaissance (1563), dite le *Temple de Moëze*, entourée de colonnes corinthiennes et supportant une pyramide terminée en croix). — On entre dans la zone des marais, sillonnée de canaux, plaine insalubre d'où émergent les tas de sel, les fermes et les villages, ainsi que des îlots. Au loin, à g., se montre la tour de Broue (R. 14, A). — La route fait un crochet à g. pour contourner les marais salants, revient à dr. et franchit le canal ou havre de Brouage.

13 k. Brouage (R. 14, A, Marennes).]

De Rochefort à Poitiers, R. 5; — à l'île d'Aix, R. 13, B.

La voie décrit une courbe, puis se rapproche de la Charente.
215 k. **Tonnay-Charente** *, ch.-l. de c. de 4,462 hab., port assez actif, est bâti dans un site gracieux, mais un peu fiévreux, sur la rive dr. de la Charente, que franchit un magnifique **pont suspendu** long de 204 m., large de 5 m. et haut de 18 m. au-dessus des grandes eaux, ce qui permet aux petits navires marchands de passer dessous voiles déployées. Le tablier, soutenu par deux piles, percées chacune de trois baies superposées, est relié au sol par une chaussée composée de deux culées en pierre, formant ensemble 48 arches. — L'*église* (portail du XIIe s.) a été reconstruite à la fin du XVIe s. (à l'int., restauré, fresques modernes et deux jolies chapelles ogivales). — Tonnay-Charente a vu naître le duc de Mortemart, maréchal de France et vice-roi de Sicile en 1636.

219 k. *Cabariot*, halte, où se détache à dr. la ligne du Chapus.

De Cabariot au Chapus et à l'île d'Oléron, R. 14, A.

La voie se tient à distance de la Charente, qui coule à dr. dans des prairies coupées de bouquets d'arbres. On franchit la Boutonne.

226 k. *Bords*, 1,018 hab. (*église* romane, avec abside remarquable).

[A 4 k. O., *la Vallée* (*église* du XIe s.). — A 11 k. S.-O. (voit. publ. en 1 h. 25; 1 fr. 25), par (6 k.) *Beurlay* (*église* du XIIe s., avec tour restaurée aux XIVe et XVe s.; restes du *château de Pontoise*, du XVe s.), *Pont-l'Abbé*, 1,431 hab. (belle *église* des XIIe et XIVe s., autrefois abbatiale, dominée par une ancienne flèche; tour carrée, percée d'une *porte* voûtée, reste de l'enceinte fortifiée; *tombeau* du voyageur René Caillié).

La voie longe la Charente (à dr.).

236 k. **Saint-Savinien** *, ch.-l. de c. de 2,945 hab., pittoresquement bâti en amphithéâtre sur un coteau de la rive dr. et au-dessus d'une boucle de la Charente. Le sous-sol de la comm. est formé par une roche crayeuse dans laquelle s'ouvre une carrière longue de plus de 2,000 m. — Saint-Savinien possède, près de la station, les restes d'un *couvent* d'Augustins, un vieux *château*, et, sur un rocher, une *église* ogivale à façade romane, avec une grosse tour.

[Corresp. pour : — (13 k. S.-O.; voit. publ. en 1 h. 15; 1 fr. 25) **Saint-Porchaire**, ch.-l. de c. de 1,148 hab. (*église* du XIIe s., avec façade à trois portails et voûte romano-ogivale; dans le *château de la Roche-Corbon*, avec donjon et deux belles tours rondes, salle de bains ornée de peintures et cheminée en chêne sculpté; près du château, *grottes* à stalactites); — (12 k. N.; voit. publ. en 1 h. 15; 1 fr. 25) *Tonnay-Boutonne*, ch.-l. de c. de 1,040 hab., sur la Boutonne (ruines d'un *château* flanqué d'un donjon du XIIe s.; *tour* ronde, haute de 20 m., assez bien conservée), par (7 k.) *Archingeay* (près du *château de la Vallée*, au pied d'un coteau, *source* ferrugineuse remplissant un bassin d'origine gallo-romaine).

On rejoint à g. la ligne de Niort-Paris.

243 k. Taillebourg (R. 1, *B*). — 136 k. de Taillebourg à Bordeaux-Saint-Jean (même renvoi).

379 k. Bordeaux-Saint-Jean (R. 1, *A*).

ROUTE 3

DE PARIS AUX SABLES-D'OLONNE

A. Par Chartres et Saumur.

478 k. — Chemin de fer de l'Etat (gare Montparnasse). — Traj. (service d'été) en 8 h. 52 par l'express de nuit, 9 h. 8 par l'express de jour et 7 h. par le **rapide** qui est mis en marche une fois par sem. et dans la pleine saison des bains de mer seulement (fin juillet au commencement de septembre; consulter l'*Indicateur*), ne prenant des voyageurs que de Paris pour les Sables (sauf quand il y a des places disponibles au passage du train à Chartres et à Thouars; dans ce cas, les voyageurs de ces gares pour les Sables-d'Olonne sont admis dans le train); tous ces trains, rapide et express, ont des voit. des 3 classes (pour le rapide, il est bon de retenir ses places à l'avance à la gare Montparnasse]. — Prix : 48 fr. 15 en 1re cl.; 35 fr. 60 en 2e cl.; 23 fr. 25 en 3e cl.; **billets de bains de mer**, délivrés du samedi, veille des Rameaux, au 31 octobre, et val. 33 j., non compris le j. de la délivrance, avec faculté de prolongation de

[R. 3, A] BRESSUIRE. 67

20, 40 ou 60 j. (10 p. 100 de suppl. pour chaque période de 20 j.) : 1° *billets ne donnant pas le droit de s'arrêter aux gares intermédiaires* : 62 fr. 60; 46 fr. 30; 32 fr. 55 all. et ret.; 2° *billets donnant le droit de s'arrêter aux gares intermédiaires sur le réseau de l'Etat, c'est-à-dire entre Chartres et les Sables, si l'on passe par toute voie Etat, entre Tours et les Sables, si l'on passe par l'Orléans* : 72 fr. 25; 56 fr. 95; 37 fr. 20 all. et ret. Tous les billets de bains de mer donnent le droit de passer soit par l'Etat seulement, *viâ* Chartres et Saumur ou *viâ* Chartres et Chinon, soit par l'Orléans et l'Etat (dans ce dernier cas, le changement de réseau s'effectue à Tours, et il faut s'y transporter de la gare d'un réseau à celle de l'autre réseau), à l'aller comme au retour. — Pour les arrêts en cours de route, V. l'**avis important** en tête de la R. 1, B. — Des billets de bains de mer avec les mêmes réductions proportionnelles sont délivrés de toute gare-Etat pour les Sables-d'Olonne, avec faculté d'arrêt aux gares intermédiaires.

BUFFETS. — A Chartres, Courtalain-Saint-Pellerin, Château-du-Loir, Saumur (Orléans), Montreuil-Bellay, Thouars, Bressuire et la Roche-sur-Yon.

WAGON-RESTAURANT. — Entre Paris et Thouars, à l'express partant de Paris le mat.; entre Thouars et Paris, à l'express arrivant à Paris le s. (pour les prix des repas, *V*. R. 1, *B*).

VOITURES DIRECTES. — Aux trains express partant de Paris pour les Sables et des Sables pour Paris le soir.

BAGAGES. — Un service d'enlèvement et de livraison des bagages à domicile est organisé du 1er mai au 30 septembre (s'adr. à l'agent de service à la gare ou au bureau des omn., rue de l'Hôtel-de-Ville, aux Sables-d'Olonne). — Tarif : 40 c. par colis; minimum de perception, 1 fr.

326 k. de Paris à Thouars (*V*. R. 1, *B*). — La voie, décrivant une grande courbe à g., franchit le Thouet sur un **viaduc** long de 262 m., haut de 39 m. On revoit à g. Thouars et son château sous un aspect des plus pittoresques, et on laisse du même côté la ligne de Niort. — La voie s'élève, presque sans interruption, de Thouars aux abords de Bressuire. — Arrêt de *Rigné*. — 336 k. *Coulonges-Thouarsais*, à 2 k. 5 à dr. (*château de la Bosse-Guilgaud*, du temps de Louis XI). — La vue s'étend à dr. sur un vaste horizon; le pays devient plus boisé; on approche du Bocage. — 340 k. Arrêt de *Luché-Thouarsais*, dont dépend la *colonie agricole* que l'on remarque un peu plus loin, à dr. — On découvre de nouveau de vastes plaines à dr. — 346 k. *Noirterre*. — La voie rejoint à dr. la ligne de Cholet, et passe à flanc de coteau entre la ville de Bressuire à g. et le promontoire qui porte le château, à dr.

355 k. **Bressuire** * (buffet), ch.-l. d'arr. de 4,668 hab., v. industrielle et commerçante (fabriques d'étoffes et de caractères en bois pour l'imprimerie; grandes foires aux bestiaux le 26 juillet et le 27 août), important nœud de voies ferrées, est bâti à 187 m. d'alt., sur une colline au pied de laquelle coule le Dolo. Bressuire peut être visité en 2 h.

En quittant la gare (à g., belle vue sur le château) on prendra l'omn. du ch. de fer (30 c.; 50 c. avec bagages) jusqu'à la place où s'élève l'**église Notre-Dame** (nef sans bas côtés, du XIIe s.; beau chœur avec collatéraux, remanié au XVIe s.; au S., jolie porte romano-ogivale; à l'O., porte décorée de nombreuses voussures), surmontée d'un beau clocher (xvi° s.), haut de 56 m., dont la partie supérieure, circulaire, se compose d'une coupole avec lanterne, refaite en 1728.

A l'int. : sous le clocher, *fonts baptismaux* modernes, du style Renaissance le plus élégant; sur le mur latéral g. de la nef, *inscription* funéraire de 1372, en lettres gothiques; entre la nef et le chœur, superbe *chaire* du xvii° s., faite de marbres variés.

En face de l'église s'ouvre une rue qui passe au-dessus de la voie ferrée; au delà de ce pont, à g., un chemin franchit, sur un pont en pierre, le fossé du château, dans lequel on pénètre par une ancienne porte fortifiée. Cette vieille forteresse des Beaumont, bâtie sur un promontoire dominant le vallon du Dolo (plus loin le Ton), est une très vaste ruine des plus pittoresques, mais bien mutilée. Composée de deux enceintes précédées d'une barbacane, elle a un périmètre de 700 m., avec 48 tours; l'enceinte extérieure (xii°-xv° s.) en compte 31, parmi lesquelles on remarque celle de la porte d'entrée, la *tour de la Fontaine* et la *tour de la Poterne*.

L'enceinte intérieure (xii° s.) renferme un petit *château* moderne, et la cour a été transformée en jardin. — On voit successivement : le grand *bâtiment* d'habitation, assis sur un roc escarpé, et la *tour du Trésor* (xv° s.); une immense *cheminée* gothique (dans la cour); un *souterrain* creusé dans le roc (xiii° s.) sous la grande salle du château, dont la cheminée, de son élégant tuyau rond, domine les ruines; d'anciens *cachots*; un chemin souterrain aboutissant à une source d'eau vive, etc.

On peut voir encore à Bressuire : — au S. de la ville, dans le quartier Saint-Jacques, près de la place où se tient la grande foire annuelle du 26 juillet, d'élégantes arcades retombant sur des chapiteaux romans du narthex de l'église de l'*Aumônerie Saint-Jacques* (xii° s.), convertie en maisons et méconnaissable; — à l'O., au faubourg Saint-Cyprien, l'ancienne *église Saint-Cyprien* (transformée en grange; crypte), prieuré du xi° s., reconstruit au xii°.

[A 20 min. S., *Putigny* (vieux *château*; belles carrières de granit bleu). — A 9 k. S.-S.-E., près de *Boismé*, 1,655 hab., *château de Clisson* (parc magnifique), appartenant aux héritiers du marquis de la Rochejaquelein, et où naquit le chef vendéen de Lescure, en 1776. Ce château fut brûlé par Westermann en 1793; Marigny y mit les Bleus en déroute le 18 avril 1794

De Bressuire à Argenton-Château et à Montreuil-Bellay (61 k.: ch. de fer. de la C¹ᵉ française des voies ferrées économiques, en 3 h. 25; 4 fr. 80 et 3 fr. 20; pas de 3° cl.). — Les trains partent de la gare de l'État. — 1 k. *Bressuire-Ville*. — 4 k. *Saint-Porchaire*. — 14 k. *Noirlieu*.

25 k. **Argenton-Château**, ch. l. de c. de 1,169 hab., dans la vallée de l'Argenton, aux sites riants et pittoresques. Le château, qui fut habité par Philippe de Commines, a été détruit dans la guerre de la Vendée. — Argenton-Château est relié, par une route (11 k.; voit. publ. en 1 h. 15; 1 fr. 25) qui suit la vallée de l'Argenton, à la stat. de Voultegon de la ligne de Cholet à Bressuire (Nantes à Poitiers). — La ligne dessert encore

Cersay, *Argenton-l'Église, Bouillé-Loretz* et *Puy-Notre-Dame* (V. *la Loire*); 61 k. Montreuil-Bellay (V. *la Loire*).]

De Bressuire à Poitiers, R. 1, A, Poitiers; — à Fontenay-le-Comte et à la Rochelle, R. 4, A.

La voie, se détachant à dr. de la ligne de Niort, court à l'O. — 361 k. *Clazay*. — On descend sur la vallée de la Sèvre-Nantaise. 370 k. *Cerizay*, ch.-l. de c. de 2,011 hab., à dr., sur une hauteur (ruines d'un *château* du XIIe s.; *gouffre de la Goule-d'Or*, mare recouvrant, dit-on, une ancienne mine; au ham. de *Beau-Chêne*, 2 k. S.-O., belle *chapelle* à trois nefs, des XIIIe et XVe s., et *abbaye* de chanoines de St-Jean-de-Latran).

[A 5 k. S.-S.-E. de la stat., *la Forêt-sur-Sèvre* (dans une île de la Sèvre, *château* du comte de Rohan-Chabot, bâti en 1810 sur l'emplacement d'un manoir élevé par Duplessis-Mornay, qui y mourut en 1625.]

La Sèvre-Nantaise franchie, on entre dans le dép. de la Vendée et dans le **Bocage Vendéen**, région pittoresque et mamelonnée, aux collines arrondies, aux vallons frais et charmants, aux champs et aux chemins bordés de haies élevées, plantées surtout de chênes, ce qui donne au pays l'aspect d'une vaste forêt. Ce relief, ces chemins creux et encaissés, ce grand nombre de haies expliquent la longue résistance que les Vendéens purent opposer aux troupes de la première République. — On franchit le Sevreau. — 376 k. *Saint-Mesmin-le-Vieux*, 1,872 hab. (à *Saint-Mesmin-la-Ville*, restes d'un château des XIVe et XVe s.), d'où une route de 7 k. conduit, au N.-N.-O., à *la Pommeraie*, 1,102 hab. (dans l'église, curieuses *fresques* du XVe s., figurant les sept péchés capitaux). — Après avoir franchi une seconde fois le Sevreau, on longe à g. des collines couvertes de bruyères d'où émergent quelques roches, et bientôt, à dr., on a une vue splendide sur Pouzauges, ses ruines et de hautes collines boisées : c'est la chaîne appelée un peu prétentieusement **Alpes Vendéennes**, s'étendant entre la Sèvre-Nantaise et le Lay, et qui, de ses modestes belvédères, offre des panoramas qu'envieraient bien des montagnes d'altit. de beaucoup supérieure.

385 k. **Pouzauges** *, ch.-l. de c. de 3,407 hab., éclairé par l'électricité, à 4 k. à dr. de la stat. (omn., 40 c.), est un excellent centre pour visiter les Alpes Vendéennes (V. ci-dessus) et nous ne saurions trop recommander aux touristes la course en voit. de Pouzauges à Mortagne-sur-Sèvre (d'où l'on peut retrouver le ch. de fer à la gare d'Évrunes-Mortagne et se diriger sur Clisson et Nantes ou bien sur Cholet et Bressuire), par Saint-Michel-Mont-Mercure, les Herbiers et le Mont des Alouettes. Le b. de Pouzauges est bâti en amphithéâtre sur le flanc d'une colline dominée au N. par le *bois de la Folie* (278 m.), et offre une vue variée et étendue sur le Bocage et sur la Plaine, depuis les tours de Nantes jusqu'à la mer. On visitera avec intérêt son *église* du XVIe s. (élégant clocher; crypte), et les ruines tapissées de

lierre d'un immense **donjon** (XIIIᵉ s.) flanqué de quatre tourelles couronnées de mâchicoulis, et qui appartint à Gilles de Laval, baron de Retz, surnommé Barbe-Bleue.

[Excursions : — au (1 k. 5 S.-E.) ham. de *Pouzauges-le-Vieux* (*église* du XIIIᵉ s., pavée de pierres tombales; ruines gallo-romaines), distant de 15 min. (à l'E.-S.-E.) du *château de Puy-Papin* (XVᵉ s.), sur une hauteur offrant un beau point de vue, et de 30 min. (E.-N.-E.) du **Puy Crapeau** (288 m.), point culminant des Alpes Vendéennes; — au (2 k. N.-N.-E.) *château de la Cacaudière* (moderne; style du XVᵉ s.); — aux (2 k. E.) restes de l'*abbaye de Bois-Rolland*, dans un joli vallon ombragé de grands chênes; — au (3 k. N.-O.) *château des Echardières* (XVIᵉ s.), flanqué de grosses tours, entouré de douves profondes et d'un étang poissonneux; — à (7 k. N.-O.) Saint-Michel-Mont-Mercure (*V.* ci-après); — à (7 k. N.-N-O; peut se combiner avec Saint-Michel, distant d'env. 2 k.) *la Flocellière*, 1,953 hab. (château avec donjon du XIIIᵉ s., réparé en 1879, et dont l'escalier est remarquable par le surplomb de ses huit étages); — à (8 k. S.-S.-E.) *Réaumur* (château dont fut propriétaire le grand physicien de ce nom; *église* du XVᵉ s., restaurée, avec tourelle en poivrière, et dont la chapelle de la Vierge est un but de pèlerinage; *fontaine* ferrugineuse dans la prairie du château; *souterrain-refuge*); — et à (8 k. O.-N.-O.) *le Boupère*, 2,977 hab. (*église* fortifiée des XIIIᵉ et XVᵉ s.; *château de la Pellissonnière*, des XVIᵉ et XVIIᵉ s. : belle cheminée Renaissance, provenant de l'ancien prieuré de Mauzeuil, bibliothèque poitevine très complète, cabinet minéralogique, médaillier, parc admirable dans lequel subsiste une tour, revêtue de lierre, de l'ancienne enceinte féodale; *château du Beignon*, du XVIIIᵉ s.; *château du Fief-Milon*, avec deux grosses tours du XIVᵉ s.; *château de la Bossonière*, de la première Renaissance; au ham. de la *Ramée*, mine d'antimoine).

De Pouzauges à Evrunes-Mortagne, par Saint-Michel-Mont-Mercure, les Herbiers, le Mont des Alouettes et Mortagne (très belle course de voit. de 40 k. N.-O., par une route, qui, suivant la crête des collines, offre une continuité de beaux et grands horizons; voit. part. 20 à 30 fr., y compris l'indemnité de retour; on peut se faire conduire jusqu'aux Herbiers seulement, 10 fr. avec l'arrêt au Mont Mercure, et prendre là, après y avoir déjeuné, la voit. publ. qui en part vers 3 h. s. pour la gare d'Evrunes, 2 fr. 50). — La route s'élève au N.-N.-O. à travers les prairies, les champs de choux-fourrage, les châtaigniers et les pins, qui couronnent les cimes, et offre une vue étendue sur le Bocage. — On laisse à g. le château des Echardières (*V.* ci-dessus).

7 k. *Saint-Michel-Mont-Mercure*, 1,666 hab., au pied du **Mont Mercure** (285 m. d'alt.), couronné, sur l'emplacement qu'occupait, à l'époque gallo-romaine, un temple à Mercure, par une **église** monumentale, à flèche très élevée (vue immense). — La route descend au flanc des collines, puis croise le Petit-Lay et des ravins aux pentes tapissées de châtaigneraies.

19 k. **Les Herbiers** *, ch.-l. de c. de 3,571 hab., précédé du *Petit-Bourg-des-Herbiers*, 1,141 hab., avec lequel il ne forme qu'une seule agglomération, au centre d'un important réseau de routes (nombreux calvaires aux abords du bourg), sur le penchant d'une colline dominant la Grande-Maine, possède une *église* du XVᵉ s., avec tour romane. — La route gravit une longue côte, extrêmement rapide, décrit un coude à g., puis atteint un plateau.

23 k. *Mont des Alouettes* (231 m.; vue admirable, s'étendant au S.-O. jusqu'au clocher de Luçon et au N.-O. jusqu'aux tours de Nantes). A g. se trouvent les moulins à vent qui servirent de signaux aux troupes royalistes pendant les guerres de Vendée; à dr. s'élève la lamentable ruine de la *chapelle* ogivale que les duchesses d'Angoulême et de Berry firent édi-

fier après la chute de Napoléon Ier, et dont la révolution de 1830 arrêta les travaux. — La route descend entre des pâturages et des landes, ne traversant aucun village. Dans les maigres champs qui la bordent, le granit affleure en bosselures dites « chirons » dans le pays.

27 k. 5. On laisse à dr. la route de (2 k.) *Chambretaud*, v. de 1,141 hab., dont la population vend aux touristes des bijoux taillés dans le quartz et qu'on appelle pierres de Chambretaud, ou « diamants de la Vendée ». — On s'élève jusqu'à un plateau, d'où la route descend dans la vallée de la Sèvre-Nantaise par une pente précipiteuse, pour franchir la rivière sur un vieux *pont*.

37 k. **Mortagne** *, ch.-l. de c. de 2,198 hab., sur la rive dr. de la Sèvre-Nantaise, qui alimente ses industries (fabrique de mouchoirs occupant 400 ouvriers, filature de jute avec 80 ouvriers, papeterie, fabrique de flanelle), à 135 m. d'alt., sur le penchant d'un plateau qui se termine tout à coup par une colline coupée à pic, et au pied de laquelle la rivière roule ses eaux noirâtres. — On remarque à Mortagne : une *église* romane, remaniée au XVe s.; les restes d'un vaste *couvent* de Bénédictins brûlé en 1793; enfin les ruines du *château* (XIVe et XVe s.), dominant la vallée de la Sèvre (vue charmante sur le cours de la rivière).

40 k. Station d'Evrunes-Mortagne (*V. la Loire.*]

La voie descend vers le Grand-Lay, qu'elle franchit. — 394 k. *Chavagnes-les-Redoux.* — On longe à g. le petit vallon de la Salboire, puis on franchit de nouveau le Grand-Lay. — 400 k. Halte de *Sigournais* (*château* du XVe s., avec porte à mâchicoulis flanquée de deux tours; vins blancs estimés).

408 k. **Chantonnay** *, ch.-l. de c. de 4,070 hab. (importants fours à chaux), bourgade commerçante, sur l'Iolière, affluent du Grand-Lay, possède un ancien *château* et une *église* du XIVe s. à trois nefs, avec clocher pyramidal.

[Corresp. pour (25 k. N.-N.-E.; traj. en 3 h. 5; 2 fr. 50) les Herbiers (*V.* ci-dessus, Pouzauges), par (7 k.) *Saint-Vincent-Sterlange* (à 2 k. 5 S.-E.), le *château des Roches-Baritaud*, du XVe s., avec deux tours cylindriques à mâchicoulis, renferme des documents historiques sur le Poitou et l'Anjou, (13 k.) *Mouchamps*, 3,113 hab. (*château du Parc-Soubise*), et (23 k.) *Ardelay*, 1,671 hab. (à 6 k. S.-N.-O., belles ruines de l'**abbaye de la Grenetière**, du XIIe s. : restes de l'église romane et du cloître roman, salle capitulaire du XIIIe s.). — A 7 k. O. de Chantonnay, *Saint-Hilaire-le-Vouhis*, 1,363 hab., patrie du physicien et inventeur *Archereau* (1819-1893), lui a élevé un *buste* en bronze, œuvre de Dolivet; sur sa maison natale, au ham. de *la Roulière*, médaillon par Jules Robuchon.]

La voie, après avoir décrit une grande courbe, s'engage dans des tranchées rocheuses, puis franchit le Petit-Lay sur un viaduc (7 arches; long., 135 m. 20; haut., 26 m. 40), et, d'accidenté, le paysage devient plat et banal. — 420 k. *Bournezeau*, 2,371 hab. — La voie pénètre dans la *forêt de la Chaize*, où se trouve l'arrêt de *Fougeré*, 1,297 hab.

429 k. *La Chaize-le-Vicomte*, 2,669 hab. (*musée* ornithologique *de l'Hôpital*).

[Corresp. pour (13 k. N.-N.-E., en 1 h. 30; 1 fr. 30) **les Essarts** *, ch.-l. de c. de 3,475 hab. (*église* moderne, dans le style du XIIe s., accolée à un tronçon du XIe s., avec crypte romane sous le chœur; belles ruines du *château*, incendié en 1793, où Olivier de Clisson enferma les jeunes ducs de

Bretagne et d'où partit Henri IV pour combattre Mercœur : porte d'entrée antérieure au XIIIᵉ s., et haute tour construite sous Louis XII.]

La voie franchit l'Yon et rejoint à g. la ligne de Nantes.

442 k. La Roche-sur-Yon * (buffet), ch.-l. du départ. de la Vendée, V. de 12,710 hab., sur un plateau de 50 m. d'alt. que l'Yon baigne à l'E., n'a rien pour arrêter les touristes, si ce n'est son petit musée, intéressant par l'œuvre de Paul Baudry, et sa situation au croisement des voies ferrées des Sables, de Nantes, de la Rochelle-Bordeaux, de Saint-Gilles-Croix-de-Vie (par Commequiers), de Fromentine (par Challans), de Pornic et de Paimbœuf (par Sainte-Pazanne). C'est une ville saine et propre, aux rues larges et tirées au cordeau, une cité de fonctionnaires et de rentiers, créée tout d'une pièce en 1805 par la volonté de Napoléon Iᵉʳ, sur l'emplacement du chât. de la Roche-sur-Yon, qui avait été démantelé sous Louis XIII, et d'un village adjacent détruit durant les guerres de Vendée. Appelée sous les deux Empires *Napoléon-Vendée*, sous la Restauration *Bourbon-Vendée*, elle a pris depuis 1871 le nom du petit bourg qu'elle remplace. Le sculpteur *Gaston Guitton* (1825-1892) et le peintre *Paul Baudry* (1828-1886) y sont nés. Une demi-journée suffit pour visiter la Roche-sur-Yon; une autre demi-journée pourra être employée à l'excurs. de l'abbaye des Fontenelles (*V.* ci-dessous).

En face de la gare, *l'avenue Gambetta*, puis, à dr., le beau *boulevard de l'Ouest* (a dr., *Banque de France*, Pl. 8), et enfin, à g., la *rue des Sables* (qui croise la rue de la Préfecture, dont le section de g. mène au *théâtre*, Pl. 10, celle de dr. au musée et à la préfecture, *V.* ci-dessous) amènent à l'immense rectangle de **la place d'Armes**, dont le centre est occupé par la *statue équestre* en bronze *de Napoléon Iᵉʳ* (Pl. 12), œuvre du comte Nieuwerkerke.

En débouchant sur la place par la rue des Sables, on a à dr. *l'hôtel de ville* (Pl. 3), à g. le *palais de justice* (Pl. 5). De l'autre côté de la place, en face l'hôtel de ville, se dresse l'*église* (Pl. 1; verrières de Lusson), avec péristyle de six colonnes doriques et deux tours carrées. A dr. de l'église se détache de la place d'Armes la *rue Paul-Baudry* (à dr., n° 4, maison, reconstruite en 1886, où est né Paul Baudry le 7 novembre 1828; inscription), qui renferme la *poste-télégraphe* (Pl. 11) et se termine en face la *caserne d'infanterie*. Là, prenant à dr. la *rue Solférino*, puis à g. la *rue de Bordeaux* (qui part de la place d'Armes), on trouve à g. un boulevard d'où l'on aperçoit un des côtés de la caserne, construite sur l'emplacement de l'ancien château, à pic au-dessus de l'Yon. Franchissant la rivière, on revient, à travers le *faubourg d'Equebouille*, berceau de la ville, par la *rue d'Equebouille*, puis à dr. la *rue de la Poissonnerie* (poissonnerie, Pl. 9), à la ville haute, sur la *place du Marché* ou *place Travot* (marché couvert), bordée de charmilles, et où se dresse la *statue* en bronze *du général Travot* (Pl. 13), pacificateur de la Vendée, par Maindron.

De cette place, à g., la *rue Sadi-Carnot*, qui longe l'église, ramène à la place d'Armes, que l'on traversera de part en part pour prendre, à g. de l'hôtel de ville, la *rue Lafayette*, et pénétrer, à dr., dans le *jardin public* situé derrière l'hôtel de ville (beaux arbres, notamment deux gigantesques marronniers formant une impénétrable voûte de verdure). La rue Lafayette coupe la *rue de la Préfecture*, sur laquelle, à dr., se trouve le **Musée** (Pl. 4; 1er étage; ouvert t. l. j., le samedi excepté, de midi à 4 h., aux autres heures pour les étrangers, en s'adressant au concierge, à dr. de l'entrée; catalogue et suppl., 25 c.).

PALIER. — Cartons pour la décoration du foyer de l'Opéra, compositions de Paul Baudry photographiées et publiées par Goupil (don de M. Ambroise Baudry). — A dr., monument de Paul Baudry, avec buste en bronze par *Dubois*. — A g. : 45. *Birotheau* (copie du tableau de *Gérard*). Portrait en pied de Napoléon Ier. — 40. *Gustave Delhumeau*. La Nymphe Salmacis. — A dr. et à g., portraits du père et de la mère de Baudry.

SALLE DE DR. — Au centre, écran à feuilleter renfermant l'œuvre de Baudry, reproduit en photographie par Ad. Braun (don de Mme Vve Baudry), et surmonté du buste en plâtre de Baudry, par *Paul Dubois*. — **Peinture** (de dr. à g.) : 29. *F. Lionnet*. Vue de Capri. — 30. *Poterin du Motel*. L'Exilée. — 26. *A. Pascal*. Le Repos des bûcherons. — 13. *Albert Girard*. Pâturage normand. — 16. *Harpignies*. Une rivière dans le Morvan. — 9. **Paul Baudry. La Mort de Vitellius.** — 39. *Dominique Rozier*. La Marée aux Halles centrales. — 58. *Birotheau*. Son portrait. — 28. *F. Lionnet*. Le Forum. — 5. *Watelin*. Le Chemin de Neslette (Somme). — 35. *Gobant*. Combat de Coudiat-Aty (près de Constantine), aquarelle. — 10. **Adrien Brauwer. Un Buveur hollandais**, miniature sur cuivre. — 12. *Mme Abel Pervinquière*. Portrait d'André Tiraqueau, lieutenant du sénéchal de Poitou (1480-1558). — 11. *Gerbrant Van Eeckhout* (attribué à). Un Seigneur hollandais. — 6. *Lafond*. Brigand calabrais. — 19. *Lanoyer*. Une source en Bretagne. — 17. *A. Van Deulheryhe*. Portrait de femme. — 4. *Duplessis*. Portrait de Mlle Clairon (sœur de la célèbre tragédienne), pastel. — 1. **Paul Baudry. La Lutte de Jacob avec l'ange.** — 43 et 60. *Fabien Alasonière*. Paul Baudry, eau-forte; G. Guitton. — 59. *L. Proust*. Une jeune femme. — Vitrine avec portraits de Paul Baudry à différentes époques de sa vie. — 51 et 50. *F. Alasonière*. Eaux-fortes. — 27. *J. Veyrassat*. Une fontaine à Hendaye. — 8. *E. Lecomte-Vernet*. Femme Fellah portant son enfant. — 32. La Toilette de Vénus, photoglyptie d'après une toile de *Paul Baudry*. — 24. *Th. du Bois*. Marine. — 23. *Albert Van Everdingen* (attribué à). Étude de rochers. — 7. **Louis de Boullongne. Étude de Moine.** — 22. *Amélie Fayolle*. Filles des champs. — 46. *Paul Baudry*. Esquisse au crayon. — 21. *Georges Sartoris*. Étude de cheval. — 20. *Eugène Flandrin*. Entrée des Caveaux de Venise. — 31. *Schnetz*. Étude (buste d'enfant). — 52. *Birotheau*. Portrait de M. Moreau. — 49. *Michel Drolling*. Tête de St Paul. — Sans n° *E. Kray*. Œdipe et Antigone. — **Sculpture** : 1. *G. Guitton*. Berger tenant à la main une statuette de l'Amour, statue en bronze.

SALLE DE G. — **Peinture** : — au-dessus de la porte, extérieurement : 18. *Cte Turpin de Crissé*. Cascade dans les Pyrénées. — De dr. à g. : 54. *Elex*. Eurydice. — 41. *G. Delhumeau*. Hercule prêt à frapper de sa massue, étude. — 63. *Morinière*. St Paul, étude d'après Ribera. — 56. *Georges Gangloff*. Portrait de Chevreul. — 17. *Guerman Bohn*. Marguerite, peinture sur panneau. — 15. *H. Bidault*. Le Bois carré. — 57. *Garaud*. Le Vieux Pont sur la Rance. — 55. *La Touche*. Les Phlox. — Reproduction du monument de Paul Baudry au Père-Lachaise. — Armes, poteries, poissons, histoire naturelle. etc.

La rue de la Préfecture conduit, après avoir croisé la rue Lafayette et la *rue Haxo*, à la *place de la Préfecture*, où un joli *jardin public* (au centre, *statue* en bronze *de Paul Baudry*, par Gérôme) précède la *préfecture* (Pl. 2; parc splendide; on ne visite pas). Derrière le parc emmuraillé de la préfecture se trouve le *haras* (Pl. A. B., 5; dépôt d'étalons; 180 chevaux; intéressant à visiter).

[Excurs. à (8 k. O.) l'*abbaye* ruinée *des Fontenelles* (église de transition), ancien couvent de Bénédictins, fondé en 1210. Dans une prairie à côté des débris du cloître (beaux lierres) coule une *fontaine* ferrugineuse qui passe pour efficace dans l'atonie des viscères digestifs, l'engorgement lymphatique et les affections cutanées. D'après la tradition, les jeunes filles qui sautent sept fois à reculons le ruisseau coulant auprès des ruines se marient dans l'année. Dans l'église, le tombeau de Ste Béatrice est un but de pèlerinage; on couche les enfants sur la pierre tombale pour les guérir de la colique].

De la Roche-sur-Yon à la Rochelle et à Bordeaux, R. 2; — à Nantes : *A*, par Clisson; *B*, par Sainte-Pazanne, R. 10.

Laissant à g. la ligne de la Rochelle-Bordeaux, la voie se dirige au S.-O. à travers une région cultivée sans relief. — 451 k. *Les Clouzeaux*, 1,237 hab., à 2 k. 5 à g., v. près duquel le général républicain Haxo fut battu et tué par les Vendéens en 1795. — Après l'arrêt de *Sainte-Flaive-des-Loups*, 1,672 hab., on traverse un assez joli pays de champs enclos de haies.

461 k. *La Mothe-Achard* *, ch.-l. de c. de 961 hab., à 1,500 m. à dr., sur l'Auzance (dans l'*église*, curieuses dalles funéraires).

[A 13 k. O.-N.-O., *la Chaize-Giraud* possède une *église* du xii° s. (magnifique façade de style poitevin, avec grands bas-reliefs figurant l'Annonciation et l'Adoration des Mages; à l'int., Vierge en ivoire du xiii° s.), près de laquelle se voit une motte féodale avec souterrain.]

On franchit la Vertonne avant d'entrer en gare d'Olonne. — 472 k. *Olonne*, 2,929 hab., à 1,500 m. à g. (*église* en partie des xi° et xii° s., avec chœur plus haut que la nef; ruines d'un château englobées dans l'habitation moderne de *la Jarry*; légumes estimés), dont les Sables ne furent, jusqu'au xv° s., qu'une dépendance, est séparé par des marais salants de la forêt d'Olonne (*V.* ci-dessous, les Sables, 3°). — L'approche de la mer se fait sentir; le pays se dénude et des dunes boisées se montrent à dr.

478 k. Les Sables-d'Olonne (*V.* ci-dessous).

B. Par Tours.

483 k. — Chemins de fer d'Orléans de Paris à Tours (dép. de Paris, gare d'Orléans, quai d'Austerlitz) et de l'Etat de Tours aux Sables (*on change de train et de gare à Tours, où la gare de l'Etat est près de celle de l'Orléans*). — Traj. en 10 h. 22 à 13 h. 29. — Prix : 48 fr. 25; 35 fr. 70; 23 fr. 35; aller et ret., val. 7 j., 72 fr. 35; 57 fr. 05; 37 fr. 30 (les billets d'aller et ret. sont valables, au ret., soit par l'Etat *via* Chartres, soit par

l'Orléans *via* Tours). — Pour les billets de bains de mer, val. soit par l'État, soit par l'Orléans, V. ci-dessus, A.

234 k. de Paris à Tours et 97 k. de Tours à (331 k.) Thouars (V. le guide *la Loire*). — 152 k. de Thouars aux Sables (V. ci-dessus, A).

483 k. Les Sables-d'Olonne.

LES SABLES-D'OLONNE

Les Sables-d'Olonne*, ch.-l. d'arr., V. de 11,826 hab., sur l'Océan, occupe une étroite langue de terre circonscrite entre un ancien détroit, actuellement marais salants où pénètre la marée et où se trouve le port, et l'Atlantique, sur lequel la ville balnéaire s'est développée en un élégant hémicycle qui ne cesse de s'étendre à l'E. Un étroit chenal fermant l'entrée du port sépare la ville de son faubourg de la Chaume (V. ci-après).

Port de pêche très important, les Sables-d'Olonne sont une des **stations de bains de mer** les plus fréquentées du littoral de l'Océan. Pour le touriste, les Sables ont, outre l'attrait d'une admirable plage, celui de leur population d'origine manifestement basque, les mâles vertus de leurs marins poussant la bravoure jusqu'à l'héroïsme, et la beauté des Sablaises, si accortes avec leurs jupons courts, leurs molletières et leurs bas noirs bien tirés sur des jambes nerveuses, leurs petits pieds aux fines attaches, gracieusement emprisonnés dans d'élégants sabots qui claquent sur les pavés, leur superbe coiffe dite « le papillon », encadrant si bien leur figure hâlée où brillent de grands yeux noirs. Les caractères ethnographiques de la race sont mieux accusés à la Chaume qu'aux Sables même, où le mélange et l'influence du dehors se font plus vivement sentir, en même temps que l'envahissement de la mode parisienne tend à faire disparaître le costume local, auquel l'élément populaire seul reste fidèle.

Il faut passer une journée entière aux Sables, et la fractionner comme suit : le matin, visiter le port en s'arrêtant longuement à la Poissonnerie, très curieuse au moment des arrivages, puis le faubourg de la Chaume ; l'après-midi, après le déjeuner, on verra la ville, très rapidement parcourue, on se rendra à pied ou par le tramway électrique à la Rudelière, dont les ombrages sont d'autant plus appréciables l'été que la ville et la plage en sont dépourvues ; on reviendra à la plage pour l'heure du bain, et, après le dîner, on flânera sur le Remblai, splendidement éclairé, et on achèvera la soirée au Casino. Si l'on consacre une deuxième journée aux Sables, on devra, selon les goûts, l'employer soit à l'excurs. en voit. de Talmont, soit à celle de la forêt d'Olonne par la chaloupe à vapeur *Mireille*.

Renseignements de séjour. — BAINS DE MER. — On peut se baigner en toute sécurité et à toute heure sur la superbe plage de sable fin et résistant, sans pente appréciable, qui s'étend sous le Remblai, sur une long. de près de 2 k., et où l'on trouve un grand nombre d'établissements de bains de mer ordinaires, de bains chauds et d'hydrothérapie. C'est, par excellence, la **plage des enfants**, qui, pendant que les mamans travaillent à l'abri des cabines ou des tentes, s'y ébattent sans danger, pêchent à la cuiller dans le sable à la marée descendante ou se promènent à âne ou à cheval, ou encore dans des voiturettes traînées par des ânes assez fringants.

LOCATIONS. — Il y a aux Sables des installations pour toutes les bourses, depuis les neuves et confortables villas du Remblai jusqu'aux chambres meublées de l'intérieur de la ville, le tout d'une excessive propreté. Les prix varient naturellement suivant la saison, le luxe et la situation ; plus on s'éloigne du Remblai et moins les locations sont chères. Au mois d'août, il faut compter en moyenne 2 fr. par lit et par j. ; 1 fr. 50 et même 1 fr. en septembre et en juillet. Tous les locaux vacants sont indiqués par des affiches. Les agences de locations (V. l'*Index*) se chargent de retenir d'avance les appartements et les villas ; mais il est de beaucoup préférable de ne s'en rapporter qu'à soi-même pour le choix ; en arrivant aux Sables le mat., on laissera ses bagages à la gare et on ira tout de suite chercher une installation à sa convenance, soit en se dirigeant au petit bonheur à travers la ville, soit, ce qui est préférable, en demandant d'abord une liste à un agent de location. Il n'est pas dans l'usage local de dresser un état des lieux, et il y a fort rarement contestation, au départ, entre les parties. — Les propriétaires fournissent le linge de table et de cuisine, les draps et les serviettes de toilette, mais il est bon d'en apporter, ainsi que de l'argenterie ; les propriétaires donnent la batterie de cuisine, plus ou moins suffisante. — L'eau est installée dans la plupart des maisons. — On trouve facilement des bonnes au courant de la cuisine bourgeoise.

APPROVISIONNEMENTS. — La ville des Sables est abondamment approvisionnée en denrées de toute nature, viande, poisson, légumes, et les prix sont très raisonnables. Il y a marché t. l. j. aux Halles, grand marché le samedi. A la Poissonnerie, la marée abonde, principalement les **soles**, les **sardines** et les **homards, chancres** et gros **crabes**, dont il y a, sauf par les gros temps, d'énormes arrivages quotidiens.

DISTRACTIONS. — Les ombrages faisant défaut dans la banlieue des Sables, on ne peut guère faire de *promenades à pied*, si ce n'est à la forêt de la Rudelière, qui forme, aux portes de la ville, une fraîche oasis desservie par le tramway électrique. L'avenir des Sables est de ce côté et le jour, en apparence prochain, où l'Etat aliénera la forêt, une cité nouvelle s'élèvera dans les pins de la Rudelière. La grosse distraction des Sables, dans la matinée et vers le soir, c'est le **port**, où le spectacle des bateaux de pêche entrant ou sortant attire les baigneurs aux heures de la marée. Dès que le poisson est débarqué, il faut entrer à la **Poissonnerie** pour assister à la vente à la criée, voir les types et les costumes des poissonnières chaumoises et sablaises et entendre leurs propos saupoudrés de gros sel. — Très tentantes sont les *excursions en mer* annoncées par des affiches au port du Commerce et sur le Remblai, et qui ont pour but la Pallice-Rochelle, l'île de Ré ou l'île d'Yeu ; mais les vapeurs sont petits et la mer est grande, et, à moins qu'on n'ait l'estomac très marin, il ne faut partir que par mer calme et temps sûr. Pour ceux qui aiment la navigation sans dangers et sans émotions, il y a la charmante excurs., plusieurs fois par j. pendant la saison des bains, à la forêt d'Olonne, par la chaloupe à vapeur *Mireille* ; cette traversée-miniature dans le chenal des salines, à l'abri du vent et des tempêtes, est tout à fait charmante. — Le soir, le *Casino* est le lieu de réunion des étrangers, avec son théâtre (comédie, opérette, etc.), ses bals et ses salles de jeu ; des bals d'enfants y réunissent la jeune colonie balnéaire dans les après-midi du jeudi et du dimanche. — Le *cabinet de lecture* de la librairie Maycux, rue Bisson, 6 (10 c. et 20 c. le vol.), offre la ressource d'une très complète collection de romans et de toutes les nouveautés.

La topographie des Sables est assez complexe, la ville se composant de rues enchevêtrées et en dos d'âne, s'élevant, en venant de la direction de la gare, pour descendre vers le Remblai. — En sortant de la gare, on prend à dr. la banale et poudreuse avenue qui amène, à dr., à la *place de la Liberté* (kiosque de musique), plantée d'arbres rabougris. Là, on prendra à dr. le *quai de la Poissonnerie*, qui longe le *port* (410 bateaux de pêche, montés par 2,200 marins), et sur lequel se trouve à g. la *Poissonnerie* (Pl. 10), à l'angle de la *rue Bisson* (poste-télégraphe, Pl. 12). Au quai de la Poissonnerie font suite le *quai du Commerce*, puis le *quai Guiné* (bateau-passeur pour la Chaume; V. ci-dessous, 1°) et le *quai de la Cale-au-Lard*, d'où l'on voit, de l'autre côté du chenal, la tour d'Arundel (V. ci-dessous).

De ce quai, à g., le *boulevard de l'Ouest*, qui longe les jardins du **Casino**, aboutit au **Remblai**, le rendez-vous des étrangers pendant la saison des bains, superbe promenade dallée bordée d'hôtels, de cafés et de villas, tracée au-dessus de l'admirable plage en arc de cercle et longue de 1,800 m. : le tramway électrique de la Rudelière suit dans toute sa longueur le Remblai, qui, au delà d'un terre-plein surmonté d'un *calvaire*, prend le nom de *quai de Franqueville* : presque à l'extrémité de ce quai, dont se détache à g. la *rue du Thabor* (chapelle de Notre-Dame de Bonne-Espérance, Pl. 2, renfermant une madone, en bois, provenant d'un navire et grossièrement sculptée), on peut visiter l'*aquarium* (Pl. 11; entrée, 50 c.; bacs contenant des spécimens de la faune marine des côtes sablaises). Du Remblai, le soir, on voit scintiller au large le phare de l'île de Ré.

Revenant sur ses pas, on quittera le Remblai pour prendre à côté du calvaire, à dr., la *rue Travot*, d'où, à g., la *rue des Halles* amènera aux *halles* (Pl. 9), puis à l'**église Notre-Dame de Bon-Port** (Pl. 1), du XVII° s., avec de jolies portes Renaissance, mutilées.

L'int., restauré, est très beau, simple et de grande allure; la voûte de la nef principale, aux nervures retombant sur de massives colonnes corinthiennes, est fort élégante. — Belle *chaire*; *vitraux* de Lobin, de Tours; *plaque* commémorative des 50 marins qui périrent dans la tempête du 27-28 janvier 1881.

La rue Bisson (V. ci-dessus) ramènera au quai de la Poissonnerie (V. ci-dessus).

[1° **La Chaume** (faubourg O. des Sables; bateau passeur au *Passage*, sur le quai Guiné, 5 c.; on peut aussi, mais le chemin est bien plus long, se rendre à la Chaume par la route qui contourne le bassin à flot et passe sur deux ponts à écluses). — On aborde, de l'autre côté du chenal, au *quai de la Chaume*, d'où une courte artère monte à l'*église* et aux rues étroites où les maisons de *la Chaume* se blottissent contre la dune épaisse dont le bourrelet de sable protège le ham. des fureurs de la mer. Les fenêtres des maisons, très basses, ouvrent sur des cours intérieures où l'on voit de beaux figuiers. Les Chaumois ont transformé en jardins potagers les dunes, divisées en enclos abrités par des talus sableux plantés de tamaris; ils y cultivent avec succès les primeurs, notamment les pommes de terre et les haricots. — Au *cimetière*, on peut voir le *monument* élevé aux marins chaumois engloutis pendant la tempête du 24 avril 1868. — A l'école communale, située sur le plateau, au-dessus de l'agglomération, se donnent, de même qu'aux Sables, les cours très suivis de *l'école municipale des pêches maritimes*, fondée sur l'initiative de M. Amédée Odin, directeur du laboratoire zoologique maritime, et qui ont donné de très appréciables résultats.

Redescendant au quai, on le suivra à dr. (S.) pour visiter la *tour d'Arundel*, moderne, à créneaux et à mâchicoulis, et servant de phare; près de la tour se voient les bâtiments ruinés de l'ancien *château* du même nom. En continuant jusqu'au *fort Saint-Nicolas*, extrémité de la péninsule (jetée et brise-lames d'où l'on peut voir rentrer les bateaux pêcheurs) et en contournant le fort sur la dr., on peut suivre la côte, très accidentée et coupée de criques rocheuses, jusqu'au *sémaphore* (on visite; s'adr. au gardien-chef). Là le rivage s'abaisse pour former la plage des dunes d'Olonne, recouvertes de pins sur une long. de 14 k.; on est en vue du *phare des Barges*, construit à 2 k. en mer, sur un plateau de roches (de la tour de granit, haute de 27 m. 50, qui abrite un feu fixe blanc à éclats rouges de 3 en 3 min., et d'une portée de 15 milles, la vue est splendide; mais la porte du phare étant à 4 m. de haut, il faut grimper à une échelle en fer ou se laisser hisser dans un panier).

2° **Bois de pins de la Rudelière** (à l'E.; 1 h. aller et ret.; tram électrique partant du Casino; promenade recommandée). — On suit le Remblai, puis sa continuation le quai de Franqueville; à l'extrémité E. de ce quai, on quitte le rivage pour prendre à g. la route tracée à travers le *bois de pins de la Rudelière*.

30 min. *Casino des Pins de la Rudelière* (théâtre-concert; bal t. l. j. l'été), très fréquenté le dimanche par les Sablais. — Laissant à g. le *Casino des Familles* (matinée-concert et bal le dimanche), on prend la route de dr., qui serpente dans les pins (très jolis coins ombragés des deux côtés de la route, surtout à g., où les pins sont plus élevés), dans la direction de la mer. — A g., dans les pins, café-restaurant-laiterie. — La route descend en vue de la mer, tourne à dr. et rejoint le Remblai.

1 h. Les Sables.

3° **Forêt d'Olonne** (au N.-O.; traj. en 20 à 30 min. par la chaloupe à vapeur *Mireille*; plusieurs dép. par j. dans la saison des bains; 1 fr. aller et ret.; charmante excurs.). — La chaloupe à vapeur quitte le quai (belle vue sur le port et sur le clocher de N.-D. de Bon-Port) et s'engage dans le chenal des *salines*, qui s'étendent à dr. et à g. Bientôt à g. se montre la forêt de pins.

25 min. env. Débarcadère, d'où l'on monte au *chalet-restaurant* (on peut y déj. des provisions apportées ou de celles du restaurant), dans la *forêt d'Olonne*, qui s'étend au N. sur 14 k. jusqu'au *havre de la Gachère*. — On peut aussi gagner la forêt, en voit., par la Chaume (V. 1°) et l'*Aubraie*, ou par Olonne (V. ci-dessus, A), la *Baudière* et l'*Allerie*; mais ces courses sont longues et manquent de variété.

4° **Château de Pierre-Levée** (5 k. N.-N.-E.; route de voit.). — On sort des Sables par l'avenue de la Gare et sa continuation la route de Nantes, de laquelle se détache à g. la route d'Olonne (V. ci-dessus, A). — Immédiatement après avoir croisé une route dont la section de g. conduit à (2 k.) Olonne et la section de dr. à *Sainte-Foy*, on voit le château, à dr. de la grande route.

5 k. *Château de Pierre-Levée* (vue très étendue), construit au XVIIIe s. par le fermier général Pezot, et qui servit de quartier général aux Vendéens, pour assiéger les Sables, en 1793. Le château tire son nom du *menhir de Soubise*, conservé dans la propriété.

5° **Le Fénestreau** (4 k. E.-N.-E.; route de voit.; promenade très prisée des baigneurs pour les beaux ombrages du parc du Fénestreau, que le propriétaire ouvre obligeamment aux étrangers). — Sortant des Sables à l'E. par la route de Talmont, on laisse bientôt celle-ci à dr. pour prendre à g. celle du Château-d'Olonne. — A g., avant ce dernier v., *statue de N.-D. des Victoires*.

4 k. *Château-d'Olonne*, 1,745 hab. (motte féodale que couvrent en partie l'église et le cimetière), où l'on visite le **parc** (jardins; grands bois de chênes et de châtaigniers) du *château* moderne *du Fénestreau*.

6° **Saint-Jean-d'Orbestiers** (au S.-E.). — Deux routes : la plus longue mais la plus praticable aux voit. (6 k. 5) se détache à dr. de la route de Talmont; la plus courte (5 k.), continuation plus ou moins carrossable de la route de la forêt de la Rudelière (V. 2°), se tient à une faible distance de la côte, traverse les pins de la *Pironnière*, et laisse à dr. (3 k.) le *Puits d'Enfer*, faille encadrée de hautes falaises et où, par les tempêtes, la mer se précipite avec fracas.

6 k. 5 ou 5 k. Ruines de l'*abbaye* bénédictine *de Saint-Jean-d'Orbestiers* (chapelle dont la face S., blanchie à la chaux, sert d'amer), fondée en 1007 par Guillaume IV, duc d'Aquitaine, et saccagée par les huguenots en 1577. — Au delà des ruines commence le **bois Saint-Jean** (chênes verts), qui s'étend le long de la côte jusqu'à (7 k. des Sables) l'*anse du Cayola*.

7° **Talmont** (13 k. E.-S.-E.; voit. publ. en 1 h. 30; 1 fr. 50; excurs. recommandée). — La route (route de Luçon) court en ligne dr. sur un plateau cultivé.

13 k. *Talmont* *, ch.-l. de c. de 1,155 hab., ancienne principauté, au pied d'une colline, sur la petite rivière du Payré, est dominé par les ruines imposantes (s'adr. à la petite maison près du donjon; le gardien conduit les visiteurs; pourboire; des plates-formes, vue splendide et très étendue) d'un **château** fondé au XIe s. La partie la mieux conservée est la *chapelle*, dont une voûte éventrée laisse pendre des lierres. Dans le *donjon*, bâti vers 1050 et démantelé en 1622, par ordre de Richelieu, est encastré le clocher (fin du Xe s.) de l'église primitive de Saint-Pierre, construite plus tard ailleurs.]

ROUTE 4

DE PARIS A LA ROCHELLE, CHATELAILLON ET FOURAS

DE PARIS A LA ROCHELLE

Les relations de Paris avec la Rochelle se font soit par toute voie Etat, soit par l'Orléans et l'Etat. — Trois express quotidiens par toute voie Etat : un de jour, par lequel *il faut changer de train à Niort*, deux de nuit, l'un qui emprunte la ligne de Bressuire et Fontenay-le-Comte et *par lequel on ne change pas de voit. entre Paris et la Rochelle*, l'autre qui passe par Niort, où *l'on change de train* (par cet express et par celui de jour, il faut avoir soin, à Niort, de prendre place dans la partie du train dont les voit. portent l'écriteau *la Rochelle*, l'autre partie allant à Rochefort). — Par voie mixte Orléans-Etat, on passe de l'Orléans sur l'Etat à Tours ou à Poitiers (*mais les billets de bains d: mer ne sont valables que par Tours et non par Poitiers*); en partant de Paris le mat. par le rapide de Bordeaux, on a corresp. immédiate à Poitiers (gare commune) pour la Rochelle (*en prenant place à Poitiers dans les voit. marquées la Rochelle, on n'a plus à changer de train*). A Tours, il faut sortir de la gare de l'Orléans pour se rendre, à côté, à celle de l'Etat, et changer de nouveau à Thouars ou à Airvault-Gare, puis à Niort.

A. Par Chartres, Saumur, Thouars et Fontenay-le-Comte.

467 k. — Chemin de fer de l'Etat (gare Montparnasse). — Traj. en 9 h. 47 min. par l'unique train (express; 1re, 2e et 3e cl.) quotidien, sans changement de voit., qui, partant de Paris et au ret. de la Rochelle le s., emprunte cette voie, arrivant à la Rochelle et à Paris le mat. — Prix : 47 fr.; 34 fr. 70; 22 fr. 70; **billets de bains de mer** aller et ret., délivrés du samedi, veille des Rameaux, au 31 octobre, val. 33 j., non compris le j. de la délivrance, et susceptibles de prolongation pour 20, 40 ou 60 j. (10 0/0 de suppl. pour chaque période de 20 j.), ces billets valables, à l'all. comme au ret., soit par toute voie Etat, *via* Chartres et Saumur ou *via* Chartres et Chinon, soit par voie mixte Orléans-Etat, avec passage d'un réseau sur l'autre à Tours : — 1o *billets ne donnant pas le droit de s'arrêter aux gares intermédiaires* : 61 fr. 10; 45 fr. 10; 31 fr. 80, aller et ret.; — 2o *billets donnant le droit de s'arrêter aux gares intermédiaires entre Chartres (via Saumur ou via Chinon) ou Tours et la Rochelle* : 70 fr. 50; 54 fr. 20; 36 fr. 30, all. et ret.

PLACES DE LUXE. — Ordinairement, l'express a des compartiments de lits-toilette, et souvent des voit. de 1re cl. à deux compartiments séparés par un w.-c.

BUFFETS. — A Chartres, Courtalain-Saint-Pellerin, Château-du-Loir, Saumur (Orléans), Montreuil-Bellay, Thouars, Bressuire, Fontenay-le-Comte, Velluire et la Rochelle.

ARRÊT RECOMMANDÉ : — à Fontenay-le-Comte, pour la visite de la ville et l'excurs. à la forêt de Vouvant.

326 k. de Paris à Thouars (*V. R. 1, B*). — 29 k. de Thouars à (355 k.) Bressuire (*V. R. 3*). — On laisse d'abord à dr. la ligne des Sables, puis à g. celle de Niort. — 359 k. *Terves*, 1,384 hab. — 365 k. *Courlay*, 2,546 hab. (à *la Plénelière*, curieux musée fondé par M. Aubin). — 371 k. *Moncoutant*, ch.-l. de c. de 2,915 hab. — La voie franchit la Sèvre-Nantaise et passe dans la *forêt de Chantemerle*.

384 k. *Breuil-Barret*, 1,065 hab.

De Breuil-Barret à Niort, R. 1, *B*, Niort.

La voie, laissant se détacher à g. (S.) la ligne de Niort, traverse une région de collines, boisée, accidentée, très fraîche et variée; l'intérêt va en augmentant jusqu'aux abords de Fontenay-le-Comte. — **Viaduc** sur un joli vallon.

390 k. **La Châtaigneraie**, ch.-l. de c. de 1,944 hab. (foires et marchés fréquentés; carrière importante), sur une colline de

[R. 4, A] LA CHÂTAIGNERAIE. — MERVENT.

182 m. (vue immense sur le Bocage), peut être pris comme centre d'excursions dans une des parties les plus pittoresques de la Vendée. « Un bois de pins très élancés, l'église, un château moderne dans le goût de la Renaissance, font un décor charmant. » (Ardouin-Dumazet.)

[A 5 k. N.-O., *Cheffois*, 1,180 hab., sur un afl. du Louing, garde un défilé à l'entrée des hauteurs rocheuses du *Pareds*, exploitées en carrières. « Les maisons se pressent autour d'une vieille et haute *église* ogivale (xiiie et xve s.), décapitée de son clocher. Le site est beau, grâce à ces collines de quartz couvertes de moulins à vent. L'une des collines, l'*Eperon de Cheffois*, est revêtue d'un beau rideau de pins. » (Ardouin-Dumazet). — A 6 k. N.-E., *Saint-Pierre-du-Chemin*, 2,240 hab. (de l'*église*, vue magnifique sur le Bocage; au *château de la Mesnardière*, 2 k. au N.-N.-E. du v., petit *musée*).

La voie court au S., au-dessus de la vallée de la Mère, qui coule à g. — 394 k. *Antigny-Saint-Maurice*, halte.

400 k. *Vouvant-Cezais*, stat. qui dessert (3 k. à dr.) *Cezais*, et (3 k. à g.) **Vouvant** *, 1,365 hab. (mines de houille), qui a donné son nom à la forêt domaniale de Vouvant (V. ci-dessous, Fontenay-le-Comte), et qui occupe une colline autour de laquelle la Mère, qui vient de recevoir le Vent, décrit un beau méandre. — **Eglise** du xie s. (portail N., du xiie s., extrêmement curieux; trois absides remarquables par leur belle conservation), sous laquelle s'étend une *crypte* comblée au xviie s., déblayée en 1882, et restaurée. — **Tour de Mélusine** (xiiie s.; 30 m. de hauteur), reste d'un château : « ces ruines, dans le site sévère d'un vallon capricieusement tracé dans le granit, sont d'un effet grandiose ». (Ardouin-Dumazet.) — On voit encore : les restes de deux *enceintes*; à l'O., une porte fortifiée et une motte féodale; sur la rive opposée de la Mère, les ruines du *Petit-Château*.

La voie franchit le Touvron, affluent de la Mère, sur un long **viaduc** (très belle vue), puis traverse un coin O. de la forêt de Vouvant.

405 k. *Bourneau-Mervent*, stat. à l'orée de la forêt et qui dessert (3 k. à dr.) *Bourneau* (*église* des xve et xviiie s., avec enfeu et bénitier de la Renaissance; dans la *chapelle de la Vaudieu*, intéressant tombeau du xive s.), et (4 k. 5 à g.; route en forêt, dont se détache à g. *l'allée de la Grotte*, conduisant à la grotte du Père Montfort, V. ci-dessous) **Mervent** *, 1,376 hab., v. très fréquenté des pèlerins et des touristes, sur le promontoire escarpé des Deux-Eaux, entouré par la Mère près de son confluent avec la Vendée, et « couronné par les ruines, puissantes encore, d'une *forteresse* des xiie et xiiie s. (qu'assiégèrent Jean Sans-Terre et St Louis), assise sur le site d'un établissement gaulois. Les murs croulants, drapés de lierre et fleuris de giroflées, commandent l'étroite vallée où s'unissent les rivières. De la plate-forme de ces ruines, on découvre un décor merveilleux; la forêt, les gorges et, vers Foussais, un coin de Bocage aux pentes cultivées. Sur la Mère, un moulin pittoresque fait rejaillir en écume l'eau tranquille. » (Ardouin-Dumazet.) Par

une pente très rapide, on descend dans la vallée de la Mère, que franchit, non loin (1 k. 5) du vaste et pittoresque *château de la Citardière* (xvii⁵ s.), le vieux *pont des Ouillères*, à cinq arches ogivales. — Un bon chemin forestier conduit à la **grotte du Père Montfort** (but d'un pèlerinage fréquenté), excavation transformée en oratoire, où le Bienheureux Grignon de Montfort vécut quelque temps, au commenc. du xviii⁵ s.

La voie longe (à dr.) la route de terre, à la lisière de la forêt (à g.), puis elle pénètre dans un *tunnel*, suivi d'une tranchée rocheuse. On franchit la Vendée, sortie des gorges, et très apaisée.

415 k. Fontenay-le-Comte (buffet).

FONTENAY-LE-COMTE

Fontenay-le-Comte, ch.-l. d'arr. de 10,096 hab., à 23 m., sur la Vendée, qui y devient navigable, a une certaine animation grâce à sa manufacture de chapeaux de feutre de laine (450 ouvriers), à son régiment d'infanterie et à son dépôt de remonte. C'est un centre intellectuel important, et la ville possède assez de souvenirs du passé pour arrêter le touriste. Une bonne demi-journée pourra être consacrée à la visite de la ville et du château de Terre-Neuve, une autre demi-journée à l'excurs. de Maillezais, et nous ne saurions trop recommander de donner une journée à la forêt de Vouvant, en suivant en voit. l'itinéraire décrit-ci-dessous. Il y aurait bien d'autres courses intéressantes à faire, en prenant Fontenay-le-Comte pour point de départ, dans la curieuse et peu connue région des Marais de l'Autise et de la Sèvre-Niortaise, sillonnée de canaux boisés et ombreux qu'il faudrait parcourir en bateau, et aussi dans le Marais de la Vendée; la description de ces courses sortirait du cadre restreint de ce guide, et nous ne pouvons que donner, d'après M. Jules Robuchon, l'itinéraire de trois journées qui pourraient agréablement leur être dévolues :

1ʳᵉ JOURNÉE. — Excurs. au Marais de l'Autise et de la Sèvre-Niortaise, par Fontaines, Souil, Saint-Pierre-le-Vieux, Maillezais; déj. à Maillezais; après le déj., visite de l'ancienne île, à Maillé, au pont de la Croix-des-Maries, et, par bateau, sur la Sèvre-Niortaise, aux écluses de Bazouins, confluents de l'Autise et du Mignon avec la Sèvre; dîn. et coucher à Maillezais.

2ᵉ JOURNÉE. — Embarquement à Saint-Sigismond pour le port de Courdault; visite du château de Bouillé-Courdault et de la fontaine de Saint-Quentin; déj. à Courdault des provisions emportées de Maillezais; en voit. à Benet, Oulmes, Nieul-sur-l'Autise, et ret. par la plaine à Fontenay-le-Comte pour dîn. et coucher.

3ᵉ JOURNÉE. — Au Marais de la Vendée par Auzais, Chaix, Velluire, le Gué-de-Velluire (du haut des anciennes falaises, belle vue sur le Marais de la Vendée et la plaine), Vouillé-les-Marais,

FONTENAY-LE-COMTE.

Chaillé-les-Marais (déj.); ret. à Fontenay-le-Comte par le marais communal de Langon (visiter les habitations des huttiers).

Fontenay-le-Comte doit son surnom à un château comtal que s'y firent bâtir, au xi⁰ s., les ducs d'Aquitaine, comtes de Poitiers. C'était, au xiii⁰ et au xiv⁰ s., une place très forte, que la femme du gouverneur défendit héroïquement, mais sans succès, contre Du Guesclin, en 1372. En 1568, un lieutenant de Coligny s'étant emparé de la ville, un capitaine catholique, nommé Hautecombe, s'enferma dans le château avec sept bourgeois et ne se rendit que lorsque le feu eut été mis aux portes. Le cardinal de Bourbon, proclamé roi par la Ligue sous le nom de Charles X, mourut à Fontenay en 1590. Les Vendéens furent battus par les républicains devant Fontenay le 16 mai 1793; mais ils remportèrent, neuf jours après, sous les murs de cette ville, une victoire complète. Fontenay était alors (depuis 1790) le chef-lieu du départ. de la Vendée, titre qui ne lui fut retiré, au profit de la ville naissante de Napoléon-Vendée (la Roche-sur-Yon), qu'en 1806. — Fontenay fut, au xv⁰ et au xvi⁰ s., le véritable centre artistique et littéraire du Poitou; aussi François Iᵉʳ lui accorda-t-il cette devise : *Felicium ingeniorum fons et scaturigo*, « fontaine et source des heureux esprits ».

Entre autres célébrités, Fontenay-le-Comte a vu naître : les médecins *Pierre Brissot* (1478-1522) et *Sébastien Collin* (xvi⁰ s.); *Mathurin Brisson*, naturaliste et physicien (1723-1806); *François Viète*, un des plus grands géomètres que la France ait produits, un des créateurs de l'algèbre (1540-1603); les jurisconsultes *André Tiraqueau* (1480-1558), *Barnabé Brisson* (né en 1531, pendu par ordre des Seize à Paris en 1591) et *Julien Colardeau* (1570-1650); le littérateur *Nicolas Rapin* (1535-1608); *Jacques Fontaine de la Roche*, écrivain janséniste et pamphlétaire (1688-1761); le numismate *Poey d'Avant* (1792-1864); l'archéologue *Benjamin Fillon* (1819-1881); le général comte *Belliard* (1769-1832).

La ville est parcourue de l'E. à l'O. par une artère large et régulière, empruntant le tracé de la route de Luçon, et sur laquelle se trouvent les principaux hôtels, cafés et magasins; à dr. (N.) de cette grande voie s'ouvrent les rues tortueuses de la vieille ville, celles qui offrent un intérêt au point de vue monumental. — En sortant de la gare, on abordera l'artère principale par l'*avenue de la Gare*, qui croise les *boulevards Duguesclin*, à dr., et *Hoche* (*caserne d'infanterie*), à g.; au croisement, un *square* renferme le *monument* des combattants de 1870-1871.

La rue principale prend alors le nom de *rue de la République* (à g., *caserne de remonte*), puis, après le *pont Neuf* sur la Vendée, celui de *rue Turgot* (à g., *hôtel de ville*, et, en arrière, *jardin public*) jusqu'à la belle **place Viète**, charmante promenade d'où la *Grande-Rue* (à g., *justice de paix*, contenant le *musée*) conduit, à dr., à la place sur laquelle s'élève le principal édifice religieux de Fontenay.

L'**église Notre-Dame**, bâtie sur une *crypte* romane à piliers, et reconstruite du xv⁰ au xviii⁰ s. dans le style ogival (traces du xiii⁰ s. à la façade), est dominée par un clocher avec magnifique flèche gothique à jour, refait en 1700 par l'architecte François Leduc de Toscane, et haut de 79 m. (c'est le monument le plus élevé du Poitou, après le clocher de Saint-Savin). Le magnifique portail sur la Grande-Rue encadre dans sa riche voussure (statues des *Vierges sages* et des *Vierges folles*) une fenêtre flamboyante. Au chœur, on remarque une belle chapelle, dite des Brissons, de la Renaissance.

A l'int. : — remarquable **chaire** sculptée, du temps de Louis XVI ; — *vitraux* de Lobin ; — dans la nef, belle copie de la *Transfiguration* de Raphaël ; — dans le chœur, au-dessus du *maître autel*, décoré d'une *Cène* sculptée en 1835, d'après Léonard de Vinci, l'*Assomption*, tableau de Robert Lefèvre ; — dans le bas côté g. : la *chap. de la Vierge*, avec des clefs pendantes, restaurée par O. de Rochebrune ; — dans le bas côté dr. : la *chap. Saint-Venant*, avec voûtes à nervures hardies ; la *Résurrection*, tableau d'André.

Sur la Grande-Rue s'ouvre à g. la *rue de la Fontaine*, à laquelle fait suite la *rue du Château*: dans la première de ces rues se trouve la *Grande-Fontaine*, ou **fontaine des Quatre-Tias** (déversoirs), construite en 1542, en souvenir de la concession des armoiries par François Ier, dans un beau style de la Renaissance, par le maître maçon Liénard de la Réau, et qu'avoisine la *maison du Gouverneur*, bâtie sur de vastes caves voûtées. Dans la rue du Château, près de l'école des Frères, subsistent quelques restes de l'ancien *château* des comtes de Poitou.

Toujours sur la Grande-Rue, mais à dr., s'ouvre la *rue du Pont-aux-Chèvres*, qui va rejoindre la rue Turgot (V. ci-dessus), et sur laquelle on remarque la *maison Rousse*, de style Louis XII (en face, beau portail Louis XIII, surmonté d'un groupe de Laocoon), (n° 14), la *maison de Robert Thibaudeau*, de 1548, avec puits de la Renaissance à coupole dans la cour, et la *maison Lacombe*, ancien pied-à-terre des évêques de Maillezais, avec escalier à jour très hardi et restes de peintures sur bois. — Sur cette rue du Pont-aux-Chèvres s'ouvre à g. la *place Belliard*, ornée, en face de la maison où il naquit, du *buste*, par Sue, du *général comte Belliard*, et où l'on remarque 5 *maisons* à porches, du temps de Henri III et de Henri IV, dont la plus intéressante est celle de Jean Morison, l'architecte de Terre-Neuve, datée 1605, avec la devise PEV & PAIX.

La Grande-Rue, où l'on peut voir (n° 2) la *maison Billaud* et la *maison de Tiraqueau*, toutes deux de l'époque de Henri II, se continue par la *rue des Orfèvres* jusqu'au **pont des Sardines**, sur la Vendée (au-dessus de la rivière, *maisons* sans caractère architectural, mais d'un effet pittoresque) ; c'est là que viennent s'installer les femmes des pêcheurs du rivage de l'Atlantique pour vendre leurs sardines.

Au delà du pont commence la longue *rue des Loges*, qui fut l'artère principale et aristocratique de Fontenay, avant que le mouvement et la vie se transportassent dans la rue de la République et la rue Turgot ; on y trouve encore des hôtels anciens, aux lignes monumentales, mais peu dignes de remarque, hormis la *maison* de la fin du XVIe s., appelée *Millepertuis* à cause de sa façade vermiculée.

A la rue des Loges fait suite la *rue Saint-Jean*, sur laquelle, à g., s'élève l'*église Saint-Jean*, gothique, des xvi⁰ et xvii⁰ s., avec flèche ajourée de 1645, haute de 60 m., et façade richement sculptée. Ce fut dans cette église que, durant une mission, en 1715, le Bienheureux Grignon de Montfort, ayant repris le gouverneur de la ville sur sa tenue inconvenante, faillit être poignardé par celui-ci et ne dut son salut qu'au dévouement de la population.

A l'int., sur un pilier à dr., portant le crucifix de la nef, curieuse inscription tumulaire.

De la rue Saint-Jean, par la *rue des Jacobins (jardin public)*, on revient à la rue de la République.

Pour se rendre à Terre-Neuve, situé au S.-O. de la ville, il faut prendre, soit sur la rue Turgot (V. ci-dessus), au S., la *rue Saint-Martin* et la *rue Rapin*, soit, sur la *rue Rabelais*, qui continue la rue Turgot au delà de la place Viète, la *rue Barnabé-Brisson* (celle-ci d'un accès facile aux voit., tandis que la rue Rapin est difficile). Sur la rue Barnabé-Brisson se voit l'*institution de Saint-Joseph*, avec une élégante *chapelle* (styles des xiii⁰ et xiv⁰ s.), construite par Bouffier, avec la collaboration de O. de Rochebrune.

Le **château** ou **hôtel de Terre-Neuve** (on visite; un domestique conduit; dans chaque appartement se trouve un carton avec la nomenclature des objets à voir), enrichi vers 1860 des épaves du château de Coulonges-sur-l'Autise, est une petite merveille. Bâti par l'architecte Jean Morison, de 1595 env. à 1600, pour le célèbre littérateur Nicolas Rapin, il a été restauré, depuis 1849, par l'archéologue O. de Rochebrune.

VESTIBULE : pierres du plafond de l'escalier de Coulonges; dessins; gravures: porche de Coulonges. — SALON DE SUZANNE TIRAQUEAU : belle statue tombale, en marbre blanc, de Suzanne Tiraqueau, femme du jurisconsulte; plafond du vestibule de Coulonges; meubles anciens; poteries et armes du moyen âge; *Rigaud.* Portrait de Voyer d'Argenson. — GRANDE SALLE : plafond de la salle du trésor à Coulonges; grande cheminée (1600) de la maison du Gouverneur (V. ci-dessus); porte de la chapelle du château de Coulonges; *P. Mignard.* Portrait de La Reynie. — ATELIER : voûte de l'escalier de Coulonges; meubles du xvi⁰ s. — SALLE A MANGER : trois curieuses tapisseries du xvi⁰ s. — GRAND SALON : grande cheminée de Coulonges; tapisserie des Gobelins Louis XIV, composée par *Lebrun.* — CHAMBRE DE M. DE ROCHEBRUNE : tapisseries de Flandre, du xvi⁰ s.

Au N.-E. (on s'y rend par le chemin vicinal de la barrière du Marchoux à Saint-Thomas), la *chapelle de l'Aumônerie de Saint-Thomas*, du xi⁰ s. (sculpture représentant St Georges), est convertie en grange à foin.

[**Maillezais** (12 k. S.-S.-E.; voit. publ., 1 fr. 25). — La route, se détachant au S. de la route de Luçon, croise la ligne ferrée de Velluire, et court d'abord dans la Plaine, puis dans le Marais, qu'elle aborde au ham. de *Souil.* — 10 k. *Saint-Pierre-le-Vieux*, 1,194 hab.

12 k. *Maillezais* *, ch.-l. de c. de 1,360 hab., bâti dans une île calcaire, entourée par les deux bras de l'Autise et par la Sèvre-Niortaise. Cette île

était protégée au N.-E. (2 k.) par la petite forteresse de la *Porte-de-l'Ile*, dont il reste un pont et deux tours démantelées. Maillezais (île de Maillé) doit son origine à une abbaye fondée à la fin du x‍e s. par Guillaume Fier-à-Bras, duc d'Aquitaine, près d'un château fort bâti par Guillaume Tête-d'Etoupes; cette abbaye fut érigée, en 1317, en un évêché qui fut, en 1648, transféré à la Rochelle. Rabelais suivit quelque temps la règle bénédictine parmi les chanoines de Maillezais; mais il quitta bientôt le cloître pour rentrer dans la vie séculière.

L'église abbatiale puis **cathédrale**, où furent enterrés plusieurs comtes de Poitou, et dont il ne reste que le narthex accompagné de deux tours carrées, le mur N. de la nef et une partie du croisillon attenant, date de deux époques. Le porche et les parties subsistantes de la nef (7 travées), sauf deux fenêtres en arc brisé, remontent à la fin du xi‍e s. Les bas côtés, par une disposition unique dans l'Ouest, étaient surmontés de tribunes dont les voûtes en berceau étaient perpendiculaires à l'axe de l'église. Les restes du croisillon appartiennent au style ogival normand : on y voit deux clochetons terminés par des flèches et auxquels conduit un escalier intérieur (très belle vue), et, sur le mur, les épures de celles-ci, tracées par l'architecte. Le chœur, détruit, était une œuvre remarquable du commencement de la Renaissance.

A l'E. de l'église, les anciens bâtiments de *l'abbaye* (xiv‍e s.), qui servirent aussi d'évêché, sont occupés par une ferme. « On y retrouve l'ancienne cuisine octogone, à foyer central. L'aile du levant renferme l'ancien réfectoire et, au-dessus, le dortoir de l'infirmerie (immense cheminée; piscine pour le service des malades). Ces bâtiments s'élèvent au-dessus de vastes caves voûtées. » (E. Bourloton.) Le propriétaire s'est fait élever à l'E. de l'église un joli *château*.

L'église paroissiale, très délabrée, est une des plus remarquables églises romanes de la Vendée par les sculptures de la façade (dans le mur de l'abside, élégante piscine du xiv‍e s.; belle Vierge mère du xiv‍e s.). — Dans le cimetière neuf, fort belle *croix hosannière* du xii‍e s., avec sculptures.

De Maillezais, on peut faire une charmante promenade sur l'Autise jusqu'à son embouchure dans la Sèvre (1 h. env. en bateau). Comme tous les canaux du Marais, la rivière coule sous un berceau de verdure à peine interrompu. Près du confluent des deux cours d'eau se trouve *Maillé* (1,306 hab.; *église* en partie des xii‍e et xiii‍e s., en partie moderne; vestiges du *château de Doignon*, bâti par d'Aubigné).

Forêt de Vouvant et gorges de la Vendée (42 k. N.-N.-E., all. et ret.; voit. particulière, 15 à 20 fr.; excurs. très recommandée; déj. à Mervent). — On sort de Fontenay-le-Comte au N., par la route de la Châtaigneraie, bordée de maisons élégantes, aux parcs fleuris. — 3 k. *Pissotte*, sur une colline d'où la vue est belle et étendue sur le Marais vendéen. — Quittant la route de la Châtaigneraie, on prend à dr. une autre route qui descend dans un défilé où la Vendée coule dans de belles gorges, au pied du superbe *Rocher de Saint-Luc*. Le plateau qui surplombe la Vendée est tapissé de la **forêt domaniale de Vouvant** (2,315 hect.; principales essences: chêne, châtaignier, hêtre et charme), « superbe, par ses grands arbres, ses solennelles avenues, ses ravins profonds. la gorge rocheuse où la Vendée se tord en méandres, babille sur les barrages de rustiques moulins, se mutine contre les blocs de granit. Elle est pour les habitants du plat pays, Plaine ou Marais, un lieu de mystère et de délice. De la Rochelle on vient par bandes contempler ce paysage si nouveau pour les gens du rivage d'Aunis » (Ardouin-Dumazet). Laissant à g. la *maison forestière de Saint-Luc* et à dr. la **futaie de Saint-Luc** (147 hect.), antique bois sacré (*lucus*, d'où la tradition a fait Saint-Luc; vestiges de fortifications), on suit au N. l'*allée de Saint-Luc* de la route forestière n° 1 (V. la carte ci-

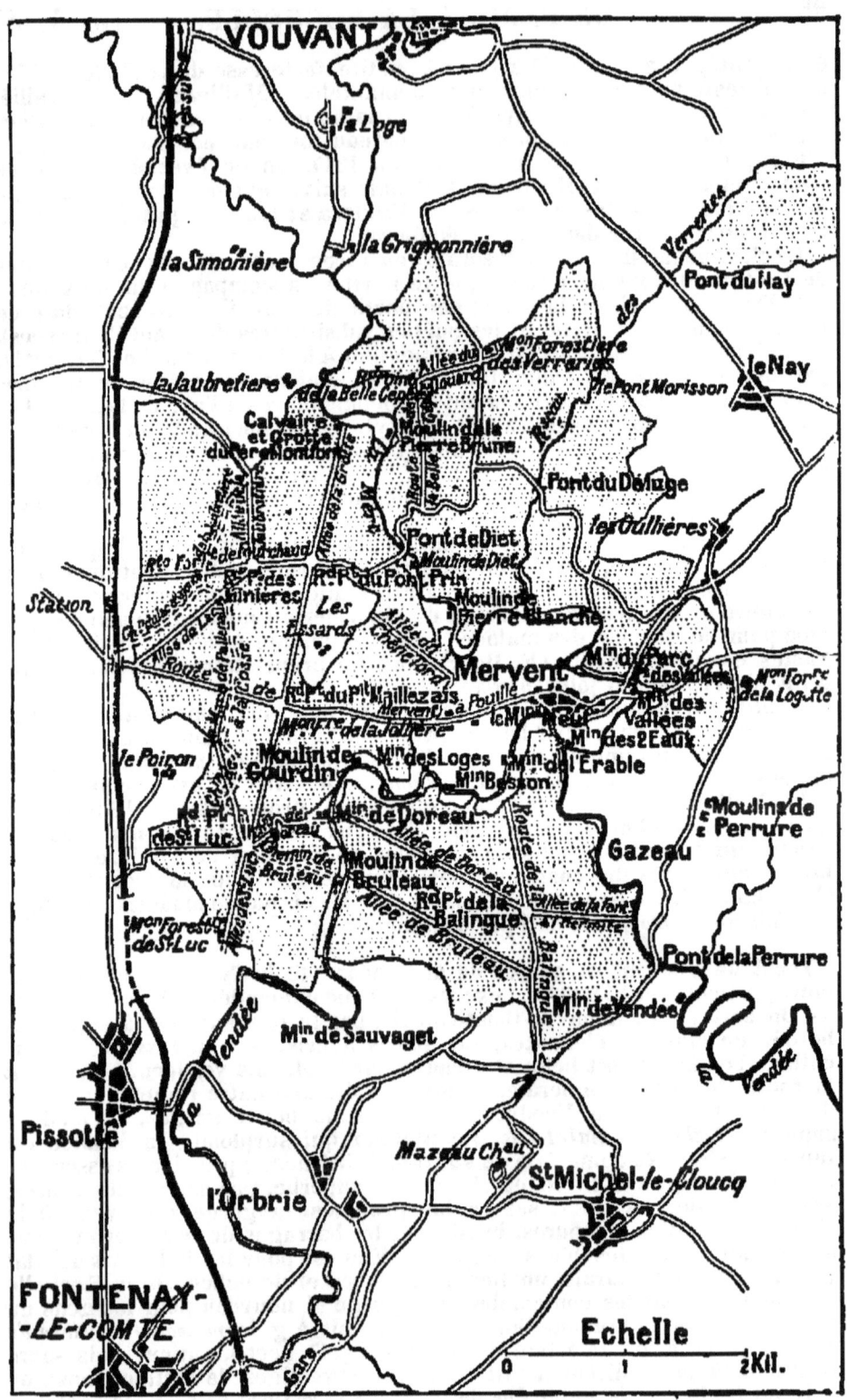

FORÊT DOMANIALE DE VOUVANT

jointe), on croise la route de Mervent, puis, au *rond-point du Pont-Brin*, la route prend le nom d'*allée de la Grotte*, et mène, au-dessus de la vallée de la Mère, à la grotte du Père Montfort.

10 k. Grotte du Père Montfort (V. ci-dessus, Mervent), entourée d'auberges. — On revient sur ses pas jusqu'à la route de Mervent, que l'on suit à g.

16 k. Mervent (V. ci-dessus). — Descendant, par une pente raide, dans la vallée de la Mère, on franchit la rivière sur l'antique pont des Ouillères (V. ci-dessus, Mervent), et, sortant de la forêt, on laisse à g. le château de la Citardière (V. ci-dessus, Mervent), et, au premier croisement de routes, on prend à g. celle de Vouvant (très belle vue sur la Châtaigneraie et le petit bassin houiller de Faymoreau). La route descend vers l'étroit vallon du ruisseau des Verreries, rentre un instant en forêt pour en sortir bientôt, et, le ruisseau franchi, s'élève, dans un paysage bocager, vers Vouvant, dont le vieux pont et les débris de murailles offrent un décor superbe. — On franchit la Mère.

27 k. Vouvant (V. ci-dessus). — La route court à l'O. pour rejoindre la route de la Châtaigneraie à Fontenay-le-Comte, qui suit la voie ferrée, à partir du viaduc sur la Mère, à la lisière O. de la forêt (très belles vues).

42 k. Fontenay-le-Comte.]

De Fontenay-le-Comte à Niort, R. 1, *B*, Niort.

La voie laisse à g. la ligne de Benet-Niort.

419 k. *Fontaines* (église avec façade romane).

[A 4 k. 5 N.-O. de la stat., *Auzay* (*fontaine de la Lutinière*, belle et profonde source, aux souvenirs celtiques; collection de tableaux modernes de M. Perreau de Chaban).]

On se rapproche de la Vendée et on rejoint (à dr.) la ligne de Luçon.

425 k. *Velluire* (buffet) possède une *église* à abside romane.

De Velluire à Nantes, R. 2.

La voie pénètre dans une région de prairies mouillées, d'où surgissent des monticules qui portent les villages : c'est le **Marais**, sillonné de canaux et de digues, pays de terres jadis inondées, aujourd'hui desséchées, une très curieuse **petite Hollande** qui fournit Paris d'énormes quantités de pissenlit. Tous ses centres de population sont bâtis à la limite de l'ancien golfe du Poitou, dont la voie ferrée suit l'antique rivage. Pour qui le traverse en ch. de fer, c'est la vision monotone d'une vaste surface plane, d'un vert sombre, égayée seulement par les bordures d'arbres des routes et des canaux. — 429 k. *Vix*, stat. qui dessert (3 k. 5 à g.) la localité de ce nom (2,525 hab.) et (2 k. à dr.) *le Gué-de-Velluire.* — 437 k. *L'Ile-d'Elle*, 1,983 hab., occupe, comme l'indique son nom, une ancienne île (27 m. d'alt.) entourée de marais, au pied de laquelle coule la Vendée. — La voie franchit la Sèvre Niortaise un peu en amont de son confluent avec la Vendée, qu'elle reçoit au lieu dit « le Gouffre ». On laisse à g. la ligne de Surgères.

443 k. **Marans***, ch.-l. de c. de 4,515 hab., gros marché de grains et *port* assez actif, sur la rive g. de la Sèvre-Niortaise

[R. 4, B] MARANS. — ESNANDES. 89

(canal latéral maritime à grande section, débouchant dans le fleuve à l'*anse du Brault*), possède une *église* (XIIIe et XIVe s.), avec clocher polygonal surmonté d'une flèche.

De Marans à Surgères et à Saint-Jean-d'Angély, R. 1, B, Saint-Jean-d'Angély.

La voie court au S., longeant le canal de Marans à la Rochelle. 451 k. *Andilly-Saint-Ouen*.

[Cette stat. dessert : — à g. (1 k. 5), *Andilly*, 1,219 hab. (ruines d'un prieuré et d'un château ; vastes souterrains voûtés), et (3 k. 5) *Saint-Ouen* ; — à dr. (2 k.) *Villedoux* et (6 k. 5, près de l'Océan) **Esnandes** (*église fortifiée des* XIIe *et* XIIIe *s., restaurée, avec chœur du* XVe *s.*), où l'on peut étudier l'industrie de la **culture des moules**, imaginée au XIe s. par l'Irlandais Walton, et centralisée dans les villages de Villedoux, d'Esnandes, de (5 k. N. d'Esnandes) *Charron*, 1,277 hab., et de (4 k. S. d'Esnandes) *Marsilly* (*tour du* XIIe *s.*, privée de sa flèche et servant d'amer ; vastes souterrains de l'*abbaye de Font-Douce*).

L'industrie de la culture des moules est l'une des curiosités des environs de la Rochelle. Le frai des moules se recueille dans les *bouchots*, angles immenses formés de pieux et de clayonnages, dont la base regarde la terre, et le sommet la pleine mer. Une étroite ouverture ménagée à l'extrémité de l'angle pour recevoir des filets ou d'autres engins, qui arrêtent le poisson au moment du reflux, complète le bouchot en en faisant tout à la fois un parc à moules et une pêcherie. A certaines époques, le gibier d'eau est très abondant dans les bouchots. Les plages des environs de la Rochelle étant partout recouvertes d'une couche épaisse de vase, les bouchoteurs se servent pour parcourir leurs parcs, de l'*acon*, sorte de toue longue de 2 à 3 m., large de 50 centim., qu'ils dirigent en s'agenouillant sur une jambe et en baissant l'autre, chaussée d'une longue botte, au dehors du bateau pour servir tout à la fois de gaffe et de gouvernail.]

Arrêt de *Mouillepied*. — 460 k. *Dompierre*, 1,374 hab. — A dr. se détache la ligne de la Pallice, qui franchit le canal. On longe, du même côté, les fortifications.

467 k. **La Rochelle** (buffet ; *V*. ci-dessous).

B. Par Chartres, Saumur et Niort.

482 k. (on ne paie que sur 467 k., kilométrage de la route A). — Ch. de fer de l'État (gare Montparnasse). — Traj. en 7 h. 13 à 9 h. 41 par les trains rapide et express (1re, 2e et 3e cl. : *V*. ci-après). — Prix : 47 fr. ; 34 fr. 70 ; 22 fr. 70 ; pour les prix des **billets de bains de mer**, *V*. ci-dessus, A.

TRAINS EXPRESS. — Deux express, avec des voit. des 3 cl., desservent cette ligne t. l. j. et toute l'année ; traj. en 9 h. 41 par l'express de j., en 8 h. 45 par l'express de nuit (voit. à couloir, avec w.-c., des 3 cl., jusqu'à Niort). — Pendant la saison des bains de mer, de juillet en septembre, **train rapide hebdomadaire** de j. (consulter l'*Indicateur*), avec voit. des 3 cl. **pour la Rochelle, Chatelaillon et Fouras** (traj. en 7 h. 13). — *On change toujours de train à Niort, où il faut prendre place dans les voit. portant l'écriteau la Rochelle, l'autre partie du train allant à Rochefort.*

WAGON-RESTAURANT. — Entre Paris et Niort et, au ret., entre Niort et Paris, à l'express de j., ainsi qu'au rapide hebdomadaire d'été : déj. 3 fr. 50 ; dîn. 4 fr., vin compris ; repas à 2 fr. — Les voyageurs de toutes classes sont admis dans le wagon-restaurant pendant la durée des repas.

WAGON-LITS. — L'été (service Paris-Royan), au rapide du s. : suppl. jusqu'à Niort, où il faut quitter le wagon-lit, 16 fr.
BUFFETS. — Chartres, Courtalain-Saint-Pellerin, Château-du-Loir, Saumur (Orléans), Montreuil-Bellay, Thouars, Parthenay, Niort et la Rochelle.

415 k. de Paris à Niort (*V. R. 1, B*). — La voie laisse à g. la ligne de Bordeaux, puis à dr. celle de Bressuire, et parcourt un pays plat et monotone. — 425 k. *Frontenay*, ch.-l. de c. de 1,939 hab., ancien duché-pairie érigé par Louis XIV en faveur d'Hercule de Rohan, possède une *église* autrefois fortifiée (façade restaurée en partie au xv° s.), qui a conservé un narthex et une tour du xii° s. (remarquables chapiteaux). — 429 k. *Epannes* (dans le clocher de l'*église*, curieuse coupole en forme de tronc de cône, montée sur pendentifs). — 434 k. Halte de *Prin-Deyrançon*. — 437 k. *Mauzé*, ch.-l. de c. de 1,563 hab. (*château Renaissance*, sur l'emplacement d'un château fort et primitivement d'un *castrum*; sur le pont, *buste de René Caillé*, né à Mauzé, le premier Européen qui ait pénétré à Tombouctou). — 445 k. *Saint-Georges-du-Bois*, 1,503 hab. (*château de Pauléon*, style Louis XIII). — Tranchées rocheuses.

449 k. **Surgères** *, ch.-l. de c. de 3,302 hab., près de la Gère, a conservé de son *château* féodal (xiv° et xvi° s.) l'enceinte avec plusieurs tours, formant à l'intérieur une promenade publique où se trouve la *mairie*, une porte fortifiée et une jolie porte de la Renaissance. — L'*église* (xii° s.) offre une splendide *façade* (restaurée; elle est un peu à côté de l'église et ne répond en rien aux dispositions intérieures) que décorent, au rez-de-chaussée, sept belles arcades, dont l'une encadre la porte. Les arcades latérales ont des tympans, formés par une frise; parmi les sujets de ces tympans, on croit reconnaître, à dr. Samson, à g. le Christ. Les arcades du 1ᵉʳ étage ne sont pas symétriques. Deux figures équestres en bas-relief accompagnent la fenêtre centrale, qui a été repercée au xiv° s. La nef, avec collatéraux, a été remaniée à la fin du xvi° s.; mais elle offre, ainsi que les autres parties de l'église, un beau spécimen du xii° s. On remarque surtout le clocher central, composé de seize piles isolées et fort élevées, qui devaient être reliées par des arcs; un toit les recouvre actuellement. — Sous la *crypte* (traces de peintures), caveaux des barons de Surgères.

De Surgères à Marans et à Saint-Jean-d'Angély, R. 1, *B*, Saint-Jean-d'Angély.

On croise les voies des ch. de fer départementaux (à dr. pour Marans, à g. pour Saint-Jean-d'Angély). — 455 k. *Chambon*. — 459 k. *Forges* (*église* du xiv° s.). — On laisse à g. la section de Rochefort.

464 k. **Aigrefeuille-le-Thou**, gare d'embranchement où le train se sépare en deux tronçons, l'un allant à la Rochelle, l'autre à Rochefort, et qui dessert (3 k. E.-S.-E.) *le Thou*, et (4 k. N.-N.-E.;

[R. 4, C ET D]   SURGÈRES. — AIGREFEUILLE.   91

omn., 50 c.) **Aigrefeuille-d'Aunis**, ch.-l. de c. de 1,619 hab. (*église des XII*e* et XIV*e* s.; restes d'un couvent de femmes).

[**D'Aigrefeuille-le-Thou à Rochefort** (15 k.; ch. de fer Etat en 30 min.). — La voie court au S. — 3 k. *Ciré* (*château* bâti en 1549 par le chef protestant Culon). — Franchissant le canal de Charras, on pénètre dans une plaine marécageuse, sillonnée de canaux, et parsemée de buttes ou îlots rocheux sur lesquels sont bâtis les villages. — 10 k. Halte de *Breuil-Magné-Loire*. — Bientôt se montrent à g. les mâts des vaisseaux stationnés dans le port de Rochefort.
15 k. Rochefort (R. 2).]

471 k. *La Jarrie*, ch.-l. de c. de 860 hab.

[A 5 k. O., *la Jarne* (*église* romane, avec intéressant portail).]

478 k. Halte d'*Aytré*. 1,102 hab., dont l'*église* fortifiée fut assiégée par les troupes royales en 1621, et où Louis XIII établit son quartier général lors de l'expédition contre la Rochelle (1627-1628).

482 k. La Rochelle (*V*. ci-dessous).

C. Par Poitiers.

477 k. — Ch. de fer d'Orléans (gare à Paris, quai d'Austerlitz) de Paris à Poitiers, où l'on change de train (gare commune aux deux réseaux), de l'Etat de Poitiers à la Rochelle (sans changement de train). — Deux bons trains par j. : le rapide de 9 h. 35 du mat. (vérifier sur le dernier *Indicateur*; 1re cl. seulement), par lequel on arrive à la Rochelle à 6 h. 11 s., et l'express de 8 h. 30 s. (1re et 2e cl.), par lequel on arrive à la Rochelle à 6 h. 45 du mat. — Prix : 47 fr. 10; 34 fr. 80; 22 fr. 80; all. et ret., val. 7 j., 70 fr. 60; 55 fr. 60; 36 fr. 40. — *N. B. Les billets de bains de mer ne sont pas valables par la voie de Poitiers.*

332 k. de Paris à Poitiers (*V*. R. 1, *A*). — 145 k. de Poitiers à la Rochelle (*V*. R. 5).

477 k. La Rochelle (*V*. ci-dessous).

D. Par Tours.

473 k. par Loudun, Airvault et Niort, 488 k. par Thouars et Niort. — Ch. de fer d'Orléans (gare à Paris, quai d'Austerlitz) de Paris à Tours, où il faut se transporter de la gare de l'Orléans à celle de l'Etat; ch. de fer de l'Etat de Tours à la Rochelle, soit par Thouars et Niort, soit par Loudun, Airvault et Niort. — Trajet en 10 h. 15 (express de 8 h. 30 s., 1re cl., *viâ* Thouars), en 11 h. 19 (express de 11 h. 18 mat.); 1re, 2e et 3e cl., *viâ* Loudun, Airvault et Niort). — Prix : 47 fr. 10; 34 fr. 80; 22 fr. 80; all. et ret., val. 7 j., 70 fr. 60; 55 fr. 60; 36 fr. 40. — *N. B. Nous donnons surtout cet itinéraire à titre d'indication, parce qu'il peut être suivi avec les billets de bains de mer* (*V. A*).

Pour la description du traj. jusqu'à Tours (*V*. R. 1, *A*). — De Tours à Thouars ou à Airvault (*V*. le guide de *la Loire*). — De Thouars à Airvault et à Niort (*V*. R. 1, *B*). — De Niort à la Rochelle (*V*. ci-dessus, *B*).

473 ou 488 k. La Rochelle.

LA ROCHELLE

La Rochelle *, ch.-l. du département de la Charente-Inférieure, siège d'un évêché, place forte et port de commerce, V. de 28,376 hab., est bâtie au débouché du canal de Marans dans une anse de l'Océan que circonscrivent à l'E. les falaises de la *pointe de Chef de Baie*, en arrière desquelles s'ouvre le port de la Pallice, et à l'O. la *pointe des Minimes*. Avec ses fortifications et ses tours, ses monuments qui rappellent l'époque héroïque, où, boulevard du calvinisme, elle bravait audacieusement la royauté, avec ses rues à arcades, son vieux port si pittoresque, sa rade toujours animée et que complète la rade voisine de la Pallice, avec ses belles promenades aux opulents ombrages, la Rochelle attire et retient le touriste bien plus par ses souvenirs historiques que par ses distractions, car elle est demeurée sévère et d'allure huguenote et l'animation y est presque nulle le soir venu.

Et pourtant la Rochelle est un **bain de mer**, puisque les chemins de fer de l'Etat la cotent comme station balnéaire et la font bénéficier de leurs billets de saison, mais c'est un bain de mer factice, car ses plages sont vaseuses et, bien qu'un casino offre aux baigneurs son théâtre, sa musique, ses salons et, bienfait plus appréciable, des ombrages rares à trouver ailleurs au bord de la mer, la clientèle des bains est toute locale, et les Rochelais eux-mêmes ont créé à leur usage la station de bains de mer de Chatelaillon, comme les Rochefortais adoptaient celle de Fouras. Il n'est, du reste, pas aisé de trouver à se loger dans le quartier du Mail où sont les bains, très couru par les familles des officiers de la garnison, et les locations y sont chères; le séjour de la ville n'est pas fait pour attirer les personnes qui fuient les agglomérations dans la saison estivale.

La Rochelle est donc avant tout un lieu de passage, un centre d'excursions en mer, rendues faciles par les services quotidiens et multiples qui mettent le port en communication avec les îles de Ré et d'Oleron. C'est pourtant sans contredit **la ville la plus intéressante** de tout le littoral océanique français, et il faut lui consacrer au moins deux journées, en employant son temps de la manière suivante :

1er JOUR. — Le matin, promenade au port, très vivant avec ses nombreux bateaux de pêche et les vapeurs pour Ré et Oleron, visite du marché au poisson (de 8 h. à 11 h.), de la tour Saint-Nicolas, de l'hôtel de ville et de la cathédrale. Après le déjeuner, voir les musées de la rue Gargoulleau, jeter un coup d'œil sur la maison de Diane de Poitiers, rue des Augustins, visiter le Jardin des Plantes et les Muséums, et, par le parc Charruyer, se rendre aux bains du Mail. Après le dîner, l'été, on pourra retourner au Mail par l'omnibus et passer la soirée au Casino.

2e JOUR. — Partir de bon matin (prendre le train à la porte Dauphine) pour la Pallice, voir le port en eau profonde (intéressant seulement quand il y a de grands navires en chargement ou en déchargement; s'informer à la Rochelle), revenir déj. de bonne heure et consacrer le reste de la journée à l'excursion en voit. de Nieul-sur-Mer (huitrières), Marsilly et Esnandes (visite des bouchots à moules).

Une troisième journée ne saurait être mieux employée qu'à l'excurs. de l'île de Ré par le superbe vapeur *Jean-Guiton*, de la Cie Delmas, surtout quand les heures de la marée permettent de visiter le phare des Baleines et de rentrer à la Rochelle dans la même journée (consulter les affiches à l'embarcadère des bateaux à vapeur).

La Rochelle existait au xe s., sous le nom de *Rupella*. Son importance s'accrut au xiie s. par la ruine de Chatelaillon, dont les révoltes contre les ducs d'Aquitaine amenèrent la destruction, en 1126. En 1206 et en 1214, Jean Sans-Terre aborda dans son port pour tenter de reprendre les vastes domaines confisqués par Philippe Auguste. Prise, en 1224, par Louis VIII, elle ne retomba au pouvoir de l'Angleterre qu'en 1360, en vertu du traité de Brétigny. Mais les Rochelais se résignèrent difficilement à leur sort et, en 1372, Du Guesclin ayant soumis la Saintonge, la Rochelle, secoua le joug des Anglais, grâce à une ruse du maire, qui fit tomber le château au pouvoir des Français. Du xive au xviie s., la Rochelle fut une des grandes cités maritimes de la France: Jean de Bethencourt en partit, en 1402, pour conquérir les Canaries, et les marins rochelais furent les premiers à profiter de la découverte du Nouveau-Monde. En 1542, la révolte de la Rochelle, causée par les exactions du comte de Jarnac et l'accroissement de la gabelle, fut difficilement réprimée. A la même époque, la Rochelle, devenu l'un des boulevards de la Réforme, fut ensanglanté par les luttes religieuses; un synode de toutes les églises réformées de France y rédigea, en 1571, sous la présidence de Théodore de Bèze, le *Symbole de la Rochelle*. Les huguenots s'y retranchèrent après les massacres de la Saint-Barthélemy. En vain l'armée royale assiégea-t-elle la Rochelle; après six mois et demi d'investissement et une perte de 20.000 hommes, le siège fut levé et la paix de 1573 accorda aux calvinistes le plein exercice de leur culte.

Le rétablissement du culte catholique par Louis XIII dans le Béarn amena un grand soulèvement calviniste. Les Rochelais couvrirent l'Océan de leurs corsaires, fermèrent la Gironde au commerce bordelais et envoyèrent jusqu'à Nantes un corps de 7,000 hommes, dont la défaite amena la cessation des hostilités par le traité de Montpellier. Nouvelle révolte deux ans plus tard, qui ne fut apaisée qu'en 1626; mais, dès l'année suivante, l'Angleterre ayant déclaré la guerre à la France, la cité calviniste fit cause commune avec l'étranger. C'est alors que se place le mémorable **siège de la Rochelle** (1628), conduit par Richelieu, qui fit construire la fameuse digue destinée à isoler les assiégés de la mer, que tenait la flotte anglaise, et entoura la ville rebelle d'une ligne de circonvallation de 12 k. Malgré l'indomptable énergie du maire Guiton, la ville, où il ne restait plus que 136 hommes valides, capitula (28 oct.) après huit mois de siège.

Dès lors commence pour la Rochelle une ère de paix et de prospérité commerciale; son commerce prend un essor extraordinaire, elle est le grand port d'échange entre la France et sa colonie du Canada, jusqu'à ce que la cession du Canada à l'Angleterre (1763) achève la ruine du commerce rochelais, commencée par la révocation de l'édit de Nantes. Depuis il n'y a plus à enregistrer dans les fastes de la ville que la rude guerre faite aux Anglais, pendant le premier Empire, par ses corsaires, et l'épisode des « Quatre sergents de la Rochelle », condamnés à mort (1822) pour avoir organisé une société secrète.

Le commerce maritime de la Rochelle périclitant de plus en plus, à cause de l'envasement de son avant-port, obstrué par la digue de Richelieu, interrompue seulement par un goulet large de 100 m., un port en eau profonde a été créé à la Pallice et inauguré en 1890; malgré que de grands navires le fréquentent, il est encore bien désert et les résultats ne répondent pas jusqu'ici à l'attente des initiateurs de ce grand travail.

L'érection de la Rochelle en évêché date de 1648.

La Rochelle a vu naître : *Alexandre Aufrei* ou *Aufrédy*, armateur, à qui est dû l'hôpital portant son nom († 1220); *Benjamin de Soubise* (1583-1642), capitaine calviniste; *Jean Guiton* (1585-1654), amiral et maire de sa ville natale lors du siège de 1628, célèbre par l'énergie qu'il déploya dans la résistance; *Gédéon Tallemant des Réaux* (1619-1692), auteur des « Historiettes », sorte de chronique scandaleuse de la société du temps; *Abraham Tessereau* (1626-1691), historien protestant; le médecin *Nicolas Venette* (1633-1698); *Ferchaud de Réaumur* (1683-1757), mathématicien, physicien et naturaliste, l'une des gloires de la science française; *Desaguliers* (1683-1743), mécanicien, mathématicien, astronome, l'un des plus célèbres disciples de Newton; *René-Josué Valin* (1695-1765), jurisconsulte; *Dupaty* (1746-1788), magistrat et philanthrope; l'acteur *Larive* (1747-1827); *Fleuriau de Bellevue* (1751-1852), géologue; le *baron de Chassiron* (1755-1825), agronome, auteur du canal de Niort à la Rochelle; *Billaud-Varennes* (1760-1819), le farouche conventionnel; le peintre *Louis Gauffier* (1761-1801); *Charles d'Orbigny* (1770-1856), médecin et naturaliste; le botaniste *Aimé Bonpland* (1763-1858), collaborateur de Humboldt; le *baron Duperré* (1775-1846), amiral et ministre de la marine sous Louis-Philippe; *Eugène Fromentin* (1820-1876), écrivain et peintre; le peintre *William Bouguereau*, né en 1825.

En sortant de la gare, on tourne à dr., puis, prenant en face, ou franchit un pont, et la *porte de la Gare* amène au *quai Valin* qui longe à g. le bassin à flot intérieur. Immédiatement après la porte de la Gare, en longeant le côté S. du bassin, à g. (à dr., *rue de la Fabrique* et entrepôt réel des douanes, ancienne église Saint-Nicolas), on arrive à la **tour Saint-Nicolas** (Pl. 27; 1384), restaurée par Lisch, la plus curieuse à visiter (demander le gardien à l'agence des travaux, en face; pourboire) des tours de la Rochelle (36 m. de haut. au-dessus du fond du chenal) et dans laquelle sera installé un musée lapidaire. C'est entre la tour Saint-Nicolas et la *tour de la Chaîne* (Pl. 28), qui se dresse en face, de l'autre côté de l'eau, que s'ouvre le port de la Rochelle.

A l'int., un double escalier, partant de la *salle de réception*, conduit d'une part dans la salle des hommes d'armes, de l'autre dans la *chapelle* (traces des sculptures de l'*autel*), à laquelle on parvient aussi par un autre escalier, qui part du fond de la salle de réception. On voit ensuite la petite *salle du Gouverneur*, et, du *chemin de ronde* au-dessus de l'entrée du port, on remarque la tour de la Chaîne et l'emplacement de la chaîne qui fermait le port. — Dans la *Grande Salle* ou *salle des Hommes d'Armes*, sculptures du XIe s., qui furent rapportées lors de la construction de la tour. Sur cette salle s'ouvre la petite *salle du Rapport*; à côté, autre petite salle dite la *Petite Prison* (belles voûtes). — Première *plate-forme* (belle vue). Un escalier conduit à une salle qui servit de *poste d'observation* et de *prison d'État* (curieuses inscriptions dues à des prisonniers, l'une datée du 25e j. de sept. 1664). — On monte à la deuxième *plate-forme*, d'où la **vue** est **superbe** sur la ville, la rade avec l'emplacement de la digue de Richelieu (au milieu, la bouée noire sonore marque le chenal), et, quand le temps est clair, la pointe de Fouras, le fort d'Enette et l'île d'Aix, les mâts des navires dans le port de la Pallice et les côtes basses de l'île de Ré. Si l'on n'est pas sujet au vertige, on peut descendre par l'escalier double (par une ouverture, on voit l'autre partie de l'escalier).

Le quai Valin se continue à g., le long du *havre d'échouage*, par le **quai Duperré** (embarcadères des vapeurs pour les îles de Ré et d'Oleron), à l'extrémité duquel s'élève la *statue* en bronze, par P. Herbert, *de l'amiral Duperré* (Pl. 36), à l'intersection (à g.) du *cours des Dames*, très pittoresque avec les nombreux bateaux à voiles qui apportent et déchargent le produit de leur pêche. Au bout du cours des Dames, à l'angle de la *rue Saint-Jean*, le **marché aux poissons** (Pl. 23) est extrêmement curieux à parcourir au moment des ventes à la criée, le mat. de 8 h. à 11 h. ou l'après-midi de 1 h. à 4 h., et de préférence le matin et surtout le mardi, le mercredi et le jeudi (grandes ventes).

Revenant sur ses pas jusqu'à la statue de l'amiral Duperré, on pénètre dans la ville proprement dite par la **porte de la Grosse-Horloge** (Pl. 31), la seule entièrement conservée des anciennes portes de la Rochelle. C'est une grosse tour carrée du XIV\ :sup:`e` ou du XV\ :sup:`e` s., dont les tourelles d'angle sont, depuis 1746, surmontées de trophées; la partie supérieure de l'édifice et le dôme qui surmonte l'horloge datent aussi de cette époque. Au delà de la porte et du *carrefour des Petits-Bancs*, point de départ des tramways du Mail (à dr., *fontaine* de 1675), commence l'artère principale de la Rochelle, qui traverse la ville de part en part sous les noms de rue du Palais et de rue Chaudrier jusqu'à la place d'Armes, de rue Dauphine depuis cette place jusqu'à la porte Dauphine. Très mouvementée et très vivante dans sa partie initiale, de la porte de la Grosse-Horloge à la place d'Armes, elle est bordée d'arcades et de galeries couvertes; sous celles du côté dr. sont les plus beaux magasins de la ville.

Sous les arcades du côté g. de la *rue du Palais*, on trouve successivement : la *Bourse* (Pl. 20), la *poste-télégraphe* (Pl. 26) et le *Palais de justice* (Pl. 14; façade corinthienne et frise délicatement sculptée), construit de 1783 à 1789 sur l'emplacement du tribunal que Henri IV avait fait bâtir à ses frais et dont il reste quatre portes intérieures sculptées (deux sous la voûte d'entrée, deux dans le vestibule de la chambre du conseil).

Plus loin, à dr., se détache de la rue du Palais la *rue Dupaty*, qui mène à l'**Hôtel de Ville** (Pl. 13), le monument le plus remarquable de la Rochelle. Commencé en 1587, terminé en 1606 et magnifiquement restauré de 1872 à 1877, il est précédé d'un mur d'enceinte du XV\ :sup:`e` s. muni de créneaux et de mâchicoulis courant jusqu'à deux sortes de petits beffrois supportés par deux consoles sculptées en cul-de-lampe. Dans la cour, la façade présente, au rez-de-chaussée, une galerie ouverte formée d'arcades en plein cintre reposant deux à deux sur des piliers toscans. Aux sommiers des arcs sont sculptés des trophées, tandis que le plafond de la galerie est décoré de cartouches où apparaissent çà et là les chiffres de Henri IV et de Marie de Médicis.

Au-dessus des arcades se déroule une belle frise ornementée de triglyphes et de motifs divers. L'étage supérieur, décoré de quatre niches qui renferment des figures allégoriques de grandeur naturelle, appartient à l'ordre composite. Huit colonnes cannelées supportent une corniche ornée d'arabesques, au-dessus de laquelle s'élèvent six lucarnes de styles différents. A g. de cette façade se dresse un pavillon, précédé d'un escalier moderne, avec campanile abritant une statue de Henri IV, en faïence émaillée, œuvre de Deck. Une autre façade, donnant sur la *rue des Gentilshommes*, et achevée en 1607, est aussi très curieuse.

L'int. se visite dans l'ordre suivant (s'adr. au concierge, dans la cour à dr., sous le porche; pourboire).
1ᵉʳ **étage.** — CABINET GUITON. — Table dont le marbre laisse voir la brèche faite par le poignard de Guiton; fauteuil de l'intrépide Rochelais; tapisseries verdures anciennes. — SALLE DU CONSEIL MUNICIPAL : dans le trophée de drapeaux autour de la statue de la République, drapeau des volontaires rochelais, brodé par les dames rochelaises et donné à « brave Rondeau » en 1789; au-dessus de la cheminée, Fleurs, tableau de *Furcy de Lavault*. — ANTICHAMBRE DE LA SALLE DES FÊTES. — **Salle des fêtes** : au-dessus de la cheminée, portrait de Henri IV; plaque de marbre avec cette inscription : *L'hôtel de ville de la Rochelle, achevé en 1606 sous le règne du roi Henri IV, a été restauré, de 1872 à 1877, par l'architecte Lisch.* » — SALLE DES ÉCHEVINS : buste de Jean Guiton, par *Ferdinand Gilbault*; écussons de tous les anciens maires de la Rochelle.
Les pièces suivantes du 1ᵉʳ étage ne sont visibles que parfois le dimanche; en semaine, il faut s'adresser à l'obligeance du secrétaire général de la mairie pour y avoir accès :
CABINET DU MAIRE : au-dessus de la cheminée, portrait de Jean Guiton. — CABINET A CÔTÉ : *Edelinck*. La Rochelle en 1725. — Moule de la tête de Henri IV, pris à la violation des tombeaux de Saint-Denis. — *Heindrick*. La Place d'Armes (alors place du Château), en 1714. — Tableau du siège de la Rochelle en 1628. — Dans une vitrine : hausse-col de Jean Guiton; lettre autographe de Henri IV; deux lettres écrites par Louis XIII à sa mère (29 sept. et 3 oct. 1628) pendant le siège de la Rochelle (dans l'une de ces lettres, Louis XIII appelle les Anglais « ces marauds »). — Armes et anciens sceaux de la ville; clefs qu'on offrait au roi à son entrée; falot et crécelle des anciens veilleurs de nuit.
Rez-de-chaussée. — SALLE DES MARIAGES : dans la cheminée, plaque en fer portant la date de mars 1600.

Au delà de la rue Dupaty, l'artère principale prend le nom de *rue Chaudrier*; à g., s'en détache la *rue des Augustins*, où, à dr., au fond de la cour de l'immeuble occupé par la *Caisse d'épargne*, on peut voir les belles sculptures de la façade (rien à l'intérieur) de la maison Renaissance dite à tort **maison de Diane de Poitiers** ou *de Henri II* (Pl. 35), construite vers 1555 par Hugues de Pontard, seigneur de Champdeniers.

La rue Chaudrier longe à g. la cathédrale et aboutit à la **place d'Armes**, vaste carré de 2,700 m. de superficie, qui occupe une partie de l'ancien château, démoli en 1590; le côté E., à arcades, est occupé par des magasins et par le *café Militaire*; le côté N. par l'*hôtel du Commerce* et le *café des Colonnes*, rendez-vous des étrangers; le côté O. (stat. de voit. de place) est bordé par les fossés de l'enceinte, au delà desquels s'étend l'admirable promenade du *parc Charruyer*, aux allées sinueuses bien ombragées et garnies de bancs de repos, et le côté S. par l'*hôpital militaire* et par la cathédrale, qui y a son entrée principale; entre l'hôpital et la cathédrale s'ouvre la *rue Pernette*, où se voit le portail monumental (xviie s.) de l'ancien *hôtel de l'Intendance*, orné de trophées.

La **cathédrale** (Pl. 1), lourde construction du xviiie s., avec coupole sur le transsept, est appuyée sur un assez beau clocher carré du xve s., reste de l'église Saint-Barthélemy.

A l'int., les chap. sont richement décorées et les fenêtres offrent des *vitraux* en grisaille, de Lobin. — BAS CÔTÉ DR., 1re chap. (des fonts baptismaux) : *Baptême de J.-C.* et *Baptême de Clovis*, fresques d'Abel de Pujol fils; 4e chap. (de Ste Anne) : belle *verrière*, par Lusson. — CROISILLON DR. : *Martyre de St Barthélemy*, par Omer Charlet; *Apothéose de St Louis*, par Robert Lefebvre; *Chrétiens sur le bûcher*, par Omer Charlet. — POURTOUR DU CHŒUR, chap. de N.-D. du Perpétuel Secours : 2 fresques de Debat-Ponsan (*Naufragés* et *Marins implorant la protection de la Vierge*); chap. absidale ou de la Vierge : coupole décorée de *fresques* par Bouguereau; *monument* renfermant le cœur de Mgr Landriot († 1874), avec statue en marbre par Thomas; *statue* de la Vierge, par Thomas; chap. du Sacré-Cœur : belles *verrières* de Lusson. — CROISILLON G. : *St Louis et les pestiférés de Damas*, par Debat-Ponsan; l'*Annonciation*, par Picot; copie du *Vœu de Louis XIII*, d'Ingres. — BAS CÔTÉ G., avant-dernière chap. : curieux petits *tableaux* du xviiie s., ex-voto de marins.

Sur le côté dr. ou E. de la place d'Armes s'ouvre la *rue Gargoulleau*, où, à côté de l'*hôtel de France*, qui occupe l'ancien *hôtel Gargoulleau* (Pl. 33), sont installés, dans l'ancien palais épiscopal (xviiie s.), les **Musées** (Pl. 17; ouverts le dimanche et le jeudi, de midi à 4 h., t. l. j. aux étrangers; sonner le concierge) et la **bibliothèque** (ouverte le lundi, le jeudi et le samedi, de midi à 4 h.).

Rez-de-chaussée. — VESTIBULE : Léda, plâtre par Houssin; moulages d'après l'antique. — Dans une grande salle et dans le jardin, **musée archéologique** : antiquités préhistoriques, romaines et gallo-romaines; mobiliers funéraires de la région, *faïences de la Rochelle*, terres sigillées; tombeaux (*tombeau de Laleu*, du xiie s.; deux tombeaux sculptés, provenant de l'ancienne église des Carmes), statues, sculptures du moyen âge et de la Renaissance.

1er étage. — *Bibliothèque* (40,000 vol. imprimés et 770 manuscrits; riches archives de l'hôpital Aufrédy). Sur le palier : bustes de Dupaty et du sculpteur Victor Texier; portrait de Louis XV, par *H. Rigaud*.

2e étage. — Sur le palier, L'Amour et Psyché, plâtre par *G. Saint-Jean*.

1re SALLE (peinture). — 15. *H. de Blès.* Paysage. — 155. *Mignard* (école de). Jeune femme tenant un perroquet. — 156. *Primatice* (?). Vénus et l'Amour. — 144. *Fr. Clouet.* Portrait équestre de Henri IV. — 24. *Paul Bril.* Paysage. — Sans no. *Pynacker.* Paysage. — 167. *Mlle Serret.* La Prière. — 149. *Franck* (école des). Partage de butin après le siège d'une ville. — 145. *Fr. Clouet.* Portrait équestre de Marie de Médicis. — 23. *Paul Bril.* Paysage. — 175. *Carle Van Loo.* Portrait de Louis XV. — Sans no. *Carrache* attribué à). Ste Magdeleine. — 202. *Inconnu.* La Vierge, avec entourage de fleurs. — 160. *Rigaud* (école de). Portrait d'homme. — 164. *Roland de la Porte*. Fruits. — 181. *Inconnu*. Le Christ, avec entourage de fleurs. — 163. *H. Rigaud* (école de). Tête d'abbé. — 102. *J.-Jos. Pater*. La Conversation dans le parc. — 199. *Inconnu*. Tête de vieillard (étude). — 169. *Gérard Terburg* (?). Jeune homme offrant une corbeille de fleurs. — 2. *Abel de Pujol fils*. La Charité (d'après Carlo Cignani). — 200. *Inconnu*. Tête de vieillard (étude). — 150. *Luca Giordano*. J.-C. dans le ciel (esquisse de plafond). — 132. *Louis Tocqué*. Portrait de femme. — 165. *Rubens* (d'après). Le Jugement de Pâris. — 133. *Vien*. St Paul prêchant. — 170. *Titien* (d'après). Diane surprise par Actéon. — 159. *Ribera* (école de). Tête de vieillard. — 186. *Mignard* (école de). Portrait du duc de Lauzun. — 161. *H. Rigaud* (école de). Portrait du jurisconsulte Valin. — 168. *Teniers le Vieux* (école de). L'Alchimiste. — Sans n°. *Vincent*. La Sculpture (dessus de porte).

2ᵉ SALLE (à dr.). — *Collection Christophe Gon*, comprenant des ivoires, miniatures, coffrets, faïences, émaux, armes, curiosités diverses et tableaux : 179 et 180. *Inconnus*. 2 Adorations des Mages. — 148. *Ecole des Franck*. Le Christ au Calvaire. — 111. *Ed. Pinel*. Le Naufrage (d'après J. Vernet). — 178. *Inconnu*. Adoration des bergers (grisaille sur ardoise). — Sans n°. *Inconnu*. Portrait de Catherine de Russie. — Vase de Sèvres (don de l'Etat).

3ᵉ SALLE (SALLE SANIER). — 176. *Van der Meulen*. Combat de cavalerie. — 195. *Inconnu*. Portrait de J.-J. Rousseau. — 152. *Greuze* (d'après). Tête de jeune fille. — 154. *J. Jouvenet*. St Bruno en prière. — 194. *Inconnu*. Portrait de femme. — Chinoiseries. — 227. *Ternois*. Buste de Fromentin. — Sans n°. *Diaz*. Enfants sous bois.

On revient à la 1ʳᵉ salle.

4ᵉ SALLE (à g. de la 1ʳᵉ). — 9. *Auguin*. Bords du Thaurion. — 53. *Dupont-Zipcy*. Jeune fille grecque. — 6. *Appian*. Avant l'orage. — 106. *Perrandeau*. La Veuve. — 100. *Jules Noël*. Falaise de Quiberon. — 96. *Montenard*. Un cimetière sur les côtes de la Méditerranée. — 21, 20, 19. *Bouguereau*. Portraits. — 138. *Achille Zo*. Bohémiens. — 90. *Le Poittevin*. Pilotes hollandais. — 103. *Pelouse*. La Ferme de Toutin. — 17. *Bouguereau*. Ulysse reconnu par sa nourrice, à son retour de Troie. — 44. *Desjobert*. Paysage. — 63. *Fromentin*. Attaque d'une caravane en Algérie. — 86. *Jan Kobell*. Vaches dans un pâturage hollandais. — 7. *Appian*. Le Sentier des Roches. — 116. *Pluyette*. Le Coche et la Mouche. — 190. *Inconnu*. Portrait du général Dufresne. — 42. *Louis Deschamps*. Folle ! — 73. *Ch. Gosselin*. Intérieur de forêt. — 77. *Guillaumet*. Campement d'un goum sur les frontières du Maroc. — 18. *Bouguereau*. La Flagellation du Christ. — 11. *Baudit*. La Dent du Midi. — 97. *Motte*. Richelieu sur la digue de la Rochelle. — 28. *Caresme*. St Louis recevant la couronne d'épines. — 104. *Penguilly-l'Haridon*. Côtes de Belleville (Normandie). — 99. *Jules Noël*. Port de Brest. — 119. *Riesener*. Bacchus et Ariane. — 110. *Pinel*. Le Port de la Rochelle en 1762, d'après J. Vernet. — 49. *Gustave Doré*. Scène tirée du Purgatoire de Dante. — 22. *Brascassat*. Vaches. — 60. *Fromentin*. Cavaliers arabes. — 131. *Trayer*. Molière lisant le Misanthrope. — 94. *Luminais*. Une consultation. — 92. *E. Lesueur*. L'Adoration des bergers. — 139. *Le Guerchin* (d'après). Sibylle persique. — 25. *Brossard*. Mgr Landriot, évêque de la Rochelle. — 76. *Grenet*. Vue prise de la forêt de Fontainebleau. — 56. *Français*. La Sèvre à Moulin-Neuf, près de Clisson. — 13. *Bernier*. L'Allée abandonnée. — 35. *Corot*. Paysage. — 62. *Fromentin*. Passage d'un gué. — 5. *Antigna*. La Fille du bouquiniste. — 84. *Jacque*. Rentrée à la bergerie. — 78. *Guillon*. Pêcheuses de crevettes. — 172. *Titien* (d'après). Madeleine. — 143. *Carlo Cignani* (d'après la fille de). La Sibylle. — 48. *Gustave Doré*. Le Christ sortant du tombeau. — 47. *Ch. Doerr*. Virgile lisant l'Enéide à Auguste, chez Mécène. — 72. *H. Gervex*. Baigneuse endormie. — 1. *Abel de Pujol*. Germanicus sur le champ de bataille de Varus. — 120. *Rouget*. François Ier à la Rochelle, en 1542. — 153. *J. Jordaens* (école de). Le Marchand de gâteaux. — 54. *Pierre Dupuis*. Démasquée. — 89. *Lenoir*. Jésus guérissant un paralytique. — 139. *Eug. Villain*. Un Dessert. — 9. *Backhuisen*. Marine. — Sans n°. *Perrault*. St Jean le Précurseur. — Sans n°. *Zuber*. Les Ramasseurs de marne, à Dinard. — Sans n°. *Furcy de Lavault*. Fleurs. — Sans n°. *Desgoff Blaise*. Vases et bibelots. — Sans n°. *O. de Penne*. Chiens. — Sans n°. *Mme Diéterle Van Marck*. Vaches au pâturage. — Sans n°. *Auguin*. L'Etang de Contis (Landes). — Sans n°. *Billotte*. Sur les fortifications, à Paris. — Sans n°. *Jamain*. La Part du Brenne. — Sans n°. *Paul Bethmont*. Paysage. — Sans n°. *Laurent Desrousseaux*. La Pesée de cinq heures à la Maternité. — Sans n°. *Lenoir*. Amour au guet. — Sans n°. *Pierre Huas*. Portrait du frère Etourneau. — Sans n°. *Français*. Paysage avec figures. — Sans n°. *Pynacker*. Paysage avec animaux.

Au milieu de la salle, sculptures : Jeune fille à la fontaine et Hésitation, plâtres par *Schœnewerk* ; Ruth, par *Chappuy*.

COULOIR OU CORRIDOR. — Dessins, eaux fortes; beau dessin, par *Abel de Pujol*, de l'hémicycle (par Paul Delaroche) du palais des Beaux-Arts à Paris.

SALLE DE CHASSIRON. — Chinoiseries et curiosités exotiques. — 166. *Schnetz*. Le Vœu à la Madone. — 146. *Vincent*. Juif allemand.

De la place d'Armes (côté O.), se détache la paisible *rue Dauphine*, qui mène à la *porte Dauphine*; elle renferme à dr. l'**évêché** (Pl. 7; dans la chapelle, calice en vermeil avec lequel Richelieu célébra la messe dans l'église Sainte-Marguerite, le jour de l'entrée de Louis XIII à la Rochelle) et le **Jardin des Plantes** (Pl. 22; autre entrée au N. par la *rue Massiou*), à l'entrée duquel se trouvent les **Muséums** (ouverts au public le jeudi et le dim. de midi à 4 h., fermés en décembre, janvier et février; les étrangers peuvent les visiter en tout temps, en s'adressant au concierge) : à g. le *Muséum Fleuriau* (histoire naturelle du département), à dr. le *Muséum Lafaille* (histoire naturelle générale).

Muséum Lafaille (fondé en 1770). — **Rez-de-chaussée**. — ANTICHAMBRE : graines, fruits, champignons, bois exotiques.

1re SALLE. — Minéraux, métaux, silicates, combustibles, terres alcalines et autres, roches et produits volcaniques, aérolithes, cristallographie, le tout classé dans des vitrines et étiqueté.

2e SALLE. — Paléontologie, coquillages, plantes fossiles des terrains primaires, bois fossiles, feuilles fossiles, règne animal fossile (spongiaires), zoophytes ou rayonnés (polypes), polypiers fossiles, poissons, échinodermes pédicallés, mammifères (ossements fossiles divers), poissons fossiles, etc.

On revient dans la 1re salle, où se trouve l'escalier conduisant à l'étage.

Escalier. — Zoophytes ou animaux rayonnés, polypes à polypiers, cétacés, mammifères, pachydermes, etc.

Etage. — GRANDE SALLE DE ZOOLOGIE. — Oiseaux (échassiers), mollusques (gastéropodes), crustacés, **superbes collections de papillons et de crustacés**, acéphales, zoophytes ou animaux rayonnés, échinodermes, tortues, crocodiles, poissons, serpents, animaux divers. — Bustes en marbre de Buffon, de Cuvier et de Geoffroy Saint-Hilaire.

Muséum Fleuriau (muséum départemental fondé en 1836 par la section des sciences naturelles de l'Académie des belles-lettres, sciences et arts de la Rochelle, datant de 1732).

Rez-de-chaussée. — ANTICHAMBRE : à dr., stations des Graves, Thénac et de Chaillaud, de Thénac et Boisberneau (moustérien et chelléen); à g., stations de Peurichard, du Cormier, etc. (robenhausien). — Photographies de dolmens. — Objets de l'âge du bronze.

PETIT CABINET A G. DE L'ANTICHAMBRE : objets de l'île d'Oleron, legs du Dr Pineau, du Château. — Carte géologique du département, les îles comprises (Ré, Oleron, Aix. etc.).

Étage. — Sur le palier, nids d'oiseaux avec les œufs. — A dr., bibliothèque et salle des séances de l'Académie (on ne visite pas).

A g., GRANDE SALLE DE ZOOLOGIE. — Animaux divers, oiseaux, poissons et coquillages du départ. (seulement les animaux indigènes du départ. de la Charente-Inférieure et ceux de passage régulier ou irrégulier, mais naturel). — Énorme tortue cuir (*sphargis luth*), prise dans la rade de la Rochelle. — Bustes en bronze de Linné, Cuvier, Geoffroy Saint-Hilaire et Buffon.

2e SALLE. — Ossements fossiles (en grand nombre provenant de la caverne de Pons), ammonites, minéraux, etc. — Dans deux vitrines au centre de la salle, plan en relief de la rade de la Rochelle, par Léon Bonniot, d'après les cartes levées par l'ingénieur-hydrographe en chef Beautemps-Beaupré en 1824, et plan en relief du bassin et de la rade de la Pallice.

Au bout de l'allée centrale du Jardin des Plantes, face à l'entrée par la rue Dauphine (serre à g. de l'allée), s'élève le *buste* en bronze *du géologue Fleuriau de Bellevue*, correspondant de l'Institut (1751-1852). En arrière se trouve un coin très ombragé (au centre, pièce d'eau avec plantes aquatiques); plus haut, à g., dolmen dit **pierre levée de la Jarne**, transporté et rétabli au Jardin des Plantes, avec ses supports, le 10 sept. 1886.

Revenant sur ses pas jusqu'à la place d'Armes, on pourra prendre là, devant la cathédrale, le tram. du Mail (t. les 30 min., *l'été seulement*; 15 c.), qui, venant de la place des Petits-Bancs, y fait arrêt. On peut aussi se rendre au Mail, soit par le parc Charruyer, traversé du N. au S., soit par la *rue Saint-Jean*, la *rue de la Monnaie* et la *porte de Mer*, soit encore par la *rue des Murs* : en suivant ce dernier itinéraire, on franchit, à l'extrémité du cours des Dames, la *porte des Dames*, on laisse à g. la tour de la Chaîne et, longeant intérieurement le mur d'enceinte, on passe à côté de la *tour de la Lanterne* (Pl. 29; 1445-1476; sept étages), et, le fossé de l'enceinte franchi, on est aux **plages de la Rochelle**, étroit liseré de sable vaseux et de galets. A g., les *bains de la Concurrence*, fréquentés surtout par l'élément local et populaire, sont les seuls qui aient une plage de sable. Plus loin, on arrive au **Mail**, vaste pelouse de 600 m. de long, encadrée de quatre rangées d'ormes séculaires, et qui commence dans l'axe de la rue de la Monnaie; on y rencontre à g. les *bains Louise* (20 c.) pour dames, puis *l'hôtel des Bains et café de la Terrasse* et le **Casino du Mail** (à dr., pavillon des dames; à g., pavillon des hommes; au centre, café-glacier), qui renferme des salons de bal et de jeu, le théâtre, le cercle, les petits chevaux, buffet, etc. On s'y baigne dans des bassins cimentés. Mais ce qu'a de remarquable ce Casino du Mail, c'est son admirable **parc** aux magnifiques ombrages, aux belles pelouses, aux pins superbes, aux nombreux édicules avec bancs de repos, au bord même de la mer et offrant l'été, aux heures chaudes, à l'abri du soleil, un éblouissant spectacle sur la baie au fond de vase et aux eaux grises. A g., on voit les mâts des navires dans le port de la Rochelle, la tour de la Lanterne, qui émerge de la verdure, et la Grosse-Horloge; on a en face de soi, de l'autre côté de la baie, des champs, des bouquets d'arbres et des établissements industriels, et la baie est animée, aux heures de la marée, par l'incessant va-et-vient des navires qui entrent ou sortent. Dans les arbres se dissimule un kiosque où la musique du Casino joue t. l. j. à 5 h. (musique militaire le mardi); le concert du soir (9 h.; concert classique le vendredi) se donne dans les salons. Le parc contient encore des balançoires, des jeux pour enfants, et, à son extrémité, un lawn-tennis.

De l'autre côté du Mail, à dr., un certain nombre de villas se louent meublées, en totalité ou en partie, aux baigneurs; mais les locations sont peu nombreuses et relativement de prix élevés. L'extrémité du Mail est occupée par de très belles villas de propriétaires, avec vastes jardins; la plus belle est, au bout du Mail, au point où la route se sectionne en deux tronçons, l'un à dr., l'autre à g., le long des grilles, la *propriété Delmas* (superbe parc; parterres de fleurs; beaux ombrages).

On peut encore signaler à la Rochelle : — sur le quai Maubec, l'*église Saint-Sauveur* (Pl. 2; clocher du xv° s., décoré de statues dont celles du haut appartiennent à la Renaissance; à l'int., maître autel avec deux anges adorateurs en marbre blanc), et, à côté, l'*arsenal* (*musée d'artillerie*; belle salle d'armes longue de 76 m., large de 21 m.); — dans la rue des Augustins, le *couvent des Ursulines*, ancien monastère d'Augustins (chapelle du xvii° s.); — sur la place de la Préfecture, la *préfecture* (Pl. 12), ancien hôtel Poupet, et les *archives départementales* (Pl. 15; documents remontant au xiii° s. et provenant principalement de l'Intendance et de la Monnaie de la Rochelle, des établissements religieux supprimés en 1791, du Présidial de Saintes et de l'Amirauté de Marennes); — dans la rue de l'Escale, la *loge maçonnique* (Pl. 24), ancienne maison du médecin Venette, avec bustes de médecins célèbres; — les *fontaines du Pilori* (Pl. 38; 1722), sur la petite place du Pilori, et *de Navarre* (Pl. 37; 1670), en face du *temple protestant* (Pl. 6), ancienne chapelle des Récollets (1706); — quai Duperré, 26, un *porche* supportant une terrasse bordée d'une élégante balustrade; — rue Saint-Nicolas, 11, une maison renfermant une vaste et curieuse *cheminée* sculptée (le Sacrifice d'Abraham); — rue de la Chaîne, 7, une *maison* du xvi° s. avec porte à armoiries; — rue du Temple, une *maison* sculptée du xvi° s. (à l'angle de la rue du Palais), et (n° 49) une *maison* en bois et ardoises de 1554; — rue Eugène-Fromentin, 12, la *maison* du jurisconsulte Valin: — rue Admyrault, 24, une *maison* à tourelle qui, suivant une tradition, aurait appartenu à la famille de Beauharnais; — rue de la Bletterie, des *maisons* en bois du xv° s.; — rue des Merciers, la *maison de Jean Guiton* (Pl. 34; n° 3), plusieurs *maisons* sculptées (curieuses gargouilles) des xvi° et xvii° s., et un groupe de *maisons* en bois à porches; — place du Marché, 3, une *maison* du xv° s.; — rue du Minage, 6, une *maison* de la Renaissance, reconstruite en 1880 avec les anciens matériaux; — et, rue Mervault, 11 (cette rue s'ouvre dans la rue du Minage), une *cheminée* du commenc. du xvii° s., figurant J.-C. et la Samaritaine.

[1° **La Pallice** (à l'O.). — On se rend à la Pallice, soit par la route de terre (5 k.; omn. partant de la place d'Armes, 25 c.; voit de place, 5 fr. all. et ret.), en sortant de la Rochelle par l'avenue Carnot ou l'avenue Jean-Guiton, toutes deux tracées à travers le parc Charruyer, soit par le ch. de fer (8 k.; 80 c.; 60 c.; 40 c. de la Rochelle-Etat). — La voie ferrée a son point de départ à la gare de la Rochelle, mais extérieurement et du côté du départ; elle se détache bientôt de la ligne de Nantes, franchit le canal de Marans, emprunte le fossé des fortifications et dessert, autour de la ville, l'arrêt de la *Porte-Royale* et la halte de la *Porte-Dauphine* (de la ville, c'est à cette halte qu'il faut, *sans bagages*, venir prendre le train, par la rue Dauphine, qui part de la place d'Armes; on franchit la porte Dauphine, puis le pont sur le fossé de l'enceinte et, immédiatement au delà, à g., un escalier descend à la halte). — La voie croise la route de Nieul, passe au-dessus de celle de Laleu, et dessert les arrêts de *la Ferté* et de *Saint-Maurice* (chapelle élevée aux victimes de la guerre de 1870). — A g. se montre la mer. — Longue tranchée, puis, à g., on voit le bassin de la Pallice.

8 k. Station de *la Pallice-Rochelle* *, où descendront les touristes qui veulent visiter le port, *mais non ceux qui vont s'embarquer pour l'île de Ré* : ceux-ci resteront dans le train jusqu'à l'arrêt terminus, près de la douane, d'où l'on gagne à g. le bateau à vapeur (pas de suppl. de prix pour ce trajet). — En sortant de la gare, on prend à dr. pour longer le *bassin à flot* (11 hect. 60 ares; 700 m. de long., avec un minimum de profond. de 8 m. 50), muni de deux formes de radoub, et qui communique, par une écluse à sas large de 22 m. et longue de 235 m., avec l'*avant-port* (12 hect. 5), compris entre deux jetées, longues de 433 m. et 626 m., terminées chacune par un *phare*; un pont mobile sur le bassin permet d'atteindre celle de g. ou du S., reliée à la tête des écluses par une série de piles en maçonnerie avec tablier permettant le passage de la vague dans une chambre d'épanouissement vaste de 4 hect., et servant de brise-lames. De l'extrémité des jetées, on a une belle vue, en face, sur l'île de Ré, aux côtes plates et basses. Un peu plus haut que le pont mobile, sur la rive N. ou dr. du bassin, au point de communication de ce dernier avec l'avant-port, près d'une guérite (escalier en pierre), s'amarre le petit vapeur de l'île de Ré.

Là on a à dr. le bâtiment renfermant l'octroi et la *poste-téléphone*, en face de la douane; en passant entre ces deux bâtiments et en traversant à niveau la voie ferrée, on arrive à l'extrémité O. de l'artère principale, pour ne pas dire unique, de la Pallice, dont la population sédentaire est presque nulle (ouvriers et employés y viennent le mat. de la Rochelle et y retournent le soir); dans cette rue, large et bâtie seulement du côté g. ou N., se trouvent des guinguettes-restaurants, l'hôtel et café Continental, l'hôtel et café de l'Univers (au rez-de-chaussée, bureaux de la *Pacific Steam Navigation Company*). Quelques maisons éparpillées de ci de là complètent cette morne et nue agglomération de la Pallice, qui ne s'anime qu'au moment de l'arrivée ou du départ des navires. Sans abri contre le soleil, contre le vent et les rafales, la Pallice n'a rien de tentant et il suffit d'en visiter le port entre deux trains. On revient à la gare en descendant à dr., en tranchée, en prenant de nouveau à dr. pour traverser à niveau la voie ferrée, puis encore à dr.

De la Pallice à l'île de Ré, R. 12, *B*.

2° **Esnandes, par Nieul et Marsilly** (13 k. N.-N.-E.; voit. part., 15 fr. all. et ret.; intéressante excurs. d'une bonne demi-journée, en visitant sommairement les huîtrières de Nieul et les bouchots à moules d'Esnandes). — Sortant de la Rochelle par la porte Dauphine, on franchit les fortifications, on laisse à g., en contre-bas, la halte du ch. de fer de la Pallice, et, au Champ de Mars, on prend la route de g. — 2 k. On laisse à g. la route de (3 k.) l'*Houmeau* (huîtrières). — 4 k. A dr., *Lagord* (*église* romane).

6 k. **Nieul-sur-Mer**, 1,311 hab., à 3 k. env. du rivage de l'Océan, possède une belle *église* du XII° ou du XIII° s., renfermant la sépulture du jurisconsulte rochelais Valin, des restes du *prieuré de Sermaise* et d'un ancien *château*; à côté de ceux-ci, une maison particulière possède une jolie fontaine de la Renaissance. On ne manquera pas de visiter les **huîtrières**, réservoirs en forme de bassins murés, en pierres sèches, au-dessous du niveau de la marée haute. On y dépose les petites huîtres provenant du dragage sur les fonds où il existe des bancs de ce coquillage ou celles importées de Bretagne, et on les y conserve pendant deux ou trois ans, en ayant soin de les dévaser de temps en temps.

9 k. Marsilly (*V.* ci-dessus, Andilly-Saint-Ouen).

13 k. Esnandes (*V.* ci-dessus, Andilly-Saint-Ouen; voir l'église et les bouchots à moules). — On reviendra à la Rochelle par la route directe (11 k.), qui laisse Marsilly, Nieul et Lagord sur la dr. (O.) et passe au faubourg de *Lafont* (*asile départemental d'aliénés*, dans un domaine de 16 hect.; restes d'un *manoir* à créneaux ornementés, dont une porte est surmontée d'écussons mutilés, avec la date 1632), et l'on rentrera dans la ville par la porte Dauphine.]

De la Rochelle à Nantes et à Bordeaux, R. 2; — à Chatelaillon et à Fouras, *V.* ci-dessous; — à Poitiers, R. 5; — à Rochefort, R. 2, R. 5 et ci-dessus, *B*; — à l'île de Ré, R. 12, *A*.

DE LA ROCHELLE A CHATELAILLON ET A FOURAS

10 k. pour Chatelaillon, 26 k. pour Fouras. — Ch. de fer de l'Etat. — *Pour Fouras, on change presque toujours à Saint-Laurent-de-la-Prée.* Certains trains vont, dans la saison des bains, jusqu'à Fouras-Casino, stat. qui dessert spécialement le Casino.

COMMUNICATIONS DIRECTES DE CHATELAILLON ET DE FOURAS AVEC PARIS. — Trois express quotidiens en toute saison, un de j., avec wagon-restaurant, deux de nuit, l'un par Fontenay-le-Comte, l'autre par Niort (*V.* ci-dessus, de Paris à la Rochelle). — L'été, le train express du s. de Paris-Montparnasse à la Rochelle par Bressuire et Fontenay-le-Comte continue sur Chatelaillon et Fouras sans changement de voit.; de même, en quittant Fouras et Chatelaillon, l'été, à 5 h. et 5 h. 50 (consulter le plus récent *Indicateur*), on continue de la Rochelle (buffet; 32 min. d'arrêt pour le dîner) sur Paris sans changer de voit. Ces trains ont souvent des voit. de 1re cl. à deux compartiments séparés par un w.-c. commun et des lits-toilette. — Dans la pleine saison des bains de mer, de juillet en septembre, **train rapide hebdomadaire entre Paris, la Rochelle, Chatelaillon et Fouras et retour**, partant de Paris à 11 h. 30 du mat. et arrivant à Chatelaillon et à Fouras pour le dîner, de Fouras et de Chatelaillon entre 9 et 10 h. du mat. et arrivant à Paris vers 5 h. 20 s. (wagons-lits taurant de Paris à Niort et de Niort à Paris; détails et prix des repas ci-dessus, de Paris à la Rochelle).

BILLETS DE BAINS DE MER (all. et ret., val. 33 j., non compris le j. de la délivrance) : — **de Paris à Angoulins**; 61 fr. 80, 45 fr. 70, 32 fr. 15 *sans arrêt*; 71 fr. 35, 54 fr. 75, 36 fr. 70 *avec arrêts facultatifs sur l'Etat*; — **de Paris à Chatelaillon** : 62 fr. 35, 46 fr. 10, 32 fr. 40 *sans arrêt*; 71 fr. 95, 55 fr. 25, 37 fr. 05 *avec arrêts*; — **de Paris à Fouras** : 63 fr. 90, 46 fr. 50, 33 fr. 20 *sans arrêt*; 73 fr. 75; 55 fr. 75; 37 fr. 90 *avec arrêts*. — Pour les conditions générales, les tarifs de prolongation, etc., V. ci-dessus, de Paris à la Rochelle, A. — Abonnements mensuels délivrés du 1er juillet au 1er octobre, et partant du 1er ou du 15 du mois, délivrés à la Rochelle ou à Rochefort, sur demande libellée 5 j. à l'avance : — de la Rochelle à Chatelaillon, 27 fr. en 1re cl., 22 fr. en 2e cl.; à Fouras, 40 fr. et 31 fr.; — de Rochefort à Chatelaillon, 40 fr. et 31 fr.; à Fouras, 31 fr. et 27 fr.

Laissant à g. la ligne de Poitiers, la voie se rapproche de la mer, sur laquelle on a une vue étendue, à dr.

6 k. **Angoulins** *, 1,437 hab., à g. (*église* du xie s.), est une modeste **station de bains de mer**, séparée du rivage de l'Océan par la voie ferrée et une zone de terre couverte de tas de sel. Un certain nombre de familles, séduites par la proximité de la Rochelle (40 c. all. et ret. par le ch. de fer) et par les ombrages du **parc**, propriété communale et libre pour les baigneurs (un des hôtels est construit dans ce parc), y passent les vacances. On trouve à s'installer dans deux hôtels et dans les familles; la dépense totale n'est que d'env. 5 fr. par j. et par personne. — La voie vient border complètement la mer, jusqu'à ce qu'entre elle et le rivage s'interposent à dr. les villas de Chatelaillon.

10 k. **Chatelaillon** *, 715 hab., comm. de création récente dans laquelle est englobé et noyé l'ancien ham. de ce nom, qui avait lui-même remplacé une cité engloutie par la mer et qui se trouvait, de même que Montmeillan, entre le rivage actuel et l'île d'Aix, est une **station de bains de mer** toute flambante neuve, sortie de terre en quelques années et qui fait les délices des Rochelais, ses bâtisseurs et ses préconisateurs. Elle a une superbe plage de sable avec des horizons étendus, un casino, des hôtels, de nombreuses villas, grandes, moyennes et petites, depuis 400 fr. pour la saison (juillet à fin septembre); le ravitaillement est facile sur place même (4 bouchers, plusieurs boulangers, épiciers et charcutiers; marché t. l. j.) et les prix sont abordables (mouton de présalé 2 fr. le kilogr., veau et bœuf 1 fr. 40 à 1 fr. 80), la pêche est abondante et les nombreuses *huîtrières* fournissent l'huître à un prix dérisoire (60 c. le cent portées ouvertes à domicile). Ce sont là d'appréciables avantages; mais, par contre, l'ombrage fait défaut, le bois de pins annoncé par les affiches n'est qu'un bouquet d'arbres insuffisant, et le sable envahit tout, les quais, les rues, les chalets.

En sortant de la gare, on peut, par une courte avenue en face, se rendre directement au Casino (*V.* ci-dessous), précédé d'un bouquet de pins élancés, ou bien prendre à dr. *l'avenue Stella*, bordée de villas et du Grand hôtel Beauséjour; puis on croise le boulevard et à g. s'ouvrent des avenues neuves et encore peu bâties, bordées d'arbres plantés avec la louable intention de donner plus tard, si le vent de mer le permet, de l'ombre à ce désert sableux. On arrive ainsi à la *plage* (cabines de bains), de sable ferme avec quelques pierrailles, et au-dessus de laquelle court une superbe **digue-promenade**, surplombée par la terrasse du **Grand Casino du Parc**, qui offre une vue splendide à g. et en face sur la pointe de Fouras, le fort d'Enette, l'île d'Aix, à dr. sur Angoulins et la pointe de la Chée; quand l'horizon est clair, on voit aussi l'île d'Oleron et l'île de Ré. Le Casino a son entrée sur le **boulevard Cronstadt**, longue artère parallèle à l'avenue Stella, et dont la partie S. a d'assez beaux ombrages. En suivant le boulevard dans cette direction, on rencontre à g. une rue qui vient de la gare, et à l'angle de laquelle s'élève un petit *obélisque* (1898) à la mémoire des combattants de 1870, morts pour la Patrie. Plus loin encore sont *l'église*, le *bureau de poste* et le *marché*, au *Vieux-Chatelaillon*, englobé dans la moderne agglomération balnéaire et qui en forme l'extrémité S.

La voie longe à dr. les villas de Chatelaillon, puis l'église se montre du même côté. — 15 k. Halte de *Marouillet*, qui, d'après certains guides spéciaux, desservirait une plage et une station balnéaire dite des *Trois-Canons*; mais ce bain de mer se réduit à un cabaret fréquenté par les chasseurs au marais, et il n'y a aucune espèce d'installation pour les baigneurs. — On voit se détacher à dr. l'embranchement de Fouras.

21 k. *Saint-Laurent-de-la-Prée* (*église* du XIIe s., restaurée), à 2 k. S., est entouré de superbes prairies qui nourrissent des moutons réputés pour leur succulence.

De Saint-Laurent-de-la-Prée à Rochefort, à Saintes et Bordeaux, R. 2.

De la gare de Saint-Laurent (en venant de la Rochelle, on change presque toujours de train pour Fouras), on rebrousse pour prendre l'embranchement de Fouras. Bientôt à dr. se montrent l'anse de Fouras et l'île d'Aix. On parcourt des tranchées, puis des vignobles (à g., vue du port de Fouras) et enfin des bois taillis.

26 k. **Fouras** *, 1,989 hab., sur une longue et étroite langue de terre qui s'avance profondément dans l'Océan, face au fort d'Enette et à l'île d'Aix, entre l'anse de Fouras au N. et l'embouchure de la Charente au S., est à la fois une **station de bains de mer** et une **villégiature fréquentée**, mais surtout une villégiature, car ses plages, aussi bien du côté de l'Océan que sur la Charente, sont vaseuses, très vaseuses même, et bien que des médecins rochefortais recommandent Fouras, précisément à cause de l'action de ces vases sur les baigneurs, elles n'en constituent pas moins un spectacle fort laid et désagréablement odoriférant à marée basse. A marée haute, la vue est toute différente, mais les flots sont noirâtres, à cause de ces boues

remuées par le flux. Ce qui fait le charme particulier de Fouras, un charme très captivant et durable, puisque sa clientèle d'été lui est fidèle, c'est la multiplicité de ses petites plages toutes sans exception loties d'un bosquet de chênes verts ou de pins, ce sont ses **ombrages**, c'est l'admirable futaie du parc de son Casino, c'est son Bois-Vert avec ses villas blotties dans les arbres, fournis et touffus, offrant une voûte impénétrable au soleil. De plus, la vie y est facile et pas trop chère (hôtels de 5 à 6 fr. par j. en pension; appartements meublés dep. 150 fr., villas jusqu'à 1,500 fr. pour la saison), l'approvisionnement est complet, le Casino offre une délicieuse promenade à l'ombre et des plaisirs (théâtre, concert, bal) peu coûteux, et, pendant la saison, des excurs. en mer sont organisées dans d'excellentes conditions, pour la journée entière, avec prix global sans aléa et comprenant le voyage, le repas et le transport en voit., s'il faut embarquer ou débarquer au ret. à la pointe de l'Aiguille, où il y a toujours de l'eau.

En venant de la gare, on laisse d'abord à g. la *rue de la Poste* (*poste* et *télégraphe*), puis on croise le **boulevard des Deux-Ports**, qui relie les plages N. et S., pour prendre la *rue de la Halle* (*marché couvert*), qui débouche dans la **rue de la Plage**, l'artère vivante de Fouras, avec ses magasins, ses hôtels, le bureau du courrier de l'île d'Aix, etc.

La rue de la Plage aboutit à la *plage S.*, sur la Charente, entre le *château* (xiv° s., souvent remanié), dont la tour, haute de 19 m. et servant de tour de signaux, recouvre un cachot voûté renfermant un puits, et le *fort l'Aiguille* (1673) : c'est là que se trouve l'atterrissage sur vase et sable, protégé par un petit môle en pierre, formant le port de Fouras sur l'estuaire de la Charente. Là, on a en face de soi les côtes de la rive g. de la Charente, avec l'île Madame, et, en arrière, l'île d'Oleron. A dr. s'étend le *quai Napoléon-I*ᵉʳ, dont le nom rappelle l'embarquement de l'empereur à Fouras pour l'île d'Aix, en juillet 1815 : une pierre scellée à l'extrémité du quai commémore cet événement. On quitte au delà d'une petite place ombragée espacée en retrait, à g., le rivage dominé par la *falaise du Bois-Vert* (petite jetée) à dr. et, à g., par un ravissant petit bois, et l'on suit l'**avenue du Casino**, séparée à g., de la rive, par un épais rideau de tamaris (bancs de repos). Du même côté des chemins accèdent à la plage, au-dessus de laquelle court une balustrade en briques avec revêtement de pierre. On arrive au **Casino**, très joli et dissimulé dans une admirable **futaie de chênes verts**. Là, deux chemins s'offrent au promeneur : à g. du mur du parc du Casino, la *rue du Bois-Vert*, bordée à g. de délicieuses villas, enfouies dans les massifs de chênes verts laissant à peine filtrer la lumière du soleil, et qui ont toutes accès à la plage et ponton de pêche; à dr., la *rue du Port-Nord*, qui forme une promenade superbement ombragée jusqu'au passage à niveau du ch. de fer, à g. duquel se voit, dans l'enceinte même du parc, la halte de

Fouras-Casino (desservie l'été seulement et par certains trains; voyageurs sans bagages).

Revenant sur ses pas, on prendra à g. le *boulevard Allard*, sur la dr. duquel s'ouvre la *place Saint-Gaudence* : à l'entrée de cette place s'élève la jolie *église* moderne, de style gothique, dont le clocher, à flèche de pierre, forme porche.

On peut revenir à la rue de la Plage par la *rue de l'Eglise* ou bien, du boulevard Allard, rejoindre au N. le *boulevard de l'Océan*, bordé de villas, et à l'extrémité E. duquel, à dr., au delà de la *villa des Dunes*, le joli *bois de la Garenne* est un charmant but de promenade. Ce bois s'étend jusqu'au **sanatorium du Fouras** (l'allée qui y mène se détache à dr. du boulevard de l'Océan), fondé pour les enfants pauvres et anémiés de la ville de Rochefort (30 lits), qui y sont envoyés par séries de garçons et séries de filles de juin à septembre; ce sanatorium (on peut visiter; à l'extérieur, tronc pour les offrandes), blotti dans les arbres, en face d'un beau bosquet, est tenu par des sœurs, géré par un comité de dames patronesses, et entretenu par des libéralités privées.

Du sanatorium, on arrive à la voie ferrée, qu'on longe un instant avant de la franchir à niveau; puis le boulevard des Deux-Ports (*V.* ci-dessus) et, à g., l'*avenue Paul-Bethmont*, ramènent directement à la gare.

De Fouras à l'île d'Aix, R. 13, *A*.

ROUTE 5

DE POITIERS A LA ROCHELLE ET A ROCHEFORT

145 et 142 k. — Ch. de fer (Etat; gare commune, à Poitiers, avec l'Orléans; les lignes de l'Etat sont au fond de la gare, à g.); traj. en 4 h. à 5 h. 20; 14 fr. 80, 10 fr. 95 et 7 fr. 15 pour la Rochelle; 14 fr. 45, 10 fr. 75 et 7 fr. pour Rochefort. — Se placer à g. jusqu'à Saint-Maixent. — N. B. *Le train se scinde à Aigrefeuille-le-Thou en deux tronçons, dont l'un va sur la Rochelle, l'autre sur Rochefort; selon que l'on se dirige sur l'une ou l'autre de ces destinations, il faut avoir soin, pour ne pas changer de route, de prendre place, à Poitiers, dans les voit. portant l'écriteau la Rochelle ou l'écriteau Rochefort*. — Excellent buffet à Niort. — Points d'arrêt recommandés aux touristes : Lusignan (pour Sanxay; archéologues seulement), Saint-Maixent (église; archéologues) et Niort. — Billets de bains de mer, val. 33 j., pour la Rochelle, délivrés de la veille des Rameaux au 31 octobre (dem. tarifs aux gares de l'Etat.)

La voie, empruntant, jusqu'à Saint-Benoît, la ligne de Bordeaux, passe au pied (à g.) des anciennes murailles de Poitiers, pénètre dans un tunnel de 300 m., franchit le Clain (belle vue de Poitiers) et serpente dans une région boisée de taillis de chênes verts et de sapins alternant avec des prairies. On passe sous le viaduc de la ligne de Gençay et Saint-Martin-Lars.

5 k. **Saint-Benoit** (R. 1, A). — Laissant à g. la ligne de Bordeaux, on franchit le Clain, pour s'élever sur un plateau cultivé. — 10 k. *Virolet* (arrêt).

19 k. *Coulombiers*.

[Route de voit. pour (9 k. N.) *Montreuil-Bonnin* (*église* du XIe s.; ruines d'un **château** avec donjon cylindrique attribué à Richard Cœur-de-Lion, et remanié au XVe s.: sur l'enceinte de hautes murailles flanquées de six tours, inscription hébraïque de 1238).]

La voie suit un joli vallon de prairies entre haies, avec des bouquets de bois, puis franchit le **viaduc de la Vonne**, haut de 31 m., long de 430 m., avec 22 arches (à g., belle vue sur Lusignan et son église).

27 k. **Lusignan** *, ch.-l. de c. de 2,139 hab., berceau de l'illustre famille qui, de 1192 à 1475, donna des rois à Chypre et à Jérusalem, est pittoresquement bâti, partie dans la vallée de la Vonne (belle source de la *Font-de-Cé*), partie sur une colline qui domine une boucle de la rivière. Cette bourgade a, du chemin de fer, un aspect séduisant que ne justifie guère son intérieur. La montée de la gare amène à l'**église** (croisillon N. du XIe s., portail principal ou S. et porche le reliant à l'église du XVe s.), dont l'abside centrale repose sur une crypte, puis à une promenade établie sur l'emplacement du château féodal, importante forteresse bâtie au XIe s., prise et reprise durant les guerres de religion, démantelée, et dont la dernière tour, dite de Mélusine, rappelant la légende de la fée de ce nom, fut démolie en 1622; il ne reste de ce château que quelques débris encastrés dans des maisons.

[**Sanxay** (15 k. N.-O.; voit. publ., 45 c., 85 c. all. et ret.). — De la gare de Lusignan, la route traverse la voie ferrée et remonte la vallée de la Vonne (frais paysages). — 6 k. *Jazeneuil*, 1,134 hab. (*église* du XIe s.; fontaine de Saint-Macou, but de pèlerinage; *établissement romain*, découvert par le P. de la Croix). — On laisse à dr. le *château de Curzay*.

15 k. *Sanxay* *, 1,386 hab., dans une boucle de la Vonne, est le point de départ pour visiter les célèbres **ruines romaines d'Herbord**, mises au jour, de 1881 à 1882, par le P. Camille de la Croix, et qui, outre qu'elles ont donné lieu à de nombreuses controverses archéologiques, ont eu le privilège d'attirer à Sanxay des flots de visiteurs; malheureusement ces ruines, insuffisamment protégées, sont en piètre état, à l'exception du théâtre, et ne valent pas, si ce n'est pour les savants, la course de Lusignan à Sanxay; elles se trouvent, du reste, beaucoup plus rapprochées (5 k.) de la stat. de Ménigoute (V. R. 1, B) de la ligne de Saint-Maixent à Parthenay. — Pour s'y rendre de Sanxay (dem. le guide à l'auberge), on franchit la Vonne et l'on va d'abord, par des chemins creux bordés de haies, jusqu'à un ham. d'où un chemin rocailleux en descente, succédant à une montée, amène à la Vonne, que l'on franchit de nouveau; au delà de la passerelle, un sentier conduit à une porte munie d'un cadenas (20 à 25 min. de Sanxay): c'est l'entrée des ruines, lieu de réunion selon les uns, emplacement d'une ville incendiée selon d'autres, et qui couvrent 16 hect. On y voit les restes délités et tombant en poussière d'un *temple* (76 m. de long.),

de *thermes* (114 m.) et, sur l'autre rive ou rive dr. de la Vonne, ceux, mieux conservés, d'un **théâtre** adossé à un coteau et dont le grand axe mesure 90 m., la façade 84 m. 80; on croit qu'il pouvait contenir au moins 8,000 spectateurs.]

La voie s'élève jusqu'à son point culminant (160 m. 50). — 33 k. *Rouillé*, 2,683 hab. — Aux approches de Pamproux, vue très étendue à g. — 40 k. *Pamproux*, 2,041 hab. — La voie domine à g. le charmant vallon du Pamproux.

47 k. **La Mothe-Saint-Héraye** *, à 3 k. 5 à g. (omn., 30 c.), prospère ch.-l. de c. de 2,346 hab., sur la Sèvre-Niortaise, doit son origine à un monastère fondé au vi^e s. par St Héraye, ancien ministre du roi Théodebert. Joyeuse y surprit et massacra les protestants en 1587. La population du bourg et des environs, très accueillante, garde les coutumes et traditions locales; les femmes, très accortes, portent avec grâce le costume régional. Cette population est très cultivée; un essai de décentralisation dramatique à la Mothe-Saint-Héraye, avec auteur et interprètes de la localité, a défrayé la presse dans l'été de 1898. — *Église* du xve s. — Orangerie, seul reste du château, rebâti sous Louis XIII, et qui sert de caserne. — Foires importantes et grand commerce d'œufs, de moutons, de bœufs et de mules.

La voie longe à g. la vallée de la Sèvre-Niortaise. Bientôt, la rivière franchie, se montre à dr., dans les arbres, Saint-Maixent, avec l'élégante flèche de son église.

55 k. **Saint-Maixent** *, V. de 5,370 hab. ch.-l. de 2 c., sur la Sèvre, doit sa notoriété à son *école d'infanterie*, installée dans son ancien château, et à son **église**, un instant cathédrale (Saint-Maixent devint, en 1790, le siège de l'évêché constitutionnel des Deux-Sèvres). Cette église, le plus bel édifice religieux du dép. et l'un des plus remarquables de tout le Poitou, fut commencée par la nef au xiie s., après la ruine totale de l'abbaye, continuée par le chœur, complétée et remaniée au xve s., et ruinée par les protestants en 1562 et en 1568. Les Bénédictins la rétablirent dans le style gothique au xviie s. (consécration le 3 août 1682). Le porche carré qui s'avance au milieu de la façade principale est surmonté d'un somptueux **clocher** du xve s., réparé au xviie s., avec arcatures, moulures flamboyantes et statues. La nef est d'une grande hardiesse; les murs remontent au xiie s.; les piliers et les voûtes (bases et chapiteaux manquant de pureté) appartiennent à la restauration du xviie s. Les murs terminaux du transsept sont du xiiie et du xive s.; à dr., on remarque des motifs d'architecture encastrés comme souvenirs des anciennes constructions (porte de la Renaissance, riche arcade du xve s., fenêtres très ornées du xiie s.); à g. s'ouvre une petite rose. Le chœur, abstraction faite des travaux des xve et xviie s., est une œuvre de style angevin très pur. Le mur droit qui forme le chevet présente une arcature à jour, surmontée d'une grande rose encadrée par un formeret en plein cintre (xiiie s.). Le sanctuaire est entouré de trois côtés d'une clôture

de la Renaissance, basse et à jour, qui laisse voir (entrée derrière le sanctuaire) l'ancienne **crypte**, où il ne reste de roman que huit belles colonnes formant rotonde. Dans la rotonde sont renfermés les sarcophages primitifs, avec inscriptions, de St Maixent et de St Léger, qui furent violés par les huguenots au XVIe s.

A l'int., on remarque : l'*autel* principal (XVIIe s.); — contre le mur en bas de la nef, les *boiseries* sculptées du XVIIe s., appliquées de nos jours; — dans le bas côté dr., un *confessionnal* du XVIIe s., une *porte* sculptée en pierre, du XVe s., et une porte en bois du XVIIe s.

De l'ancienne *église Saint-Léger*, reconstruite pour le culte protestant, il reste une crypte du VIIe ou du VIIIe s., retrouvée en 1875. — Sur le champ de foire s'élève la *statue* en bronze, par Baujaud, *du colonel Denfert-Rochereau* (1823-1878), l'héroïque défenseur de Belfort, né à Saint-Maixent.

[De **Saint-Maixent à Parthenay** (43 k.; ch. de fer de la Cie française des voies ferrées économiques, en 2 h. 40; 3 fr. 40 et 2 fr. 25; pas de 3e cl.). — Les trains partent de la gare de Saint-Maixent-Etat, puis desservent l'arrêt de *Saint-Maixent-Ville*. — 12 k. *Fomperron* (restes de l'abbaye des Châtelliers, V. Ménigoute, p. 36). — 18 k. Ménigoute (*V.* p. 36). — 25 k. de Ménigoute à Parthenay-Etat (*V.* p. 35 et 36).
43 k. Parthenay (R. 1, *B*).]

La voie pénètre dans une tranchée rocheuse, au sortir de laquelle on a à dr. une jolie vue, puis passe dans un vallon boisé. Entre les tranchées qui se succèdent, on a de belles échappées sur ce vallon, surtout à dr. — 61 k. Halte de *Sainte-Néomaye* (à g.), au-dessus d'un joli vallon rempli d'arbres (à dr.). — L'horizon s'élargit et le paysage devient quelconque, aux abords de la Crèche. — 64 k. *La Crèche*, à dr. (*église*, bâtie par Segrétain, avec beau clocher, style du XIIe s.). On franchit la vallée des Cletz sur un *viaduc* de 11 arches, haut de 20 m. (belle vue à dr.), puis la voie se déroule sur un terrain plat et, après l'arrêt de (71 k.) *Arthenay*, descend en tranchée pour déboucher sur un large mais morne horizon de cultures.

78 k. Niort (R. 1, *B*). — 49 k. de Niort à (127 k.) Aigrefeuille-le-Thou, et (18 k.) de là à la Rochelle ou (15 k.) à Rochefort (*V.* R. 4, *B*).

145 k. La Rochelle (R. 4). — 142 k. Rochefort (R. 2).

ROUTE 6

DE PARIS A ROYAN

A. Par Chartres et Saumur.

563 k. — Chemins de fer de l'Etat (gare Montparnasse). — Traj. (service d'été) en 10 h. 44 par l'express de nuit, en 10 h. 50 par l'express de jour et en 8 h. 18 par le **rapide** qui est mis en marche 3 fois par sem. dans

les deux sens dans la saison des bains de mer (première quinzaine de juillet à fin septembre ; consulter l'*Indicateur*), ne prenant des voyageurs que de Paris pour Royan et de Royan pour Paris (sauf quand il y a des places disponibles au passage du train à Chartres, Thouars et Niort) ; tous ces trains, rapides et express, ont des voit. des 3 classes (pour les rapides, il est bon de retenir ses places d'avance à la gare Montparnasse, à Paris, ou à la gare de Royan). — Prix : 54 fr. 85 en 1re cl. ; 40 fr. 30 en 2e cl. ; 27 fr. 20 en 3e cl. ; **billets de bains de mer**, délivrés du samedi, veille des Rameaux, au 31 octobre, et val. 33 j., non compris le j. de la délivrance, avec faculté de prolongation de 20, 40 ou 60 j. (10 p. 100 de suppl. pour chaque période de 20 j.) : 1° *billets ne donnant pas le droit de s'arrêter aux gares intermédiaires* : 71 fr. 30, 52 fr. 40, 38 fr. 10 all. et ret. ; 2° *billets donnant le droit de s'arrêter aux gares intermédiaires sur le réseau de l'Etat, c'est-à-dire entre Chartres et Royan, si l'on passe par toute voie Etat, entre Tours et Royan, si l'on passe par l'Orléans* : 80 fr. 65, 61 fr. 20, 43 fr. 50 all. et ret. Tous les billets de bains de mer donnant le droit de passer soit par l'Etat seulement, *via* Chartres et Saumur ou *via* Chartres et Chinon, soit par l'Orléans et l'Etat (dans ce dernier cas, le changement de réseau s'effectue à Tours, et il faut s'y faire transporter de la gare d'un réseau à celle de l'autre réseau), à l'aller comme au retour. — Pour les arrêts en cours de route, V. l'**avis important** en tête de la R. 1, *B*. — Des billets de bains de mer avec les mêmes réductions proportionnelles sont délivrés de toute gare Etat pour Royan, avec faculté d'arrêt aux gares intermédiaires. — Pour le billet circulaire du littoral de l'Océan, comprenant Royan dans son itinéraire, V. en tête de la R. 21, *A*.

BUFFETS. — Aux gares de Chartres, Courtalain-Saint-Pellerin, Château-du-Loir, Saumur (Orléans), Montreuil-Bellay, Thouars, Parthenay, Niort, Saintes, Beillant et Pons.

WAGONS-RESTAURANTS. — Entre Paris et Royan l'été, entre Paris et Pons seulement pendant le service d'hiver, au train express quotidien du mat. ; entre Paris et Royan, pendant la saison des bains de mer, au rapide tri-hebdomadaire. — Entre Saintes et Paris toute l'année, au train express partant de Royan le mat. ; entre Royan et Paris pendant la saison des bains de mer, au rapide tri-hebdomadaire. — Prix des repas : déj. 3 fr. 50 et dîn. 4 fr., vin compris ; repas à 2 fr. composé de un plat de viande avec légumes, fromage ou fruit de saison, 30 centilitres de vin, pain à discrétion. — Les voyageurs de toutes classes sont admis sans suppl. pour la durée des repas.

WAGONS-LITS. — L'été, entre Paris et Royan et entre Royan et Paris, l'hiver entre Paris et Pons ou *vice versa*, aux express du s. ; suppl., 20 fr.

VOITURES DIRECTES. — Des 3 classes, l'été, aux express du mat. et du s. et au rapide tri-hebdomadaire des bains de mer ; l'hiver, il faut changer à Saintes ou à Pons (il est préférable de changer à Saintes dans le sens Paris-Royan, à Pons dans le sens Royan-Paris). — L'express du s. a une grande voit. à couloir de 1re cl., une de 2e cl. et une de 3e cl., qui accomplissent, l'été, le traj. Paris-Royan et Royan-Paris ; l'hiver, il faut quitter les voit. à couloir à Saintes ou à Pons.

BAGAGES. — En s'adressant au moins 12 h. à l'avance au correspondant des chemins de fer de l'Etat, 103, rue Gambetta, à Royan, on trouvera à l'arrivée du train un omnibus à 4 pl. ou à 6 pl., tarifé comme suit pour Royan (Pontaillac compris) : — omn. à 4 pl., avec 120 kilogr. de bagages, 4 fr. 50 ; — omn. à 6 pl., avec 180 kilogr. de bagages, 5 fr. 50 ; excédents de bagages, 10 c. par 10 kilogr. — Un service d'enlèvement et de livraison des bagages à domicile fonctionne toute l'année à Royan (s'adr. à l'agent de service à la gare ou au bureau des omn., 103, rue

Gambetta); tarif : 50 c. par colis, avec minimum de perception de 1 fr. — Dans la saison, on trouve à l'arrivée des trains les omn. des hôtels de Royan, de Pontaillac et de Saint-Georges-de-Didonne.

516 k. de Paris à **Pons** (*V. R. 1, B*). — La voie, laissant à g. la ligne de Bordeaux, franchit la Seugne et court à l'O. dans une plaine de cultures, agrémentée de bouquets de bois. — **523 k.** *Jazennes-Tauzac*.

528 k. Gémozac, ch.-l. de c. de 2,506 hab. (en face de la gare de l'État, gare des ch. de fer économiques, lignes de Saintes à Port-Maubert, Mortagne-sur-Gironde, etc.).

De Gémozac à Saintes, à Port-Maubert, au Pas-d'Ozelle, à Jonzac, à Touvent et à Mortagne-sur-Gironde, R. 1, *B*, Saintes.

On croise les voies des ch. de fer économiques des Charentes. — On franchit la Seudre. — **535 k.** *Saint-André-de-Lidon*, 1,184 hab. C'est entre cette stat. et Cozes que le paysage est le plus varié (boqueteaux et vignes). — **542 k.** *Cozes*, ch.-l. de c. de 1,600 hab. — La voie court au N.-O., à travers les cultures. — **547 k.** *La Traverserie*.

554 k. Saujon*, ch.-l. de c. de 3,222 hab., sur la Seudre, est séparé de la mer au S. par une colline, des bois et des terres cultivées. Cette situation, favorable au point de vue de la pureté de l'air, qui est tonique sans être excitant, y a amené la création d'une **station hydrothérapique** des plus importantes de France (omn. à t. les trains pour l'établissement, 30 c.; bagages, 20 c. par colis).

De la gare (la ville en est éloignée de 15 min.), la longue *avenue Gambetta* aboutit à la *place Denfert-Rochereau* (à g., *mairie* et bureau de *poste* et de *télégraphe*). On franchit la Seudre avec la non moins longue *rue Carnot* et l'on trouve, dans la *rue de Saintonge*, l'**établissement hydrothérapique**, installé conformément aux exigences de la science et du confort modernes, et entouré d'hôtels, de pensions de famille, de villas, de chalets divisés en appartements meublés, ce qui permet d'isoler les malades sans les interner.

[A 8 k. env. E.-N.-E., par une route qui contourne les restes d'un camp romain bien conservé (le *camp de César*), la **Pile** ou **tour de Pire-Longe**, de construction romaine et d'une haut. totale de 22 m. env., est un massif de maçonnerie, dont la base carrée a 6 m. env. de larg. sur chaque face. Cette espèce de piédestal est revêtu d'un parement de moellons et surmonté d'un cône formé de sept assises de grosses pierres. Cette pyramide paraît avoir été un trophée militaire, un mausolée ou un monument itinéraire dédié à Mercure. — A 8 k. N.-N.-E., *Sablonceau* mérite une visite pour son *église* à plusieurs coupoles du XIIe s. (beau clocher du XIVe s.) et pour les autres restes de son **abbaye** bénédictine, auj. propriété particulière.

De Saujon à la Tremblade (Ronce-les-Bains) et à la Grève (24 k.; ch. de fer de l'État en 1 h.-1 h. 25; prix de Paris à la Tremblade : 57 fr. 10, 41 fr. 95, 27 fr. 85; **billets de bains de mer**, all. et ret., *sans arrêt* : 74 fr. 25, 54 fr. 20, 39 fr.; *avec arrêts facultatifs* : 83 fr. 80, 63 fr. 30, 44 fr. 55; le ret. peut s'effectuer par Marennes et Cabariot, à charge par les voyageurs d'assurer à leurs frais leur transport entre la Tremblade et Marennes; pour la durée de validité et les conditions générales, V. ci-dessus, en tête de la R.). — La voie, laissant à g. la ligne de Royan, court au N.-O. à peu de distance de la Seudre élargie et sensible à la marée, à travers la **péninsule d'Arvert**, menacée d'envahissement par les dunes jusqu'à leur fixation au moyen des plantations de la forêt domaniale de la Coubre (*V.* Royan, 2°). La ligne est tracée dans une plaine cultivée (vignobles); au loin, à dr., miroitent la Seudre et les marais salants. Très morne de ce côté, le paysage est égayé à g. par des bouquets de bois. — 6 k. *Foutbedeau*, stat. desservant (2 k. 5 à dr.) l'*Equille* (*église et château* ruiné du XII° s.), petit port sur la Seudre, et (2 k. 5 à g.) *Saint-Sulpice-de-Royan* (*église* du XII° s.). — 9 k. *Mornac-Breuillet*, stat. qui dessert (à dr.) *Mornac* (*église* romane), et (3 k. S.-S.-O.) *Breuillet* (au *château de la Roche*, deux belles cheminées sculptées), où l'on trouve une quantité de sectes religieuses, salutistes, adventistes du septième jour, etc. — 14 k. *Chaillevette*, 1,089 hab. — On longe à g. le *château fort de Beauregard*. — 16 k. *Etaules*, 1,098 hab., à g. — Des deux côtés de la voie s'étend une jolie campagne, avec vignes et arbres fruitiers. — 17 k. *Arvert-Avallon* (à dr., ham. d'*Avallon*; à g., *Arvert*, 2,485 hab., dont les filles ont une réputation de beauté méritée; son *église* a conservé des restes romans). — A dr. reprend la morne plaine; on voit des moulins à vent et, à l'horizon, se dresse le haut clocher de Marennes.

22 k. **La Tremblade** *, ch.-l. de c. de 3,647 hab., sur le *chenal de l'Atelier*, possède des **parcs aux huîtres** très importants. Les Trembladaises, brunes piquantes, travaillent l'été aux parcs et émigrent l'hiver dans les grandes villes, Paris, Bordeaux, Toulouse, Montpellier, etc., pour y vendre les huîtres; la plupart des écaillères des grands restaurants viennent de cette ville et de la région environnante.

De la gare, on suit la *rue Foran* (*hôtel de France*), sur laquelle s'ouvre à dr. la *place du Temple*, bien ombragée, avec le *temple protestant* au fond. Laissant à g. la *Grande-Rue* (à g., *marché*) on prend à dr. la *place Gambetta*, ornée, sur le côté g., d'un arbre de la liberté. A côté s'ouvre la longue *rue des Bains*, qui commence la route de Ronce.

[DE LA TREMBLADE A RONCE-LES-BAINS (4 k. N.-O; route de voit. desservie, du 1er juillet au 30 sept., par un omn. en corresp. avec le ch. de fer; 25 c.). — La route traverse une plaine de vignobles, passe ensuite entre les dunes boisées de la forêt domaniale de la Coubre, et, bordée de clairières en vignes, très battue du soleil dans sa dernière partie, aboutit (4 k.) à l'*hôtel du Grand-Chalet* et à la descente de la **plage de Ronce-les-Bains**, vaste, sableuse, plane, sans danger pour les enfants, et d'où la vue est très caractéristique, en face sur l'île d'Oléron, dont on aperçoit la côte N. avec Saint-Trojan et la toiture rouge du sanatorium, à dr. sur l'estuaire de la Seudre. Le long de cette plage, partie sur la dune même, partie en arrière, dans les pins de l'immense massif forestier, sont construits une grande quantité de chalets et de villas, qui se louent meublés dep. 150 à 200 fr. par mois, 400 fr. minimum pour la saison des bains. Pendant cette saison, l'approvisionnement est assuré par les fournisseurs de la Tremblade, où il y a marché t. l. j.; de plus, un petit marché se tient à la plage même, des bouchers et des épiciers viennent s'y installer l'été et les pêcheurs vont de porte en porte offrir le poisson. La messe est dite t. les dimanches, de juillet à fin septembre, à la *chapelle* de Ronce. — En suivant à g. (O.) la lisière de la forêt, on peut gagner à pied, en 30 à 35 min. (ne pas s'aventurer à travers la plage, à cause des endroits vaseux), le Galon-d'Or (*V.* Royan, 3°), terminus du tramway forestier de la Grande-Côte.]

De la stat. de la Tremblade, la voie longe à dr. le chenal de l'Atelier. 24 k. *La Grève*, terminus, au bord de la Seudre, de la voie ferrée. De là un bac à vapeur (gratuit) transporte les voyageurs sur la rive dr., à la *Cayenne-de-Seudre*, d'où part un omn. de corresp. pour (5 k. de la Grève ; 50 c.) Marennes (R. 14, A).]

La voie, laissant se détacher à dr. la ligne de la Tremblade-la Grève, court au S.-O. — 558 k. *Médis* (*église* du xiie s., avec façade délicatement sculptée).

563 k. Royan (*V.* ci-après).

B. Par Tours.

554 k. — Chemins de fer d'Orléans de Paris à Tours (dép. de Paris, gare d'Orléans, quai d'Austerlitz) et de l'Etat de Tours à Royan (*on change de train et de gare à Tours, où la gare de l'Etat est près de celle de l'Orléans*). — Traj. en 12 h. 14 à 16 h. 46. — Prix : 54 fr. 95 ; 40 fr. 40 ; 27 fr. 30 ; all. et ret., val. 8 j., 82 fr. 40, 64 fr. 60, 43 fr. 60 (les billets d'all. et ret. sont valables, au ret., soit par l'Etat *viâ* Chartres, soit par l'Orléans *viâ* Tours). — Pour les billets de bains de mer, val. soit par l'Etat, soit par l'Orléans. *V.* ci-dessus, *A*.

234 k. de Paris à Tours et 92 k. de Tours à (326 k.) Moncontour (*V.* le guide *la Loire*). — 228 k. de Moncontour à Royan, par Airvault-Gare (*V.* R. 1, *B*, et ci-dessus, *A*).

554 k. Royan.

ROYAN ET SES PLAGES

Royan*, ch.-l. de c., V. de 8,287 hab., est la **station de bains de mer la plus fréquentée** (200,000 baigneurs en 1898) du littoral de l'Océan, entre la Loire et la Gironde. La fortune rapide, la vogue toujours croissante de Royan sont dues à des causes multiples : à l'admirable situation de la ville à l'embouchure de la Gironde, à la fois sur le fleuve, dont le vaste estuaire est animé par le va-et-vient incessant des navires, et sur l'Océan ; **au nombre et à la variété de ses plages**, car, depuis que le tramway Decauville les relie rapidement et économiquement entre elles, les plages depuis Saint-Georges-de-Didonne jusqu'à la Grande-Côte ne forment qu'un ensemble balnéaire, dont Royan est le cœur et le centre ; enfin à l'admirable ceinture forestière qui enveloppe cette réunion de plages de superbes futaies dans lesquelles se dissimulent chalets et villas, et dont les ombrages descendent jusqu'au rivage maritime.

Il serait injuste d'oublier la part prise par les chemins de fer de l'Etat à cet essor : Royan est, dans la saison, à 8 h. de Paris par le rapide tri-hebdomadaire, qui compte des voit. des 3 classes, à 2 h. de Bordeaux, et ce bain de mer, au début exclusivement bordelais et régional, est devenu parisien et cosmopolite, et un rendez-vous estival des hautes élégances.

Il y a bien quelques ombres à ce riant tableau : Royan devient trop aggloméré, trop compact, trop ville, ses artères sont, l'été, d'une blancheur et d'une pulvérulence désagréables : du 15 juillet aux premiers jours de septembre, c'est une auberge trop

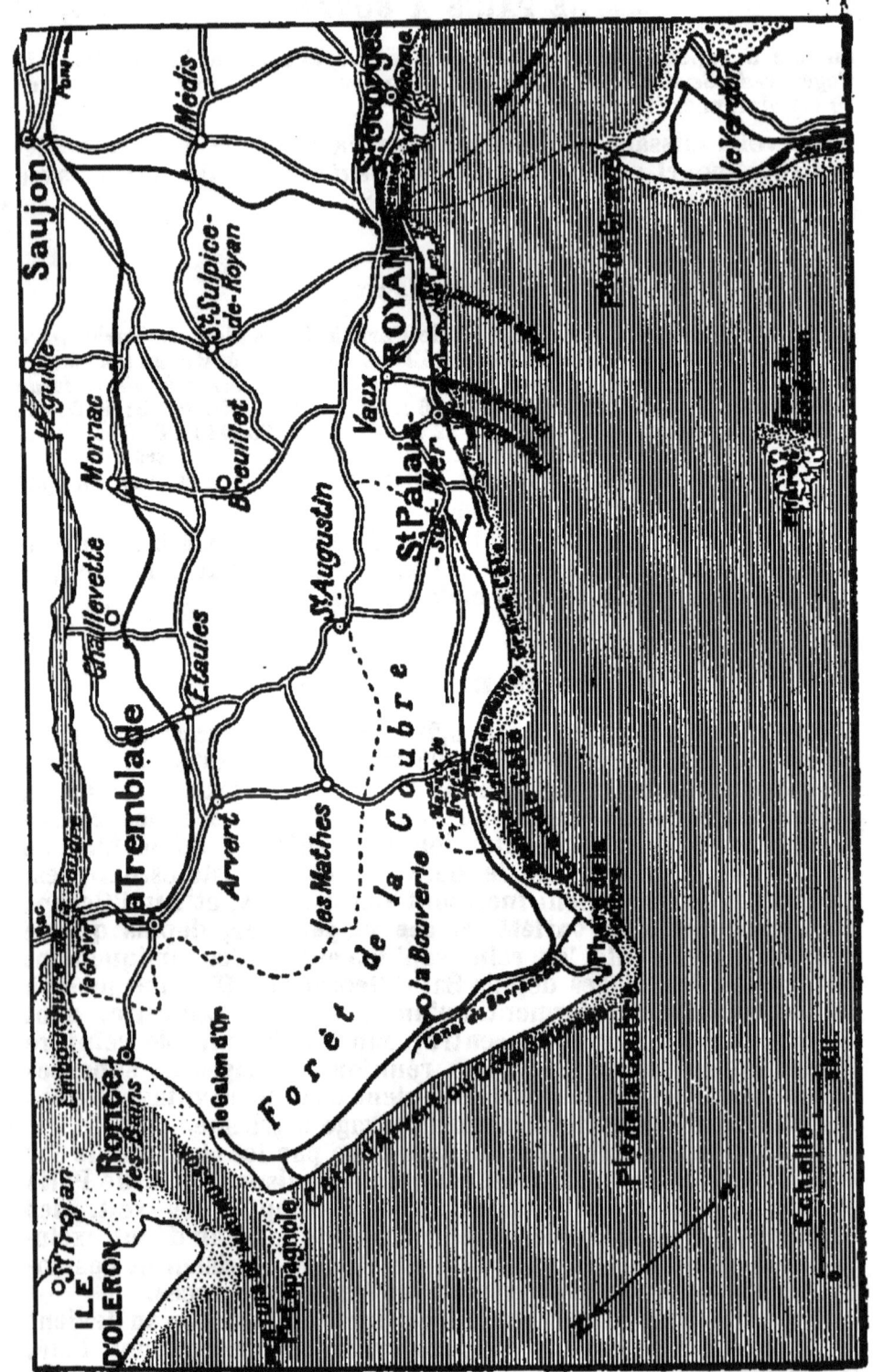

PLAGES DE ROYAN

pleine, une folle guinguette, et, le dimanche, quand les bateaux de la C¹ᵉ Gironde-Garonne et les trains de plaisir du Médoc déversent par milliers sur ses plages le populaire bordelais, la situation est intenable pour les baigneurs qui cherchent le repos.

Royan ne possédant pas de monuments, la ville ne retiendra guère les touristes. Il suffit d'une demi-journée pour voir ses principales artères, son parc et ses plages, celle de Pontaillac comprise. Une autre demi-journée sera agréablement remplie par l'excurs. en tramway à la Grande-Côte avec arrêt au Bureau.

Les excursions par le tramway forestier de la Coubre au phare de la Coubre et au Galon-d'Or, celle de Soulac par le bateau de la pointe de Grave et le tramway des Épis ont chacune leur charme particulier; c'est cependant à celle de Soulac que nous donnerions la préférence, si nous n'avions qu'une seconde journée à consacrer à Royan.

RENSEIGNEMENTS DE SÉJOUR. — BAINS DE MER. — Les plages de Royan sont toutes de sable fin : c'est d'abord, à l'E., la *Grande-Conche*, dont l'eau, mélange d'eau de Gironde et d'eau de mer, est douce, onctueuse, et convient aux enfants, aux personnes délicates ou affaiblies, à celles qui craignent le coup de fouet de la vague sur le système nerveux. Malgré sa beauté et son étendue, sa proximité du Parc, elle n'est pas la plage fashionable de Royan. Le monde élégant, dédaignant aussi bien les petites *conches de Foncillon, du Chay, du Pigeonnier et de Robinson*, qui ont pourtant leur clientèle de fidèles, se baigne sur la **conche de Pontaillac**, magnifique, très abritée et où l'influence de l'Océan se fait directement sentir; c'est là que le tout Royan de la saison se montre l'après-midi, entre 4 et 6 h.

Les plages suburbaines sont tout à fait simples et familiales : à Saint-Georges d'une part, à Nauzan et au Bureau d'autre part, on se rencontre entre habitués et sans apparat. La plage de la Grande-Côte est un but de promenade et non de baignade; les vagues y sont très fortes et d'une rare violence.

INSTALLATIONS. — On trouve à Royan et aux alentours des hôtels, des chalets, des appartements meublés pour toutes les bourses et pour tous les goûts. La ville de Royan a un grand nombre d'hôtels de tout rang; il faut compter sur une dépense de 15 à 20 fr. par j., selon l'époque, dans les maisons de premier ordre de Royan et de Pontaillac, de 9 à 12 fr. dans les autres. Les hôtels sont d'une grande propreté, mais les menus sont presque partout plus abondants que recherchés. A Saint-Georges et au Bureau, on s'installe à l'hôtel, pour un séjour de quelque durée, au tarif de 7 à 8 fr. par j., tout compris.

Innombrables sont les villas, les chalets, les maisons qui se louent en meublé, et très variables sont les prix, selon le plus ou moins de luxe de l'installation, selon la saison, et aussi selon la situation. Les villas en forêt au Parc, à Pontaillac, les appartements donnant sur la mer se louent cher, surtout au mois d'août. On peut dire qu'en moyenne une chambre à un lit se loue 2 fr. par j. en juin, 3 fr. en juillet et 5 fr. en août, dans la ville proprement dite. En septembre, si on laisse passer les cinq ou six premiers jours du mois, on aura à très bon marché les villas et les appartements disponibles.

Ce n'est pas qu'il n'y ait dans Royan même de locations pour les bourses moyennes et même pour les petites bourses. Du côté de la gare, dans le quartier de la rue des Sables et de la rue de la Tremblade, on trouve des maisons meublées depuis 400 fr. ou 500 fr. pour la saison. A Saint-Georges-de-Didonne, à Nauzan, au Bureau, les prix sont naturellement un peu moins élevés, mais les frais de déplacement les ramènent presque au taux de ceux de Royan. En résumé, on peut établir que les locations sont chères au Parc et à Pontaillac, moyennes ailleurs dans la grande saison, du 15 juillet au 8 ou 10 septembre, très abordables partout en dehors de cette époque.

Approvisionnements. — L'approvisionnement de Royan est des plus complets; au marché, qui se tient t. l. j. (grand marché le jeudi et le dimanche), on trouve de tout, viande, volaille, charcuterie, poisson, beurre, légumes et fruits en abondance. Les environs de Royan produisent des légumes et des fruits à profusion et il n'est pas rare que les petits pois se vendent un sou la livre, les cerises deux sous au mois de juin. Naturellement, vienne, en août, la foule des baigneurs, les prix renchérissent notablement. Tout mis en balance, la vie à Royan est, du 15 juillet au commencement de septembre, aussi chère qu'à Paris, 20 à 25 0/0 meilleur marché en dehors de cette période.

Le vin du pays est excellent et pas cher. Les plages de Saint-Georges et du Bureau ont, de même que Royan et Pontaillac, des fournisseurs qui passent à domicile; mais il y a, pour une famille, sérieux avantage à venir, par le tramway Decauville, s'approvisionner au marché de Royan.

Distractions. — Royan n'a rien à envier aux stations balnéaires les plus fashionables sous le rapport des distractions. Il possède deux Casinos, tous deux superbes, et pourvus de tout le confort des plus modernes établissements du genre : le *Casino de Foncillon*, le plus ancien en date et le plus aristocratique, le plus fermé, et le *Grand Casino Municipal*, inauguré en 1898, et, où l'on se montre moins sévère, où la société est plus mêlée. Le premier est le rendez-vous de la haute société, le second celui du monde qui s'amuse, et le décorum le plus parfait règne dans tous les deux. Il suffit de dire que les deux Casinos sont affermés, à partir de 1899, et pour 20 ans, à une société dont les gérants sont M. Debruyère, directeur du théâtre de la Gaîté à Paris, et M. Hédin, ancien directeur du Casino de Trouville, pour convaincre les baigneurs de Royan que leurs plaisirs sont en excellentes mains, que spectacles, concerts, mise en scène, interprètes, rien ne laissera à désirer. — Mentionnons, dans ce chapitre des distractions, les *courses* (hippodrome sur la Grande-Conche) et les *régates* annuelles, le *tir aux pigeons* (sur la falaise, près du Chay), le *vélodrome* (près du Jardin du Parc), et ne faisons qu'effleurer en les citant en bloc les nombreux *cafés-concerts*, les uns dans des salles *ad hoc*, les autres en plein air, qui s'installent à Royan dans la saison des bains de mer.

Eau. — Royan est, depuis 1898, abondamment pourvu d'eau potable, grâce à l'adduction des sources de Pompierre.

Eclairage. — Royan est éclairé par le gaz et par l'électricité.

Royan se partage en trois quartiers principaux : le *quartier du Parc* à l'E., la *ville* proprement dite au centre, avec Saint-Pierre de Royan au N., et *Pontaillac* à l'O.

De la gare, l'*avenue* ombragée *de la Gare* amène à une sorte de fourche d'où partent à dr. la rue de Rochefort, à g. l'avenue du Parc.

L'*avenue du Parc* conduit au **Parc de Royan**, aux sinueuses allées, en partie bordées de villas, tracées dans une forêt de pins que prolonge, en arrière, un massif de chênes verts. On y trouve un *Jardin public* assez peu fréquenté, qui possède de beaux arbres et des coins ravissants (à l'entrée, halte du tramway Decauville; kiosque, gymnase, guignol, etc.). Le Parc aboutit à la *Grande-Conche*, que borde sur plus de 2 k. de long, depuis le Casino Municipal jusqu'au tournant de Saint-Georges et aux *rochers de Vallières*, le superbe **boulevard Saint-Georges**, large de 22 m. (vue splendide en face, sur la côte du Médoc et la pointe de Grave).

La *rue de Rochefort*, d'une part, se prolonge par la **rue Gambetta**, l'artère vivante et animée de Royan, qui contient, outre de nombreux magasins, la *mairie* (petit *musée* au 2ᵉ étage; s'adr. au concierge; remarquable herbier d'algues marines, dû à M. Eugène Lemarié), le *marché*, la belle *église Notre-Dame* (1879), et qui se termine à l'angle du *café des Bains* et de la façade du Port (*V.* ci-dessous); d'autre part, la rue de Rochefort aboutit au **Casino Municipal**, inauguré en 1898, et dont la large et belle terrasse surplombe le chemin de planches qui descend à la Grande-Conche.

Laissant la Grande-Conche à g., on suivra, à dr., en bordure de la mer, le *boulevard Botton* (*poste* et *télégraphe*). Bientôt le boulevard est séparé de la plage à g. par des allées ombragées très fréquentées; un café-restaurant dit *American Bar* en occupe le centre et, sur les côtés, dans la saison, s'installent des boutiques. A l'extrémité du square, sur le terre-plein qui regarde le port, à g. du *boulevard Lessore*, se dresse la *statue* en bronze, par P. Aubé, *d'Eugène Pelletan* (1813-1884), écrivain et homme politique, né à Saint-Palais-sur-Mer.

Là, on peut, soit gravir la rampe qui conduit à la place ou façade du Port et au *boulevard Thiers*, soit suivre, en contre-bas de cette rampe, le *quai* (à dr., *marché aux poissons*; vente en gros) aménagé le long du **port**, peu profond et où, à mer basse, les bateaux sont à sec, ce qui entrave singulièrement les services de navigation à vapeur pour Bordeaux et le Verdon. Pour remédier à cet état de choses, on construit (1899) une longue *jetée-débarcadère*, à laquelle on pourra accoster à tout état de la marée. Le musoir de la jetée actuelle porte un *phare* à feu fixe blanc, d'une portée de 9 milles 1/2. Le port de Royan est assez animé et sert d'attache à une flottille de pêche qui rentre parfois avec d'importantes cargaisons, notamment au moment des « royans », sorte de sardines très appréciées.

Gagnant la *façade du Port* (kiosque; arrêt du Decauville), on tourne à dr. avec les sinuosités de la côte, par la *façade de Foncillon* (à dr., *établissement d'hydrothérapie* et *casino de Foncillon*, avec beau parc), qui domine la *conche de Foncillon* et un petit chantier de construction de bateaux.

Ici on a le choix entre deux itinéraires également intéressants pour se rendre à Pontaillac : l'un emprunte la bordure des falaises, laissant à g. le *fort du Chay*, la *conche du Chay*, le *feu du Chay* (fixe rouge; 18 milles de portée), le *tir aux pigeons* et la *conche du Pigeonnier*; l'autre consiste à suivre dans toute sa longueur, en prolongement de la façade de Foncillon, la belle *avenue de Pontaillac* (villas), qui croise le **boulevard de Cordouan** et se termine au-dessus de la splendide **conche de Pontaillac** (en mer, vue de la tour de Cordouan). A dr., hôtels,

[R. 6] ROYAN. — PONTAILLAC. — LE BUREAU.

magasins, petit passage qui donne sur le *marché-couvert* et *l'avenue de Paris*; à g., au-dessus de la plage, *l'Otrada* (café-restaurant; petits chevaux). C'est entre la façade de la conche ou *façade Verthamon*, l'avenue de Pontaillac, l'avenue de Paris, *l'avenue Louise* et le *boulevard Jean-Lacaze* que s'étend l'agglomération balnéaire de **Pontaillac**, composée de chalets et de villas dont les jardins et les parcs ont été taillés dans un admirable bois de chênes verts.

En arrière de la ville, au N., le quartier de *Saint-Pierre-de-Royan* mérite une visite pour son *église* romane et son *phare de Saint-Pierre* (54 m. d'altit.; 16 milles de portée), d'où le regard embrasse un immense horizon.

[1° **Plages de Nauzan et du Bureau, la Grande-Côte** (8 k. O.-N.-O. de Royan; tramway à vapeur Decauville, service de Saint-Georges-de-Didonne à la Grande-Côte, avec nombreux arrêts dans Royan; certains tram. partent du Casino municipal seulement ou y aboutissent au ret.; consulter les affiches apposées aux kiosques d'arrêt, et, un grand nombre de trains ne dépassant pas Pontaillac, bien s'assurer que le tram. continue jusqu'à la Grande-Côte : *dans ce dernier cas, la machine porte l'écriteau Grande-Côte*; traj. en 1 h., depuis le Casino municipal, 1 h. 10 depuis le Parc, 1 h. 20 depuis Saint-Georges; 40 c. de Saint-Georges-de-Didonne, 25 c. du Parc à Pontaillac, où de nouveaux billets sont délivrés par le conducteur, à raison de 35 c. de Pontaillac au Bureau, 70 c. de Pontaillac à la Grande-Côte, 30 c. pour chacune des deux sections par carte de 20 voyages; pas de billets d'all. et ret.; jolies voitures ouvertes et charmant tracé, permettant de bien voir le paysage). — Le tramway part de l'extrémité O. de Saint-Georges-de-Didonne et serpente dans le *Parc de la Grande-Plage*, puis longe (à g.) le Jardin public du Parc de Royan (arrêt), et, à travers ce parc, descend (arrêt du *Parc*) au boulevard Frédéric-Garnier, avec lequel il longe la Grande-Conche vers l'O. (arrêt en face du *Grand-Hôtel*).

20 min. Arrêt du *Casino municipal* (point de départ et terminus de certains tramways), où l'on quitte un instant la côte pour contourner le Casino municipal. Regagnant le rivage, le tram. emprunte le boulevard Botton et le boulevard Lessore, gravit la rampe au-dessus du *port* (arrêt), la façade du Port, la façade de Foncillon, puis court en zigzag sur la falaise, laisse à g. le fort du *Chay* (arrêt), au delà de la crique sableuse entre roches du même nom, puis la conche du Pigeonnier, passe tout à côté (à g.) de *l'hôtel d'Europe*, et longe la terrasse au-dessus de la plage de Pontaillac.

38 min. de Saint-Georges. Pontaillac (*V.* ci-dessus, Royan). — A l'extrémité de la façade de la conche, le tram. circule d'abord dans les champs, puis dans d'épais massifs de chênes verts et de pins, et regagne enfin le rivage.

52 min. *Vaux-Nauzan*, arrêt qui dessert (2 k.; à dr.) *Vaux* (*église* du XI° s. et vestiges d'une ancienne abbaye). — Immédiatement après, le tram. a un nouvel arrêt sur la **plage** même **de Nauzan** *, très jolie, encadrée de bois (quelques villas), et que l'on contourne pour pénétrer de nouveau dans les bois. — On longe la plage du Bureau (à g.).

1 h. 2. *Le Bureau-Saint-Palais*, arrêt qui dessert l'importante **station de bains de mer du Bureau** *, dépendant de la com. de *Saint-Palais-sur-Mer* (*église* romane du XII° s., aux curieux chapiteaux, servant d'amer aux navigateurs), disséminée à dr. de la voie, tandis que l'agglomération balnéaire se groupe à g., dans les pins et dans les yeuses, qui descendent jusqu'à la mer. Le Bureau est la plus importante des stations satellites de Royan; la construction y est fort active, les villas sont nombreuses;

on y trouve hôtels, épiceries, boucheries, loueurs de voit., etc. — Si l'on veut gagner la plage (cabines de bains), en hémicycle et de sable fin, il faut faire quelques pas en arrière (à g.) en descendant du tram. A l'orée de la plage s'ouvre la rue principale du Bureau, bordée de villas et de boutiques. La côte du Bureau est très ombragée et longée par de jolis sentiers tracés à l'ombre des chênes verts au-dessus des petites criques tout à fait retraitées et charmantes qui indentent le rivage; on peut faire une délicieuse promenade en suivant à l'O. un joli chemin qui contourne les falaises, très pittoresques, et qui serpente à travers un petit bois de chênes verts pour aller rejoindre une belle plage de sable où se voient de nombreux écueils et que domine le phare de Terre-Nègre (V. ci-dessous).

Le tram. rentre dans les bois et en sort sur un plateau découvert : à g., sous la falaise, gronde l'Océan; à dr., en arrière de quelques cultures, se montre la masse drue et sombre de la forêt domaniale de la Coubre. — On laisse successivement à g., le **phare de Terre-Nègre** (fixe, blanc; portée, 17 milles), sur la tour de ce nom, et le *feu de la Falaise* (fixe, rouge; portée, 12 milles); près de là s'ouvre, dans le rocher érodé par l'action de la mer, le *Puits de Lautre* (arrêt du tramway), intéressant seulement par le mauvais temps, quand d'énormes vagues s'engouffrent avec fracas dans l'excavation.

1 h. 20 (18 k.) de Royan. *La Grande-Côte*, terminus du Decauville, en face (à dr.) du chalet en bois de *Bellevue* (café-restaurant) et du garage du tramway forestier de la forêt de la Coubre. — Laissant Bellevue à dr., on va jusqu'à la fin de la route et là, on pénètre dans un enclos (entrée libre) où se trouvent à g. des tourelles au-dessus de l'Océan et à dr. le *café-rest. de la Grande-Côte*. Une descente facile sur des rochers amène à la plage, de sable peu résistant et mouvant par places; la marche y est pénible et le bain dangereux; mais le spectacle de la mer y est grand et sublime, surtout quand gronde la tempête sur cette côte sinistre, déserte et fertile en naufrages, qui s'étend à perte de vue, dominée par des dunes élevées en arrière desquelles le tapis de la forêt domaniale lutte contre l'envahissement des sables.

2° **Phare de la Coubre** (23 k. env. N.-O.; tram. à vapeur Decauville de Royan à la Grande-Côte, 95 c., V. 1°; tram. forestier à traction chevaline de la Grande-Côte à la halte de la Coubre : 2 dép. par j. *du 1er juillet au 30 sept.*, l'un régulier à 2 h. 10, arrivant à 3 h. 25 à la halte de la Coubre, où l'on trouve *généralement* un break qui transporte les voyageurs au phare; on repart de la halte de la Coubre à 5 h., pour arriver à la Grande-Côte à 6 h. 15 et à Royan vers 7 h. 15 ou 7 h. 30; l'autre dép., *facultatif*, a lieu, s'il y a assez de voyageurs, à 8 h. 40 du mat., avec arrivée à la Coubre à 9 h. 40, dép. de la Coubre à 11 h. 30 et arrivée à la Grande-Côte à midi 30, mais il n'y a, par ce tram., aucun break en corresp. pour transporter les promeneurs de la halte de la Coubre au phare, traj. assez pénible en plein soleil sur une route sableuse; il est donc préférable de faire l'excurs. l'après-midi; tramway forestier, 2 fr. 50 all. et ret.; break, 75 c. all. et ret.). — 8 k. de Royan à la Grande-Côte, par le Decauville (V. 1°). — Le bureau du tramway forestier se trouve à dr. de la route, immédiatement en face de l'arrêt terminus du Decauville, à côté du café-restaurant de Bellevue. Le tram. pénètre dans la **forêt domaniale de la Coubre**, qui tapisse d'un épais massif de 3,986 hect. les dunes coupées de vallonnements de la péninsule d'Arvert; ces dunes atteignent jusqu'à 62 m. d'élévation au *Gardour*, surmonté d'une tour en pierre de 10 à 11 m. La principale essence est le pin maritime, sauf dans les bas-fonds humides, où végètent le tremble, l'aune et le peuplier. La forêt est assez giboyeuse, surtout en lapins et en bécasses. — La voie se rapproche bientôt du rivage de la Grande-Côte, puis rentre dans les bois. — 12 k. On laisse à dr. l'avenue du *phare* électrique *de la Palmyre* (portée,

[R. 6] LA GRANDE-CÔTE. — FORÊT DE LA COUBRE.

19 milles), installé dans une tour en tôle à l'intérieur de la forêt, et d'où l'on a une belle vue. — Le tramway revient border le rivage.

16 k. Plage des Mathes * (quelques chalets et un hôtel, surtout but d'excurs. et rendez-vous de pêche), reliée à dr. par une route de 4 k. au v. du même nom. La plage est étendue et en pente douce ; mais le sable, formé de débris de coquillages, manque de consistance. — On longe la côte déserte et nue, sur laquelle débouche le *marais de Bréjat* (culture du houblon). Au loin, à g., se montrent le sémaphore et le phare de la Coubre.

21 k. Halte de *la Coubre*, d'où, à g., une route battue du soleil et que la nature sableuse du terrain rend pénible à la marche, conduit au phare et à la *pointe de la Coubre*.

23 k. Phare de la Coubre (on visite ; pourboire au gardien, chez qui l'on trouve quelques rafraîchissements), tour cylindrique en maçonnerie. Un escalier de 295 marches conduit au feu-éclair lenticulaire électrique à éclats blancs groupés par deux, de 10 en 10 secondes (60 m. au-dessus de la haute mer, 53 m. au-dessus du sol), d'une portée de 56 milles, et d'une puissance de un à deux millions de becs Carcel (25 millions de bougies ; un seul phare en France, celui d'Eckmühl, en Bretagne, a une puissance plus considérable, 30 millions de bougies) ; mais on ne visite pas ce feu supérieur : on ne gravit que 274 marches pour voir le petit feu ou feu de direction, à l'huile, et l'on s'arrête au balcon-belvédère (vue immense) au-dessous du grand feu ou feu d'atterrissage. — Sur la galerie supérieure du phare est installée une sirène de brume, à air comprimé. — Le *sémaphore* est à 1,300 m. à l'E. du phare, qui éclaire l'entrée en Gironde et les dangereux parages de la Côte d'Arvert ou Côte Sauvage et du Pertuis de Maumusson.

3° Le Pavillon et le Galon-d'Or, la forêt de la Coubre et la Côte Sauvage (au N.-O. ; 32 k. 6 jusqu'au Galon-d'Or, 24 k. jusqu'à la Bouverie, où l'on trouve à déj. à raison de 3 fr. 50, vin et café compris ; mais il est de beaucoup préférable de déjeuner au Galon-d'Or, soit de provisions apportées de Royan, soit en ayant soin de prévenir l'avant-veille par lettre M. Eugène Crémeau, débit du Galon-d'Or, par la Tremblade, chez qui l'on trouvera un excellent déj., avec poisson frais et, si on le désire, la « chaudrée », bouillabaisse saintongeaise. — Serv. régulier une fois par j., le mat., *du 1er juillet au 30 sept.*, par le tramway forestier. — L'excurs. *qui occupe une journée entière et ne saurait être trop recommandée par beau temps* se fait de la manière suivante : dép. de Royan, *du Casino Municipal*, par le Decauville, à 7 h. 30 du mat. ; dép. de la Grande-Côte, par le tramway forestier, à 8 h. 40 ; arrivée à la Bouverie à 10 h. 15, au Galon-d'Or à 11 h. 15, — *il faut avoir soin de prévenir le conducteur, si l'on veut aller déj. au Galon-d'Or, car, dans le cas contraire, on s'arrête 2 h. à la Bouverie, d'où l'on repart à midi 15 pour arriver au Galon-d'Or à 1 h.* ; dép. du Galon-d'Or à 3 h. 15, arrivée à la Grande-Côte à 6 h. 15 et à Royan vers 7 h. 15 ou 7 h. 30. — Prix : 95 c. par le tramway Decauville de Royan à la Grande-Côte ; 2 fr. 50 all. et ret. par le tramway forestier jusqu'à la Bouverie, 3 fr. 50 all. et ret. jusqu'au Galon-d'Or). — 21 k. de Royan à la halte de la Coubre (*V.* 2°). — Le tram. longe à g. le *canal du Barrachois*, creusé pour l'écoulement et l'assèchement des étangs et qui est lui-même maintenant presque complètement à sec. Néanmoins il continue à entretenir une grande fraîcheur dans la dépression de terrain qu'il occupe. Un rideau superbe de peupliers et d'acacias s'étend le long de la voie, tracée sous une voûte de verdure. Le Barrachois nourrissait jadis d'énormes anguilles et beaucoup de tanches.

24 k. *La Bouverie* *, maison d'exploitation et de garde de la forêt, relais, où l'on peut déj. (3 fr. 50 avec le café). — Un peu plus haut se trouve la maison forestière dite *le Pavillon*, dans un beau site, au-dessus de vallonnements tapissés d'arbres vigoureux. — Une route de 11 k. relie la Bouverie à la Tremblade (*V.* ci-dessus, *A*). — La voie court en forêt, desservant plusieurs postes forestiers. — On laisse à g. la route de (700 m.) la *Pointe Espagnole* (vue superbe sur le Pertuis).

32 k. 6. **Le Galon-d'Or** * (débit-restaurant; prévenir pour repas, *V.* ci-dessus; longue-vue à la disposition des touristes), magnifique plage de sable doré (estacade construite par une maison rochelaise pour l'embarquement des bois, exploitation auj. abandonnée), d'où la **vue est admirable** à dr. sur Ronce, Marennes, Bourcefranc, la pointe et le fort du Chapus et la citadelle du Château, en face sur la forêt domaniale et le sanatorium de Saint-Trojan, à g. sur le terrible Pertuis de Maumusson, si tristement célèbre dans les annales de la navigation, et dont, par grosse mer, les sinistres « grognements » se font entendre avec le fracas de coups de tonnerre. — On fera bien (demander la direction au débit) de rétrograder sur la voie du tram. forestier pour prendre à g., à côté d'une baraque en bois, et gravir la dune (10 à 15 min. all. et ret.); du sommet, on voit très bien l'entrée du Pertuis de Maumusson. — Du Galon-d'Or, on peut, en 30 à 35 min., en suivant à dr. la lisière de la forêt (ne pas s'aventurer sur la plage, à cause des endroits vaseux), gagner Ronce-les-Bains (*V.* ci-dessus, *A*).

Au ret., on s'arrête quelques min. à la Bouverie, le temps de dételer et de ratteler.

4° **Saint-Georges-de-Didonne** (4 k. S.-E.). — On se rend à Saint-Georges-de-Didonne, soit par le tram. à vapeur Decauville (*V.* 1°; 40 c. de Pontaillac et de n'importe quelle station de Royan; 15 c. du Parc), soit en voit. par diverses routes, parmi lesquelles nous recommandons le boulevard Frédéric-Garnier et, à g. le *boulevard de Saint-Georges*, soit enfin à pied par la Grande-Conche, que l'on quitte aux rochers de Vallières pour le sentier des falaises; ce sentier, très pittoresque, offre des vues charmantes sur l'estuaire de la Gironde et la côte du Médoc, et aboutit au port de Saint-Georges.

4 k. **Saint-Georges-de-Didonne** *, 1,355 hab. (*église* du XII° s., restaurée), petit port (station de pilotes) abrité par un môle (feu fixe rouge), doit sa réputation, déjà ancienne, aux ouvrages de Michelet et d'Eugène Pelletan. C'est une **station d'été** à la fois bain de mer et villégiature, villégiature par sa verdoyante campagne et sa belle forêt qui continue le Parc de Royan, bain de mer par sa *plage* de sable très abritée, où l'eau vient mourir doucement sur la grève, autour de laquelle s'élèvent des chalets : parmi ceux-ci, on remarque celui qu'habita Michelet (plaque en marbre). En arrière de la grève, la jolie *forêt de Suzac* tapisse de ses ombrages les pentes et le plateau jusqu'à la *pointe de Suzac*.

Les villas de la plage ne se louent pas beaucoup moins cher que celles de Royan; mais, dans le bourg même, sur le plateau, on trouve de nombreuses maisons et des appartements meublés, à prix modérés. Un *marché* bien approvisionné se tient auprès de l'église, et, du reste, le Decauville mettant Saint-Georges aux portes de Royan, il est facile de se rendre dans cette ville aux grands marchés du jeudi et du dimanche. Deux hôtels offrent la pension à 7 à 9 fr. par j., tout compris.

5° **Meschers et Talmont** (11 et 16 k. S.-E.; courrier quotidien de Royan à Meschers, 1 fr.; Talmont est desservi par la gare de Cozes, *V.* ci-dessus, *A*, distante de 9 k.). — 4 k. de Royan à Saint-Georges-de-Didonne (*V.* 4°). — La route, très jolie, est tracée sur la falaise et domine à g. le marais d'eau douce de *Chenaumoine*, où l'on peut encore voir la maison du pasteur Jarousseau, le héros de la touchante histoire racontée par Eugène Pelletan dans le *Pasteur du Désert*.

11 k. *Meschers* *, 954 hab. (petit port de pêche sur la Gironde), construit sur une falaise qui forme promontoire, est fréquenté l'été par un certain nombre de familles qui se baignent surtout dans la charmante *conche des*

Nonnes, de sable fin et encadrée de belles falaises. Les appartements sont propres mais sans luxe et se louent 1 fr. par lit et par j. en juillet et en septembre, 2 fr. en août. L'approvisionnement local est assez complet, et les prix sont inférieurs à ceux de Royan.

A quelques centaines de m. au S. du v. s'ouvrent les **trous** ou **grottes de Meschers**, creusées de main d'homme dans la falaise et distribuées, comme les trous d'un pigeonnier, sur la façade d'un rocher perpendiculaire, à 13 m. env. au-dessus de la Gironde (c'est surtout du bateau à vapeur faisant le traj. entre Royan et Bordeaux qu'on les voit bien ; on en embrasse alors l'ensemble d'un seul coup d'œil). Une rampe étroite et sans parapet, taillée dans le roc, relie les ouvertures l'une à l'autre. Au XVIIIe s. et même au commenc. du XIXe, toute une population troglodyte vivait dans ces cavernes, dont quelques-unes, sont, du reste, encore habitées.

La route de Talmont traverse sur une digue un triste marais.

16 k. *Talmont**, petit v. de 183 hab., au-dessus de la Gironde (quelques bateaux de pêche), jadis poste stratégique important, a conservé une *église* du XIIe s., véritable bijou d'architecture romane. Elle est bâtie sur la pointe d'une falaise sans cesse minée par le flot et protégée par un épi. Quelques rares baigneurs fréquentent la petite *plage* de sable fin, enclavée entre roches, de Talmont, où il y a un petit nombre d'appartements à louer à bon marché. L'approvisionnement est défectueux et difficile.

De Talmont à Mortagne-sur-Gironde, R. 1, *B*, Saintes.

6° **Pointe de Grave et Soulac-sur-Mer** (au S.-S.-O. ; charmante excurs. d'une journée, qui peut se faire par deux itinéraires décrits ci-dessous ; nous engageons les touristes à suivre la voie *B* à l'all. et la voie *A* au ret., et, par conséquent, à prendre au bureau du bateau un billet d'all. et ret. pour la pointe de Grave, 3 fr., plus 60 c. de droit perçu par la ville de Royan ; à la pointe on prendra le tramway des Épis — ne pas confondre avec celui du Verdon — 1 fr. ; on reviendra de Soulac par le train du Verdon et les wagonnets jusqu'à la pointe de Grave).

A. Par le Verdon (bateau à vap. et ch. de fer du Médoc ; délivrance des billets au bureau de la Cie, sur la jetée du port de Royan, en face de l'embarcadère ; quand la mer est basse, le bateau est en rade, et les passagers y sont conduits en canot aux frais de la Cie ; traversée en 30 min. pour la pointe de Grave, d'où des wagonnets à traction chevaline transportent les voyageurs, en 15 min., à la gare du Verdon, où l'on trouve le train pour Soulac ; traj. total, 1 h. 30 à 2 h. 26 ; billets d'aller et ret., val. 8 j., tout compris. bateau, wagonnets et train, sauf le droit perçu par la ville de Royan, 30 c. par voyage, soit 60 c. all. et ret., et qui est réclamé à bord, 4 fr. 50 en 1re cl., 4 fr. 15 en 2e cl., 3 fr. 95 en 3e cl. ; la gare de Soulac étant distante de 10 à 15 min. à pied de la plage, on pourra prendre l'omnibus, 50 c.). — En quittant le port de Royan, on a, au fur et à mesure que le vapeur gagne le large, une jolie vue de la ville et du gracieux hémicycle de la Grande-Conche, et sur la côte à l'O. vers Pontaillac, à l'E. vers Saint-Georges-de-Didonne, qui disparaît dans les masses de verdure de la forêt, et vers Meschers. A dr., en mer, se montre le phare de Cordouan. On remarquera aussi la différence de teintes entre l'eau de mer et celle de la Gironde, surtout en approchant de la pointe de Grave.

30 min. env. **Pointe de Grave** (nombreux restaurants, fort et phare), où l'on débarque sur un bateau-ponton au delà duquel un pont flottant mène au rivage, où l'on trouve les wagonnets traînés par des chevaux, qui conduisent les voyageurs à la gare du Verdon. — La voie passe sous de superbes arceaux de verdure, puis à travers des sables, avec l'estuaire de la Gironde à g., et, obliquant à dr., rentre en forêt.

15 min. de la pointe de Grave. Gare du Verdon (R. 21, *B*). — Le traj. en ch. de fer du Verdon à Soulac est tout entier en forêt.

11 à 20 min. de la stat. du Verdon. Soulac-sur-Mer (R. 21, *B*).

B. Par le tramway des Épis (bateau à vap. de Royan à la pointe de Grave, 2 fr., 3 fr. all. et ret., non compris le droit de la ville de Royan, 30 c. par voyage, soit 60 c. all. et ret.; tramway, wagonnets à traction chevaline, de la pointe de Grave au 7e épi de protection, 1 fr., 1 fr. 50 all. et ret.; 20 à 25 min. à pied, par la plage, de là à Soulac). — 30 min. env. par le bateau à vapeur jusqu'à la pointe de Grave (*V. A*). — A la pointe (bien s'informer, pour ne pas prendre les wagonnets à destination de la gare du Verdon), on prend les **wagonnets des épis**, qui, contournant la pointe puis longeant à peu de distance la côte O. dans une superbe forêt, permettent de se rendre compte des énormes travaux de protection qu'il a fallu entreprendre pour soustraire cette langue de terre à la fureur des flots : une série d'épis, énormes blocs de pierre cimentés, défend la côte. On laisse à g. le *sémaphore Saint-Nicolas*, d'où la vue est très variée et étendue sur le Médoc, Royan et ses environs, et l'estuaire de la Gironde. Les wagonnets s'arrêtent au-dessus du 7e épi de protection (le 1er en venant de Soulac), sur la dune (café); de là, on descend à la plage que l'on suit au S. jusqu'à (25 min.) Soulac (R. 21, *B*).

7e **Phare de Cordouan** (12 k. en mer, au S.-O.; au port, les bateliers s'offrent à y conduire les touristes, mais il ne faut entreprendre l'excurs. — *prix à débattre d'avance* — que par temps calme et sûr; les bateaux à vap. de la Cie Gironde-Garonne la font fréquemment — voir les écriteaux sur la façade du Port ou au boulevard Thiers, ou les journaux locaux — dans la saison des bains; on ne peut aborder au phare qu'en canot et même souvent sur le dos des marins, qui déposent les passagers sur la jetée menant à la poterne par laquelle on arrive à la tour du phare, large de 15 m. à la base, haute de 70 m. du rocher au sommet de la lanterne, au centre d'une plate-forme entourée par les logements des inspecteurs et des gardiens, la forge et autres annexes de service). — Le **phare de Cordouan**, bâti sur un îlot rocheux, entre les deux passes de l'estuaire de la Gironde, existant déjà au moyen âge, fut réédifié en 1584 par Louis de Foix, un des architectes de l'Escurial, et terminé en 1610. C'était une œuvre remarquable d'architecture; mais, à la fin du XVIIIe s., on abattit les deux étages supérieurs pour les remplacer par une surélévation.

Rez-de-chaussée (fin du XVIe s.; d'ordre dorique). — Splendide portique couronné par les armes de France, accompagnées des figures de Mars et de la Victoire; vestibule et, au fond, grand escalier de 326 marches, conduisant jusqu'au sommet de la tour.

1er étage. — *Appartement* dit *du Roi*, carré et d'ordre corinthien, avec galerie extérieure circulaire.

2e étage. — *Chapelle* circulaire *de Notre-Dame de Cordouan* (au-dessus de la porte, *buste de Louis de Foix*, avec inscription de quatorze vers alexandrins), pavée en marbre, ornée de sculptures, décorée de pilastres corinthiens et couverte d'une voûte en forme de coupole, très élevée et d'un grand effet.

Une deuxième galerie circulaire, pareille à celle de l'appartement du Roi, se rencontre à la hauteur de la coupole.

3e étage (partie neuve). — Feu tournant de minute en minute, blanc et rouge (60 m. au-dessus des plus hautes mers; portée géographique, 21 milles), et **galerie** d'où la **vue** est **admirable** sur la Côte Sauvage avec les phares de la Coubre et de la Palmyre, la forêt domaniale de la Coubre, toute la côte et les plages depuis la Grande-Côte jusqu'à l'anse de Suzac, la pointe de Grave, une partie de la côte du Médoc, et la balise de Saint-Nicolas. « Il y a au phare quatre gardiens, qui obtiennent à tour de rôle un congé de vingt jours. Ils ont pour égayer leur existence monotone une forge et un atelier de menuiserie, puis la lecture, la pêche et la chasse, une chasse productive, sans permis mais sans contravention. Le gibier s'offre de lui-même à ces exilés, comme pour rendre moins amer le pain de leur solitude. A l'époque des migrations, en automne et au printemps, quand un léger brouillard obscurcit davantage les nuits sans lune, et par des brises de sud-est principalement, des vols d'oiseaux de toutes sortes, — rouges-gorges, linots, pinsons, merles, grives, cailles, bécasses, — attirés par la lumière, donnent à tire d'ailes sur les glaces du phare, et s'y brisent la tête. Les veilleurs en ont ramassé jusqu'à cinq cents dans une seule nuit. » (Victor Billaud.)]

De Royan à Angoulême, R. 7; — à Bordeaux, par l'Etat, par le Médoc ou par la Gironde, R. 21.

ROUTE 7

D'ANGOULÊME A ROYAN

130 k. — Chemin de fer (Etat; gare à Angoulême, avenue Gambetta, en face la gare de l'Orléans); traj. en 3 h. 16 à 5 h., selon le plus ou moins de concordance à Beillant, *où il faut toujours changer de train*; 13 fr. 05, 9 fr. 85, 6 fr. 40. — Buffets à Beillant et à Pons. — Points d'arrêt recommandés : Cognac et Pons. — Billets de bains de mer, val. 33 j., délivrés de la veille des Rameaux au 31 octobre (dem. conditions et tarifs à toutes gares Etat).

La voie s'engouffre dans un tunnel de 492 m., à la sortie duquel on a une belle vue sur Angoulême, passe sur le chemin de fer de Bordeaux et dessert l'arrêt de *Saint-Martin-Angoulême*.
6 k. *Saint-Michel-sur-Charente*, ou *Saint-Michel-d'Entraigues*, 1,311 hab. (*église* de 1137, restaurée par Abadie : plan octogonal avec huit absidioles; dans le tympan, bas-relief représentant *St Michel terrassant le dragon*). — Le ch. de fer se rapproche de la Charente, dont il suit, à distances variables, la rive g. La vallée est très verte, avec de riches prairies et de beaux arbres. — 12 k. *Nersac*, 1,432 hab. (*église* du XIe s.; *château de Fleurac*, du XVIe s., avec douves creusées dans le roc). — 15 k. *Sireuil*, stat. qui dessert (6 k. S.-E.) *Claix* (*église* du XIIe s.; sur un roc escarpé, *château* de la fin du XVIIIe s., inachevé et transformé en métairie : dans la cour, oubliettes profondes et très bel orme). — 20 k. *Mosnac-Charente*.

24 k. **Châteauneuf-sur-Charente** *, ch.-l. de c. de 2,783 hab., a de charmants environs (carrières importantes). — *Eglise* en partie romane (portail, nef et croisillon S.), en partie ogivale (bas côtés, croisillon N. et chœur), avec remarquable façade du XIIe s. — *Chapelle* du XVe s. — Sur une colline dominant la Charente, vestiges de l'ancien *château-fort* (abside ruinée d'une chapelle romane).

[De **Châteauneuf à Barbezieux** (19 k.; ch. de fer Etat en 46 min.; 1 fr. 90, 1 fr. 45, 95 c.). — La voie décrit une courbe autour de Châteauneuf, tout entouré de peupliers, s'engage dans des tranchées calcaires, puis dans un étroit vallon; bientôt on a, à g., une vue étendue sur une région accidentée. — 6 k. Arrêt d'*Eraville*. — 8 k. *Malaville* (dans l'église, des XVIe et XVIIe s., crédence gothique avec deux chapiteaux intéressants). — La voie descend vers le vallon du Né. — 10 k. Halte de *Chadeuil* (if gigantesque). — 12 k. *Viville*. — On franchit les deux bras du Né. — Courbes. — 14 k. Arrêt de *Saint-Médard*, patrie du traducteur et critique *Élie Vinet* (1509-1587).

19 k. **Barbezieux** *, ch.-l. d'arr. de 4,929 hab., est bâti en amphithéâtre sur un monticule de 102 m. (belle vue) qui domine le Trèfle à l'O. et le Condéon à l'E. La gare communique avec la ville par une allée de platanes qui porte successivement les noms de *boulevard Chanzy* et de *boulevard Gambetta*, et sur laquelle se trouve le *palais de Justice*, près de la *source ferrugineuse froide de Fontbrune*. A dr. des boulevards, la rue Victor-Hugo mène à l'*église Saint-Mathias* (partie de la nef, murs latéraux et portail sculpté du XIIe s.; façade du XVIe s.; intérieur restauré), d'où une rue montante conduit à l'*hôtel de ville*, derrière lequel s'étend l'emplacement du *château*, dont il ne reste que la *porte du Nord* (deux tours à mâchicoulis renfermant un *hospice*), une partie du rempart de l'E. et un parapet avec mâchicoulis.

De Barbezieux à Pons, R. 1, *B*, Pons.

De Châteauneuf à Mérignac (15 k. N.-N.-O.; route de voit.). — La Charente franchie, on en longe à distance la rive dr. — 6 k. *Vibrac* (église de la Renaissance; dans une île de la Charente, ruines d'un *château* du XVe s.). — 7 k. *Saint-Simon*. — 10 k. *Bassac* (église du XIe au XVIIe s., avec belles boiseries du XVIIe s. dans le chœur; *cloîtres* à voûtes ogivales d'une abbaye fondée en 1009; à 1 k. N.-O., sur la route de Triac, *pyramide du prince de Condé*, élevée au lieu même où Condé blessé fut tué par Montesquiou, au cours de la bataille dite de Jarnac, que se livrèrent, le 12 mars 1569, catholiques et protestants). — Quittant la vallée de la Charente, la route oblique au N.

15 k. *Mérignac*, 860 hab. (église du XIIIe s.; abondantes *sources des Baurelles*).

De Châteauneuf à Archiac (25 k. S.-O.; route de voit.). — 7 k. *Bouteville* (ruines imposantes d'un *château* du XVIIe s., bâti, dit-on, par les Montmorency; *église* d'un ancien prieuré, dont on voit quelques restes des XIe et XIIIe s.). — 10 k. (8 k. de Châteauneuf par la route directe). *Bonneuil* (église des XIIe et XIIIe s.; *château du Breuil*, orné de bas-reliefs, de 1520). — 14 k. *Lignières-Sonneville* (église avec chœur roman et façade gothique où sont encastrés des bas-reliefs du XIIe s.; *château* de la Renaissance; à Sonneville, *église* romane). — 17 k. *Ambleville* (église des XIe et XIVe s., avec inscriptions tumulaires; restes d'un *château* des XIVe et XVe s. ayant appartenu au chevalier de Saint-Preuil, décapité à Amiens en 1641).

25 k. (23 k. par la route directe). Archiac (R. 1, *B*).]

La voie court au pied des coteaux de la rive g. de la Charente. — 30 k. *Saint-Amant-de-Graves* (château *de Bois-Charente*, avec tour et mâchicoulis du XVIe s.). — 33 k. *Saint-Même*, 1,541 hab. (1 k. 5 à g.; à 2 k. S.-O., *château d'Argueville*, de la Renaissance, remanié depuis le XVIe s.; *dolmen*).

37 k. *Jarnac-Segonzac*, gare qui dessert (8 k. S.-S.-O.) *Segonzac* *, ch.-l. de c. de 2,124 hab., et (1 k. N.; route qui franchit la Charente; omn.) **Jarnac** *, ch.-l. de c. de 4,980 hab., jolie V. qui fait un grand commerce d'eaux-de-vie et de vins. On peut y voir, à l'hôtel de ville, la *table* de marbre sur laquelle fut déposé, après la bataille de 1569, dite de Jarnac (*V*. ci-dessus), le corps du prince de Condé. L'*église* a une crypte romano-ogivale avec

un pilier central, cantonné de huit colonnes recevant les nervures des voûtes.

La voie, après une courbe au S., s'éloigne de la Charente, dont la rive dr. est dominée par des falaises de 40 m. — Arrêt de *Bourg-Charente* (*église* parfaitement intacte du XIIᵉ s.; douves et soubassements d'un *château* du XIIᵉ s.; sur la rive dr. de la Charente, *château* du XVIᵉ s., débris de villas, antiquités, etc.). — 44 k. *Gensac-la-Pallue* (à *Gensac*, *église* des XIIᵉ et XIIIᵉ s.; à *la Pallue*, petit *manoir de l'Eclopart*, de la Renaissance; *source de la Pallue*, qui s'écoule à la Charente par une gorge bordée de rochers tapissés de chênes verts). — A g. de la voie s'étend la plaine ondulée dite la *Petite Champagne*, célèbre avant le phylloxera par ses eaux-de-vie.

51 k. **Cognac** *, ch.-l. d'arr. de 20,228 hab., sur la rive g. de la Charente, que franchit un pont reliant la V. au *faubourg Saint-Jacques*, est universellement connu comme centre de production et d'exportation des eaux-de-vie ou « cognacs ». Cognac (le centre de la V. étant à 12 à 15 min. de la gare, prendre l'omn. jusqu'à la rue Saint-Martin) peut être visité en 2 à 3 h.; les touristes pressés iront voir l'église Saint-Léger, le parc, un chai (Martell ou Hennessy) et reviendront au ch. de fer.

Cognac serait, d'après quelques historiens, le *Condate* ou le *Cunaco* de la table théodosienne. On trouve dans les environs de nombreux débris de l'époque romaine. François Iᵉʳ y convoqua, à son retour d'Espagne, en 1526, une assemblée des notables pour prendre leur avis avant de ratifier le traité de Madrid. Après la bataille de Jarnac (1569), l'armée du duc d'Anjou y attaqua sans succès les débris de l'infanterie calviniste. Sous Henri III, Cognac fut une des places de sûreté accordées aux protestants. Elle résista avec succès aux troupes du prince de Condé pendant les guerres de la Fronde (1651).

Cognac a vu naître : *Octavien de Saint-Gelais* (1466-1502), évêque d'Angoulême, poète français et latin; le roi *François Iᵉʳ* (1494-1547).

Sortant de la gare, on prend en face l'*avenue de la Gare*, puis, laissant à g. la *rue de Barbezieux*, on suit à dr. la *rue Elisée-Mousnier*, sur laquelle se trouvent, à dr., au fond d'un parc, l'*asile Guy-Gautier* (vieillards; fondation Mousnier), puis, à g., aussi dans un beau parc, le *collège*. A dr. s'ouvre, plantée d'arbres, la *place de la Sous-Préfecture*, sur laquelle s'élèvent, en face l'un de l'autre, le *palais de justice* et la *sous-préfecture*. Au delà de la rue Elisée-Mousnier, la petite *place Saint-Martin* est prolongée par la *rue Saint-Martin* (magasins), sur laquelle se trouve, à dr., l'église Saint-Léger.

L'église Saint-Léger a appartenu à un prieuré fondé en 1041. La façade, malheureusement mutilée, les murs, les piles de la nef et la base du clocher sont du style roman fleuri; le reste date des XIVᵉ et XVᵉ s., à l'exception du sommet de la tour, achevée seulement au XVIIIᵉ s. Toutes les voûtes sont gothiques. Une rose flamboyante, ouverte dans la façade au XVᵉ s., rompt l'unité du style primitif; mais le rez-de-chaussée est d'une admirable beauté. La porte surtout est un type parfait de l'architecture romane. Sa plus grande voussure offre un zodiaque orné de riches sculptures. Quatre étages de la tour appartiennent au style roman.

A l'int., chaire en chêne sculpté, incrustée de marbres.

Au delà de l'église se détache à dr. la *rue du Canton* (à dr., clocher de Saint-Léger, qu'on ne voyait pas de la rue Saint-Martin, car il est encastré dans les maisons), qui amène à la **place d'Armes** (*marché couvert*; derrière se trouve l'hôtel de ville, *V.* ci-après), centre de l'animation de Cognac. A la place d'Armes fait suite la *rue d'Angoulême*, sur laquelle, à dr., en face de l'hôtel de France, dans l'immeuble du nouveau *tribunal de commerce*, on peut visiter (s'adr. au gardien) le **musée** (peinture, sculpture, curiosités, etc.).

La rue d'Angoulême aboutit à la belle *place* circulaire *François Ier*, qui contient l'hôtel de Londres, les agences du Crédit lyonnais et du Comptoir d'escompte, la *poste-télégraphe*, et dont le centre est occupé par la **statue** équestre de **François Ier**, œuvre d'Etex.

Sur le *boulevard Denfert-Rochereau*, qui s'ouvre sur la place François Ier, à g. du café du Grand-Chalet, se trouve, en face du marché couvert (*V.* ci-dessus), au fond d'un superbe parc vallonné, avec pièces d'eau, rocailles, ponts rustiques, etc., le bel **hôtel de ville**.

Dans le vestibule, modèle du monument élevé à Angoulême à la mémoire du président Carnot, offert à la ville en 1897 par le sculpteur Verlet, avec le concours de la Société des Amis des Arts et d'un groupe de souscripteurs.

Après avoir traversé l'hôtel de ville on trouve en face la *rue de la Réserve*, qui conduit directement au vaste **parc François Ier**, planté de chênes verts; il faut le parcourir en obliquant à g. pour aboutir à une *terrasse* (vue sur la vallée de la Charente), d'où l'on descend à dr. au pont. On ne franchit pas ce pont, mais on suit à g. le *quai du Château* (mouvement de batellerie assez important), sur lequel, à g., on remarquera le *château*, commencé vers 1450 par le comte Jean le Bon, continué par Charles d'Orléans, achevé par Louise de Savoie, et qui remplaça un manoir féodal dont il reste le mur N. et partie de l'abside de la chapelle basse. Ce château des comtes d'Angoulême n'est plus qu'un magasin d'eaux-de-vie, et la plupart des maisons du quai ont semblable destination; on pourra visiter l'un de ces chais (dem. autorisation; pourboire), dont quelques-uns, surtout ceux des firmes Martell et Hennessy, sont considérables. Au delà du château, le quai prend le nom de *quai Papin*, et il s'en détache à g. une série de rues montueuses et tortueuses : c'est le vieux Cognac, où il reste pas mal de motifs d'architecture intéressants. On peut regagner par là le centre de la ville en prenant

[R. 7]   COGNAC. — CHÂTRES.   129

à g. la *rue de la Richonne*, puis à dr. la *rue des Cordeliers*, ensuite à g. la *rue de l'Isle-d'Or*; tournant alors à dr., avec le clocher de Saint-Léger en face, on arrive à l'intersection de la rue du Canton et de la rue Saint-Martin (*V.* ci-dessus).

Signalons encore à Cognac : — au coin de la *rue Madeleine*, la maison dans laquelle, suivant la tradition, François Ier aurait été élevé ; — *rue Grande*, la maison de la nourrice de François Ier ; — au faubourg de *Crouin* (rive dr. de la Charente, aval), une *église* du XIIe s.

[**Châtres** (8 k. 5 E.; route de voit.; course recommandée aux archéologues). — Laissant à g. le parc François Ier, qu'on longe à l'E., la route franchit la Charente. — 3 k. 5. *Bouliers* (chapelle Saint-Marmet, des XIe, XIIIe et XIVe s., à demi ruinée ; *église* moderne, style du XIIIe s.). — La route court au S.-E. — 5 k. *Saint-Trojan*, sur la Soloire (petite *église* romane recouvrant le caveau sépulcral d'une branche de la famille de La Rochefoucauld ; *château* souvent visité par Louise de Savoie). — La route franchit la Soloire et se rapproche de la rive dr. de la Charente. — 6 k. 5. *Saint-Brice* (dolmen dit la Pierre de la Vache ; *église* des Xe et XIe s., avec caveau sépulcral creusé dans le roc, sous le chœur ; *château* du XIVe s., remanié, renfermant un appartement au plafond orné de peintures, où Henri de Navarre eut, le 25 sept. 1586, une entrevue avec Catherine de Médicis ; *château* de *Garde-Épée*, du XVIIe s.). — La route s'élève au N.-E.

8 k. 5 env. **Église de Châtres** (devenue une grange), dont la façade est justement célèbre en Angoumois. Cette église, qui fut celle d'une abbaye d'Augustins, a trois coupoles sur la nef et une coupole sur la croisée. Le croisillon N. a été détruit ; le chœur est ogival. Toute la partie romane est admirablement conservée. La porte, fort large et en demi-cercle, a son intrados découpé en lobes ; deux petites arcades avec frise l'accompagnent. Au-dessus, une fenêtre centrale sépare quatre arcades pointues ; neuf arcades aveugles forment l'étage supérieur.]

De Cognac à Saint-Jean-d'Angély, R. 1, *B*.

La voie croise le Né et le canal du Né. — Arrêt de Merpins (*V.* ci-dessous).

58 k. *Le Pérat*.

[Cette gare dessert : — (1 k. 5. N.-O.) *Merpins*, sur une hauteur qui forme comme un cap dans la vallée de la Charente, et qui domine le *port du Lis* et le confluent du Né. — *Église* des Xe et XIIIe s. ; *camp romain* ; à 3 k. 5 S.-E., ruines de l'*abbaye* cistercienne de la *Frénade* (XIIe s.) ; — (4 à 5 k. N., au-dessus de la rive dr. de la Charente) *Saint-Laurent* (*église* en partie du XIe s., avec sculptures au portail) ; — (5 k. S.-E.) *Ars* (*château* de la Renaissance ; *église* des XIe et XVIe s., avec cuve baptismale sculptée) ; — (7 k. S.-O.) *Pérignac*, 1,371 hab. (*église* des XIe et XIIe s.).]

62 k. **Brives-Chérac**, stat. qui dessert (à g.) *Brives* et (4 k. N. ; rive dr. de la Charente) *Chérac*, 1,230 hab. (*église* du XIe s.).

69 k. Beillant (R. 1, *B*), où l'on change de train pour Royan. — 14 k. de là à (83 k.) Pons (*V.* R. 1, *B*).

47 k. de Pons à Royan (*V.* R. 6).

130 k. Royan (R. 6).

ROUTE 8

DE PARIS A L'ILE DE NOIRMOUTIER

De Paris on se rend à Noirmoutier *toute l'année* en ch. de fer et en voit. par **Beauvoir** ou bien en ch. de fer et en bac à vapeur (parfois remplacé par une chaloupe à voiles) par **Fromentine**; *l'été seulement, du 1er juillet au 30 septembre*, en ch. de fer et en bateau à vapeur par **Pornic**.

La voie la plus directe et souvent la plus courte, l'été, est celle de Pornic, surtout quand le vapeur part du môle Leray (consulter les affiches); la voie la plus normale et la seule régulièrement desservie toute l'année est celle de Fromentine, mais le traj. en voit. publique du débarcadère de la Fosse au b. de Noirmoutier est long, dénué d'intérêt et fastidieux; la voie de Beauvoir n'est desservie par aucun service public. Néanmoins, c'est par **Beauvoir et par la route du Goua**, unique en France, que le touriste devra aborder Noirmoutier pour la première fois, et, l'été, nous l'engagerons à retourner par Pornic.

Noirmoutier n'est desservi directement par aucun billet de bains de mer, mais on peut utiliser, pour cette destination, les **billets de bains de mer** délivrés à Paris (Montparnasse ou Saint-Lazare), du samedi, veille des Rameaux, au 31 octobre, pour **Bourgneuf, Pornic, Challans ou Fromentine**. Ces billets, quels qu'ils soient, donnent la faculté d'arrêt pour 48 h. au plus à Nantes dans un sens seulement, c'est-à-dire soit à l'all. soit au ret., mais les bagages sont enregistrés pour la destination définitive et ne peuvent être retirés à Nantes; ceux dits avec arrêts facultatifs permettent en outre de s'arrêter à toutes les gares Etat depuis Sainte-Pazanne. Les billets, val. 33 j., non compris le j. de la délivrance, et susceptibles de prolongation pour 20, 40 ou 60 j. (10 0/0 de suppl. pour chaque période de 20 j.), sont valables, soit par Segré et Nantes (changement de réseau, de l'Ouest sur l'Etat, à la gare de Nantes-Etat), soit par Angers-Saint-Laud et Nantes-Orléans (on change alors à Angers-Saint-Laud, pour passer de l'Ouest sur l'Orléans, et à Nantes-Orléans, pour passer de l'Orléans sur l'Etat). Quelle que soit la voie suivie à l'aller, les coupons de ret. de ces billets de bains de mer sont aussi valables, de Nantes, par l'Orléans (arrivée à Paris-Austerlitz).

A. Par Pornic.

451 k. de Paris-Montparnasse, 461 k. de Paris-Saint-Lazare à Pornic. — Ch. de fer de l'Ouest et de l'Etat par Segré et Nantes-Etat transit, de l'Ouest, d'Orléans et de l'Etat par Angers-Saint-Laud transit et Nantes-Orléans transit. — Traj. en 11 h. 50 par le seul train direct (3 cl.), partant *toute l'année* vers 9 h. du s. (consulter le plus récent *Indicateur*) de Paris-Saint-Lazare, et arrivant à Pornic vers 8 h. 50 du mat., en 11 h. 12. *l'été, de la mi-juillet aux tout premiers j. d'octobre*, par le rapide (1re et 2e cl.; wagon-restaurant et salon; déj., 1re série de Paris à Chartres, 2e série de Chartres au Mans, 2 fr. 25 et 3 fr. 50, vin non compris: vin dep. 1 fr. la demi-bouteille; cidre, 50 c. la bouteille; voyageurs de 1re cl. admis dans le salon moyennant un suppl. de 3 fr. de Paris au Mans, de 5 fr. de Paris à Angers ou à Segré, où l'on change de train, ainsi qu'à Nantes-Etat, pour Pornic; on peut aussi continuer par le rapide jusqu'à Angers-Saint-Laud, changer là pour Nantes-Orléans, où l'on dînera au buffet avant de prendre le train pour Nantes-Etat et

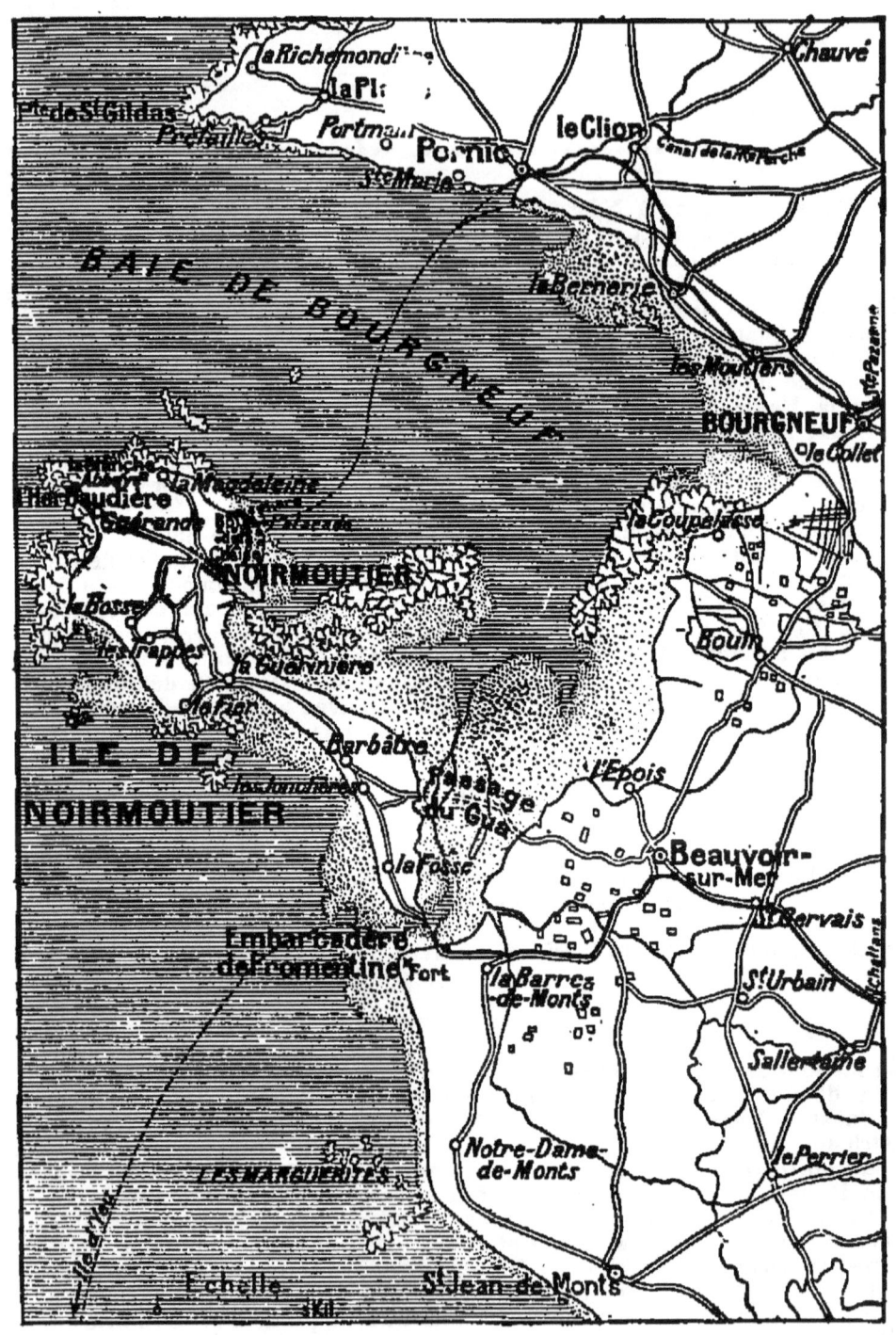

ILE DE NOIRMOUTIER ET BAIE DE BOURGNEUF

Pornic ; voit. de 1re cl. à couloir avec w.-c. et toilette et voit. de 2e cl. à compartiments avec w.-c. et toilette entre Paris et Angers) partant de Paris-Saint-Lazare à 11 h. 40 du mat. et arrivant à Pornic vers 11 h. du s. — Prix : 49 fr. en 1re cl., 31 fr. 10 en 2e cl., 22 fr. 25 en 3e cl.; all. et ret., val. 7 j., 73 fr. 50; 54 fr. 55; 35 fr. 60; — **billets de bains de mer** (remplaçant les billets d'all. et ret. du samedi, veille des Rameaux, au 31 octobre : pour la validité et les conditions générales, V. ci-dessus) : 58 fr. 80, 44 fr. 30, 31 fr. 15 all. et ret. *sans arrêts*, *sauf 48 h. à Nantes*, 66 fr. 80, 50 fr. 30, 35 fr. 15 all. et ret., *avec arrêts* ; ces billets de bains de mer sont val. au ret. par Fromentine, moyennant un suppl. de 4 fr. en 1re cl., de 1 fr. 90 en 2e cl. et de 1 fr. 40 en 3e cl., à payer à la gare de Fromentine, en y faisant timbrer le coupon de ret., *sous peine de nullité*, bien entendu que les voyageurs doivent assurer *à leurs frais* leur transport et celui de leurs bagages de Pornic à Fromentine. — A Pornic, service de voit. de la gare au bateau de Noirmoutier : 50 c. par voyageur sans bagages. — Bateau à vapeur de la Cie de navigation de la Basse-Loire, *du 1er juillet au 30 septembre*, de Pornic à Noirmoutier (estacade du bois de la Chaize); 3 dép. par j. dans les deux sens, à heures variables selon la marée ; traj. en 1 h. 15 à 1 h. 30 ; prix, 30 kilogr. de bagages compris : 2 fr. 50 en 1re cl., 2 fr. en 2e cl.; all. et ret., val. 8 j., 4 fr. et 3 fr.; enfants de 3 à 7 ans, 1 fr. par billet simple, pas de réduction sur l'all. et ret.; ces billets sont délivrés sur le bateau et aux gares de Paris (Montparnasse et Saint-Lazare) et de Nantes-Etat en même temps que les billets de bains de mer et ont alors la même durée de validité que ceux-ci ; la gare de Pornic les délivre aux voyageurs en provenance des autres gares du réseau de l'Etat ; billets spéciaux d'excurs. à prix réduits, val. seulement le j. de la délivrance et délivrés exclusivement sur le bateau : 3 fr. all. et ret. en 1re cl., 2 fr. all. et ret. en 2e cl. — L'embarquement se fait soit à la cale Leray, soit à la Noveillard (très difficile et même dangereux à la Noveillard pour des personnes peu ingambes ; il faut sauter sur des roches glissantes, et, quand la mer est mauvaise, on ne peut embarquer les bagages ; comme il y a t. l. j. un dép. de la cale Leray, il est préférable de s'en informer et de se trouver à Pornic pour ce dép.). — Le débarquement à Noirmoutier a toujours lieu à l'estacade du bois de la Chaize, où l'on trouve un service de voit. en corresp. pour le b. de Noirmoutier : 50 c. par voyageur sans bagages.

N. B. — Il est aussi délivré à Paris-Montparnasse des billets pour Pornic par toute voie Etat, *via* Saumur ou *Chinon* ; prix : 52 fr. 20, 36 fr. 60, 23 fr. 90 ; all. et ret., val. 8 j., 78 fr. 30, 58 fr. 55, 38 fr. 25.

454 ou 461 k. de Paris à Pornic (*V. la Loire*). — Le vapeur trace son sillage au S.-O., à travers la baie de Bourgneuf, dont, par un temps clair, se dessinent tous les contours, depuis la pointe rocheuse de Saint-Gildas jusqu'aux marais de Bouin et de Beauvoir, terres basses coupées d'étiers, côte encore incertaine de vases et de polders. Les nombreuses constructions de la Bernerie s'étagent le long d'une plage de sable. Au loin, par delà la côte N. de Noirmoutier, se montrent l'île et le phare du Pilier, tandis que du côté opposé émergent les balises du passage du Goua. Peu à peu, le navire se rapproche de la côte N.-E. de Noirmoutier ; le bois de la Chaize étale son tapis verdoyant, qui dissimule les blocs rocheux, et le phare des Dames apparaît entre les arbres.

1 h. 15 à 1 h. 30 de Pornic. *Estacade du bois de la Chaize*, où

l'on débarque. — 35 à 40 min. à pied (omn. 50 c.) du débarcadère au b. de Noirmoutier (*V.* ci-dessous).

B. Par Fromentine.

482 k. de Paris-Montparnasse. 489 k. de Paris-Saint-Lazare à Fromentine. — Ch. de fer de l'Ouest, de l'État et de Challans à Fromentine (ce dernier à voie étroite) par Nantes-État-transit et Challans-transit, de l'Ouest, d'Orléans, de l'État et de Challans à Fromentine par Angers-Saint-Laud-transit, Nantes-Orléans-transit et Challans-transit. — Traj. en 13 h. 50 par l'express (1re et 2e cl. : voit. de 1re cl. avec w.-c. et toilette entre Paris et Angers) partant de Paris-Saint-Lazare vers 10 h. s. (consulter le plus récent *Indicateur*), *viâ* Angers-Saint-Laud, en 14 h. 48 par le train direct (3 cl.) partant de Paris-Saint-Lazare vers 9 h. s., *viâ* Segré et Nantes-État ; par l'un et l'autre de ces trains de nuit, on arrive à Fromentine à 11 h. 50 mat. (2 h. d'arrêt à Challans, où la voie Challans-Fromentine a son point de dép. en face de la sortie de la gare de l'État). — Prix : de Paris à Challans 49 fr. 55 en 1re cl., 34 fr. 25 en 2e cl., 22 fr. 40 en 3e cl.; all. et ret., val. 7 j., 74 fr. 35 ; 54 fr. 95 ; 35 fr. 85 ; de Challans à Fromentine : 2 fr. 60 en 1re cl. ; 1 fr. 95 en 2e cl. ; all. et ret., val. 3 j., 3 fr. 45 et 2 fr. 60 ; — **billets de bains de mer** (pour les conditions générales, *V.* ci-dessus) : 66 fr. 80 ; 48 fr. 10 et 33 fr. 95 all. et ret. *sans arrêts, sauf 48 h. à Nantes* ; 74 fr. 80 ; 54 fr. 10 et 37 fr. 95 all. et ret. *avec arrêts* ; ces billets de bains de mer sont valables au ret. par Pornic, sans suppl., à condition de faire timbrer le coupon de ret. à la gare de Pornic, *sous peine de nullité* ; bien entendu que les voyageurs doivent assurer *à leurs frais* leur transport et celui de leurs bagages de Fromentine à Pornic. — La gare de Paris-Montparnasse délivre aussi des billets pour Challans par toute voie État (*V.* ci-dessous, *C*, 2°). — De Fromentine (embarcadère à 5 min. de la stat. du ch. de fer ; faire transporter ses bagages par l'hôtelier, en face de la gare, ou par le personnel de la gare), bac à vapeur (remplacé par une chaloupe en cas de nettoyage ou de réparations) pour la Fosse, île de Noirmoutier, en corresp. avec le ch. de fer ; traversée 5 à 10 min. ; 20 c. par pers., 60 c. pour un passager isolé, en dehors des services réguliers ; à la Fosse, café-rest. près du débarcadère. — Voit. publ. en corresp. avec le ch. de fer et le bac à vapeur de la Fosse à (14 k., en 1 h. à 1 h. 15) Noirmoutier-Ville ; 2 fr. ; all. et ret., 3 fr.

404 k. de Paris-Saint-Lazare à Nantes-État (*V.* la Loire). — 60 k. de Nantes-État à (464 k.) Challans (*V.* R. 10, *B*). — La voie ferrée de Challans à Fromentine (1re et 2e cl. seulement ; les billets de 1re et de 2e cl. de l'État y donnent droit à la 1re cl., ceux de 3e cl. à la 2e cl.) traverse Challans (R. 10, *B*; beaux jardins), b. au centre duquel elle dessert l'arrêt de *Challans-Ville*, à l'extrémité la halte du *Calvaire*. — Cultures et champs de vignes, clos de haies ; plus loin le pays devient dénudé, tout en demeurant très cultivé. — 471 k. *Les Quatre-Moulins*. — Beaucoup de vignes et des bouquets de pins ; ensuite, marais et prairies marécageuses. A dr., avant la stat. de Saint-Gervais, propriété avec beau parc.

476 k. *Saint-Gervais* ou *Saint-Gervais-le-Marais*, 2,017 hab. (grand élevage de chevaux ; tour ronde, en petit appareil, dite la *Huguenote* ou *Motte aux Huguenots*, et autres débris romains ;

mégalithes). — On longe les maisons basses et blanches de Saint-Gervais, échelonnées des deux côtés de la route. — Halte de l'*église de Saint-Gervais* (église à g.).

480 k. Beauvoir (à dr.; 10 min. à pied; *V. C*, 1°). — La voie quitte un instant la route de terre, la retrouve bientôt et court entre des cultures, puis de pauvres prairies à l'herbe jaune et rase. — 483 k. *Le Grand-Pont*, où l'on franchit un étier. — 487 k. *La Barre-de-Monts* *, 1,535 hab., v. qu'on laisse à g., à l'entrée de bois de pins. On longe à g. les dunes tapissées de pineraies.

489 k. *Fromentine* *, terminus de la voie ferrée, ham. de la Barre-de-Monts, se compose de la gare, d'un hôtel-auberge et de quelques maisons, s'étendant jusqu'à l'embarcadère des bateaux pour Noirmoutier et l'île d'Yeu, au-dessus d'une *plage* vaseuse, puante, couverte de goémon et infestée par les moustiques. Ce n'est pas de ce côté que se créera, si jamais le projet se réalise, la station de bains de mer de la Barre-de-Monts, mais à g., dans les dunes boisées (bonne chasse), dont le bourrelet domine une plage plus propre et plus saine.

De Fromentine à Saint-Jean-de-Monts, R. 10, *B*; — à l'île d'Yeu, R. 11.

Le bac à vapeur traverse l'étroit **goulet de Fromentine**, où la mer, à la marée montante, se précipite comme dans une écluse, et accoste au débarcadère de la *pointe de la Fosse* (café-restaurant), à l'extrémité S. de l'île de Noirmoutier. On trouve là la diligence en corresp. pour Noirmoutier-Ville. Le traj. est dénué d'intérêt, à travers champs; des digues interceptent la vue de la mer.

4 k. de la pointe de la Fosse. On rejoint à dr. la route de Beauvoir à Noirmoutier par le Goua. — 10 k. de là à (14 k.) Noirmoutier-Ville (*V.* ci-dessous, *C*, 1°).

14 k. Noirmoutier-Ville (*V.* ci-dessous).

C. Par Beauvoir et le Goua.

1° Par Bourgneuf.

486 k. — 439 k. de Paris-Montparnasse, 446 k. de Paris-Saint-Lazare à Bourgneuf. — Chemins de fer de l'Ouest et de l'Etat par Segré et Nantes-Etat-transit, de l'Ouest, d'Orléans et de l'Etat par Angers-Saint-Laud-transit et Nantes-Orléans-transit. — Traj. en 10 h. 17 par l'express (1re et 2e cl.; voit. de 1re cl. avec w.-c. et toilette entre Paris et Angers) partant de Paris-Saint-Lazare vers 10 h. s. (consulter le plus récent *Indicateur*), *viâ* Angers-Saint-Laud; en 11 h. 15 par le train direct (3 cl.) partant de Paris-Saint-Lazare vers 9 h. s., *viâ* Segré et Nantes-Etat; par ces deux trains, on a à la stat. de Bourgneuf la corresp. par voit. publique pour (18 k.; 2 fr. 10) Beauvoir; à Beauvoir, on déjeune à l'*hôtel du Cheval-Blanc* et l'on commande la voit. pour se rendre à Noirmoutier l'après-midi, ou bien, si la marée l'exige, on part immédiatement. — Prix, de Paris à Bourgneuf : 48 fr. 40 en 1re cl., 33 fr. en 2e cl., 21 fr. 50 en 3e cl.; all. et ret., val. 7 j., 72 fr. 60, 52 fr. 80, 34 fr. 40;

— **billets de bains de mer** (pour la validité et les conditions générales, V. ci-dessus) : 58 fr. 50, 42 fr. 90, 30 fr. 10 all. et ret. *sans arrêts*, sauf *48 h. à Nantes*; 66 fr. 50, 48 fr. 90, 34 fr. 10 all. et ret. *avec arrêts*. — La gare de Paris-Montparnasse délivre aussi des billets pour Bourgneuf par toute voie État, *vià* Saumur ou Chinon : 50 fr. 70, 35 fr. 50, 23 fr. 15 ; all. et ret., val. 8 j., 76 fr. 05, 56 fr. 80, 37 fr. 05. — Route de voit., accessible à marée basse seulement, de Beauvoir à (22 k.) Noirmoutier-Ville ; pas de serv. public ; voit. particulière à l'*hôtel du Cheval-Blanc*, à Beauvoir, 10 fr. quand le conducteur peut revenir par la même marée, autrement 12 fr. — *N. B. A pied, ne pas s'aventurer seul dans les vases des deux côtés de la route du Goua ; on pourrait s'y enliser.*

446 k. de Paris-Saint-Lazare à Bourgneuf (*V.* le guide *la Loire*). — La route de Beauvoir pénètre au S. dans le Marais, formé par les alluvions, qui ont créé, autour du rocher de Bouin, un îlot fertile de plus de 3,000 hect., entouré d'étiers, en comblant la rade qui s'étendait jadis au S. de Bourgneuf jusqu'à Bouin, avec une larg. de 2,500 m.

456 k. *Bouin* *, 2,670 hab., patrie du peintre *Lansyer* (né en 1835). — L'*église*, moderne (style du XIIIᵉ s.), a conservé son ancien clocher. — Au *château de la Citardière*, belle cheminée de 1578.

464 k. **Beauvoir** *, ch.-l. de c. de 2,534 hab. (766 agglomérés ; commerce de sel ; excellentes huîtres), autrefois protégé par un château dont Henri de Navarre s'empara, en 1588, après 17 jours de siège, occupe un ancien promontoire, auj. éloigné de la mer de 4 k. — *Église* massive (curieux portail), surmontée d'un gros clocher du XIIᵉ s. (à l'int., piliers et chapiteaux romans). — Près des débris du *château*, démoli en 1698, monticule formé d'huîtres fossiles.

[De Beauvoir, on peut faire une intéressante excurs. à (15 k. S. ; 16 k. 8 pour la plage ; voit. part. à l'*hôtel de France*, 10 fr.) Saint-Jean-de-Monts (R. 10, *B*), par une route qui traverse la curieuse région du Marais, avec ses fermes et ses prairies entourées d'étiers, de canaux et de rigoles que les Maraichins sautent avec beaucoup de dextérité à l'aide d'une perche (saut à la tringle). On peut, sans suppl. de prix, revenir de Saint-Jean-de-Monts à Beauvoir par (16 k. ; très jolie route, décrite R. 10, *B*) Fromentine (*V.* ci-dessus, *B*).]

La route de Noirmoutier par le Goua serpente à l'O. dans une plaine entrecoupée de marais salants. On remarque, dans les prés qui bordent la route, des rangées de mottes qui sèchent au soleil : ce sont les « bouzats », galettes de fumier destinées à servir de combustible. Elles valent env. 15 fr. le mille, et les cendres se vendent comme engrais aux fermiers du Bocage, parfois aussi cher que les bouzats eux-mêmes. — Tout à coup, le sol semble s'affaisser ; une grande surface de sable et de vase, au milieu de laquelle des balises indiquent une chaussée empierrée, s'étend à l'horizon, prolongée par le long appendice, étroit et bas, qui constitue la partie S. de Noirmoutier : c'est le Goua.

469 k. 5 (5 k. 5 de Beauvoir). **Passage du Goua**, *Gua*, ou mieux

Gois (du patois « goiser », marcher dans l'eau), gué de 4 k. 5 entre le continent et l'île de Noirmoutier. Coupé par des « filées » où il reste toujours de l'eau, le Goua a sa chaussée, inégale et cahoteuse, indiquée par trois refuges-balises dont la partie supérieure forme belvédère-abri et peut servir de refuge aux piétons surpris par le flot; deux de ces balises sont éclairées la nuit par des feux blancs. A l'entrée et à la sortie du passage, des cabanes abritent des feux rouges. Le Goua est animé par le va-et-vient des charrettes de Noirmoutier, qui portent l'engrais dans le Bocage et en rapportent du bois. Il n'est pas rare de trouver des bateaux de pêche échoués au milieu de la chaussée et d'être obligé d'en faire le tour sur le sable ou dans les vases. A peu près au milieu du passage, par un curieux effet de mirage, le b. de Noirmoutier apparaît isolé et comme flottant dans une buée liquide.

474 k. Une petite rampe amène sur la terre ferme, dans l'île de Noirmoutier, et la route, dès lors excellente, court vers l'O. à travers une campagne nue et monotone où la culture des fèves alterne avec celle des blés, que les Noirmoutrins coupent à la faucille, pour perdre moins de grain et pouvoir attendre la complète maturité; un bon ouvrier en coupe dans sa journée une boisselée de dix ares. Les foins seuls se fauchent. Aucune vue dans cette morne plaine, si ce n'est, au loin, le b. de Noirmoutier, qui a grand air, et dont les détails s'accusent au fur et à mesure qu'on s'en rapproche.

476 k. On voit se détacher à g. la route de la Fosse (*V. B*), à l'entrée du long v. de *Barbâtre* (1,687 hab.), où l'on élève des ânes, et dont les nombreux ham. aux maisons blanches et sans étage longent la route sur un espace de 2 k. — Ici comme à Beauvoir, dans la campagne sèchent les galettes de fumier. — La route se dirige au N., puis au N.-O. jusqu'à l'isthme de la Guérinière, où l'appendice S. de l'île se trouve réduit à sa plus faible larg., env. 1 k.

481 k. Ham. de la *Guérinière*. — La route court au N. dans la région des marais salants, franchit des fossés d'alimentation, puis l'étier du *port* de Noirmoutier, étroite coupure à fond de vase, à sec à marée basse, et qui abrite une flottille de pêche assez considérable. Rien de plus mélancolique et en même temps de plus pictural que ce pauvre petit port envasé, avec les tas de sel qui, sur sa rive N., forment des bosselures blanches étincelant au soleil : c'est un vrai paysage de Hollande. — Aussitôt l'étier franchi, on entre dans le b. de Noirmoutier.

486 k. (22 k. de Beauvoir). Noirmoutier (*V.* ci-dessous).

2º Par Challans.

502 k. — 457 k. de Paris-Montparnasse, 464 k. de Paris-Saint-Lazare à Challans. — Chemins de fer de l'Ouest et de l'Etat par Segré et Nantes-Etat-transit, de l'Ouest, d'Orléans et de l'Etat par Angers-Saint-Laud-

transit et Nantes-Orléans-transit. — Traj. (serv. d'été) en 10 h. 30 (1re et 2e cl.) et 11 h. 28 (3 cl.) par les express du soir partant de la gare Saint-Lazare, le premier *via* Angers, le second *via* Nantes-Etat (*V.* pour les détails, en tête du § *B*, ci-dessus). — Prix : 49 fr. 55 en 1re cl., 34 fr. 35 en 2e cl., 22 fr. 40 en 3e cl.; all. et ret., val. 7 j., 74 fr. 35, 54 fr. 95, 35 fr. 85; — billets de bains de mer (pour la validité et les conditions générales, *V.* ci-dessus) : 63 fr. 36, 44 fr. 65, 31 fr. 35 all. et ret. *sans arrêts, sauf 48 h. à Nantes*; 71 fr. 35, 50 fr. 65, 35 fr. 35 all. et ret. *avec arrêts*. — La gare de Paris-Montparnasse délivre aussi des billets pour Challans par toute voie Etat, *via* Saumur ou Chinon : 49 fr. 55, 35 fr. 25, 23 fr.; all. et ret., val. 7 j., 74 fr. 35, 56 fr. 40, 36 fr. 80. — Chemin de fer à voie étroite de Challans à (16 k.) Beauvoir; traj. en 52 min.; 1 fr. 65 et 1 fr. 25 (pas de 3e cl.). — Voit. particulière de Beauvoir à (22 k.) Noirmoutier, par le Goua (*V.* ci-dessus, 1°).

404 k. de Paris-Saint-Lazare à Nantes-Etat (*V. la Loire*). — 60 k. de Nantes-Etat à (464 k.) Challans (*V. R. 10, B*). — 16 k. de Challans à (480 k.) Beauvoir (*V.* ci-dessus, *B*). — A la stat. de Beauvoir, distante de 10 min. du b. (route à dr.), on trouve généralement un domestique de *l'hôtel du Cheval-Blanc*, qui se charge de faire transporter les bagages; s'il n'y était pas, on se rendrait à l'hôtel, d'où l'on ferait prendre les bagages au ch. de fer. — 22 k. de Beauvoir à Noirmoutier-Ville (*V.* 1°).

502 k. Noirmoutier.

NOIRMOUTIER

Noirmoutier *, ch.-l. de c. de 6,093 hab. (1,993 agglomérés), peut être visité en 2 h., une demi-journée avec le bois de la Chaize, la seule partie de l'île réellement intéressante pour les touristes. Une autre demi-journée pourrait être consacrée à l'Herbaudière et à l'abbaye de la Blanche.

Noirmoutier est, par son joli bois de la Chaize (car l'installation dans le b. même n'a rien de tentant pour les étrangers), une **station de bains de mer** intime et select, un rendez-vous d'été aristocratique et artistique.

L'île de Noirmoutier, qui a souvent été comparée à un gigot dont le passage du Goua serait le manche, est formée d'une cuvette centrale de marais salants, très basse, au-dessous du niveau des hautes eaux, entourée d'une ceinture de terrains primaires que prolongent dans la mer des chapelets d'écueils. Ce noyau insulaire est prolongé au S. par un long et étroit appendice sableux gagné peu à peu sur la mer, augmenté par des apports vaseux, et qui paraît devoir peu à peu rattacher Noirmoutier au continent; déjà l'île n'est plus île qu'à marée haute, puisque, à basse mer, le Goua, qui la relie à la côte de Vendée, assèche presque complètement. Cependant, tant est grande la violence du flot sur cette langue de terre, l'appendice S. de l'île, dont les terrains ont été en grande partie conquis par le dessèchement, aurait depuis longtemps été rongé par la mer, si des digues d'une part, des dunes non encore toutes fixées de l'autre, n'opposaient leurs remparts à la mer. En résumé, Noirmoutier est une agglomération d'alluvions basses, entourées d'un bourrelet solide qui est le noyau de l'île.

L'île a 19 k. de long. sur une larg. maximum de 7 k., qui tombe à moins de 1 k. par le travers de l'isthme de la Guérinière, une superficie totale de 5,678 hect., et une population très dense de 7,780 hab. (137 au k. carré), partagée entre deux comm. : Noirmoutier (6,093 hab.) et Barbâtre (1,687 hab.). Les dunes occupent 900 hect.; la partie productive de l'île est séparée par une plage de sable de 106 hect. en deux plaines : celle de Barbâtre (500 hect.) et celle de Noirmoutier (3,000 hect., dont 1,800 cultivés en blés et 1,200 en marais salants, prairies, canaux, etc.). La fertilité des champs et des jardins est très grande. L'agriculture, les salines et la pêche (263 bateaux) occupent la majeure partie des habitants, qui font un commerce actif de blé, de sel, de primeurs, notamment de pommes de terre hâtives. Une sardinerie est installée à l'Herbaudière. L'île compte 1,000 à 1,100 inscrits maritimes. L'ostréiculture est très prospère et de grandes quantités d'huîtres sont exportées en Angleterre. Les paysans et marins de Noirmoutier sont pauvres, et l'alcool, notamment le « tafia », dont les Noirmoutrins sont friands, exerce, ainsi que le tabac, de grands ravages sur cette race d'insulaires pourtant très laborieuse et foncièrement honnête. La bourgeoisie de Noirmoutier forme une sorte de noblesse ilienne composée d'un petit nombre de familles qui s'unissent exclusivement entre elles, pour que les fortunes ne se morcèlent point; frappée de stérilité et comme prématurément étiolée, cette noblesse disparaît peu à peu.

Dans le langage des habitants, l'île s'appelle *Vermoutier*, et son nom vient, en effet, non pas de *Nigrum Monasterium*, mais de *Heri Monasterium* : Her, Er, fut, paraît-il, le nom primitif de l'île. Le monastère de Her, fondé vers l'an 680 par St Philbert pour des Bénédictins, était prospère lorsque les Normands le pillèrent en 835 et 843. En 1205, l'abbaye de Notre-Dame-la-Blanche fut bâtie à la pointe N., pour remplacer un couvent de Bernardins établi dans l'île du Pilier : cette abbaye fut dévastée à son tour par les huguenots en 1562. Du x⁰ s. au commencement du XIIIᵉ, Noirmoutier appartient aux riches seigneurs de la Garnache; aux XVᵉ, XVIᵉ et XVIIᵉ s., l'île fit partie du domaine des La Trémouille, et le fief fut érigé en duché, en 1650, pour une branche cadette de cette famille. L'île fut prise en 1676 par les Hollandais sous les ordres de Tromp et du comte de Horn. Cédée en 1720 au duc de Bourbon par la princesse des Ursins, elle reçut en 1793 le nom d'*Île-la-Montagne*. Charette s'en empara en 1793; l'année suivante, le général républicain Haxo, appuyé par l'escadre de Villaret-Joyeuse, y força 2,000 Vendéens à mettre bas les armes et y fit fusiller le chef vendéen d'Elbée.

RENSEIGNEMENTS DE SÉJOUR. — Trois hôtels à Noirmoutier, dont deux assez confortables (6 fr. à 7 fr. 50 par j.; *V. l'Index*); l'un d'eux, le principal, a une succursale d'été au-dessus de la plage du bois de la Chaize.

Ce bois de la Chaize est le bain de mer de Noirmoutier (bien qu'on puisse trouver aussi des logements simples mais proprets dans la ville), et un bain de mer absolument délicieux, avec ses chalets enfouis dans la superbe forêt, ses plages de sable, ses criques où la végétation arborescente descend jusqu'à la mer, ses blocs rocheux épars dans les sous-bois verdoyant. La société qui fréquente l'été le bois de la Chaize est plutôt aristocratique et fermée que mondaine; il y a peu de relations entre baigneurs, et, en dehors des *régates* annuelles, organisées par la Société des Régates de Noirmoutier, les seules distractions sont les arrivées et départs des bateaux à vapeur de et pour Pornic, la baignade et la promenade, celle-ci tout à fait ravissante, à l'ombre des futaies de pin maritime et de chêne vert, parmi les mimosas, les figuiers et les arbousiers, sans aucun danger, car il n'y a pas de vipères à Noirmoutier. Deux cercles, le *Cercle philharmonique* et le *Cercle littéraire*, sont installés dans le b. de Noirmoutier; les étrangers y sont admis sur présentation.

On compte, au bois de la Chaize, 64 chalets dont un bon nombre se louent meublés depuis 500 à 600 fr. pour la saison, 200 à 300 fr. pour un mois:

les petites locations sont rares. L'approvisionnement se fait par le bourg, où il y a marché le mardi, le vendredi et le dimanche. C'est le mardi et le vendredi particulièrement que l'on s'approvisionne de viande de boucherie, médiocre et pas chère l'hiver, de bonne qualité mais de prix supérieur dans la saison des bains, quand des bouchers de Pornic viennent s'installer à Noirmoutier. Le poisson est abondant et bon marché, surtout les mulets, les crevettes et les homards. Un beau homard se paie 1 fr., 20 c. et 30 c. sans la maille. La volaille est chère. Les légumes sont excellents et de prix moyen. Les anguilles sont très fines, et les boutures d'anguilles sauce matelote, avec pruneaux et oignons, sont une délectable spécialité de Noirmoutier.

L'eau des puits de Noirmoutier, dont le niveau monte ou descend avec la marée, est saumâtre. Barbâtre et la Guérinière ont de l'eau potable; la V. de Noirmoutier et le bois de la Chaize en sont pourvus par deux sources excellentes dont l'eau est portée à domicile au prix de 5 c. le seau.

Les filles de Noirmoutier émigrant vers Paris, où elles se placent comme domestiques, il est difficile, dans la saison, de trouver des bonnes et surtout des cuisinières; on parvient à se procurer des femmes à la journée (1 fr. par j.).

Une chapelle catholique, desservie le dimanche dans la saison des bains de mer, a été construite en 1898 dans le bois de la Chaize.

La route par laquelle on pénètre, en venant du Goua ou de la Fosse, dans le b. de Noirmoutier aboutit, le chenal ou étier du port franchi, et le port laissé sur la dr., à un carrefour où l'on a : à dr. la Grande-Rue, la principale artère de la petite ville; à g. la route de l'Herbaudière et, en face de la route de la Guérinière, la *rue Richer*, qui conduit directement au bois de la Chaize; au coin de cette rue et de la route de l'Herbaudière se trouve la *poste-télégraphe*. Suivant à dr. la **Grande-Rue**, on voit bientôt s'ouvrir sur cette rue, à dr., une petite place plantée d'ormeaux, sur laquelle se trouve l'*Hôtel de Ville*.

Le 1er étage (s'adr. au concierge; pourboire) contient un petit **musée-bibliothèque** renfermant : une collection de *livres* légués par l'ancien maire Edouard Richer (1818-1884), et qui se prêtent en lecture aux étrangers comme aux habitants; une collection de *coquillages* (vitrine spéciale réservée aux coquillages de Noirmoutier); une collection d'*ornithologie*, une vieille *carte* de l'île de Noirmoutier comme elle paraît à la haute mer, dessinée par Hilariot; la collection de *minéralogie* François Piet (auteur d'un intéressant ouvrage intitulé : *Recherches sur l'île de Noirmoutier*).

Plus loin, toujours à dr., s'ouvre la **place d'Armes**, où l'on remarque à g. l'*hôtel Jacobsen* (1767), et où le brave d'Elbée, déjà mourant de quatorze blessures, fut fusillé dans un fauteuil, en 1794; là, face au port et aux salines, se dresse le Château, à dr. duquel se trouve l'église Saint-Philbert.

Le **Château**, beau donjon rectangulaire du XIVe s., flanqué de contreforts en forme de tourelles cylindriques, et entouré de douves et de fossés gazonnés et plantés d'arbres, est, avec l'église, tout ce qui reste de la célèbre abbaye de Noirmoutier.

Pour visiter, on franchit le pont-levis en bois et, pénétrant dans l'enceinte (mur de ronde formant une belle promenade), on s'adresse au concierge (pourboire), qui fait voir : au rez-de-chaussée, à g., une *cuisine* avec vaste cheminée; aux étages, des chambres nues qui servaient de casernement aux troupes (Noirmoutier n'a plus de garnison). — Très belle vue de la **tour du donjon**, dite la *Vigie*; on découvre au N.-O. l'îlot et le phare du Pilier, au N. Pornic et les côtes du pays de Retz, à l'O. la ceinture de digues de la côte de Bouin, Beauvoir, le passage du Goua et Fromentine, qui semble, tant le goulet est étroit, réuni à la pointe de la Fosse; au S., l'île d'Yeu apparait entre deux moulins.

L'église Saint-Philbert date des XIIe, XIVe et XIXe s.

A l'int. : — deux beaux *retables* (autels latéraux) du XVIIIe s.; — dans le transsept g., bon tableau de l'école espagnole, représentant *St Maur marchant sur les eaux*. — Sous le chœur (entrées à dr. et à g.) s'ouvre une **crypte extrêmement remarquable**, du plus pur roman (elle remonte au XIe s.), sur laquelle l'église est bâtie et qui doit être l'église primitive; cette crypte renferme le *tombeau* vide de St Philbert (la dépouille mortelle du saint fut d'abord transportée de Noirmoutier à Saint-Philbert de Grandlieu, puis à Tournus, où elle est actuellement).

De là, pour se rendre au bois de la Chaize (la rue Richer, *V*. ci-dessus, y conduit directement; 35 à 40 min. à pied jusqu'à l'estacade du bateau de Pornic; du 1er juillet au 30 sept., serv. d'omn. en corresp. avec les arrivées et dép. du vapeur, 50 c.; voit. de louage, 3 fr. all. et ret.), on passe entre l'église à dr. et le Château à g., puis derrière le Château, et l'on prend à dr. la route du bois. En partant de la rue Richer, on laisse à g. la *source* ferrugineuse de *Pignolet*; puis, arrivé à un *calvaire* (mission de 1878), on prend la route à dr., en vue du bois (à dr., jolie vue de l'église et du Château). — A dr. de la route, *source de la Quenelle*, qui, avec la *source de la Touche*, approvisionne d'eau potable la ville et les chalets du bois de la Chaize.

On entre (15 à 20 min.), par le *plateau du Pélavé*, dans le ravissant et pittoresque **bois de la Chaize** (60 hect., dont 17 à l'Etat; chalets), à l'orée duquel les piétons peuvent prendre à dr. un sentier sous bois (grands pins et chênes verts) longeant la route. Au point où celle-ci aboutit à la mer (35 à 40 min.) s'élève à dr. la succursale de l'*hôtel du Lion d'Or*, dite *hôtel de la Plage et du Lion d'Or* (les soirs d'été, les pensionnaires viennent y diner; on peut aussi y coucher), qui possède aussi des chambres dans le *fort Saint-Pierre*, au-dessus des Roches de Saint-Pierre (*V*. ci-dessous); à g. se trouvent des cafés et l'estacade du bateau à vapeur de Pornic (très belle vue, en face, sur la côte de Bouin, la Bernerie, Sainte-Marie, Préfailles et Pornic). A g. aussi se montre le phare (*V*. ci-après); au large, toujours à g., on voit les *rochers des Pères*, signalés par une tour. En face de soi, on a la jolie *plage des Dames* (cabines), de sable fin (pente assez rapide), resserrée entre les *Rochers de l'Estacade*, surmontés du phare de la pointe des Dames, à g., et les *Rochers de Saint-Pierre*, à dr.

A g., par les *grottes de Saint-Philbert* et un sentier, dit le *chemin des Chèvres*, tracé le long des rochers qui s'étalent au-dessus du rivage, dans un désordre pittoresque, on se rend au *phare de la pointe des Dames*, feu fixe d'horizon blanc et rouge, à l'altit. de 34 m., d'une portée lumineuse de 9 milles et demi et 5 milles et demi.

Un escalier de 72 marches conduit à la galerie circulaire, d'où l'on a une **très belle vue** de la mer et de l'île, avec l'ensemble du bois de la Chaize, le rocher du Cot, que la mer ne recouvre jamais, l'abbaye de la Blanche, l'îlot, le phare et le sémaphore du Pilier, la digue Devin, la ville, l'église et le château de Noirmoutier, la côte de la Loire-Inférieure, Préfailles et la pointe de Saint-Gildas avec son sémaphore, l'embouchure de la Loire, le passage du Goua, Fromentine et la côte de Vendée.

En longeant au N., dans le charmant pêle-mêle des arbres et des rochers, la côte du bois de la Chaize, on visitera successivement *l'anse Rouge*, dominée par la *tour Plantier*, et la très artistique *plage des Souzeaux* (jolis chalets, avec le bois en arrière). Le bois est percé de charmantes allées, parmi lesquelles nous signalerons *l'allée du Tambourin*, dite « allée des Soupirs », et l'*allée des Pins*.

[Promenades recommandées : — 1° (4 k. 5 N.-N.-O; route de voit.) ruines de *l'abbaye de la Blanche* ou *de N.-D. la Blanche* (porte aux Lions, du XVII° s.; logis abbatial ou petit château; reste du cloître; bâtiments du XVIII° s., avec belle rampe d'escalier en fer forgé et boiseries Louis XV; porte Dorée, de la fin du XVI° s.), d'où l'on peut, en longeant la côte (bon sentier) à l'O., gagner en 30 à 40 min. à pied l'Herbaudière (V. ci-après); — 2° (4 k. 5 N.-O.; route de voit.), par *la Ménisière* (croix curieuse, du XVII° s.), petit *port de l'Herbaudière* (sardinerie; jetée longue de 468 m., portant un feu fixe vert, portée 2 milles). — A 3 k. 5 au N.-O. de la *pointe de l'Herbaudière* (batterie) se dresse (par très beau temps, on peut s'y faire conduire en bateau du port de l'Herbaudière) le rocher escarpé de *l'île du Pilier* (1 k. de circonférence; 600 m. de long., 150 m. de larg. maximum; fort élevé de 1710 à 1713; sémaphore; phare de 2° ordre blanc et rouge, à éclats de 4 en 4 min., à 32 m. d'alt. et de 16 milles de portée). Par les gros temps, les flots s'y brisent avec tant de fureur que l'îlot est couvert d'une pluie fine d'eau salée. Le Pilier, qu'une digue attachait encore à l'île de Noirmoutier au XII° s., est une station ornithologique très remarquable. Pendant les grands froids, il s'y rend une quantité d'oiseaux prodigieuse.]

ROUTE 9

DE PARIS A SAINT-GILLES-CROIX-DE-VIE

A. Par Chartres et Saumur.

493 k. — Chemins de fer de l'Etat (gare Montparnasse). — Traj. en 12 h. 33 par l'express de nuit (3 cl.), en 11 h. 20 (serv. d'été) par l'express. de j. (3 cl.); en prenant place à Paris dans les voit. directes pour les Sables-d'Olonne, on ne change de train qu'à la Roche-sur-Yon et à Commequiers; autrement, il faut d'abord changer à Thouars. — Prix (par toute voie Etat ou par Tours) : 49 fr. 65, 35 fr. 80, 23 fr. 35; all. et ret., val. 7 j., 74 fr. 50, 57 fr. 30, 37 fr. 35; **billets de bains de mer** all. et ret., délivrés du samedi, veille des Rameaux, au 31 octobre, valables 33 j., non

compris le j. de la délivrance, et susceptibles de prolongation pour 20, 40 ou 60 j. (10 0/0 de suppl. pour chaque période de 20 j.), ces billets valables, à l'all. comme au ret., soit par toute voie Etat, *viâ* Chartres et Saumur ou *viâ* Chartres et Chinon, soit par voie mixte Orléans-Etat, avec passage d'un réseau sur l'autre à Tours, où il faut se transporter d'une gare à l'autre gare : — *billets ne donnant pas le droit de s'arrêter aux gares intermédiaires* : 64 fr. 55; 46 fr. 55; 32 fr. 70 all. et ret. ; — 2o *billets donnant le droit de s'arrêter aux gares intermédiaires entre Chartres* (*viâ Saumur* ou *viâ Chinon*) ou *Tours et Saint-Gilles-Croix-de-Vie* : 74 fr. 50; 57 fr. 30; 37 fr. 35 all. et ret.

442 k. de Paris à la Roche-sur-Yon (*V.* R. 3). — 39 k. de la Roche-sur-Yon à (481 k.) Commequiers (*V.* R. 10, B). — La voie se détache à g. de la ligne de Nantes par Challans et parcourt une plaine verdoyante, mais plutôt monotone, où les cultures alternent avec les bois de pins.

486 k. *Notre-Dame-de-Riez* ou simplement *Riez* (fossés de l'ancien château ; bâtisse carrée, dite *le Parquet*, où se rendit la justice seigneuriale et où sont installées la mairie et l'école communale; au presbytère, ostensoir orné d'émaux, offert, dit-on, par Louis XIII).

491 k. *Saint-Hilaire-de-Riez*, 2,925 hab. (dans l'*église*, moderne, trois beaux retables du xviie s., et, dans une chap. derrière le retable g., *Moine en prière*, tableau attribué à Zurbaran; du clocher, conservé de l'ancienne église, vue splendide; dans le cimetière, *chapelle de N.-D. de Pitié*, de 1610, restaurée), stat. qui dessert (3 k. S.-O.) la petite *station balnéaire de Sion* (quelques chalets), dominant des roches bizarres dont la plus curieuse est la *Roche Trouée*.

[A 7 k. N.-N.-O. de la stat., par la route du Perrier, près de la ferme des *Mathes*, *colonne et croix* à la mémoire de Louis de La Rochejaquelein, tué à cet endroit, pendant le soulèvement de la Vendée, le 4 juin 1815.]

La voie court au S. A g., se montre le phare de Croix-de-Vie, dont le ch. de fer longe les quais.

493 k. Saint-Gilles-Croix-de-Vie (omn. de l'hôtel de Saint-Gilles et de la Villa Notre-Dame à la gare; *V.* ci-dessous).

B. Par Tours.

498 k. — Chemin de fer d'Orléans (gare à Paris, quai d'Austerlitz) de Paris à Tours, où il faut se transporter de la gare de l'Orléans à celle de l'Etat; ch. de fer de l'Etat de Tours à Saint-Gilles-Croix-de-Vie, par Thouars, Bressuire, la Roche-sur-Yon et Commequiers. — Traj. en 12 h. 50 (serv. d'été; express de 8 h. 30 du s., 1re cl.; vérifier sur le plus récent *Indicateur*). — Pour le prix des billets de bains de mer, *V. A.*

Pour la description du traj. jusqu'à Tours (*V.* R. 1, *A*). — De Tours à Thouars (*V.* le guide *la Loire*). — De Thouars à la Roche-sur-Yon (*V.* R. 3). — De la Roche-sur-Yon à Saint-Gilles-Croix-de-Vie (*V.* R. 10, *B*, et ci-dessus, *A*).

498 k. Saint-Gilles-Croix-de-Vie.

SAINT-GILLES-SUR-VIE ET CROIX-DE-VIE

La gare de *Saint-Gilles-Croix-de-Vie*, qui dessert les deux stations de bains de mer de Saint-Gilles-sur-Vie et de Croix-de-Vie, séparées par la Vie, qui forme un petit *port* de pêche et de cabotage dont l'entrée est malheureusement obstruée par les sables, est située sur le territoire de cette dernière comm. En sortant de la stat. (omn. de l'hôtel de Saint-Gilles et de la Villa Notre-Dame), il faut prendre à g., en laissant à dr. la *poissonnerie* et des confiseries de thons à défaut de sardines, traverser à niveau la voie ferrée et s'élever vers la falaise par une route bordée de chalets, pour gagner les plages de *Croix-de-Vie* (1,832 hab.), criques sableuses entre roches (très belles vues sur le port, l'embouchure de la Vie et la station balnéaire de Saint-Gilles).

Si, au contraire, on veut gagner (20 min. à pied) la plage de Saint-Gilles, dont la stat. de bains de mer est établie sur les *dunes de la Garenne*, que l'on voit, de la gare, au delà de la Vie, et qui forment bourrelet entre le petit fleuve côtier et l'Océan, il faut, au sortir de la gare, prendre à dr., d'abord le long des quais, auxquels succède une longue rue bordée de maisons (appartements meublés). On laisse à g. l'*église* neuve de Croix-de-Vie, puis on franchit la Vie sur un beau *pont* en fer, et l'on se trouve à **Saint-Gilles-sur-Vie***, ch.-l. de c. de 1,783 hab. Laissant à g. l'*église*, presque reconstruite en 1873 (quelques parties du XVIe s. ont été restaurées avec goût), et dans le clocher de laquelle le général Grosbon, qui observait de là les mouvements des royalistes, fut tué le 3 juin 1815, puis le *cimetière* (*croix hosannière* mal restaurée; pierres tumulaires des XVe, XVIe et XVIIe s.), on suit à dr. le quai, ensuite, toujours à dr., le petit pont sur le Jaunay franchi, une route, sableuse et nue, bordée d'un certain nombre de chalets (100 à 500 fr. par mois, meublés), et qui monte au petit établissement de bains de mer, dit « Casino », dominant une belle et vaste *plage* de sable d'où se montrent au loin, à dr., au delà de l'embouchure de la Vie, la plage et les rochers de Croix-de-Vie.

A dr., au sommet de la dune, très rétrécie dans sa partie terminale, dans une très belle situation, s'élève la **Villa Notre-Dame**, family hotel ouvert toute l'année et tenu par les sœurs de Saint-Charles d'Angers (pens. 6 à 8 fr. par j., ch. comprise, 4 à 5 fr. pour les enfants); cet établissement, très confortable et qui possède, dans une aile du rez-de-chaussée, une installation complète d'hydrothérapie (bains chauds et douches; tarif à l'*Index*), est divisé en deux parties : au 1er étage, les appartements pour familles; au 2e étage, des dortoirs réservés aux enfants des deux sexes confiés aux religieuses par leurs parents (admission jusqu'à douze ans). Des escaliers particuliers isolent complètement les pensionnaires des autres habitants de la Villa, qui accèdent directement à une partie réservée de la plage où se trouvent les cabines de l'établissement.

Au delà de la Villa, la dune, réduite à un mince pédoncule de sable entre la Vie et l'Océan, est couronnée d'une *statue de la Vierge*, et se termine par une longue jetée en face de Croix-de-Vie.

L'approvisionnement de Saint-Gilles et de Croix-de-Vie est très complet; le marché, la poissonnerie et les boutiquiers se disputent la clientèle des baigneurs, les légumes des environs, et notamment des terres fraîches et humectées par des sources à fleur de sol de Saint-Hilaire, sont excellents, mais les distractions font totalement défaut. Saint-Gilles-sur-Vie serait une station charmante pour les baigneurs qui cherchent le repos, si elle n'était complètement dépourvue d'ombrages.

ROUTE 10

DE NANTES A LA ROCHE-SUR-YON

A. Par Clisson.

77 k. — Chemins de fer de l'État. — Traj. en 1 h. 30 à 2 h. 23. — Prix : 7 fr. 85, 5 fr. 80, 3 fr. 80. — *N. B.* Dans les trains express, les voyageurs de 2e et de 3e cl. à destination de la Roche-sur-Yon ne sont admis qu'avec des billets ou bulletins de perception supplémentaire, comportant un parcours total d'au moins 100 k., à effectuer sans autre interruption que les changements de trains aux gares de correspondance.

27 k. de Nantes à Clisson (*V. la Loire*). — La voie, laissant se détacher à g. la ligne de Cholet, quitte la vallée de la Sèvre-Nantaise pour pénétrer dans le Bocage, en courant au S. sur le plateau entre Sèvre et Maine.

39 k. **Montaigu**, ch.-l. de c. de 1,776 hab., à 50 m., au confluent de la Petite-Maine et de l'Asson, est la patrie du conventionnel *Laréveillère-Lépeaux* (1753-1824), dont le *buste* en bronze, reproduction du buste en marbre par David d'Angers, orne la place de l'Hôtel-de-Ville. — Belle *église* gothique moderne à deux flèches. — Restes du *château*, servant de mairie. — Moutons renommés. — La voie franchit la jolie vallée de la Petite-Maine et côtoie un instant, à g., une boucle de la rivière, puis s'en éloigne au S.-S.-O. — 49 k. *L'Herbergement-les-Brouzils*, stat. qui dessert, outre les deux comm. portant ces noms, (4 k. S.-O.) *Saint-Sulpice-le-Verdon* (*château de la Chabotterie*, où Charette fut surpris par le général Travot, et ferme de l'*Hospitau*, près de laquelle le chef vendéen fut blessé et fait prisonnier le 23 mars 1796). — 58 k. Halte de *Saint-Denis-les-Lucs*. — 64 k. *Belleville-sur-Vie*, 1,187 hab. — La voie est rejointe à dr. par la ligne de Challans et à g. par la ligne de Bressuire.

77 k. La Roche-sur-Yon (R. 3).

B. Par Challans.

111 k. — Chemins de fer de l'Etat. — Traj. en 2 h. 49 à 4 h. (t. les trains sont omnibus); les prix sont les mêmes que par Clisson (*V. A*). — **Billets de bains de mer** de Paris pour Challans (Saint-Jean-de-Monts); pour la validité et les conditions générales, V. en tête de la R. 8) : 63 fr. 35, 44 fr. 65, 31 fr. 35 *sans arrêts, sauf 48 h. à Nantes*; 71 fr. 35, 50 fr. 65, 35 fr. 35 *avec arrêts*.

27 k. de Nantes à Sainte-Pazanne (*V. la Loire*). — On laisse à dr. la ligne de Pornic et Paimbœuf. — 33 k. Arrêt de *la Monétrie*.

41 k. **Machecoul**, ch.-l. de c. de 3,992 hab., sur le Falleron, jadis capitale du duché de Retz, a gardé de son *château*, contemporain de celui de Clisson, des tronçons de murs garnis de lierre, en face desquels s'étend une jolie promenade. L'*église* remonte au XIIIe s. — Au ham. de *Quinquénevent*, *église* avec crypte du XIIe s. — La voie franchit le Falleron. — 48 k. *Bois-de-Céné*, 1,888 hab., à 1 k. 5 O. (au ham. de l'*Ile-Chauvet*, ruines d'une *église* romane). — 54 k. *La Garnache*, 3,356 hab., jadis siège d'une importante seigneurie. — On franchit la Seudre.

60 k. **Challans**, ch.-l. de c. de 5,453 hab., b. très commerçant (les mardis, très importants marchés de volaille : canards, poulets, dindons, et de blé).

[Une route superbe pour les cyclistes, mais dénuée d'ombrages, et desservie par des voit. publ. en corresp. avec le ch. de fer (2 fois par j., mat. et s., dans la saison des bains; 1 fr. 50; la voit. ne va que jusqu'au v., mais, moyennant suppl. à débattre, le conducteur mène les voyageurs à la plage), met la gare de Challans en communication avec (15 k. S.-O.; 16 k. 8 par la plage) **Saint-Jean-de-Monts**, ch.-l. de c. de 4,251 hab. (910 agglomérés), charmante **station de bains de mer**, de plus en plus appréciée par les familles qui cherchent uniquement l'air pur et le repos, car elle est complètement dénuée de distractions mondaines. Le b. est d'aspect on ne peut plus riant, avec ses maisons blanches blotties dans des coins ombragés, au pied de hautes dunes, et ses artères bordées de grands arbres. La route de (1 k. 8) la plage se détache à dr. de la place de l'église, passe à côté (à g.) d'un calvaire, s'élève dans les dunes tapissées d'une belle **forêt de pins**, puis traverse un espace nu; le long de cette dernière partie de la route, ainsi que sur les dunes, au-dessus de la plage, se sont construits un assez grand nombre de chalets et deux hôtels confortables. Dans les hôtels, ouverts l'été seulement, la pens. est de 6 fr. par j., tout compris, avec réduction pour les enfants. On trouve des chalets depuis 200 fr. pour la saison et, dans le b., on peut louer des appartements à très bon compte. L'approvisionnement est complet et facile; il y a dans le b. boucher (mouton excellent), charcutier, boulanger, épiciers, marchands de légumes, laitiers (20 c. le litre), et les fournisseurs viennent t. l. j. prendre et livrer les commandes à la plage. Cette **plage**, de sable fin et solide au pied, sans danger, immense et admirable, est la plus belle et la plus vaste des côtes de Vendée, sans excepter celle des Sables-d'Olonne. On y pêche des crevettes et des petits mollusques appelés *pinnions*. La sardine fraîche est apportée de Saint-Gilles, les homards et les langoustes viennent de Noirmoutier et de l'île d'Yeu : de la plage, on voit briller le s. le Grand Phare de cette dernière île, dont les côtes se dessinent le j., par temps clair.

Une route de voit. (pas de serv. public) relie Saint-Jean-de-Monts à (16 k. N.-O.; 2 h. en voit.) Fromentine (R. 8, *B*), par (7 k.) *Notre-Dame-de-Monts* (1,369 hab., dont 231 agglomérés; *église* avec porte sculptée du xii⁰ s.), dont la *plage*, séparée de celle de Saint-Jean-de-Monts par une barre de rochers, et qui s'étend jusqu'au goulet de Fromentine à dr., est sableuse et plane, mais sans installations, et par (13 k.) la Barre-de-Monts (R. 8, *B*). Cette route est superbe sur les trois premiers k. au dép. de Saint-Jean-de-Monts (à g., des prairies et des vergers plantés de peupliers énormes s'étendent jusqu'aux hauteurs boisées des dunes littorales); puis les dunes se dénudent et redeviennent boisées au delà de la Barre-de-Monts (dans le v., à g., à côté d'un calvaire, notable raccourci), et l'on rejoint la route suivie par le ch. de fer de Challans à Fromentine à la station de la Barre-de-Monts (*V. R. 8, B*). — Une autre route, moins intéressante et qui traverse le Marais, relie Saint-Jean-de-Monts à (15 k. N.; 1 h. 30 en voit.; pas de serv. public) Beauvoir (R. 8, *C*).]

De Challans à Fromentine et à l'île de Noirmoutier, R. 8, *B*; — à Beauvoir et à l'île de Noirmoutier par le Goua, R. 8, *C*, 2⁰.

66 k. *Soullans*, 2,225 hab. — La voie parcourt des bois de pins et laisse se détacher à dr. la ligne de Saint-Gilles-Croix-de-Vie.

71 k. *Commequiers*, 1,903 hab. (à côté d'un tertre artificiel élevé, entouré d'un fossé large de 80 m. env., desséché, ruines d'un curieux *château* ou donjon du xiii⁰ s., dont l'enceinte octogonale, flanquée de tours rondes, est sans entrée apparente; deux *dolmens* dits *des Pierres Folles*; *menhir de la Palissonnière*).

De Commequiers à Saint-Gilles-Croix-de-Vie, R. 9.

La voie franchit la Vie. — 75 k. *Saint-Maixent-sur-Vie*, stat. qui dessert (5 k. E.; excurs. recommandée) **Apremont**, 1,532 hab., dans une situation pittoresque, sur un rocher dominant la Vie (*château*, bâti de 1530 à 1535 par l'amiral Chabot, détruit par Richelieu, et dont il reste la chapelle gothique et deux tours de la Renaissance; de la terrasse de l'*église*, qui date de 1450, très belle vue sur la vallée de la Vie). — 82 k. *Coëx*, 1,802 hab. — La voie oblique à l'E. — 93 k. *Aizenay*, 4,298 hab. (grandes foires), a joué un rôle important dans les guerres de Vendée; dans la nuit du 20 au 21 mai 1815, le général Travot y surprit et y battit les Vendéens. L'église renferme le *tombeau* du maréchal de Clérambault († 1665). — 102 k. *La Genétouze*. — Le ruisseau d'Amboise franchi, on rejoint à g. la ligne de Clisson, en face de l'embranchement de celle de Bressuire.

111 k. La Roche-sur-Yon (R. 3).

ROUTE 11

DE PARIS A L'ÎLE D'YEU.

PAR FROMENTINE

489 k. de Paris à Fromentine (chemins de fer de l'Ouest et de l'Etat ou de l'Ouest, d'Orléans et de l'Etat, de Paris-Saint-Lazare ou Montparnasse à Challans; chemin de fer à voie étroite de Challans à Fromentine; pour

[R. 11] **APREMONT. — PORT-JOINVILLE.** 147

les détails et la durée du traj., le prix des billets simples, des billets
d'all. et ret. et des **billets de bains de mer pour Fromentine**, *V.* R, 8, *B*).
— 15 milles de Fromentine à l'île d'Yeu; bateau à vap. partant t. l. j.
de Fromentine et de l'île d'Yeu, à heures variables, selon la marée
(s'informer des heures du dép. en demandant le tableau du mois à l'armateur, M. Bergman, à Saint-Nazaire, ou au gérant, le capitaine Garnier, à l'île d'Yeu, pour ne pas être obligé de coucher à Fromentine;
l'horaire est aussi publié dans *l'Indicateur des chemins de fer de l'Etat*,
en vente 10 c. dans toutes les bibliothèques des gares du réseau); traj.
en 1 h. 50; 1re cl., 3 fr.; 2e cl., 2 fr. 25. — *N. B.* Le vapeur, en nettoyage ou en visite, est remplacé par une chaloupe 4 j. env. chaque
mois; ces j. sont indiqués au tableau mensuel des départs.

489 k. de Paris-Saint-Lazare à Fromentine (*V.* R. 8, *B*). — En
descendant du train à la gare de Fromentine, il faut faire transporter son bagage, soit par le personnel de la gare, soit par les
soins de l'hôtelier Burgaud, à l'embarcadère du bateau à vap.,
navire solide et tenant très bien la mer, mais roulant beaucoup
par gros temps, et dénué d'installations confortables pour les
passagers. Le prix du passage se paie à bord. — A la sortie du
goulet de Fromentine, après avoir laissé à dr. la côte basse de
Noirmoutier, les regards sont attirés par de grandes bouées
pareilles aux culées d'un pont gigantesque dont le tablier aurait
été emporté par les eaux. A g. se montrent les dunes boisées de
la côte de Monts, qui restent visibles même après qu'au S. la
côte N. de l'île d'Yeu émerge de la brume. Les deux grands
points de repère de l'île, le Grand-Phare à dr. et le clocher de
Saint-Sauveur ou du Bourg à g., se montrent tout d'abord;
ensuite on voit au centre Port-Joinville, avec son phare en
arrière du quai et en avant de l'église. A g. de Port-Joinville, la
plage de Ker-Chalon dessine son hémicycle de sable; le bois de
pins de la citadelle fait, par sa masse noire, davantage ressortir
l'éclatante blancheur des maisons qui dévalent du plateau jusqu'à la mer, et la fumée des fabriques de soude étend un
panache gris sur le paysage. Au fur et à mesure qu'approche le
navire, les détails s'accusent et enfin l'on pénètre dans l'avantport, superbe avec ses longues jetées dont celle de dr., au pied
de laquelle passe le vapeur, est terminée par un feu fixe (portée
10 milles, secteur rouge 6 milles), et qui protège de la houle du
large le port d'échouage, charmant avec ses nombreux bateaux
pêcheurs et caboteurs. Le vapeur s'amarre à quai.

1 h. 50 de Fromentine, **Port-Joinville** * (officiellement *Port-Breton*), 1,424 hab., principale agglomération de l'**île d'Yeu**, qui
forme une comm. et un cant. de 3,489 hab., et deux paroisses
(Port-Joinville et le Bourg), étale ses maisons blanches (elles
sont reblanchies à la chaux tous les ans à l'occasion des processions) le long de son quai et sur les pentes d'une falaise couronnée par la citadelle, sur la côte N. de l'île, la moins âpre et
la moins sauvage.

L'île d'Yeu, longue de 9 k. du N.-O. au S.-E., avec une larg. de 3 à 4 k.
et une superficie de 2,247 hect., est bien plutôt une terre bretonne qu'une

terre vendéenne. Bien qu'administrativement et par sa situation géographique elle appartienne à la Vendée, dont la côte s'aperçoit nettement de son plateau, son aspect physique est celui d'un socle de granit détaché de l'Armorique, et elle ressemble bien davantage à Belle-Isle qu'aux îles basses et alluvionnaires de Noirmoutier, de Ré et d'Oleron. C'est par sa côte S. surtout que cette ressemblance s'établit et s'accentue; là, les assauts furieux de l'Océan ont capricieusement taillade la hautaine falaise, coupé dans la roche granitique et dure des anfractuosités grandes et petites, détaché de longs promontoires effilés, des chapelets de récifs, des écueils sans nombre et des formes les plus fantastiques. Merveilleuse de pittoresque est cette côte S., dominée par un plateau gazonné à peu près désert, couvert de fougères basses et d'une herbe rase et salée que paissent avidement les excellents moutons de la race insulaire, petite et justement renommée. Sur cette lande battue des vents et des embruns, semée de blocs de roc de toutes dimensions, où l'on ne voit, avec les troupeaux de moutons, que des chevaux au piquet, pas de maisons, pas d'habitations : c'est le grand et sublime spectacle de la pauvreté virile, de la désolation, quelque chose de sévère et de biblique. Terrifiante est la vision de cette côte quand gronde la tempête et que, poussées par le vent, les énormes vagues déferlent avec fracas sur les falaises, escaladent les caps et les couvrent de leur blanche écume, dont les flocons passent au-dessus de l'île pour retomber dans la mer, sur la côte N.

Par opposition à cette côte sublime et sinistre, si bien appelée **côte Sauvage**, la côte N. descend en pente relativement douce vers la mer, et c'est là et sur le plateau cultivé de l'île que se trouvent les v. et les ham., habités par une population de pêcheurs et de marins qui n'ont rien du type vendéen. Avec leur mouchoir négligemment noué sur le cou, les femmes de l'île d'Yeu ont bien plus l'air de Méridionales que de Vendéennes; le dimanche, à la sortie des offices, pendant lesquels les magasins sont fermés, on voit les vieilles vêtues de noir, le mouchoir noir sur la tête au-dessus d'une coiffe blanche, enveloppées dans un ample manteau noir; les jeunes filles sacrifient aux modes parisiennes. Et, comme pour accentuer cette ressemblance avec la Bretagne, une partie de l'île, la plus importante, a tous ses hameaux aux noms commençant par le *Ker* breton; sa population, dite les « gens de la Fouras », diffère de celle des « Gruzelands » ou du coin S.-E. de l'île, où les noms des ham. sont français (les Martinières, la Croix, etc.).

L'île d'Yeu, appelée *Oia* durant l'antiquité, appartint, pendant le moyen âge, aux puissants seigneurs de la Garnache.

Le climat est très doux et permet aux figuiers, aux myrtes, aux fuchsias, aux hortensias de prospérer en pleine terre.

Port-Joinville n'ayant pas de monuments peut être vu en 1 h. 30 à 2 h., y compris sa plage de Ker-Chalon; mais l'île mérite d'être visitée en détail. Elle n'a qu'une route réellement digne de ce nom : c'est la route départementale qui traverse dans toute son étendue (13 k.) le centre du plateau insulaire, du sémaphore des Chiens-Perrins à la pointe des Deux-Corbeaux, et sur laquelle se greffent un certain nombre de chemins vicinaux dont ceux du Bourg, du Grand-Phare et du port de la Meule sont les meilleurs; celui du Château est très mauvais dans sa dernière partie, vers la côte Sauvage, mais les voit. de l'île d'Yeu passent partout, même dans des sentiers qu'un piéton trouverait précipiteux.

Car on peut très bien visiter l'île en voit. Les bouchers de

[R. 11] ÎLE D'YEU. 149

Port-Joinville, qui sont les loueurs insulaires (V. l'*Index*), montrent l'île aux touristes en une journée de voit., coupée en deux excurs. par le déj. que l'on revient prendre à l'hôtel de Port-

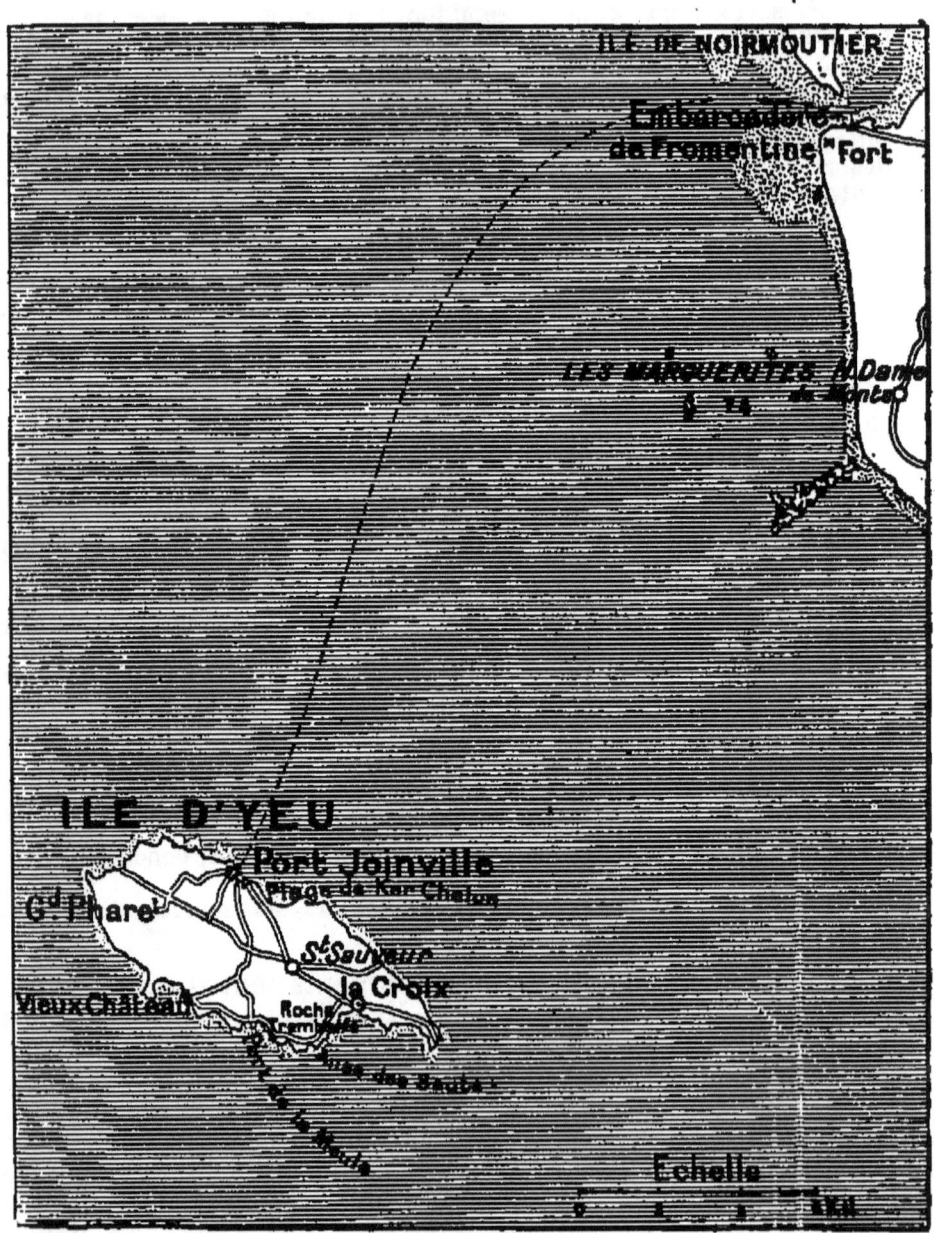

Joinville (12 fr. pour la promenade complète, 4 à 5 voyageurs). Quant aux personnes qui voudront explorer en détail les curieuses falaises, les grottes et les rochers de la côte Sauvage, nous leur recommandons comme guide M. Robert, huissier à Port-Joinville, qui connaît admirablement l'île tout entière.

Il n'y a pas un seul poteau-indicateur sur les routes de l'île d'Yeu; mais deux points de repère, que l'on aperçoit parfois tous deux à la fois, dont l'un ou l'autre est en tout cas toujours visible, dirigent suffisamment les promeneurs : ce sont le Grand-Phare à l'O. et la tour de Saint-Sauveur ou du Bourg à l'E.

Les touristes qui ne feront que séjourner à l'île d'Yeu entre l'arrivée et le prochain départ du vapeur ne devront pas manquer de voir les ruines du Château, le port de la Meule et la Pierre Tremblante.

Renseignements de séjour. — Port-Joinville est un bain de mer qui attire, l'été, un certain nombre de familles et qui conquerrait rapidement la vogue, si les communications avec le continent étaient plus confortables. On se baigne sur la plage de sable de Ker-Chalon, à 10 min. E. de Port-Joinville; sur cette plage, sans danger, on installe des cabines qui se louent 15 fr. pour la saison.

Deux hôtels suffisants, où la cuisine est abondante et bourgeoise, où les chambres sont simples mais très propres, reçoivent les étrangers (pens. 5 fr. par j. pour un séjour de 15 j. au moins), qui peuvent aussi s'installer en appartements meublés, car on ne trouve pas de chalets à louer à l'île d'Yeu. On se loge chez l'habitant, du côté du port ou de Ker-Chalon; les maisons qui donnent sur le quai sont les plus recherchées. Le prix est de 1 fr. par j. et par lit. L'approvisionnement est varié et très complet, bien qu'il n'y ait pas de marché, grâce à la compagnie en garnison dans l'île; deux bouchers fournissent la viande fraîche tous les jours. A la poissonnerie, on ne vend qu'en gros; mais il est aisé de s'entendre avec les pêcheurs et de se procurer du poisson frais à prix raisonnables; les homards et les sardines ont une réputation méritée; les langoustes de l'île d'Yeu font prime aux Halles de Paris; les loubines, les mulets, etc., abondent. La volaille est rare et chère; on la fait venir de Challans. L'île produit des figues délicieuses.

L'eau potable est limpide et de belle apparence, mais elle est un peu saumâtre et l'usage du siphon ou de l'eau minérale est général dans les hôtels.

Aucune distraction mondaine : on pêche aux crevettes au bout du môle ou de l'estacade, on peut même accompagner en mer les bateaux-pêcheurs et assister aux prises; c'est un spectacle curieux l'été, au moment de la sardine et du thon. Une autre distraction est la chasse, entièrement libre, aux tourterelles venant d'Espagne et du Maroc, et qui s'abattent sur l'île par passages énormes.

En débarquant, on se trouve sur le quai, siège de la petite animation de Port-Joinville, très gai, bordé de magasins, d'hôtels et de cafés et qui est la promenade de prédilection des insulaires, le soir, surtout quand la marée remplit le port, très intéressant avec sa nombreuse flottille de gros bateaux de pêche. Si l'on suit le quai à g. ou à l'E., on arrive à une petite esplanade plantée d'arbres (bancs de repos) au delà de laquelle, après le bâtiment renfermant la *mairie* et la *justice de paix*, commence la route de Saint-Sauveur par Ker-Chalon; cette route, suivie pendant 10 min. env., puis une courte descente à g., amènent à la *plage de Ker-Chalon*, bel hémicycle de sable au fond couronné d'un bouquet de pins.

On peut aussi, arrivé à l'extrémité E. du quai, se rendre à la plage en longeant la côte (rochers couverts de varech) et, du même côté, l'*estacade*, longue, avec le quai, de 800 m., est un but d'agréable promenade par temps calme; de là on a une belle vue de Port-Joinville, dominé par son église et la citadelle dans son bois de pins et, à dr., de la plage de Ker-Chalon.

Si, revenant sur ses pas, on suit le quai dans la direction opposée, c'est-à-dire vers l'O., on laissera à dr. la jetée du phare (à l'entrée, bateau de sauvetage) et l'on verra à g., en face de la batterie de la chapelle, la *poissonnerie* et trois *confiseries de sardines*, dont les deux plus importantes, celles des maisons Bouvais-Flon et Amieux, peuvent être visitées par les étrangers, en en demandant l'autorisation aux bureaux.

On y prépare surtout du thon. Tout le travail, sauf le soudage, est fait par des femmes, payées à raison de 20 c. l'heure, car le travail est subordonné à la pêche. Les ouvriers boîtiers-soudeurs reçoivent un salaire de 2 fr. 25 par 100 boîtes; les plus habiles arrivent certains jours à gagner jusqu'à 50 fr.; ils peuvent se faire 2000 fr. pendant la saison, qui va de juin à octobre. Les confiseries sont fermées l'hiver.

Derrière le quai et l'*hôtel des Voyageurs*, une rue à g. monte à l'*église* (sur le 1er pilier g., plaque de marbre à la mémoire de André-Jean Paladeau et Alfred-Théodore Marchandeau, morts à la mer le 12 nov. 1876, en se portant, avec le canot de sauvetage, au secours de deux pêcheurs en détresse) et au plateau où le cimetière se trouve entre les deux routes du port de la Meule à g. et du Château à dr.; la rue à dr. mène à la *poste-télégraphe* et celle en face, jalonnée du télégraphe, est le commencement de la route du Grand-Phare.

[1° **Ruines du Château** (4 k. S.-S.-O.; 40 min. à pied; route de voit., très mauvaise dans la dernière partie, où elle n'est plus qu'une piste sur les gazons et sur les pierrailles; néanmoins les voit. y passent; *avoir soin de prendre la clef des ruines à la mairie de Port-Joinville*). — Passant à côté (on la laisse à g.) de l'église de Port-Joinville, on s'élève sur un plateau (très belle vue) où se trouve une grande croix, et l'on arrive au cimetière. Là, laissant à g. la route du port de la Meule (V. 2°), on prend à dr. du cimetière celle du Château. — A dr. se montre le bois de pins de la citadelle (interdit par l'autorité militaire). — On se dirige sur le toit rouge d'une bergerie, à côté de laquelle (on l'a à sa dr.) passe le chemin, qui devient dès lors une piste cahoteuse et inégale, tracée sur les gazons glissants mêlés de blocs de pierrailles, descend dans une dépression et remonte au Château.

4 k. (40 min.). Ruines du *Château*, quadrangulaire, flanqué de tours, bâti au XVIe ou au XVIIe s., pour la défense de l'île, sur un superbe rocher granitique isolé au N. par un ravin dans lequel s'engouffre la marée et s'avançant au S. dans une baie de la côte Sauvage étrangement découpée et fermée à dr. par un long promontoire que prolongent en mer de nombreux récifs. On pénètre dans ces ruines, de construction très négligée, extrêmement pittoresques, par une passerelle qui aboutit à une porte (les bouchers de Port-Joinville, qui conduisent les voyageurs en voit., et les hôteliers ont une clef de cette porte; une clef est à la mairie de Port-Joinville, à la disposition du public), et l'on se trouve dans la vaste enceinte du Château

dont il ne reste aucune pièce intacte; mais, en montant au sommet de la grande tour ruinée (prendre des précautions) qui domine tout l'ensemble, on a une vue très étendue sur la mer et sur les anses, baies, caps, promontoires de la côte Sauvage, extrêmement déchiquetée et dont les brunes falaises subissent de terribles assauts de l'Océan par les grandes tempêtes.

Des ruines du Château, en longeant à distance à l'E. la falaise, on peut, en 15 à 20 min., gagner le port de la Meule (V. 2°); on pourrait aussi, à l'O.-N.-O. (moins intéressant), se rendre en 35 à 40 min. au Grand Phare (V. 3°).

2° **Port de la Meule** (4 k. S.-S.-E.; 45 min. à pied; route de voit. d'abord excellente, puis passable; très belle excurs.). — Jusqu'au cimetière (V. 1°). — Laissant à dr. la route du Château, on longe en légère descente le cimetière (que l'on a à dr.). A g. se montre la mer; en face de soi, on voit le clocher de Saint-Sauveur ou du Bourg, que l'on continue à voir plus loin, mais alors sur la g. — La route traverse des cultures; à dr., sur la hauteur, pins.

25 min. *Ker-Bossy*, ham. que la route, pierreuse et cahoteuse, traverse dans toute sa longueur. A la sortie de Ker-Bossy, on croise la route centrale de l'île, qui, suivie à g., conduirait à Saint-Sauveur (belle vue d'ensemble de ce v. et de son église), et l'on continue droit en face de soi, à travers un plateau cultivé. Bientôt à l'horizon se montre l'Océan, par une dépression des falaises de la côte Sauvage. La route décrit un tournant, et l'on voit au loin la mer, à dr. et à g.

40 min. La route traverse en zigzag le ham. de *la Meule*, très pittoresque avec ses maisons basses aux jardinets ombragés, et descend un court vallon, dans lequel se trouve la *fontaine de la Double-Conception*.

45 min. *Port de la Meule* (nombreux viviers et casiers à homards), véritable fiord, criquée creusée dans la falaise et qui paraît sans issue. La route contourne le petit port (bateaux de pêche), dominé à g., sur la falaise, par la construction blanche de la chapelle de la Meule (V. ci-dessous). Arrivé à l'extrémité du quai dallé, il faut s'élever à dr., par un escalier suivi d'un sentier, pour voir l'entrée du port, surplombé par de curieuses roches nues, la mer et les âpres falaises de la côte Sauvage. En arrière, belle vue, au delà du petit vallon planté d'arbres, sur le ham. de la Meule.

[DU PORT DE LA MEULE AU CHÂTEAU (15 à 20 min. O.; sentiers de piétons). — Du port de la Meule, on peut gagner les ruines du Château, soit en suivant la falaise, soit en remontant le petit vallon de la Meule, puis à g. le pli de terrain gazonné qui s'élève sur le plateau aux gazons glissants, semé de curieux blocs de roc (ne pas trop s'approcher du bord de la falaise); la vue est d'une extrême sauvagerie sur une côte très découpée. On se dirige, ayant en vue, sur la dr., le Grand Phare, sur une énorme motte de terre à g., qui sert aux tirs; derrière se trouve le Château.

15 à 20 min. Ruines du Château (V. 1°).

DU PORT DE LA MEULE A PORT-JOINVILLE, PAR LA PIERRE TREMBLANTE, LA TAILLÉE, L'ANSE DES SAUTS, SAINT-SAUVEUR ET KER-CHALON (très belle promenade de 2 h. à 2 h. 30 à pied, arrêts compris; l'anse des Sauts est un très joli endroit pour pique-niques; on ne peut pénétrer dans les grottes qu'à mer basse; guide utile : Robert, huissier à Port-Joinville, recommandé; si on n'a pas le temps de faire cette course, il est de tradition de monter au moins jusqu'à la Pierre Tremblante). — Remontant le vallon de la Meule, on prend à dr. le sentier qui s'élève sur la falaise et conduit à la *chapelle de la Meule*. Là, continuant à suivre la falaise à l'E., on arrive (20 min. du port de la Meule) à la *Pierre Tremblante*, une des curiosités naturelles les plus remarquables de cette côte Sauvage, si fertile en aspects étranges : c'est une pierre branlante qui affecte la forme du dos

[R. 11] PORT DE LA MEULE. — GRAND-PHARE. 153

d'un corps humain; il faut la pousser dans sa partie centrale, pour la mettre en mouvement. On passe sous la Pierre Tremblante (précautions; ne pas s'aventurer, si l'on est sujet au vertige) pour voir la *Taillée* (rocher et banc), gigantesque entaille et murs cyclopéens qui accusent le travail séculaire des flots. On voit ensuite l'*anse des Fontaines* (source au-dessus de l'anse), puis on descend dans la jolie *anse des Sauts* (beau sable), divisée par un éperon rocheux en deux parties, dites l'une « plage des Dames », l'autre « plage des Messieurs », et entourée de falaises élevées, tapissées de lierre. La pente de l'anse, où se trouvent des rochers avec concrétions sableuses, recouverts de varech, est assez forte pour qu'une extrême prudence soit recommandée aux personnes qui seraient tentées de s'y baigner.

Dans la falaise de dr. (O.; 1re plage) de l'anse des Sauts s'ouvre une grotte, la plus belle de l'île, assez profonde (on peut s'avancer à l'int. pendant 20 ou 25 m., sans danger), où l'on pénètre à marée basse seulement (la mer la remplit à marée haute, et elle n'est pas même alors accessible en bateau) par une voûte majestueuse et très élevée, après avoir gravi des rochers glissants, couverts de varech.

Dans l'autre falaise (E.; 2e plage) s'ouvre une *grotte* dont l'entrée est malheureusement obstruée par des blocs de rochers. De l'anse des Sauts, un bon sentier conduit à g. ou au N. à *Saint-Sauveur*, plus communément appelé *le Bourg*, jadis la capitale de l'île, et auj. la deuxième paroisse de l'île, où l'on visitera l'*église* romane (à l'int., à dr. et à g. du chœur, tableaux anciens; vieux bénitier en pierre), dont le clocher élevé (y monter, si l'on n'est pas monté au Grand Phare; s'adr. au sacristain ou à la cure) est l'un des deux points de repère (l'autre est le Grand Phare) toujours visibles et qui guident le touriste à travers l'île.

De Saint-Sauveur, on revient à (3 k. 5 env.) Port-Joinville, par la route de voit., qui, au delà de l'église, traverse le v.; à une bifurcation, il faut continuer de se tenir sur la dr., en montée. On laisse à g. un ancien moulin ruiné de bizarre aspect, puis, du même côté, sur un tertre, la *chapelle de Permanfer*, derrière laquelle se dresse une grande croix.

La route descend, avec la mer à dr., passe au-dessous du v. de *Ker-Chalon*, qu'elle laisse à g., laisse à dr. la plage de Ker-Chalon (V. ci-dessus). et, ayant depuis quelque temps en vue l'estacade, on aboutit au quai du port.

2 h. à 2 h. 30. Port-Joinville.

3° **Le Grand-Phare** (3 k. 5 à 4 k. S.-O.; route de voit.; excurs. recommandée, pour la vue que l'on a du phare; demander l'autorisation de visiter le phare au conducteur des Ponts et Chaussées, à Port-Joinville. — Derrière le quai et l'hôtel des Voyageurs, on prend en face la rue jalonnée des poteaux télégraphiques, et qui commence la route du phare. — La route, laissant à g. le ham. de Ker-Borny, rejoint à *Cadouère* la route centrale de l'île, que l'on suit à dr. jusqu'à *Ker-Gigoux*. Là, on quitte cette route (télégraphe), qui se dirige à dr. sur le *sémaphore*, pour prendre à g. la route du phare.

3 k. 5 à 4 k. *Grand-Phare*, dit *phare de la Petite-Foule* (registre des visiteurs; pourboire au gardien), de 1er ordre, feu-éclair électrique (on y accède par un escalier de 174 marches), à 33 m. au-dessus du sol, 54 m. au-dessus du niveau de la mer; portée, 60 milles). De la galerie-belvédère, on embrasse un immense panorama; aux pieds du visiteur, le plateau de l'île se déploie comme une carte en relief, avec les indentations de ses côtes, notamment toutes les découpures de la côte Sauvage, les ruines du Château, la chapelle de la Meule, plus près le promontoire du Châtelet et la pointe de Maugarni; on découvre Saint-Sauveur et Port-Joinville; au delà de la mer, on voit la côte de Monts (Vendée), l'île de Noirmoutier, le phare du Pilier; en face, tout à fait rapprochés, au N., on a le sémaphore,

à côté le *phare* à la gazoline, brûlant jour et nuit, qui signale les écueils des Chiens-Perrins, les récifs du Grand-Champ, etc.

Du Grand-Phare, on peut, en 15 à 20 min., en reprenant la route départ. ou centrale dans la direction du sémaphore, aller voir le *dolmen de la Gournaise* (longer la côte à dr. du sémaphore), à l'extrémité de la *pointe de la Gournaise*, à dr. de laquelle se creuse une jolie petite anse au fond sabloux (barques de pêche). Au large, on voit la mer briser sur les *écueils du Grand-Champ*.

4° **Le tour de l'île en bateau** (très intéressante excurs. par temps calme et sûr). — Cette excurs., pour laquelle il est aisé, dans la saison, de recruter des partenaires parmi les baigneurs ou dans les hôtels, demande une journée entière (bateau, 15 à 20 fr.; emporter le déj.).]

ROUTE 12

DE PARIS A L'ÎLE DE RÉ

A. Par la Rochelle.

467 à 482 k. par le chemin de fer (toute voie Etat ou voie mixte Orléans-Etat) de Paris (Montparnasse ou Austerlitz) à la Rochelle (pour tous détails des traj., prix des billets simples et des **billets de bains de mer**, V. R. 4). — Les voyageurs ont à faire transporter à leurs frais leurs personnes et leurs bagages de la gare de l'Etat au quai Duperré, où se trouvent les embarcadères des bateaux (omn. de ville, ou, à défaut, des hôtels; 50 c. par pers., 20 c. par colis). — Bateaux à vapeur de la Rochelle (quai Duperré) à la Flotte et à Saint-Martin; 3 dép. par j., à heures variables, selon la marée; 2 de la Cie Delmas *pour Saint-Martin, avec escale à la Flotte* à l'all. et au ret., quand le vent et l'état de la mer le permettent (l'un de ces dép., indiqué en rouge sur les horaires, est un service spécial de voyageurs, généralement effectué l'été par le confortable vapeur *Jean-Guiton*, très bien installé, avec buffet-bar à bord; l'autre, indiqué en noir sur les horaires, est un service mixte de voyageurs et de marchandises; traj. en 1 h. 15 par le *Jean Guiton*, en 1 h. 30 par les autres bateaux; 2 fr. 50 en 1re cl., 2 fr. en 2e cl., 30 kilogr. de bagages compris; all. et ret., val. 2 j., 3 fr. 75 et 3 fr.; chien, 50 c.; vélocipède, 50); 1 de la Cie Rhétaise *pour la Flotte seulement* (V. ci-dessous, B, la Flotte). — *N. B.* Certains j., désignés sur les affiches et les horaires de la Cie Delmas, le 1er bateau à vapeur part assez tôt de la Rochelle pour que la visite de Saint-Martin et l'excurs. au phare des Baleines (en ch. de fer ou en voit.) puissent se faire dans la même journée, avec rentrée à la Rochelle pour le dîner.

467 à 482 k. de Paris à la Rochelle (V. R. 4). — Le bateau à vapeur passe entre les tours Saint-Nicolas et de la Chaîne (très belle vue en arrière sur la Rochelle), franchit le chenal ou goulet ouvert dans la digue de Richelieu, laboure de son hélice les vases de la baie, laisse à dr. la côte et les bains du Mail, à g. le rivage bas qui se termine à la pointe des Minimes, double à dr. la pointe de Chef de Baie, passe entre le port de la Pallice à dr. et la pointe de Sablanceaux à g., et s'engage dans le Pertuis Breton, longeant à peu de distance (à g.) la côte N., sableuse

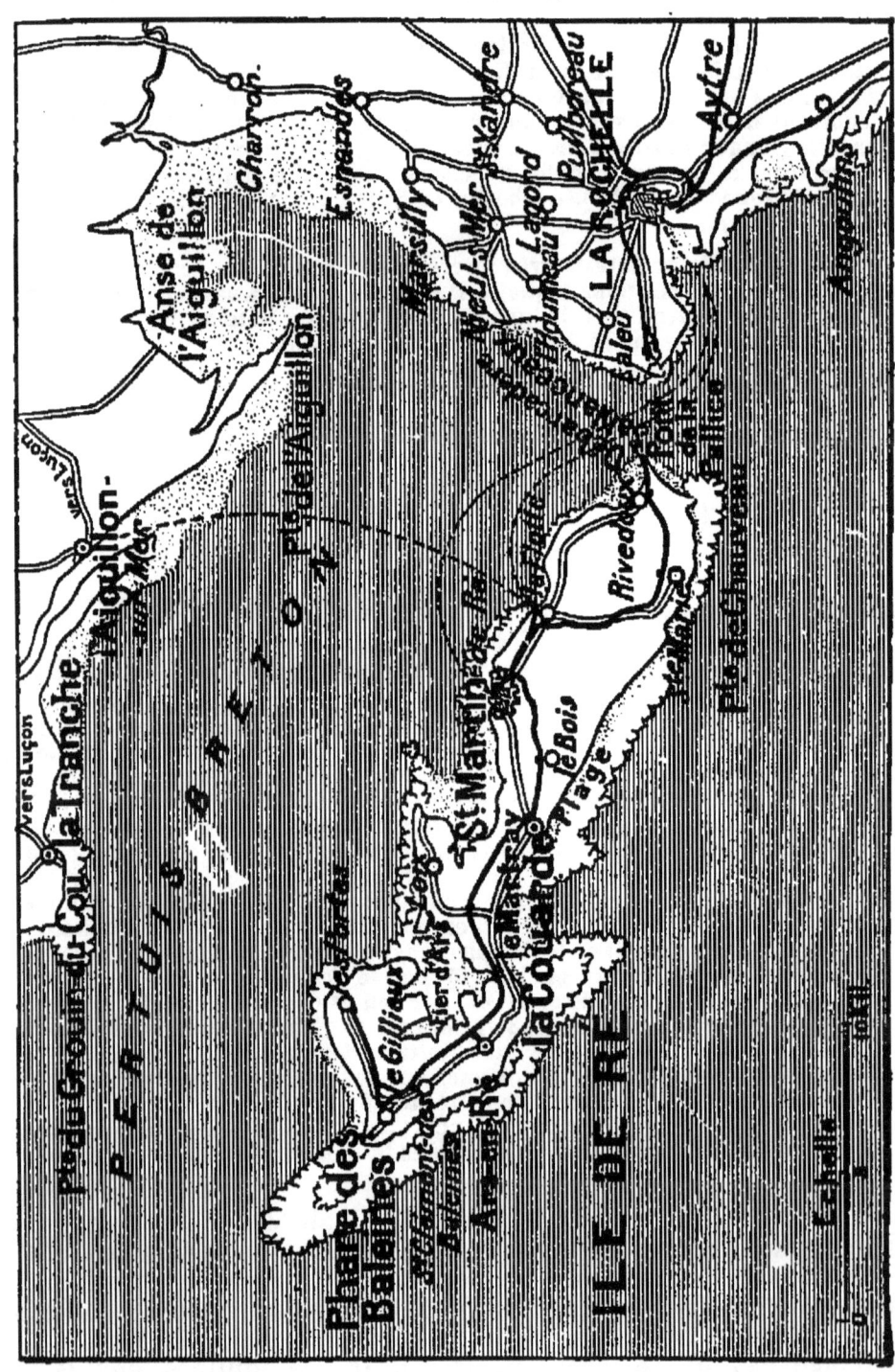

et monotone, de l'île de Ré. Au delà des maisons blanches de Rivedoux se montrent d'abord le fort de la Prée, puis les restes de l'abbaye de Saint-Laurent, d'aspect plus étrange qu'architectural avec leur partie supérieure peinte en noir pour servir d'amer. Le vapeur double la pointe des Barres et pénètre dans le port de la Flotte (*V. B*), dont les maisons claires à volets verts s'étendent le long du rivage. Plus loin, on voit à g. la citadelle de Saint-Martin, avant de pénétrer dans le port.

1 h. 15 à 1 h. 30. **Saint-Martin** *, ch.-l. de c. de 2.459 hab., V. forte, port et station de torpilleurs, peut être visité en 2 à 3 h. En une journée, on voit la ville et on fait l'excurs. classique (en ch. de fer ou en voit.) du phare des Baleines.

Saint-Martin ne possède qu'une petite plage, mais la Cie du ch. de fer organise l'été des trains spéciaux pour permettre à sa population d'aller se baigner sur la plage de la Couarde. On trouve à Saint-Martin plusieurs hôtels, dont un surtout, l'*hôtel de France*, est excellemment tenu: on peut s'y loger en meublé, dans de bonnes conditions.

L'île de Ré, longue de 25 k. sur une larg. variable de 5 à 7 k. qui se réduit à 70 m. à l'isthme du Martray, avec une surface de 85 k. carrés, est une terre plate et basse, bien plus intéressante par la prodigieuse activité et l'esprit commerçant de sa population que par son pittoresque. Séparée au N. des côtes de Vendée par le Pertuis Breton, au S. de l'île d'Oléron par le Pertuis d'Antioche, elle est le prolongement du rivage d'Aunis, dont elle reproduit les traits géologiques et à laquelle la rattachent des bancs et des hauts fonds où la sonde marine n'accuse pas une profond. de plus de 6 m., d'où il est facile de conclure qu'à une époque relativement récente elle fut rattachée au continent. Elle se divise en deux parties bien distinctes, reliées par cet isthme du Martray qui aurait disparu depuis longtemps sans les travaux d'endiguement qui s'opposent aux empiétements de la mer : la partie E., riche, plantée en vignes qui donnent des produits estimés (250 fr. le tonneau de quatre barriques; 40 fr. seulement vers 1870), et la partie O., pauvre, où les vignes sont rares, chétives, avec un fort goût de terroir, et qu'occupent presque entièrement les marais salants.

La population rhétaise est extrêmement dense (14,600 hab.; 172 au k. carré) et très agglomérée dans des ham. et bourgades dont les maisons ont un air de propreté hollandaise; cette propreté est plutôt extérieure, au moins dans la classe besogneuse, car les femmes de l'île de Ré travaillent aux champs, vont à la marée et délaissent un peu les soins domestiques.

La terre est morcelée à l'extrême, divisée en parcelles ou « raizes » infinitésimales, qui valent, dans la partie O., de 15,000 à 18,000 fr. l'hectare. La culture est intensive (légumes, notamment des asperges, et vignes; blé); les 4,000 hect. du vignoble rhétais, fortement entamés par le phylloxera, ont pu se reconstituer dans les sables naguère stériles, grâce à l'inépuisable fumure du varech, sart ou goémon, dont la cueillette représente annuellement 50,000 tonnes. Aussi les Rhétais, bien qu'insulaires, sont-ils surtout vignerons dans la partie E., sauniers dans la partie O., et fort peu navigateurs et marins. L'île n'arme que 41 bateaux, montés par 194 hommes, pour la grande pêche (germon ou thon) et elle n'a que 95 bateaux, avec 214 hommes d'équipage, pour la pêche côtière autour de l'île, dans les « écluses » de la mer sauvage. Mais, dans le Fier d'Ars et dans la Fosse de Loix, on ne compte pas moins de 2,040 parcs à huîtres et

[R. 12, A] SAINT-MARTIN. 157

claires ; les huîtres de l'île de Ré sont parfaites, comme du reste tout le poisson, et les coquillages abondent.

L'île de Ré, la *Ratis Insula* des anciens, appartenait au viiie s. au duc Eudes d'Aquitaine, qui fonda à cette époque le b. de Saint-Martin. Elle fut possédée longtemps par les seigneurs de Mauléon (de Chauvigny, en Poitou), et le mariage d'Éléonore, épouse répudiée de Louis VII, avec Henri Plantagenet, en fit au xiie s. une dépendance de l'Angleterre. Louis VIII la reprit aux Anglais en 1224, mais le traité de Brétigny (1360) la fit retomber sous la domination anglaise. C'est dès lors un champ clos où se disputent Anglais et Français les armes à la main ; prise et reprise, dévastée par les uns, pillée par les autres, elle doit d'être aussi vivement disputée à sa situation en face de la Rochelle, boulevard du calvinisme, et les guerres de religion ne font qu'aggraver le cas des Rhétais. L'île devient une forteresse protestante, jusqu'à ce qu'en 1627, Thoiras ayant victorieusement résisté à l'armée de Buckingham, les Anglais sont définitivement expulsés de l'île de Ré.

En sortant du bateau à vapeur (garçons des hôtels ; pas d'omnibus), on se trouve sur le *quai Job-Foran*, et, si l'on veut voir tout de suite la *citadelle*, actuellement dépôt de forçats (autorisation du ministre de l'Intérieur ou du préfet de la Charente-Inférieure nécessaire), il faut longer à g. les remparts (env. 500 m.) et l'on rentrera en ville par la *rue de l'Arsenal*, où se trouvent l'*arsenal* (dans la cour, porte sculptée du xvie s.) et la gare du chemin de fer, celle-ci au débouché de la rue de l'Arsenal sur les quais. On suit à g. le *quai Richard-de-la-Poithevinières* (hôtels et cafés), d'où se détachent à g., d'abord la *rue Baron-de-Chantal*, puis, à côté de l'hôtel de France, la *rue de Sully*, et, plus loin, la *rue du Marché*, ces deux dernières bordées de boutiques, et qui conduisent dans la ville haute.

Au haut de la rue de Sully, à g., le *cours Bailli-des-Écotais* mène à l'église, dont le portail principal s'ouvre sur la *place Eudes-d'Aquitaine II*.

L'**église**, du xiie et du xve s., a été partiellement ruinée par les flottes combinées de la Hollande et de l'Angleterre, en 1696 ; il ne reste de la construction primitive que quelques chapelles, avec pendentifs à leurs voûtes. Les deux portes latérales, encore armées de leurs mâchicoulis, sont surmontées de tourelles qui donnaient accès à une vaste plate-forme au haut de laquelle on pouvait se défendre contre l'ennemi ; elle a été détruite et les quatre tourelles servent d'amers à la navigation (leur sommet est peint, deux en blanc, deux en noir).

A l'int. (plaques commémoratives) sont inhumés les gouverneurs de Mennevillette, de Vallon, Houl, de Princé et d'Aulan ; le baron de Chantal, père de Mme de Sévigné, et les deux frères de Thoiras ou Toiras, tués en 1627, l'un le 22 juillet, à la pointe de Sablanceaux, l'autre le 22 septembre, dans la citadelle de Saint-Martin, en défendant la place assiégée par les Anglais. — Au milieu de l'église, une dalle donne accès dans un puits et non point dans une crypte, comme quelques auteurs l'ont prétendu.

Au presbytère, M. le curé-doyen fait complaisamment aux amateurs les honneurs de ses intéressantes **collections**.

Reliquaire; ornements, calices d'étain, pierres sacrées, canons d'autel, etc., ayant appartenu aux prêtres détenus sur les pontons et dans les îles, pendant la Révolution; nombreux tableaux; pendule Boule Louis XIV, cuivre et écaille, ainsi que son support (1 m. 50 de haut), signée Thuret, *Descente de Croix*, groupe en bois très ancien; consoles, écussons, coffres et buffets Henri II sculptés; céramique : Rouen, Moustiers, Nevers, Bordeaux, Delft; vieilles et riches majoliques; anciennes faïences de la Rochelle, de Strasbourg et de Marseille, etc.

La *rue du Palais* ramène à la rue de Sully, qui aboutit à la belle et vaste **place Louis XIV**, plantée d'ormes superbes (au centre, kiosque pour la musique), et dont le côté g. est occupé par la *poste-télégraphe*, le *tribunal de commerce*, la *mairie* et la *justice de paix*, installés dans l'ancien hôtel des cadets de la marine.

En face, le *théâtre* occupe une ancienne chapelle de capucins (XVIIe s.), derrière laquelle s'élevait l'hôtel de ville, détruit, ainsi que ses importantes archives, par un incendie, dans la nuit du 19 au 20 janvier 1891.

De la place Louis XIV se détache à dr. la *rue Carnot*, que prolonge la *rue des Campani*, conduisant à la *porte des Campani*, sortie de Saint-Martin vers l'O. (route du Bois, de la Couarde, d'Ars et des Baleines). Le premier chemin qui se détache à dr. de la route, en dehors des remparts, conduit en 6 à 8 min., après avoir longé à g. les murs d'une grande ferme, au pied d'une petite falaise, à la *plage* (quelques cabanes), laide, couverte de pierrailles et de varech, mais offrant une jolie vue à dr. sur l'entrée du port de Saint-Martin, à g. sur la côte et sur la Fosse de Loix jusqu'au fort du Grouin.

Pour ne pas rentrer en ville par le même chemin on peut, la porte des Campani franchie, longer intérieurement à g. les remparts par un chemin (belle vue à dr. sur l'église et la ville haute) qui rejoint le quai Richard-de-la-Poithevinières (*V.* ci-dessus).

[**De Saint-Martin au phare des Baleines** (18 k. par le ch. de fer de Saint-Martin à la halte du Gillieux; traj. en 50 min. à 1 h.; 1 fr. 45 et 1 fr.; pas de 3e cl.; 20 min. à pied de la halte du Gillieux au phare; excurs. très recommandée). — La voie rebrousse hors de la porte Thoiras, pour rejoindre la ligne principale. Paysage plat; vignes. — Arrêt facultatif du *Morinand* (à g.). — A g. se montre la tour Malakoff.

3 k. *Le Bois* *, 1,618 hab., à g. — En descendant du train, on prend en face, puis à g. (on voit la tour), pour se rendre à la *tour Malakoff* (portail d'ordre dorique; souterrain ou champ de refuge), propriété de M. Théodore Phelippot, qui montre complaisamment aux étrangers son **musée** (visible t. l. j., sauf le samedi; prévenir par lettre autant que possible), renfermant une collection de numismatique classée, des estampes, des armes, des faïences, la plupart des pièces romaines, celtiques et du moyen âge trouvées dans l'île, des objets préhistoriques, et une collection très complète (extrêmement riche sur la période de la Révolution) de documents sur l'histoire insulaire, la plupart inédits. — Maison de campagne de la *Croix-Blanche* (XVIIe s.; chênes verts; labyrinthe), à dr. de l'arrêt du Morinand (*V.* ci-dessus) et près du lieu où, sur des ruines romaines, avait été édifié le *prieuré de la Cléraie*. — Le Bois a de belles *plages* de sable, celle de

Gros Jonc (à 1,200 m. S.), celles des *Pas des Bœufs* et de *la Sauze* (on trouve sur le rivage le *Pancratium Maritimum*); on commence à disposer dans le v. des logements pour les baigneurs.

5 k. **La Couarde** * (buvette à la gare), 1,193 hab., est, dans l'île de Ré, la seule **station de bains de mer** réellement organisée. La *plage* (20 min. de la stat.), au pied de dunes tapissées d'un bois de pins, est sableuse, vaste et belle; elle s'étend à l'E. jusqu'au Bois, à l'O. jusqu'à l'isthme du Martray. L'approvisionnement est facile (vin, fruits, asperges renommées, huîtrières), et le ch. de fer permet de trouver rapidement et à peu de frais à Saint-Martin ce qui manque dans la localité. Il n'existe pas de chalets sur la plage, si ce n'est un pavillon-restaurant dit « casino » et bien plutôt café et belvédère que restaurant; mais, dans le b. (deux hôtels-cafés-rest.), on trouve de nombreux logements meublés (*V.* à l'*Index* la liste des personnes qui louent) au taux de 1 fr. 25 par pers. et par j. A côté de l'église a été construit un kiosque; la musique se fait entendre là ou à la plage, les soirs d'été.

La voie parcourt une région de cultures et de vignes. A g. se montrent les dunes boisées de la Couarde, puis on entre dans la région des salines. — 9 k. *Le Feneau-Loix* (buvette), stat. qui dessert (2 k. à dr.) *Loix* (957 hab.; huîtrières). — On est dans la partie pauvre de l'île de Ré, celle des marais salants, pauvre par opposition à la partie S., que le vignoble a enrichie. Des cônes de sel dans la campagne, des marais salants, un peu de vigne, quelques cultures, forment un ensemble très caractérisque. La voie longe la route, qui se trouve à g., et, du même côté, un rideau de tamarins cache la mer sauvage, puis la voie court sur la digue de l'**isthme du Martray**, qui protège contre les fureurs de la mer l'étroite langue de terre (70 m. de largeur) entre l'Océan à g. et le *Fier d'Ars*, que remplit la marée, à dr. A g., *fort du Martray* (1675). — 11 k. *Le Martray*, halte desservant quelques chalets habités l'été par leurs propriétaires (très belle plage; pêche; crevettes superbes). — On laisse la route à g. et la voie ferrée s'engage dans les salines, avec le clocher d'Ars, d'abord seul en face, puis à dr. avec le bourg. — Après une raffinerie de sel à dr., Ars se montre sur la g.

11 k. **Ars** *, ch.-l. de c. de 1,727 hab., dont la gare est établie sur le *port* (Fier d'Ars, à dr.; le b. est à g.), possède d'importantes huîtrières (huîtres blanches réputées) et mérite un arrêt pour sa belle **église Saint-Étienne**, des XIIe, XIIIe et XVe s., à trois nefs égales, surmontée d'un clocher haut de 41 m. (y monter par l'extérieur; belle vue), avec flèche à jour inclinée depuis qu'elle a été frappée par la foudre (25 janvier 1840), flanquée de gracieux clochetons à moulures romanes et peinte en noir dans sa partie supérieure, pour servir d'amer. Le portail, orné de sculptures, est malheureusement enterré; à l'int., on remarque la table de communion, en bois ouvragé, et la *chaire*, sculptée (XVIIe s.). — Près de l'église, *maison Banière*, avec deux tourelles du XIVe s.; rue Gambetta, *maison Fournier des Ormeaux*; rue Thiers, *maison Séjourné*.

A g., vignes, à dr., marais salants. A g. se montrent Saint-Clément et le phare des Baleines.

17 k. *Saint-Clément-les-Baleines* *, 866 hab., à g., v. où les familles qui se contentent de peu pourraient économiquement, en s'y prenant à l'avance (s'adr. à *Pathouot-Bernard*, menuisier au Gillieux), s'installer pour la saison des bains de mer. La population, composée de sauniers et de pêcheurs, est très accueillante et la plage (1 k. O.) est assez belle et étendue; la grande distraction est la pêche, amusante et fructueuse; le poisson est à bon compte (excellents coquillages) et les volailles de Saint-Clément sont renommées. — La voie traverse des cultures et de pauvres vignes, battues du vent de mer; le paysage devient de plus en plus sévère et désolé. A g., quelques arbres arasés par le vent bordent la route; dans les champs,

des murs en pierres sèches, ébréchés; au loin, à dr., des dunes avec des bouquets de bois.

18 k. *Le Gillieux*, halte où l'on descend du train pour aller au phare des Baleines (20 min. à pied; il est question de changer le tracé de la voie et de créer un arrêt plus à proximité du phare). — En descendant du train pour se rendre au phare, que l'on a devant soi, un peu sur la dr., avec le vieux phare (xviie s.) revêtu de lierre, abandonné et servant de magasin immédiatement à dr., et le sémaphore un peu sur la g., on prend à g. un chemin à travers les marais salants. Arrivé dans le ham. du Gillieux, on tourne d'abord à g., puis on prend le premier chemin à dr., toujours entre les maisons. Ce chemin conduit directement au phare, construction d'aspect très imposant, précédée de beaux vignobles (à g., *sémaphore*) et de jardins agréablement dessinés (à côté. café-restaurant).

20 min. de la halte du Gillieux. **Phare des Baleines** (pour visiter, s'adr. à l'un des gardiens; pourboire; registre des visiteurs), de 1er ordre, tour octogonale haute de 50 m., dont le foyer lumineux, scintillant et alimenté par l'électricité, est un groupe de 4 éclats de 15 en 15 secondes, avec une portée de 46 milles. A l'int. (bustes en bronze de Fresnel et de Beautemps-Beaupré), une spirale de granit de 216 marches prolongée par un escalier en fer (en tout 276 marches) donne accès à la galerie supérieure, d'où la vue est très intéressante. Près du phare, écluses à poisson, petits enclos où le poisson est retenu prisonnier à mer basse. A un mille et demi au N.-O. du phare des Baleines, l'écueil du *Haut-Banc du Nord* est signalé par un feu fixe de 3e ordre, allumé jour et nuit.

[De la halte du Gillieux, la voie ferrée, obliquant à dr. au pied des dunes, dessert l'arrêt facultatif de *la Conche* (belle plage), et a son terminus (4 k.; 22 k. de Saint-Martin, 36 k. de Sablanceaux) aux *Portes*, 800 hab., où les personnes peu exigeantes pourraient aussi trouver à s'installer à bon compte pour les bains de mer.]

De Saint-Martin à Sablanceaux et à la Pallice, V. ci-dessous *B*.

B. Par la Pallice et Sablanceaux.

475 à 490 k. en chemin de fer, soit par toute voie Etat, soit par voie mixte Orléans-Etat, de Paris (Montparnasse ou Austerlitz) à la Pallice-Rochelle (bagages enregistrés directement à Paris pour la Pallice; les munir d'une étiquette portant très visiblement *île de Ré*, pour qu'ils soient transportés au bateau; les voyageurs changent de train à la Rochelle, où la voie de la Pallice se trouve à l'extérieur de la gare, en face du départ; en outre du train, le serv. d'omnibus de l'entreprise Simonnet, partant de la place d'Armes, à la Rochelle, correspond avec les arrivées et dép. du vapeur de l'île de Ré; pour les prix des billets de Paris à la Rochelle et de la Rochelle à la Pallice, ainsi que pour les prix des **billets de bains de mer pour la Rochelle**, V. R. 4). — Bateau à vapeur 3 fois par j., en corresp. avec les trains, de la Pallice à la pointe de Sablanceaux (île de Ré); traj. en 20 min.; 65 c.; on paie à bord. — Chemin de fer des chemins de fer économiques des Charentes de la pointe de Sablanceaux à Saint-Martin-de-Ré et aux Portes, traversant toute l'île, et en corresp. avec le bateau; traj. pour Saint-Martin (14 k.) en 44 à 56 min.; 1 fr. et 65 c.; pas de 3e cl. — Par cette voie on peut, t. l. j. et toute l'année, en partant de la Rochelle par le premier train du mat., qui correspond avec les express de Paris, se rendre directement au Gillieux par le ch. de fer de l'île de Ré, visiter le phare des Baleines, venir par le ch. de fer déj. à Saint-Martin, voir la ville, repartir l'après-midi et rentrer à la Rochelle pour dîner; *toutefois*,

[R. 12, B] PHARE DES BALEINES. — LA FLOTTE.

comme les horaires sont sujets à modifications, il faut avoir soin de vérifier sur les plus récentes affiches du service.

Pour le traj. de Paris à la Rochelle (V. R. 4); — pour le traj. de la Rochelle à la Pallice (V. R. 4, 1°). — Si l'on arrive par l'omn., celui-ci dépose ses voyageurs au quai même d'embarquement; si l'on vient par la voie ferrée, *il faut bien se garder de descendre du train à la station de la Pallice-Rochelle.* Le train continue, avec les voyageurs, bagages et messageries à destination de l'île de Ré, jusqu'à un point près de la douane, d'où l'on n'a que quelques m. à faire à pied, à g., pour gagner l'écluse où s'amarre le tout petit vapeur à destination de Sablanceaux. Les bagages enregistrés sont transportés au bateau; mais il faut traîner soi-même les colis à la main, et l'embarquement par un escalier de pierre raide, étroit et glissant, n'est pas sans offrir quelques inconvénients. Le vapeur sort de l'écluse, puis de l'avant-port et se dirige exactement en face sur la pointe de Sablanceaux.

15 à 20 min. Débarcadère de *Sablanceaux* (incommode à marée basse, à cause du varech; glissant), longue jetée en bois au-dessus d'une plage de sable, avec les maisons claires de Rivedoux, à dr. A l'extrémité de la jetée se trouve la gare du ch. de fer, dont la voie est bordée à g. par un bois de pins. A dr., on découvre la côte jusqu'à la *pointe des Barres*, avec les ruines de l'abbaye de Saint-Laurent (partie supérieure peinte en noir), qui servent d'amer à la navigation. — 300 m. *Rivedoux* (huîtres vertes), où la voie quitte la côte pour pénétrer dans les terres à g., à travers de belles vignes, les meilleures de l'île. A g., avant Sainte-Marie, se voit la mer sur la côte Sauvage.

4 k. *Sainte-Marie-de-Ré* (vins rouges et blancs réputés; asperges), 2,608 hab., la comm. la plus peuplée et la plus riche de l'île. — *Eglise* avec beau clocher et sacristie voûtée. — A l'O., dans les dunes, ancienne *chapelle de Saint-Sauveur*, but de pèlerinage (le 6 août, fête de la Transfiguration).

6 k. *La Noue.* — La voie court au N.; le train quitte la ligne principale pour entrer (tronçon spécial) à la Flotte.

10 k. **La Flotte** *, 2,373 hab., *port* de cabotage et de pêche assez actif, n'est pas un bain de mer, et cependant quelques étrangers y passent l'été. On trouve à s'installer dans de proprettes demeures, très simples, le long du port, assez animé. — *Eglise* des XII° et XVI° s. — Beau *cours* planté d'arbres.

[A 2 k. E., sur la côte, quelques ruines de *l'abbaye de Saint-Laurent* ou *des Châteliers*, fondée au XII° s.; près de là, haies de *Smilax aspera L.*, plante méridionale introduite, dit-on, par les moines; à 500 m. S., *fort de la Prée* (1625), que les Anglais attaquèrent vainement deux fois en 1627.

De la Flotte, bateau à vapeur de la C¹ᵉ Réthaise 2 fois par sem., le vendredi et le dimanche (1 fr. 50; all. et ret., 2 fr. 50; ret. le même j.) pour l'Aiguillon-sur-Mer (R. 2, Luçon, 2°), petit port de l'estuaire du Lay (Vendée).

De la Flotte, serv. réguliers et quotidiens de bateaux à vapeur de la

BAINS DE MER DE L'ÉTAT.

Cⁱᵉ Delmas (2 dép. par j.) pour la Rochelle et Saint-Martin (V. A) et de la Cⁱᵉ Rhétaise (1 dép. par j.) pour la Rochelle (1ʳᵉ 2 fr., 2ᵉ 1 fr. 50; all. et ret., val. 3 j., 3 fr. et 2 fr.; enfants au-dessous de 5 ans gratis, de 5 à 10 ans demi-place).]

La voie, qui longe la mer (port de la Flotte à dr.), rebrousse pour regagner la ligne principale, qu'elle abandonne de nouveau pour suivre le tronçon qui pénètre dans Saint-Martin par la porte Thoiras.

14 k. Saint-Martin (gare rue de l'Arsenal, à deux pas du quai où sont les hôtels; ceux-ci envoient généralement un garçon aux trains; pas d'omnibus; V. ci-dessus, A).

ROUTE 13

DE PARIS A L'ILE D'AIX

A. Par Fouras.

493 à 508 k. (ch. de fer toute voie Etat ou voie mixte Orléans-Etat) de Paris-Montparnasse ou de Paris-Austerlitz à Fouras, par la Rochelle (pour la durée du traj., les prix des billets ordinaires et des **billets de bains de mer** et tous renseignements généraux, V. R. 4). — De Fouras, le courrier de l'île d'Aix (chaloupe ou canot à rames, selon l'état de la mer et le nombre des voyageurs) part généralement t. l. j. vers 10 h. du mat. (rens. au bureau, chez Fradeau, rue de la Plage, à Fouras); traversée en 1 h. env.; 1 fr.; bateau spécial pour 4 ou 5 pers., 5 fr. all. seulement ou all. et ret.

Pour la description du traj. en ch. de fer de Paris à Fouras, par la Rochelle (V. R. 4). — On s'embarque, selon l'état de la marée, soit au port de Fouras, près du fort l'Aiguille, soit à la pointe de l'Aiguille. — On passe à côté du fort d'Enette, avec le fort Boyard sur la g. et, en face, l'île d'Aix toujours en vue, et où le bateau de Fouras pénètre dans une toute petite anse de bateaux-pêcheurs, au N. ou à dr. de la jetée ou môle Sainte-Catherine.

1 h. env. de Fouras. Ile d'Aix (V. ci-dessous).

B. Par Rochefort et la Charente.

479 k. (ch. de fer toute voie Etat ou voie mixte Orléans-Etat) de Paris-Montparnasse ou de Paris-Austerlitz à Rochefort, soit par Bressuire et la Rochelle, soit par Niort et Aigrefeuille-le-Thou, soit encore par Poitiers (pour la durée des traj. et tous renseignements généraux, V. R. 2 et 4). — Prix par l'Etat : 47 fr. 80, 34 fr. 80, 23 fr. 05; *pas de billets de bains de mer*. — Canonnière à vapeur de l'Etat, de Rochefort à (36 k.) l'île d'Aix; dép. du port de l'arsenal, le mardi, le jeudi et le samedi à 9 h. mat.; passage gratuit, à condition de se munir d'une autorisation aux bureaux du secrétariat de la Majorité générale, place de la Galissonnière; traj. en 2 h. 30 env. La canonnière continue sur le fort Boyard

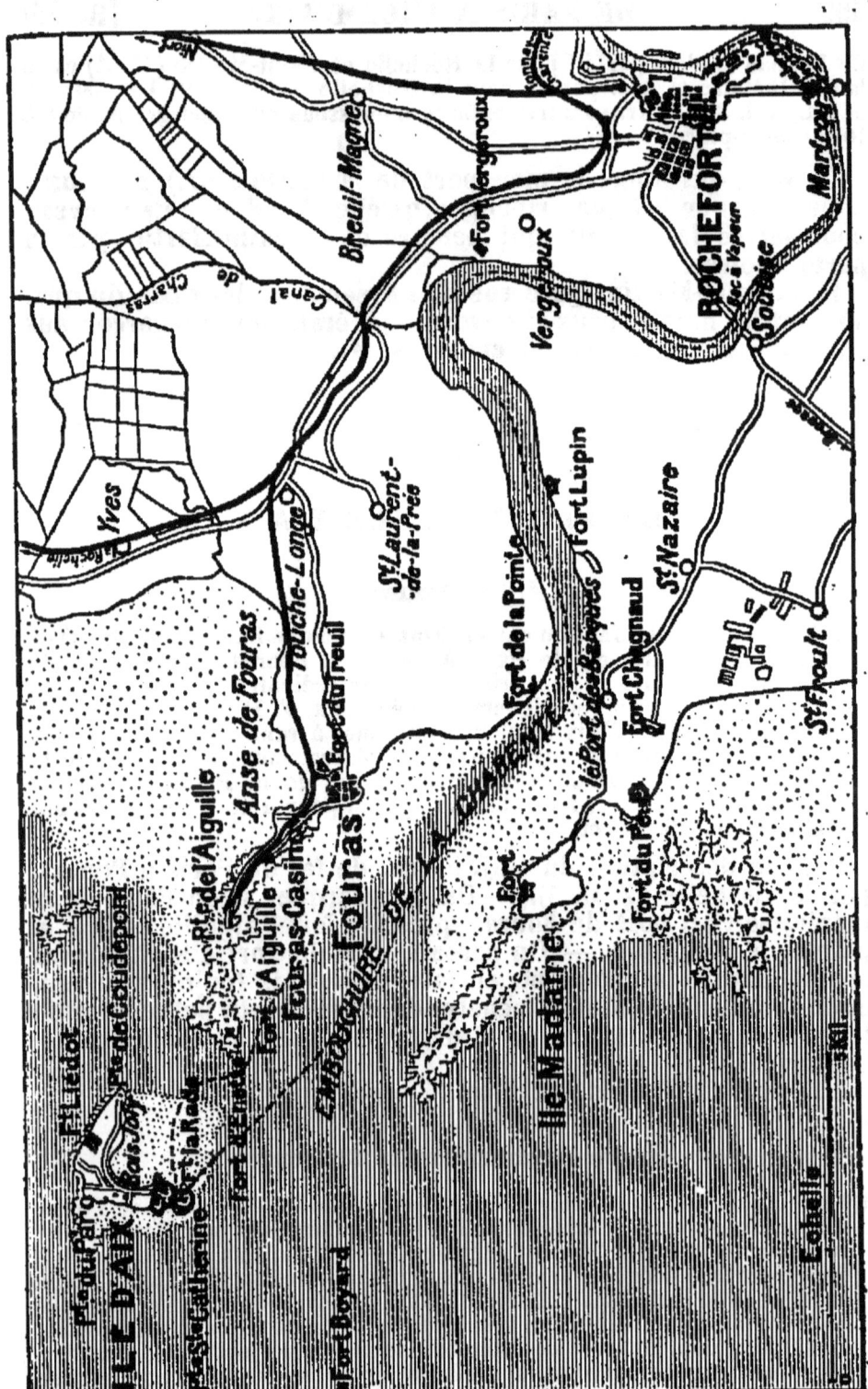

ILE D'AIX ET CHARENTE MARITIME.

et Boyardville et revient prendre les passagers à l'île d'Aix (on a 2 h. à 3 h. à passer dans l'île, ce qui donne le temps de déj. et de voir la maison de l'Empereur). Le débarquement et l'embarquement au môle de l'île d'Aix se font généralement en canot, par les soins des marins de la canonnière; c'est un traj. court, mais très mouvementé par grosse mer.

La canonnière sort du port militaire et, en contournant la ville de Rochefort, qui s'étale à dr., trace son sillage à travers les eaux jaunes et vaseuses de la Charente, qui coule entre des rives plates et basses et laisse, à marée basse, à découvert des terrains chargés de boue. On laisse sur la rive g. *Martrou*, relié à la rive dr. par un transbordeur électrique. Au delà de Martrou, de petites falaises rocheuses taillées à pic dominent la rive g. de la Charente; la rive dr., basse, est bordée de prairies où paissent de nombreuses vaches. A g., Soubise (R. 2, *De Rochefort à Brouage*), relié à la rive dr. par un bac à vapeur. Puis, dès avant Vergeroux, les deux rives deviennent absolument plates. On laisse à dr. *Vergeroux* et le *fort Vergeroux*, à g. le *fort Lupin*, et l'on débouche en mer entre le *fort de la Pointe* à dr. et Port-des-Barques à g.

1 h. 30 (10 k. de Rochefort par la route, le bac à vapeur de la Charente et Soubise; diligence). *Port-des-Barques* étale ses maisons blanches et d'une exquise propreté sur la rive g. de la Charente très élargie, le long d'un quai de 500 m. Une *jetée* de 345 m. est accessible à tout état de la marée. A l'extrémité du quai, quelques villas couronnent la falaise, car Port-des-Barques veut devenir résidence d'été; mais les communications sont lentes et difficiles, le pays en arrière plat et morose, l'ombrage fait défaut, les distractions manquent : c'est une villégiature de misanthropes.

A g. se montre l'*île Madame* (*fort*), reliée à basse mer à la terre ferme par une étroite langue de terre et de vases; à dr. la vue est charmante sur Fouras, le fort l'Aiguille, le Bois-Vert, et la pointe de l'Aiguille, prolongée par un platin qui découvre à marée basse jusqu'à la massive construction du *fort d'Enette*. Depuis quelque temps déjà l'île d'Aix apparaît et, pendant qu'à g. surgit au-dessus du flot la masse noire du *fort Boyard*, en arrière de laquelle Oleron sort de la brume, la canonnière aborde à la *pointe Sainte-Catherine* ou bien jette l'ancre à quelques encâblures, et les canots conduisent les passagers au môle, où l'on débarque.

A l'extrémité du môle, laissant à dr. la petite anse où s'abritent les bateaux de pêche et la chaloupe de Fouras, on franchit les fossés, on pénètre dans l'enceinte (porte à pont-levis), et l'on se trouve sur la *place d'Austerlitz*, gazonnée et plantée d'arbres rabougris, dans la petite agglomération de l'**île d'Aix** * (pron. *Aï*), qui forme une comm. de 298 hab.

L'île d'Aix, qui émerge dans le pertuis d'Antioche, entre la rade des Basques au N. et à l'E et les rades de l'île d'Aix et des Trousses au S., a 3 k. de long. en forme de croissant, de la pointe de Coudepont à la pointe

Sainte-Catherine, avec une larg. maximum de 600 m. et une superficie de 129 hect. Une grande partie de cette surface est occupée par les constructions militaires, et il n'y a guère que 50 hect. mis en culture.

En 1809, la France avait dans la rade de l'île d'Aix une belle escadre composée de 11 vaisseaux et 4 frégates; les Anglais, inquiets du développement que prenaient nos armements maritimes, résolurent de les anéantir. L'amiral Gambier vint mouiller dans la rade des Basques avec 13 vaisseaux et d'autres bâtiments et y prépara tout à son aise 30 brûlots qu'il lança contre l'escadre française dans la nuit du 11 au 12 avril. Nos vaisseaux ne furent que légèrement endommagés, mais la confusion et l'effroi furent tels que quatre d'entre eux, fuyant le danger qui les menaçait, allèrent s'échouer sur les bancs et les rochers des Palles, au S. de la rade et au large de l'île Madame; les autres se réfugièrent dans la Charente. Le lendemain les Anglais entourèrent les vaisseaux échoués, qui furent brûlés, soit par eux, soit par leurs propres capitaines. — En 1815, c'est en rade de l'île d'Aix que Napoléon Ier s'embarqua sur le *Bellérophon*, qui le conduisit à Sainte-Hélène.

RENSEIGNEMENTS DE SÉJOUR. — Cette terre minuscule de l'île d'Aix est un bain de mer, et quelques familles s'y installent l'été. — Deux petites *plages* : l'une, la moins belle, au S.-O. du v., à l'extrémité des fortifications, et où l'on pêche surtout la crevette au pied du fort la Rade (*phare*); l'autre, plus vaste, au N.-E., entre la ferme du Bois-Joly et la pointe de Coudepont, que domine le fort Liédot. — Un hôtel modeste, l'*hôtel de l'Océan*, un excellent restaurant, le *restaurant Chevalier*, s'offrent aux touristes; les familles trouvent dans le bourg des appartements meublés à louer. Il y a boulanger, plusieurs épiciers, un dépôt de viande assorti l'été deux ou trois fois par semaine par des envois de viande fraîche de Fouras; le poisson abonde et n'est pas cher. — Distractions nulles, si ce n'est à l'époque des tirs, en juillet; cette solitude s'anime alors quelque peu, et la musique militaire joue le soir sur la place d'Austerlitz.

Sur la vaste place d'Austerlitz, au fond de laquelle, à g., se trouve l'*infirmerie-hôpital*, s'ouvrent, de dr. à g., la *rue de l'Hôtel-de-Ville* (*hôtel de l'Océan*), dont se détache à g. la rue qui renferme la *poste-télégraphe* et le *restaurant Chevalier*, cette dernière artère, non dénommée, et la *rue Napoléon*, à l'extrémité de laquelle est la maison de l'Empereur.

En débarquant, on fera bien, si l'on repart le même jour, d'aller commander son déjeuner au restaurant Chevalier, puis on se rendra à l'infirmerie-hôpital, dont le portier-consigne conduit les touristes (pourboire) à la **maison de l'Empereur**, inoccupée, et sise à g. sur la rue Napoléon, contre les remparts. Cette maison, que Napoléon Ier avait fait construire en 1809 pour la place, fut le dernier asile de l'empereur sur la terre de France; il y séjourna du 7 au 15 juillet 1815, et c'est de là qu'il alla, à bord du *Bellérophon*, se confier à « la loyauté et à l'hospitalité britanniques ». Une plaque en marbre noir porte l'inscription suivante :

A
la mémoire
De notre immortel empereur
Napoléon Ier
15 juillet 1815
Tout fut sublime en lui, sa gloire, ses revers
Et son nom respecté plane sur l'univers.

Au 1er étage, on visite la chambre impériale, éclairée par deux fenêtres. Du balcon, donnant sur un jardin, on voit la rade des Basques, un peu cachée par le feuillage des arbres; de là, Napoléon Ier pouvait suivre les mouvements des vaisseaux anglais. Dans une alcôve se trouve le lit de l'empereur, dont le buste, en marbre blanc, orne la cheminée. Le mobilier ne date que de 1842. Sur la table, où un registre reçoit les noms et les impressions des visiteurs, se trouve la copie d'un curieux procès-verbal dressé le 20 septembre 1861 par le major Corties, intendant militaire de l'île d'Aix, qui recueillit les témoignages des contemporains survivants du séjour de l'empereur.

La petite *église* (crypte romane) et la *manutention* occupent les restes d'un monastère très ancien, détruit au XVIe s.

Au N., la route qui longe la *grève* sableuse *de Bois-Joly* (ferme) s'élève entre deux bouquets de chênes verts jusqu'au *fort Liédot* (XVIIe s.), d'où l'on voit l'île de Ré.

ROUTE 14

DE PARIS A L'ILE D'OLERON

A. Par le Chapus.

518 k. en ch. de fer de Paris-Montparnasse, par toute voie Etat, ou 507 k. de Paris-Austerlitz, par voie mixte Orléans-Etat, jusqu'au Chapus, où le bateau à vapeur de la Cie Bouineau correspond avec tous les trains et traverse en 15 à 20 min. de la pointe du Chapus au Château. — Traj. en 12 h. à 13 h. 20, en partant de Paris soit par l'express du mat. (3 cl.; wagon-restaurant jusqu'à Niort, où l'on change de train pour le Chapus; se placer dans les voit. avec la pancarte *Rochefort*), soit par les express du s. (8 h. 25 par la Rochelle ou 10 h. par Niort, avec voit. à couloir de 1re, 2e et 3e cl. jusqu'à Niort; la corresp. pour le Château n'est pas garantie par ce dernier train). — Prix de Paris au Château (les bagages sont enregistrés directement pour le Château et transportés au Chapus du ch. de fer au vapeur sans que les voyageurs aient à s'en occuper) : 52 fr. 45 en 1re cl., 38 fr. 50 en 2e cl., 25 fr. 60 en 3e cl.; all. et ret., val. 8 j., 79 fr. 50, 61 fr. 90, 41 fr. 20; **billets de bains de mer**, val. 33 j., non compris le j. de la délivrance, avec faculté de prolongation pour 20, 40 ou 60 j. (10 0/0 de suppl. par période de 20 j.), délivrés du samedi, veille des Rameaux, au 31 octobre, et valables, soit par toute voie Etat (*vià* Chartres et Saumur ou *vià* Chartres et Chinon), soit par voie mixte Orléans-Etat (*vià* Tours-transit) : 68 fr. 70, 50 fr. 60, 36 fr. 20 all. et ret. sans arrêts, 78 fr. 55, 59 fr. 70, 41 fr. 20 all. et ret. avec arrêts facultatifs sur le réseau de l'Etat. — On délivre aussi des billets de bains de mer de Paris pour Marennes (66 fr. 25, 48 fr. 35, 34 fr. 50 sans arrêts, 76 fr. 10, 57 fr. 50, 39 fr. 45 avec arrêts; ces billets permettent de revenir par la Grève, V. R. 6, à condition par le porteur de se faire transporter à la Grève à ses frais : omn. de Marennes à la Cayenne-de-Seudre, 50 c.; bac de la Seudre gratuit) et pour le Chapus (67 fr. 20, 49 fr. 10, 35 fr. sans arrêts, 77 fr. 05, 58 fr. 20, 40 fr. avec arrêts), d'où part dans la saison des bains de mer, **du 10 ou 15 juillet au 15 ou 20 septembre**, un bateau à vapeur direct pour Saint-Trojan (traj. en 15 min.; mêmes prix que pour le Château, 75 c. et 60 c.; en utilisant ce service, les voyageurs ont à

[R. 14, A] BROUE. — MARENNES. 167

faire transporter leurs bagages à leurs frais de la gare du Chapus au bateau). — Au Chapus, on trouve en tout temps des yoles pour transporter les voyageurs à Saint-Trojan, et les hôtels de cette dernière bourgade se chargent aussi, sur demande, de les envoyer prendre au Chapus par bateau à voiles spécial. A Saint-Trojan, on débarque au port ou à l'appontement du sanatorium, selon la marée (omn. dans la saison).

415 k. de Paris-Montparnasse à Niort (*V. R. 1, B*). — 64 k. de Niort à (479 k.) Rochefort (R. 5). — 11 k. de Rochefort à (490 k.) Cabariot (R. 2). — Laissant à g. la ligne de Saintes-Bordeaux, la voie franchit la Charente sur un *pont* à treillis long de 113 m. 50, avec une travée mobile de 15 m. 50 pour le passage des navires. — 493 k. *Saint-Hippolyte-la-Vallée*. — 496 k. *Fond-Chaude*. — La voie franchit le canal de Pont-l'Abbé et longe à dr. le canal de la Seudre à la Charente, bordé d'arbres.

501 k. *Saint-Agnant-les-Marais*, ch.-l. de c. de 1,233 hab. (ruines de *l'abbaye de Montierneuf*), sur un tertre à la base O. duquel commence le marais de Brouage.

[A 3 k. N., *Echillais*, 1,339 hab. (*église* romane, à moitié ruinée au xvie s., avec curieuse façade à arcades). — A 9 k. S., *Saint-Simphorien* (*église* du xie ou du xiie s., avec belle façade et portail décoré de sculptures fantastiques), v. à 1,500 m. S.-O. duquel on peut aller visiter le **donjon de Broue**, du xie ou du xiie s., à demi ruiné, et s'élevant encore à 25 m. au-dessus du monticule factice qui lui sert de base ; ce donjon était jadis baigné par la mer.]

La voie ferrée, courant à travers d'immenses marécages, laisse à dr. le canal de Brouage, puis franchit les canaux de Broue et de Mérignac. — 511 k. *Saint-Just-Luzac*, 1,689 hab. (*église* du xve s., avec clocher du xvie s. ; en face, *maison* de la Renaissance renfermant un charmant oratoire). — On s'éloigne un instant du canal de la Seudre, pour le croiser bientôt. — A dr. se montre le clocher de Marennes ; à g. de la voie, haute cheminée de l'usine de produits chimiques.

513 k. **Marennes**, ch.-l. d'arr., V. de 6,293 hab., est situé à 4 k. de la mer, dans une contrée insalubre, tellement sillonnée de bras de mer et de canaux qu'elle portait autrefois le nom de *Colloque des Iles*. Un chenal la relie à l'embouchure de la Seudre. Elle a vu naître *J.-Etienne Lucas* (1764-1819), le héros de Trafalgar.

L'avenue de la Gare conduit à la *rue de la République*, qui traverse la ville dans toute son étendue. Dans cette rue on trouve : à dr., le *temple* évangélique, la gendarmerie, la poste-télégraphe, la rue du *Palais-de-Justice*, l'*hôtel de ville* et l'*école supérieure* ; — à g., les principaux hôtel et café, puis une rue menant à la place Chasseloup-Laubat et à l'église.

Sur la *place Chasseloup-Laubat* se trouvent : la *sous-préfecture*, ancienne habitation des ducs de Richelieu ; un *portail* du xvie s., seul vestige de l'ancienne résidence des abbesses de Saintes, et la *statue* en bronze *du marquis de Chasseloup-Laubat*, par Lequesne (1874).

L'*église*, construite au xive s., mais remaniée pendant les xviie et

XVIII° s., a conservé son **clocher** gothique, haut de 78 m. A la base de la flèche est une galerie à clochetons.

La *rue Dubois-Meynardie* conduit de l'église à la *place du Marché*, où subsiste une *maison* de la Renaissance occupée par un quincaillier.

Il existe à Marennes (en dehors de la ville, à g. de la voie ferrée) une importante fabrique de produits chimiques appartenant à la C¹ᵉ de Saint-Gobain. — Le *port*, à 1,200 m. S. de la ville, ne peut recevoir que des bâtiments de 80 ton.

Marennes est célèbre par ses **huîtres vertes**, les meilleures de l'Europe. Les éleveurs de Marennes et de la Tremblade achètent les huîtres blanches recueillies en Bretagne, en Vendée, dans le Bassin d'Arcachon, « et les déposent, dit M. Élisée Reclus, dans les claires ou fosses creusées à cet effet et visitées par le flot de marée seulement de 4 à 6 j. par mois. C'est là que les huîtres engraissent et qu'elles prennent, au mois de sept., cette couleur verte qui les distingue ». L'industrie ostréicole dont Marennes est le centre et qui embrasse le bassin de la Seudre, comprend 19,000 claires, viviers et parcs, donnant une production annuelle de 20 millions d'huîtres.

[A 1,500 m. env. au N., château des *Gataudières*, de style Louis XV, à la famille de Chasseloup-Laubat.

De Marennes à Brouage (8 k. N.-E.; route de voit.; voit. part., 6 fr.; *excurs. très recommandée*). — Sortant de Marennes au N., la route traverse des vignes et des prairies, puis franchit un canal. — 5 k. *Hiers-Brouage* (*église* en partie du XIV° s., avec façade et clocher de 1862; *maison* de 1639 qu'habita, dit-on, Marie Mancini; curieuses archives). — La route descend en lacets à travers la plaine marécageuse.

8 k. **Brouage**, jadis V. de 4,000 hab. et auj. pauvre ham. de 20 à 25 hab. dépendant de la comm.ᵉ d'Hiers, était autrefois une place de guerre dont on aperçoit de loin les bastions en pierre et les remparts plantés d'arbres. A l'intérieur, Brouage, avec ses rues droites et désertes, bordées d'un grand nombre de maisons inhabitées ou en ruine, offre l'aspect désolé d'une ville qui vient de subir un siège. « C'est l'Aigues-Mortes de la Saintonge. » De distance en distance, les armes de Richelieu apparaissent sur les fortifications, spécimen curieux de l'architecture militaire d'avant l'époque de Vauban, et où d'Argencourt a déployé toute sa science d'ingénieur.

Fortifiée par Charles IX, prise et reprise au XVI° s. par les catholiques et les calvinistes, Brouage devint, sous Richelieu, le centre des armements contre la Rochelle. Le port, à l'entrée duquel le prince de Condé fit couler, en 1586, vingt bâtiments chargés de terre et de cailloux, n'a jamais pu, depuis, être complètement dégagé.

En 1793, les prêtres et les religieuses insermentés furent détenus à Brouage; un grand nombre y moururent victimes du climat.

Dans l'*église Saint-Pierre* (XVI° s.), très délabrée, tombeaux d'anciens gouverneurs de la place. — En avant de l'église, sur une petite place, *colonne* à la mémoire de Champlain, fondateur de Québec, né à Brouage (✝ 1635). — *Arsenal*, ancien magasin aux vivres construit par Richelieu, et assez bien conservé (belles salles voûtées).]

La voie laisse à g. l'usine de produits chimiques et franchit le chenal de Marennes. A g., on découvre la baie de Seudre, et, en face, l'île d'Oleron et les dunes boisées de Saint-Trojan. — 518 k. Halte de *Bourcefranc*.

520 k. (comptés pour 518 k.). *Le Chapus** (restaurants), terminus

de la ligne, stat. située à la *pointe du Chapus* (très belle vue); à quelques pas, à dr., se trouve l'embarcadère des bateaux d'Oleron.

[**Du Chapus à Saint-Trojan** (15 min. de traversée; bateau à vapeur du 15 juillet au 20 septembre seulement; 75 c. et 60 c.).— A Saint-Trojan (*V.* ci-dessous), on débarque, selon la marée, soit dans le chenal servant de port (omnibus), près de l'entrée du bourg, soit à l'appontement du sanatorium (1 k. 5 du b.; omnibus).]

Le bateau à vapeur pour le Château range à g. le *fort Chapus* (400 m. du rivage, auquel il est relié à marée basse) et laboure les vases du Couraut aux eaux jaunes, à travers le chenal que jalonnent et indiquent des pieux servant de balises. En face, apparaît l'île d'Oléron, d'aspect riant à g., avec les maisons claires assises au pied de la dune boisée de Saint-Trojan, sombre et assez maussade à dr. où les regards s'arrêtent sur la masse grise des remparts du Château.

20 min. du Chapus. **Le Château***, ch.-l. de c. de 3,573 hab., dont 1,511 agglomérés, port et V. forte, est une morne bourgade enfermée dans la ceinture de pierre de ses remparts, aux rues désertes et tristes, bordées de maisons uniformément blanchies à la chaux; mais elle possède des hôtels suffisants, un marché bien approvisionné, des loueurs de voit., et c'est un excellent point de départ pour les excurs. dans l'île. Cependant le Château s'est fait classer au nombre des **bains de mer**, et, comme la cuvette d'eau salée dans laquelle on peut se baigner sous les remparts ne justifiait pas cette prétention, la municipalité du Château a ouvert une route qui relie la ville, en perçant la forêt, à la belle *plage du Vert-Bois* (cabines; café), sur la côte O. ou côte Sauvage; cette plage, desservie dans la saison par des omn. (25 c.), n'a qu'un défaut, celui d'être à 5 k. du Château. On trouve à se loger en meublé au Château dans de bonnes conditions, et la vie n'y est pas chère, mais c'est un séjour qui manque de gaieté et Saint-Trojan doit lui être préféré.

La petite ville ne renferme aucun monument intéressant; elle ne retiendra donc pas les touristes, qui pourront consacrer une après-midi et même une journée entière (en déjeunant à Saint-Pierre et en s'arrêtant aussi à Saint-Georges) à l'excursion en voit. du phare de Chassiron, une autre journée à Saint-Trojan (y déjeuner; visiter le sanatorium, monter à l'amer-belvédère et se faire conduire, par la route forestière, à la côte Sauvage).

L'île d'Oléron, l'antique *Uliarus*, la plus grande des îles françaises après la Corse (17,178 ou 17,520 hect. de superficie), séparée au N. de l'île de Ré par le Pertuis d'Antioche, au S.-E. de la côte du Chapus par un détroit de 2,200 m. à haute mer, réduit à 1,200 m. à mer basse, au S. de la côte d'Arvert par le terrible Pertuis de Maumusson (2,200 m. à 500 m. de larg.), a 30 k. de long. du S.-E. au N.-O., avec une larg. moyenne de 5 à 6 k. (larg. maximum 11 k. par le travers de la pointe des Saumonards). C'est une terre plate, mais bordée d'un bourrelet de dunes qui atteignent jusqu'à 32 m. à Saint-Trojan, et cette altitude est rehaussée encore par le revêtement des grands pins qui fixent la dune.

L'île d'Oleron est plus pittoresque que l'île de Ré; on y trouve, même sans parler de la magnifique forêt domaniale de Saint-Trojan, un peu plus d'arbres sur les dunes, quelques taillis de chênes à l'intérieur, et des aspects plus variés. Comme dans l'île de Ré, la propriété est très morcelée, mais la population, divisée en 2 cant. et 6 comm., du reste bien moins dense (16,656 hab.; à peine 100 au k. carré) que celle de Ré, est aussi moins agglomérée. « L'île est très fleurie. Les jardins et les devants des portes sont garnis de résédas, de belles-de-jour, de basilics, de géraniums. Dans la traversée des villages, la route en est bordée. Il y en a aux fenêtres et sur les murs. Cette parure sied bien aux maisons de pêcheurs, si blanches, si propres. Des clématites odorantes grimpent aux angles des cours, sous les hautes potences où pend et sèche le poisson que l'on approvisionne pour l'hiver. » (René Fage).

Oleron est fertile. Bien que ravagé en partie par le phylloxéra, le vignoble oleronais est encore fort important, surtout dans le N. de l'île, et ses produits, malgré le goût de terroir qu'ils doivent, comme ceux de l'île de Ré, au « sart » ou goémon employé comme engrais, sont estimés. Quant au sel (10,000 tonnes de production moyenne), sa valeur marchande est avilie par la concurrence des salins du Midi et des salines de l'Est. Les aires des marais salants, les petits champs de blé, de luzerne, de betteraves, les carrés de vigne, les jardins, ce morcellement infini de lopins de terre de verdure différente, font de toute l'île un immense damier à peu près plat et horizontal (le point culminant de l'intérieur est à 12 m. au-dessus du niveau de la mer), sur lequel tournent les ailes des moulins à vent. L'ostréiculture occupe aussi les Oleronais, principalement les Oleronaises, sur la côte d'Ors, du Château et de Saint-Trojan (599 hect., divisés en 9,370 parcelles). Les varechs, recueillis sur les immenses rochers plats qui bordent les côtes du N. de l'île (bancs d'une long. totale de 40 k.; env. 6,000 hect.), permettent aux cultivateurs de suppléer à l'absence d'engrais de ferme. Enfin, il faut noter les écluses à poisson où le poisson reste emprisonné quand la mer se retire au jusant (pointe de Chassiron et côte Sauvage).

Pendant le moyen âge, l'île d'Oleron partagea le sort de l'Aquitaine et de la Guyenne dont elle dépendait. Elle était exposée aux irruptions des pirates du Nord, Saxons, Normands, Anglais; le Château et les deux églises fortes de Saint-Pierre et de Saint-Denis furent bâtis précisément pour servir de retraite et de défense à la population contre les pirates. En 1152, Eléonore de Guyenne avait apporté, par son second mariage, l'île à Henri Plantagenet, devenu en 1154 roi d'Angleterre; c'est elle qui signa ces *Rôles d'Oleron*, qui furent acceptés comme lois maritimes par les navigateurs de l'Occident : ces règlements pour les bâtiments de mer ont servi de base à toutes les ordonnances et dispositions postérieures sur la matière. L'île passa, selon les fortunes de la guerre, tantôt à la France, tantôt à l'Angleterre, jusqu'à ce que la France en devint définitivement maîtresse, en 1370.

Les Oleronais embrassèrent de bonne heure la Réforme et l'île fut au pouvoir des Rochelais jusqu'en 1625. En 1577, l'édit de pacification qui autorisait l'exercice public de la religion réformée fit élever à Saint-Pierre le premier temple protestant; puis, en vertu de l'Edit de Nantes, un second temple s'éleva au Château, en 1608. Le protestantisme s'est maintenu parmi la minorité aisée : l'église protestante d'Oleron (Saint-Pierre) se rattache au consistoire de Marennes.

Du quai de débarquement (avant-port accessible à toute heure de la marée, et précédant le bassin à flot), où se trouvent les omn. des hôtels et les voit. publiques pour Saint-Trojan et pour Saint-Georges par Dolus et Saint-Pierre, laissant à g. le bureau

ILE D'OLERON, LA ROCHELLE ET LE CHAPUS.

dit *Château-Quai* (délivrance de billets de ch. de fer et enregistrement des bagages) des chemins de fer de l'Etat, on longe les remparts pour pénétrer à dr. dans la ville par la *porte d'Ors*. A dr., le joli *square Lacarre* (plantes tropicales), qui garde le nom du colonel de cuirassiers Lacarre, mort en 1870 à l'ennemi, conduit à la **citadelle** (1630), qui sert de dépôt aux disciplinaires coloniaux et que l'on peut visiter, en compagnie d'un officier, avec l'autorisation du commandant (très belle vue sur l'île d'Aix, Enette, Fouras, l'île Madame, etc.). De là un chemin à dr. amène à la place en contre-bas de laquelle une allée d'arbres forme la promenade favorite de la population, et où convergent les artères principales de la petite ville. — Dans l'*église*, quelques bonnes toiles du peintre Omer Charlet, originaire du Château. — *Fontaine* de la Renaissance. — *Halles* importantes. — *Caserne*, installée dans un ancien hôpital.

[**Du Château à Saint-Trojan** (9 k. S.-S.-O.; route de voit.; voit. publ. en 1 h.; 75 c.). — On sort du Château par la porte d'Ors. La route zigzague dans les marais salants. — 3 k. 5. *Ors*. — On tourne à dr. — 4 k. 5. *La Chevalerie*. — La route franchit un chenal et court à travers salines, parcs et viviers. — 6 k. 5. Le *Petit-Village*. — Laissant à dr. la route de Dolus, celle de Saint-Trojan vient longer la forêt de pins, qui tapisse les dunes d'une magnifique parure. — Un peu avant l'entrée du bourg, on laisse à g. le chenal étroit et vaseux qui sert de port de marée à Saint-Trojan, puis à dr. la route forestière de la côte Sauvage (poteau-indicateur).

9 k. **Saint-Trojan** *, 1,161 hab., dont 619 au ch.-l., charmant v. aux maisons blanches et fleuries, est devenu une **station de bains de mer fréquentée** et très prisée de ses fidèles, grâce à ses deux plages, l'une, dite la *Petite-Plage* (2 établissements de bains de mer chauds; cabines; ânes; on ne peut pas s'y baigner à basse mer, à cause des parcs à huîtres), donnant sur le Courant aux eaux jaunes et calmes, l'autre (4 k. O.-N.-O.; route de voit., mauvaise pour les cyclistes; omn. l'été), dite *Grande-Plage* ou *plage de la Côte-Sauvage* (café dans la saison), sur la côte O. de l'île, battue des vents et des rafales, et où d'énormes vagues déferlent avec fracas sur une vaste bordure de sable fin et résistant, au pied des dunes tapissées de la forêt domaniale. Cette forêt (1,000 hect.), aux balsamiques senteurs, admirable avec ses pins élancés, ses splendides sous-bois aux genêts d'or, ses vallonnements abrités contre le vent mais où la chaleur s'emmagasine l'été, ses tapis de mousse, et qui étend sa verdoyante parure jusqu'au Pertuis de Maumusson et jusqu'à la côte Sauvage, entre pour beaucoup dans la vogue croissante de Saint-Trojan, bain de mer dont l'organisation est des plus complètes.

On trouve à Saint-Trojan deux hôtels confortables, dans les prix de 5 fr. 50 à 7 fr. 50 par j., l'un avec Casino, et un grand nombre de chalets et pavillons meublés, la plupart très simples, mais d'une exquise propreté (1 fr. par lit et par j., y compris le linge de lit et de toilette). Pour recevoir la liste des logements disponibles et tous renseignements, il suffit de s'adresser à l'agent ou au secrétaire général du *Syndicat d'intérêt local*, qui fonctionne comme agence gratuite de location et crée, dans la forêt domaniale, des sentiers de promenade, avec bancs de repos. Les baigneurs vivent très simplement à Saint-Trojan. On ne peut pas dire que la vie y soit tout à fait bon marché dans le plein de la saison, et, si le Château n'était aussi éloigné, il y aurait intérêt à aller s'y approvisionner aux halles. Saint-Trojan a, dans la saison, boucher, boulangers, épiciers, pâtissier, marchands d'huîtres en gros et au détail, médecin, pharmacien, loueur de voit., et un marché aux comestibles trois fois par semaine (mardi, jeudi, samedi); on y trouve viande de boucherie, légumes, poisson, volaille, etc.

La route venant du Château traverse dans toute sa longueur le bourg, adossé à dr. à la forêt et dévalant à g. vers le Couraut; les maisons sises à dr. sur la hauteur doivent être préférées à celles de la partie basse, parce qu'elles sont plus à l'écart du bruit, plus à proximité de la forêt et aussi parce qu'elles offrent de plus belles vues de mer. Au delà des maisons de Saint-Trojan, la route pénètre dans les pins et laisse à g. la Petite-Plage, offrant une vue très caractéristique sur le Couraut, l'embouchure de la Seudre, le clocher de Marennes, etc.; cette vue est plus originale que belle, à cause de la nuance jaune des eaux du Couraut, mais la variété et la diversité des effets de lumière sur l'étroit bras de mer la rend **très picturale**.

La route se continue jusqu'au (1 k. 5) **Sanatorium** de l'Œuvre des hôpitaux marins pour le traitement des enfants débiles, lymphatiques, scrofuleux et rachitiques (3 à 14 ans), que l'on peut visiter (s'adr. au concierge; registre des visiteurs: près du bureau du directeur, tronc pour les offrandes en faveur de l'œuvre).

En face de l'entrée du sanatorium, un long appontement sert d'embarcadère et de débarcadère au vapeur de et pour le Chapus (juillet à septembre), quand la marée est trop basse pour entrer dans le chenal de Saint-Trojan.

A dr. de la mairie, il ne faut pas manquer de monter à l'**amer-belvédère** (40 m. d'alt. à la plate-forme), ou signal établi sur la dune (32 m.), dans les pins, et d'où l'on a une superbe vue sur la forêt, l'Océan et le Couraut, l'île d'Aix, Marennes, le fort du Chapus, l'embouchure de la Seudre, la côte d'Arvert et Ronce-les-Bains.

Une très intéressante promenade consiste à se rendre, par la route carrossable de la forêt, à la maison de sauvetage de *Gatseau* (bateau de sauvetage), à l'entrée du pertuis de Maumusson, et à revenir par la plage du Couraut (1 h. 15 all. et ret.).

De Saint-Trojan au Chapus par le bateau à vapeur, V. ci-dessus.

Du Château au phare de Chassiron (26 k. N.-O.; route de voit., excellente pour la bicyclette; voit. particulière, 12 à 15 fr.; serv. de diligences du Château à Chéray et de Chéray à Saint-Denis, difficilement utilisables par les touristes, car ils ne permettent pas de revenir dans la même journée, et l'horaire du serv. de Boyardville-Chéray-Saint-Denis est subordonné à celui du bateau à vapeur de la Rochelle à Boyardville; recommandé de se détourner de la route directe pour visiter Saint-Pierre et Saint-Georges). — On sort du Château à l'O., par la porte de Dolus. — 2 k. *La Gaconnière*, ham. Plus loin, à dr., salines; à l'horizon, à g., bois de pins.

6 k. *Dolus**, 2,058 hab., dont 446 au ch.-l. (*église* du xvie s.).

[A 2 k. 5 S.-O. (route de voit.), petite *plage de la Remigeasse* (cabines), reliée par un chemin côtier à (1 k. 2 N.-O.), *la Perroche* (petite jetée; ruines d'un prieuré, servant d'amer).

De Dolus, une route de 8 k. conduit au N.-E. à Boyardville (*V.* ci-dessous, *B*).]

11 k. *Bel-Air*, relais et dépendance de **Saint-Pierre*** (300 m. à dr.), ch.-l. de c. de 4,419 hab., dont 1,315 au ch.-l., où l'on trouve un hôt. convenable et des voit. de louage. — *Église* du xviie s., avec clocher terminé par une plate-forme d'où l'on découvre toute l'île d'Oleron, les îles d'Aix et de Ré, l'embouchure de la Charente et les dunes boisées de la péninsule d'Arvert. — Sur la *place du Marché*, occupant le site de l'ancien cimetière, au milieu d'un petit square, belle **lanterne des morts** (à l'int., escalier à vis), haute

de 20 m., du XIIIe s., appelée dans le pays *la Flèche*, et terminée par une pyramide à quatre pans du XVIIIe s. — Jolie *promenade*, vaste pelouse rectangulaire bordée d'une double rangée d'arbres. — Dolmens dits la *Cuiller* et la *Galoche de Gargantua*.

[A 4 k. S.-O. (route de voit.), petit port de *la Cotinière* (pêche de la sardine et du homard), sur une côte rocheuse, et où les personnes peu difficiles trouveraient à s'installer l'été chez des pêcheurs (poisson abondant et bon marché).

Excurs. intéressante, pour les personnes qui séjourneraient à Saint-Pierre, à Saint-Georges (*V.* ci-dessous); deux routes, l'une de 8 k. par Sauzelle (*V.* ci-après), l'autre de 6 k. par *Bois-Fleury*; aller par l'une et revenir par l'autre.

De Saint-Pierre, une route de 7 k. 5, desservie par la voit. publ. en corresp. avec le bateau à vap. de la Rochelle (85 c.), conduit à Boyardville (*V.* ci-dessous, *B*), par (3 k. 5) *Sauzelle*.]

11 k. 5. *Bonnemie* (ancien château seigneurial). — Très légère montée jusqu'à *Saint-Gilles*, puis descente en pente douce sur Chéray (moulins à vent; bons vignobles).

16 k. *Chéray*, ham. de (1 k. à dr.) *Saint-Georges*, 4,125 hab., dont 613 au ch.-l., charmante bourgade aux maisons claires blotties dans les grands arbres (*église* du XVIe s., avec élégant portail).

[A 2 k. 3 N.-E. de Saint-Georges (route de voit.), *plage de Plaisance*, à dr. (E.) de laquelle s'étend, sur 8 k. de long., jusqu'à Boyardville, la dune boisée des *Saumonards* (du *fort des Saumonards*, très belle vue sur la rade des Trousses).

A 3 k. N.-E. (route de voit.), petit *port du Douhet*.

De Saint-Georges, route de voit. (voit. publ. en corresp. avec le vapeur de la Rochelle; 85 c.), pour (8 k. E.-S.-E.) Boyardville (*V.* ci-dessous, *B*), par Sauzelle (*V.* ci-dessus).]

La route est bordée d'abord de beaux vignobles, puis de salines. — A g., sur un renflement de terrain, moulin des *Menonnières*.

23 k. *Saint-Denis*, 1,320 hab., dont 901 au ch.-l., possède un petit *port* creusé dans les rochers et deux *plages*, l'une, très exiguë et bordée de pins, à l'O. du port, l'autre, celle de *la Brée* (route de voit.), vaste et d'assez beau sable, à 2 k. 5 S.-E.

La route, courant à l'extrémité N. de l'île, langue de terre qui va toujours se rétrécissant, passe (25 k.) au ham. de *la Morelière*, et aboutit par une avenue de hêtres au phare, près duquel s'élève le *sémaphore*.

26 k. **Phare de Chassiron** (de la galerie de la lanterne, très belle vue sur toute l'île, sur la côte Sauvage, sur les îles et les îlots d'Aix, Enette, Boyard, Madame, sur la côte continentale, et, au delà du Pertuis d'Antioche, sur l'île de Ré), tour haute de 43 m. (50 m. au-dessus de la haute mer), renfermant un feu à éclats blancs d'une portée de 37 milles. Sur la côte avoisinante, nombreuses « écluses » à poisson.

B. Par la Rochelle.

467 k. à 482 k. (chemin de fer toute voie Etat ou voie mixte Orléans-Etat) de Paris (Montparnasse ou Austerlitz) à la Rochelle (pour tous détails sur les traj., prix des billets simples et des **billets de bains de mer**, *V.* R. 4). — Bateau à vapeur (buffet à bord) de la Rochelle (quai Duperré) à (28 k.) Boyardville; 1 dép. par j. (certains j., 2 dép.), à h. variables, selon la marée; traj. en 1 h. 20; prix (40 kilogr. de bagages compris):

[R. 14, B] ST-DENIS. — CHASSIRON. — BOYARDVILLE. 175

3 fr. en 1ʳᵉ cl., 2 fr. 25 en 2ᵉ cl., enfants de 3 à 7 ans, accompagnés, 1 fr. 50 et 1 fr. 25. — Au débarcadère de Boyardville, on trouve, à l'arrivée du vapeur, des voit. publiques pour les principales localités de l'île et notamment pour (14 k.; 1 fr. 65) le Château.

Pour la description des traj. en ch. de fer de Paris à la Rochelle (*V. R. 4*). — Le bateau à vapeur, après être sorti de la baie de la Rochelle (*V. R. 12, A*), laisse à dr. le coureau et le port de la Pallice et l'île de Ré, à g. l'île d'Aix et la masse sombre du fort Boyard, longe la côte d'Oleron, tapissée de la forêt des Saumonards, et pénètre dans le chenal de la Perrotine.

1 h. 20. *Boyardville* (à la descente du vapeur, café-restaurant), petit port et belle plage de sable (cabines), où un casino-hôtel, fondé en 1895, a dû être fermé. Boyardville, qui prétendait devenir une station balnéaire, est désert et ne s'anime un instant qu'au moment de l'arrivée et du départ du bateau à vapeur. C'est cependant un site d'avenir, avec sa forêt de pins de plusieurs k. d'étendue. — 14 k., par (8 k.) Dolus, de Boyardville au Château (*V. ci-dessus, A*).

ROUTE 15

PLAGES DU PAYS DE RETZ

SAINT-BRÉVIN-L'OCÉAN, SAINT-MICHEL-CHEF-CHEF, PRÉFAILLES, PORNIC LA BERNERIE

Les plages du pays de Retz, dont Pornic est de beaucoup la plus importante, ont une clientèle semi-régionale et semi-parisienne ; toutefois l'élément nantais y prédomine. On y accède de Paris au moyen de billets de bains de mer dont nous donnons la nomenclature en tête du § de chaque station. Saint-Brévin et Saint-Michel sont plutôt sur l'estuaire de la Loire que sur la mer, l'Océan ne commençant à proprement parler qu'au delà de la pointe de Saint-Gildas. Cette pointe sépare l'estuaire ou embouchure de la Loire de la baie de Bourgneuf sur laquelle se trouvent les plages de Préfailles, Pornic et la Bernerie. Toutes ces plages sont sablonneuses.

A. Saint-Brévin-l'Océan.

Saint-Brévin-l'Océan est desservi par les gares de Saint-Nazaire (Orléans et Ouest), de Saint-Père-en-Retz et de Paimbœuf (Etat). Le moyen le plus simple de s'y rendre, au départ de Paris, est de passer par Saint-Nazaire et de se faire transporter par le bac à vapeur (13 dép. par j.; de 5 h. 30 mat. à 7 h. 45 s.; 30 c.) à Mindin, où l'on trouve l'omn. de corresp. pour (25 c.) Saint-Brévin. — Aux gares de Paimbœuf et de Saint-Père-en-Retz, on trouve généralement, le mat., à l'arrivée du train de Paris, une voit. publ. pour Saint-Brévin. Paimbœuf doit être prochainement relié à Pornic par un tram ou chemin de fer à voie étroite, qui desservira Mindin, Saint-Brévin, Saint-Michel-Chef-Chef, la Plaine (d'où un embranchement conduira à Préfailles), Sainte-Marie et Pornic (gare État).

Billets de bains de mer, délivrés du samedi, veille des Rameaux, au 31 octobre, valables 33 j., non compris le j. de la délivrance, et susceptibles de 2 prolongations de 30 j. chacune, moyennant un suppl. de 10 p. 100 par prolongation : — *de Paris (Orléans ou Ouest, gare d'Austerlitz ou gare Saint-Lazare) à Saint-Nazaire et ret.*, avec faculté d'effectuer, à l'aller ou au ret., le trajet entre Nantes et Saint-Nazaire dans les bateaux à vapeur de la Cie de la Basse-Loire : 59 fr. 70 en 1re cl.; 40 fr. 30 en 2e cl.; 30 fr. 65 en 3e cl; — *de Paris à Saint-Père-en-Retz et ret.* (dép. de Montparnasse ou de Saint-Lazare *viâ* Segré et Nantes-État-transit ou Angers-Saint-Laud-transit et Nantes-Orléans-transit), avec faculté de revenir à Paris-Austerlitz par Nantes-Orléans et de s'arrêter 48 h. à Nantes, à l'aller ou au ret. : 1° sans arrêts (sauf Nantes) : 58 fr. 50 en 1re cl.; 43 fr. 30 en 2e cl.; 30 fr. 65 en 3e cl.; 2° avec faculté d'arrêts entre Sainte-Pazanne et la gare de destination : 66 fr. 50; 49 fr. 30; 34 fr. 65; — *de Paris à Paimbœuf et ret.* (mêmes voies et mêmes facultés que pour Saint-Père-en-Retz, V. ci-dessus) : 1° sans arrêt (sauf Nantes) : 59 fr. 05; 43 fr. 30; 30 fr. 80; 2° avec arrêts depuis Sainte-Pazanne : 67 fr. 05; 49 fr. 30; 34 fr. 80.

Saint-Brévin, 1,566 hab., dont 449 au ch.-l., se divise en deux parties, séparées par le promontoire du *Pointeau* (fort) : **Saint-Brévin-le-Bourg** (vieille *église* pittoresque du xviie s.) et **Saint-Brévin-l'Océan***, station de bains de mer.

RENSEIGNEMENTS DE SÉJOUR. — Saint-Brévin est une station très paisible, tout à fait familiale et modérément fréquentée. Plusieurs hôtels bien installés : du *Casino*, sur la plage; du *Chalet* (6 à 7 fr. par j.); de l'*Espérance* (5 fr. 50); du *Lion-d'Or* (5 fr.), ce dernier dans le b., plus éloigné de la côte. Les approvisionnements se font au bourg, où il y a marché; les denrées sont de bonne qualité et moins chères qu'à Pornic; il y a du choix et de la variété. — Les chalets, et il y en a de jolis disséminés dans le bois et le long de la route menant à Mindin, se louent pour la saison ou au mois dans les mêmes conditions que ceux de Préfailles (*V. C*). Ainsi, un chalet dans les sapins, près de la mer, comprenant 7 pièces et 7 lits et où une dizaine de personnes peuvent s'installer à l'aise, se loue 600 fr. pour la saison. — L'un des agréments de Saint-Brévin, c'est le bois de pins, vaste, sillonné de belles routes et de bons chemins, très propice aux promenades pendant les journées chaudes de l'été. La proximité de Mindin (3 k.) est également avantageuse à Saint-Brévin, puisque, en peu de temps et à bon compte (25 c. de voit., 30 c. pour la traversée), on peut se rendre à Saint-Nazaire. — Ce qu'on reproche à Saint-Brévin, c'est la qualité de l'eau où l'on se baigne, l'eau de la Loire, limoneuse et sans transparence. — Bureau de poste et télégraphe pendant la saison.

B. **Saint-Michel-Chef-Chef.**

Saint-Michel-Chef-Chef*, 1,173 hab., dont 228 au ch.-l., est la plus petite station balnéaire du pays de Retz. C'est encore l'eau de la Loire, fort large, du reste, en cet endroit. La plage, jolie et protégée par des rochers auxquels s'adossent des cabines, est située à 1,500 m. env. du village. Saint-Michel est desservi par les voit. publ. de Pornic à Saint-Brévin. On peut donc, pour s'y rendre, utiliser les **billets de bains de mer** à destination de Pornic (*V.* p. 130 et 132).

Renseignements de séjour. — Quelques villas sur la plage, plus belle que celle de Saint-Brévin. Dans quelques-unes on trouve à se loger à bon compte, moyennant 35 fr. en juillet et septembre, 80 fr. en août, et les provisions se tirent du village où il y a un hôtel (5 fr. à 5 fr. 50 par j.). — Café sur la plage. — Pas d'autres amusements que la pêche aux *boucauts* (crevette grise) le long de la côte, où l'on trouve aussi, en abondance, des moules excellentes, ainsi que sur la plage du Cormier, très visitée également par les Préfaillais. — Saint-Brévin et Mindin (Saint-Nazaire) d'une part, Préfailles et Pornic de l'autre, sont des buts de déplacements intéressants.

C. Préfailles.

On peut utiliser pour Préfailles, les **billets de bains de mer** à destination de Pornic (*V.* p. 130 et 132), stat. distante de Préfailles de 11 k. et d'où un omn. correspond avec t. les trains, du 15 juin au 15 oct. (traj. en 1 h.; 1 fr. 50 avec bagages).

Préfailles*, 200 hab., ham. de la com. de *la Plaine*, est un bain de mer d'habitués, une vraie station de famille.

Renseignements de séjour. — D'une façon générale on peut dire que l'installation et la vie sont sensiblement moins coûteuses à Préfailles qu'à Pornic. Disons, en outre, que les 4,000 baigneurs qui viennent chaque année à Préfailles sont attirés du Poitou, de l'Anjou, en partie de Nantes, beaucoup de Paris, même de plus loin, par la renommée de l'air particulièrement pur qu'on y respire, surtout par la *Source*, dont l'eau est curative des natures anémiées et remet en force les tempéraments affaiblis. Le site est aride d'ailleurs. De verdure, sauf dans les jardins, il n'y en a pour ainsi dire nulle part. Cependant on se plaît en ce « petit coin pas cher », on y vit en famille et on y revient. Presque tous les baigneurs sont des habitués. Il en est dont le premier séjour remonte à un demi-siècle, sinon davantage.

La plage de Préfailles est étendue sans être très vaste, pourtant, bordée à dr. et à g. de rochers, assez commode pour qu'on puisse se baigner, même à marée basse. A l'heure des bains, un canot est toujours à l'eau surveillant les baigneurs; un maître-nageur est toujours là, en cas d'alerte. Donc, sécurité complète. Et ceux qui désirent apprendre à nager savent en même temps à qui s'adresser.

L'établissement des Bains avec hydrothérapie est sur la plage. Deux autres plages à g. de celle-ci, la première dite de *Val-Gouassé*, la seconde, plus éloignée, dite de *Quirouard*. Mais elles sont peu fréquentées et mal outillées. Aux plages à dr. de la principale on ne se baigne jamais.

Installation. — A Préfailles, trois hôtels, avec cafés annexés; dans la Grande-Rue l'*hôtel Sainte-Marie* (6 fr. 50 par j.) et l'*hôtel du Chalet* (5 fr. par j.), le seul qui soit ouvert toute l'année, les autres fermant le 1er oct.; sur la place du Marché, l'*hôtel Ménard*, autrefois Simonneau (5 fr. 50). Dans ces hôtels, les chambres sont modestes, mais la table est abondamment et sainement alimentée. — Le prix des locations, comme à Pornic, est bien plus élevé en août qu'en juillet ou septembre. Tel chalet loué 200 fr. en juillet, le sera 500, même 700 fr. en août, quitte à retomber à 200 ou 300 fr. le mois suivant; tel autre composé de 6 pièces, 150 fr. en juillet et

300 fr. en août. Un logement plus petit, une cuisine, deux lits, 50 fr. en août et 20 fr. en septembre.

APPROVISIONNEMENTS. — Marché tous les jours. Engageons les ménagères à s'y rendre de bonne heure; les meilleures pièces de poisson, les plus beaux lots de fruits et de légumes appartiennent aux acheteuses diligentes. Le marché est à peu près approvisionné comme celui de Pornic, moins amplement toutefois; et quant à ce que coûtent la viande, le poisson, les légumes etc., il faut se reporter aux renseignements fournis sur Pornic, et, en abaissant tantôt plus, tantôt moins les prix indiqués, on saura à quoi s'en tenir sur ce que se paient les mêmes choses à Préfailles. Deux charcutiers, deux boulangers, deux pâtissiers, trois bouchers se partagent la clientèle préfaillaise. Quelques boutiques d'épicerie çà et là. Presque chaque jour des pêcheurs apportent du poisson, soles, maquereaux, raies, sardines, et des homards qu'ils viennent vendre sur la plage, ou bien offrir dans le village de chalet en chalet. Habituellement, le poisson ainsi acheté est moins cher qu'au marché et plus frais.

DISTRACTIONS. — Elles sont rares, il faut bien le dire. Pas de Casino. Seulement deux ou trois concerts dans la saison à l'hôtel Sainte-Marie ou à l'hôtel Ménard, et quelques sauteries aux mêmes endroits, auxquelles, du reste, il n'est pas malaisé de se faire inviter. Les journées se passent sur la plage, où il y a toujours grande affluence, à la pêche quand la marée le permet, ou en excursion, les mêmes, exactement, qui vous sollicitent à Pornic. Et le soir, au retour d'une promenade sur la côte très agréable et pittoresque, jusqu'à la Source, ou bien jusqu'à la pointe Saint-Gildas, d'où le regard embrasse un immense espace, et d'où les couchers du soleil donnent un spectacle admirable, on va achever la soirée les uns chez les autres. On trouve à Préfailles un bureau de poste (deux distributions par jour) et un bureau télégraphique, ouverts du 1er juin au 1er octobre. — Les médecins de Pornic viennent t. l. j. à Préfailles. — Préfailles n'est éclairé ni à l'huile, ni au gaz, ni à l'électricité.

D. Pornic.

Stat. terminus du chemin de fer de l'Etat, ligne de Nantes à Pornic (pour le traj. au dép. de Paris, les prix des billets ordinaires et des **billets de bains de mer**, *V*. p. 130 et 132). — On trouve à t. les trains un omn. desservant Pornic (y compris Gourmalon; 50 c. à domicile, 75 c. avec bagages) et les omnibus des hôtels. — Pendant la saison des bains, train rapide avec wagon-bar, partant de Nantes le s. et de Pornic le mat., et accomplissant le traj. entre Pornic et Nantes-Etat en 1 h. env.

Pornic*, ch.-l. de c. de 2,017 hab. (éclairage électrique), est une des stations balnéaires les plus fréquentées de l'ouest de la France. La ville proprement dite, un peu délaissée au profit de *Gourmalon* et de *Sainte-Marie* qui la touchent, est pittoresquement bâtie en amphithéâtre sur le versant N. d'une petite crique dans laquelle débouche l'ancien *canal* ou *étier de la Haute-Perche*. Elle se divise en deux parties : la ville basse et la ville haute. De grands escaliers de pierre les relient l'une à l'autre. La colline est, en général, si escarpée, que plusieurs maisons ont leurs jardins au-dessus des toits.

RENSEIGNEMENTS DE SÉJOUR. — Il y a à Pornic six plages de sable et diverses d'importance. En commençant par la plus éloignée, proche le village de Sainte-Marie, ce sont les *Grandes-Vallées*, la *Noveillard*, le *Jardinet*, la *Sablière* ou *Plage du Château*, reliées les unes aux autres par une très belle route longeant la mer et sur laquelle donnent tous les jardins des villas bordant la côte. Les deux autres plages de Pornic sont de l'autre côté du port, à la pointe de Malmy ou de Gourmalon, celle dite l'*Anse-aux-Sapins*, et celle de la *Source*. Cette côte de Gourmalon est charmante. C'est une fort jolie promenade bordée par la mer, à dr. si l'on s'éloigne de Pornic, et où l'on rencontre à chaque pas des chalets élégants, de gracieuses villas, et des jardins pleins de verdure et de fleurs. La plage de la Noveillard est la plus fréquentée. Elle a, comme celles des Grandes-Vallées et de la Source d'ailleurs, un bateau de sauvetage pour porter secours aux nageurs en danger et un maître-baigneur. — Établissements hydrothérapiques aux Grandes-Vallées et à la Sablière.

INSTALLATION. — Comme hôtels, il faut signaler, dans la ville même, les *hôtels de France*, *du Môle*, *Continental*, et, à la Noveillard, l'*hôtel de la Plage*. Il y a d'autres hôtels dans Pornic, mais d'ordre trop inférieur pour être énumérés ici. Le logement et la pension dans ceux-là doit être à la portée des bourses les plus modestes. L'*hôtel Continental* est le moins cher de ceux que nous venons de citer; sa clientèle se recrute surtout parmi les voyageurs de commerce. Aux *hôtels de France* et *du Môle* les prix sont les mêmes, de 6 à 8 fr. par jour. Le prix augmente si l'on choisit les chambres les plus confortables. En tout cas, quand on vient en famille, on peut prendre des arrangements économiques. A l'*hôtel de la Plage* (Noveillard), de 10 à 12 fr. par jour; mais l'installation est supérieure. — Les locations de chalets ou de portions de villas coûtent moitié plus cher en août qu'en juillet et un tiers plus cher qu'en septembre. Il y a des chalets avec grands jardins ombragés qui se louent 250, 450, 700, 1,200 et 1,500 fr. par mois. Les petites maisons meublées se louent de 80 à 250 fr. par mois, les chambres meublées de 25 à 60 fr.

APPROVISIONNEMENTS. — Il y a marché (ouvert à 7 h. du mat. du 1er avril au 1er oct.) trois jours de la semaine, les dimanche, mardi et jeudi, bien approvisionné en viande, poisson, coquillages, gibier, volaille, beurre, œufs, légumes, fruits, le tout de bonne qualité. Le beurre se vend de 80 c. à 1 fr. 50 le 1/2 kilo; la viande de 80 c. à 1 fr. 20; les poulets de 3 à 4 fr. le couple; les homards de 50 c. à 1 fr. 75, les langoustes de 2 fr. à 3 fr. 50, suivant grosseur; les crevettes de 2 fr. à 2 fr. 50 le 1/2 kilo; les œufs de 60 c. à 1 fr. 30 les treize. Les fruits sont variés, bons et pas chers : cerises, fraises, prunes et pêches se vendent à la mesure, 10 c. et 15 c. le *bol* ou l'*assiettée*. Charcuterie et pâtisserie excellentes. En ville on trouve beaucoup de boutiques bien approvisionnées en denrées diverses. Tous les jours des bateaux de pêche apportent du poisson frais pêché. Sardines en profusion de 20 à 40 c. les treize. L'eau est bonne. Celle de la Source, sur la côte de Gourmalon, légèrement ferrugineuse, est parfaite. On peut se procurer en ville des vins de provenances diverses, chez les marchands. Le vin blanc du pays est agréable; la barrique de *gros-plant* (230 lit.), 75 à 85 fr., le *muscadet*, 110 à 125 fr.

DISTRACTIONS. — Les principales, les plus intéressantes, sont les excursions. Deux se recommandent surtout, celle à Noirmoutier (V. R. 8) qui peut se faire en une journée si on part le mat. de Pornic (plusieurs dép. par j.; on s'embarque et l'on débarque au quai du port ou à la Noveillard, selon la marée), celle à Saint-Nazaire, par Mindin (un dép. par j.; traversée de la Loire à Mindin), qui peut aussi se faire en une journée si la curiosité ne vous mène pas au delà de Saint-Nazaire (à Saint-Nazaire, visiter le transatlantique en partance). On peut aller aussi, dans la même journée (dép. t. l. j.) à Saint-Brévin et à Saint-Michel-Chef-Chef, qui ne sont pas non plus sans intérêt. Mais il y a de jolies excursions, moins lointaines, à faire autour de Pornic. Ainsi, à la *Fontaine Saint-Martin*, située dans un frais vallon, sur le chemin du Cléon, et à laquelle les jeunes filles prêtent une vertu miraculeuse ; proche les Grandes-Vallées, aux monuments druidiques. La campagne avoisinant la ville, très verdoyante et ombragée, offre à la promenade plus d'un but charmant. Pour ces promenades, quand elles doivent se prolonger jusqu'à la Bernerie ou Préfailles et la pointe Saint-Gildas, l'âne est un auxiliaire précieux. On en trouve beaucoup en location, à des prix raisonnables. — La pêche à la crevette est facile à Pornic. Les plages étant très sûres, on s'avancera sans danger, à marée basse, jusqu'à près d'un kilomètre en mer, parmi les rochers découverts, et la récolte est souvent très fructueuse. — Comme distractions mondaines, deux Casinos, l'un, fort bien aménagé, à Gourmalon, près de la plage de la Source, l'autre à l'hôtel du Môle, où il y a un théâtre, (représentations de comédie et d'opérette, concerts et bals). — Les régates ont lieu dans la première quinzaine d'août, elles durent trois jours et sont très suivies ; les tribunes pour les spectateurs sont placées près de la Noveillard. Jeux divers sur la terrasse. Le soir du 1ᵉʳ j. des régates (c'est toujours un dimanche), feu d'artifice, retraite aux flambeaux, illumination générale. Au commencement de septembre se tient la foire de Saint-Gilles, très animée, surtout par les transactions nombreuses dont le cochon de lait est l'objet. A l'occasion de cette foire beaucoup de baraques de tout genre, d'étalages de toutes sortes viennent s'installer dès la fin d'août, et pour deux semaines, sur la terrasse.

Il est juste d'ajouter que la ville est très bien tenue, fort propre, le balayage journalier des rues étant obligatoire pour les habitants, et que deux médecins, trois pharmaciens sont à la disposition des malades. En revanche, quand le port est à sec, c'est-à-dire à toute marée basse, il s'en dégage une odeur probablement inoffensive, en tout cas peu agréable.

ÉCLAIRAGE. — Pornic est éclairé à l'électricité.

En sortant de la gare on tourne à dr. pour gagner le pont qui traverse l'étier débouchant dans le port de Pornic. Avant de franchir ce pont on laisse à g. le chemin de Gourmalon ; quand on l'a passé, on voit à dr. l'hôtel Continental, d'où l'on peut, soit longer le port, soit prendre la grande rue qui monte à l'*église* et dans la ville haute, où sont les principaux magasins et l'hôtel de France.

Le *port*, bassin bordé de quais et long de 300 m. avec une entrée large de 100 m., assèche à marée basse ; il communique avec le canal par une écluse. La petite baie ou anse qui le relie à la mer offre un charmant aspect.

Si l'on côtoie le port, souvent reproduit par les peintres avec la silhouette du château, on rencontre à g. la place ou promenade du *Môle*, où s'élève la *statue du contre-amiral Leray* et d'où part le bateau de Noirmoutier (3 dép. par j. ; à marée basse, il part de la Noveillard). Sur le quai on trouve ensuite l'hôtel du Môle et le café du *Casino* (concerts ; cercle), puis on arrive au château.

Ce *château* (XIIIᵉ ou XIVᵉ s.), bâti sur la colline qui domine le port au N., est flanqué de tours à mâchicoulis. Confisqué sur Gilles de Retz par les ducs de Bretagne et dévasté pendant les guerres civiles, il est devenu la propriété de M. de Bourqueney, qui l'a parfaitement restauré. Au pied du château, du côté du port, on remarque une croix de pierre inclinée, dite la *croix des*

Huguenots (xviie s.), érigée, dit-on, par des calvinistes convertis et au pied de laquelle sont enterrés 200 Vendéens tués à Pornic.

Après avoir passé sous des arcades ou portes attenantes au château, on aperçoit à dr. la petite promenade de *la Terrasse*, où sont la poste-télégraphe et une façade de l'hôtel de France. La Terrasse domine un ravin rempli de jardins potagers, nommé le *Jardin de Retz*.

Au delà du château s'étend en pente douce la *plage* caillouteuse *de la Sablière*, dite aussi de *l'anse aux Dames* ou *plage du Château*, qu'avoisinent des bazars et un petit café. A g. de l'anse aux Dames est un *établissement de bains chauds*. La pointe O. de la plage est occupée par *la Malouine*, construction dans le style des villas italiennes. Au delà commence la route de la Noveillard, entre de belles villas. Parallèlement à cette route, mais plus près de la mer, court le long de la côte, sur la cime des rochers, une longue et sinueuse *promenade* (pour s'y rendre, prendre la première rue à g.), due à M. le Dr Bocandé, autrefois maire de Pornic. Cette promenade ou « corniche », que les piétons doivent suivre de préférence, est bordée à dr. par une ligne non interrompue de maisons de campagne, parmi lesquelles on remarque surtout le château de Mme de Serrant et le chalet de M. de Montbel. La promenade contourne la petite *anse du Jardinet*, resserrée entre deux hauts rochers dans lesquels sont creusées des cabines naturelles, et fréquentée par quelques baigneurs. Plus loin s'élève un *phare* à feu fixe destiné à éclairer l'entrée du port, vis-à-vis de laquelle se trouvent deux écueils : la *Basse Notre-Dame* et le *Caillou*.

On arrive ensuite à la *grande plage*, ou **plage de la Noveillard**, sur laquelle se trouvent un casino, un établissement de bains et, en arrière, l'hôtel de la Plage ; à l'E., la plage est dominée par le *jardin des plantes*, où à l'heure des bains afflue tout le beau monde de Pornic. A mer basse on peut pêcher la crevette dans les creux remplis d'eau.

De là, la vue embrasse toute la baie de Bourgneuf. A g., au fond, on voit se dresser la Flèche du Clion ; de l'autre côté du port se montrent la *pointe de Malmy* ou de *Gourmalon*, en partie couverte de chalets, d'élégante apparence, et ceinte de beaux rochers, puis la Bernerie (*V. E.*) avec sa vaste plage. Plus loin apparaissent les clochers de Bourgneuf, de Bouin, de Beauvoir. A 12 k. à dr., on découvre Noirmoutier, l'îlot et le phare du Pilier (*V. R. 8*).

[A 500 m. N.-E. de la Noveillard, on voit, près du moulin de la Motte, un *monument mégalithique* composé de deux allées couvertes, autrefois cachées dans un monticule analogue à celui qui porte le moulin].

En continuant de suivre la route, qui offre une succession ininterrompue de jolies villas entourées de jardins ou cottages, on dépasse, à g., la *plage des Sablons* et l'on parvient à la *plage des Grandes-Vallées* (établissements de bains de mer et hydrothérapique), puis au v. de *Sainte-Marie*, 1,715 hab. (*église* moderne, dans le style ogival du XIII° s.). Au sommet des rochers à l'O., une niche renferme une statue de la Vierge, patronne de la commune.

La *source ferrugineuse* de Pornic est située de l'autre côté du port, derrière la pointe de Gourmalon, dans une *grotte* où l'on descend par un escalier en pierre. Deux chemins y conduisent : l'itinéraire le plus long et le plus agréable consiste à passer le pont de Pornic, comme pour gagner la gare, puis à son extrémité, à tourner à dr. pour longer la minoterie Laraison. On contourne une petite crique pittoresque creusée dans les rochers, *l'anse aux Lapins* (petite plage avec cabines), et l'on suit la côte, d'où l'on a une vue intéressante de Pornic, dont les maisons sont groupées en amphithéâtre, sur le château revêtu de lierre, sur le port et sur l'entrée du port. Puis on rencontre de nombreuses villas avec jardins. Parvenu à la pointe, on a une belle vue de mer et sur la côte de la Noveillard et de Sainte-Marie. Le chemin direct de Pornic à la source part de l'extrémité de la chaussée du Port et passe au ham. de *Haute-Folie*, près d'une trentaine de pierres mégalithiques, débris d'un cromlech.

Un peu au delà de la source se trouve la *plage de la Source*, fermée au N. par un *casino* avec terrasse et jardin. Cette plage, très fréquentée par les baigneurs de Pornic et par ceux logés dans un village voisin, *la Birochère*, est fermée à l'E. par des rochers percés d'ouvertures singulières appelées *les Cheminées* et par lesquelles, pendant les gros temps, rejaillit l'eau qui s'est engouffrée dans les rochers. Entre la plage de la Source et les Cheminées, on voit à marée basse de nombreuses pierres mégalithiques, amoncelées en cet endroit, qui semble avoir été pour elles un lieu de débarquement.

De Pornic à l'île de Noirmoutier, R. 8, A.

E. La Bernerie.

Stat. des chemins de fer de l'Etat, ligne de Nantes à Pornic (pour les détails sur les trains, etc., V. p. 130 et 132; les billets de bains de mer pour la Bernerie ne permettent pas, comme ceux à destination de Pornic, de revenir par Fromentine, moyennant suppl.).

Billets de bains de mer, aller et ret., de Paris à la Bernerie, délivrés du samedi veille des Rameaux au 31 oct. et val. 33 j., non compris le j. de la délivrance, avec faculté de 2 prolongations de 30 j. chacune moyennant 10 p. 100 de suppl. pour chaque prolongation : 1° *sans arrêts, sauf 48 h. à Nantes* : 58 fr. 50 en 1re cl.; 43 fr. 55 en 2° cl.; 30 fr. 60 en 3° cl.; 2° *avec arrêts aux gares entre Sainte-Pazanne inclus et la Bernerie* : 66 fr. 50; 49 fr. 55; 34 fr. 60. — Train rapide avec wagon-bar, l'été, de et pour Nantes (V. D, Pornic.)

La Bernerie[*], 1,243 hab., entouré de vignobles qui s'étendent jusqu'au bord de la mer, est une station balnéaire très fréquentée qui borde le rivage sur une long. de 1,500 m. et dont presque toutes les maisons se louent meublées aux baigneurs.

Renseignements de séjour. — La station de bains de mer de la Bernerie, d'un aspect gai et propre, est très fréquentée par les familles nantaises, à cause de sa grande proximité de cette ville, à cause surtout de la parfaite sécurité de la plage. Là, les enfants, et ils viennent en très grand nombre, peuvent être, sans risque, abandonnés à eux-mêmes, tant la plage est plate et sûre dans toute sa vaste étendue. Aussi, les nageurs sont-ils contraints d'aller au loin chercher la profondeur d'eau nécessaire à leurs ébats. A marée basse, la mer en quelque sorte n'apparaît plus qu'à l'horizon. Du reste le fond de sable noirâtre, sinon boueux, ôte à l'eau sa limpidité, et il arrive souvent qu'on est obligé à un nettoyage complet en sortant du bain.

Le prix de la pension et du logement dans les hôtels (il y en a trois avec petits casinos) est, comme à Préfailles, de 5 fr. à 6 fr. 50 par j. Les locations de villas, de logements, de chambres se font aussi aux mêmes conditions, suivant les mois, et les approvisionnements de toute nature sont également moins chers qu'à Pornic.

La pêche aux crevettes est un des amusements de l'endroit. La promenade à Pornic se fera sur une jolie route, boisée, traversant d'agréables sites, laissant apercevoir par moments, dans le lointain pâle, la rive dr. de la Loire. Arrivé à Pornic on pourra poursuivre jusqu'à la pointe Saint-Gildas, ou bien prendre le bateau et passer à Noirmoutier. L'excursion à Mindin (Saint-Nazaire) s'impose aussi. — Poste et télégraphe pendant la saison. — Les médecins de Pornic viennent journellement à la Bernerie.

En sortant de la gare, bâtie sur une hauteur d'où l'on découvre toute la baie de Bourgneuf on tourne à g., on passse devant l'*église*, édifice moderne gothique, et l'on parvient à la *plage*, après avoir croisé près du *marché* la grande rue de la Bernerie, longue voie parallèle à la mer et bordée de maisonnettes basses offrant un ensemble pittoresque avec leurs jardinets, leurs volets verts, leurs façades blanches, leurs encadrements et leurs toits de briques rouges. Dans cette rue principale se trouvent, à dr. en venant du chemin de fer, l'hôtel des Voyageurs et la poste-télégraphe, à g. l'hôtel des Etrangers.

En suivant le rivage à l'O., du côté de Pornic, on longe des rochers schisteux sans cesse minés par la mer. Sur ces rochers s'élèvent des habitations, notamment celle de M. Voruz, de Nantes. Citons aussi la *Roche-Marie* et la *villa des Tilleuls*.

LIBRAIRIE HACHETTE ET C⁽ᴵᵉ⁾

BOULEVARD SAINT-GERMAIN, 79, A PARIS

COLLECTION
DES GUIDES JOANNE

LES VOLUMES SONT CARTONNÉS EN PERCALINE GAUFRÉE

et contiennent

UN GRAND NOMBRE DE CARTES ET PLANS

GRANDS GUIDES
POUR LA FRANCE ET L'ÉTRANGER
Format in-16

FRANCE, ALGÉRIE ET TUNISIE
ITINÉRAIRE GÉNÉRAL DE LA FRANCE

22 volumes, qui se vendent séparément :

Paris. 1 vol.	7 50
Environs de Paris. 1 vol.	7 50
Alpes Dauphinoises. 1 vol.	10 »
Auvergne et Centre. 1 vol.	10 »
Bourgogne et Morvan. 1 vol.	7 50
Bretagne. 1 vol.	7 50
Cévennes. 1 vol.	7 50
Champagne (La) et l'Ardenne. 1 vol.	7 50
Corse. 1 vol.	6 »
Dauphiné. 1 vol.	» »
Franche-Comté et Jura. 1 vol.	7 50
Gascogne et Languedoc. 1 vol.	10 »
La Loire. 1 vol.	7 50
De la Loire aux Pyrénées. 1 vol.	7 50
Lyonnais, Beaujolais et Bresse. 1 vol.	7 50
Nord. 1 vol.	10 »
Normandie. 1 vol.	7 50

Provence. 1 vol.	10 »
Pyrénées. *Partie orientale.* 1 vol.	7 50
Pyrénées. *Partie occidentale.* 1 vol.	7 50
Savoie. 1 vol.	10 »
Vosges et **Alsace.** 1 vol.	7 50
Algérie et **Tunisie,** par *L. Piesse,* 1 vol.	12 »

Guide du voyageur en France, par *Richard.* 5 vol. in-16, brochés :

I. *Réseau de Paris-Lyon-Méditerranée.* 1 vol.	4 »
II. *Réseaux d'Orléans-Midi-État.* 1 vol.	4 »
III. *Réseau de l'Ouest.* 1 vol.	3 »
IV. *Réseau du Nord.* 1 vol.	2 50
V. *Réseau de l'Est.* 1 vol.	2 50

ÉTRANGER

Allemagne méridionale et **Autriche-Hongrie.** 1 vol.	10 »
Belgique et **Duché de Luxembourg.** 1 vol.	7 50
Espagne et **Portugal.** 1 vol.	18 »
Hollande et **Bords du Rhin.** 1 vol.	7 50
Italie et **Sicile.** 1 vol.	10 »
Londres et **ses environs.**	7 50
De Paris à Constantinople. 1 vol.	15 »
États du Danube et des Balkans. 1re partie : *Hongrie méridionale, Adriatique, Dalmatie, Montenegro, Bosnie et Herzégovine,* 1 vol.	15 »
—— 2e partie : *Haute-Hongrie, Suisse hongroise et région des Tatras, Galicie, Bukovine, Roumanie.* 1 vol.	15 »
—— 3e partie : *Serbie, Bulgarie et Roumanie orientale.* 1 vol.	12 »
Athènes et **ses environs.** 1 vol.	12 »
Grèce continentale et Iles. 1 vol.	20 »
Égypte, Nubie, Abyssinie, Sinaï. 1 vol. (*sous presse*).	
Syrie et **Palestine.** 1 vol. et un atlas.	25 »
La Péninsule Sinaïtique. 1 vol.	2 50
Suisse. 1re partie : *Genève et le lac Léman. — Chamonix et le Mont-Blanc. — Le Valais. — Zermatt et le Mont-Rose.* 1 vol.	5 »
Suisse. 2e partie : *L'Oberland. — Le lac des Quatre-Cantons. — Le Saint-Gothard et les Lacs italiens. — Bâle. — Schaffhouse. — Zurich. — Glaris. — Appenzell. — Saint-Gall. — Les Grisons.* 1 vol.	6 »

GUIDES DIAMANT

POUR LA FRANCE ET L'ÉTRANGER

Format in-32.

Aix-les-Bains, Marlioz et leurs environs	2 »
Bretagne et Iles anglaises de la Manche.	3 »
Dauphiné et Savoie.	6 »
Environs de Paris.	2 50
Normandie.	3 »
Paris.	2 »
Pyrénées.	5 »
Stations d'hiver (les) de la Méditerranée.	3 50
Suisse. Routes les plus fréquentées.	2 »

MONOGRAPHIES

Format in-16, avec gravures et plans, broché.

I. Angers. — Avignon. — Blois. — Chantilly. — Chartres. — Dijon. — Gérardmer. — Le Havre. — Le Mans. — Le Mont Saint-Michel. — Lourdes. — Menton.. — Nancy. — Nantes. — Nîmes. — Plombières. — Reims. — Tours. — Valence et ses environs.
Chaque monographie. . . . . 50 c.

II. Ajaccio. — Alger. — Arcachon. — Arles et les Baux. — Bagnères-de-Bigorre. — Bagnères-de-Luchon. — Biarritz et ses environs. — Bordeaux. — Boulogne. — Caen et ses environs. — Cannes et Grasse. — Cauterets. — Clermont-Ferrand, Royat et Châtel-Guyon. — Compiègne et Pierrefonds. — Contrexéville, Vittel, Martigny, Bourbonnes-les-Bains. — Dieppe et le Tréport. — Eaux-Bonnes et Eaux-Chaudes. — L'Esterel. — Fontainebleau et la forêt. — Genève. — Grand-Duché de Luxembourg. — Iles anglaises de la Manche. — Lyon. — Marseille. — Le Mont-Dore et la Bourboule. — Musées de Paris. — Nice et Monaco. — Pau. — Rouen. — Saint-Malo, Dinard. — Saint-Sébastien. — Trouville. — Tunis et ses environs. — Versailles. — Vichy.
Chaque Monographie. . . . . 1 »

Venise.	2 »
Florence.	2 »
Rome.	5 »
Bosnie et Herzégovine.	5 »

GUIDES ET CARTES

Bachellerie, *Guide officiel à Evian-les-Bains.* 1 vol. in-16, broché............................ 1 50

Joanne (P.) : *Géographies départementales de la France et de l'Algérie.* 88 vol. in-16, cart. :
    La description de chaque département, accompagnée d'une carte et de gravures, et suivie d'un dictionnaire alphabétique des communes, se vend séparément...... 1 »
    Le département de la *Seine*, 1 vol. 1 50
    L'*Algérie*. 8ᵉ édition, 1 vol. 1 50

— *Cartes départementales de la France et de l'Algérie.* 88 cartes en couleurs pliées et cartonnées format de poche, chaque carte........... » 50

Sardou (A.-L.), *Hist. de Cannes, des îles Lérins et des alentours.* 1 vol. in-16, broché........... 2 50

Tastevin. *Guide à Saint-Pétersbourg et à Moscou.* 1 vol. in-16, cart. toile. .... 15 »

— *Guide à Moscou*, seul. 1 vol. in-16, cart. toile. . 10 »

Carte de France, dressée sous la direction de M. *Vivien de Saint-Martin*, à l'échelle de 1/1 250 000ᵉ, indiquant le relief du sol, les voies de communication, les chemins de fer, les routes et canaux, les divisions administratives, etc. 1 feuille en couleur. 5 »

La même carte, avec gorge et rouleau. .... 7 »

Carte de France au 1/1 750 000ᵉ, par MM. *Schrader, Prudent* et *Anthoine*. 1 feuille imprimée en couleurs sur papier japon indéchirable........... 2 »

La même carte, pliée et cartonnée. 2 50

Carte des environs de Paris, collée sur toile et pliée. 3 »

Carte des environs de Paris (est), pliée et cartonnée. 1 05

Carte des environs de Paris (ouest), pliée et cartonnée. 1 05

Carte de la forêt de Fontainebleau et de ses environs, pliée et cartonnée. 1 05

Carte de Saint-Malo et de ses environs, pliée et cartonnée. 2 50

    Ces dernières cartes sont extraites de la carte de France au 1/100 000ᵉ dressée par le service vicinal, sous la direction de M. Anthoine, ingénieur.

Carte de l'Algérie, dressée à l'échelle de 1/1 600 000ᵉ, par le commandant *Niox*, d'après les documents publiés par le Ministre de la guerre, et des travaux inédits. 1 feuille. .... 2 »

Carte de la Suisse, dressée par M. *Vivien de Saint-Martin*, donnant l'altitude des principaux passages et sommets. 1 feuille gravée sur cuivre, collée sur toile et pliée. .... 6 »

Nouvelle Carte de France au 1/100 000ᵉ, dressée par le service vicinal, par ordre du Ministre de l'Intérieur. 587 feuilles en couleurs. Chaque feuille séparément...................... » 80

    Chaque feuille pliée et cartonnée. 1 05

Plan de Paris, imprimé en couleurs, plié et cart. . 2 »

PUBLICITÉ DES GUIDES JOANNE

EXERCICE 1899-1900

I. Adresses utiles. — Journaux. — Cies Financières.

Chemins de fer. — Cies maritimes.

ADRESSES UTILES

ADMINISTRATION
des Eaux de Pougues
22, *Chaussée-d'Antin*, Paris.

Eau bicarbonatée, calcique, ferrugineuse, sans rivale contre DYSPEPSIES, GRAVELLE, DIABÈTE, GASTRALGIE, etc. **Établ. thermal St-Léger**, du 1er juin au 1er octobre. — **Splendid-Hôtel**, propriété de la Cie; 120 chambres, luxe, confort, **Casino**. (V. p. 111.)

ALIMENTATION
PAIN FOUGERON,
seul efficace contre le
DIABÈTE
Demandez brochure
30, rue Saint-Augustin, Paris.

AMEUBLEMENT
AMEUBLEMENT et DÉCORATION
Vente et achat.
Location de meubles en tous genres.
Garde-meuble public.
TÉLÉPHONE 521-58.
Perrichet et Belzacq.
4 et 6, *rue de la Pépinière*.

LAVABOS CH. POINCET
53, rue Sainte-Anne, 53
PARIS
—
INSTALLATIONS
DE
Cabinets de toilette
ET
Salles de Bains

Demander le Catalogue.

(*Voir page* 132.)

ANTISEPTIQUE
OZONATEUR, Brev. s. g. d. g.
Désinfecteur automatique.
9, *Chaussée-d'Antin*, Paris.

Phénol-Bobœuf, 19, *rue des Mathurins*, Paris. (Voir page de garde, fin du volume.)

Publicité des **GUIDES JOANNE**
Exercice 1899-1900.

TYPE **C**

ARMES

A. Gorget, 39, *rue Châteaudun*, Paris.

ARMES de GUERRE — Collections — Panoplies

AUX ARMES DE LUXE
A. GUINARD
Armurier breveté

8, Avenue de l'Opéra, 8

Spécialité

Fusils **HAMMERLESS-ÉJECTEUR**

avec double sûreté; excellentes comme qualités de tir, de solidité, de fini.

PRIX TRÈS AVANTAGEUX.

On trouve à la maison **GUINARD** les **Fusils anglais** des premières marques : PURDEY — HOLLAND — GREENER, etc., etc.

8, Avenue de l'Opéra, 8, Paris.

ASPERGES

Belin, 22, *route de Sannois*, à **Argenteuil**. (Voir p. 50.)

AUTOMOBILES, BICYCLETTES

Bicyclettes Automobiles, 132, *rue de Rennes*, Paris. (Voir page 43.)

Compagnie des Automobiles Henriod, 7, *rue de Sablonville*, à **Neuilly** (Seine). (Voir page 42.)

De Dion, Bouton et Cie, 12, *rue Ernest*, à **Puteaux** (Seine). (Voir page 40).

Société internationale de Construction d'Automobiles Lᵈ, système **Tauzin et Cⁱᵉ**, 11, *rue Bellanger*, **Levallois-Perret** (Seine). (V. p. 42.)

Voiturettes Léon Bollée, 163, *avenue Victor-Hugo*, Paris. (Voir page 44.)

BANQUES

Comptoir National d'Escompte de Paris. (Voir p. 22.)

Crédit Lyonnais. (V. p. 18.)

Société Générale. (V. p. 20.)

BAR

The London Bar, 5, *rue de l'Isly*, Paris. (Voir page 55.)

BATEAUX (Constructions de).

A. Wauthelet. G. Aubreton, successeur, 4, *boulevard Diderot*, Paris. (Voir page 47.)

BIJOUTERIE

Tranchant, 79, *r. du Temple*, Paris. Bijouterie argent en tous genres. Hochets, Bracelets, Chaînes, Bourses, Ronds de serviette, Timbales, Coquetiers, Tabatières, Petite orfèvrerie, Articles de bureaux et de fumeurs, Chapelets en tous genres, Croix, Médailles.

BILLARDS

Fabricant de Billards. Billards d'occasions. Billards-tables. Billards d'enfants. Billes. Queues, Drap spécial. Bandes perfectionnées. Tous accessoires.

Loreau, 1, *rue de Turenne*, Paris

CALVITIE
CHUTE DES CHEVEUX

Dequéant, pharmacien, 38, *rue de Clignancourt*, Paris. **Lotion Dequéant**. (Voir page 48.)

La Pertuisine, 53, *rue Vivienne*, Paris. (Voir page 54.)

CAOUTCHOUC DE VOYAGE

Maison Charbonnier
J. VÉCRIGNER, Succr
376, *rue Saint-Honoré*, 376
Caoutchouc manufacturé anglais, français et américain. Chaussures américaines et gants, bottes de marais. Vêtements imperméables, toile caoutchouc. Tobs anglais ou bains portatifs, cuvettes pliantes, sacs à eau chaude, coussins et matelas à air et à eau pour malades et pour voyages. Urinaux. Bidets et bassins, etc. Atelier de réparation.
TÉLÉPHONE 241.67

CHAUSSURES

Grande Cordonnerie du Chat-Noir, *18, boul. des Italiens*, Paris. (Voir p. 50.)

CHOCOLAT

Chocolat Menier (V. p. 135.)

Compagnie Coloniale. (V. page de garde en tête du volume.)

CRAYONS,
ENCRES, COULEURS FINES

A.-W. Faber, 55, *boulevard de Strasbourg*, Paris. (Voir p. 51.)

CRISTAUX, FAÏENCES, PORCELAINES

L. BOUTIGNY
CRISTAUX ARTISTIQUES
Passage des Princes, Paris.

Maison Toy, 6, *rue Halévy*, Paris. (Voir page 50.)

FAÏENCES ARTISTIQUES
MODERNES
Faïences Bretonnes
Vve **Vaconsin**, 46, *rue de Provence*, Paris.

DENTIFRICES

Docteur Pierre. (Voir p. 45.)

DENTISTE-CHIRURGIEN
DIRECTEUR DE L'INSTITUT DENTAIRE
Maxime Drossner, 2, rue Richer, angle faubourg Poissonnière, Paris. — Soins de la bouche, pose de dents artificielles. Prix modérés. On parle plusieurs langues.

ÉLECTROTHÉRAPIE

Allard (Dr Félix), licencié ès-sciences physiques, ex-préparateur de physique médicale.
48, *rue de Châteaudun*, Paris.
Électricité médicale (maladies nerveuses, maladies des femmes, goutte, diabète, arthritisme). **Diagnostic par les rayons X de Rœntgen.**
Lundi, mercredi, vendredi, de 2 à 4 h., et par rendez-vous.

Établissement du Dr Chamoin
40, *rue de la Bienfaisance*, Paris.
Lundi, mercredi, vendredi,
de 2 h. à 6 h.
Traitement des Affections Nerveuses et Paralytiques.
Maladies des Femmes.
Clinique : 71, *rue de Rivoli*,
M. J. S., 3 à 6 h.

GLACIÈRES

Glacière des Châteaux. — J. Schaller, 332, *rue St-Honoré*, Paris. (Voir p. 54.)

GYMNASE

Lelièvre (Voir *Sauvetage*).

HOTELS

Hôtel de l'Amirauté, 5, *rue Daunou* (rue de la Paix). Restaurant et table d'hôte, Ascenseur, Electricité, Bains, [TELEPHONE].

Hôtel d'Angleterre, 22 et 24, *rue Jacob* (faub. St-Germain). Grands et petits appartements de famille avec ou sans cuisine. Beau jardin.—Table d'hôte ou à la carte.

Grand Hôtel de l'Athénée
15, *rue Scribe*, Paris.

Hôtel Bradford (Champs-Elysées), 10, *rue Saint-Philippe-du-Roule*. Entièrement neuf. Lumière électrique dans toutes les chambres. Ascenseur. Salle de bains. Repas à prix fixe et à la carte. Cuisine et cave de 1er ordre. Maison en plein midi dans le quartier le plus sain de Paris. Arrangements pour long séjour. Spécialement recommandé aux familles. Prix très modérés.
[TELEPHONE] 524.21.

Hôtel Beau Site
4, *rue de Presbourg*.

Hôtel Beaujolais
15, *rue de Beaujolais*.
Vue magnifique sur les jardins du Palais-Royal. Appartements et chambres depuis 3 francs. Situé au centre de Paris et des affaires. (Petit déjeuner, déjeuner et dîner à volonté.)

Hôtel Burgundy, 8, *r. Duphot* (Madeleine), Paris. Chambres de 2 à 10 fr. par jour; pension de 56 à 84 fr. par semaine. Déjeuner, 3 fr.; dîner, 4 fr., vin compris. Writing, Drawing, Dining and Smoking Rooms. [TELEPHONE].
BÉCARD, propriétaire.

Hôtel Campbell
45, 47, *avenue de Friedland*.

Hôtel Columbia
16, *avenue Kléber*.

Grand Hôtel des Capucines, 37, *boulevard des Capucines*. Maison recommandée. SANS SUCCURSALE. Table d'hôte. Excellente cuisine. Bains. Ascenseur. Eclairage électrique. [TELEPHONE].
Mme E. CHABANETTE, propriét**re**.

Hôtel du Chariot d'Or
Reconstruit en 1887, *rue Turbigo*, 39, près le boul. Sébastopol. Table d'hôte. Café-Restaurant. English spoken. Chambres confortables depuis 2 fr. 50. Ascenseur.
RABOURDIN, propriétaire.

Hôtel de la Cité Bergère, 4, *cité Bergère* (Grands boulevards). Installation moderne. Table d'hôte. Bains. [TELEPHONE]. Prix très modérés.

Hôtel Corneille, 5, *rue Corneille*, en face l'Odéon. Chambres de 2 à 5 fr. Restaurant. Lumière électrique. [TELEPHONE] 810-80. Agréé par le T. C. F.

Hôtel du Danube, 11, *rue Richepanse*, près la Madeleine. Grands et petits appartements pour familles. A. POTTIER, propriétaire.

Hôtel de l'Élysée, 12, *rue des Saussaies* (près des Champs-Elysées et de la Madeleine), Paris. Appartements de 6 à 15 fr. Table d'hôte. Restaurant à la carte. Maison pour famille. Prix modérés.

Hôtel Favart, 5, *r. Marivaux*, (boulev. des Italiens, en face l'Opéra-Comique). Service à volonté. *English spoken*.

Hôtel de France, 4, *rue du Caire*, près les boulevards et les théâtres. **Chambres** de 3 à 5 fr. **Restaurant**. Lumière électrique. [TELEPHONE] 130-98. Agréé par le T. C. F.

Grand Hôtel du Globe. (Voir page 55.)

Grand Hôtel Lafayette, 6, *rue Buffault* (angle des rues Lafayette et faub. Montmartre), centre de Paris. Chambres depuis 2 fr. Déjeuner, 2 fr. 50. Dîner 3 fr., et à la carte.

Hôtel Mirabeau, 8, *rue de la Paix*. Hôtel et Restaurant. Chambres et appartements pour familles. (Voir page 55.)

Hôtel de l'Opéra, 10, *rue du Helder*, entre les boulevards Haussmann et des Italiens. Restaurant. Lumière électrique. Ascenseur. Bains. TÉLÉPHONE 132 09. L. GUYOT, propriétaire.

Hôtel de l'Opéra-Comique, 4, *rue d'Amboise* (boulev. des Italiens). Complètement remis à neuf. Nouveau propriétaire. Chambres et appartements meublés à des prix très modérés.

Hôtel d'Ostende, 9, *rue de la Michodière*, près l'Opéra. Agencement moderne. Lumière électrique. TÉLÉPHONE 253.01. Prix modérés. Conditions spéciales pour familles.

Hôtel d'Oxford et de Cambridge, 13, *rue d'Alger*, près des Tuileries. Pension et service à la carte. Table d'hôte. Maison de famille spécialement recommandée pour son confortable et ses prix modérés. Tarif franco sur demande.

HOTEL DE PARIS-NICE
38, faubourg Montmartre.
150 chambres de 3 à 8 francs. Déjeun., 3 fr. Dîner, 4 fr., vin compr. Ascenseur. Electricité. TÉLÉPHONE

Hôtel-Pension
5, *rue Léo Delibes* (av. Kléber). Grand confort mod. Electricité. Ascens. Calorifère. Salle de bains. Prix depuis 10 fr. par jour. Arrang. pour familles.

Hôtel du prince Albert, 5, *rue Saint-Hyacinthe*, 5 près l'Opéra. Prix modérés.

Grand Hôtel de Rochefort
Restaurant à la carte, 6, *rue Dupuytren*, près l'Ecole de Médecine et boul. Saint-Germain. Chambres depuis 1 fr. 50, et 20 fr. par mois. Recommandé.

Hôtel de Rouen, 13, *rue Notre-Dame-des-Victoires*, près la Bourse et les grands boulevards. Eclairage électrique. English spoken. Man spricht deustch. Chambres depuis 3 fr. Déjeuner, 3 fr.; dîner, 3 fr. 50, vin compris.

Hôtel de Seine, 52, *rue de Seine* (boul. Saint-Germain), Paris. Appartements et chambres confortables. Table d'hôte. Service à volonté. Prix modérés. Dujardin, propriétaire.

Hôtel de Strasbourg, 50, *rue de Richelieu*, près le Palais-Royal et le Théâtre-Français, entièrement remis à neuf. Appartements et chambres meublés. Table de famille. Prix modérés.

Grand Hôtel de Suez, 31, *boulevard Saint-Michel*, près de toutes les Facultés, le Luxembourg Chambres meublées. Grand restaurant dans l'hôtel. Prix très modérés.

Hôtel de Suez, 17, *boulevard de Strasbourg*, entre les gares du Nord et de l'Est et les grands boulevards. Chambres dep. 3 fr. 50. Même maison : **Appartements meublés**, 8, *avenue Mac-Mahon*.

Hôtel du Tibre, 8, *rue du Helder*, Paris (V. p. 55).

Hôtel des Tuileries, 10, *rue Saint-Hyacinthe*, Paris, près l'avenue de l'Opéra. Confortable, bien aéré. Chambres depuis 2 fr. 50. Pension, 8 fr. Recommandé aux familles. Le Brun, propriétaire.

HYDROTHÉRAPIE

Institut d'hydrothérapie et de kinésithérapie médicales. Traitement par l'eau et par le mouvement physiologique.
49, *Chaussée-d'Antin*, Paris.

INSTITUTS MARINS

Direction: 4, *rue Général-Foy*, Paris. (Voir page 65.)

INSTITUTIONS

INSTITUTION BERTRAND
Ecole professionnelle, industrielle de Versailles, *52, avenue de Saint-Cloud*, Versailles. Directeur: M. Pescaire, O. U. Préparation aux Ecoles du gouvernement pour l'Industrie, le Commerce et l'Agriculture.

Institution J.-B. Dumas, 23, *rue Oudinot*, Paris. — Directeur: **A. Soldé**. (Voir page 53.)

Institut Rudy, 4, *rue Caumartin*, Paris, 39e année. Cours et Leçons. Langues, Lettres, Sciences, Musique, Chant, Peinture, Danse, Escrime, etc. 150 professeurs.

Sainte-Barbe. (V. page 53.)

INSTITUTIONS de DEMOISELLES

Institution de Mlle Bour, à *Versailles*. (Voir page 53.)

Mlles Chateau, 177, *rue du Faubourg-Poissonnière*, Paris. — Cours complets d'éducation. Préparation aux brevets élémentaire et supérieur. Nombre restreint de pensionnaires. Chambres séparées pour élèves étrangères. *Magnifique jardin de 2 400 mètres*. Omnibus.

Institution de Mme Quihou, 7, *avenue Victor-Hugo*, **St-Mandé** (Seine), à la porte de Paris et près du Bois de Vincennes, à 3 minutes de la Gare, et sur le passage du tramway Louvre-Vincennes. — *Éducation complète*.

Institution Israélite dirigée p' **Mmes Weill et Kahn** 45 et 47, *boul. Victor-Hugo* **Neuilly-sur-Seine.** Éducation et instruction complètes. Préparation à tous les examens. Langues étrangères. Arts d'agrément. Situation magnifique près du Bois de Boulogne et du Jardin d'Acclimatation.

JEUX DE PRÉCISION

Ch. Estève, 20, *rue de Nemours*, Paris. (Voir page 52.)

MANÈGES

Manège du Panthéon
51, rue Lhomond, Paris.
Duchon ✱, Ecole d'équitation.
Succursale: 77, *Gde-Rue*, **Enghien**.

MAROQUINERIE

Chamoüin, 76, *rue Richelieu*, Paris. (Voir p. 53.)

OBÉSITÉ

Établissement du Dr J. Rivière, 25, *rue des Mathurins*, Opéra-Paris. Traitement spécial de l'**OBÉSITÉ**. Système et appareils du Dr Rivière. Dr speaks English.

OBJETS D'ART

A. Herzog, Objets d'art, 41, *rue Châteaudun*, Sucr, 9, *rue Lafayette*.

PARFUMERIE (Fabricant de)

JONES. — Parfumerie extra-fine, 23, *Boul. des Capucines*, Paris. Seul inventeur du **Fluide latif**.

PÊCHE (USTENSILES DE)
PIÈGES

Maison Moriceau Bourdon et Benoît, succrs, 28, *quai du Louvre*, Paris.
Ustensiles et filets de pêche en tous genres; Pièges de tous systèmes. (Envoi *franco* du catalogue.)

PHOTOGRAPHIE (Appareils de

Appareils PHOTOGRAPHIQUES

A. SCHAEFFNER
2, r. *Châteaudun*
Paris.

Jumelles photogr.; Detectives. Grand choix d'appareils instantanés. Catal. illustré gratis à qui se dit lecteur d'un *Guide Joanne*. Se faire inscrire pour publications nouvelles.

PENSIONS DE FAMILLE

A Jeanne d'Arc, *30, rue de la Clef* (près gare d'Orléans). **Pension de famille**. Jardin, table d'hôte, chambres meublées. *Recommandée au clergé et aux familles.*

Hôtel-Pension de famille, *21, rue Beaujon*, Paris. (Voir p. 53.)

Maison de famille, *9, rue de l'Université*. Grands et petits appartements meublés, avec ou sans cuisine. Chambres depuis 2 fr. 50. Service dans les appartements. **M⸺ Gerbié**, Propriétaire.

Pension de famille de premier ordre, *2, avenue Friedland*, près l'Arc de Triomphe. Electricité. Grand confort. English spoken. Man spricht deutsch. 532.75.

Villa du Dôme, *12, rue du Dôme* (Arc-le-Triomphe). Pension de 6 fr. à 8 fr. English spoken.

Professeur Ch. M. Marchand, *39, Avenue Kléber.*

PHOTOGRAPHIE (Artistes)

PIERRE PETIT

Chevalier de la Légion d'honneur
opère lui-même
17, 19, *rue Cadet-Lafayette*, Paris.

Photographie de Luxe

Bary

33, *rue Boissy-d'Anglas*
(Hôtel particulier)
Exposition : 5, *rue Royale.*
Pastels, Peintures, Émaux, Agrandissements. TÉLÉPHONE 262.23.

Nadar

9 diplômes d'honneur
dernières Expos. GRAND PRIX 1889

Portraits en tous genres, Agrandissements, Peintures, etc., Photographies à la lumière électrique.— Appareils et produits. La Photographie sans apprentissage. Ne pas voyager sans l'**Express-détective-Nadar** : le meilleur des appareils photographiques, léger, solide et garanti ; 48 ou 100 poses sans recharger l'appareil adopté pour tous les grands voyages d'exploration.

51, rue d'Anjou, 51 TÉLÉPHONE

Portraits animés par le
Chronophotographe Nadar
Appareil breveté.
La Maison n'a pas de Succursale.

PIANOS

Manuf⸺ de Pianos Pélicier. Brillante sonorité, solidité garantie. 32 *Médailles d'or et autres*; membre du *Jury*. Pianos neufs et d'occasion des Maisons **Érard** et **Pleyel**.

Location, Vente, Échange
(*Occasions*)

**13, Boulevard St-Denis, 13
Paris.**

POMPES
Beaume. (Voir page 46.)

PRODUITS PHARMACEUTIQUES

Alexandre, pharmacien. Produits Boboeuf : Phénol, savon, eau dentifrice, etc., 19, *rue des Mathurins, Paris.* (Voir page de garde, fin du volume.)

Chassaing. Vin de Chassaing. Phosphatine Fallières, etc. (Voir page 134.)

Coaltar Saponiné. (V. p. 130.)

Dequéant, pharmacien, 58, *rue de Clignancourt, Paris.* (V p. 48.)

Eau des Jacobins

Ancien cordial très populaire d'une puissance merveilleuse, contre apoplexie, etc. **A. Gascard**, seul successeur des F^res Gascard, à **Bihorel-lès-Rouen** (Seine-Inf^re.)

Élixir de saint Vincent de Paul, Guinet, pharmacien, *1, passage Saulnier*, Paris. (Voir p. 54.)

Fer Bravais. (Voir page 129.)

Graine de lin Tarin; Pommade Fontaine; Savon Fontaine. (Voir p. 52.)

Liqueur des dames. (Voir page 131.)

POMMADE MOULIN
Guérit Dartres, Boutons, Rougeurs, Démangeaisons, Eczéma, Hémorrhoïdes. Fait repousser les Cheveux et les Cils. 2^f50 le Pot franco. Pharmacie MOULIN, 68, Rue Louis-le-Grand, PARIS

Poudre Laxative Rocher contre la **Constipation.** (Voir p. 54.)

RESTAURANTS

Catelain aîné, VALLET et GALLICE, Succ^rs 173, *gal. de Valois et rue de Valois*, 9 **RESTAURANT VALOIS DINER NATIONAL** Déjeuner, 2 fr. 50; dîner, 3 et 4 fr. Service spécial à la carte. *Maison recommandée p^r sa cuisine.*

Restaurant Español José ROBLES, 14, *rue du Helder*. 4 Salons, Cabinet à l'entresol : *Lunes y Miercoles* : Arroz à la Valenciana ; *Martes* : Guisillo Madrileño ; *Jueves y Domingo* : Cocido a la Española ; *Viernes* : Bacalao a la Vizcaina ; *Sabado*, Albongidas a la Española.

PARIS 1898 Médaille d'or — PARIS 1898 Diplôme d'honn^r

RESTAURANT LAPRÉ
(à la carte)
Maison fondée en 1873; 8 et 10, *rue de Provence*, et 24, *rue Drouot* près le « Figaro ».
Recommandé pour sa bonne cuisine et ses excellents vins. — Grands salons et cabinets de société. — Ouverts toute la nuit.

Au Petit Riche, 25, *rue Le Peletier*. Plat du jour, de 0,60 à 1 fr.

Restaurant du Tibre 8, *rue du Helder, Paris.* (V. p. 55.)

TAVERNE DU NEGRE
17, Boulevard Saint-Denis, PARIS.
BIÈRE DE MUNICH

Déjeuner, 3' café compris:
Une bouteille de vin rouge ou blanc,
ou une carafe de bière.
Hors-d'œuvre,
3 plats au choix,
Fromage, Dessert.

Dîner, 3'50, café compris:
Une bouteille de vin rouge ou blanc, ou une carafe de bière,
Un potage, 3 plats au choix,
Salade — Entremets — Dessert.

SERVICE A LA CARTE.

TÉLÉPHONE 129-79, France et Etranger.

RÉTRÉCISSEMENTS

Rétrécissements et électrolyse. Que le rétrécissement siège sur l'œsophage ou sur un autre conduit de l'organisme, on n'emploie plus aujourd'hui les opérations sanglantes qui sont pleines de danger. On a recours au procédé d'électrolyse linéaire, inventé par le Dr **J.-A. Fort**, ancien professeur d'anatomie à l'Ecole pratique de la Faculté de médecine, 6, *rue des Capucines*, à Paris.

SAGES-FEMMES

Mme **Lachapelle**, 27, *rue du Mont-Thabor*, Paris. (Voir p. 52.)

Mme **Merlot**, 163, *rue Montmartre*, Paris. (Voir p. 54.)

SAUVETAGE (Appareils de)

Lelièvre, 98, *rue Montmartre, Paris.* CEINTURES DE SAUVETAGE et BOUÉES en liège, cordages, ficelles. APPAREILS DE GYMNASTIQUE.

VEILLEUSES

Veilleuses françaises. Maison **Jeunet**. (Voir page 45.)

VOYAGES

Agence Lubin, 36, *boulevard Haussmann*, Paris. (Voir page 34.)

Compagnie des Messageries Maritimes. (Voir page 35.)

Compagnie Génér^{le} Transatlantique. (Voir page 34.)

Royal Mail. (Voir page 36.)

Fraissinet et Cie. (V. p. 37.)

Compagnie de Navigation Mixte. (Voir page 38.)

Type C*

LE FIGARO A SIX PAGES

Le Figaro transformé a **six pages** tous les jours, c'est-à-dire trois feuilles d'un seul tenant, à l'exemple des grands « quotidiens » d'Angleterre et des Etats-Unis.

Les prix d'abonnement, malgré cette augmentation de matières, ont été légèrement diminués.

6 PAGES Tous les Jours

SIX PAGES tous les jours

Le Figaro publie chaque **lundi** un dessin de **Caran d'Ache**; chaque **jeudi**, un dessin de **Forain**; toutes les semaines, une chronique de l'**Image Etrangère**.

TOUS LES JOURS, une chronique spéciale, **Le monde et la ville**, publie les renseignements d'ordre mondain susceptibles d'intéresser la clientèle du *Figaro*.

Les petites annonces d'**OFFRES ET DEMANDES D'EMPLOI** continuent à paraître, suivant **tarif réduit**, le mercredi; les offres et demandes de **locations**, le dimanche.

6 PAGES Tous les Jours

SIX PAGES tous les jours

Le samedi, **PAGE DE MUSIQUE**. Tous les jours, **ROMAN, CORRESPONDANCES ÉTRANGÈRES, REVUE DES JOURNAUX, VARIÉTÉS LITTÉRAIRES, CHRONIQUES DE SPORT**, etc.

L'accès du nouveau **Salon** du *Figaro*, ouvert au rez-de-chaussée de l'hôtel récemment reconstruit, est réservé aux abonnés et aux amis du journal. Des expositions d'art s'y succèdent durant toute l'année, et des concerts y sont donnés chaque semaine.

ABONNEMENTS

PARIS	DÉPARTEMENTS	ÉTRANGER
Un an.... 60 fr.	75 fr. »	86 fr. »
Six mois... 30 fr.	37 fr. 50	43 fr. »
Trois mois. 15 fr.	18 fr. 75	21 fr. 50

Huitième Année — Paris et Départements — Cinq Centimes

LE JOURNAL

Quotidien, Littéraire Artistique et Politique

100, Rue Richelieu, 100
Directeur : **FERNAND XAU**

	Un an.	Six mois.	Trois mois.	Un mois.
ABONNEMENTS Paris	20 fr.	10 fr. 50	5 fr. 50	2 fr. »
Départements et Algérie	24 fr.	12 fr. »	6 fr. »	2 fr. 50
Étranger (Union postale)	35 fr.	18 fr. »	10 fr. »	3 fr. 50

LE « JOURNAL » EN 1899

Le *Journal* a pris, en 1899, un développement considérable, grâce aux efforts quotidiens qu'il fait pour être agréable à ses lecteurs.

Il a suivi la vie politique intérieure et extérieure avec un soin qui lui a valu, de la part du public, les témoignages et les encouragements les plus flatteurs. A l'intérieur, ses informations puisées aux sources les plus sûres ont mis le *Journal* au premier rang des journaux parisiens.

SA RÉDACTION

La rédaction littéraire du *Journal* est, sans contredit, la plus brillante des journaux parisiens. Qu'on en juge par l'énumération que voici de ses principaux collaborateurs :

François Coppée.	Paul Hervieu.	Edm. Haraucourt.	J. de Bonnefon.
Paul Bourget.	Marcel Prévost.	G. d'Esparbès.	Raoul Ponchon.
André Theuriet.	H. Lavedan.	Courteline.	Rod. Darzens.
Catulle Mendès.	Hugues Le Roux.	A. Hepp.	Georges Auriol.
Armand Silvestre.	Maurice Montegut.	Alphonse Allais.	Tristan Bernard.
Jean Richepin.	René Maizeroy.	Marcel Schwob.	Franc Nohain.
Séverine.	Gustave Geffroy.	M. Donnay.	Jules Ranson.
Octave Mirbeau.	Jean Lorrain.	Paul Adam.	Marin.
Montjoyeux.	Léon Daudet.	Maurice Leblanc.	Barthélemy.
			Paul Bonhomme.

Alexis Lauze, secrétaire de la rédaction.

Critique dramatique, Catulle Mendès ; *Critique d'art*, Gustave Geffroy ; *la Politique étrangère*, A. Saissy ; *les Echos*, Joinville ; *la Chambre*, H. Valoys ; *le Sénat*, G. de Lilliers ; *les Tribunaux*, M⁰ Huvlin ; *le Conseil municipal*, E. Bois-Glavy ; *l'Escrime*, Emile André ; *les Courses*, Laurentz ; *Courrier théâtral*, Crispin.

SES PERFECTIONNEMENTS

Le *Journal* devait, en raison de son développement, avoir une installation plus étendue et plus en rapport avec la multiplicité de ses services.

Le 15 octobre 1896, le *Journal* s'est installé dans l'ancien hôtel Lemardelay, 100, rue de Richelieu.

Cet hôtel, qui comprend trois corps de bâtiments, de cinq étages chacun, en fait l'installation la plus vaste et aussi la plus somptueuse de Paris, en tant que journal.

SA PUBLICITÉ

La publicité du *Journal* est justement des plus recherchées. Ses Petites Annonces ont eu, par exemple, un succès sans précédent.

Voici comment s'établit son tarif de publicité

TARIF DES ANNONCES-RÉCLAMES

	La ligne.		La ligne.
Echos 1ʳᵉ page	25 fr. »	Réclames 3ᵉ page	8 fr. 50
Réclames 2ᵉ page	15 fr »	Annonces	4 fr. »
Faits divers	12 fr »	Petites Annonces (samedi)	1 fr. 50

54ᵉ année. — Paris et Départements, 15 centimes le Numéro. — Gares, 20 centimes.

ARTHUR MEYER		ARTHUR MEYER
Directeur		*Directeur*
RÉDACTION	# Le Gaulois	ADMINISTRATION
2, rue Drouot		2, rue Drouot
ABONNEMENTS	LE PLUS GRAND JOURNAL DU MATIN	ANNONCES
PETITES ANNONCES	**2, RUE DROUOT**	MM. Charles Lagrange,
RENSEIGNEMENTS		Cerf et Cⁱᵉ,
2, *rue Drouot*		6, pl. de la Bourse.

Depuis le mois de juillet 1882, **le Gaulois**, dont M. Arthur Meyer a repris la direction, a de nouveau marqué sa place à la tête de la presse quotidienne de Paris.

Aucun journal n'est plus parisien que **le Gaulois**, par l'allure vive et mondaine de sa rédaction, par la variété et le piquant de ses informations. Aucun n'est plus résolument conservateur, plus fermement respectueux de tout ce qui est respectable.

Le Gaulois a résolu le problème de plaire à la fois aux lecteurs sérieux et à ceux qui veulent avant tout être distraits par leur journal.

La nature de la clientèle du **Gaulois**, dont le nombre s'accroît chaque jour à Paris et en province, donne une valeur exceptionnelle à sa publicité.

Tous les samedis **le Gaulois** fait paraître **le Gaulois du Dimanche illustré**, gratuit pour ses abonnés.

PRIX DES ABONNEMENTS

PARIS ET DÉPARTEMENTS		ÉTRANGER	
Un mois.	5 fr. »	Un mois.	6 fr. »
Trois mois.	13 fr. 50	Trois mois.	16 fr. »
Six mois.	27 fr. »	Six mois.	32 fr. »
Un an.	54 fr. »	Un an.	64 fr. »

Les frais de poste en plus pour les pays ne faisant pas partie de l'Union postale.

JOURNAL DES DÉBATS
POLITIQUES ET LITTÉRAIRES
FONDÉ EN 1789
GRAND JOURNAL QUOTIDIEN
10 centimes le numéro

17, rue des Prêtres-Saint-Germain-l'Auxerrois, Paris.

Principaux collaborateurs. — MM. PAUL BOURGET, J.-M. DE HEREDIA, H. HOUSSAYE, E. LAVISSE, J. LEMAÎTRE, G. PARIS, ALBERT VANDAL, DE VOGUÉ, de l'Académie française; PH. BERGER, E. BOUTMY, GEBHART, P. et A. LEROY-BEAULIEU, MASPÉRO, G. PERROT, A. RAMBAUD, sénateur; E. REYER, de l'Institut; G. BERGER, P. DESCHANEL, députés; ARVÈDE BARINE, R. BAZIN, E. BERTIN, P. BLUYSEN, J. BOURDEAU, H. BOUSQUET, J. CHAILLEY-BERT, H. CHANTAVOINE, F. CHARMES, J. CHARLES-ROUX, M. COLIN, docteur DAREMBERG, docteur DARRAS, P. DESJARDINS, J. DIETZ, R. DOUMIC, E. FAGUET, A. FILON, A. HALLAYS, A. HEURTEAU, R. KŒCHLIN, JALLIFFIER, A. JULLIEN, A. LE BRAZ, J. LEGRAS, CH. MALO, A. MICHEL, G. MICHEL, H. DE PARVILLE, A. RAFFALOVICH, E. RIPAULT, ED. ROD, M. SPRONCK, D. ZOLLA, etc., etc.

Prix de l'abonnement :
France et Alsace-Lorraine, **40 fr.** — Étranger, **64 fr.**

REVUE HEBDOMADAIRE du *Journal des Débats.*
HEBDO-DÉBATS

Le **Journal des Débats** publie une édition hebdomadaire, paraissant le samedi, contenant les principaux articles et feuilletons de l'édition quotidienne et réunissant, sous forme de revue, les événements saillants de la semaine.

Abonnement : France, 20 fr.; étranger, 25 fr.

Vente au numéro : France, 40 centimes; étranger, 50 centimes.

La salle des dépêches du Journal des Débats, 8, place de l'Opéra, reçoit les abonnements et renouvellements.

LE SOIR

JOURNAL D'INFORMATIONS
(32ᵉ ANNÉE)
Directeur : **GASTON POLLONNAIS**

SEUL JOURNAL DE PARIS
Donnant à 8 heures
LES DERNIÈRES NOUVELLES
DU
MONDE ENTIER

SERVICES TÉLÉGRAPHIQUES
ET
Téléphoniques spéciaux

EXPÉDIÉ EN PROVINCE
PAR LES
DERNIERS COURRIERS
ET LES
TRAINS SPÉCIAUX DE NUIT

Paris et Province, le Numéro : **15 CENTIMES**
Arrive en même temps
QUE LES JOURNAUX DE PARIS
DITS DE 4 HEURES

LE SIÈCLE

GRAND JOURNAL POLITIQUE

Littéraire, Scientifique et d'Économie politique

Fondé en 1836

Directeur politique : **YVES GUYOT**
Ancien Ministre.

Voici un extrait de son programme :

Le *Siècle* représente la défense de la liberté, de la propriété, de la légalité, de la paix sociale, de la patrie, contre l'anarchie, contre la tyrannie socialiste, contre le collectivisme, contre la guerre sociale et contre l'internationalisme révolutionnaire.

Le *Siècle*, repoussant la théorie de l'omnipotence de l'Etat, est le leader européen de l'individualisme contre le socialisme et le protectionnisme.

Le *Siècle* représente l'égalité de tous les Français devant la loi, soit qu'elle protège, soit qu'elle réprime ; la libre accession de tous les Français aux dignités et emplois, sans privilèges ni exceptions ; le respect des formes légales pour tous ; la responsabilité effective de tous magistrats, fonctionnaires, agents militaires ou civils, qui violent la loi ; la subordination de la force publique aux pouvoirs civils.

Le *Siècle* combat toutes les démagogies, et il considère qu'au moment actuel, de tous les périls, le plus menaçant provient des complots et des menées de la démagogie césarienne et de la démagogie antisémite.

Le *Siècle* oppose à *la politique des mots la politique des réalités.*

C'est un grand journal d'Études et de Doctrines à

DIX CENTIMES LE NUMÉRO

ABONNEMENTS

	Trois mois.	Six mois.	Un an.
Paris, Seine, Seine-et-Oise.	7 fr.	14 fr.	25 fr.
Départements, Algérie.	8 fr.	15 fr.	30 fr
Union postale.	10 fr.	18 fr.	35 fr

M. ARMAND MASSIP, Directeur-Administrateur.

AVIS IMPORTANT

MM. les Voyageurs peuvent se procurer dans les gares et les librairies les Recueils suivants, publications officielles des chemins de fer, paraissant depuis cinquante ans, avec le concours des Compagnies.

L'INDICATEUR-CHAIX. *Paraissant toutes les semaines.* Avec cartes. — Prix .... » fr. 75

LIVRET-CHAIX CONTINENTAL. Deux volumes :
Services français, avec sept cartes de réseaux. — Prix .... 1 fr. 50
Services étrangers, avec une carte coloriée et huit cartes de régions. 2 fr. »

LIVRET-CHAIX SPÉCIAL DE CHAQUE
RÉSEAU. *Paraissant tous les mois.* Avec cartes.
Ouest ; — Orléans, État, Midi ; — Nord ; — Est ; — Paris-Lyon-Méditerranée. — Chaque livret. .... » fr. 50

LIVRETS-CHAIX DES VOYAGES CIRCULAIRES.
Avec cartes, plans et gravures.
Ouest ; — Orléans, État, Midi ; — Nord ; — Est. — Chaque livret. » fr. 30
Livret-Guide de la C° Paris-Lyon-Méditerranée. .... » fr. 50

LIVRET-CHAIX DE L'ALGÉRIE ET DE LA TUNISIE
Paraissant tous les mois. Une carte coloriée. — Prix .... » fr. 50

LIVRET-CHAIX DES ENVIRONS DE PARIS.
Paraissant tous les mois. Avec sept cartes. — Prix . ... » fr. 25

LIVRETS-CHAIX DE LA BANLIEUE
Ouest, Est, Nord, Orléans-P.-L.-M. Avec cartes.
Chaque livret. .... » fr. 10

LIVRETS-CHAIX DES RUES DE PARIS
Omnibus, Tramways et Théâtres.) Avec plan de Paris et plans numérotés des théâtres. — Prix.. .... 2 fr. »
Nomenclature des Rues de Paris, avec plan de Paris.— Prix, cart. 1 fr. 25
Livret-Chaix des Omnibus, Tramways et Bateaux...... » fr. 30

AUX VOYAGEURS

MM. les Voyageurs consulteront très utilement, pour établir et suivre leur itinéraire, les **CARTES** *extraites du Grand Atlas Chaix des chemins de fer, qui se vendent séparément au prix de 3 et 4 fr. en feuilles. Ces cartes indiquent toutes les lignes en exploitation, en construction ou à construire.*

Adresser les demandes, à la Librairie Chaix, rue Bergère, 20, à Paris.

NOUVEL ATLAS DES CHEMINS DE FER DE L'EUROPE.

Bel album relié, composé de 20 cartes coloriées. — Prix : Paris, 60 fr.; Départements, franco, 65 fr.; Etranger, port en sus.

CARTE DES CHEMINS DE FER DE L'EUROPE

au 1/2.400,000° (1 centimètre par 24 kilomètres), en 4 feuilles imprimées en deux couleurs. — Dimensions totales : 2 m. 15 sur 1 m. 55. — Prix, avec l'annexe : les quatre feuilles, 22 fr.; sur toile, avec étui, 32 fr.; montée sur gorge et rouleau, vernie, 36 fr. Port en sus, pour la France, 1 fr. 50; Algérie, 6 fr.; à l'Etranger, port en sus.

CARTE DES CHEMINS DE FER DE LA FRANCE

au 1/800,000 (1 centimètre pour 8 kilomètres), avec cartes de l'Algérie et des colonies, et les plans des principales villes de France, imprimée en huit couleurs sur quatre feuilles grand monde. — (Dimensions : 2 m. 15 sur 1 m. 55.) — Indiquant toutes les stations, avec tirage en couleur spécial pour chaque réseau. — Prix : les quatre feuilles, 24 fr.; sur toile, avec étui, 34 fr.; montée sur gorge et rouleau, vernie, 38 fr. — Port en sus pour la France, 1 fr. 50; Algérie, 6 fr.; à l'Etranger, port en sus.

CARTE DES CHEMINS DE FER DE LA FRANCE et de la NAVIGATION,

à l'échelle de 1/1,200,000, imprimée en deux couleurs sur grand monde (1 m. 20 sur 0 m. 90). Cette carte, coloriée par réseaux, indique les lignes en construction, en exploitation, les lignes à voie unique et à double voie, toutes les stations, etc. Six cartouches contenant les cartes spéciales de Paris, Bordeaux, Lille, Lyon, Marseille et leurs environs, et la Corse complètent la carte. — Les cours d'eau sont imprimés en bleu. — Prix : en feuille, 6 fr.; collée sur toile dans un étui, 9 fr.; montée sur gorge et rouleau, 12 fr. Port en sus, 1 fr.

ANNUAIRE-CHAIX DES PRINCIPALES SOCIÉTÉS PAR ACTIONS.

Contenant des renseignements d'une utilité pratique sur les Compagnies de chemins de fer, les institutions de crédit, les Banques, les Sociétés minières, de transport, industrielles, les Compagnies d'assurances, etc. — Une notice spéciale est consacrée à chaque Société, indiquant les noms et adresses des administrateurs, directeurs et des principaux chefs de service, — les dispositions essentielles des statuts, — les titres en circulation, — le revenu et le cours moyen des titres pour l'exercice 1897, le cours du 2 novembre 1898, ou à défaut, le dernier cours coté précédemment, — les époques et lieux de payement des coupons, etc. — Une liste des Agents de change de Paris et des départements et une autre des principaux Banquiers de Paris, Lyon, Marseille, Bordeaux, Toulouse et Nantes, complètent le volume. — Un volume in-18 de 450 pages. — Prix : cartonné, 3 fr.; par poste, en plus, 50 c.

CRÉDIT LYONNAIS

FONDÉ EN 1863

SOCIÉTÉ ANONYME — CAPITAL : 200 MILLIONS

LYON, SIÈGE SOCIAL : Palais du Commerce

PARIS : Boulevard des Italiens

AGENCES DANS PARIS

Pl. du Théâtre-Français, 3.
Rue Vivienne, 31 (Bourse).
Faubourg Poissonnière, 44.
Rue Turbigo, 3 (Halles).
Rue de Rivoli, 43.
Rue Rambuteau, 14.
Boulevard Sébastopol, 91.
R. du Faub.-St-Antoine, 63.
Boulevard Voltaire, 43.
Rue du Temple, 201.
Boulevard Saint-Denis, 10.
Avenue de Villiers, 69.
Boulevard Magenta, 81.
Avenue Kléber, 108.
Place Clichy, 16.

Boulevard Haussmann, 53.
R. du Faub.-St-Honoré, 150.
Boulevard St-Germain, 58.
Boulev. Saint-Michel, 20.
Rue de Rennes, 66.
Boulevard St-Germain, 205.
Avenue des Gobelins, 14.
Rue de Flandre, 30.
Rue Passy, 64.
Rue La Fontaine, 122.
Avenue des Ternes, 37.
Boulevard de Bercy, 1.
Av. des Champs-Élysées, 55.
Rue Lafayette, 66.
Avenue d'Orléans, 19.

Saint-Denis, rue de Paris, 52.

Boulogne-sur-Seine, boulevard de Strasbourg, 1.

CRÉDIT LYONNAIS

AGENCES EN FRANCE ET EN ALGÉRIE

Abbeville.	Cette.	Lunéville.	Roubaix.
Agen.	Chalon-s-Saône.	Mâcon.	Rouen
Aix-en-Provence	Chambéry.	Mans (Le).	Saint-Chamond.
Aix-les-Bains.	Charleville.	Marseille.	Saint-Denis.
Alais.	Chartres.	Maubeuge.	Saint-Dié.
Alger (Algérie).	Châtellerault.	Mazamet.	Saint-Dizier.
Amiens.	Cholet.	Menton.	Saintes.
Angers.	Clerm.-Ferrand.	Montauban.	Saint-Etienne.
Angoulême.	Cognac.	Monte-Carlo (Territ. fr.)	St-Germ.-en-Laye
Annecy.	Compiègne.	Montpellier.	Saint-Quentin.
Annonay.	Constantine (Alg.)	Moulins.	Salon.
Armentières.	Dijon.	Nancy.	Sedan.
Arras	Douai.	Nantes.	Sens.
Avignon.	Draguignan.	Narbonne.	Sidi-Bel-Abbès (Alg.)
Bar-le-Duc.	Dunkerque.	Nevers.	Tarare.
Bayonne.	Elbeuf.	Nice.	Thiers.
Beaucaire.	Epernay.	Nimes.	Thizy.
Beaune.	Epinal.	Niort.	Toulon.
Belleville-s-Saône	Fécamp.	Nogent-le-Rotrou	Toulouse.
Besançon.	Flers.	Oran (Algérie).	Tourcoing.
Béziers.	Fougères.	Orléans.	Tours.
Biarritz.	Grasse.	Pau.	Troyes.
Blois.	Gray.	Périgueux.	Valence.
Bordeaux.	Grenoble.	Perpignan.	Valenciennes.
Boulogne-sur-S.	Hyères.	Philippeville (Alg.)	Vallauris.
Bourg.	Havre (Le).	Poitiers.	Verdun.
Bourges.	Issoire.	Reims	Versailles.
Caen.	Jarnac.	Remiremont.	Vesoul.
Calais-St-Pierre.	Laval.	Rennes.	Vichy.
Cambrai.	Libourne.	Rethel.	Vienne (Isère).
Cannes	Lille.	Rive-de-Gier.	Vierzon.
Carcassonne.	Limoges.	Roanne.	Villefranche-s.-S.
Carpentras.	Lisieux.	Rochelle (La).	Vitry-le-François
Caudry.	Lunel.	Romans.	Voiron.

AGENCES A L'ÉTRANGER

Alexandrie (Egypte)	Genève.	Odessa.	Jérusalem.
Barcelone.	Londres.	Port-Saïd.	Bombay.
Bruxelles.	Madrid.	St-Pétersbourg.	Calcutta.
Caire (Le).	Moscou.	Smyrne.	Valence (Espagne).
Constantinople.			

Le Crédit Lyonnais fait toutes les opérations d'une maison de banque : Dépôts d'argent remboursables à vue et à échéance ; dépôts de titres ; encaissements de coupons ; ordres de Bourse ; souscriptions ; escompte de papier de commerce sur la France et l'étranger ; chèques et lettres de crédit sur tous pays ; prêts sur titres français et étrangers ; achat et vente de monnaies, matières et billets étrangers.

Service spécial de location de COFFRES-FORTS dans des conditions présentant toute garantie contre les risques d'incendie et de vol (compartiments depuis 5 francs par mois).

SOCIÉTÉ GÉNÉRALE

Pour favoriser le développement du Commerce et de l'Industrie en France
Société anonyme fondée en 1864
CAPITAL : 120 MILLIONS
Siège social : 54 et 56, rue de Provence, à PARIS

AGENCES DANS LES DÉPARTEMENTS :

Agen, place du Marché-Couvert, 11.
* Aix (Bouches-du-Rhône), rue du Lycée, 1.
Alais, rue Sauvages, 6.
* Albi, place du Vigan, 9.
Alençon, place du Cours, 19.
Amiens, place Saint-Denis, 5 et 7.
* Angers, rue d'Alsace, 15.
Angoulême, place du Parc, 8.
Annecy, rue Sommeiller, 2.
Annonay, place des Cordeliers, 21.
Apt, place des Quatre-Orneaux, 2.
Argentan, rue Lalour-Labroise, 3.
Arles, rue de la République, 51
* Arras, rue Thiers, 6.
Auch, rue de Lorraine.
Auray, rue du Pavé (près la poste).
Aurillac, place du Palais-de-Justice, 23
* Autun, avenue de la Gare, 23 bis.
* Auxerre, rue Soufflot, 6.
* Avignon, rue de la République, 23.
Avize, rue des Carmes, 59.
Avranches, rue des Fossés, 4.
Ay, rue de Châlons, 28.
Bar-le-Duc, rue de la Rochelle, 25.
Bar-sur-Seine, rue Victor-Hugo.
Bayeux, rue Saint-Malo, 3.
* Bayonne, rue Velnet, 6.
* Beaune, rue Manfoux, 31.
Beauvais, rue de Malherbe, 45.
Belfort, Faubourg de Montbéliard, 10.
Bergerac, rue Neuve-d'Argenson, 71.
Bernay, rue des Halles 3.
* Besançon, Grande-Rue, 73.
* Béziers, place de la Citadelle, 17.
Biarritz, place de la Liberté, 4.
* Blois, rue Haute, 17.
Bolbec, rue Thiers, 97.
* Bordeaux, cours de l'Intendance, 34.
Boulogne-s.-Mer, rue Faidherbe, 75.
* Bourges, rue Coursarlon, 36.
Brest, rue d'Aiguillon, 22.
Brignoles, Grande-Rue, 39.
Brive, rue et boulevard du Salan.
* Caen, place du Théâtre, 2.
Cahors, rue Fénelon, 8.
Cambrai, rue Vanderbach, 5.
* Cannes, rue d'Antibes, 47.
* Carcassonne, Grande-Rue, 36.
Carpentras, rue Sainte-Marthe, 10.
* Castres, rue Frédéric-Thomas, 18.
Caudry, rue de l'Industrie, 13.
Cavaillon, cours Bournissac, 33.
Cette, quai de Bosc, 5.
* Chalon-s.-Saône, boul. de la République.
Châlons-s.-Marne, rue de Vaux, 3.
Chambon-Feugerolles (le), rue Gambetta.
Chartres, rue Sainte-Même, 15.
Châteaudun, rue de Chartres, 18.
Châteauneuf, rue du Moulin, 1.
Châteauroux, place Gambetta, 20.
Château-Thierry, rue de Soissons, 2.
Chaumont, rue de la Gare, 81.
Cherbourg, rue François-la-Vieille, 32.

Chinon, quai Jeanne-d'Arc, 8.
Clermont-Ferrand, pl. du Poids-de-Ville, 4.
Cognac, rue d'Angoulême, 84.
Condom, rue Gaichies, 4.
Coutances, rue Tancrède, 13.
Creil, avenue de la Gare, 16.
Dax, rue de l'Hôtel-de-Ville.
* Dieppe, place de la Barre.
* Dijon, place Saint-Etienne, 6.
Dinan, place du Marché, 36.
Douai, rue de Paris, 4.
Doué-la-Fontaine, pl. de l'Hôtel-de-Ville, 15.
* Draguignan, place du Théâtre, 27.
Dreux, place du Palais-de-Justice, 3.
* Dunkerque, rue de l'Eglise, 18.
Elbeuf, rue de Paris, 38 ter.
* Epernay, rue des Fusiliers, 6.
* Epinal, rue Claude-Gelée, 7.
Etampes, rue du Château, 6.
Eu, place Carnot, 20.
Evreux, rue Chartraine, 5 et 7.
Falaise, rue de Brébisson (Hôtel Le Guay).
Foix, esplanade de Villote.
* Fontainebleau, rue de la Cloche, 34.
Fontenay-le-Comte, rue Blossac.
Fougerolles, Grande-Rue.
Gaillac, boulevard Gambetta.
Granville, rue du Cours-Jonville, 24.
Grasse, boulevard du Jeu-de-Ballon, 25.
Gray, rue du Palais, 15.
* Grenoble, rue de la Liberté, 2.
Guingamp, place du Centre, 31.
Guise, place d'Armes, 25.
* Havre (le), rue de la Bourse, 27
Hirson, place d'Armes, 2.
Honfleur, rue Prémord, 31.
* Hyères, avenue Gambetta, 6.
Jarnac, rue de Condé, 6.
Jussey, rue Gambetta, 151.
La Flèche, rue Henri-IV, 6.
Laigle, rue de la Gare, 20.
* Laon, rue Sérurier, 43.
Lapalisse, avenue de la Gare, 1.
* La Rochelle, rue du Palais, 12.
La Roche-sur-Yon, rue Racine, 3.
* Laval, rue de Strasbourg, 1.
Lavelanet, rue du Château, 42.
* Lille, rue Nationale, 43.
* Limoges, place Jourdan, 9 bis.
Lisieux, rue Olivier, 39.
Lodève, rue de l'Abbaye, 2.
Lons-le-Saunier, avenue Gambetta.
Lorient, cours de la Bôve, 5.
Loudun, rue de l'Abreuvoir, 3.
Louviers, rue Grande, 40.
Lure, Grande-Rue.
Luxeuil, rue de Grammont, 1.
* Lyon, r. de la République, 6, et c. Morand, 13
* Mâcon, rue Lamartine, 17.
Mamers, rue Paul-Bert, 4.
Mans (le), boul. René-Levasseur, 8.
Mantes, place de la République.
Marmande, Grande-Rue Labat.

(*) Les Agences marquées d'un astérisque sont pourvues d'un service de location de coffres-forts.

* Marseille, rue de Noailles, 24.
Maubeuge, rue de France, 7.
Meaux, rue de Martimprey, 12.
Melun, quai Pasteur, 21 bis.
Meulan, rue Basse, 26.
Meursault, rue de la Liberté.
Millau, boul. de la République, 37.
Moissac, rue Guilleraud, 6.
Montargis, rue de Vaublanc, 2.
* Montauban, rue Lacaze, 6.
Mont-de-Marsan, pl. de l'Hôtel-de-Ville.
Montélimar, rue Villette, 11.
Montereau, Grande-Rue, 92.
Montluçon, avenue de la Gare, 32.
* Montpellier, boul. de l'Esplanade, 9.
Morlaix, quai de Tréguier, 17.
Moulins, cours Choisy, 1.
* Nancy, rue Saint-Dizier, 30.
* Nantes, place Royale, 8.
* Narbonne, rue du Tribunal, 13.
Nevers, rue Saint-Martin, 19.
* Nice, rue Gioffredo, 61.
* Nîmes, place de la Salamandre, 10.
Niort, rue Yvers, 11.
Oloron-Ste-Marie, place Gambetta, 9.
* Orléans, rue d'Escures, 14.
Pamiers, place du Jardinage, 14.
* Pau, rue Latapie, 5.
Périgueux, rue du Quatre-Septembre, 6.
* Perpignan, rue Mantel, 2.
Pertuis, cours de la République, 54.
* Pézenas, place des Trois-Six, 26.
* Poitiers, rue Victor-Hugo, 5.
Pont-Audemer, Grande-Rue, 58.
Pont-l'Évêque, Grande-Rue Saint-Michel.
* Pontoise, rue de l'Hôtel-de-Ville, 6.
Puy (le), boulevard Saint-Louis, 51.
Quimper, rue du Parc, 2.
* Reims, rue du Moissier, 19.
Remiremont, Grande-Rue, 61.
Rennes, rue Le Bastard, 11.
Rive-de-Gier, place de la Liberté.
* Roanne, rue de la Sous-Préfecture, 17.
Rochefort-sur-Mer, rue des Fonderies, 66.
Rodez, rue de la Barrière, 16.
Roubaix, rue de la Gare, 40.
* Rouen, rue Jeanne-d'Arc, 34.

Ruffec, rue des Petits-Bancs.
Saint-Brieuc, rue du Ruisseau-Josse, 2.
Saint-Chamond, place Dorian, 5.
Saint-Dié, rue Dauphine, 1.
* Saint-Étienne, pl. de l'Hôtel-de-Ville, 6.
Saint-Gaudens, rue des Fossés, 11.
Saint-Germain, rue de la Paroisse, 5.
Saint-Jean-d'Angély, rue Gambetta, 33.
Saint-Lô, rue de la Poterie, 1.
Saint-Loup-sur-Semouse, Grande-Rue.
* Saint-Malo, rue de Toulouse, 5.
Saint-Nazaire, rue Amiral-Courbet, 5.
Saint-Pons, rue du Planel.
* Saint-Quentin, rue d'Isle, 30.
Saint-Remy-de-Provence, boul. Victor-Hugo.
Saint-Servan, rue Ville-Pépin, 23.
Sarlat, boulevard Ney.
Saumur, rue Beaurepaire, 28.
* Sedan, place du Rivage, 1.
Semur, rue Saint-Jean, 4.
* Sens, place Drapès.
Sèvres, Grande-Rue, 87.
* Soissons, rue Saint-Martin, 72.
Tarare, rue Desguirasse, 9.
Tarascon, boulevard Victor-Hugo.
Tarbes, rue Brauhauban, 38.
Thiers, rue des Grammonts, 5.
Thizy, Grande-Rue, 8.
* Toulon, place d'Armes, 18.
* Toulouse, rue des Arts, 20.
Tournus, Grande-Rue du Centre.
* Tours, rue Corneille, 2.
Troyes, rue des Quinze-Vingts, 1.
Tulle, rue Nationale, 12.
* Valence, boulevard Bancel, 23.
* Valenciennes, rue Saint-Géry, 25.
Vannes, rue Douves-du-Port, 8.
Verneuil-s.-Avre, place de la Madeleine.
Vernon, rue d'Albuféra, 79.
* Versailles, rue Carnot, 2.
— (Bureau), rue Royale, 23.
Vervins, place du Centenaire.
* Vesoul, rue du Presbytère, 13.
* Vichy, rue Sorala, 18.
* Vierzon, place d'Armes, 18.
Villeneuve-s.-Lot, rue des Cieutat, 17.
Voiron, rue de la Gare, 19.

Agence de Londres : 5, Fenchurch street, E. C.

La Société a, en outre, 56 Succursales situées à Paris et dans la Banlieue, et des Correspondants sur toutes les places de France et de l'Étranger.

PRINCIPALES OPÉRATIONS de la SOCIÉTÉ GÉNÉRALE :

Dépôts de fonds à intérêts en compte ou à échéance fixe ; — Ordres de Bourse (France et Étranger) ; — Souscriptions sans frais ; — Vente aux guichets de valeurs livrées immédiatement (Obl. de Ch. de fer, Obl. à lots de la Ville de Paris et du Crédit Foncier, Bons à lots de l'Exposition de 1900, Bons Panama, etc.) — Escompte et Encaissement de coupons ; — Mise en règle de titres ; — Avances sur titres ; — Escompte et Encaissement d'effets de Commerce ; — Garde de titres ; — Garantie contre le remboursement au pair et les risques de non-vérification des tirages ; — Transports de fonds (France et Étranger) ; — Billets de crédit circulaires ; — Lettres de Crédit ; — Renseignements ; — Assurances ; — Services de Correspondant, etc.

LOCATION
DE COMPARTIMENTS DE COFFRES-FORTS

au Siège central et dans plusieurs Agences, depuis 5 fr. par mois ; tarif décroissant en proportion de la durée et de la dimension. — Demander les Notices spéciales.

(*) Les Agences marquées d'un astérisque sont pourvues d'un service de location de coffres-forts

COMPTOIR NATIONAL D'ESCOMPTE DE PARIS
Capital : 100 Millions de Francs
Siège social : 14, r. Bergère; Succursale : 2, pl. de l'Opéra, Paris

Président : **M. DENORMANDIE, ✽,**
Ancien Gouverneur de la Banque de France,
Vice-Président de la Compagnie des Chemins de fer Paris-Lyon-Méditerranée,
Directeur général : **M. Alexis ROSTAND, O. ✽.**

**19 BUREAUX DE QUARTIER DANS PARIS — 2 BUREAUX DE BANLIEUE
80 AGENCES EN PROVINCE — 18 AGENCES A L'ÉTRANGER**

OPÉRATIONS DU COMPTOIR

Bons à échéance fixe, Escompte et Recouvrements, Comptes de Chèques, Lettres de Crédit, Ordres de Bourse, Avances sur Titres, Chèques, Traites, Paiements de Coupons, Envois de fonds en Province et à l'Etranger, Garde de Titres, Prêts hypothécaires Maritimes, Garantie contre les risques de remboursement au pair, etc.

BONS A ÉCHÉANCE FIXE
Intérêts payés sur les sommes déposées :

A 4 ans . . . 3 1/2 % | A 2 ans . . . 2 1/2 % | A 6 mois . . . 1 1/2 %
A 3 ans . . . 3 % | A 1 an . . . 2 % | A vue . . . " 1/2 %

Les Bons, délivrés par le Comptoir National aux taux d'intérêts ci-dessus, sont à ordre ou au porteur, au choix du Déposant. Les intérêts sont représentés par des *Bons d'intérêts* également à ordre ou au porteur, payables semestriellement ou annuellement, suivant les convenances du Déposant. Les *Bons de capital ou d'intérêts* peuvent être endossés et sont par conséquent négociables.

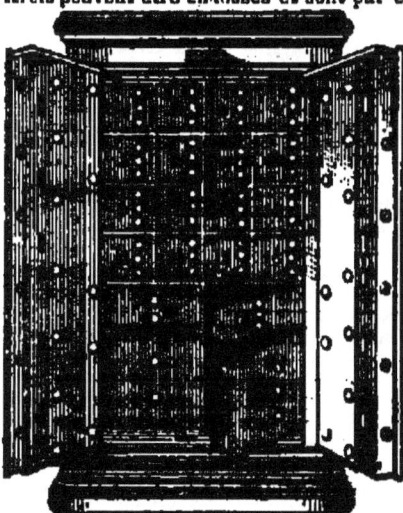

LOCATION DE COFFRES-FORTS
Le Comptoir tient un service de coffres-forts à la disposition du public : *14, rue Bergère; 2, place de l'Opéra*, et dans les principales Agences.— Une clef spéciale unique est remise à chaque locataire.—La combinaison est faite et changée à son gré par le locataire. — Le locataire peut seul ouvrir son coffre.
Garantie et Sécurité absolues.
Compartiments depuis 5 francs par mois.

VILLES D'EAUX, STATIONS BALNÉAIRES
Le Comptoir National a des agences dans les principales *Villes d'Eaux :* Nice, Cannes, Vichy, Dieppe, Trouville-Deauville, Dax, Luxeuil, Royat, Le Havre, La Bourboule, le Mont Dore, Bagnères-de-Luchon, etc.; ces agences traitent toutes les opérations, comme le siège social et les autres agences, de sorte que les Etrangers, les Touristes, les Baigneurs peuvent continuer à s'occuper d'affaires pendant leur villégiature.

LETTRES DE CRÉDIT POUR VOYAGES
Le Comptoir National d'Escompte délivre des *Lettres de Crédit* circulaires payables dans le monde entier auprès de ses agences et correspondants ; ces Lettres de Crédit sont accompagnées d'un carnet d'identité et d'indications et offrent aux voyageurs les plus grandes commodités, en même temps qu'une sécurité incontestable.

Salons des Accrédités, Branch office, 2, place de l'Opéra
Special department for travellers and letters of credit. Luggages stored. Letters of credit cashed and delivred throughout the world. — Exchange office.
The Comptoir National. receive and send on parcels addressed to them in the name of their clients or bearers of credit.

COMPAGNIE INTERNATIONALE DES WAGONS-LITS
ET DES GRANDS EXPRESS EUROPÉENS

TRAINS DE LUXE CIRCULANT PENDANT TOUTE L'ANNÉE

ORIENT-EXPRESS
- Quotidien entre Paris, Vienne et *vice versa*.
- Bihebdomadaire entre Paris, Constantinople par Belgrade et *vice versa*.
- Hebdomadaire entre Paris, Budapest, Bucarest, Constantinople et *vice versa*.

OSTENDE | VIENNE -
CALAIS | EXPRESS
- Quotidien entre Ostende ou Calais, Vienne et *vice versa*.
- Hebdomadaire entre Vienne-Trieste et *vice versa*.
- Hebdomad. entre Vienne, Constantza et *vice versa*.

SUD-EXPRESS
- Bihebdomadaire entre Paris, Lisbonne et *vice versa*.
- Bihebdomadaire entre Paris, Madrid et *vice versa*.

NORD EXPRESS
- Bihebdomadaire entre Paris, Berlin, St-Pétersbourg et *vice versa*.
- Bihebdomadaire entre Londres, Berlin, St-Pétersbourg et *vice versa*.
- Bihebdomadaire direct entre Saint-Pétersbourg, Berlin, Paris, San Remo et *vice versa*.
- Quotidien entre Ostende et Berlin.

NORD-SUD (Brenner) EXPRESS
- Quotidien entre Berlin, Vérone et *vice versa*.
- Trois fois par semaine entre Berlin, Milan et *vice versa*.
- Une fois par semaine entre Milan, Naples et *vice versa*.

PENINSULAR-EXPRESS
- Hebdomadaire entre (*Londres*) Calais, Brindisi et *vice versa*.

TRAIN DE LUXE SIBÉRIEN
- Plusieurs fois par mois entre Moscou et Krasnoïarsk et *vice versa*, avec prolongement projeté.

BOMBAY-EXPRESS
- Hebdomadaire entre Calais, Marseille et *vice versa*, avec correspondance des paquebots à destination et en provenance des Indes et de l'Australie.

TRAINS DE LUXE CIRCULANT SEULEMENT PENDANT LA SAISON D'HIVER

MÉDITERRANÉE-EXPRESS
- Plusieurs fois par semaine entre Paris, Nice, San-Remo et *vice versa*.

CALAIS-MÉDITERRANÉE-EXPRESS
- Plusieurs fois par semaine entre (*Londres*) Calais, Paris, Nice, San-Remo et *vice versa*.

CALAIS-ROME (NAPLES) EXPRESS
- Deux fois par semaine entre Calais, Paris, Rome et *vice versa*.
- Une fois par semaine voiture directe de et pour Naples, avec correspondance du paquebot de et pour Alexandrie.

St-PÉTERSBOURG-VIENNE-NICE CANNES-EXPRESS
- Hebdomadaire dans les deux sens.
- Quotidien entre Vienne, Cannes et *vice versa*.

TRAINS DE LUXE CIRCULANT SEULEMENT PENDANT LA SAISON D'ÉTÉ

CALAIS-LUCERNE-ENGADINE EXPRESS
- Plusieurs fois par semaine au début et quotidien au milieu de la saison.

LUCHON-EXPRESS
- Bihebdomadaire entre Paris, Luchon et *vice versa*. Départs plus fréquents au courant de la saison.

Services quotidiens de wagons-lits et de wagons-restaurants sur les principales lignes du continent.

Pour tous les renseignements et les horaires de ces services, consulter le *Guide Continental*, organe officiel de la Compagnie, distribué gratuitement dans toutes ses agences.

SOCIÉTÉ FRANÇAISE
DES
"VOYAGES DUCHEMIN"

BUREAU CENTRAL : 20, rue de Grammont, PARIS
(Boulevard des Italiens)

SUCCURSALES :

Lyon, 75, rue de l'Hôtel-de-Ville ; — **Genève**, 22, rue du Mont-Blanc ; — **Marseille**, 24, rue Noailles (Agence de la Société générale) ; — **Cannes**, 9, rue Saint-Nicolas ; — **Nice**, 4, rue Garnier (avenue de la Gare) ; — **Menton**, 1, rue Saint-Michel ; — **Lille, Rouen, Pau, Cauterets, Aix-les-Bains**, etc.

BILLETS DIRECTS ET CIRCULAIRES
DE CHEMINS DE FER ET DE NAVIGATION
A PRIX RÉDUITS
Pour toutes destinations
Et au départ de toutes les gares de France, délivrés du jour au lendemain.

COUPONS D'HOTELS
POUR LA FRANCE ET L'ÉTRANGER
Permettant de choisir l'étage de la chambre à des prix fixés à l'avance

EXCURSIONS A FORFAIT
INDÉPENDANTES ET ACCOMPAGNÉES POUR FAMILLES ET SOCIÉTÉS

LE JOURNAL DES TOURISTES
Publication mensuelle de l'Agence.
ABONNEMENT : 2 fr. 50 par an.

SERVICE DES BAGAGES A DOMICILE
AU DÉPART ET A L'ARRIVÉE

Aux Gares de Paris (Lyon, Est, Nord, Orléans, St-Lazare et Montparnasse) Marseille, Cannes, Nice, Menton, Rouen, Le Havre, etc.

Pour tous renseignements, s'adresser dans les gares, aux agents des " Voyages Duchemin ".

CHEMINS DE FER PARIS-LYON-MÉDITERRANÉE (Suite)

BILLETS D'ALLER ET RETOUR COLLECTIFS
Délivrés dans toutes les gares P.-L.-M., pour les

VILLES D'EAUX
DESSERVIES PAR LE RÉSEAU P.-L.-M.

Il est délivré, du 15 Mai au 15 Septembre, dans toutes les gares du réseau P.-L.-M., sous condition d'effectuer un parcours minimum de 300 kilomètres aller et retour, aux familles d'au moins quatre personnes payant place entière et voyageant ensemble, des billets d'aller et retour collectifs de 1re, 2e et 3e classe, *valables 30 jours* pour les stations thermales suivantes :

VILLES D'EAUX	GARES DESSERVANT LES VILLES D'EAUX	VILLES D'EAUX	GARES DESSERVANT LES VILLES D'EAUX
Aix-en-Provence.	Aix.	La Motte.	Saint-Georges-de-Commiers.
Aix-les-Bains.	Aix-les-Bains.	Les Fumades.	St-Julien-de-Cassagnas.
Amphion.	Evian-les-Bains.	Lons-le-Saunier.	Lons-le-Saunier.
Allevard.	Pontcharra-sur-Bréda.	Marlioz.	Aix-les-Bains.
Bagnols.	Villefort.	Montbrun.	Carpentras.
Balaruc.	Cette.	Montmirail.	Carpentras, Sarrians-Montmirail.
Besançon.	Besançon.		
Bondonneau.	Montélimar.	Montrond-Geyser.	Montrond.
Bourbon-Lancy.	Bourbon-Lancy.	Palavas.	Montpellier.
Bourbon-l'Archambault.	Moulins.	Pougues-les-Eaux.	Pougues-les-Eaux.
Brides.	Moutiers-Salins.	Royat.	Clermont-Ferrand.
Cauvalat-lès-Vigan.	Le Vigan.	Sail-les-Bains.	St-Martin-d'Estreaux.
Challes.	Chambéry.	Sail-sous-Couzan.	Sail-sous-Couzan.
Champel.	Genève.	Saint-Alban.	Roanne.
Charbonnières.	Charbonnières.	Saint-Didier.	Carpentras.
Châteauneuf.	Riom.		Rémilly.
Châtelguyon.	Riom.	St-Honoré-les-Bains.	Vandenesse — Saint-Laurent-les-Bains.
Condorcet-les-Bains.	Bollène-la-Croisière.		
Cusset.	Vichy.	Saint-Gervais.	Le Fayet-Saint-Gervais.
Digne.	Digne.	St-Laurent-l.-Bains.	La Bastide — Saint-Laurent-les-Bains.
Euzet-les-Bains.	Euzet-les-Bains.		
Evian-les-Bains.	Evian-les-Bains.	Saint-Nectaire.	Coudes.
Fonsange-les-Bains.	Sauve.	Salins (Jura).	Salins.
Gréoulx.	Manosque.	Salins (Savoie).	Moutiers-Salins.
Guillon-les-Bains.	Baume-les-Dames.	Santenay.	Santenay.
La Bauche.	Lépin-Lac-d'Aiguebelette	Thonon-les-Bains.	Thonon-les-Bains.
La Caille.	Groisy-le-Plot-la-Caille	Uriage.	Grenoble.
Lamalou.	Montpellier.	Vals.	Vals-les-Bains-la-Bégude.
		Vichy.	Vichy.

Le prix s'obtient en ajoutant au prix de six billets simples ordinaires le prix d'un de ces billets pour chaque membre de la famille en plus de trois, c'est-à-dire que les trois premières personnes payent le plein tarif, et que la quatrième et les suivantes payent le demi-tarif seulement.

EXCURSIONS EN DAUPHINÉ

La Compagnie P.-L.-M. offre aux touristes et aux familles qui désirent se rendre dans le Dauphiné vers lequel les voyageurs se portent de plus en plus nombreux chaque année, diverses combinaisons de voyages circulaires à itinéraires fixes ou facultatifs permettant de visiter à des prix réduits, les parties les plus intéressantes de cette admirable région : **La Grande-Chartreuse, Les Gorges de la Bourne, Les Grands-Goulets, Les Massifs d'Allevard et des Sept-Laux, La Route de Briançon** et **Les Massifs du Pelvoux**, etc.

La nomenclature de ces voyages, avec prix et conditions, figure dans le Livret-Guide P.-L.-M. qui est mis en vente au prix de 50 centimes, dans les principales gares de son réseau, on envoie contre 85 centimes en timbres-poste adressés au Service de l'Exploitation (Publicité), 20, boulevard Diderot, Paris.

BAINS DE MER
ET EAUX THERMALES
Billets d'Aller et Retour
A PRIX RÉDUITS
Délivrés jusqu'au 31 Octobre
DE PARIS AUX GARES SUIVANTES

Destination	1° BILLETS valables pendant 4 jours Aller le jeudi (depuis 5h du soir), le vendredi, le samedi et le dimanche. Retour le dimanche et le lundi seulement.		2° BILLETS valables pendant 10 jours (non compris le jour de la délivrance) délivrés à une date quelconque		3° BILLETS valables pendant 33 jours (non compris le jour de la délivrance) délivrés à une date quelconque	
	1re cl.	2e cl.	1re cl.	2e cl.	1re cl.	2e cl.
	fr. c.	fr. c.	fr. c.	fr. c.	fr. c.	fr. c.
Dieppe — Pourville, Pays Berneval	26 »	17 50	30 10	20 30	»	»
Petit Appeville (halte) — Pourville	26 50	18 »	30 80	20 80	»	»
Ouville-la-Rivière — Quiberville	28 50	19 »	32 80	22 15	»	»
Toutreville-Criel	29 »	19 50	34 10	22 95	»	»
Eu — Le Bourg-d'Ault, Onival	29 »	19 50	35 85	24 15	»	»
Le Tréport-Mers	29 50	20 »	35 85	24 15	»	»
St-Valery-en-Caux — Veules	29 »	19 50	35 85	24 15	»	»
Cany — Veulettes, Les Petites-Dalles	29 »	19 50	35 30	23 85	»	»
Fécamp — Les Petites-Dalles, Les Grandes-Dalles, Saint-Pierre-en-Port	30 »	21 50	35 85	24 15	»	»
Froberville-Yport	30 »	21 50	35 85	24 15	»	»
Les Logés-Vaucottes-s.-Mer — Vattetot-sur-Mer	30 »	22 »	35 85	24 15	»	»
Étretat — Bruneval	30 »	22 »	36 05	24 35	»	»
Le Havre — Ste-Adresse, Bruneval	30 »	22 »	35 85	24 15	»	»
Caen	30 »	22 »	37 45	25 25	»	»
Honfleur (via Lisieux)	30 »	22 »	36 55	24 65	»	»
Trouville-Deauville (via Lisieux) — Villerville	30 »	21 50	35 85	24 15	»	»
Blonville (halte) (via Lisieux)	30 »	21 50	35 85	24 15	»	»
Villers-sur-Mer (via Lisieux)	30 »	22 »	35 90	24 20	»	»
Beuzeval (via Lisieux-Pont-l'Évêque ou via Mézidon) — Houlgate	33 »	23 »	37 30	25 20	»	»
Dives-Cabourg (via Lisieux Pont l'Évêque ou via Mézidon) — Le Home-Varaville	33 »	23 »	37 80	25 50	»	»
Luc — Lions-Mer. — Langrune — (Ceapers compr. le parc. total en Saint-Aubin	34 »	25 »	41 45	28 25	»	»
Bernières — Courseulles Ver s-Mer (chemin de fer	35 »	26 »	42 45	29 25	»	»
Bayeux — Arromanches, Port-en-Bessin, St-Laurent-sur-Mer, Asnelles	36 »	26 »	42 20	28 50	»	»
Isigny-sur-Mer — Grandcamp-les-Bains	40 »	30 »	48 45	32 70	»	»
Montebourg (Quineville, Saint-Vaast-la-Hougue, Barfleur (parcours par le chemin départemental de Montebourg et Valognes à	45 »	32 50	52 50	35 50	»	»
Valognes Barfleur, non compr. dans le prix du bill.)	45 »	33 50	53 75	36 35	»	»
Cherbourg	50 »	36 »	»	»	»	»
Coutances — Agon, Coutainville, Regnéville	45 »	33 50	53 50	36 10	»	»
Denneville (halte)	50 »	33 50	53 95	36 40	56 »	37 80
Port-Bail	50 »	34 »	54 60	36 80	»	»
Barneville (halte)	50 »	34 50	55 50	37 45	»	»
Carteret	50 »	35 »	»	»	»	»
Granville — Donville, Saint-Pair Bouillon-Jullouville	45 »	32 »	51 45	34 70	»	»
Montviron-Sartilly — Carolles, Saint-Jean-le-Thomas	45 »	31 50	50 45	34 10	»	»
La Gouesnière-Cancale	»	»	»	»	»	»
Saint-Malo-Saint-Servan — Paramé, Rothéneuf	»	»	»	»	»	»
Dinard — St-Enogat, St-Lunaire, St-Briac, Lancieux	»	»	»	»	»	»
Plancoët — La Garde-St-Cast, St-Jacut-de-la-Mer	»	»	»	»	»	»
Lamballe — Pléneuf, Le Val-André, Erquy	»	»	»	»	57 50	38 85
Saint-Brieuc — Binic, Étables, Portrieux, Saint-Quay	»	»	»	»	60 20	40 65
Lannion — Perros-Guirec, Trégastel-les-Grèves	»	»	»	»	70 »	47 25
Morlaix — Saint-Jean-du-Doigt, Plougasnou-Primel	»	»	»	»	72 15	48 70
Landerneau — Brignogan	»	»	»	»	77 55	52 35
Brest	»	»	»	»	80 10	54 05
Paimpol	?	»	»	»	69 20	46 70
Saint-Pol-de-Léon	»	»	»	»	75 »	50 60
Roscoff — Île de Batz	»	»	»	»	75 95	51 25
Saint-Nazaire	»	»	»	»	59 70	40 30
Île de Jersey — St-Aubin, St-Brelade, St-Clément, St-Hélier, Gorey	»	»	»	»	»	»
THERMALES EAUX {Forges-les-Eaux (Seine-Inférieure) ligne de Dieppe par Gournay	18 »	12 »	»	»	»	»
Bagnoles-Tessé-la-Madeleine, par Briouze	36 »	24 »	38 90	26 25	»	»

CHEMIN DE FER DU NORD
Paris à Londres

5 Services rapides quotidiens dans chaque sens viâ CALAIS ou BOULOGNE
Durée du trajet 7 h. ; Traversée maritime en 1 h. ; Voie la plus rapide.

Paris à Londres | Londres à Paris

	1re, 2e cl. mat.	1re, 2e classe matin	1re, 2e classe matin	1re, 2e 3e cl. soir	1re 2e 3e cl. soir		1re 2e cl. mat.	1re, 2e classe matin	1re, 2e classe matin	1re, 2e 3e cl. soir	1re 2e 3e cl. soir
Paris-Nord, dep.	9 »	10 30	11 50	3 45	9 »	Londres, dép..	0 »	10 »	11 »	2 45	9 »
Londres arr...	4 50	5 50	7 30	11 30	5 30	Paris-Nord, arr.	5 »	5 40	7 »	10 50	5 38
	soir	soir	soir	soir	mat.		soir	soir	soir	soir	mat

Services officiels de la poste viâ Calais, assurés chaque jour par 3 express ou rapides dans chaque sens, partant respectivement de Paris-Nord à 9 heures et 11 h. 50 matin, et 9 heures soir.
Malle des Indes, toutes les semaines à l'aller et au retour.
Peninsular Express, toutes les semaines de Londres à Brindisi par Calais et Modane.

PRIX DES BILLETS ENTRE PARIS ET LONDRES

DIRECTIONS	BILLETS SIMPLES valables pendant 7 jours (Droits de port compris)			BILLETS D'ALLER ET RETOUR valables pendant 1 mois soit par Boulogne, soit par Calais (Droits de port compris)		
	1re classe	2e classe	3e classe	1re classe	2e classe	3e classe
Amiens, Boulogne, Folkestone	65 fr. »	45 fr. »	28 fr. 35	118 fr. 45	67 fr. 25	50 fr. »
Amiens, Calais, Douvres.	71 fr. 10	49 fr. 50	31 fr. 70	»	»	»
Amiens, Boulogne, Folkestone.	»	»	»	112 fr. 25	82 fr. 10	46 fr. 70

Pour droit de timbre, 0 fr. 10 pour les billets au-dessus de 10 francs.

Paris, Bruxelles et la Hollande

6 Express dans chaque sens entre Paris et Bruxelles. Trajet en 5 heures. — 3 Express dans chaque sens entre Paris et Amsterdam. Trajet en 10 heures.

Paris vers Bruxelles et la Hollande | La Hollande et Bruxelles vers Paris

	1re, 2e classe matin	1re, 2e classe soir	1re, 2e classe soir	1re, 2e classe soir		1re classe matin	1re 2e 3e classe matin	1re, 2e classe matin	1re, 2e classe soir	1re, 2e classe soir
Paris-Nord, d.	8 20	midi 40	3 50	6 20	11 »	Amsterdam, d.	»	»	8 35	midi 10	4 05
Bruxelles, ar	1 40	5 55	10 15	11 19	5 15	Bruxelles, dép.	5 »	8 57	1 »	6 01	min.15
Amsterdam, a.	6 59	10 40	»	»	11 10	Paris-Nord, ar.	midi 49	2 50	6 »	11 17	5 50
	soir	soir			matin		soir	soir	soir	soir	matin

Paris, l'Allemagne et la Russie

5 express sur Cologne. Trajet en 9 h. — 4 express sur Francfort-sur-Mein.
Trajet en 13 heures. — 4 express sur Berlin. Trajet en 19 h.
Par le Nord-Express bihebdomadaire. Trajet en 17 h.
2 Express sur Saint-Pétersbourg. Trajet en 56 heures. — Par le Nord-Express bihebdomadaire. Trajet en 46 heures.
2 express sur Moscou. Trajet en 62 heures.

Paris, le Danemark, la Suède et la Norvège

2 Express sur Copenhague. Trajet en 29 heures. — 2 express sur Christiania.
Trajet en 54 heures.
2 Express sur Stockholm. Trajet en 46 heures.

CHEMINS DE FER DE PARIS A ORLÉANS

BAINS DE MER DE L'OCÉAN
BILLETS D'ALLER ET RETOUR A PRIX RÉDUITS
VALABLES PENDANT 33 JOURS

De la veille des Rameaux au 31 Octobre il est délivré des BILLETS ALLER ET RETOUR de toutes classes, à prix réduits, par toutes les gares du réseau pour les stations balnéaires ci-après : **St-Nazaire**. — **Pornichet** (Sainte-Marguerite). — **Escoublac-la-Baule**. — **Le Pouliguen**. — **Batz**. — **Le Croisic**. — **Guérande**. — **Vannes** (Port-Navalo, Saint-Gildas-de-Ruiz). — **Plouharnel-Carnac**. — **St-Pierre-Quiberon**. — **Quiberon**. — **Le Palais** (Belle-Isle-en-Mer). — **Lorient** (Port-Louis, Larmor). — **Quimperlé** (Pouldu). — **Concarneau** (Beg-Meil, Fouesnant). — **Quimper** (Benodet). — **Pont-l'Abbé** (Langoz, Loctudy). — **Douarnenez** — **Châteaulin** (Pentrey, Crozon, Morgat).

HOTEL de la COMPAGNIE D'ORLÉANS à VIC-SUR-CÈRE (Cantal)
OUVERT DU 1ᵉʳ JUIN AU 15 OCTOBRE DE CHAQUE ANNÉE

L'hôtel est au milieu d'un parc clos et boisé de cinq hectares, à côté d'une forêt. — Altitude 750 mètres au-dessus du niveau de la mer — A cinq minutes à pied de la station de Vic-sur-Cère. — Omnibus à tous les trains. — Voisin de l'Etablissement hydrothérapique et de la source minérale — Voisin d'un casino avec troupe d'opérette et de comédie jouant pendant la saison. — Eclairage électrique dans toutes les chambres — Grande salle a manger de 100 couverts. — Restaurant — Billard — Grande veranda fermée de 40 mètres de longueur. — Distribution à tous les étages d'eau potable reconnue de pureté exceptionnelle par l'Institut Pasteur — 55 chambres à un et deux lits — Balcons. — Belle vue sur la vallée de la Cère et sur la montagne — Jeux de lawn-tennis — Bains dans l'hôtel — Boîte aux lettres dans l'hôtel. — Télégraphe à la station et à la ville. — Location de voitures pour excursions. — La ville de Vic-sur-Cère, chef-lieu de canton, compte 1,700 habitants. — Eglise

BILLETS D'ALLER ET RETOUR DE FAMILLE
POUR LES STATIONS THERMALES DE
Chamblet-Néris (**NÉRIS**), EVAUX-les-BAINS, Moulins (**BOURBON-L'ARCHAMBAULT**), Laqueuille (**LA BOURBOULE** et le **MONT-DORE**), ROYAT, Rocamadour (**MIERS**), St Eloy (**CHATEAUNEUF-les-BAINS**), VIC-s.-CÈRE

Réduction de 50 0/0 pour chaque membre de la famille en plus du deuxième.

Il est délivré, du 15 Mai au 15 Septembre, dans toutes les gares du réseau d'Orléans, sous condition d'effectuer un parcours minimum de 300 kilomètres (aller et retour compris), aux familles d'au moins trois personnes payant place entière et voyageant ensemble, des **Billets d'Aller et Retour collectifs** de 1ʳᵉ, 2ᵉ et 3ᵉ classes pour les stations ci-dessus indiquées. — Les Billets sont établis par l'itinéraire à la convenance du Public, l'itinéraire peut n'être pas le même à l'Aller et au Retour — Le prix s'obtient en ajoutant au prix de quatre billets simples ordinaires le prix d'un de ces Billets pour chaque membre de la famille en plus de deux. — *Durée de validité* 30 jours, non compris le jour du départ.

BILLETS DE FAMILLE

Des Billets de famille de 1re, 2e et 3e classe, comportant une réduction de 20 à 40 0/0, suivant le nombre des personnes, sont délivrés toute l'année, à toutes les gares du réseau d'Orléans, pour les stations thermales, hivernales et balnéaires du Midi, ci-après désignées, sous condition d'effectuer un parcours minimum de 300 kilomètres (aller et retour compris).

Agde (le Grau); **Alet, Arcachon, Argelès-Gazost, Argelès-sur-Mer, Arreau-Cadéac** (Vieille-Aure), **Ax-les-Thermes, Bagnères-de-Bigorre, Bagnères-de-Luchon, Balaruc-les-Bains, Banyuls-sur-Mer, Biarritz, Boulou-Perthus** (le), **Camou-Ville, Capvern, Céret** (Amélie-les-Bains, La Prest., etc.), **Collioure, Coulsa-Montazels, Dax, Espéraza** (Campagne-les-Bains), **Grenade-sur-l'Adour** (Eugénie-les-Bains), **Guéthary** (halte), **Gujan-Mestras, Hendaye, Labenne** (Capbreton), **Laluque** (Préchacq-les-Bains), **Lamalou-les-Bains, Laruns-Eaux-Bonnes** (Eaux-Chaudes), **Leucate**, (la Franqui), **Lourdes, Loures-Barbazan, Nouvelle** (la), **Oloron-Sainte-Marie** (St-Christau), **Pau, Pierrefitte-Nestalas** (Barèges, Cauterets, Luz, St-Sauveur), **Port-Vendres, Prades** (Molitg), **Quillan** (Ginoles, Carcanières, Escouloubre, Usson-les-Bains, **Saint-Flour** (Chaudesaigues), **St-Gaudens** (Encausse, Gontiès), **Saint-Girons** (Aulus), **Saint-Jean-de-Luz, Saléchan** (Ste-Marie, Siradan), **Salies-de-Béarn, Salies-du-Salat, Ussat-les-Bains et Villefranche-de-Confient** (Vernet, Thués, Les-Escaldas, Graüs-de-Canaveilles)

DURÉE DE VALIDITÉ : 33 JOURS (Non compris les jours de départ et d'arrivée)
LES BILLETS DOIVENT ÊTRE DEMANDÉS A L'AVANCE

AVIS. — Le **Livret-Guide** illustré de la Compagnie d'Orléans (Notices, Vues, Tarifs, Horaires) est mis en vente, au prix de **30 centimes** 1° à Paris, dans les bureaux de quartier et dans les gares d'Austerlitz, Luxembourg, Port-Royal et Denfert ; 2° En province, dans les gares et principales stations

Une brochure intitulée **Le Cantal** est mise en vente dans toutes les bibliothèques des gares du réseau d'Orléans au prix de **25 centimes**.

CHEMINS DE FER DU MIDI
VOYAGES A PRIX RÉDUITS AUX PYRÉNÉES
Avec faculté d'arrêt dans toutes les stations du parcours.

1er, 2e et 3e parcours : 1re cl., 68 fr. ; 2e cl., 51 fr. (20 jours) (1)
4e, 5e, 6e et 7e parcours : 1re cl., 91 fr. ; 2e cl., 68 fr. (20 jours) (1)
8e parcours : 1re cl., 114 fr. ; 2e cl., 87 fr. (25 jours) (1)

1er parcours. — Bordeaux — Agen — Montauban — Toulouse — Montréjeau — Bagnères-de-Luchon — Tarbes — Bagnères-de-Bigorre — Mont-de-Marsan — Arcachon — Bordeaux.

2e parcours. — Bordeaux — Agen — Montauban — Toulouse — Montréjeau — Bagnères-de-Luchon — Tarbes — Bagnères-de-Bigorre — Pierrefitte — Pau — Bayonne — Hendaye-Irun — Dax — Arcachon — Bordeaux.

3e parcours. — Bordeaux — Arcachon — Mont-de-Marsan — Tarbes — Bagnères-de-Bigorre — Montréjeau — Bagnères-de-Luchon — Pierrefitte — Pau — Bayonne — Hendaye-Irun — Dax — Bordeaux.

4e parcours. — Comme au 1er itinéraire, plus le trajet de Toulouse-Cette et retour

5e parcours. — Comme au 2e itinéraire, plus le trajet de Toulouse-Cette et retour

6e parcours. — Comme au 1er itinéraire, plus le trajet de Toulouse-Cerbère-Port-Bou et retour

7e parcours. — Comme au 2e itinéraire, plus le trajet de Toulouse-Cerbère-Port-Bou et retour.

8e parcours. — Marseille — Cette — Béziers — Narbonne — Carcassonne — Castelnaudary — Toulouse — Montauban — Agen — Bordeaux-St-Jean — Arcachon — Dax — Bayonne — Pau — ou Dax — Mimbaste — Pau — ou Morceux — Mont-de-Marsan — Tarbes — Pierrefitte-Nestalas — Bagnères-de-Bigorre — Tarbes — Bagnères-de-Luchon — Montréjeau — Toulouse — Cette — Marseille

Le 8e parcours peut, au gré des voyageurs, être prolongé sur le littoral jusqu'à Vintimille au moyen de billets d'aller et retour spéciaux de ou pour Marseille ayant la même durée de validité que le voyage circulaire.

(1) Faculté de prolongation d'une ou deux périodes de 10 jours moyennant payement, pour chaque période, d'un supplément égal à 10,0/0 de la valeur des billets.

BILLETS DE FAMILLE
à destination des stations hivernales et balnéaires des Pyrénées

Des billets de famille, de 1re, 2e et 3e classes, sont délivrés toute l'année à toutes les stations des réseaux du Nord (Paris-Nord excepté), de l'Etat, d'Orléans et du Midi, pour Agde (1) La Grau-Alet — Arcachon — Argelès-Gazost — Argelès-sur-Mer (1). — Arreau-Cadéac (Vieille-Aure). — Ax-les-Thermes — Bagnères-de-Bigorre — Bagnères-de-Luchon — Balaruc-les-Bains (1) — Banyuls-sur-Mer (1) — Biarritz — Boulou-Perthus (le) (1) — Cambo-Ville — Capvern — Céret (1) — (Amélie-les-Bains. La Preste, etc.) — Collioure (1) — Couiza-Montazels — Dax — Esperaza (Campagne-les-Bains) — Grenade-sur-l'Adour (Eugénie-les-Bains) — Guéthary (halte) — Gujan-Mestras — Hendaye — Labenne (Capbreton) — Laluque (Préchacq-les-Bains) — Lamalou-les-Bains (1) — Leucate (1) (La Franqui) — Laruns-Eaux-Bonnes (Eaux-Chaudes) — Lourdes — Loures-Barbazan — Nouvelle (La) (1) — Oloron Sainte-Marie (Saint-Christau) — Pau — Port-Vendres (1) — Pierrefitte-Nestalas (Barèges, Cauterets-Luz, Saint-Sauveur) — Prades (1) (Molitg) — Quillan (Ginolas, Carcanières, Escouloubre, Usson-les-Bains) — Saint-Flour (1) (Chaudesaigues) — Saint-Gaudens (Encausse, Gantiès) — Saint-Girons (Aulus) — Saint-Jean-de-Luz — Salechan (Sainte Marie, Siradan) — Salies-de-Béarn — Salies-du-Salat, Ussat-les-Bains et Villefranche-du-Confient (1) (Le Vernel, Thuès, Les Escaldas, Graus-de-Canaveilles).

Avec les réductions suivantes calculées sur les prix du tarif général d'après la distance parcourue, sous réserve que celle-ci, aller et retour compris, sera au moins 300 kilomètres.
Pour une famille de 3 personnes, 20 0/0 ; de 3, 25 0/0 ; de 4, 30 0/0 ; de 5, 33 0/0 ; de 6 ou plus, 40 0/0.
Durée de validité : 33 jours, non compris les jours de départ et d'arrivée.
Cette durée de validité peut être prolongée une ou deux fois de 10 jours moyennant le payement, pour chacune de ces périodes, d'un supplément égal à 10 0/0 du prix du Billet de famille.

NOTA. — Des billets de famille pour les mêmes stations hivernales et balnéaires que ci-dessus sont également délivrés au départ des stations du réseau de Paris-Lyon-Méditerranée, mais seulement aux familles d'au moins 4 personnes.

Le prix s'obtient en ajoutant au prix de six billets simples ordinaires, le prix d'un de ces billets pour chaque membre de la famille en plus de trois.

Avis. — Les billets de famille doivent être demandés 4 jours à l'avance ; ils donnent la faculté d'arrêt dans toutes les stations du parcours désignées sur la demande.

(1) Exceptionnellement, les billets de famille au départ de Paris ou des gares du réseau du Nord pour cette station sont exclusivement délivrés par les lignes de la Compagnie de P.-L.-M. aux conditions indiquées au Nota ci-dessus.

BILLETS D'ALLER ET RETOUR INDIVIDUELS
à destination des stations hivernales et balnéaires des Pyrénées

Des billets d'aller et retour de toutes classes, avec réduction de 25 0/0 en 1re classe et de 20 0/0 en 2e et 3e classes, sur les prix du tarif général, d'après l'itinéraire effectivement suivi, sont délivrés, toute l'année, à toutes les stations des réseaux du Nord (Paris-Nord excepté), de l'Etat, d'Orléans et du Midi, pour les mêmes stations hivernales et balnéaires que ci-dessus.

Durée de validité : 25 jours, non compris les jours de départ et d'arrivée.
Cette durée peut être prolongée une ou deux fois de 10 jours, moyennant payement, pour chacune de ces périodes, d'un supplément égal à 10 0/0 du prix du billet d'aller et retour.

La demande de ces billets doit en être faite 3 jours au moins avant celui du départ. Un arrêt est autorisé, à l'aller et au retour, pour tout parcours de plus de 300 kilomètres. — Au départ des stations du réseau du Midi, les billets d'aller et retour ne sont délivrés que pour les stations distantes d'au moins 50 kilomètres de la gare d'émission.

Un livret indiquant en détail les prix et les conditions dans lesquelles peuvent être effectuées les excursions ci-dessus est envoyé franco à toute personne qui en fait la demande à la Compagnie du Midi. Cette demande doit être adressée au bureau commercial de la Compagnie, 54, boulevard Haussmann, à Paris

CHEMINS DE FER DE L'EST

I. — RELATIONS DIRECTES DE LA COMPAGNIE DE L'EST
(SERVICES PERMANENTS)

a) Avec la Suisse, *vid* Belfort-Bâle (Trains rapides);
b) Avec l'Italie, *vid* Belfort-Bâle et le St-Gothard (Trains rapides);
c) Avec Mayence, Wiesbaden, Francfort-sur-Mein, Ems et Hombourg-les-Bains, *vid* Metz-Sarrebrück (Trains express);
d) Avec l'Autriche-Hongrie, la Roumanie, la Serbie, la Bulgarie et la Turquie : 1° *vid* Avricourt-Strasbourg (Train d'Orient); 2° *vid* Belfort-Bâle, la Suisse orientale et l'Arlberg (Trains rapides);
e) Avec Luxembourg, *vid* Longuyon, Longwy et Rodange (Trains directs).

II. — VOYAGES CIRCULAIRES ET EXCURSIONS A PRIX RÉDUITS
(SAISON D'ÉTÉ)

A. — EN FRANCE

Billets d'aller et retour de famille pour les stations thermales situées sur le réseau de l'Est.

Voyages circulaires à prix réduits pour visiter les Vosges et Belfort avec arrêts facultatifs à toutes les stations du parcours.

BILLETS INDIVIDUELS ET BILLETS COLLECTIFS

1° De Paris à Paris; 2° De Laon à Laon; De Nancy à Nancy: *vid* Blainville, Charmes et *vid* Pagny-sur-Meuse, Vaucouleurs.

B. — A L'ÉTRANGER

1° Billets d'aller et retour de saison : *a*) de Paris à Berne, Bâle, Lucerne, Zurich, Einsiedeln, Ragatz, Landquart, Davos-Platz, Coire et Thusis, *vid* Belfort-Delle ou *vid* Belfort-Petit-Croix et de Paris à Baden-Baden, *vid* Avricourt-Strasbourg : *b*) de Reims, Mézières-Charleville, Châlons-sur-Marne, Bar-le-Duc, Nancy, Troyes et Chaumont à Bâle, Lucerne, Zurich, Berne et Interlaken ; *c*) de Dunkerque, Calais, Boulogne, Abbeville, Hazebrouck, Lille, Valenciennes, Douai, Cambrai, Arras et Amiens, St-Quentin et Tergnier à Bâle, Lucerne, Zurich, Einsiedeln, Berne et Interlaken ; *d*) de Zurich, Lucerne, Bâle et Berne à Paris ;

2° Voyage circulaire pour visiter la vallée de la Meuse, Hastière et Dinant (Belgique);

3° Voyage circulaire pour visiter le Grand-Duché de Luxembourg et la Belgique (Grottes de Han et de Rochefort) : *a*) *vid* Luxembourg, Arlon, Marloie; *b*) *vid* Luxembourg, Spa, Liège, Marloie;

4° Voyage circulaire pour visiter les bords du Rhin et la Belgique;

5° Voyage circulaire pour visiter la Suisse, l'Engadine, les Alpes et les Lacs italiens;

6° Voyages circulaires pour visiter la Suisse (l'Oberland bernois, les Alpes et le lac de Genève), l'Allemagne, l'Autriche-Hongrie, l'Italie et les Lacs italiens.

Nota. — Pour tous autres renseignements, consulter : 1° le Livret des Voyages circulaires et Excursions que la Compagnie de l'Est envoie gratuitement sur demande affranchie ; 2° les **Affiches et les Indicateurs, en ce qui concerne les relations directes.**

CHEMINS DE FER DE L'ÉTAT
BILLETS DE BAINS DE MER AU DÉPART DE PARIS
Billets d'aller et de retour à prix réduits, valables 33 jours
non compris le jour du départ
avec prolongation facultative moyennant le payement d'une surtaxe

Pour **Royan, La Tremblade (Ronce-les-Bains), Le Chapus, Le Château-Quai (Ile d'Oléron), Marennes, Fouras, Châtelaillon, Angoulins-sur-Mer, La Rochelle, Les Sables-d'Olonne, Saint-Gilles-Croix-de-Vie, Challans (Ile de Noirmoutier), Ile d'Yeu, Saint-Jean-de-Monts), Bourgneuf, Les Moutiers, La Bernerie, Pornic, (Ile de Noirmoutier), Saint-Père-en-Retz (Saint-Brévin-l'Océan) et Paimbœuf (Saint-Brévin-l'Océan)**.

Ces billets sont délivrés du Samedi, veille de la fête des Rameaux, au 31 Octobre.

Les billets de bains de mer de **Paris** pour **Royan, La Tremblade, Le Chapus, Le Château-Quai (Ile d'Oléron), Marennes, Fouras, Châtelaillon, Angoulins-sur-Mer, La Rochelle, Les Sables-d'Olonne** et **Saint-Gilles-Croix-de-Vie**, sont valables, au choix des Voyageurs, soit par toute voie État *via* Chartres et Saumur ou *via* Chartres et Chinon (départ par la gare de Paris-Montparnasse), soit par voie mixte Orléans-État *via* Tours-transit (départ par la gare de Paris-Austerlitz, changement de réseau à Tours). Quelle que soit la voie suivie à l'aller, les coupons de retour sont valables, soit par Saumur et Chartres, ou par Chinon et Chartres, arrivée à Paris-Montparnasse, soit par Tours-transit, arrivée à Paris-Austerlitz.

Les billets de bains de mer de **Paris** pour **Challans, Bourgneuf, Les Moutiers, La Bernerie, Pornic, Saint-Père-en-Retz** et **Paimbœuf**, sont valables au choix des Voyageurs, soit par voie mixte Ouest-État *via* Segré et Nantes-État transit, soit par voie mixte Ouest-Orléans-État *via* Angers-Saint-Laud-transit et Nantes-Orléans-transit. Dans ces deux cas, le départ de Paris doit s'effectuer, soit par la gare de Paris-Montparnasse, soit par la gare de Paris-St-Lazare. Quelle que soit la voie suivie à l'aller, les coupons de retour sont valables indifféremment non seulement par l'une ou par l'autre voie, mais aussi par voie mixte État-Orléans et Nantes-Orléans-transit arrivée la gare de Paris-Austerlitz. En outre, les Voyageurs porteurs de billets de bains de mer pour **Paimbœuf** ont la faculté d'effectuer sans supplément de prix, soit à l'aller, soit au retour, le trajet entre Nantes et Paimbœuf, dans les bateaux de la Compagnie de Navigation de la Basse-Loire.

BILLETS DE BAINS DE MER
DÉLIVRÉS DANS TOUTES LES GARES DU RÉSEAU DE L'ÉTAT AUTRES QUE PARIS
Billets d'aller et retour à prix réduits, valables 33 jours, non compris le jour de la délivrance, avec prolongation facultative moyennant le payement d'une surtaxe.

Ces billets, qui comportent les mêmes réductions de prix que les billets d'aller et retour ordinaires, sont délivrés du Samedi, veille de la fête des Rameaux au 31 octobre pour les destinations de **Royan, La Tremblade (Ronce-les-Bains), Le Chapus, Le Château-Quai (Ile-d'Oléron), Marennes, Fouras, Châtelaillon, Angoulins s. Mer, La Rochelle, Les Sables-d'Olonne, Saint-Gilles-Croix-de-Vie, Challans (Ile de Noirmoutier, Ile d'Yeu, St-Jean-de-Monts), Bourgneuf, Les Moutiers, La Bernerie, Pornic (Ile de Noirmoutier), Saint-Père-en-Retz (St-Brévin-l'Océan)** et **Paimbœuf (St-Brévin-l'Océan)** par toutes les gares, stations et haltes du réseau de l'État (Paris excepté).

(*Pour les prix et les conditions, voir le Tarif spécial G. V. n° 6.*)

BILLETS D'ALLER ET RETOUR
DE TOUTE GARE A TOUTE GARE

Il est délivré, tous les jours, par toutes les gares, stations et haltes du réseau de l'État et pour tous les parcours sur ce réseau, des billets d'aller et retour à prix réduits.

Les coupons de retour sont valables : 1° pour les trajets jusqu'à 100 kilomètres, le jour de l'émission, le lendemain et le surlendemain jusqu'à minuit ; 2° pour les trajets de plus de 100 kilomètres, un jour de plus par 100 kilomètres ou fraction de 100 kilomètres.

La durée de validité des billets d'aller et retour peut, à deux reprises, être prolongée de moitié (les fractions de jour comptant pour un jour), moyennant le payement, pour chaque prolongation, d'un supplément égal à 10 0/0 du prix du billet. Toute demande de prolongation doit être faite et le supplément payé avant l'expiration de la période pour laquelle la prolongation est demandée et avant que le porteur du billet n'ait pris place dans le train par lequel il doit effectuer son retour

(*Pour les autres conditions, voir le Tarif spécial G. V. n° 2.*)

COMPAGNIE
DU
CHEMIN DE FER DU SAINT-GOTHARD

Le chemin de fer du Gothard, la ligne de montagne la plus pittoresque et la plus intéressante de l'Europe, traverse la Suisse primitive chantée par les poètes et glorifiée par l'histoire. Ses têtes de ligne au nord sont **Lucerne** et **Zoug**. Les tracés respectifs longent, de Lucerne à Küssnacht, le **Lac des Quatre-Cantons**, et de Zoug à Goldau, le **Lac de Zoug**. Des divers points de ces deux embranchements, on aperçoit le **Rigi**, célèbre dans le monde entier par la vue incomparable dont on jouit de son sommet. **Goldau** est gare de soudure des tronçons de Lucerne et de Zoug, ainsi que des lignes du Sud-Est Suisse et d'**Arth-Rigi**. Plus loin, la ligne touche le **Lac de Lowerz**, Schwyz et, pour la seconde fois, le **Lac des Quatre-Cantons**, avec Brunnen, la route de l'Axen, le Rütli, la chapelle de Guillaume Tell, Flüelen et au delà Altdorf, Erstfeld, Wassen; Goeschenen, station de la tête nord du tunnel, où commence l'ancienne route du Saint-Gothard et d'où l'on atteint, en une demi-heure, le célèbre **Pont-du-diable et la galerie dite Trou d'Uri**, près d'Andermatt (tous deux d'un accès facile), Bellinzona, Locarno, le **Lac Majeur** (îles Borromées); **Lugano**, connue dans le monde entier et qui est devenue une station climatérique; elle est reliée au funiculaire du Monte-Salvatore, avec Luino, sur le lac Majeur, et avec Menaggio, sur le lac de Côme.

De là, la ligne franchit le lac de Lugano et, de la gare de Capolago où se raccorde le funiculaire du **Monte-Generoso**, se dirige sur Chiasso, point terminus du Gothard, pour continuer sur Côme et Milan.

La ligne réunit ainsi, des deux côtés des Alpes, les bords des lacs les plus ravissants, émaillés de villas splendides.

Parmi les nombreux travaux d'art, œuvres gigantesques construites dans les flancs des Alpes et qui excitent l'étonnement du voyageur, il faut citer en première ligne le **grand tunnel du Gothard**, le plus long tunnel existant (14 998 mètres), dont le percement a exigé neuf années de travail; viennent ensuite les tunnels hélicoïdaux au nombre de trois sur le côté nord et de quatre sur le côté sud, le pont de Kerstelenbach, près d'Amsteg, etc., etc.

Un rapide et quatre trains directs font journellement, en six à huit heures, le trajet dans chaque direction de **Lucerne à Milan**, point central pour tous les voyageurs allant en Italie. **Wagons-Lits** (sleeping-cars), wagons-restaurants, Voitures directes entre Paris et Milan, éclairage électrique, freins continus.

Depuis le 1ᵉʳ octobre 1898, les prix de Milan à Lucerne sont:

Prix de Milan à Lucerne : 1ʳᵉ classe.... : 36 fr. 50
— — 2ᵉ — ..... 25 fr. 60
— Paris à Milan : 1ʳᵉ classe...... 105 fr. 45
— — 2ᵉ — ...... 72 fr. 65

Le chemin de fer du Gothard est la voie de **communication la plus courte entre Paris et Milan** (viâ Belfort-Bâle). A Milan, correspondance directe de et pour Venise, Bologne, Florence, Gênes, Rome, Turin. A Lucerne, correspondance directe de et pour Paris, Calais, Londres, Ostende, Bruxelles, Cologne, Francfort Strasbourg, ainsi que de et pour toutes les gares principales de la Suisse.

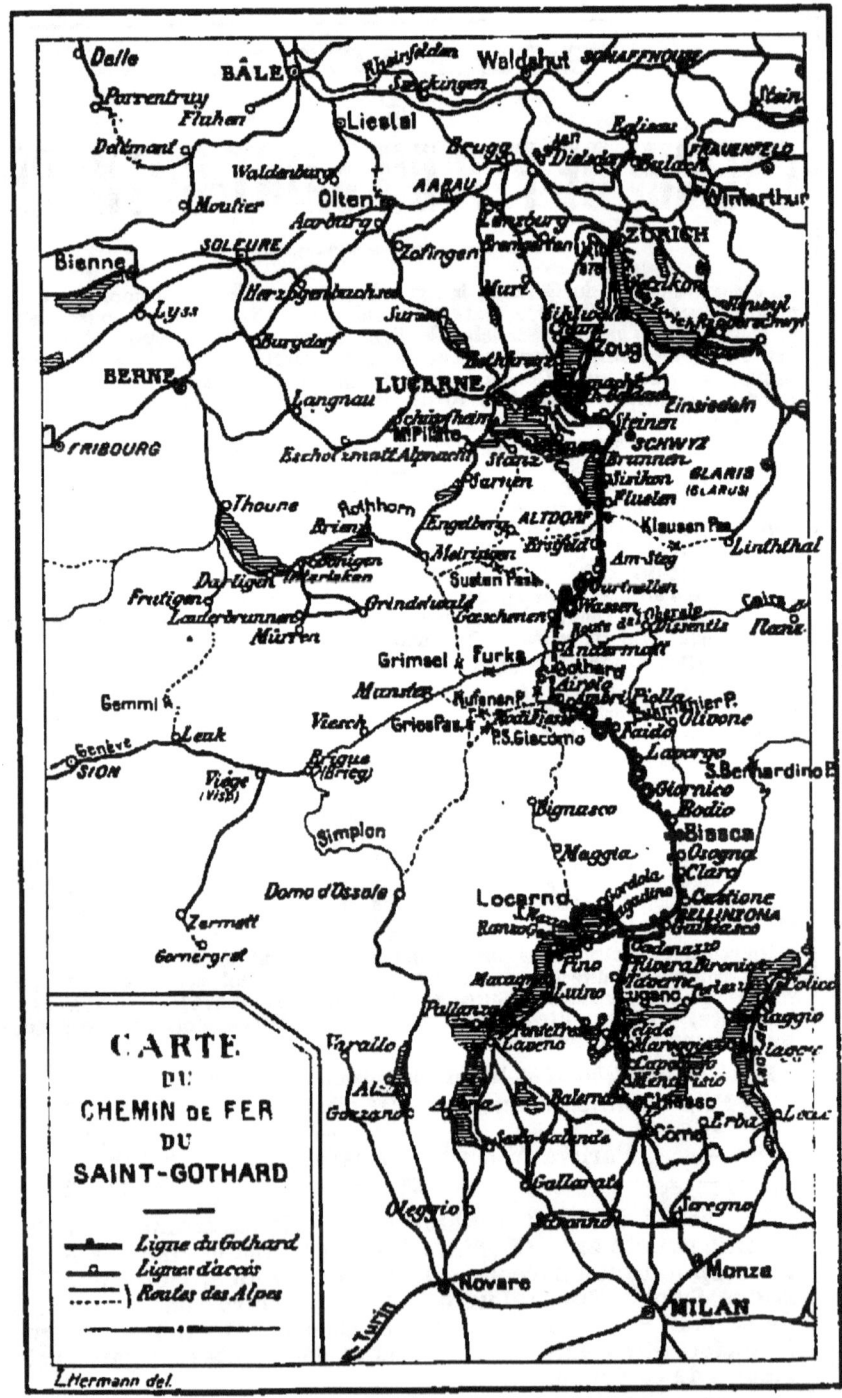

Cie Gle TRANSATLANTIQUE

PAQUEBOTS-POSTE FRANÇAIS
Siège social, 6, rue Auber, PARIS

AGENCES au Havre, Saint-Nazaire, Bordeaux, Marseille, Londres, New-York, Alger, Oran, Tunis, etc., etc., dans tous les ports desservis par les paquebots de la Compagnie et dans les principales villes d'Europe, d'Amérique et aux Antilles.

Service postal à grande vitesse de *Paris-Havre à New-York*.
Départs du Havre et de New-York tous les Samedis.
Trains transatlantiques spéciaux entre PARIS-LE HAVRE et *vice versa*.

LIGNES DES ANTILLES

Départs mensuels : du Havre, de Saint-Nazaire, de Bordeaux, de Marseille pour les Antilles françaises et espagnoles, les Guyanes, le Venezuela, la Colombie, le Mexique, le Centre Amérique et le Pacifique (*via* Colon).

LIGNES DE LA MÉDITERRANÉE

Départs quotidiens de Marseille pour Alger, Oran, Bône, Philippeville, Bougie, Djidjelli, Collo, La Calle, Tabarka, Bizerte, Tunis, Malte, Sfax, Sousse, Ajaccio et Porto-Torrès.

Envoi franco des Livrets-Guides et Indicateurs détaillés.
Adresser les demandes : 6, rue Auber, Paris.

AGENCE LUBIN
FONDÉE EN 1874
36, boulevard Haussmann, 36, Paris
VOYAGES

En France, Algérie, Italie, Suisse, Belgique, Hollande et bords du Rhin, Allemagne, Autriche, Russie, Grèce, Bosnie, Herzégovine, Monténégro, Turquie, Espagne, Portugal, Angleterre et Écosse, Suède, Norvège et Danemark, Égypte, Terre-Sainte, Indes, États-Unis.

BILLETS DIRECTS ET CIRCULAIRES
Des Compagnies françaises et étrangères

Billets circulaires facultatifs, individuels et collectifs
Au départ de toutes les gares de France
délivrés du jour au lendemain
EXCURSIONS A FORFAIT, COLLECTIVES ET PARTICULIÈRES
dirigées par l'Agence Lubin.

COUPONS D'HOTEL

Servant au payement des dépenses dans les hôtels à des prix déterminés à l'avance et suivant l'étage, avec remboursement intégral de ceux non utilisés.

GUIDES POUR TOUS LES PAYS

L'Écho des Touristes, programmes d'excursions
Abonnement : 3 fr. par an.

S'adresser pour tous les renseignements à l'AGENCE LUBIN, 36, boulevard Haussmann, Paris.

Succursales : Bordeaux, 40, cours du Chapeau-Rouge ; — Lyon, rue de l'Hôtel-de-Ville, 104 ; — Représentants à : Nice, 14, avenue Masséna ; Genève, 24, Grand-Quai ; Barcelone, rambla Santa Monica, 15 et 17 ; Le Caire, rue Khamil-Pacha.

COMPAGNIE DES MESSAGERIES MARITIMES

(SOCIÉTÉ ANONYME AU CAPITAL DE 60,000,000 DE FRANCS)

PAQUEBOTS-POSTE FRANÇAIS

Lignes de l'Indo-Chine.

Départ de Marseille, tous les 28 jours, le dimanche, pour Port-Saïd, Suez, Djibouti, Colombo, Singapore, Saïgon, Hong-Kong, Shanghaï, Nagasaki, Kobé et Yokohama.

Départ de Marseille, tous les 28 jours, le dimanche, pour Port-Saïd, Suez, Aden, Bombay, Colombo, Singapore, Saïgon, Hong-Kong, Shanghaï, Nagasaki, Kobé et Yokohama.

Correspondance :

1° A Colombo pour Pondichéry, Madras et Calcutta (tous les 28 jours).
2° A Singapore pour Batavia (par chaque courrier) et Samarang (tous les 28 jours).
3° A Saïgon pour Nha-Trang, Quinhon, Tourane et Haiphong (par chaque courrier).
4° A Saïgon pour Poulo-Condor et Singapore (tous les 14 jours).

Ligne de l'Australie et de la Nouvelle-Calédonie.

Départ de Marseille, tous les 28 jours, le dimanche, pour Port-Saïd, Suez, Colombo, King George's Sound, Adélaïde, Melbourne, Sydney et Nouméa (Correspondance à Colombo pour Singapore, la Cochinchine, le Tonkin, la Chine et le Japon.)

Lignes de l'Océan Indien.

Départ de Marseille : 1° le 10 de chaque mois pour Port-Saïd, Suez, Djibouti, Zanzibar, Mutsamudu (Anjouan), Moroni (Grande-Comore), Mayotte, Majunga, Nossi-Bé, Diégo-Suarez, Tamatave, la Réunion et Maurice (Correspondance à Nossi-Bé pour Majunga, Maintirano, Morundava et Tulléar) ; 2° le 25 de chaque mois pour Port-Saïd, Suez, Djibouti, Aden, Diégo-Suarez, Sainte-Marie, Tamatave, la Réunion et Maurice (Correspondance à Diégo-Suarez pour Mozambique, Beira, Lourenço-Marquès et Natal).

Lignes de la Méditerranée et de la Mer Noire.

Départ de Marseille, tous les 14 jours, le jeudi : 1° pour Alexandrie, Port-Saïd, Beyrouth, Tripoli, Lattaquié, Alexandrette, Mersina, Larnaca, Beyrouth, Rhodes (ou Vathy-Samos), Smyrne, Dardanelles, Constantinople, Dardanelles, Smyrne et le Pirée ; 2° pour le Pirée, Smyrne, Dardanelles, Constantinople, Dardanelles, Smyrne, Vathy-Samos (ou Rhodes), Beyrouth, Larnaca, Mersina, Alexandrette, Lattaquié, Tripoli, Beyrouth, Port-Saïd et Alexandrie ; 3° pour Alexandrie, Port-Saïd, Jaffa et Beyrouth.

Départ de Marseille, tous les 14 jours, le samedi, pour le Pirée, Smyrne, Dardanelles, Constantinople, Samsoun, Trébizonde et Batoum.

Départ de Marseille, tous les 28 jours, le samedi, 1° pour Patras, Syra, Salonique, la Cavalle, Dardanelles, Constantinople, Novorossisk et Batoum ; 2° pour Patras, Syra, Salonique, Dédeagh, Dardanelles, Constantinople et Odessa.

Lignes de l'Océan Atlantique.

Départ de Bordeaux : 1° tous les 28 jours, le vendredi, pour Vigo, Lisbonne, Dakar, Pernambuco, Bahia, Rio-Janeiro, Montevideo et Buenos-Ayres (et pour Santiago et Valparaiso [Chili], par transit à travers la Cordillère) ; 2° tous les 28 jours, le vendredi, pour la Corogne, Lisbonne, Dakar, Rio-Janeiro, Montevideo et Buenos-Ayres (et pour Santiago et Valparaiso [Chili], par transit à travers la Cordillère) ; 3° tous les 28 jours, le vendredi, pour Vigo, Porto-Leixoës, Lisbonne, Pernambuco, Bahia, Rio-Janeiro, Santos, Montevideo et Buenos-Ayres.

BUREAUX : PARIS, 1, rue Vignon. — MARSEILLE, 16, rue Cannebière. — BORDEAUX, 20, allées d'Orléans. — LE HAVRE, 14, rue Edouard-Larue. — LYON, 7, place des Terreaux.

ROYAL MAIL STEAM PACKET COMPANY

TO WEST INDIES, PACIFIC, ETC., also BRAZIL and RIVER PLATE
PAQUEBOTS-POSTE ANGLAIS
POUR
LE BRÉSIL, LA PLATA, LES ANTILLES
LE VENEZUELA, LA COLOMBIE & LE PACIFIQUE

LIGNE DU BRÉSIL ET DE LA PLATA

Les Steamers de la Compagnie partent de Southampton tous les deux Vendredis touchent à Cherbourg le soir même, et font escale à Lisbonne le lundi suivant pour l'embarquement de la malle et des passagers; les escales suivantes sont **Pernambuco, Bahia, Rio de Janeiro, Montevideo et Buenos-Ayres**. Les passagers peuvent également pendant la saison prendre des billets pour **Valparaiso**, vid Buenos-Ayres et le **Chemin de fer des Andes**.

LIGNE DES ANTILLES ET DU PACIFIQUE

Les Steamers de la Compagnie partent de Southampton tous les **deux Mercredis** : les escales principales sont la **Barbade, Jacmel, Kingston (Jamaïque), Colon, Savanilla et Port-Limon**. A la Barbade, des Steamers annexes spécialement aménagés pour le climat des Antilles, desservent **Trinidad, Demerara, le Venezuela, la Colombie, la Martinique, la Guadeloupe, Saint-Thomas**, etc. A Colon, le transit des passagers se fait par le **Chemin de fer de Panama**, et la correspondance pour le **Pacifique** se fait à **Panama** par les Steamers de la **Pacific Steam Navigation Company** ou ceux de la **Compania Sud Americana de Vapores** pour la **Colombie, l'Equateur, le Pérou, la Bolivie et le Chili**, et par ceux de la **Pacific Mail Steam Ship Company** pour le **Costa Rica, le San Salvador, le Guatemala, le Honduras, le Mexique et San Francisco**.

La cuisine, les vins et le service sont l'objet des plus grands soins.

Pour tous renseignements sur fret, passages, etc., s'adresser :

Au siège de la Compagnie, à **Londres**, 18, Moorgate Street, E. C., et 29, Cockspur St., S. W.; 5, Albert Square, **Manchester**; 5, Fenwick Street, **Liverpool**; and Southampton; à MM. Géo Dunlop et Cⁱᵉ, à **Paris**, 38, avenue de l'Opéra : à MM. Marcel et Cⁱᵉ, au **Havre**; à M. H. Binder, à **Hambourg**; à MM. Huger et Cⁱᵉ, à **Anvers**; à M. J.-L. Michaelis, à **Brême**.

FRAISSINET & CIE
COMPAGNIE MARSEILLAISE DE NAVIGATION A VAPEUR
PAQUEBOTS-POSTE FRANÇAIS
4 et 6, place de la Bourse (FONDÉE EN 1832)

Services réguliers pour le Languedoc, la Corse, l'Italie, le Levant, le Danube, la mer Noire, l'Archipel et la Côte occidentale d'Afrique.

LIGNES DESSERVIES PAR LA COMPAGNIE

LIGNES DU LANGUEDOC. — Départs de MARSEILLE, tous les soirs, pour CETTE ou AGDE. Deux fois par semaine pour LA NOUVELLE.

LIGNE POSTALE SUR LA CORSE, L'ITALIE, LA SARDAIGNE. — Départs de MARSEILLE pour : BASTIA, LIVOURNE, jeudi et dimanche, à 10 h. du matin. AJACCIO, PROPRIANO, (BONIFACIO par quinzaine), vendredi, 4 h. du soir AJACCIO seulement, lundi 4 h. soir. CALVI, ILE ROUSSE, mardi, 11 heures. TOULON, NICE, vendredi, midi. — Départs de NICE pour : BASTIA, LIVOURNE, mercredi, 5 h. du soir. AJACCIO (Ile Rousse-Calvi en été), (BONIFACIO par quinzaine), samedi, 6 h. du soir.

LIGNES D'ITALIE. — Départs de MARSEILLE, tous les dimanches, à 10 h. matin, pour GÊNES et NAPLES.

LIGNE DE CANNES, NICE ET GÊNES. — Départs de MARSEILLE, tous les mercredis, à 7 heures du soir, et tous les lundis pour Cannes et Nice.

LIGNES DE CONSTANTINOPLE ET DU DANUBE. — Service d'été, Danube. Départs de MARSEILLE tous les dimanches, à 10 h. du matin, alternativement pour : GÊNES, LE PIRÉE, Smyrne, DARDANELLES, CONSTANTINOPLE, SOULINA, GALATZ et BRAILA, et pour : LE PIRÉE, Salonique, DARDANELLES, CONSTANTINOPLE, SOULINA, GALATZ-BRAILA. — Service d'hiver (pendant la fermeture du Danube par les glaces), Constantinople. Départs de MARSEILLE tous les dimanches à 10 h. du matin, pour : GÊNES, LE PIRÉE, SMYRNE, SALONIQUE, DARDANELLES, et CONSTANTINOPLE.

LIGNE POSTALE DE LA COTE OCCIDENTALE D'AFRIQUE. — Départs de MARSEILLE le 25 de chaque mois, avec escales à ORAN, LES CANARIES, DAKAR (Saint-Louis), CONAKRY, GRAND-BASSAM, ASSINIE, ACCRA, LES POPOS, COTONOU (Dahomey), LAGOS, BOUCHES DU NIGER, BATA, BENITO, LIBREVILLE, LOANGO et autres ports de la Côte. — Départs de LIBREVILLE pour MARSEILLE, avec les mêmes escales, le 20 de chaque mois.

Traversée de MARSEILLE à LIBREVILLE, et vice versa, en 20 jours.

Pour tous renseignements, s'adresser : à MM. Fraissinet et Cie, 6, place de la Bourse, à Marseille; — à M. Ach. Neton, 9, rue de Rougemont, à Paris, et à MM. F. Puthet et Cie, quai Saint-Clair, 2, à Lyon; — à M. R. Picharry, 40, quai de Bourgogne, à Bordeaux; — à M. G. Schrimpf, agent général, à Dakar; — à M. A. Pierangeli, agent général, à Bastia; — à M. Joseph Andrac, à Constantinople.

COMPAGNIE DE NAVIGATION MIXTE (Cie TOUACHE)
DÉPARTS DE MARSEILLE
ALGÉRIE — TUNISIE — TRIPOLITAINE — MAROC
PAQUEBOTS-POSTE FRANÇAIS

Pour **Alger** (via Cette, Port-Vendres), samedis, 9 heures soir.
Pour **Alger** (direct), jeudis, 5 heures soir.
Pour **Philippeville** (direct) et **Bône**, jeudis, midi.
Pour **Oran** (via Cette et Port-Vendres), Arzew, Mostaganem, mercredis, 9 h. soir.
Pour **Tanger** (via Oran), jeudis, 6 heures soir, tous les 14 jours.
Pour **Tunis** (direct), Sousse, Sfax, Gabès, Djerba et **Tripoli**, mercredis, midi.
Pour **Cette et Port-Vendres**, mercredis et samedis, 9 heures soir.

COTE OCCIDENTALE D'AFRIQUE
Services réguliers et départs toutes les 6 semaines, alternativement les 1er et 15

Pour Tanger, Las Palmas, Dakar, Ste-Marie-de-Bathurst, Conakry, Sierra-Leone, Grand-Lahou, Half-Jack, Grand-Bassam, Grand-Popo, Whydah, Cotonou et Lagos.
Retour de Cotonou à Marseille par les mêmes escales
Toutes les semaines alternativement les 5 et 20

Pour fret et passages, s'adresser :

A Lyon : au siège de la C^e, 15, r. de l'Hôtel-de-Ville. — A Marseille : bureau de l'exp., 54, r. Cannebière. — A Cette : à M. G. Caffarel aîné, agent général. — A Paris : à l'Agence de la C^e, 70, rue Basse-du-Rempart.
Et dans les ports desservis : aux Agences de la Compagnie.
ADRESSE TÉLÉGRAPHIQUE : NAVIMIXTE MARSEILLE

II. — AUTOMOBILISME.

AUTOMOBILISME

Voitures électriques

VOITURES A PÉTROLE

Voitures à vapeur

VOITURETTES

OMNIBUS — CAMIONS

Bicyclettes

Tricycles — Quadricycles

MOTEURS

Véhicules à vapeur

OMNIBUS DE 14 A 22 PLACES

CAMIONS POUVANT TRANSPORTER DE 2 A 10 TONNES

DE DION, BOUTON & Cie
INGÉNIEURS-CONSTRUCTEURS
à PUTEAUX (Seine)

Notices explicatives sur demande.

TRICYCLES à PÉTROLE

Modèle 1899 — Moteur 1 ch. 3/4

Prix : 1 710 francs. — Gros Pneumatiques.

QUADRICYCLES A PÉTROLE

VOITURETTES A PÉTROLE

DEUX PLACES COTE A COTE
UNE PLACE EN VIS-A-VIS

DE DION, BOUTON & CIE

INGÉNIEURS-CONSTRUCTEURS
à PUTEAUX (Seine)

Catalogue illustré sur demande.

Type C — 1*

Société Internat^le de Construction d'AUTOMOBILES L^ed
Système TAUZIN et Cie

Usine : **11, rue Bellanger**, Levallois-Perret (Seine)

Voiturettes à 1, 2 et 3 places, actionnées par moteur PAPILLON

de 1 ch. 4/5 à 3 ch. 1/2.

DEMANDER CATALOGUE DES PRIX.

Cie des AUTOMOBILES et MOTEURS HENRIOD

Société anonyme. Capital : 1 000 000 de fr.

VOITURES　　　　　　　　　TRICYCLES
ET　　　　　　　　　　　　　ET
VOITURETTES　　　　　　　QUADRICYCLES

MOTEURS ÉQUILIBRES, de 2 à 20 Chevaux

Sans circulation d'Eau

PRINCIPAUX AVANTAGES :

Absence de carburateur.

Absence de trépidation.

Allumage électrique.

PRIX MODÉRÉS — LIVRAISON RAPIDE

Bureaux et Usines : 7 et 9, rue de Sablonville, *Paris-Neuilly* (Porte Maillot)

Bicyclettes à moteur

Système LANDRU (Breveté S. G. D. G.)

L'Automobile la plus simple.
Transformable en Tricycle.
La moins encombrante.
La plus pratique
La plus robuste.
La moins chère.

TOUS CHAUFFEURS

REMORQUE

une VOITURETTE

et TROIS PERSONNES

CATALOGUE SUR DEMANDE

Adressée au Directeur des Bicyclettes Automobiles.

MAGASIN D'EXPOSITION ET DE VENTE :
PARIS — 132, rue de Rennes. — PARIS

Voiturettes Léon Bollée

163, avenue Victor-Hugo
PARIS

III. — Annonces diverses provenant de PARIS et des ENVIRONS DE PARIS

EAU PATE ET POUDRES DENTIFRICES DU DOCTEUR PIERRE DE LA FACULTÉ de MÉDECINE DE PARIS

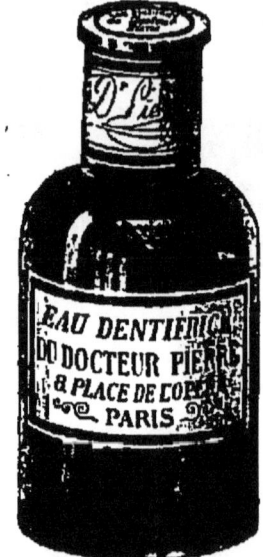

EN VENTE PARTOUT

VEILLEUSES FRANÇAISES
FABRIQUE A LA GARE
MAISON JEUNET, fondée en 1838

JEUNET FILS
SUCCESSEUR DE SON PÈRE

Toutes nos boîtes portent en timbre sec

JEUNET INVENTEUR

VIDAL-BEAUME

66, Avenue de la Reine, à **BOULOGNE** près **PARIS**

ÉLÉVATION et DISTRIBUTION des EAUX

POMPES BEAUME

A BRAS, A MOTEUR et A MANÈGE

POMPES A CHAPELET

Moulins à Vent, Béliers hydrauliques

MOTEURS A VAPEUR, A GAZ, A PÉTROLE

CANALISATIONS — RÉSERVOIRS

POMPES
POUR PUITS DE GRANDE PROFONDEUR

Fonctionnant à bras jusqu'à 60 mètres, à manège jusqu'à 120 mètres

POMPES POUR
- Arrosage,
- Incendie,
- Purin et Vidange,
- Vins, Alcools,
- Huiles, Bières,
- Acides (*Métal inoxydable*),
- Goudrons et Mélasses,

à chapelet, à bras et à manège à 1, 2 et 3 corps.

LA PENNSYLVANIA

La meilleure Tondeuse de Gazon

SOLIDITÉ, RÉGULARITÉ DE COUPE
LÉGÈRETÉ DE FONCTIONNEMENT

Catalogue, renseignements et devis franco aux lecteurs des Guides Joanne.

CONSTRUCTION DE BATEAUX

A. WAUTHELET
G. AUBRETON, Succr, Constructeur

FOURNISSEUR DE L'ETAT ET DE LA VILLE DE PARIS
PARIS, 4, Boulevard Diderot, 4, PARIS

BATEAUX DE COURSES
A LA VOILE, A DÉRIVE ET A QUILLES FIXES

CANOTS & YOLES à l'aviron

BATEAUX DE PÊCHE & CHASSE-CANARD
SPÉCIALITÉ D'EMBARCATIONS POUR ÉTANGS ET PIÈCES D'EAU

YACHTS ET CHALOUPES
A VAPEUR, A HÉLICE ET A ROUES

CANOTS A PÉTROLE

HÉLICES DE TOUS DIAMÈTRES
Bateaux à vapeur depuis 2 000 francs.

GRÉEMENT ET VOILURE

Réparations et vernissage sur place.

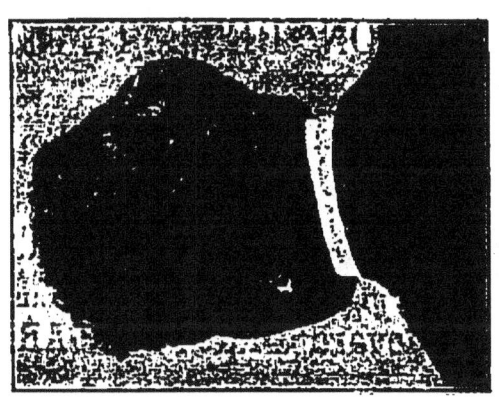

GRATUITS

APRÈS LE TRAITEMENT
Demander à M. Dequéant
qui l'enverra gratuitement, son ouvrage
sur
l'HYGIÈNE DE LA CHEVELURE

LA LOTION DEQUÉANT

Fait *repousser les* Cheveux *à n'importe quel âge.* **Arrête** *instantanément la* Chute des Cheveux. Est *inoffensive et d'une* odeur *agréable.* Empêche les Cheveux de blanchir. Fait *disparaître les* Névralgies *les plus rebelles.* **Rend** *aux Cheveux blancs leur* couleur primitive. **Détruit** *rapidement le* Sebumbacille de *la* Calvitie.

Fait *disparaître les* Cheveux blancs. **Ne** *renferme* aucun poison.

Fait *pousser les* Cils, *les* Sourcils, *la* Barbe. **N'est pas une** Teinture.

Le **Sebumbacille**, microbe de la **CALVITIE**, a été découvert par M. Dequéant
(Académie de Médecine, 23 mars 1897).

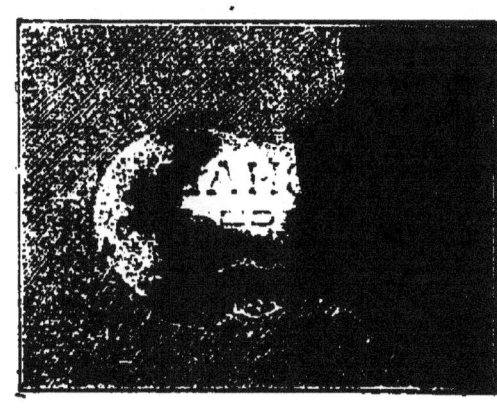

RENSEIGNEMENTS

AVANT LE TRAITEMENT
S'adresser ou écrire
à
M. LOUIS DEQUÉANT pharmacien
Rue de Clignancourt, 38, Paris.

La LOTION DEQUÉANT se trouve

APRÈS LE TRAITEMENT

Dans toutes les bonnes Pharmacies et chez tous les Droguistes.

Supprime l'ÉPILATION et s'emploie en frictions 3 à 4 fois par jour
Est un préservatif infaillible contre les maladies du Cuir chevelu et de la Barbe.

LA LOTION DEQUÉANT

Fait *disparaître* les Boutons, Dartres et Démangeaisons. Guérit le Favus et l'Impétigo.

Guérit Taches de rousseur, Eczéma, Pilaire, Mentagre.

Fait *disparaître instantanément* les Rougeurs et les Pellicules. Guérit le Psoriasis et le Pityriasis.

Guérit *toutes* les Seborrhées sèches ou humides, la Teigne, la Trichophytie, *radicalement et rapidement* la Pelade.

Le Sebumbacille, microbe de la **CALVITIE**, a été découvert par M. Dequéant (Académie de Médecine, 23 mars 1897).

Plusieurs Milliers d'Attestations et de Photographies

AVANT LE TRAITEMENT

Le petit flacon, 5 fr. (4 fl. sont nécessaires pour un résultat)
Le flacon, 25 fr. (quantité suffisante pour un résultat)
Le litre, 45 fr. (quantité suffisante pour une cure)

MAISON TOY
6, rue Halévy, 6
PLACE DE L'OPÉRA, PARIS

DÉPOT SPÉCIAL DE MINTON

SERVICES DE TABLE
Porcelaines, Cristaux et Faïences

TÉLÉPHONE 116-12

GRANDE CORDONNERIE
DU
CHAT NOIR
18, boulevard des Italiens
PARIS
(Ne possède aucune succursale)

CHAUSSURES DE LUXE
Cousues à la main
Dames et Messieurs depuis 15 fr. 50
(*Demander le nouveau Catalogue illustré franco.*)

Etablissement horticole spécial pour la Multiplication
des ASPERGES d'ARGENTEUIL

Maison V.-F. LEBEUF
Horticulteur Pépinièriste

A. BELIN
SEUL SUCCESSEUR
22, route de Sannoi
ARGENTEUIL (S.-et-O.)

Envoi franco du Catalogue sur demande.

A. W. FABER

55, Boulevard de Strasbourg, Paris.

Fabrique d'Encres et de Couleurs fines

à NOISY-LE-SEC (Seine)

Fabrique de Crayons fondée en 1761

Tous les produits de cette fabrique renommée portent les marques déposées **A. W. FABER** ou **A. W. F.**, auxquelles il est recommandé de bien faire attention, pour éviter toute confusion. — *Crayons, Portemines, Ardoises encadrées, Gommes, Encres.* — Tous les articles de dessin, de peinture et de bureau.

Maisons à NEW-YORK : 78, Reade Street.
LONDRES : 149, Queen Victoria Street, E. C.
BERLIN : 79, Friedrich Strasse, W.

MANUFACTURE DE JEUX DE PRÉCISION
Ch. ESTÈVE, 20, rue de Nemours
(Avenue de la République). Paris

Jeux pour cercles, casinos, villes d'eaux, salons, installations de salles de jeux.

Jeux de petits chevaux, mascottes, chemins de fer, roulettes, râteaux, billards, tapis, etc.

MOYEU-FREIN ESTÈVE
Système breveté S. G. D. G. pour jeux de petits chevaux et tous jeux tournants évitant l'usure et les réparations.

Jeux sur demande. Mécanique de précision. — *Maison fondée en 1860.*
Envoi franco du catalogue sur demande.

Maladies des femmes. — Stérilité

Les procédés simples et rationnels employés par M**me LA-CHAPELLE**, sage-femme, garantissent la suppression de la **stérilité** et la guérison des **maladies organiques** de la femme, en évitant toute opération chirurgicale.

Consultations de 2 à 4 h., rue Mont-Thabor, 27, Paris.

SAINTE-BARBE

Place du Panthéon

1° **ÉCOLE PRÉPARATOIRE** à toutes les Écoles de l'État ;
2° **DIVISION CLASSIQUE** depuis les classes de troisième jusques et y compris les deux baccalauréats (classique et moderne) ;
3° **SECTION SPÉCIALE** préparatoire au commerce, à l'industrie et aux écoles d'agriculture et de commerce ;
4° **PETIT COLLÈGE** à Fontenay-aux-Roses, depuis les classes primaires jusqu'en quatrième (classique et moderne) inclusivement.

HOTEL-PENSION DE FAMILLE
(PRIVATE BOARDING HOUSE)

Chambres bien meublées. Excellente cuisine bourgeoise. Prix modérés.

21, rue Beaujon, Paris.

La Maison, située tout près de l'Arc de Triomphe, les Champs-Élysées, le Bois de Boulogne, dans le quartier le plus sain et le plus élégant de Paris, offre les plus grandes facilités pour communications par Tramways, Omnibus et Voitures.

INSTITUTION J.-B. DUMAS

RUE OUDINOT, 23, PARIS

Directeur : **A. SOLDÉ**, Ingénieur des Arts et Manufactures.

Préparation à l'École centrale des Arts et Manufactures, des Ponts et Chaussées, à l'Institut agronomique et aux Écoles d'agriculture, à l'École de cavalerie de Saumur, au baccalauréat lettres et lettres-mathématiques — **Internat, demi-pension et externat.** — Nombre limité de pensionnaires (en chambres). — Cours spéciaux pendant les vacances. — **Jardin.**

INSTITUTION DE JEUNES FILLES
Mlle BOUR

2, rue Saint-Louis — **VERSAILLES** — *2, rue Saint-Louis*

Préparation à tous les examens, enseignement primaire supérieur. — **Éducation de famille.**

L'institution reçoit des élèves étrangères ; des cours spéciaux sont faits à ces jeunes filles pour leur faciliter l'étude de la langue française.

MAROQUINERIE SPÉCIALE FRANÇAISE
L. CHAMOÜIN

PARIS — 76, Rue de Richelieu, 76 — PARIS

CLASSEURS, PORTEFEUILLES, SERVIETTES

CHOIX DE CUIRS SPÉCIAUX
SOUPLES ET D'UNE SOLIDITÉ EXTRÊME

EN 20 JOURS

GUÉRISON RADICALE DE L'ANÉMIE par l'**Elixir de St Vincent de Paul**

Le *Seul* autorisé spécialement.

GUINET, Ph^{ien}-Chim^{te}
1, Passage Saulnier
PARIS
et bonnes Pharm^{ies}.

Pour Renseignements, s'adresser chez les SŒURS de la CHARITÉ, 105, Rue St-Dominique, PARIS. Brochure Franco sur demande affranchie.

POUDRE ROCHER LAXATIVE DÉPURATIVE
Le flac. de 20 doses, 2 fr. 50

Contre la CONSTIPATION et ses conséquences
Le plus agréable et le plus efficace des laxatifs
GUINET, Ph^{en}, 1, rue Michel-le-Comte, Paris, et toutes Pharmacies

---

La Pertuisine

Lotion hygiénique spéciale pour la repousse certaine des cheveux et contre leur chute. Pour les incrédules, traité à forfait. S'adresser, pour la vente en gros et en détail, 53, rue Vivienne, Paris.

Brochures gratuites.

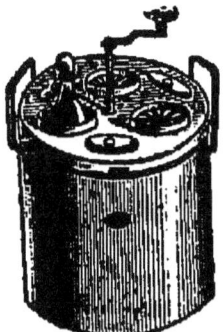

GLACIÈRE
DES
CHATEAUX

La seule qu'on fasse fonctionner sous les yeux du public
Produit en 10 minutes de **500 gr.** à **8 kil** de Glace ou des Glaces, Sorbets, etc.
par un sel inoffensif.
Se méfier des contrefaçons

J. SCHALLER 332, rue Saint-Honoré Paris
Prospectus franco

SAGE-FEMME DE 1re CL. Mme **MERLOT** traite avec succès contre la **STÉRILITÉ** et les Maladies organiques de la Femme. Maison à la campagne. Prend pensionnaires à toute époque. Consultations de 2 à 4 h., **RUE MONTMARTRE, 163**, pr. le Boulevard.

HOTEL MIRABEAU
PARIS — 8, rue de la Paix, 8 — PARIS

Vue de la Cour d'honneur. — Entrée sous la façade de la rue de la Paix.

Restaurant et Hôtel de famille recommandés.

LONDON-BAR
5, rue de l'Isly, 5
(entièrement transformé)

TENU PAR Mme AMÉLIE LAUNOIS
Ouvert jusqu'à 2 heures du matin

DÉJEUNERS — DINERS — SOUPERS
Consommations de 1er choix

AMERICAN DRINKS   *Téléphone* 271.14

GRAND HOTEL DU GLOBE
4, rue Croix-des-Petits-Champs, 4
(*Près du Louvre et des principaux théâtres*)

Déjeuner, 3 fr.; **dîner**, 3 fr. 50, vin compris. **Pension**, 7, 8 et 9 fr. par jour. **Chambres** de 3 à 5 fr. par jour; au mois, de 20 à 60 fr.

HOTEL DU TIBRE, 8, RUE DU HELDER
(boulevard des Italiens, Paris).

Entièrement reconstruit. — Installation moderne. Eau chaude et eau froide sur les toilettes. Salles de bains. W.-C. à l'anglaise. Chauffage à la russe. — Ascenseur. — Envoi du plan-tarif sur demande.

RESTAURANT DU TIBRE. Carte à toute heure. Déjeuners et dîners à prix fixe. — *Service soigné par petites tables.*

IV. — FRANCE, classée par ordre alphabétique des localités.

AIX-LES-BAINS (Savoie)

GRAND HOTEL BERNASCON ET REGINA
OUVERTURE EN 1900
BERNASCON, Propriétaire

AIX-LES-BAINS

GRAND HOTEL D'AIX

Ascenseur. — Lumière électrique dans toutes les chambres.

GUIBERT, Propriétaire.

AIX-LES-BAINS

HOTEL-PENSION DAMESIN
ET CONTINENTAL

Cet Hôtel est dans une *excellente situation*, à proximité de l'*Établissement thermal* et de la Gare, en face du jardin public. — Vue splendide. — Grand jardin, Salon. Billard et Fumoir. — *Omnibus de l'hôtel à tous les trains.* — Ouvert toute l'année. — Pension depuis 8 francs par jour.

A. DAMESIN, Propriétaire.

Ex-gérant de l'*Hôtel Stanislas*, à Monaco.

AIX-LES-BAINS

Hôtel du Louvre et Savoy-Hôtel réunis

Position centrale et unique en face les parcs et jardins des deux Casinos. — Vaste hall. — Jardin. — *Ascenseur*. — Calorifère. — Salle de bains. — Appartements particuliers pour familles.

F. BURDET, DIRECTEUR-ADMINISTRATEUR.

HIVER : SAVOY-HOTEL, à Menton.

AIX-LES-BAINS

GRAND HOTEL DE L'EUROPE
OUVERT TOUTE L'ANNÉE
BERNASCON, Propriétaire.

HOTEL TERMINUS

Boulevard de la Gare. — Cuisine renommée. — *Pension depuis 8 fr.* — Jardin. — Belle terrasse. — Véranda. — *Transport des bagages gratuit à l'aller et au retour.* — Téléphone. — Lumière électrique dans toutes les chambres. — L'hiver, **Hôtel des Palmiers**, à Monte-Carlo. — **E. PIGNAT**, Propriétaire.

GRAND HOTEL BEAUSÉJOUR

Situation exceptionnelle. — Vue splendide sur le lac et les montagnes. — Près l'Etablissement thermal. — Jardin. — Pension depuis 8 fr. par jour. — Arrangements pour familles. — *English spoken.* — Omnibus.
A. GROBERT, Propriétaire-Gérant.

ALET
Source
COMMUNALE

Maladies de l'estomac, du foie,
de la vessie,
Vomissements des femmes enceintes,
Fièvres des pays chauds,
Anémie. — Convalescences.

Paris, Médailles Or, Argent.

L'Eau d'ALET (Aude) est tolérée par les estomacs les plus délicats.

AMÉLIE-LES-BAINS

LE MEILLEUR CLIMAT DE FRANCE

PLUS DOUX QUE LES CLIMATS DE NICE ET DE MENTON

REFUGE D'HIVER TRÈS ABRITÉ

Moins irritant que les côtes de la Méditerranée.

Eaux sulfurées, sodiques, très renommées, très efficaces contre toutes les affections catarrhales, rhumatismales et dartreuses. — Bains, Douches, Inhalations, Pulvérisations. — *Seule station sulfureuse d'hiver.*

CASINO OUVERT TOUTE L'ANNÉE

Éclairage électrique. — Amélie-les-Bains est la **Station la plus confortable au point de vue de la vie matérielle, et de beaucoup la moins chère de France.**

La moyenne de la vie, chambre et nourriture, vin compris, est, dans les meilleurs hôtels, de 5 fr. 50 à 6 fr. 50 par jour. — La table est toujours abondante et généralement très bonne.

Maisons meublées pour familles, bien installées et bien exposées au soleil. — Église catholique. — Temple de l'église réformée.

Promenades. — Excursions.

AMÉLIE-LES-BAINS
HOTEL MARTINET
A UNE MINUTE DES THERMES

Vue magnifique sur le Parc et la Montagne. — Ancienne réputation. — Prix, 6 fr. par jour. Pension, 5 fr. 50. — Éclairage électrique. — **MARTINET**.

ANNECY
GRAND HOTEL D'ANGLETERRE
Maison de premier ordre. — Poste et Télégraphe dans l'Hôtel.

Gorges du Fier. Station de Lovagny.

Chemin de fer d'Aix-les-Bains à Annecy.

Succursales : Chalet-Restaurant à l'entrée des gorges du Fier et Restaurant bord du bateau-express : **le Mont-Blanc**.

ARCACHON

GRAND-HOTEL

B. FERRAS, Propriétaire

Annexes dans la ville d'hiver : **Grand Hôtel des Pins et Continental** (en forêt). — Les villas : **Trianon, Bianca** et **Printemps**, sont également des dépendances de l'hôtel. — Sur la plage : **Hôtel Continental**. — *Ces trois hôtels sont de tout premier ordre.* — Omnibus à tous les trains. — **Téléphone**. — Etablissement de Bains de mer et d'Hydrothérapie. — *Ascenseur.*

HOTEL LEGALLAIS

Ce magnifique Établissement, au bord de la mer, en face de la plus belle plage, se recommande aux étrangers par son grand confort, une excellente cuisine et une cave de premier ordre, à des prix modérés.

Expéditions d'huîtres du 15 septembre au 15 mai
Demander le tarif.

HOTEL DE FRANCE

PREMIER ORDRE, SUR LA PLAGE
CAVE ET CUISINE RENOMMÉES

Très recommandé.

HOTEL RICHELIEU

PLACE THIERS

Le mieux situé sur la Plage. — Restaurant sur la mer. — Prix modérés. — *Arrangements pour familles.*

Louis ARRÉGOT, Propriétaire.

Villa Déïdamie

EN FORÊT, PLEIN MIDI, PEU ÉLOIGNÉE DE LA PLAGE

Avenue Victoria. — Chambres très confortables. — Chambre et Pension depuis **6 fr.** par jour. — Arrangements pour séjour prolongé. — **Mme DE BÉCHILLON** et **Mlle COUMEAU Sœurs**, Propriétaires.

ARCACHON
VILLE D'HIVER
ENTRE LE CASINO ET LA PROMENADE DES ANGLAIS

LES BANANIERS
(VILLA BELZUNCE)

HOTEL ET MAISON DE FAMILLE
DE TOUT PREMIER ORDRE

Grand confortable — Situation ensoleillée. — Beau parc. — Bains et hydrothérapie. — Pension depuis 9 fr

---

ARCACHON
RESTAURANT LAPACHET
Place de la Mairie — Situation très centrale. — Cuisine de famille très soignée. — Chambres confortables. — Déjeuner ou dîner, 2 fr 50.— Pension, tout compris, même le petit déjeuner du matin, depuis 7 fr — Arrangements pour familles. — En dehors de l'Hôtel, appartements et cuisines indépendants
F. COURCY Aîné, Propriétaire.

ARCACHON
BELLA VISTA
Maison de famille. — Recommandée pour sa situation et son confortable. — Pension, tout compris, même le petit déjeuner, depuis 8 fr. — Arrangements pour familles. — *On parle anglais.* — Leçons de musique et de peinture

ARCACHON
PENSION DE FAMILLE
VILLA CECILIA EN FORÊT

Allées du Bocage (près la place des Anglais). — *Plein midi.* — Grand confortable. — Jardin. — Cave et cuisine recommandées. — Pension depuis 7 fr. — Arrangements pour familles.

ROUX, Propriétaire.

VILLA RIQUET EN FORÊT

Situation exceptionnelle. — Plein midi. — *Parc de 4 000 mètres carrés.* — Grand confortable. — Pension depuis 8 fr. par jour. — Arrangements pour familles. — *Leçons de français.*

Louis MONLEZUN, Propriétaire, ex-Professeur.

ARGELÈS-GAZOST
GRAND HOTEL DU PARC ET D'ANGLETERRE

De tout premier ordre, situation unique dans le vaste parc des Thermes. — Vue incomparable des quatre façades sur la montagne. — Grands salons, fumoir, billard, terrasse, restaurant. — Eclairage électrique. — Pension, depuis 8 fr. — Omnibus.

PETITJEAN, Propriétaire.

ARRAS
HOTEL DE L'UNIVERS

Au centre de la ville. — De premier ordre, recommandé aux familles et aux voyageurs. — Grands et petits appartements. — Salons particuliers. — Omnibus à la gare. — Chevaux et voitures. — Vaste jardin. — **DURET, Propriétaire.**

AULUS
GRAND-HOTEL
OUVERT TOUTE L'ANNÉE
Mme Vve ANTONIN-CALVET, Propriétaire.

Hôtel de premier ordre, à prix modérés. — Le seul situé en face de l'Établissement thermal. — Très recommandé. — Position exceptionnelle. — Grand confortable. — Clientèle d'élite. — Cuisine et service irréprochables. — Vieille cave. — Bibliothèque. — Grand Salon pour familles. — Terrasse très ombragée. — Café. — Poste et Télégraphe. — Eclairage électrique.

S'adresser, pour les voitures, à M. RAUCH, correspondant du chemin de fer et du Grand-Hôtel, à la gare de Saint-Girons.

AULUS
(ARIÈGE)

ÉTABLISSEMENT THERMAL
J. CHABAUD, CAMPREDON & CIE
Propriétaires.

Saison thermale du 1er juin au 1er octobre. — Les eaux d'Aulus sont des plus dépuratives pour les maladies du sang, de la peau, eczéma, des reins, de la vessie, arthritisme, rhumatisme, goutte, gravelle, de l'estomac, des intestins, du foie, affections hémorroïdaires. — *De grandes améliorations ont été apportées à l'établissement thermal, notamment l'installation de l'hydrothérapie.* — Eau de table pour Anémie, Chlorose, Appauvrissement du sang.

Écrire au Directeur, à Aulus.
On se rend à Aulus par Toulouse, Boussens et Saint-Girons.

AVIGNON

HOTEL CRILLON

Avenue de la gare, à une minute. — **Nouveaux agrandissements.** — Véranda. — Chambres et appartements très confortables. — Robinets d'eau dans toutes les chambres. — Salons pour familles. — **Cuisine très soignée.** — Vins authentiques. — Vaste jardin, avec restaurant d'été. — Prix, depuis 8 fr. par jour. — Maison spécialement fréquentée par les touristes et les familles. — **Eclairage électrique.** — *Omnibus.* — **H. PONS**, Propriétaire.

GRAND HOTEL D'AVIGNON
Rue de la République

Près des Postes et Télégraphes. — Le mieux situé. — De premier ordre. — 80 chambres et salons. — *Grand confortable.* — Cuisine très soignée. — Prix modérés. — *Omnibus.* — Spécialité des grands vins de Chateauneuf-du-Pape.

J. CANDY, Propriétaire.

GRAND HOTEL DE L'EUROPE

Le seul de tout premier ordre. — Entièrement remis à neuf et repris par l'ancien propriétaire depuis 1893. — Maison de très ancienne réputation, recommandée aux familles et aux touristes par son confortable et ses prix modérés. — *Omnibus.* — **VILLE**, Propriétaire.

BAGNÈRES-DE-BIGORRE
Grand Hôtel de Londres et d'Angleterre
OUVERT TOUTE L'ANNÉE

Premier ordre. Façade sur le Parc. — Grand confortable comme appartements. — *Cuisine très recommandée.* — Pension depuis 8 fr. par jour, tout compris, sauf en juillet et août. — Arrangements pour familles et pour séjour prolongé.

Jean BENT, Propriétaire.

BAGNÈRES DE LUCHON

— REINE DES PYRÉNÉES —

THERMES SULFURÉS DE PREMIER ORDRE
HUMAGE
COURSES NOMBREUSES — GUIDES RENOMMÉS
Casino splendide.

BAGNÈRES-DE-LUCHON

GRAND HOTEL SACARON

DE TOUT PREMIER ORDRE
DIRIGÉ PAR LA FAMILLE

GRAND HOTEL BONNEMAISON

De tout premier ordre. — Situation unique.
Allées d'Etigny et Parc des Quinconces. — Le plus proche des Thermes.
GRAND CONFORT

G^D HOTEL CONTINENTAL

Premier ordre — Ascenseur. — Bains. — Douches. — Vaste jardin. — Splendide terrasse. — Succursale : Hôtel-Restaurant de la **Chaumière**. — Situation unique. — 800 mètres d'altitude.
P. PELLISSIER, Propriétaire.
L'hiver : HOTEL DU LUXEMBOURG, à Nice.

GRAND HOTEL RICHELIEU

DE TOUT PREMIER ORDRE
Situé sur les Quinconces, en face les Thermes, près du Casino. — Cuisine soignée. — Prix modérés. — *English spoken*. — Se habla español. — Saison d'hiver : *Splendid Hôtel à Monte-Carlo*.

BAGNÈRES-DE-LUCHON

GRAND HOTEL DU PARC

BROC-VERDEIL, Propriétaire

Très belle situation, allées d'Étigny. — Vaste parc. — Vue magnifique des montagnes. — Grand confortable. — Cuisine très recherchée. — Pendant les mois de mai, juin et septembre, prix de la journée, petit déjeuner du matin, déjeuner, dîner, vin, service, **tout compris, 9 et 10 fr.**, suivant l'étage. — *Arrangements pour familles en cas de séjour prolongé.*

Écrire : **BROC-VERDEIL, Luchon.**

HOTEL PARDEILLAN — PARC BEAU-SÉJOUR

Allées d'Étigny, 7. — Magnifique et vaste Parc. — Les plus beaux ombrages de Luchon. — Vue splendide sur le port de Venasque. — Grand confortable comme chambres et appartements. — Table d'hôte et restaurant. — Pension, déjeuner, dîner et chambre depuis 8 fr. par jour en juin et septembre ; depuis 9 fr. en juillet et août. — *Omnibus à tous les trains.*

Mme Veuve **PARDEILLAN**, Propriétaire.

GRAND HOTEL DE PARIS

En face les Thermes, près le Casino et la Poste.

Vue splendide sur la montagne. — **Grand confortable.** — Pension, chambre, tout compris, depuis 9 fr. — *Arrangements pour familles et pour séjour prolongé.*

B. **HUGUET**, Propriétaire.

GRAND HOTEL DE FRANCE

10. Allées d'Étigny. — Changement de direction. — Chambres et appartements confortables. — Cuisine très soignée. — Juin, juillet et septembre, **pension depuis 8 fr.** — Arrangements pour familles. — *English spoken.*

REDONNET, ex-chef du **Duk of Roxburth**, de Londres.

BLOIS

GRAND HOTEL DE BLOIS ET DES FAMILLES

THIBAUDIER-GIGNON, Propriétaire.

Établissement de premier ordre, au centre de la ville, près du château. — Réputation européenne — Bains d'eau de Loire dans l'hôtel. — Appartements pour famille. — Table d'hôte. — Voitures pour Chambord, Chaumont, etc. — *English spoken.* — Omnibus de l'hôtel à la gare.

Instituts Marins

DIRECTION : 4, rue du Général-Foy, PARIS

Établissements d'éducation, d'instruction et de traitement spéciaux
Aux Enfants rachitiques et délicats
auxquels le Traitement marin prolongé est ordonné

INSTITUT VERNEUIL
à LA BAULE-ESCOUBLAC (Loire-Inférieure)

ÉTABLISSEMENT d'éducation, d'instruction et de traitement spéciaux pour les enfants délicats et anémiés qui ont besoin de faire un long séjour au bord de la mer.

L'institut, à l'aménagement duquel ont présidé toutes les sommités du corps médical, est situé au bord de la mer, au milieu d'une forêt de pins où la température est des plus douces durant toute l'année. Hydrothérapie marine la plus complète, traitement et lumière électriques, rayons Rœntgen, gymnastique médicale, rien n'y a été oublié.

Une ferme fait partie de l'établissement.

L'enfant y reçoit l'instruction en rapport avec son état physique et son âge ; les soins y sont donnés par les Sœurs de la Sagesse.

Un interne et un médecin, ainsi qu'un aumônier, sont attachés à l'Institut.

Pour tous renseignements et brochures :

4, rue du Général-Foy, à Paris.

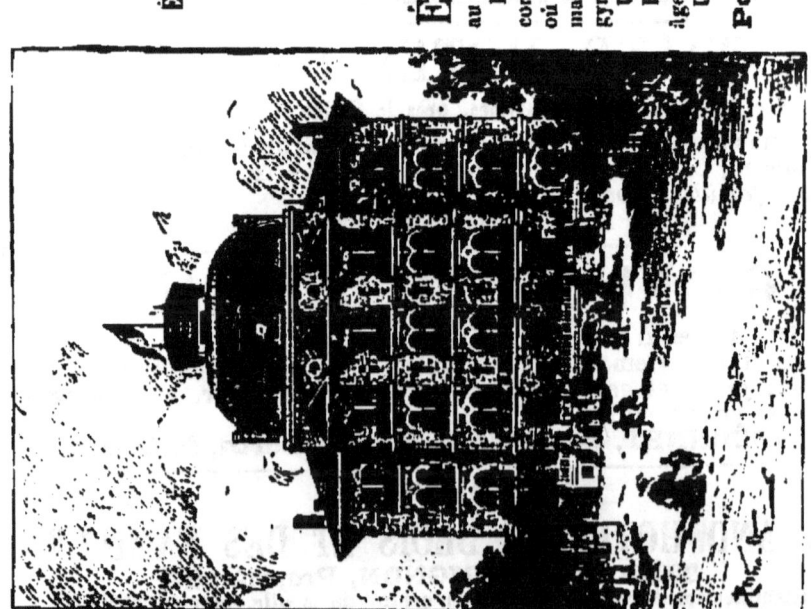

Type C — 2

BANYULS-SUR-MER

VINS VRAIS DE BANYULS
GARANTIS
PURS ET AUTHENTIQUES
L. REIG-VIADER, Propriétaire

Vin Muscat. Le litre............	3 fr. 50
Vin Grenache doux. Le litre.........	2 fr. 50
Vin Rancio sec. Le litre...........	2 fr. 50

Expéditions de 7 litres par bonbonne :
Muscat................. 24 fr. 50

Expéditions de 7 litres par bonbonne :
Grenache doux............. 17 fr. 50

Expéditions de 7 litres par bonbonne :
Rancio................. 17 fr. 50

Franco de port et d'emballage contre mandat-poste.

BEAULIEU

HOTEL MÉTROPOLE
PREMIER ORDRE
Situé entre Nice et Monte-Carlo. — Sur le bord de la mer. — Clientèle d'élite
FERRARI et FERRAND, Propriétaires.

THE EMPRESS HOTEL
RESTAURANT
Premier ordre. — Plein midi. — Vue magnifique sur la mer. — Jardin. — Cuisine très soignée. — Pension et arrangements pour familles à de prix modérés. — **Al. BRUNNER**, Propriétaire.
Saison d'été : Hôtel WEISSHORN, Randa, près Zermatt (Suisse).

BOULOGNE-SUR-MER
HOTEL DES BAINS ET DE BELLEVUE
Sur le port et rue Victor-Hugo, en face de la gare et des bateaux
Près de la Poste et du Casino.
Ouvert toute l'année. — Maison de premier ordre. — Bains de mer chauds et froids. — Arrangements avantageux pour séjour.
Louis WALLET, Propriétaire.

BARBAZAN-LES-EAUX

(HAUTE-GARONNE), gare de Lourès-Barbazan, ligne de Montréjeau à Luchon
EAUX MINÉRALES NATURELLES

Purgatives, dépuratives et diurétiques. — Souveraines contre la Dyspepsie, la Jaunisse, les Maladies du foie, la Goutte, la Constipation, la Gravelle, les Fièvres les plus invétérées, etc. — **Etablissement ouvert toute l'année.** — Téléphone et Télégraphe dans l'hôtel. — Cuisine de premier ordre.
Prix modérés : 7, 8 et 9 fr. par jour. — Pays merveilleux.
Adresse : **FOURCADE-BARBAZAN.**

BAYONNE

GRAND HOTEL SAINT-ÉTIENNE

Premier ordre. — Entièrement transformé. — Aristocratic-Hotel. — English Family House. — Pension depuis 10 francs par jour.

B. COMBES, Propriétaire.

Chocolat Cazenave

LA PLUS ANCIENNE RÉPUTATION

Seule maison pour la fabrication spéciale des Bonbons et des Chocolats de santé.
Franco de port pour 4 kilog.

CHOCOLAT DE BAYONNE

FAGALDE, Fabricant. — Usine à Cambo-les-Bains. — *Maisons de vente* Bayonne, arceaux du Port-Neuf, 31. — *Paris*, rue de Sèvres, 55. — *Bordeaux* cours du Jardin-Public, 10. — Franco de port depuis 4 kilog.

HYGIÈNE DE LA BOUCHE

EAU DENTIFRICE

Le flacon : **2 fr.** — Les six flacon : **12 fr.**

COALTAR SAPONINÉ LEBEUF

Voir le Supplément à la fin du cahier.

BIARRITZ

Grand Casino Municipal

SUR LA GRANDE PLAGE

Ouverture le 1ᵉʳ Juillet 1897

Théâtre, Opéras, Opéras comiques, Ballets, Comédies, Vaudevilles. — Grand orchestre de 50 musiciens. — Concerts classiques. — Concerts devant le Casino, sur la plage.

GRAND RESTAURANT DE PREMIER ORDRE

TERRASSE A L'OMBRE

Cave remarquable. — Grand Jardin d'hiver. — Pâtisserie anglaise et française. — Bar américain. — Salons de lecture. — Grand cercle privé. — Salons de jeux, avec admission des dames. — **Établissement hydrothérapique, Massages, Douches.** — Salle d'armes. — Salle de billards. — Grande salle des fêtes.

Prix d'entrée au Casino :
Jusqu'à 7 heures, 2 francs par personne ;
après 7 heures du soir, 3 francs par personne.

**Prix spéciaux pour familles,
enfants et abonnés.**

Deux fois par semaine, l'après-midi, grand bal d'enfants. — Tous les soirs dans la salle des fêtes, bal et cotillon. — Dans le Casino, Postes, Télégraphes, Téléphone.

BIARRITZ
HOTEL D'ANGLETERRE

Maison de premier rang. — **Plein midi**. — Vue splendide sur la mer. — Superbe jardin. — Spécialement recommandée par les Guides pour sa situation exceptionnelle, son grand confortable et sa cuisine très recherchée. — **Bains et douches dans l'hôtel**. — Soins très attentifs. — *Ascenseur*. — *Téléphone*.
La cave de l'**HOTEL D'ANGLETERRE**, et spécialement ses grands vins d'Espagne, jouissent d'une réputation absolument méritée.

EXPÉDITION ET EXPORTATION
M⁰¹ CAMPAGNE, Propriétaire.

HOTEL VICTORIA
ET DE LA GRANDE PLAGE
DOMAINE IMPÉRIAL

Belle situation en face du grand Casino, à proximité des **Thermes salins**, au centre des belles promenades. — 150 Chambres et Salons au midi et sur la mer. — Grand jardin. — **Restaurant d'été**. — Cuisine et cave de premier ordre. — Salle de bains. — Lawn-tennis. — Lumière électrique. — **Ascenseur**. — Omnibus et voitures de luxe.

J. FOURNEAU, Propriétaire.

HOTEL CONTINENTAL

Maison de premier ordre. — 150 Chambres et Salons. — Salle de bains. — Vue de mer splendide. — Appartements au midi. — Recommandée aux familles pour son grand confortable et sa cuisine très en réputation. — Billard, Fumoir. Lawn-tennis. — Calorifère. — *Ascenseur*. — Lumière électrique. — Prix modérés. — **B. PEYTA, Propriétaire.**

HOTEL DES PRINCES
MAISON DE PREMIER ORDRE
Recommandée aux familles pour son confortable.
Cuisine et caves renommées
E. COUZAIN, Propriétaire.

HOTEL DE L'EUROPE
SITUATION LA PLUS CENTRALE
Recommandé aux familles et aux touristes pour son confortable. — **Restaurant d'été avec vue sur la mer.** — Pension d'hiver depuis 8 fr. — Pension d'été depuis 9 fr. — *Cuisine très soignée*.
CASENAVE, Propriétaire.

HOTEL DE FRANCE

Près de la plage. — Ouvert toute l'année. — Grands et petits appartements. — Table d'hôte. — Restaurant. — *Cuisine et caves renommées*. — Jardin. — Terrasse d'été avec vue sur la mer. — Omnibus à tous les trains. — **Prix très modérés.**
V. SASSISSOU, Propriétaire.

BIARRITZ

HOTEL DU CASINO
OUVERT TOUTE L'ANNÉE

Complètement remis à neuf. — Vue splendide. — Restaurant incomparable au bord de la mer. — Soupers, cuisine de premier ordre. — **Cave exceptionnelle.** — *Lumière électrique* dans toutes les chambres.

F. CAMPAGNE Fils, Propriétaire.

HOTEL COSMOPOLITAIN
PLACE DE LA MAIRIE

Situation la plus centrale, vue de la mer. — Construction récente. — Mobilier entièrement neuf. — Chambres et appartements très confortables. — Cuisine très soignée. — Pension, sauf août et septembre, tout compris, même le petit déjeuner du matin, depuis 8 fr. par jour. — *Lumière électrique.* — **Calorifère.** — Ascenseur.

GENETIER, Propriétaire.

PENSION DE FAMILLE
VILLA SAINT-JACQUES, avenue St Dominique

De construction récente. — Très confortable. — Hygiène parfaite. — Situation centrale. — **Calorifère.** — Eau et gaz à tous les étages. — Prix depuis 7 fr. par jour, tout compris, même le petit déjeuner du matin.

Docteur TOUSSAINT, Propriétaire-Directeur.

PENSION DE BIARRITZ
VILLA SAINT-DOMINIQUE

16, rue Champ-Lacombe. — Situation centrale. — Chambres et appartements très confortablement meublés. — Cuisine très recommandée. — Eau chaude et froide à tous les étages. — Salles de bains. — **Calorifère.** — Pension, tout compris, même le petit déjeuner du matin, depuis 6 fr. 50.

Veuve CHARLES DULAU, Propriétaire.

HOTEL-PENSION St-JULIEN et du MIDI

Pension complète depuis 7 fr. par jour.

Situation exceptionnelle. — Vue splendide de l'Océan et de la Barre. — Grand confortable. — Table d'hôte ou petites tables. — Vastes salons, fumoir. — *English sanitary arrangements.* — *English proprietress.*

BIARRITZ

THERMES SALINS DE BIARRITZ

Ouverts toute l'année. — Chauffés pendant l'hiver.

Traitement bromo-chloruré sodique par les **Eaux salées des sources naturelles de Briscous**, les plus richement bromurées des eaux connues

EAUX-MÈRES ET SELS D'EAUX-MÈRES POUR BAINS ET COMPRESSES

Installation complète d'hydrothérapie par l'eau douce.
Piscine à eau salée courante.

INDICATIONS THÉRAPEUTIQUES

L'anémie, la chlorose, le lymphatisme, les maladies osseuses, les maladies de croissance ; les maladies des femmes dans leurs modalités les plus variées. — L'épuisement nerveux, les conséquences du surmenage intellectuel, physique et mondain, la neurasthénie. — La convalescence des maladies graves et des grandes opérations chirurgicales.

Eaux-mères en flacons, bonbonnes et fûts, et sels d'eaux-mères pour bains chez soi. Ces bains sont stimulants et reconstituants à un très haut degré.

Eaux-mères pour compresses d'une grande puissance résolutive dans tous les engorgements.

Dépôts a Paris : Chez Mme Adam, boulevard des Italiens, 31.
Chez MM. Deulin et fils, boulevard Diderot, 47.
A la Cie de Vichy, boulevard Montmartre, 8.

En Province : Chez les principaux Pharmaciens et Marchands d'Eaux minérales.
Et dans les Succursales et Entrepôts de la Cie de Vichy.

Pour tous renseignements, s'adresser au Directeur des Thermes,
Et au dépôt de la même Compagnie, rue Lemercier, 109.

HOTEL BIARRITZ-SALINS

ET DES THERMES

Ouverture le 1er avril 1896. — Ce splendide établissement, entièrement neuf, communique avec les Thermes Salins par une passerelle couverte. Il est installé avec tout le confort moderne. — Table d'hôte. — Restaurant — Billard. — Ascenseur. — Lumière électrique. — Lawn-tennis. — Téléphone, etc. — Deux jardins bien ombragés. — *Station du Tramway en face de l'Hôtel.* — A 5 minutes de la Grande-Plage. — *Prix modérés.*

A. MOUSSIÈRE

PAVILLON LOUIS XIV

THERMES SALINS

Maison de famille. — Appartements et chambres meublées, avec ou sans cuisine. — Grand confortable. — Cuisine soignée. — Pension depuis 8 fr. — Arrangements pour familles. — Calorifère. — Électricité. — Ascenseur.

BRATEL, Propriétaire.

BIARRITZ

CONSTIPATION

GUÉRISON MÉCANIQUE ET RADICALE
Par l'emploi des Pilules du Dr MONK

D'une innocuité parfaite, ces pilules agissent merveilleusement sans provoquer ni irritation, ni douleurs.

Prix de la boite : 3 fr. franco contre mandat-poste.

ÉCRIRE : **G. LAFFAILLE**

Pharmacie Sainte-Eugénie, à Biarritz.

Maison PÉDAUGA
PENSION DE FAMILLE
Précédemment HOTEL DES THERMES

Avenue Victoria, à côté des Thermes Salins.

Belle situation. — Jardin. — Cuisine très soignée. — Station du tramway devant la maison, à trois minutes de la plage. — Pension depuis 7 fr.— **PÉDAUGA et DABAT**, Propriétaires.

BIARRITZ, AVENUE JAULERRY
Près de la chapelle des Dominicains

GYMNASE MÉDICAL SUÉDOIS
Alfred DAIN, D^r

Lauréat de la Société française d'hygiène.

**Massage, Électricité, Gymnastique, Escrime
Douches, Bains chauds et de vapeur**

MÊME MAISON A PARIS

BORDEAUX

GRAND HOTEL
HOTELS DE FRANCE ET DE NANTES RÉUNIS

Ascenseur hydraulique. — *Téléphone dernier système, pouvant communiquer avec Paris.* — Lumière électrique. — Calorifère chauffant jour et nuit. — Seule maison de premier ordre, attenant à la Banque de France, située en plein midi, en face le Grand-Théâtre, la Préfecture, la Bourse, la Douane et le Port. — **Salons de dames et de restaurant.** — Fumoir. — Bains à tous les étages. — Salons et 90 chambres depuis 3 fr. — Arrangements spéciaux avec les personnes qui séjournent. — **Caves magnifiques sous l'hôtel, contenant 80 000 bouteilles; pouvant être visitées à toute heure.**

Vve L. PETER, propriétaire et négociant en vins et liqueurs, fournisseur de S. M. la Reine d'Angleterre, expédie en toute confiance grandes et petites quantités en barriques et en bouteilles.

HOTEL DE TOULOUSE
6-8, rue Vital-Carles, et 7, rue du Temple
Premier ordre

Recommandé aux familles, à l'armée et au clergé. — Salle de bains. — TÉLÉPHONE. — **P. PELLEFIGUE, Propriétaire.**

HOTEL RESTAURANT
LANTA ET D'ANGLETERRE
Rue Franklin, 14, et rue Montesquieu, 6.

Changement de propriétaire. — 1er ordre, entièrement réorganisé et meublé à neuf. — *Cuisine et cave renommées.* — Service irréprochable. — Arrangements pour familles.— **Prix très modérés.**— *Calorifère.*— *Électricité.*— Téléphone 1014.
J. LAMBERT et Cie.

HOTEL DU PÉRIGORD
ET D'ORLÉANS RÉUNIS

Rue Mautrec, 9, 11, 13, en face du Grand-Théâtre et de l'église Notre-Dame. — Maison de famille. — Déjeuner, 2 fr. 50 ; dîner, 8 fr. — Chambres depuis 2 fr. — Service à la carte. — Prix modérés. — *Bains dans l'hôtel.* — Réduction pour familles. — **GOUDY, Propriétaire.**

RESTAURANT DU LOUVRE
21, cours de l'Intendance, 21

Déjeuners, 2 fr. 50, Médoc compris. — Dîners, 3 fr., Médoc compris.

Lumière électrique.

Tous les soirs, pendant le dîner, projections de photographies animées

J.-PÉRARD, Propriétaire.

ASCENSEUR **BORDEAUX** TÉLÉPHONE

HOTEL DES 4 SŒURS
Place de la Comédie

Situation splendide et unique. — Vue sur l'Opéra. — Chambres depuis 2 fr. — Restaurant. — *Prix modérés.* — *Eclairage électrique.*
SIMION, Propriétaire.

GRAND HOTEL DE NICE
Place du Chapelet

Magnifique situation, au centre des plus beaux quartiers. — Chambres et appartements très confortables au rez-de-chaussée et à tous les étages. — *Service du petit déjeuner.* — Bains. — Calorifère. — Téléphone. — Electricité.
PHILIP et Cie, Propriétaires.

GRAND HOTEL FRANÇAIS
Rue du Temple, 12 (Intendance)

Maison de famille de construction récente. — 80 chambres très confortables depuis 2 fr. — Magnifique hall. — **Restaurant.** — Pension depuis 6 fr. par jour. — *Bains à tous les étages.* — **Téléphone.** — Calorifère. — Eclairage électrique. — *Interprète.*
AUPIN, Propriétaire-Directeur.

GRAND HOTEL DES FAMILLES

Cours Tourny, 78. — La plus belle situation. — Très recommandé pour sa bonne tenue. — Appartements et Chambres très confortables pour familles et touristes depuis **2 fr 50** par jour, bougie et service compris. — Salon de lecture et de correspondance. — *We speak english.* — *Se habla español.*
Mme Veuve C. ALEM, Propriétaire.

HOTEL RESTAURANT BEELI
10, Rue Voltaire

Situation la plus centrale. — Chambres confortables. — Prix depuis 6 fr. 50 par jour, y compris vin, service et petit déjeuner du matin. — **Téléphone.** — Salon de réception et de correspondance. — Touring-Club U. V. F.

BORDEAUX
HOTEL DU PRINTEMPS

Restaurant en face la cour d'arrivée de la gare Saint-Jean. — Entièrement transformé. — Chambres très confortables depuis 2 fr. — Déjeuner, 2 fr. 50 ; diner, 3 fr. — Service à la carte et à toute heure. — Transport des bagages gratuit à l'aller et au retour. — Téléphone.

E. LAFAYE, Propriétaire.

HOTEL DU FAISAN
8, RUE DE LA GARE, 8

Complètement neuf. — En face de la gare du Midi. — Chambres et appartements confortables. — Calorifère à tous les étages. — Chambres depuis 2 fr. — Déjeuner, 2 fr. 50 ; diner, 3 fr. — Arrangements pour séjour. — Eclairage électrique.

J. SIGNORELL, Propriétaire.

HOTEL CARNOT
27, RUE DE LA GARE, 27

En face la cour de la gare du départ (Midi). — Entièrement neuf. — Chambres confortables depuis 2 fr. — Déjeuner, 2 fr.; Diner, 2 fr. 50. — Cuisine soignée. *On sert à manger à toute heure.*

J. DASSE, Propriétaire.

BORDEAUX
GRANDS VINS DE BORDEAUX
SPIRITUEUX
A. BONTOU & FILS
(Marque recommandée)

MAISONS A LONDRES ET A BRUXELLES

Vins depuis 130 fr. la barrique et 18 fr. la caisse de 12 bouteilles.

Envoi de prix courant sur demande.

GROS ET EXPORTATION

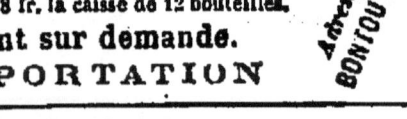
Adresse télégraphique BONTOU FILS BORDEAUX

BORDEAUX
Prunes d'ente J. FAU

Si vous voulez bien vous porter, ayez tous les jours sur votre table les excellentes prunes **J. FAU**.

BOURBON-L'ARCHAMBAULT
PROPRIÉTÉ DE L'ÉTAT
Magnifique Établissement — Au centre de la France

Eaux à 52°, souveraines contre : Hémiplégies, Névralgies, Paraplégies, Rhumatismes sous toutes ses formes, Trophonévroses. Lymphatisme, Scrofules, Diabète, Goutte chronique.

CASINO — THÉATRE — SALLES DE JEU

EXCURSIONS VARIÉES

Docteur NOIR, Concessionnaire

LE BOULOU
(Pyrénées-Orientales)

16 kil. d'*Amélie-les-Bains* — 8 kil. de la *Frontière d'Espagne*
28 kil. de *Port-Vendres*.

Au pied de la magnifique chaine des **Albères**, en face du **Canigou**, dans la vallée du **Tech**. — Panorama sans égal. — Climat des plus doux. — Station du chemin de fer du Midi.

Les eaux du BOULOU sont bicarbonatées, sodiques, alcalines, gazeuses et ferrugineuses. Leurs propriétés curatives permettent de combattre, avec succès, la dyspepsie, la gastralgie, les maladies du foie, de la vessie, le diabète, la chlorose, l'anémie, la cachexie palustre, etc., etc., et leur action réparatrice ne le cède en rien aux eaux similaires les plus réputées. Elles sont recommandées par les sommités médicales.

Établissement ouvert toute l'année. — Hôtel. — Cuisine renommée. — Salons de conversation, de jeu et de lecture. — Chapelle. — Café. — Billard. — Bains et douches. — Beau pays. — Sites admirables. — Excursions nombreuses. — Rivière poissonneuse à 200 m. des Thermes.— Omnibus de l'établissement desservant tous les trains, du **1er mai** au **30 octobre**. — Service d'hiver assuré par les omnibus faisant le courrier du **Perthus** et de **Maureillas**.

Boîte aux lettres. — Deux distributions par jour.

Les eaux s'expédient par caisses de 25 et 50 bouteilles. Se trouvent chez les marchands d'eaux minérales. Pour tous renseignements et les commandes, s'adresser au *Directeur des Thermes*.

Un médecin consultant est attaché à l'Établissement.

SOURCE CHOUSSY-PERRIÈRE
SAISON DU 25 MAI AU 1er OCTOBRE

TROIS ÉTABLISSEMENTS COMPLETS, CASINOS, GRAND PARC

Anémie, lymphatisme, maladies de la peau et des voies respiratoires, diabète, rhumatismes, fièvres intermittentes.

Transportée, l'eau de Choussy-Perrière se conserve indéfiniment
Siège social, 30, rue Saint-Georges, Paris. — (Envoi de notices franco.)

LA BOURBOULE

GRAND HOTEL DES ILES BRITANNIQUES

Premier ordre, à l'angle de l'Établissement thermal.—150 chambres et salons. — Fumoirs. — Grand jardin et salle de récréation pour les enfants. — Conditions spéciales en juin et septembre. — *English spoken.* — *Se habla español.* — Téléphone. — Ascenseur. — Eclairage électrique. — **C. DONNEAUD**, Prop**re**. Villa des Iles Britanniques. — *Appartements pour familles.*

GRAND HOTEL
DE TOUT PREMIER ORDRE

En face le Casino et près des Établissements thermaux. — *Lumière électrique* Ascenseur — *English spoken.*

FERREYROLES aîné, Propriétaire

GRAND HOTEL DE L'ÉTABLISSEMENT
PREMIER ORDRE, EN FACE LE CASINO

Appartements et villas pour familles. — Grand jardin. — Terrasse magnifique — Ascenseur. — Eclairage électrique. — Lawn-tennis. — ENGLISH SPOKEN. — SE HABLA ESPAÑOL. — **VIMAL-CHOUSSY**, Propriétaire.

GRAND HOTEL DE LA MÉTROPOLE
ET GRAND HOTEL CONTINENTAL

De tout premier ordre. — Les plus confortables de la station — 300 chambres et salons. — Magnifique galerie de fêtes — *Tennis.* — Ascenseur. — Eclairage électrique — *On parle les principales langues.*

FERREYROLES jeune, Propriétaire.

GRAND HOTEL DE PARIS
PREMIER ORDRE

A proximité des Casinos et Etablissements de bains. — *Ascenseur* — Eclairage électrique. — Téléphone. — *English sanitary arrangements.* — *Conditions avantageuses en juin et septembre* — M**me** **LEQUINE**, Propriétaire

SPLENDID HOTEL
ET GRAND HOTEL D'ANGLETERRE RÉUNIS

Premier ordre, près l'Établissement thermal, entre les deux Parcs et les deux Casinos. — Grand jardin — *Conditions réduites en juin et en septembre* — Chambre noire pour photographie. — *English spoken* — Eclairage électrique. — Ascenseur

LEMERLE, Propriétaire.

GRAND HOTEL DES AMBASSADEURS

PREMIER ORDRE. — Nouveaux agrandissements — Entièrement meublé à neuf — Près de l'Etablissement et des Casinos. — *Seul hôtel avec petit parc ombragé* — Pension, juin et septembre depuis 9 fr. par jour, tout compris — Eclairage électrique. — **PH. DUPEYRIX**, Propriétaire.

LA BOURBOULE

GRAND HOTEL DU LOUVRE

Boulevard de l'Hôtel-de-Ville. — Premier ordre. — Réduction de prix en juin et septembre. — Succursale à Nice, **Grand Hôtel de Paris**, boulevard Carabacel — Ascenseur. — Téléphone. — Calorifère — Bains — Douches. — *Eclairage électrique.* — **DUITTOZ-JURY**, Propriétaire

GRAND HOTEL RICHELIEU

Premier ordre. — Le plus près de l'Établissement thermal — Conditions spéciales pour familles. — Chambre pour photographie. — *Lumière électrique.* — **Ascenseur** — Garage de bicyclettes. — *English spoken*
PASSAVY-PANET Propriétaire

HOTEL DU PARC

Premier ordre. — Nouveaux agrandissements. — *Situation unique dans le Parc et près du Casino.* — Cuisine très soignée. — Service parfait — Pension, chambre, déjeuner et dîner **depuis 8 fr. par jour, tout compris** — Arrangements pour familles avec enfants. — *Se habla español.* — **M⸱ᵐᵉ FAURE-FOURNIER**, P⸱ᵗᵉ

GRAND HOTEL DES BAINS

Près des Etablissements thermaux et du Casino. — **La plus ancienne maison de la station**, fondée par **Mabru père**, ex-propriétaire de l'Etablissement thermal — Prix modérés. — *Ne pas confondre avec les homonymes*
Enfants MABRU Propriétaires

GRAND HOTEL DE L'UNIVERS

Situation centrale près les Etablissements thermaux et les Casinos. — Pension depuis 8 fr. par jour — *Cuisine très soignée.* — Arrangements pour familles avec enfants — Réductions en juin et septembre — *Annexes pour familles* — **CASENAVE**, Propriétaire

HOTEL DE VENISE

Maison confortable, bonne situation. — Cuisine très soignée. — **Pension depuis 7 fr** — *Arrangements pour familles avec enfants.*
BOUCHEIX-DAVID, Propriétaire.

HOTEL DE FRANCE ET DES NATIONS

90 chambres — **Maisons de famille.** — Appartements et chambres très confortables. — Cuisine très soignée. — Pension tout compris, même le petit déjeuner du matin, depuis 7 fr. par jour. — *Arrangements pour familles avec enfants.*
SAHUT-FONTANEL, Propriétaire

COSMOPOLITAIN HOTEL

PRÈS LES ÉTABLISSEMENTS ET LE CASINO

Pension et chambre de 7 à 12 fr par jour, suivant la situation et l'étage. — Cuisine très soignée. — Chambre noire pour photographie. — *Eclairage électrique.* — **LAGIER**, Propriétaire.

LA BOURBOULE

HOTEL ET VILLA MÉDICIS

Agrandissements considérables. — Premier ordre. — Près le parc Fenestre, les Thermes et le Casino. — Pension depuis 7 fr. — Si on le désire, appartements avec cuisine et service indépendants. — **Installation sanitaire.** — *English spoken.* — Téléphone. — Eclairage électrique. — *Ascenseur.*

H. SENNEGY, Propriétaire.

GRANDE VILLA
Avenue des Cascades

Appartements complets très confortables, avec cuisines indépendantes. — Jardin. — Latitude d'amener son personnel ou service assuré par la villa. — Chambres. — *Prix modérés.* — Transport gratuit des bagages aller et retour. — *Réductions en juin et septembre.* — **PAPON-MABRU**, *Propriétaire.*

CABOURG

GRAND HOTEL DU PARC

Premier ordre. — **Situation unique au point de vue sanitaire, dans un magnifique parc.** — Panorama superbe. — Plage appartenant à l'hôtel. — Cabines. — Gymnase. — Très recommandé aux familles qui aiment le grand confortable, le plein air et la tranquillité. — Pension. — Arrangements pour familles.

DUHÈME-PRADEL, Propriétaire.

CANNES

HOTEL DU PRINCE DE GALLES
RIVIERA HOTEL

Grand parc à mi-côte. — Vue splendide sur la mer. — **Maison de premier ordre.** — *Position la plus abritée.* — **Électricité.** — Jardin d'hiver pour le Five-o'clock tea. — **Lawn tennis.** — Chambre noire pour photographie. — Petite piste pour bicyclettes. — Salle d'étude et salle de jeu pour les enfants. — *Cuisine recherchée.* — *Vins des premiers crus.* — Corridors chauffés à tous les étages. — Hydrothérapie complète.

Ascenseurs. — **Prix modérés.**

Veuve HENRY DE LA BLANCHETAIS, Propriétaire.

HOTEL GONNET
Boulevard de la Croisette

Ouvert toute l'année. — Magnifiquement situé en face des îles de Lérins. — 1er ordre. — *Grand jardin.* — Arrangements pour séjour. — **F. DAUMAS, Propriétaire**

CANNES

GRAND HOTEL DU PAVILLON
PREMIER ORDRE — PLEIN MIDI
Très abrité. — Grand jardin. — Lumière électrique. — Bains. — Calorifère. — Ascenseur. — *Prix modérés.* — **P. BORGO, Propriétaire.**

HOTEL CONTINENTAL
Situation élevée. — Vue incomparable sur la mer, l'Esterel, la ville de Cannes. — *Magnifique jardin de 12,000 mètres de superficie.* — Prix modérés. — Arrangements pour séjour. — *Ascenseur.*
Le Directeur-Gérant : **J. OESCK-MULLER**
Propriétaire de l'*Hôtel Jungfraublick*, à Interlaken.

GRAND HOTEL DE LA TERRASSE
ET RICHEMOND
Entièrement remis à neuf. — 120 chambres et salons. — Position centrale. — Plein midi, dans un vaste parc de 2 hectares. — Service soigné. — *Pension depuis 8 fr. par jour.* — **G. ECKHARDT, Propriétaire.**

HOTEL DE HOLLANDE
Premier ordre. — Près de l'église Saint-Paul et du couvent de l'Assomption. — Exposition admirable en plein midi. — **Très beau jardin.** — Bois de pins. — Lawn-tennis. — *Lumière électrique.* — Ascenseur. — Téléphone. — Prix modérés. — **Eug. ADAM, Propriétaire.**
Eté : Hôtel Gœschenen, à Gœschenen. — Saint-Gothard (Suisse).

HOTEL NÉVA
RUE DE LA COLLINE
Entièrement meublé à neuf — Plein midi. — Cuisine française renommée. — Soins tout particuliers. — Bains. — Lawn-tennis. — Electricité. — **Spécialité de cuisine russe.** — Pension depuis 8 fr. par jour. — *Téléphone.* — On parle le russe, l'anglais et l'allemand. — **MICHEL CAUVIN, Propriétaire.**

HOTEL COSMOPOLITAIN
RUE D'ANTIBES
Exposition et jardin en plein midi, près la plage. — Confort moderne. — Eclairage électrique. — Calorifère. — Cuisine et service de premier ordre. — Eté : Hôtel Bellevue, Plombières. — *Ascenseur.* — **A. WEHRLE, Prop**.

NEW ROYAL HOTEL
BOULEVARD DE LA CROISETTE
Au bord de la mer. — Ouvert toute l'année. — Installation neuve et confortable. — Grand fumoir avec billard. — Salle de bains. — **Chambre noire pour photographie.** — Ascenseur. — Calorifère. — Jardin avec terrasse. — *Cuisine et cave soignées.* — Prix modérés. — **Raoul EMANGARD, Propriétaire.**

HOTEL DES COLONIES ET DES NÉGOCIANTS
Ouvert toute l'année, le plus proche en face de la gare (pas de frais d'omnibus). Complètement restauré et agrandi. — **Spécialement recommandé pour sa cuisine.** — Table d'hôte : déjeuner, 2 fr. 50 ; dîner, 3 fr., vin compris. — Tables particulières, déjeuner, 3 fr. ; dîner, 4 fr. — Service à la carte. — **Bains.** — Lumière électrique. — *English spoken.* — *Man spricht deutsch.*

CANNES

HOTEL WINDSOR
PREMIER ORDRE
Situation et vue splendides. — Grand jardin au midi. — Ascenseur. — Téléphone. — *Lumière électrique.* — Bains et douches.
Mme Veuve FOURNAUX, Propriétaire.

HOTEL RICHELIEU
EXPOSITION EN PLEIN MIDI
Sur la plage, en face de la Poste. — Vue des îles et des montagnes de l'Esterel. — Pension depuis 8 fr. par jour, vin compris, et arrangement pour séjour prolongé. — English spoken.
A. CHABAUD-RIX, Propriétaire.

HOTEL PENSION SAINT-NICOLAS
QUARTIER SAINT-NICOLAS
Plein midi. — Vaste jardin. — Jeux de lawn-tennis. — Bains dans la maison. — Pension depuis 8 fr. par jour, tout compris. — Saison d'été : **Hôtel de Thorenc** (Alpes-Maritimes). Altitude : 1 200 mètres. — Transport des bagages gratuit à l'aller et au retour. — **Mme JOURTEAU**, Propriétaire.

HOTEL VICTORIA
Ouvert toute l'année. — Plein midi. — Grand jardin. — Très confortable. — Pension depuis 7 fr. par jour. — Été : **Hôtel Victoria**, Saint-Martin-Vésubie (Alpes-Maritimes), centre d'excursion pour les Alpes.
A. BERTRAND, Propriétaire.

TERMINUS HOTEL
Situé (en ville) à 50 mètres de la gare et au midi. — Chambres confortables depuis 2 fr. — Journée, depuis 7 fr. — Electricité. — Calorifère. — Salon de lecture. — *Pas de frais d'omnibus.*
A. GIBOIN, propriétaire, *parle anglais et allemand.*

HOTEL SAINT-MAURICE
BOULEVARD D'ALSACE
Plein midi. — Entièrement remis à neuf. — Cuisine très recommandée faite par le Propriétaire. — Soins attentifs. — Pension. — Arrangements pour séjour prolongé. — *Prix modérés.* — **A. RIARD**, Propriétaire.

PENSION INTERNATIONALE
RUE DE LATOUR-MAUBOURG
Remise à neuf. — Ouverte toute l'année. — Plein midi. — *Situation abritée.* — Grand jardin. — Pension depuis 7 fr. par jour, tout compris. — Arrangements pour séjour. — *Omnibus à tous les trains.* — **L. FRANK** Propriétaire.

CANNES

J. THÉMÈZE

Agence des DEUX-MONDES, fondée en 1868
SQUARE MÉRIMÉE
LOCATION DE VILLAS ET APPARTEMENTS
Achat et vente de propriétés. — Renseignements gratuits.

F. MOUTON, P. PONS, Successeur

AGENCE IMMOBILIÈRE FRANCO-RUSSE

Place des Iles, 7, au coin du boulevard de la Croisette
Vente et location de Villas, appartements, hôtels, terrains.
TÉLÉPHONE

AGENCE GÉNÉRALE DES ÉTRANGERS

2, RUE D'ANTIBES, et 1, PLACE DES ILES
HUGUES, successeur de **VIDAL et HUGUES**
Villas et Appartements à louer. — Propriétés à vendre. — Téléphone.

SOCIÉTÉ FLORALE DE CANNES

Ancienne Maison NATURELLE et Cie
76, RUE D'ANTIBES, 76
Maison d'exportation. — Grand établissement de fleurs. — Expédition de fleurs et primeurs par colis postaux pour tous pays. — Couronnes et décorations de table. — *Parures de mariées.*
S'adresser à M. **ASTIER**, gérant.

EXCURSIONS

AUDIBERT, RUE D'ANTIBES, 82
Fournisseur breveté de S. A. R. le prince de Galles et de toutes les grandes Cours européennes. — La première maison de Cannes comme voitures et équipages de luxe. — Voitures au mois. — *Prix consciencieux.* — Maison très recommandée.

CAUTERETS

COMPAGNIE NOUVELLE
DES
THERMES DE CAUTERETS
ET DE LA VALLÉE DE SAINT-SAVIN
Siège social : 2, rue Saint-Georges, à Toulouse

PAR LES GARES DE LOURDES ET PIERREFITTE-NESTALAS

Station de bains de premier ordre.

La plus riche en sources thermales sulfureuses.

Grands établissements pour bains, douches, inhalations, vaste piscine à eau minérale courante, unique en Europe. Sources renommées de **La Raillère**, de **César**, de **Mauhourat** et des **Yeux**. — Casino et Théâtre toute la saison.

Les Eaux de Cauterets, d'une grande stabilité, s'emploient avec succès à domicile.

Analyses des Docteurs E. Filhol, O. Reveil, A. Wilm, Henri Byasson, Troost, Bouchard, etc.

La Raillère : Température à la source 40° cent. La Raillère est souveraine contre les maladies de la gorge, du larynx, des bronches et de la poitrine.

MODES D'EMPLOI. — Mélanger la dose indiquée par le médecin à du lait chaud, de façon à ramener la température à 40°, ou chauffer la bouteille au bain-marie. Dès que l'eau, en se dilatant, arrive au bouchon, on débouche et l'on boit aussi chaud que possible.

MM. les professeurs Troost et Bouchard, de l'Institut, ont annoncé à l'Académie des sciences (1895) la découverte dans cette eau, comme éléments constitutifs de quantités très appréciables des nouveaux gaz : Argon et Hélium.

MAUHOURAT. Température à la source, 50° cent. — L'Eau de Mauhourat, peu sulfureuse, est lithinée, arsenicale et surtout riche en silicates alcalins. Très légère à l'estomac, prise chaude, elle guérit rapidement les affections *gastriques* et *intestinales*, régularise et stimule les fonctions *digestives* et la *nutrition*.

Elle convient chez les chlorotiques, les anémiques, et dans certaines phtisies où les eaux de **La Raillère** sont considérées comme trop excitantes.

Elle est, de plus, très diurétique et dépurative (Maladies de la peau, des voies urinaires et des reins, rhumatismes).

L'Eau de Mauhourat, désulfurée, se consomme par quantités considérables comme eau de table.

En 1899, Cauterets, déjà relié à La Raillère par un chemin de fer électrique le sera également à la tête de ligne de Pierrefitte. (Durée du trajet : 25 minutes.)

CONCESSIONNAIRE POUR LA VENTE DES EAUX
Maison ADAM, boulevard des Italiens, 51, Paris.

POUR RENSEIGNEMENTS
S'adresser au Siège Social, 2, rue Saint-Georges, Toulouse, ou au Directeur de l'exploitation, Thermes des Œufs, à Cauterets.

CAUTERETS

GRAND HOTEL CONTINENTAL

Le plus confortable des Pyrénées. — **Ascenseur**. — **Jardins anglais**. — **Splendides appartements**. — Magnifiques salons de conversation.— Salle de billard.— Vaste salle de Table d'hôte de 400 couverts. — **Omnibus, Voitures à la gare de Pierrefitte**.— *On parle toutes les langues*.— Arrangements pour familles.
CH. DUCONTE.

GRAND HOTEL D'ANGLETERRE
OUVERT TOUTE L'ANNÉE

De tout premier ordre. — 350 chambres. — Situation unique. Réputation universelle. — *Lumière électrique*. — **Ascenseur**.
A. MEILLON, Propriétaire.

GRAND HOTEL DU PARC

Changement de propriétaire. — Entièrement remis à neuf. —Premier ordre.— Grands et petits appartements.—Table d'hôte. — **Restaurant**. — Grand salon de compagnie et salon pour les dames.— Jardin. — Billard. — Fumoir. — *Eclairage électrique*. — **Prix modérés**. — **LÉON FERRÉ**, Propriétaire des *Grands Hôtels du Parc et des Promenades*.

GRAND HOTEL DES PROMENADES

1ᵉʳ ordre. — Seul hôtel situé sur la place des Œufs, en face le Casino. — Cuisine soignée. — **Vins authentiques**. — Vue superbe. — Téléphone avec l'hôtel du Parc. — *Spécialité de pâtés de foie gras et gibier truffés*.— Prix modérés.— **LÉON FERRÉ**, Propriétaire *des Grands Hôtels du Parc et des Promenades*.

HOTEL DE PARIS

Excellente maison très bien située. — Grand confortable. — Pension depuis 9 fr. — **Arrangements pour familles**. — *Se habla español*. — *English spoken*.
BARTHÉ, Propriétaire.

HOTEL DE LA PAIX

Place de la Mairie. — **Situation la plus centrale, la plus rapprochée des Etablissements thermaux**. — **Vue magnifique des montagnes**.—Lumière électrique dans toutes les chambres.—Grand confortable.— *Prix très modérés*.—Omnibus à la gare.—**J. LARRIEU**, Prop., même maison Hôtel de Strasbourg, à Tarbes.

GRAND HOTEL DE LONDRES

Rue Richelieu. — Ouvert toute l'année. — Chambres et appartements confortables. — Cuisine très soignée. — *Pension depuis 7 fr. par jour*. — Arrangements pour familles.
B. MOTTE, Propriétaire.

CAPVERN

(HAUTES PYRÉNÉES)

Station célèbre par l'efficacité « **Si ta vessie est menacée,** (Dicton
de ses eaux. « **Capvern sera la panacée.** » populaire.)
SAISON du 15 mai au 31 octobre. — Les eaux sulfatées calciques ferrugineuses, dépuratives, résolutives, laxatives, toniques et éminemment reconstituantes sont **souveraines** contre : affections du foie, maladies des voies urinaires, incontinence, rétention d'urine, gravelle, catarrhe, vessie, diabète, vices du sang, hémorroïdes, etc. — Casino. — Poste et Télégraphe. — Hôtels de premier ordre.
L'Eau de Capvern s'**exporte très stable** et se vend, rendue (gare Capvern), 17 fr. 50 la caisse de 30 bouteilles. — S'adresser au *Directeur des Thermes*.

CHALON-SUR-SAONE

EXPORTATION   MAISON FONDÉE EN 1862   EXPORTATION

Médailles Or et Argent aux Expositions Universelles

Hors concours, membre du Jury

SUC BOURGUIGNON
SIMON AÎNÉ

Exquis, puissant, tonique, digestif.

à base d'alcool vieux pur de vin

FINE ABRICOT
LIQUEUR EXQUISE EXTRA-FINE

**Spécialité de PRUNELLE et CASSIS
de BOURGOGNE**

SUCCURSALE A PARIS, 13, RUE LAFFITTE

CHAMBÉRY (Savoie)

HOTEL DE FRANCE

ÉTABLISSEMENT DE PREMIER ORDRE
A PROXIMITÉ DE LA GARE ET DES PROMENADES

Léon REYNAUD, Propriétaire.

English spoken. — Conserves alimentaires. — Médailles à toutes les Expositions.

Excursion au Mont-Blanc

CHAMONIX (Haute-Savoie)

GRAND CENTRE DE MAGNIFIQUES EXCURSIONS :

L'incomparable Mer de Glace, le Brévent, la Flégère, les Grands-Mulets, etc.

Chef-lieu de canton, 2 500 habitants, situé au pied du **Mont-Blanc**, *à 1 050 mètres d'altitude.*

Pendant l'été, *Chamonix* reçoit en moyenne 30 000 touristes de toutes nations. — Les hôtels, nombreux et confortables, sont éclairés à l'électricité [1].

Chamonix est, en outre, une station de cure d'air par excellence. — **Saison du 1ᵉʳ mai au 15 octobre.** — Casino, expositions de peintures alpestres. — Grand plan en relief du Mont-Blanc, etc.

[1]. Hôtels de premier et second ordre, accessibles à toutes les bourses.

CHATEL-GUYON-LES-BAINS
GRAND HOTEL DU PARC
OUVERT EN 1897

Premier ordre. — **En face le nouvel établissement.** — Vue splendide. — Le *Grand Hôtel du Parc* est dirigé par le propriétaire, **M. Védrine Barthélemy**, ex-propriétaire de l'*Hôtel Barthélemy*.

CHERBOURG
HOTELS DE FRANCE & DU COMMERCE RÉUNIS
MAISON DE PREMIER ORDRE

Table très soignée. — Hôtel recommandé. — Le plus important de la ville. — **Salon de familles.** — Salle de Fêtes de 150 couverts. — **Prix modérés.** Estaminet. — Salle de Bains. — *Omnibus à tous les trains.* — English spoken.

CLERMONT-FERRAND

HOTEL DE L'UNIVERS
PLACE DE JAUDE

Entièrement remis à neuf. — Maison de famille. — Vue magnifique sur Royat et le Puy-de-Dôme. — Service à la carte et à prix fixe. — *Omnibus à tous les trains.*

HOTEL DE LA GARE

En face la gare, à droite, à la sortie des voyageurs. — Chambres très confortables. — Chambre, déjeuner, dîner, tout compris, même le petit déjeuner du matin, depuis 7 fr. par jour.
Transport gratuit des bagages de la gare à l'hôtel et *vice versâ*.
GABRIEL KURTZ, Propriétaire.

PATE D'ABRICOTS, FRUITS CONFITS D'AUVERGNE
Maison GAILLARD — **NOEL PRUNIÈRE**

Médailles d'Or, Diplôme d'honneur, Hors concours. — **Brevets d'invention.** — Pralines Salneuve de Randan. — *Expéditions pour tous pays.*

La plus Ancienne Fabrique de Fruits d'Auvergne
FONDÉE EN 1781

A. VIEILLARD AÎNÉ. — Maison à Royat (Annexe du Grand Hôtel). — Fruits confits, Pâtes et Confitures d'Auvergne. — *Expéditions par colis postaux*, etc. — Prix courant sur demande.

Eau minérale naturelle de

CONTREXÉVILLE-PAVILLON

GOUTTE * GRAVELLE * DIABÈTE
DIURÉTIQUE, TONIQUE, DIGESTIVE
Eau de TABLE par EXCELLENCE
des GOUTTEUX, GRAVELEUX, ARTHRITIQUES

CONTREXÉVILLE-PAVILLON

SAISON OUVERTE du 20 MAI au 20 SEPTEMBRE
BAINS et DOUCHES * CASINO et THÉATRE
GRAND HOTEL de l'ÉTABLISSEMENT (1ᵉʳ ORDRE).

CONTREXÉVILLE-PAVILLON

est la seule décrétée d'Intérêt public.

(Landes) **DAX** (Landes)

STATION THERMALE & SALINE D'HIVER & D'ÉTÉ

Voir la page de garde au commencement du volume.

G^d HOTEL DE LA PAIX & THERMES ROMAINS

Au centre de la ville, près la Fontaine-Chaude, les Thermes Salins et le Casino. — Chambres et appartements confortables pour familles et touristes. — *Cuisine très soignée*. — Pension, petit déjeuner du matin, vin, service, *tout compris*, depuis 8 fr. par jour. — Arrangements pour familles.

Vve **BARBE**, Propriétaire.

DIEPPE

GRAND HOTEL

SUR LA PLAGE, EN FACE DE LA MER

Établissement de premier ordre — Téléphone — Électricité

Salle à manger et terrasse dominant la mer.

G. **DUCOUDERT**, Propriétaire.

DIJON

HOTEL DE LA CLOCHE

150 CHAMBRES ET SALONS — ASCENSEUR

Lumière électrique

EXPÉDITIONS DE VINS DE BOURGOGNE — Situation exceptionnelle

Place Darcy, DIJON, rue Devosge

Edmond GOISSET, Propriétaire.

ÉPERNAY (MARNE)

CHAMPAGNE

E. MERCIER & CIE

AU CHATEAU DE PÉKIN
PRÈS ÉPERNAY

Immenses Caves très curieuses à visiter
Les plus grandes de la Champagne

(15 KILOMÈTRES DE LONGUEUR)

Production annuelle moyenne : 4 millions de Bouteilles

DEMANDER LA MARQUE
E. MERCIER & Cie

(42 Premières Médailles — 20 Diplômes d'honneur)

MEMBRES DU JURY DANS DIFFÉRENTES EXPOSITIONS
ET A L'EXPOSITION UNIVERSELLE DE PARIS 1889

Par suite d'un traité passé avec MM. Hachette et Ce, tout porteur du **Guide des Vosges** ou du **Guide en Champagne**, passant à Epernay, aura le droit de visiter les Caves de la Maison MERCIER et Ce.

UNE DES CURIOSITÉS DE LA VILLE

EAUX-BONNES (BASSES-PYRÉNÉES)

14 heures de Paris. — 1 h. 15 de Pau.

Saison du 1er Juin au 1er Octobre

Ces eaux minérales, les plus remarquables au point de vue chimique, sont aussi les plus anciennement renommées pour le traitement du lymphatisme, de l'anémie et des débilités en général ; elles sont spéciales pour la **cure des affections chroniques de la gorge et de la poitrine** (angines, laryngites, bronchites, pleurésies, asthme, phtisie, etc.).

Climat des plus salubres (750m). — Installation hydrothérapique. — Promenade horizontale jusqu'aux Eaux-Chaudes. — Excursions et ascensions. — Chasses à l'isard. — Mesures hygiéniques parfaites.

ORCHESTRE — CASINO — THÉATRE — LUMIÈRE ÉLECTRIQUE
(Exportation : 1 million de bouteilles.)

MAISON TOURNÉ

Pension de famille de premier ordre. — En face l'établissement thermal, à côté du jardin Darralde et de l'Eglise. — Grands et petits appartements, avec cuisine particulière pour chacun d'eux. — Beaux salons. — Restaurant. — *Eclairage électrique.* — Prix très modérés. — **TOURNÉ**, Pharmacien, Propriétaire.

EAUX-BONNES
HOTEL DE LA POSTE

En face le jardin Darralde et le Casino. — Nouvelle direction. — Entièrement restauré. — Cuisine et Cave de premier ordre. — Pension depuis 8 fr. — Arrangements pour familles. — *English spoken.* — *Se habla español.* — **A. FERRÉ**, Propr.
Saison d'hiver : *Nice*, Hôtel FERRÉ, boulevard Dubouchage, 8.

FONTAINEBLEAU
HOTEL LAUNOY

Maison de famille de premier ordre, très en réputation et très recommandée. — Clientèle d'élite. — Vue sur la façade principale du château. — **Appartements très confortables.** — Vastes salons. — Billard. — Grand jardin. — Voitures pour la forêt. — Service particulier. — *Omnibus à la gare.* — Prix modérés.
LAUNOY, Propriétaire.

GRASSE (ALPES-MARITIMES)
PARFUMERIE DE NOTRE-DAME-DES-FLEURS
FABRIQUE DE MATIÈRES PREMIÈRES POUR LA PARFUMERIE

Fondée en 1812

BRUNO COURT

Fournisseur breveté de S. M. la Reine d'Angleterre,
de S. A. R. Mgr le Prince de Galles et de S. A. I. Mgr le Prince Napoléon.
EXPORTATION POUR TOUS PAYS.

GRENOBLE

HOTEL MONNET

14, Place Grenette, 14

PREMIER ORDRE, LE PLUS CONFORTABLE DE LA VILLE

Renseignements et voitures pour excursions

Vve TRILLAT, Propriétaire.

Succursales de l'Hôtel, à Uriage-les-Bains : **HOTEL MONNET**; *à* La Bajatière : **GRANDE VILLA**.

Station de tramways électriques. — *Deux kilomètres de Grenoble.* — Très confortable. — *Téléphone.* — Pension pour familles. — Arrangements pour séjour à la semaine et au mois.

HAVRE (Le)

GRAND HOTEL DE NORMANDIE

106 et 108, rue de Paris, et 71, rue Bazon. — DESCLOS, ancien propriétaire. — Moreau, gendre et successeur. — Hôtel de premier ordre. — Prix modérés. — Eclairage électrique dans toutes les chambres. — Admirablement situé au centre de la ville et des affaires, près des bateaux, du théâtre et du bureau du chemin de fer. — Appartements pour familles. — Salons de musique et de conversation. — Table d'hôte. — Grand Hall-Restaurant. Déjeuner et dîner à la carte et à prix fixe. — Cuisine et cave renommées. — Prix modérés. — Spécialement recommandé pour sa bonne tenue. — Agrandissements considérables. — Organisation nouvelle. — Bien que l'Hôtel de Normandie soit à la hauteur des positions les plus élevées, il est aussi à la portée des fortunes modestes. — *English spoken.* — *Man spricht deutsch.* — Omnibus de l'hôtel à la gare, à droite de la sortie.

HOULGATE-BEUZEVAL

GRAND HOTEL IMBERT

Premier ordre. — Le seul situé sur la plage. — Grand confortable. — Arrangements pour séjour prolongé. — Prix spéciaux en juin, juillet et septembre.

IMBERT, Propriétaire.

HOULGATE

GRAND HOTEL BEAU-SÉJOUR

Premier ordre. — Très belle situation. — Joli jardin. — Chambres et appartements confortables pour familles. — Cuisine très soignée. — Pension : juin, juillet et septembre, depuis 8 fr. par jour. — *Omnibus à tous les trains.*

HYÈRES

GRAND HOTEL CONTINENTAL

De tout premier ordre. — Réputation européenne. — Situation exceptionnelle dans un beau jardin. — Plein midi. — Calorifère. — Salle de fêtes. — Clientèle d'élite. — Pension depuis 9 fr. par jour. — Ascenseur. — Lift. — **E. WEBER**, Propriétaire.

GRAND HOTEL DES PALMIERS

Premier ordre. — Plein midi. — Ascenseur. — Calorifère. — Bains à tous les étages. — Grand parc. — Arrangements sanitaires système Jennings. — Prix modérés. — **ZICK**, Propriétaire.

GRAND HOTEL CHATEAUBRIAND
PREMIER ORDRE

Magnifique vue. — Position très abritée. — Jardin d'hiver. — Golf. — Construit avec toutes les innovations modernes. — **Omnibus à tous les trains.** — Téléphone. — Ascenseur. — **A. WATTEBLED**, Propriétaire.

HOTEL DES AMBASSADEURS

Premier ordre. — Plein midi. — Jardin. — Fumoir. — Arrangements pour séjour prolongé. — Prix modérés. — Omnibus à la gare. — **Mme Vve SUZANNE**, Propriétaire.

GRAND HOTEL DU PARC

Premier ordre. — Plein midi, au milieu de vastes jardins d'orangers. — Cuisine renommée. — Billard, Fumoir. — Salle de bains. — Lawn-tennis. — Pension depuis 7 fr. 50 par jour. — Arrangements avantageux pour longs séjours. — Omnibus à la gare. — **Félix SUZANNE**, Propriétaire.

HOTEL DES ÉTRANGERS

Changement de propriétaire. — Remis à neuf. — Vue magnifique sur la mer. — Eglise et Temple à proximité. — *Pension depuis 6 fr. 50 par jour, vin compris.* — Chambres confortables et cuisine soignée. — Omnibus à la gare. — **E. TOURNAFOND**, Propre.

JUAN-LES-PINS (ALPES-MARITIMES)
(Entre Cannes et Nice)

LA PLUS JOLIE STATION DU LITTORAL

LE GRAND-HOTEL Situation exceptionnelle
Ouvert toute l'année. Panorama unique.

Pour les express, s'arrêter à Antibes et y demander **LE GRAND-HOTEL**, à Juan-les-Pins.

LAMALOU-LE-BAS
GRAND HOTEL
PREMIER ORDRE
Grand confortable. — Clientèle d'élite. — En face le Casino, à 50 mètres de l'Etablissement thermal. — Parc attenant à l'hôtel. — Voitures de luxe. — Omnibus à tous les trains. — *Téléphone*. — **MAS Frères**.

GRAND HOTEL DU NORD
PREMIER ORDRE
Ouvert toute l'année. — Salles de Bains. — Grand parc et jardin anglais. — *Pension depuis 9 fr. par jour*. — Omnibus à tous les trains. — Téléphone.
TABARIÉ NOEL, Propriétaire.

LIMOGES
Agrandissement du GRAND HOTEL DE LA PAIX
De premier ordre, construit récemment, meublé avec élégance, le plus près de la gare, sur la plus belle place de la ville. — 110 chambres. — Restaurant à la carte. — Table d'hôte. — Salons de famille. — Estaminet. — Omnibus à la gare. — Recommandé aux familles et aux négociants. — English spoken. — Téléphone.
J. MOT. — Place Jourdan, en face du Palais de la Direction militaire.

Grand Hôtel & Grand Hôtel Veyriras réunis
Hôtel de premier ordre, au centre de la ville, complètement aménagé pour familles et voyageurs. — **Prix modérés**. — Omnibus. — Téléphone. — Jardin. — *English spoken*.
VEYRIRAS, Propriétaire.

HOTEL CAILLAUD
Le plus central. — Place Jourdan et boulevard du Collège. — 1er ordre — Grand confortable. — Spécialement recommandé aux familles. — Cuisine renommée — Annexe luxueuse créée en 1895. — *Omnibus*. — *Téléphone*.
Paul AMBLARD, Propriétaire.

LOURDES
BUFFET DANS LA GARE MÊME
Grand confortable. — Paniers et provisions de voyages. — Table d'hôte : déjeuner, 3 fr.; dîner, 3 fr. 50. — Tables particulières : déjeuner, 3 fr. 50; dîner, 4 fr., vin toujours compris.
CLAVERIE, Directeur.

GRAND HOTEL D'ANGLETERRE
Premier ordre. — Maison très en réputation et très recommandée par sa situation, comme étant la plus près de la Grotte et la plus confortable. — Se méfier des pisteurs payés par certains hôtels pour déprécier l'Hôtel d'Angleterre, afin d'attirer les clients dans les hôtels par lesquels ils sont payés.
Omnibus à tous les trains. — **J. FOURNEAU**, Propriétaire.

LOURDES

GRAND HOTEL DE LA GROTTE
Rue de la Grotte

Hôtel entièrement remis à neuf, de 1er ordre et du dernier confort, dans une situation unique, avec une **vue magnifique sur la Basilique et les Pyrénées**. — *Table d'hôte et Restaurant.* — Eclairage électrique. — Salle de bains. — **Arrangements pour familles.** — Ouvert toute l'année. — Parlant toutes les langues. — *Omnibus à la gare.* — De l'hôtel, on voit les processions de jour et de nuit.
A. VOGEL, Propriétaire, ancien gérant du *Cercle anglais de Pau.*

GRAND HOTEL HEINS
VILLAS SOLITUDE ET GRAND HOTEL DU BOULEVARD

Maisons de premier ordre — Grand confortable. — Spécialement recommandées au clergé et aux familles. — Pension. — **Prix modérés.** — *Omnibus à tous les trains.* — Se habla español. — English spoken. — Man spricht deutsch. — **François HEINS**, Propre.

GRAND HOTEL DE LOURDES & DE RUSSIE

Entièrement neuf. — Un des plus près de la Grotte. — Très confortable. — Tenue irréprochable. — Interprète. — *Omnibus à la gare.* — Se méfier des pisteurs payés pour tromper les voyageurs. — *Prix modérés.* — **G. GUITON**, Propriétaire.

La plus ancienne maison de France
FONDÉE EN 1729
CHOCOLATS PAILHASSON
SPÉCIALITÉ DE CHOCOLATS DE QUALITÉS SUPÉRIEURES
Boîtes pour Cadeaux et Etrennes
Demander le Prix courant au Directeur de la Maison.

LYON
PRESSOIR RATIONNEL
A VIN ET A FRUITS
PRESSES A HUILE, FOULOIRS ET ÉGRAPPOIRS
Livraisons de Vis et Ferrures seules
Transformations des anciens Pressoirs
33.000 VENDUS AVEC GARANTIE
Étienne MEUNIER et Fils, Constrs
35, 37, 39, rue Saint-Michel
Lyon, 1894, et Bordeaux, 1895 ; Médaille d'or.
LYON-GUILLOTIÈRE
Demander le Catalogue illustré.

LYON

LE GRAND HÔTEL DE LYON
Place de la Bourse et rue de la République
(Le quartier fashionable de la ville)
Hôtel de famille de premier ordre. — Le plus important de Lyon. — Ascenseur hydraulique. — Lumière électrique. — Abonné aux réseaux téléphoniques. — Adresse télégraphique : **Grand Hôtel Lyon**.

GRAND HÔTEL EUROPE
ET MÉTROPOLE
Place Bellecour et quai de la Saône
Premier ordre. — La plus belle situation de la ville. — 100 chambres et salon. — Lumière électrique. — Bains. — Téléphone. — Jardin d'hiver. — Très recommandé aux familles. — Prix très modérés. — **CRÉPAUX**, Propriétaire.

GRAND HÔTEL DES BEAUX-ARTS
75, RUE DE L'HÔTEL-DE-VILLE, 75
Premier ordre. — Nouvellement restauré. — Recommandé aux familles. — Arrangements pour séjour. — Interprètes.
Éclairage à l'électricité.
Omnibus à la gare. — Prix modérés.

PNEUMATIQUES
A. SOLY
LYON — 7, place de l'Abondance, 7 — LYON

MACON

Grand Hôtel de l'Europe et d'Angleterre
ROUSSET-FOREST, Propriétaire.
Maison spéciale pour familles et touristes, où l'on trouve le grand confortable et le bon accueil. — Ce grand établissement, situé sur la vallée de la Saône, permet d'y découvrir un des plus jolis panoramas, y compris le mont Blanc. — Arrangements pour familles pour séjour prolongé. — Les omnibus de l'hôtel se trouvant en gare à l'arrivée de tous les trains. — **Commerce de Vins. Gros et détail.** — Adresser les télégrammes : HOTEL ROUSSET Macon.

MARSEILLE

PARFUMERIE MOTTET
12, RUE CANEBIÈRE, 12
P. ROQUES et Cⁱᵉ, Successeurs
Dépôt général du **Régénérateur des cheveux** et de la **Pommade antipelliculaire du Dʳ Hermmès.**

MARSEILLE
BOUILLABAISSE
RESTAURANT BODOUL
FONDÉ EN 1798
Rue Saint-Ferréol, 18

Complètement transformé par ses nouveaux agrandissements et sa nouvelle salle de Restaurant réunissant le luxe et le confortable les plus modernes.

Spécialité de Bouillabaisse fraîche expédiée en boîtes en France et à l'Étranger. — La boîte pour quatre personnes, 12 fr., *franco*. — Il suffit, pour pouvoir manger la bouillabaisse à point, d'un bain-marie d'un quart d'heure, après avoir ouvert la boîte. — Toute boîte est accompagnée d'un prospectus explicatif.

Bodoul est la plus ancienne maison de Marseille dans son genre. C'est toujours le nom en réputation, en grande vogue; réputation, d'ailleurs méritée, car c'est une maison de toute confiance.

Adresse : BODOUL, Marseille.

NOTA. — *Des Expéditions de Bouillabaisse et de Pâtés de thon se font pendant la saison froide, d'octobre en avril.*

MARSEILLE

 **GRAND-HOTEL** TÉLÉPHONE

Ex-GRAND-HOTEL DE MARSEILLE
Canebière prolongée et rue Noailles, 26, 28
RENDEZ-VOUS DE LA HAUTE FASHION

Considérablement agrandi et entièrement remis à neuf

KARL-DOTUN et Cie, Administrateurs-Propriétaires.

Le plus important des hôtels de premier ordre.— Le plus près de la gare et des bateaux.— *Omnibus pour tous les trains et bateaux.* — **Prix très modérés.** -- Lumière électrique dans toutes les chambres. — Ascenseur. — Bains à tous les étages. — Téléphone pour toute la France. — Chambre noire pour photographie. — **Cuisine et caves renommées.** — Chambres à partir de 4 francs par jour.— Arrangements spéciaux pour séjour prolongé. — Déjeuners et dîners de table d'hôte servis à tables séparées. — **Restaurant à la carte.** — Calorifère, fumoirs, Salons de lecture et de conversation.

MARSEILLE
G^D HOTEL NOAILLES ET MÉTROPOLE
RÉPUTATION EUROPÉENNE

Ce magnifique établissement, situé dans le plus beau quartier de la ville est sans contredit le lieu fashionable de rendez-vous de tous les touristes et familles fréquentant les stations d'hiver du littoral méditerranéen, ou s'embarquant à Marseille. — **Près de la Gare et des Ports**, avec un service régulier d'omnibus. — Considérablement agrandi et offrant un choix de plus de 300 chambres et salons (depuis 3 fr.), éclairés à la lumière électrique. — **Ascenseurs**. — Bains. — Téléphone (réseau général). — Restaurant hors pair. — Service à prix fixe et à la carte. — Prix modérés et arrangements en pension (depuis 12 fr.).
CHARLES RATHGEB (de Genève) nouveau Propriétaire.
Adresse télégraphique : MÉTROPOLE-MARSEILLE
Même Maison : HOTEL DE RUSSIE, à Genève.

G^d Hôtel du Louvre et de la Paix
RÉPUTATION UNIVERSELLE

Magnifique établissement le seul de premier rang

ayant sa façade principale en plein midi.

Entièrement remis à neuf

Service soigné. — **Cuisine et cave renommées**. — Unique hôtel situé sur la Canebière et en plein midi. — Lumière électrique dans toutes les chambres. — Prix modérés. — Chambres depuis 4 fr. — Ascenseur. — Téléphone. — 250 chambres et salons. — Interprètes et Omnibus à tous les trains et bateaux. — Adresse télégraphique : **Louvre-Paix**, Marseille.
L. ECHENARD-NEUSCHWANDER, Prop^r of the *Savoy-Hôtel*, London.

GRAND HOTEL DES PHOCÉENS
Restaurant de premier ordre
MAISON SPÉCIALE POUR LA BOUILLABAISSE

Réputation européenne comme cuisine et cave. — Recommandé aux familles et aux touristes. — Omnibus à tous les trains.
Expéditions de la Bouillabaisse Isnard en boîte-panier.
J. ISNARD ET FILS, Propriétaires.

Type C — 3

MARSEILLE
GRAND HOTEL DE PROVENCE

Cours de Belzunce, 12. — Restaurant de premier ordre, le plus central, le mieux situé. — Prix : 8 fr. par jour. — Chambre, 2 fr. 50. — Déjeuner, 2 fr. 50 ; dîner, 3 fr., vin compris. — Service à la carte. — Prix modérés. — *Grill Room.* — *Real english confort.* — *English waiters.* — **P. GARDANNE, Propriétaire.**

MARSEILLE
GRAND HOTEL DES PRINCES

ANNEXE DU ROSBIF. — SPÉCIALITÉ DE METS DE PROVENCE

Square de la Bourse, 12. — Appartements et chambres confortables, depuis 2 fr. 50. — Sans table d'hôte, ni restaurant. — *Maison recommandée aux touristes et aux familles.* — **J. GUEYRARD fils.**

MARSEILLE
GRAND HOTEL DES COLONIES
ET RESTAURANT

Au centre de la ville. — Entièrement remis à neuf. — *Cuisine renommée.* — Électricité dans toutes les chambres. — Arrangements pour séjour prolongé. — Grand jardin. — Bains dans l'hôtel. — *Téléphone.* — *Omnibus à tous les trains.* — **Prix modérés.**

BLANC, Propriétaire.

J. HABERL, Directeur.

MARSEILLE
Gᴅ HOTEL DE BORDEAUX ET D'ORIENT
A PROXIMITÉ DE LA GARE

Près de la Canebière, boulevard du Nord, 11 et 13

Recommandé aux familles et aux touristes pour son confortable et ses prix avantageux. — Chambres depuis 2 fr. 50. — Déjeuner, 2 fr. 50 ; dîner, 3 fr. ; pension, 8 fr. — Omnibus et interprètes à tous les trains. — *Man spricht deutsch.* — *English spoken.*

V. JULLIER, Propriétaire Suisse.

SOCIÉTÉ DES EAUX MINÉRALES DE
MARTIGNY-LES-BAINS (Vosges)
AU CAPITAL DE 2.200.000 FRANCS
ÉTABLISSEMENT HYDROTHÉRAPIQUE OUVERT DU 15 MAI AU 15 SEPTEMBRE

Eaux souveraines contre la Goutte et la Gravelle
4 DIPLÔMES D'HONNEUR, 8 MÉDAILLES D'OR ET 2 MÉDAILLES D'ARGENT

SOURCES DU PARC
- N° 1. **Source Jeanne d'Arc lithinée** spéciale contre la Goutte, la Gravelle, les Coliques néphrétiques, les Calculs biliaires, l'Engorgement du Foie, etc.
- N° 2. **Source Fontaine au Fer.** Affections diverses de l'Estomac, Dyspepsies, Gastralgies, Chloro-Anémie, Albuminurie, Diabète.
- N° 3. **Source Savonneuse.** Maladies cutanées, Psoriasis, Acné, Eczéma. — Cette source tient en suspension plus de matières onctueuses que l'eau de Schlangenbad.

Les Sources sont situées au milieu d'un vaste parc de 20 hectares dans lequel se trouvent quatre Hôtels contenant 400 chambres appartenant à la Société. Pour tous renseignements, brochures, vues et prix, s'adresser à l'Établissement ou au Directeur, M. Émile MORET, 57, rue Saint-Jean, à Nancy.

Prix de pension : de 8 à 25 fr. par jour.

Martigny est à 6 heures de Paris par express. — **Poste et Télégraphe.**
On trouve à Martigny-les-Bains toutes les distractions habituelles aux Villes d'Eaux. — Théâtre ou Bal tous les jours, Orchestre, Casino, Petits Chevaux, Lawn-tennis, Croquet, Tir, Vélodrome, etc. — *Voitures à volonté.*
Excursions variées de Domremy aux Vosges par trains spéciaux partant de Martigny — Médecin attaché à la Station : Dr Dédet, ✠ ; hors saison, square du Croisic, 8, Paris. — Pharmacie à l'Établissement.
Expéditions des eaux par caisses de 25 et de 50 bouteilles.
Dépôt dans toutes les succursales de la Compagnie fermière de Vichy et chez tous les Pharmaciens et Marchands d'eaux minérales.

MENTON

RIVIERA PALACE

Ouverture Octobre 1899

Mi-côte, plein midi. — Installations techniques les plus modernes. — Lumière électrique. — Chauffage central. — **Ascenseurs.** — Grand Parc. — Jeux de Tennis et de Croquet. — 120 Chambres. — Arrangements à partir de 12 francs. — *Prospectus illustré sur demande, envoyé par le propriétaire* J.-A. WIDMER.

Saison d'été : **HOTEL SONNENBERG**, près Lucerne (Suisse).

GRAND HOTEL COSMOPOLITAIN
MI-COTE, PLEIN MIDI
Près la Gare
*Arrangements à partir de **9 francs**.*

MENTON

ALEXANDRA HOTEL
DE TOUT PREMIER ORDRE
Plein midi. — Situation unique entre Menton et le Cap Martin. — Bien abrité. — Vaste parc. — *Vue splendide.*
Ascenseur hydraulique.

GRAND HOTEL DES AMBASSADEURS
PREMIER ORDRE
Plein midi. — Vue splendide sur la mer et les montagnes. — Beau jardin. — Cuisine et cave renommées. — Bains. — *Ascenseur.* — Pension pour séjour prolongé. — **Ch. DURINGER**, Prop^{re}.

GRAND HOTEL VICTORIA ET DES PRINCES
PREMIER ORDRE
Plein midi. — Grand jardin. — Chauffage dans tous les corridors. — Bains. — Fumoir. — **Prix modérés.** — Ascenseur. — *Omnibus à tous les trains.* — **R. LEUBNER**, Propriétaire.

HOTEL DE TURIN ET BEAUSÉJOUR
PREMIER ORDRE
Plein midi. — Situation unique, centrale et très abritée. — Vaste jardin. — Salles de lecture, de billard, de bains. — **Ascenseur.** — Pension depuis 8 fr. — **J. WURTH**, Prop^{re}.

HOTEL-PENSION SAINT-GEORGES
AVENUE DE NICE, PLEIN MIDI
Grand jardin. — **Cuisine très soignée.** — Pension depuis 8 fr. par jour. — Saison d'été : **Grand Hôtel du Louvre et Savoy-Hôtel** réunis à *Aix-les-Bains*. — **F. BURDEL**, Prop^{re}.

PENSION VILLA-MARINA
Plein midi. — Bord de la mer. — Excellente maison de famille, très confortable. — **Pension de 8 à 10 fr. par jour.** — Arrangements pour séjour prolongé.
La pension est dirigée par Mlle **N. KAPPELER**, Propriétaire de l'**Hôtel de Glion**, à Glion-sur-Territet.

HOTEL BEAURIVAGE
Près la gare de Garavan. — Plein midi. — Maison suisse très confortable. — **Splendide vue en face de la mer.** — Maison recommandée pour sa *cuisine très soignée* et son excellent service. — Pension depuis 8 fr. — Arrangements pour séjour et pour familles nombreuses. — **LANDRY, Gérant.**

MONACO

SAISON D'HIVER ET SAISON D'ÉTÉ

30 MINUTES DE NICE — 15 MINUTES DE MENTON

LE TRAJET DE PARIS A MONACO SE FAIT EN 24 HEURES DE LYON EN 15 HEURES, DE MARSEILLE EN 7 HEURES DE GÈNES EN 3 HEURES

Parmi les **Stations hivernales** du Littoral méditerranéen, **Monaco** occupe la première place, par sa position climatérique, par les distractions et les plaisirs élégants qu'il offre à ses visiteurs et qui en font aujourd'hui le rendez-vous du monde aristocratique.

La température, en été comme en hiver, est toujours très tempérée, grâce à la brise de mer qui rafraîchit constamment l'atmosphère.

Monaco. — Les **Thermes Valentia**, créés en 1895, sont merveilleusement aménagés et centralisent toutes les découvertes de la science moderne en balnéologie, hydrothérapie, électrothérapie, etc. — Le **Casino de Monte-Carlo**, en face de **Monaco**, est remarquable par ses salles de jeux spacieuses et bien ventilées, par ses élégants salons de lecture et de correspondance.

Pendant toute la saison d'hiver, une nombreuse troupe d'artistes d'élite y joue, plusieurs fois par semaine, l'**Opéra**, l'**Opéra Comique**, la **Comédie**, le **Vaudeville**, etc.

Des **Concerts** classiques, dans lesquels se font entendre les premiers artistes d'Europe, ont également lieu pendant toute la saison. — L'Orchestre du Casino, composé de plus de 100 exécutants de premier ordre, se fait entendre deux fois par jour pendant toute l'année.

TIR AUX PIGEONS DE MONACO
Ouverture le 15 Décembre

Concours spéciaux et Tirs d'exercice. — Grands Concours internationaux en Janvier et Mars, pendant les Courses et les Régates de Nice. — Poules à volonté. — Tirs à distance fixe. — Handicaps.

Palais des Beaux-Arts avec Jardin d'hiver

Exposition des Beaux-Arts du 20 Janvier au 15 Avril

Concert tous les jours dans le jardin d'hiver. Le prix des entrées (1 fr.) est employé en totalité à l'achat d'œuvres exposées, qui forment les lots d'une tombola (prix du billet : 1 fr.) dont le tirage est fixé à la fin de l'Exposition.

Des opérettes, comédies et conférences sont données sur la scène du Théâtre du Palais des Beaux-Arts (prix des places : 3 fr.), les dimanche, lundi, mardi, mercredi, vendredi et samedi, du 1er décembre au 31 mai.

Pour les demandes, s'adresser à M. L'HOSTE, secrétaire de l'Exposition des Beaux-Arts, à Monte-Carlo.

HOTEL DE PARIS
UN DES PLUS SOMPTUEUX DU LITTORAL MÉDITERRANÉEN

MONTE-CARLO

LE SEUL DANS LES JARDINS DU CASINO
HOTEL DE PARIS

(OUVERT TOUTE L'ANNÉE)

Rendez-vous du High-life français et étranger

DURETESTE ET Cie, Propriétaires

400 CHAMBRES

Salons et Appartements particuliers avec Salles de Bains

INSTALLATION SANS RIVALE

QUATRE ASCENSEURS FONCTIONNENT EN PERMANENCE

Annexes de l'Hôtel de Paris

RESTAURANT DE PARIS

En communication directe avec tous les étages de l'hôtel.

TABLE D'HOTE DE 400 COUVERTS

CAFÉ DE PARIS

Nouvellement et somptueusement reconstruit, rivalisant avec les premiers établissements similaires de Paris.

BAR AMÉRICAIN ET GRILL ROOM

BUFFET DU CASINO

Dans l'atrium du Casino.

BUFFET DU TIR AUX PIGEONS

MONTE-CARLO HOTEL

MAISON DE FAMILLE DE PREMIER ORDRE — PRIX MODÉRÉS

L. DURETESTE,
Administrateur-Gérant.

MONTE-CARLO

AGENCE ROUSTAN
FONDÉE EN 1884
Location de villas et appartements. — Vente et achat de propriétés.
Gérance d'immeubles. — Renseignements gratuits.
Écrire : AGENCE ROUSTAN, Monte-Carlo.

HOTEL DE LA TERRASSE
Premier ordre. — **Plein midi.** — Vue de mer splendide. —
Situation exceptionnelle. — Arrangements pour séjour. — L'été :
Hôtel Rosengarten, Ragatz (Suisse). — **A.-G. CARRÉ**, Prop^{re}.

HOTEL DU LOUVRE
Plein midi, près le Casino. — Jardin. — Vue splendide. —
Bonne cuisine. — Maison recommandée. — Prix, depuis 9 fr.
par jour, tout compris. — Salle de bains. — Saison d'été : Vichy,
Hôtel Molière, sur le port. — **J. BOURBONNAIS**, Prop^{re}.

MONACO-LA-CONDAMINE

HOTEL BEAU-SITE ET RIVES-D'OR HOTEL
Ouvert toute l'année. — Plein midi. — Terrasse sur la mer. —
Déjeuner, 3 fr. ; dîner, 3 fr. 50. — Pension depuis 8 fr., tout
compris. — On parle les principales langues. — Lumière électrique. — Salle de bains, etc., etc.— Jean **CAMINALE**, Prop^{re}.

MONTPELLIER

HOTEL DE LA MÉTROPOLE
Succédant à l'Hôtel NEVET
De tout premier ordre. — Merveilleusement installé. — Très
recommandé aux familles. — Appartements au midi. — Restaurant. — Grand hall. — Jardin. — Salle de bains. — Calorifères.
— Lumière électrique. — Ascenseur. — Téléphone.
ODE-VIALA, Propriétaire.

MONT-DORE
(PUY-DE-DOME)
Compagnie fermière de l'Établissement thermal – Société en commandite par actions
Concession J. CHABAUD
(*Saison du 1er juin au 1er octobre — 1 050 m. d'altitude*)
Eaux bicarbonatées mixtes, ferrugineuses, *arsenicales*, souveraines
pour les **affections des voies respiratoires** et leurs conséquences ; **asthme, bronchite**; l'arthritisme et ses conséquences.
— Hydrothérapie complète, Chauffage à vapeur, Ventilation électrique.— **Grand Casino** dans le Parc. *Représentation théâtrale* tous
les jours. *Deux concerts* par jour. — Cercle. — Eclairage et
ventilation électriques.

MONT-DORE

HÔTEL SARCIRON-RAINALDY
Anciennement Veuve CHABAURY aîné
Le plus important de la station. — Réputation ancienne.
— Cet hôtel, entièrement reconstruit suivant les meilleurs avis médicaux, offre tout le confort moderne, avec les meilleures conditions hygiéniques. — *Ascenseur.* — *Téléphone.* — Lumière électrique dans toutes les chambres. — **CHALET DES PICS**, maison d'air à 1 100 mètres d'altitude. — Chalets et villas pour familles. — Parc et Lawn-tennis. — *English spoken.*
Écrire à **M. SARCIRON-RAINALDY**, Propriétaire-Directeur.

Nouvel Hôtel et Grand Hôtel de la Poste
Maisons de premier ordre situées en face de l'Etablissement. — Chalets, Villas pour familles. — Parc. — Lawn-tennis. — Jeux divers. — Téléphone. — *English spoken.*
G. BELLON, Propriétaire.

GRAND HOTEL DE PARIS ET DU PARC
Villas. — Chalets avec parc dans la montagne. — Arrangements pour familles, pas de surprise sur les notes. — *Omnibus à tous les trains.* — **Léon CHABORY**, Propriétaire.

GRAND HOTEL ET HOTEL BARDET
Les plus confortables de la station, les seuls entourés de jardins, vue sur le parc. — A proximité de l'Etablissement thermal et du Casino. — **Prix modérés.** — Restaurant et table d'hôte. — Téléphone. — *English spoken.* — **BARDET**, Propriétaire.

Hôtel RAMADE Aîné
PREMIER ORDRE — GRAND CONFORTABLE
Le plus rapproché de l'Établissement thermal. — Excellente cuisine. — Pension : chambre, déjeuner, dîner, vin compris depuis 9 fr. — Arrangements pour familles avec enfants.
RAMADE Aîné, Propriétaire.

GRAND HOTEL DU NORD
PRÈS LE PARC ET LES ÉTABLISSEMENTS
Appartements et chambres confortables pour familles et touristes. — Pension de 8 à 11 fr., suivant chambre. — Service soigné.
J. CONSTANTIN, Propriétaire.

HOTEL DU VATICAN
A PROXIMITÉ DE L'ÉTABLISSEMENT THERMAL
Recommandé aux familles et à MM. les Ecclésiastiques. — Jouissance d'un grand parc. — Pension : 7, 8 et 9 fr. par jour, suivant chambre, tout compris. — **DUCROS**, Propriétaire.

NARBONNE

Aux Affaiblis, Anémiques, Convalescents, etc.
À ceux qui digèrent mal ou souffrent de l'Estomac
Nous recommandons d'une façon toute spéciale le

VIN ROBERT GLYCÉRO-PHOSPHATÉ
Tonique
Reconstituant et Digestif.

Le soulagement est immédiat et la guérison bientôt obtenue. — Le demander dans toutes les Pharmacies, 3 fr. 50 le flacon.
Dépôt général : **Pharmacie J. ROBERT**, rue Droite, Narbonne.
Expédition franco de 2 flacons contre mandat-poste de 7 fr.

NÉRIS-LES-BAINS

GRAND HOTEL DE LA PROMENADE

Premier ordre. — Le mieux situé en face du parc, entre l'établissement thermal et le Casino. — Appartements pour familles. — *Omnibus de l'hôtel à tous les trains*, en gare de Chamblet-Néris. — **Mme FORICHON-SAUVANET**, Propriétaire.

Gᴅ HOTEL BERGER ET DE L'HYDROTHÉRAPIE
PLACE DES THERMES
CORRESPONDANT DU TOURING-CLUB

Recommandé par son confort et sa vie de famille. — Complètement remis et meublé à neuf. — **De premier ordre.** — *Prix modérés*. — Grand jardin. — Jeux divers. — Chambre noire pour photographie. — *Omnibus à tous les trains*. — Même propriété et attenant à l'établissement d'hydrothérapie du Dr MAILLARD.

NEVERS

GRAND HOTEL DE LA PAIX

Premier ordre. — En face de la gare. — Chambres et appartements très confortables pour familles. — Petit déjeuner, 1 fr.; déjeuner, 3 fr.; dîner, 3 fr. 50. — Chambres depuis 2 fr. — Cuisine très recommandée aux familles. — Location d'équipages en tous genres. — **FAUCONNIER**, Propriétaire.

HOTEL DE FRANCE
SQUARE DESVEAUX (En face la Préfecture)

Maison de premier ordre. — Très ancienne réputation. — Recommandée pour sa situation, son confortable et la correction de son service. — *Prix depuis 8 francs par jour, tout compris.*
B. COTHENET, Propriétaire.

Type C — 3ᵉ

NICE

HOTEL DE LUXEMBOURG
PROMENADE DES ANGLAIS

De tout premier ordre. — **P. PELLISSIER**, Propriétaire.
L'été : Grand Hôtel Continental *et* Métropole *à Luchon*.
Succursale : Hôtel-Restaurant de la Chaumière. — Situation unique 800 mètres d'altitude.

HOTEL D'ANGLETERRE

Premier ordre. — Jardin public et promenade des Anglais.— Plein midi. — Vue de mer.— **150 chambres et salons.** —Cuisine excellente. — Lumière électrique dans tous les appartements. — Confort moderne. — Chauffage central. — Jardin d'hiver. — *Ascenseur.* — **Ch. BRAUN**, Propriétaire.

Grand Hôtel des Iles Britanniques

Boulevard Victor-Hugo et angle de l'avenue de la Gare. — **Premier ordre.** — Plein midi. — Restaurant, fumoir, billard. — *Lumière électrique.* — Ascenseur. — Tout spécialement recommandé pour son service irréprochable, sa cave renommée et l'excellence de ses vins. — **Ouvert toute l'année.**
J. LAVIT, Propriétaire.

HOTEL WEST-END

GRAND ORDRE. — Entièrement transformé. — **Plein midi.** — Promenade des Anglais. — Restaurant, fumoir, billard. — **Bains.** — **Téléphone.** — *Ascenseur.* — **Lumière électrique.**
C. CAROLET, Propriétaire.

Hôtel et Restaurant du Helder-Armenonville
PLACE MASSÉNA

Premier ordre. — Situation exceptionnelle dans le plus beau quartier de la ville. — Le Restaurant du Helder est le rendez-vous favori de la haute société cosmopolite, des délicats et des gourmets. — Armenonville, Bois de Boulogne, et Hôtel de Paris, à Trouville, même Propriétaire.

HOTEL DES PRINCES
QUAI DU MIDI PROLONGÉ

Plein midi. — Position des plus abritées. — Vue sur la mer, recommandé pour sa belle situation.— Arrangements pour séjour. **Prix modérés.** — **Ascenseur.** — **J.-B. ISNARD**, Propriétaire.

NICE

HOTEL ET PENSION SUISSES

Maison suisse d'ancienne réputation. — Position tranquille des plus salubres et des plus abritées, au bord de la mer et au pied de la colline du château (rive orientale de la baie des Anges). — Vue splendide. — Bains dans l'hôtel. — Prix modérés.
J. P. HUG, Propriétaire.

GRAND HOTEL NATIONAL

Près la gare, avenue de la gare, à 2 minutes à pied. — Ouvert toute l'année. — Transport des bagages gratuits à l'aller et au retour. — Chambres depuis 2 fr. 50 ; déjeuner, 3 fr. ; dîner, 4 fr., vin compris. — Pas de table d'hôte. — Pension : prix modérés. — Belle position et maison confortable.
GUILLIER et MICHELIN, Propriétaires-Directeurs.

HOTEL FERRÉ
8, BOULEVARD DUBOUCHAGE

Family house. — Grand confortable. — Cuisine et cave de premier ordre. — Prix très modérés. — Arrangements pour familles. — Spécialité de pâtés de foie gras et gibier truffés. — **A. FERRÉ**, Propriétaire.
Saison d'été : Même maison, **Eaux-Bonnes** (B.-P.).

NOUVEL HOTEL DU PARC
BOULEVARD DUBOUCHAGE, 15

Construit en 1897 et **ouvert toute l'année**. — Premier ordre. — Plein midi. — Situation exceptionnelle. — Salle de bains. — Cuisine très soignée. — Arrangements pour familles et prix modérés. — *Omnibus à la gare.* — **Ascenseur**.
FONTAINE, Directeur.

HOTEL MONOPOLE
26, BOULEVARD DUBOUCHAGE

Plein midi. — Situation centrale près Poste et Casino. — Cuisine très soignée. — Pension depuis 7 fr. par jour, tout compris. — Arrangements pour familles. — Tables d'hôte par petites tables. — L'été : *Hôtel de la Terrasse*, Trouville-Deauville.
G FORTÉPAULE, Propriétaire.

HOTEL BEAU-SÉJOUR
30, RUE PASTORELLI, 30

Changement de Propriétaire. — *Deuxième ordre.* — Plein midi. — Jardin. — Situation centrale près la Poste et le Casino. — Cuisine très soignée. — Pension depuis 7 fr. par jour, tout compris. — Arrangements pour familles nombreuses. — **LOUIS SEIDEL**, Propriétaire.

NICE

HOTEL DE LA GARE

8, rue de Belgique, et rue Paganini (*à deux pas de la gare*)
Excellente maison recommandée pour sa bonne tenue et sa cuisine bourgeoise. — **Transport gratuit** par le personnel de l'hôtel, des bagages à l'aller et au retour. — Chambres depuis 2 fr. — Prix de la journée, 7 fr. 50, tout compris. — L'hôtel est ouvert toute l'année. — **H. RHEINHEIMER**, Propriétaire.

PENSION DE FRANCE

31 bis, 33 et 35, *rue de France* (trois villas). — Premier ordre. — Plein midi. — Grand jardin. — **Maison spécialement recommandée pour son cachet d'élégance et de goût parisien.** — Terrasse, bains, vue de la mer et des montagnes.
RIFFLET, Propriétaire.

HOTEL MIREILLE PENSION
33, BOULEVARD DUBOUCHAGE

Maison ouverte toute l'année. — Plein midi. — Belle situation. — Confortable. — Pension depuis 7 fr., petit déjeuner du matin compris.
GAZAN, Propriétaire.

EDEN-HOTEL
BOULEVARD J.-GARNIER

Ouvert toute l'année. — Panorama merveilleux. — Site ravissant. — Plein midi. — Grands jardins. — Superbe parc. — Bains. — L'été, depuis 6 francs; l'hiver, depuis 7 francs, tout compris. — *Omnibus à la gare* et gratuit pour la ville. — Man spricht deutsch. — English spoken.
E. DUPUY et **A. BELLINI**, Propriétaires.

HOTEL DU LITTORAL
15, AVENUE MALAUSSÉNA, 15

A proximité des deux gares. — Plein midi. — Jardin. — Pension depuis 8 fr. — *Arrangements pour familles.* — Transport des bagages gratuit à l'aller et au retour. — **A. HUG**, Propriétaire.

HOTEL DE BERNE
EN FACE DE LA GARE, AVENUE THIERS

Ouvert toute l'année. — Pension à partir de 8 fr., service par petites tables, cuisine très soignée. — Le service des bagages est fait gratuitement par l'employé de l'hôtel qui se trouve à tous les trains.
Henri MORLOCH, Propriétaire.

HOTEL WINDSOR
AVENUE SAINT-MAURICE

Premier ordre. — Situation plein midi avec jardin, unique au point de vue de l'hygiène. — 120 chambres et salons. — Ascenseur. — Pension depuis 8 fr. par jour. — Garages pour bicyclettes et automobiles.
A. SCHIRRER, Propriétaire.

NICE
CH. JOUGLA

ADMINISTRATEUR D'IMMEUBLES, 55, RUE GIOFFRÉDO (Place Masséna)

LOCATION DE VILLAS ET D'APPARTEMENTS d'ordre exceptionnel. — Propriétés à vendre à Nice et sur le littoral. — Renseignements précis et gratuits aux lecteurs des « Guides Joanne ». — LA PLUS ANCIENNE AGENCE ET LA MIEUX RÉPUTÉE. Adresse télégraphique : JOUGLA — NICE.

LOCATION DE VILLAS ET D'APPARTEMENTS

Vente d'immeubles à Nice et à Beaulieu
Cabinet de M° DAGUERRE, ancien notaire, rue de Paris, 28
45° année d'affaires. — Agence la plus réputée et la plus importante du littoral. Renseignements gratuits et précis.

AGENCE LATTÈS

FONDÉE EN 1842, LA PLUS ANCIENNE DU LITTORAL
3, place de la Liberté, 3.
Villas et appartements meublés ou non. — Renseignements précis et gratuits.
House and Estate Agency.

AGENCE COSMOPOLITE
17, rue de l'Hôtel-des-Postes

Location de villas et appartements. — Vente d'immeubles. — Téléphone.
GRANDES EXCURSIONS A LA GRANDE CORNICHE
J. BERRUT, ex-greffier, Directeur.

AGENCE COMMERCIALE

A. SIMON ET Cie
16, rue Pertinax.
Locations de Villas et Appartements.
Vente d'immeubles. — Contentieux. — Recouvrements.
A. SIMON, Directeur.

EAU MINÉRALE FERRUGINEUSE, GAZEUSE
OREZZA

Propriété du département de la Corse.
LA PLUS RICHE EN FER, MANGANÈSE ET ACIDE CARBONIQUE
Sans rivale, pour la guérison de
ANÉMIE, CHLOROSE, FIÈVRES, GASTRALGIES
Et des Maladies provenant de l'*Appauvrissement du sang*
ÉTABLISSEMENT THERMAL
OUVERT JUILLET ET AOUT
ADMINISTRATION : 8, rue Rossini, PARIS

PAU

GRAND HOTEL GASSION
OUVERT TOUTE L'ANNÉE
De tout premier ordre. — Situation en plein midi. — Panorama splendide sur les Pyrénées, unique dans le monde. — Jardin d'hiver. — Bains et douches. — Lumière électrique. — Arrangements pour séjour.
A. MEILLON, Propriétaire.

HOTEL DE FRANCE
Place Royale et nouveau boulevard des Pyrénées.
De tout premier ordre. — Plein midi. — Vue exceptionnelle. — Cuisine et service des plus renommés. — Salle de bains. — Fumoir. — Ascenseur perfectionné. — Téléphone.
GARDÈRES Frères, Propriétaires.

L'INTERMÉDIAIRE
Place Grammont, 10, sous les Arceaux. — Agence la plus ancienne, spéciale pour la location d'Appartements et Villas meublés ou non meublés. — Achat et vente de Maisons, Villas et Propriétés. — Renseignements entièrement gratuits.
VICTOR CAZAUDEHORE.

CENTRAL OFFICE BOURDILA
3, RUE SAINT-LOUIS, 3
Villas et appartements à louer. — Propriétés à vendre. — Agence de location la plus centrale, la plus avantageusement connue. — Renseignements exacts et gratuits. — Résultats rapides.
Télégramme : **BOURDILA — PAU.**

AGENCE PYRÉNÉENNE
4, rue *Montpensier*. — **Location d'appartements et de villas meublés ou non meublés** à Pau et dans la région pyrénéenne. — Vente et achat d'immeubles de toute nature. — Liste et Renseignements gratuits.
P. BARRÈRE.

POITIERS

GRAND HOTEL DE FRANCE
Premier ordre. — Le plus central et dans le plus beau quartier. — Belle clientèle de familles. — Particulièrement recommandé pour sa cuisine et la réputation de sa cave. — *Prix modérés.* — Omnibus de la Compagnie desservant l'hôtel. — *Spécialité de volailles et pâtés truffés.*
ROBLIN-BOUCHARDEAU, Propriétaire.

GRAND HOTEL DU PALAIS
Premier ordre. — Situation centrale, le plus près des Facultés et du Palais de justice. — Installation moderne. — **English sanitary arrangements.** — Hydrothérapie complète. — Repas par petites tables. — *Omnibus de l'hôtel à tous les trains.*
ÉMILE JACOMELLA, Propriétaire.

PÉRIGUEUX
GRAND HOTEL DE FRANCE

House of first order newly, decorated, very confortable. — The best and most central situation — Private rooms and appartments for families. — Truffled pies preserved truffle. — Expédition to foreing countries. — Maison de premier ordre. — Très confortable. — Situation centrale. — Pâtés de volailles truffées du Périgord. — Truffes conservées. — Expéditions à l'étranger. — Omnibus à tous les trains. — Ancienne maison F GROJA. — C. BUIS, Succ'

PÉRIGUEUX
LA GAULOISE
Liqueur hygiénique
MÉDAILLE D'OR
Exposition universelle Paris 1889. — La plus haute récompense

REQUIER Frères

POUGUES
St LEGER

Établissement thermal à POUGUES (Nièvre)

EAU MINÉRALE
ALCALINE, GAZEUSE
RECONSTITUANTE

SAISON THERMALE
du 1er juin au 1er octobre

CASINO

DYSPEPSIE GRAVELLE
DIABÈTE, GASTRALGIE
CONVALESCENCES
ENTÉRITES, ANÉMIES

Propriété de la Compagnie
120 Chambres, Salons,
Chambres à deux lits,
Salons de jeu, de lecture, etc.

LUXE, CONFORT
Prix modérés

Pour tous renseignements, demandes d'eaux, s'adresser
à l'*Administration de la Compagnie de POUGUES*,
chaussée d'Antin, 22.

SPLENDID HOTEL

RENNES
HOTEL MODERNE
17 et 19, quai Lamennais

Établissement de premier ordre, recommandé aux familles par son grand confort et son organisation tout à fait modernes. — Service et cuisine irréprochables. — Grands et petits salons. — Salons de lecture et de correspondance. — Table d'hôte, vin compris. — Restaurant à la carte. — Jardin d'hiver. — Chauffage hygiénique de tout l'hôtel. — Salles de bains. Douches. — Chambre noire pour amateurs photographes. — Garage de bicyclettes. — *Omnibus à tous les trains*

Téléphone — English spoken

ROUEN

GRAND HOTEL D'ALBION
16, quai de la Bourse, 16

Cet hôtel est situé dans le quartier le plus sain du quai, *en face la station des bateaux du Havre.* — **Très belle vue sur la vallée de la Seine.**
Les touristes trouveront dans cet établissement, dont la réputation et la respectabilité sont depuis longtemps établies, tout le confortable et toutes les attentions que l'on peut désirer. — **Bonne cuisine française et anglaise.** — *Excellente table d'hôte à 6 heures et demie.* — Restaurant à la carte. — Service français et anglais. — *Pour un séjour d'une certaine durée, on prend des pensionnaires.*
Nota. — M. BOUTEILLIER tient également le *Restaurant des Paquebots de la Basse-Seine,* entre Rouen et le Havre.

ROUEN

GRAND HOTEL DE PARIS

Téléphone n° 556. — Lumière électrique. — Chambre noire pour photographie. — Cet hôtel, qui est de premier ordre et le mieux situé de la ville, vient d'être élégamment restauré.
Il occupe, sur le *beau quai de Paris* (promenade favorite), une situation exceptionnelle d'où l'on jouit d'une vue splendide qui s'étend sur Bonsecours, l'Ile Lacroix, le Pont Corneille et les collines environnantes.
L'hôtel est près du Théâtre, d'un bureau de poste et de télégraphe, d'une station de voitures, du débarcadère des bateaux du Havre et des environs. — Les tramways conduisant aux gares passent devant la maison.
Chambres et appartements très confortables. — *Prix modérés.* — *English spoken.* — Dépôt des huiles minérales et graisses pour automobiles. — Remise pour automobiles. — Garage de cycles.
Mme Vve **BATAILLARD**, ex-Propre de l'*Hôtel de l'Europe*, à Mâcon.

Plage de **ROYAN** (Charente-Inférieure)

GRAND HOTEL DE PARIS

Maison de premier ordre. Bien situé, façade du Port, avec vue sur les Bains et la mer. — Annexe ayant vue sur le parc du Casino. — Rendez-vous de la bonne société. — Appartements confortables pour familles. — **Restaurant à la carte.** — Jardin. — **Table d'hôte.** — Arrangements pour les familles. — Omnibus à tous les trains. — *Changement de Propriétaire.*

ROYAT

CHOCOLATERIE MODÈLE
Bonbons, Chocolats extra-fins, Langues de chat, etc., etc.

Cette excellente maison recommande à juste titre son **Chocolat granulé instantané.** Absolument supérieur comme cacao et d'un goût exquis, *c'est un produit très pratique pour les touristes.*
Il suffit de verser les petits sachets de ce chocolat dans le liquide bouillant « eau ou lait » pour avoir en une minute un déjeuner délicieux et réconfortant.

Expéditions de colis postaux en France et à l'Étranger
Demander le tarif et adresser les commandes à la
CHOCOLATERIE DE ROYAT

ROYAT

GRAND HOTEL

Le plus important, situé près l'Établissement. — Vaste parc. — Lumière électrique. — Ascenseur. — Perfect sanitary arrangements.

SERVANT, Propriétaire.

GRAND HOTEL DE FRANCE ET D'ANGLETERRE

Admirablement situé, près le Parc, l'Établissement et le Casino

Grand confortable. — Service soigné. — Pension depuis 9 fr. par jour. — Arrangements pour familles. — *Omnibus à tous les trains, gares de Clermont et de Royat.*

BARTHÉLEMY, Propriétaire.

HOTEL DE LA PAIX

PRÈS L'ÉTABLISSEMENT THERMAL ET LES CASINOS

Maison de famille. — Appartements et chambres très confortables. — Grand jardin. — Pension depuis 7 francs par jour.

A. HERPIN, Propriétaire.

GRAND HOTEL DE LYON

PREMIER ORDRE

Sur le nouveau parc, près de l'Établissement. — Vue splendide sur toute la vallée. — Chambres et appartements confortables pour familles et touristes. — Pension depuis 8 francs par jour.

Mme Veuve DELAVAL, Propriétaire.

HOTEL VICTORIA ET DE NICE

PRÈS L'ÉTABLISSEMENT

Vue sur le parc. — Recommandé aux familles pour son grand confortable et sa cuisine très soignée. — *Prix depuis 7 fr. 50 par jour, tout compris, même le petit déjeuner du matin.* — Arrangements pour familles avec enfants.

GIDON-HUGUET, Propriétaire.

HOTEL GUIBERT

PRÈS L'ÉTABLISSEMENT THERMAL

Premier ordre. — Grand confortable. — Grands et petits appartements. — Arrangements pour familles. — Prix modérés. — *Vaste jardin ombragé.* — Restaurant du Faisan-Doré attenant et dépendant de l'hôtel. — Déjeuner, 3 fr.; diner, 3 fr. 50. — Omnibus à tous les trains.

GUIBERT, Propriétaire.

Type G — 3**

SAIL-LES-BAINS, par St-Martin-d'Estréaux (Loire)

EAUX MINÉRALES NATURELLES
SILICATÉES, LITHINÉES, ALCALINES, NON GAZEUSES
UNIQUES AU MONDE

Décrétées d'utilité publique, placées sous le patronage du Gouvernement.

SOURCE DU HAMEL : température : 34° — Débit journalier : 3 000 000 de litres — *Souveraine dans les maladies de la Peau, Eczémas, Métrites, Ulcères, Albuminurie, Maladies nerveuses, Dyspepsie, Diabète, Voies urinaires.* — La Source du Hamel, appelée par Diane d'Urfée : Fontaine de Jouvence, est recommandée pour les soins de propreté, la toilette des Dames. C'est grâce à l'action bienfaisante de l'Eau du Hamel que Diane d'Urfée est restée toujours jeune.

SOURCE DES ROMAINS ; température : 28°. — *Sans rivale.* — Débit journalier : 500 000 litres. — Eau de table non gazeuse, excellente dans les maladies de l'Estomac, facilitant la digestion, évitant les Dilatations de l'Estomac.

STATION THERMALE OUVERTE DU 1ᵉʳ MAI AU 15 OCTOBRE

S'adresser, pour expéditions d'eau et renseignements :

à SAIL-LES-BAINS, par Saint-Martin-d'Estréaux (Loire)
chemin de fer P.-L.-M., gare Saint-Martin-d'Estréaux (Loire).

SAINT-CHRISTAU
STATION D'OLORON (BASSES-PYRÉNÉES)
EAUX MINÉRALES CUIVREUSES
Établissement ouvert toute l'année

PRIX TRÈS RÉDUITS
du 1ᵉʳ Octobre
au 31 Mai.

Deux Établissements
BAINS
Pulvérisations
Douches
Irrigations, etc.

TROIS HOTELS
CHALETS
LUMIÈRE ÉLECTRIQUE
dans
Parc et Hôtels
Poste, Télégraphe
Très beau parc.
Région très pittoresque.
Magnifiques excursions.

Affections des muqueuses bucco-linguale, nasale, pharyngienne, oculaire, utérine.

PLAQUES DES FUMEURS, LEUCOPLASIE.
DERMATOSES, ECZÉMA, LICHEN, ACNÉ, ETC.
PROCÉDÉS SPÉCIAUX DE PULVÉRISATION

SAINT-ÉTIENNE

HOTEL DE FRANCE

Place Dorian, le plus au centre de la ville

Appartements pour familles. — Grand confort. — Salon de lecture. — Table d'hôte. — Service particulier. — Ascenseur EDOUX. — Omnibus à tous les trains. — ALFRED HUGUES, Propriétaire.

SAINT-HONORÉ-LES-BAINS

GRAND HOTEL VAUX-MARTIN

Ouvert du 15 mai au 15 octobre

1er ordre. — Grand confortable. — Cuisine très soignée. — Billard. — Grand jardins. — Pension de 7 à 10 fr. par jour. — Arrangements pour familles nombreuses. — Omnibus à tous les trains à Vandenesse et Rumilly.

Vve GERBAUD, Propriétaire.

SAINT-JEAN-DE-LUZ

GRAND HOTEL DE LA POSTE

Exposition midi et nord. — Belle vue des Pyrénées et de la mer. — Promenades et jardins anglais autour de l'hôtel. — Pension : l'hiver, depuis 7 fr.; l'été, depuis 8 fr. tout compris. — Voitures pour excursions.

G. DUMAS, Propriétaire.

SAINT-NECTAIRE-LE-BAS

Réseau P.-L.-M., gares de Coudes et d'Issoire (PUY-DE-DOME)

SAISON THERMALE DU 1er JUIN AU 30 SEPTEMBRE

Eaux chlorurées, sodiques, bicarbonatées, mixtes

*Lymphatisme des enfants, Chlorose,
Diabète, Albuminurie, Dyspepsies, Phosphaturie,
Affections goutteuses et Rhumatismes,
Maladies des femmes et des enfants.*

Hydrothérapie générale, bains et douches de gaz acide carbonique. — Vastes promenades, Parc avec Lawn-tennis Casino. Salle de jeux, de spectacles et de lecture. — Postes et Télégraphes, Téléphone. — Chapelle.

N. B. — Le **GRAND HOTEL DU PARC** premier ordre, de construction récente, avec 80 chambres meublées à neuf, ascenseur, éclairage électrique, à proximité du Casino et des Etablissements, se recommande spécialement à certaines catégories de malades pour l'organisation de ses **Tables de régime**.

SAINT-NECTAIRE-LE-BAS
GRAND HOTEL BERGER
Le plus rapproché de l'établissement. — Recommandé aux familles pour son confortable. — Excellente cuisine. — Pension de 7 à 10 fr. par jour. — Arrangements pour familles et conditions très avantageuses en juin et septembre. — Vaste Parc et Jardin attenant à l'Hôtel. — BERGER-CURIER, Propriétaire.

SAINT-RAPHAEL
GRAND HOTEL DES BAINS ET CONTINENTAL
Ouvert toute l'année. — Plein midi. — Premier ordre. — Grand confortable. — Cuisine et cave recommandées. — Pension depuis 8 fr. — Omnibus à tous les trains. ALFRED MULLER, Propriétaire.

SAINT-SÉBASTIEN
HOTEL CONTINENTAL
Ouvert toute l'année. — Premier ordre. — La plus belle situation sur la Plage, entre le Palais-Royal et le Casino. — Le seul avec vue sur la mer. — Cuisine française très soignée. — On parle français, anglais, portugais et italien. — Billard. — Bains. — Ascenseur. — Éclairage électrique. — FRANÇOIS ESTRADE, Propr.

SALIES-DE-BÉARN
ÉTABLISSEMENT THERMAL
Ouvert toute l'année
Voir les détails sur la première page de garde en tête du volume.

GRAND HOTEL DE PARIS
Maison de premier ordre. — Situation parfaite. — Séparée de l'établissement thermal par le Jardin public. — Recommandée aux familles pour son grand confortable et sa cuisine très soignée. — Prix, depuis 8 fr. par jour, tout compris, même le petit déjeuner du matin. — Arrangements pour séjour et pour familles avec enfants. — **CROUTS**, Propriétaire.

MAISON COUSTÈRE
PENSION DE FAMILLE
Appartements meublés — Cuisines particulières — Eau de la ville
Jardin — Prix modérés

SAUJON (CHARENTE-INFÉRIEURE)
GRAND ÉTABLISSEMENT HYDROTHÉRAPIQUE
Maladies nerveuses — Maladies d'estomac — Rhumatismes
HYDROTHÉRAPIE — MASSAGE — ÉLECTROTHÉRAPIE

TAMARIS-SUR-MER
GRAND HOTEL DES TAMARIS

Ouvert toute l'année. — Maison de premier ordre, au bord de la mer, au milieu d'un magnifique parc. — Installation aussi confortable que luxueuse. — Pension depuis 8 fr. par jour. — Omnibus à Toulon et à la Seyne à tous les trains et aux trains de luxe. — Voitures d'excursion et bateau de plaisance.

F. JUST, Propriétaire.

TARBES
HOTEL DU COMMERCE ET DE LA POSTE

Établissement restauré à neuf, le plus rapproché du jardin Massey. — Chambres et appartements confortables. — Excellente cuisine depuis 8 fr. par jour, tout compris. — Arrangements pour familles avec enfants. — *Omnibus à la gare.*

B. DORGANS, Propriétaire.

HOTEL DE FRANCE
Place Marcadieu

Très ancienne réputation. — Table d'hôte. — Restaurant. — Se recommande aux familles et aux touristes pour sa cuisine très soignée et le confortable de ses chambres et appartements depuis 6 fr. par jour, tout compris. — **POUEYGARAUT**, Propr.

TOULON
GRAND-HOTEL
PLACE DES PALMIERS

Premier ordre. — Bains dans l'hôtel. — Ascenseur hydraulique. — Éclairage électrique. — Plein midi. — Vue sur la mer. — Jardin. — Pension depuis 10 fr. par jour, *tout compris*. — Arrangements pour familles avec enfants. — **L. FILLE, Propriétaire.**

TOULOUSE
GRAND HOTEL TIVOLLIER
Rue Alsace-Lorraine, 31 et 33, et rue Baour-Lormian, 6

Maison de premier ordre. — Ascenseur hydraulique. — Café-Restaurant renommé. — Spécialité de Pâtés de foie de canards aux truffes du Périgord. — Médaille d'or, Exposition universelle de Paris 1889. — Expéditions en France et à l'Étranger. — Téléphone. — Éclairage électrique permanent dans toutes les chambres.

GRAND HOTEL SOUVILLE
PLACE DU CAPITOLE

MAURICE CARRIÈRE, Propriétaire. — Établissement de premier ordre, entièrement remis à neuf. — Très recommandé aux familles pour sa situation, son grand confortable et sa propreté méticuleuse. — Bains dans l'hôtel.

TOULOUSE

GRAND HOTEL CAPOUL
PLACE LAFAYETTE

120 chambres et salons. — Bains, Hydrothérapie. — Se habla español.
English spoken.
Ascenseur. — Depuis 8 fr. 50 par jour, tout compris.
L. NOUGUÉ, Successeur.

GRAND HOTEL DE L'EUROPE ET DU MIDI RÉUNIS
SQUARE LAFAYETTE
J. DUPOUTS, nouveau Propriétaire.

Établissement de premier ordre, entièrement restauré et remis à neuf avec tout le confort moderne. — Situé au centre des promenades et dans le plus beau quartier de la ville. — Salon de lecture. — Splendides salles de fêtes. — Téléphone. — Éclairage électrique. — Bains. — Restaurant. — Interprètes. — Spécialité de pâtés de foie de canard aux truffes du Périgord
EXPORTATION

GRAND HOTEL DE FRANCE
Place Lafayette, 9

1er ordre. — Chambres et appartements très confortables pour familles et touristes. — Salle de restaurant d'été. — Cuisine recommandée. — Excellente cave. — Éclairage électrique dans toutes les chambres. — Téléphone. — Prix modérés.
L. LAFFORGUE, Propriétaire.

TOURS

GRAND HOTEL DE L'UNIVERS

Sur le boulevard, près des Gares. — Réputation européenne.
Recommandation exceptionnelle de tous les Guides français et étrangers.
E. GUILLAUME, Propriétaire.

GRAND HOTEL DE BORDEAUX

Sur le Boulevard, en face de la Gare.

PREMIER ORDRE. — Renommée universelle. — Service à la carte et dans les salons. — Prix réduit pour séjour. — Omnibus à tous les trains. — Téléphone. — DELIGNOU, Propriétaire.

HOTEL DU COMMERCE
Place du Palais de Justice et rue de Bordeaux.

Près les Gares, les Boulevards et la rue Royale. — Maison nouvellement construite et meublée à neuf. — Recommandée par sa situation, son confort et ses prix modérés. — Garage de bicyclettes et d'automobiles. — Omnibus à tous les trains. — Téléphone. — LEGUAY, Propriétaire.

HOTEL DU CROISSANT
Rue Gambetta, en face la Poste.

Chambres et appartements confortables et réservés pour familles et touristes. — Cave et Cuisine renommées. — Depuis 8 fr. par jour. — Arrangements pour séjour et pour familles avec enfants. — Omnibus à tous les trains. — MAURICE MARIE, Propriétaire.

URIAGE-LES-BAINS (Isère)
Altitude 414 mètres

ÉTABLISSEMENT THERMAL DE 1ᵉʳ ORDRE

EAUX SULFUREUSES ET SALINES PURGATIVES

SAISON DU 25 MAI AU 15 OCTOBRE

Traitement des maladies de la peau, de l'anémie, du lymphatisme, du rhumatisme, de la syphilis, etc.

CURE D'AIR
BAINS, DOUCHES, PULVÉRISATIONS, HYDROTHÉRAPIE
PARC — CASINO — CERCLE

Hôtels, appartements et villas meublés sous la direction de l'Établissement thermal. — Éclairage électrique.

URIAGE est desservi par un tramway à vapeur partant de la gare de Grenoble.

Pour tous renseignements, s'adresser à l'Administrateur de l'Établissement.

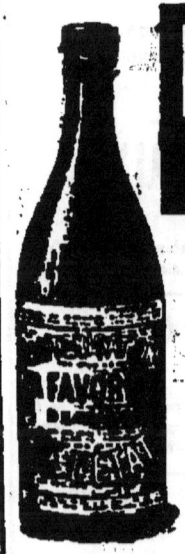

LA FAVORITE
DE VALS

L'Eau de LA FAVORITE

Combat la débilité de l'estomac

Arrête diarrhées estivales des jeunes enfants. Est employée avec succès contre les maladies du foie, de la rate, la goutte, la gravelle, la dyspepsie, la gastralgie, etc.

EN VENTE

Pharmacies, Drogueries, Marchands d'Eaux Minérales.

ADMINISTRATION : 2, rue d'Oran, LYON.

VERSAILLES

HOTEL VATEL
RESTAURANT

Rue des Réservoirs, 36 et 38;
Boulevard de la Reine, 14 (près du Parc).
Annexes, Villas, Grands et petits Appartements meublés.
Arrangements avec familles.

VICHY — SOURCES DE L'ÉTAT

Administration : 24, boul. des Capucines, à Paris.

Se méfier des substitutions, et toujours avoir soin
de désigner la source.

VICHY-CÉLESTINS
VICHY-GRANDE-GRILLE
VICHY-HOPITAL

Puisées et embouteillées sous le contrôle de l'État.

PASTILLES VICHY-ÉTAT | COMPRIMÉS VICHY-ÉTAT

VÉRITABLE EAU DE VICHY

RECOMMANDÉE
PAR TOUS LES DOCTEURS
POUR L'USAGE A DOMICILE

SOURCE GÉNÉREUSE

EAU MINÉRALE NATURELLE
DU
BASSIN DE VICHY
SOURCE LARBAUD-ST-YORRE

Découverte en 1853

Autorisée par l'État — Approuvée par l'Académie de Médecine

PROPRIÉTÉ PRIVÉE DE N. LARBAUD-St-YORRE

Fondateur de la Station Thermale de SAINT-YORRE

Cette Source est la plus froide (10°5), la plus gazeuse et la moins altérable par le transport, de toutes les sources minérales naturelles ou artésiennes du bassin de Vichy. Elle est souveraine, **pour la consommation à domicile,** contre les maladies du *foie*, de *l'estomac* et des *reins*, le *diabète*, le *catarrhe vésical*, la *gravelle*, la *goutte* et *l'albuminurie*.

PRIX : La Caisse de 50 litres, à Vichy, 20 fr.
EMBALLAGE COMPRIS

Exiger cette vignette sur l'étiquette de chaque bouteille.

Modèle de la capsule qui scelle chaque bouteille.

SOURCE LARBAUD-St-YORRE
découverte en 1853.

ADRESSER LES COMMANDES
à N LARBAUD-St-YORRE, Pharmacien de 1re classe
Pavillon Prunelle, place Lucas, à VICHY

DÉPÔT CHEZ LES PHARMACIENS ET MARCHANDS D'EAUX MINÉRALES

NOTA. — Avoir soin de bien spécifier le nom de la source, afin d'éviter les substitutions que l'on pourrait faire avec les noms Larbaud et St-Yorre.

VICHY

LE HAMMAM DE VICHY
GRAND ÉTABLISSEMENT THERMO-MÉDICAL

EAUX MINÉRALES DES SOURCES DU HAMMAM

RUE BURNOL, SUR LE PARC

LE PLUS COMPLET ET LE MIEUX INSTALLÉ DE L'EUROPE

Traitement des maladies par l'action combinée ou séparée des eaux de Vichy, de la vapeur, de l'électricité, de l'air atmosphérique, des gaz, des exercices du corps, etc. — Bains de toute nature, de vapeur, médicinaux, thermo-résineux. — Bains électriques, turco-romains et russes. — Bains d'air comprimé. — Douches hydrothérapiques, de vapeur et électriques. — Inhalations. — Irrigations. — Injections. — Pulvérisations. — Massage. — Lavages de l'estomac et de la vessie, etc. — Gymnastique. — Grande piscine de natation de 200 mètres carrés à eau courante et tempérée. — Sources du Hammam, les plus gazeuses et les plus minéralisées du bassin de Vichy, ayant obtenu la seule médaille pour la France à l'Exposition du Grand Congrès médical international de Rome, 1895. Expéditions pour tous pays.

Demander brochure explicative au Hammam de Vichy.

LES LIBRAIRES DE

VICHY

SONT PARFAITEMENT ASSORTIS

DES VOLUMES DE LA

Collection des Guides Joanne

Et reçoivent deux fois par jour

LES

PRINCIPAUX JOURNAUX

DE

PARIS ET DES DÉPARTEMENTS

VICHY

GRAND HOTEL DES BAINS
Sur le Parc
En face les Bains de 1re classe et la Source de la Grande-Grille

Complètement transformé, considérablement agrandi, et aménagé avec tous les perfectionnements du confortable le plus moderne.
Le premier ayant installé l'électricité dans toutes les chambres. — Grand Jardin. — Téléphone avec Paris. — Ascenseur. — *Omnibus à tous les trains.*

JURY, Propriétaire.

GRAND HOTEL DE ROME
Près le Parc
Chambres et appartements très confortables pour familles. — *Cuisine très soignée.* — Pension depuis 7 fr. par jour. — Arrangements pour familles avec enfants. — Omnibus à tous les trains.
English spoken. — **N. BLANC**, Propriétaire.

HOTEL DU HAVRE, VILLA SAINT-JAMES
Rue Strauss, sur les Parcs, en face le Casino
Excellente maison recommandée. — Hôtel de famille. — Cuisine bourgeoise. — Table d'hôte et service particulier. — **Pension de 7 à 12 francs.** — *Omnibus à tous les trains.*

MOUREY-GIRAUD, Propriétaire.

HOTEL ET VILLA DE PLAISANCE
Situation exceptionnelle sur le nouveau Parc, près l'Hôpital et les Célestins, la Poste et le Casino.
Restaurant recommandé pour sa bonne tenue et sa cuisine soignée. — Cave de premier ordre. — Pension de 7 à 10 fr., tout compris. — Omnibus. — *Se défier des pisteurs.*

SERVAGNET, Propriétaire.

Grand Hôtel de Russie et de Nîmes
Ouvert du 15 avril au 15 octobre
Place de la Source et des Bains de l'Hôpital, près le Parc et le Casino. — Restaurant. — Cuisine au goût du client. — Pension de 7 à 10 francs. — *Jardin.* — Omnibus.

SOALHAT-MEUNIER, Propriétaire.

EAUX MINÉRALES

COMPAGNIE GÉNÉRALE D'EAUX MINÉRALES ET DE BAINS DE MER

Société anonyme au capital de 4 800 000 francs

SIÈGE SOCIAL : 13, RUE TAITBOUT, A PARIS

Propriétaire des Établissements suivants :

ALET (Aude). Source Buvette. Etablissement thermal et Hôtel. Gare. — Maladies des Intestins, Dyspepsie, Anémie, et dans les convalescences.
ALLEVARD (Isère). Etablissement thermal, Hôtel des Bains, Casino, Gare. — Voies respiratoires, Maladies du Larynx et de la Peau, Angines, Asthme.
ANDABRE (Aveyron). Gare Saint-Affrique. Etablissement thermal. Grand Hôtel des Bains. — Dyspepsie, Anémie, Chlorose, Gravelle, Goutte et Mal. du Foie.
CONTREXÉVILLE (Vosges). Source Le Cler. Buvette, Casino. — Gravelle, Reins, Goutte.
EUZET-LES-BAINS (Gard). Etablissement thermal, Hôtel des Bains, Gare. — Asthme. Gravelle. Arthritisme. Ralentissement de la Nutrition.
LES FUMADES (Gard). Gare Saint-Julien de C. Etabliss. thermal, Hôtel des Bains. — Mal. des Voies respiratoires et de la Peau, Asthme et suites de Blessures.
SALINS DU JURA. Etablissement thermal, Hôtel des Bains, Casino, Gare — Rachitisme, Lymphatisme, Anémie, Chlorose, Diabète.
SAINT-GERVAIS (Hte-Savoie). Gare Cluses. Etabl. thermal, Hôtel des Bains. — Ecséma, Mal. de la Peau, Voies respiratoires, Affections nerveuses, Rhumatismes.
VICHY (Allier). Etabl. thermaux dans le centre de Vichy. Installation complète.
— Larbaud : *Foie, Rate, Estomac.*
— Lardy ferrugineuse : *Goutte, Gravelle, Diabète.*

VICHY : EDEN-THÉATRE, NOUVEL HOTEL GUILLIERMEN.

EAUX RECOMMANDÉES

Indications	Source		La Bouteille
Dyspepsie, Maladies des Intestins	Alet (Buvette)		» fr. 55
Asthme, Maladies du Larynx	Allevard		» fr. 60
Pulvérisateurs portatifs			14 fr. »
Gravelle, Dyspepsie, Goutte	Andabre		» fr. 50
Digestions difficiles, Anémie	Chateldon (Sᵗᵉ de la Montagne)		» fr. 35
Reins, Gravelle, Goutte	Contrexéville (Le Cler)		» fr. 45
(Table) Gazeuse acid. Dyspepsie	Desaignes (César)		» fr. 30
Asthme, Gravelle, Arthritisme	Euzet-les-Bains		» fr. 60
Voies respiratoires, Mal. de la Peau	Les Fumades		» fr. 50
Purgative hongroise	Laszlo	Gare Vichy	» fr. 55
Rachitisme, Anémie, Lymphatisme	Salins du Jura		» fr. 60
Eaux mères et Sels pour bains		Le kilog.	1 fr. »
Mal. de la Peau, Affections nerveuses	Saint-Gervais		» fr. 60
Anémie, Chlorose	Spa (Prince de Condé). Gare Vichy		» fr. 60
Foie, Diabète, Estomac	Vals	Vivaraises	» fr. 55
(Table) Goutte, Gravelle		La Digestive	» fr. 30
Foie, Rate, Estomac	Vichy	Larbaud	» fr. 35
Goutte, Gravelle, Diabète		Lardy	» fr. 40
Engorgements du Foie, Rhumatismes, Goutte, Dyspepsie	Saint-Yorre	Saint-Charles	» fr. 35
		Carreaux	» fr. 30
Gastralgie, Diabète		Aubert	» fr. 40

Par Caisses de 50 bouteilles franco d'emballage en gare de la Source Pour 25 bouteilles, 1 franc en plus.

S'adresser aux Établissements
ou à la Cⁱᵉ générale des Eaux minérales, 13, rue Taitbout, Paris
PROPRIÉTAIRE DES SOURCES

V. — PAYS ÉTRANGERS
BELGIQUE — GRANDE-BRETAGNE — ESPAGNE ALGÉRIE — SUISSE

BRUXELLES
(HAUTE VILLE ET PARC)

HOTEL DE FLANDRE
Place Royale

Logement, y compris service et éclairage, à partir de 4 fr. 50 par jour. — Premier déjeuner, 1 fr. 50 ; Déjeuner à la fourchette, 4 fr.; Dîner à table d'hôte, 5 fr.

Pension pour séjour prolongé, comprenant : Chambre, service, éclairage, et trois repas par jour, à partir de 13 fr. 50.

ASCENSEUR — BAINS
Billets de chemins de fer. — Enregistrement des bagages.
POSTE — TÉLÉGRAPHE — TÉLÉPHONE
Agence générale des Wagons-Lits.

Toutes les chambres sont éclairées à l'électricité.

HOTEL DE BELLE-VUE
Place Royale, *en face du Parc*
ÉCLAIRAGE ÉLECTRIQUE
ASCENSEUR — BAINS
Billets de chemins de fer. — Enregistrement des bagages.
POSTE — TÉLÉGRAPHE — TÉLÉPHONE
Agence générale des Wagons-Lits.

BRUXELLES

SOCIÉTÉ ANONYME
LE GRAND-HOTEL
CAPITAL : 1.500.000 FRANCS
Ed. DUBONNET, Administrateur-Directeur

L'hôtel vient d'être complètement restauré.. — 250 Chambres et Salons. — Table d'hôte et Restaurant. — Café, Fumoir, Salon de conversation. — Ascenseur. — Bains. — Téléphone dans toutes les chambres. — Bureau de chemin de fer, Poste et Télégraphe, Cabine téléphonique, Eclairage électrique dans tous les appartements. — *Omnibus à tous les trains.* — **Chambre noire et Laboratoire de Photographie** sont à la disposition des voyageurs amateurs.

EAUX ET BAINS DE SPA (BELGIQUE)
GRAND HOTEL DE L'EUROPE
HENRARD RICHARD, Propriétaire

Maison de premier ordre, située entre les sources minérales, l'Etablissement des Bains et le Casino. — Arrangements pour familles. — *Salons d'agrément.* — *Vastes installations pour chevaux.*
Omnibus à l'arrivée de chaque train.

GRAND HOTEL DE BELLEVUE
MAISON DE PREMIER ORDRE

Magnifique situation sur la promenade, près l'Établissement de Bains. — Jardin avec accès du parc. — *Omnibus à tous les trains.*
ROUMA, Propriétaire

JERSEY-SAINT-HÉLIER
Gᴅ HOTEL DU CALVADOS
A. COURBEBAISSE, Propriétaire

Queen Street (Rue de la Reine). — Salle à manger de 150 couverts. — 90 chambres, splendidement meublées, depuis 2 fr. 50. — *Omnibus à tous les bateaux.* — Grand Café du Calvados attenant à l'hôtel. — Aménagement luxueux. — Billards. — *Journaux français et étrangers.*

ESPAGNE
MADRID
GRAND HOTEL DE LA PAIX
PUERTA DEL SOL, 11, 12
Hôtel français — Courriers — Voitures — Bains à l'Hôtel
Eclairage et Ascenseur électriques
J. CAPDEVIELLE, Propriétaire.

GRAND HOTEL DE L'ORIENT
Puerta del Sol y Calle Arenal

Ce magnifique établissement, situé au centre de la ville, est, comme installation, à la hauteur des meilleurs hôtels. — Magnifiques appartements et chambres luxueuses pour familles. — Salons de lecture. — Billard. — *Bains.* — Ascenseurs. — Voitures aux gares. — **Prix très modérés, depuis 7 fr. 50 par jour.**

ALGÉRIE

ALGER

Grand Hôtel de la Régence

Maison de premier ordre, située en plein midi.

Vue magnifique sur la place du Gouvernement, sur la Casbah et sur les collines du **Djurjura**. — **Ascenseur**. — Table d'hôte. — **Salons de réception**. — **Fumoir**. — **Cour intérieure**. — *Omnibus à l'arrivée de tous les trains et des bateaux*. — Bains dans l'hôtel.

Cook's coupons accepted.

ORAN (Algérie)

GRAND HOTEL DE LA PAIX
PLACE KLÉBER

Établissement de premier ordre, le plus ancien et le mieux situé de la ville, à côté de la Poste centrale, des Banques, près du Port et de toutes les Administrations civiles et militaires. — Au centre des affaires. — *Vue splendide sur la mer*. — Installations modernes des plus confortables.

Le **Grand Hôtel de la Paix**, entièrement remis à neuf, se recommande par l'excellence de sa cuisine, ses caves de hautes marques et surtout l'affabilité de son personnel. — *Prix très modérés*. — Arrangements pour familles et séjours prolongés. — Omnibus aux trains et bateaux. — Voitures pour promenades.

Mme IRR, Propriétaire.

TUNIS

GRAND HOTEL
Avenue de France

MAISON DE PREMIER ORDRE

SUISSE

GENÈVE
Ancienne Maison GOLAY-LERESCHE et Fils
GOLAY fils et STAHL, Succrs
FABRICANTS D'HORLOGERIE DE PRÉCISION
DE
BIJOUTERIE, JOAILLERIE, ETC.
DIAMANTS et PIERRES FINES
31, quai des Bergues, Genève, et 2, rue de la Paix, Paris.

ITALIE

MAI à OCTOBRE 1899   **CÔME**   **MAI à OCTOBRE 1899**

CENTENAIRE
de la Découverte de la PILE VOLTAÏQUE

Exposition Internationale d'Électricité
NATIONALE
POUR L'INDUSTRIE DE LA SOIE
INTERNATIONALE
POUR LES MACHINES

EXPOSITION
Des Appareils scientifiques de VOLTA

CONGRÈS INTERNATIONAL DES ÉLECTRICIENS
Congrès International des Télégraphistes

VI. SUPPLÉMENT

Spécialités pharmaceutiques.

Lavabos Poincet. — Chocolat Menier.

ANÉMIE, CHLOROSE

FER BRAVAIS donne au sang la rutilance et la vigueur qui lui manquent;

FER BRAVAIS est absorbé rapidement; on le retrouve 20 minutes après dans l'économie;

FER BRAVAIS est un puissant reconstituant pour les convalescents après une longue maladie;

FER BRAVAIS pris pendant l'allaitement, augmente la richesse du lait, ce qui donne la santé à la mère et des bébés superbes;

FER BRAVAIS est un puissant préservatif contre les maladies de poitrine. Il guérit : Influenza, Fièvres typhoïdes, Choléra, etc. Aussi est-il prescrit dans les hôpitaux. On le trouve partout. Vingt gouttes à chaque repas sur un morceau de sucre suffisent. *Dépense 10 centimes par jour*

ETABLISSEMENT de SAINT-GALMIER (Loire)

SOURCE BADOIT

L'Eau de Table sans Rivale. — La plus Limpide

Exiger le CACHET VERT et la SIGNATURE :

ETABLISSEMENT de SAINT-GALMIER (Loire)

SOURCE BADOIT

L'Eau de Table sans Rivale. — La plus Limpide

DÉBIT: 30 Millions de Bouteilles par An. — VENTE: 15 Millions.

HYGIÈNE DE LA BOUCHE

Une bonne **Eau dentifrice** doit non seulement bien nettoyer les dents, mais, en outre, purifier la bouche en tuant les microbes qui s'y rencontrent et qui sont la cause de la carie et des maladies diverses (*pneumonies, grippes, angines couenneuses*, etc.); cela est aujourd'hui prouvé. Aussi le **Coaltar Saponiné Le Beuf** jouissant, sans contestation possible, des qualités requises, puisque ses remarquables propriétés antiseptiques, microbicides et détersives l'ont fait admettre dans les **hôpitaux de Paris**, c'est à ce produit que nous devons avoir recours pour la toilette quotidienne de la bouche, de préférence aux préparations des parfumeurs, qui ne peuvent lui être comparées.

Le flacon : **2** *fr.* — *Les six flacons* : **10** *fr.*

Dans les pharmacies se défier des imitations
Bien spécifier : **COALTAR SAPONINÉ LE BEUF**

BAYONNE

MALADIES DE L'ESTOMAC

GUÉRISON RAPIDE ET ASSURÉE
Par les Véritables Poudres du Dr SOUDRE

Pharmacie LAUDUMIEY, Pharmacien de 1re classe, à Bayonne.

Voir page Supplément.

MAISON AUG. GAFFARD, A AURILLAC

Aperçu de quelques produits spéciaux ayant obtenu les plus hautes récompenses dans toutes les expositions où ils ont figuré. — **Gland doux. Moka français**, pseudo-cafés hygiéniques, remplaçant avantageusement le café des Iles. — **Mélanogène**, poudre pour encres noire, violette, rouge et bleue. — **Muricide phosphoré** pour la destruction des rats. — **Extraits saccharins** pour l'obtention rapide des liqueurs de table. — **Lustro-cuivre**. — **Oxyde d'aluminium** pour affiler les rasoirs. — **Poudre vulnéraire vétérinaire.** — **Produits spéciaux divers.** — Usine à vapeur et Maison d'expédition, enclos Gaffard, à Aurillac (Cantal). — Envoi de notices détaillées sur demande affranchie. — Conditions spéciales pour d'importantes commandes.

LIQUEUR DES DAMES
à Base d'Anémonine

Cette liqueur est recommandée à toutes les dames fatiguées par le sang, et pour prévenir toutes les maladies auxquelles les femmes et les jeunes filles sont exposées **périodiquement**, telles que **pertes douloureuses, suppressions, âge critique**, etc.

Envoi franco de 1 flacon, contre mandat-poste de 3 francs adressé à M. **O. ENJOLRAS**, pharmacien à **Saint-Fons**, près Lyon (Rhône).

SALIES-DE-BÉARN

GRAND HOTEL BELLEVUE et PAVILLON HENRI IV

En face la gare. — Vaste parc attenant à l'Établissement thermal sur plateau très élevé dominant la chaine des Pyrénées. — Pension depuis 7 fr. — Ascenseur. — 3 villas pour familles. — Eau potable. — Lumière électrique. — Téléphone.

PRODUITS DU PAVILLON HENRI IV
Pâtés de foies d'oie truffés sans hachis.
Foies de canards entiers à manger chauds ou froids
A des prix très modérés. **DESTANDAU**

COMPAGNIE D'EXPLOITATION
DES SOURCES ANDRÉAU
Du bassin de VICHY-CUSSET

Société anonyme au Capital de 600.000 fr.

ANDREAU } N° 1 arsenicale.
N° 2 ferrugineuse.

Eau minérale naturelle non décantée, fortement dosée en Carbonate, Fer, Arséniate de soude, Magnésie, Lithine, Rafraîchissante.

Adm^{on} : 18, rue Le Peletier, Paris

GUÉRISON DE L'ANÉMIE
Par la GLOBUFÉRINE BIARD

Fer naturel du sang. — A la Grande Pharmacie Centrale du Pont-Neuf. — Chez BIARD, Pharmacien, rue du Pont-Neuf, 16, Paris. — Prix de la Globuférine Biard : Le Flacon, **4 fr.** — Envoi de Deux Flacons contre mandat-p. de **8 fr.**

LA GRANDE ROUE DE PARIS

74, AVENUE SUFFREN, 74

Ouverte depuis le 1er Mars jusqu'au 30 Novembre
de 11 heures du matin à 11 heures du soir

Théâtre, Salle de Bal, Restaurant, Attractions diverses, Orchestre de 60 Musiciens

Prix d'entrée, 1 fr. — Prix d'ascension, 1 fr.

La Grande Roue de Paris, la plus grande du monde, mesure 106 mètres de hauteur. Son poids est de 630.000 kilos, dans lequel celui de l'axe en acier entre pour 36.000 kilos.

Les voyageurs trouvent place dans 40 wagonnets pouvant contenir 30 personnes chacun et dont quelques-uns sont aménagés en wagons-restaurants et en wagons-salons. — La durée du trajet, coupé par 4 arrêts, est de 15 minutes.

On donne au théâtre des représentations de **Ballets, Revues, Chants, Séances de prestidigitation**, *etc. et à la salle des fêtes, la plus grande de Paris, des bals et réunions de toutes sortes.*

Vin de Chassaing

BI-DIGESTIF
30 ANS DE SUCCÈS CONTRE
DIGESTIONS DIFFICILES — MAUX D'ESTOMAC
PERTE DE L'APPÉTIT, DES FORCES, ETC.
PARIS, 6, Avenue Victoria, et toutes Pharmacies.

Phosphatine Falières

Excellent aliment des enfants, dès l'âge de 6 à 7 mois, surtout au moment du sevrage et pendant la période de croissance. — Son usage facilite la dentition, assure la bonne formation des os, etc.

La Boîte : 2 fr. 50. — Paris, 6, avenue Victoria, et Pharmacies.

APPROBATION de l'Académie de médec.
BROMURE de potassium granulé **de FALIÈRES**
Affections nerveuses
6, Avenue Victoria, 6 et Pharmacies.

CONSTIPATION
Guérison par la véritable
Poudre Laxative de Vichy
Du Dr L. SOULIGOUX
Laxatif sûr, agréable, facile à prendre
Le flac. de 25 doses environ 2 fr. 50
PARIS, 6, AVENUE VICTORIA ET PHIES.

Se méfier des imitations. Exiger le vrai nom.

LA PLUS GRANDE FABRIQUE DU MONDE

CHOCOLAT MENIER

56, rue de Châteaudun, Paris.

Les Établissements MENIER ont remporté, à l'Exposition Universelle de 1889, les Récompenses suivantes :

**Croix d'Officier de la Légion d'honneur,
3 Grands Prix,
5 Médailles d'Or,
2 Médailles d'Argent.**

Ces établissements comprennent :
Plantations de Cacaos au Valle Menier (Nicaragua),
Sucreries et culture de Betteraves à Roye (Somme),
Comptoirs et Navires pour les approvisionnements,
Usine modèle de Noisiel pour la fabrication des Chocolats,
Usine de Chocolat à Londres.
Cités ouvrières, etc., etc.
Maisons à New-York et à Chicago.

La production du CHOCOLAT MENIER atteint le chiffre de 50,000 kilos par jour.

(*Le poids du Chocolat Menier fabriqué en six mois est égal au poids de la Tour Eiffel.*)

Valeur de la production annuelle : 60 millions de francs.

Le Jury de l'Exposition de 1889 a décerné le seul Grand Prix au CHOCOLAT MENIER

BAINS SALINS DE LA MOUILLÈRE
PRÈS BESANÇON
OUVERTS TOUTE L'ANNÉE

A 2 h. de la Suisse et de l'Alsace-Lorraine.

A 6 h. 1/2 de Paris, à 5 heures de Lyon.

Source salée de Miserey, chlorurée, sodique, forte, iodo-bromurée. — Saturation : 300 grammes de sel par litre. Eaux-mères : 322 grammes par litre et surtout 2 gr. 225 de bromure de potassium. — Bains de vapeur. 60 cabines de bains très confortables. — Installation hydrothérapique perfectionnée. — Bains de vapeur. Électrothérapie. — Massage. — Radiographie. — Nombreuses excursions. — Curiosités naturelles. — Saut du Doubs. Sources de la Loue, etc, etc. — Service de voitures. — Restaurant. — Café. — Théâtre. — Cercle.
GRAND HOTEL DES BAINS DANS LE PARC DE L'ÉTABLISSEMENT
Pour renseignements, s'adresser à l'Administrateur délégué, à Besançon.

www.ingramcontent.com/pod-product-compliance
Lightning Source LLC
Chambersburg PA
CBHW050752170426
43202CB00013B/2399